Inhaltsverzeichnis

Vorwort

An wen wendet sich dieses Buch?

Dieses Unterrichtswerk wendet sich in erster Linie an Schülerinnen[1], die eine Ausbildung zur Sozialhelferin absolvieren. Aufgrund seiner Praxisnähe bietet sich der Einsatz dieses Buches jedoch auch für andere Helferqualifikationen wie Altenpflegehelferinnen, Heilerziehungshelferinnen und Kinderpflegerinnen an.

Das Buch soll hauptsächlich in den Unterrichtsfächern „Sozialpädagogik und Sozialpflege" und „Praxis Sozialpädagogik und Sozialpflege" oder in fächerübergreifenden Projekten verwendet werden.

Die Ausbildung zum Sozialhelfer erfolgt in vier Lernfeldern:
- **Lernfeld 1:** Berufliche Identität entwickeln
- **Lernfeld 2:** Beziehungen zu Menschen aufbauen, deren Fähigkeiten, Bedürfnisse und Ressourcen wahrnehmen und im Handeln berücksichtigen
- **Lernfeld 3:** Menschen mit alters- und/oder krankheitsbedingten Beeinträchtigungen unter angemessener Berücksichtigung vorhandener Ressourcen betreuen, versorgen und pflegen
- **Lernfeld 4:** Menschen mit Behinderungen bei der Bewältigung ihres Alltags unterstützen

Diese im Lehrplan für das Berufskolleg in Nordrhein-Westfalen festgeschriebenen Lernfelder werden im Unterricht insbesondere durch die Bearbeitung konkreter **Lernsituationen**, **Beispiele** und **handlungsorientierter Aufgaben** und **Anregungen** erschlossen. Die gezielte Auswahl und differenzierte Bearbeitung der jeweiligen Aufgaben stellt sicher, dass alle Inhalte des entsprechenden Lernfeldes vermittelt und somit alle erforderlichen Kompetenzen schrittweise erworben werden.

Zum Aufbau dieses Buches

Die Inhalte der ersten vier Kapitel dieses Buches ermöglichen die Erschließung der Lernfelder 1 bis 4.
Lernfeldübergreifende Aspekte in den sich anschließenden zwei Kapiteln vermitteln darüber hinaus weitere Grundlagen zur Arbeit in potenziellen Arbeitsbereichen für Sozialhelferinnen und Sozialhelfer.
Durch die Auseinandersetzung mit den ausgewählten Themenbereichen können die Schüler im beruflichen Alltag zunehmend angemessen und sicher reagieren. Sie entwickeln eine Vielzahl von Kompetenzen, die sie dazu befähigen, die einzelnen Dienstleistungen im Zusammenhang der insgesamt zu bewältigenden Lebenssituationen der Hilfebedürftigen zu sehen, zu beurteilen und entsprechend mitzugestalten.
(vgl. Lehrplan zur Erprobung für das Berufskolleg in Nordrhein-Westfalen, zweijährige Berufsfachschule im Berufsfeld „Sozial- und Gesundheitswesen", 06/2006)

Intendiert wird, zunächst im Unterricht mit den Inhalten des ersten Kapitels zu beginnen. In weiteren Ausbildungsabschnitten können jedoch Teilaspekte des Buches aufgegriffen und in den jeweiligen unterrichtlichen Kontext integriert werden.

---

[1] *Aus Gründen der sprachlichen Vereinfachung werden im folgenden Text die weiblichen und männlichen Bezeichnungen abwechselnd verwendet. Selbstverständlich ist sinngemäß auch immer die jeweils andere Form angesprochen.*

So empfiehlt es sich beispielsweise, eine inhaltliche Auswahl der Themen entsprechend der Schwerpunktsetzung des Praktikums zum Lernfeld 2 zu treffen. Auch das erneute Aufgreifen von Inhalten des Lernfeldes 1 nach Beendigung eines jeden Praktikums erscheint durchaus sinnvoll.

Hinweise zur Bearbeitung von Lernsituationen

Die vorgestellten Lernsituationen beschreiben jeweils eine Situation aus der beruflichen Praxis, mit der die Schülerinnen in der nahen Zukunft (beispielsweise im nächsten Praktikum) konfrontiert werden könnten. Durch dieses „Nah-dran-sein" fühlen sich die Schüler sofort persönlich angesprochen und sind bereit, sich auf die intensive Bearbeitung der beschriebenen Situation einzulassen. In Anlehnung an die Vorgehensweise zur Bearbeitung von Lernsituationen an der Fachschule für Sozialpädagogik wird folgende vereinfachte Vorgehensweise für die Bearbeitung der einzelnen Lernsituationen nach einem durchgängigen Prinzip in diesem Buch angewandt:

Schritt 1: Erfassen und Untersuchen der Situation
Die jeweilige Lernsituation wird im Klassenverband vorgestellt. Mithilfe nachstehender Fragen werden die Schülerinnen aufgefordert, diese Situation zu erfassen und genauer zu untersuchen.
Je nach Art der Ausgangssituation setzen sich die Schülerinnen mit folgenden Fragestellungen auseinander:
- Wer ist direkt und indirekt an der Situation beteiligt? Wie sehen die einzelnen Personen die Situation?
- Welche Erwartungen, Hoffnungen, Ängste und Ziele werden in dieser Situation angesprochen?
- Welche Vorerfahrungen und/oder Kenntnisse habe ich bezüglich der geschilderten Situation?

Schritt 2: Zielorientierte Auswahl von Themen
Ausgehend von der beruflichen Situation werden Themen zur Erschließung der Situation gesammelt.

Merke!
An dieser Stelle ist es ausdrücklich erwünscht, dass alle Schülerinnen Fragen stellen, die sie im Zusammenhang mit der vorgestellten Situation bewegen.

Mithilfe der nachfolgenden Texte und Aufgaben und weiterführender Literatur können diese dann bearbeitet werden.

Schritt 3: Planung und Durchführung der Bearbeitung von Themen
Es wird ein Zeitrahmen für die Bearbeitung der Lernsituation festgelegt. Es wird entschieden, welche Themen bearbeitet werden. Die Art der Vorgehensweise für die Bearbeitung der jeweiligen Themen ist durch Aufgaben und Anregungen in diesem Buch vorgegeben. Diese sind jedoch als Empfehlung zu verstehen und können jederzeit in Absprache mit den Schülerinnen nach deren Interessen und Bedürfnissen verändert oder auch erweitert werden.

Merke!
Es ist an dieser Stelle besonders wichtig, dass alle Arbeitsergebnisse zu der jeweiligen Lernsituation von jedem Schüler festgehalten und in einer Mappe gesammelt werden.

So sollte beispielsweise während einer Gruppenarbeit im Wechsel ein Protokoll von jedem Gruppenmitglied erstellt und an alle Gruppenmitglieder weitergegeben werden.

Schritt 4: Kontrollieren und Reflektieren

Es wird empfohlen, am Schluss, beispielsweise in einem Gespräch in festgelegten Kleingruppen, zu überprüfen, was die einzelnen Schüler durch die Bearbeitung der Lernsituation an neuem Fach- bzw. Praxiswissen erworben haben.

Dazu können die Schüler z. B. eine festgelegte Anzahl von Fragekärtchen zu den theoretischen Inhalten vorbereiten und sich gegenseitig befragen.

Abschließend sollten dann jeweils folgende Fragen beantwortet werden:
- Wie sehe ich nun die geschilderte Situation?
- Was kann ich den beteiligten Personen aufgrund meines neu erworbenen Fach- und Praxiswissens noch mitteilen/raten oder vorschlagen?

Dieses Lehrbuch wurde in Anlehnung an die Richtlinien und Lehrpläne der Berufsfachschule für Sozial- und Gesundheitswesen des Landes Nordrhein-Westfalen geschrieben, kann jedoch ebenfalls in den anderen Bundesländern eingesetzt werden.

Ich hoffe, mit diesem Buch Schülerinnen und Schülern sowie Kolleginnen und Kollegen eine wertvolle Arbeitshilfe anbieten zu können und wünsche allen Beteiligten viel Erfolg auf dem Weg zum gemeinsamen Ausbildungsziel.

Andrea Wilmes

I.

Ich möchte im sozial-pädagogischen und sozial-pflegerischen Bereich arbeiten und setze mich mit meiner zukünftigen Berufsrolle auseinander

Ziele:

- Auseinandersetzen mit dem Berufswunsch, der zukünftigen Berufsrolle und beruflichen Perspektiven

- sich einen Überblick verschaffen über verschiedene Einsatzbereiche, Aufgaben und Anforderungen an Sozialhelferinnen und Sozialhelfer

- Merkmale und Rangordnungen sozialer Gruppen in verschiedenen Situationen erfassen und entsprechende Regeln und Interaktionsspiele zur Förderung von Gruppenprozessen kennen

- den eigenen Lernprozess mithilfe entsprechender Lern- und Arbeitsmethoden strukturiert organisieren

- einfache Medien herstellen und damit Lernprozesse der Zielgruppe anregen

- den persönlichen Entwicklungsfortschritt dokumentieren und auswerten

1   Der Zusammenhang zwischen Berufswunsch und Erfahrungen in Familie und Gesellschaft

Lernsituation

Marion ist 19 Jahre alt, möchte Sozialhelferin werden und die Fachoberschulreife erlangen. Ihr eigentlicher Berufswunsch steht seit vielen Jahren fest. Sie möchte Erzieherin werden wie ihre Schwester, doch für diese Ausbildung fehlen ihr bisher die Zugangsvoraussetzungen. Während eines Berufsberatungsgespräches wurde ihr deshalb nahegelegt, zunächst die Ausbildung zur Sozialhelferin zu absolvieren, wodurch sie bei erfolgreichem Abschluss die Zulassungsvoraussetzungen zur Aufnahme in die Fachschule für Sozialpädagogik erwerben würde. Zudem zeigt **Marion** aufgrund eines freiwilligen Praktikums im Altenheim auch für diesen Bereich reges Interesse und ist nun etwas verunsichert, was ihre weitere berufliche Laufbahn betrifft.

Während der schulischen Ausbildung zur Sozialhelferin – so wurde Marion mitgeteilt – erhalten Schülerinnen und Schüler die Gelegenheit, verschiedene Arbeitsbereiche kennenzulernen – ein weiterer guter Grund für Marion, diese Ausbildung zu beginnen.

Sie besuchen seit einer Woche wie Marion die Berufsfachschule für Sozial- und Gesundheitswesen. Auch Sie haben bestimmte Vorstellungen darüber wie Ihre berufliche Zukunft aussehen könnte.

Aufgaben zur Lernsituation

1.   Notieren Sie spontan Ihre Einschätzung der oben beschriebenen Situation:
   - Wer ist direkt und indirekt an der Situation beteiligt?
   - Wie sehen die Beteiligten die Situation? (Eventuell können Sie die einzelnen Beteiligten besser einschätzen, wenn Sie deren Sichtweise einnehmen. Formulieren Sie hierzu in ein oder zwei Sätzen die jeweiligen Gedanken und Gefühle der Beteiligten in „Ich-Form".)

Beispiel
„Ich, Marion, kann während der zweijährigen schulischen Ausbildung zur Sozialhelferin durch den Unterricht und die Praktika in verschiedenen Einrichtungen in Ruhe abwägen, ob ich anschließend eine Ausbildung zur Erzieherin oder zur Altenpflegerin machen werde."

2.   Vergleichen Sie Marions Beweggründe, eine Ausbildung zur Sozialhelferin zu beginnen mit Ihren eigenen und beantworten Sie für sich folgende Fragen:
   - Warum habe ich mich entschieden, diese Ausbildung zu beginnen?
   - **Wer** oder **was** hat meinen Berufswunsch mitgeprägt (z.B. bestimmte Personen, frühere Erfahrungen, Informationsveranstaltungen)?
   - Wenn ich mich heute für einen bestimmten Arbeitsbereich entscheiden müsste (Familienpflege, Kinder- und Jugendhilfe, Arbeit mit älteren und/oder Menschen mit Behinderungen), welchen Arbeitsbereich würde ich wählen?
     (Bewahren Sie Ihren Antwortzettel in einem verschlossenen Briefumschlag und setzen Sie sich zum Ende Ihrer Ausbildung nochmals mit Ihren Antworten auseinander.)

3.   Lesen Sie die nachfolgenden Ausführungen, bearbeiten Sie die entsprechenden Aufgaben, und setzen Sie sich gegebenenfalls mithilfe weiterführender Informationen mit weiteren für Sie wichtigen Inhalten zu der angesprochenen Thematik auseinander.

Gerade zu Beginn einer sozialpädagogischen und sozialpflegerischen Berufsausbildung ist es notwendig, die Berufswahlmotive, also die Beweggründe, die zu dieser Berufswahl führten, zu hinterfragen. So kann beispielsweise eine kritische Distanz zwischen eigenen Problemen und den Problemen der hilfebedürftigen Menschen am Arbeitsplatz nur dann gewahrt bleiben, wenn über persönliche Erfahrungen in der Herkunftsfamilie und dem weiteren mitmenschlichen Umfeld bewusst nachgedacht wird, denn:

> **Merke!**
> *Eigene Erfahrungen prägen das berufliche Handeln stark mit.*

So werden Berufswahlmotive z.B. stark mitbestimmt durch den Prozess des Hineinwachsens in die Gesellschaft. Diesem Prozess ist jeder Mensch besonders in Kindheit und Jugend, prinzipiell aber ein Leben lang unterworfen. Durch diesen als **Sozialisation** bezeichneten Vorgang entwickelt jeder von uns die vonseiten der Gesellschaft gewünschten Einstellungen, Werthaltungen und Verhaltensweisen oder grenzt sich auch bewusst von diesen ab (vgl. Wirsing, 2004, S. 53).

Sozialisation umfasst die bewusst durch das Erzieherverhalten gesteuerten Lernvorgänge (intentionale Sozialisation) wie auch den unbewusst ablaufenden Vorgang der Einführung in die Gesellschaft (funktionale Sozialisation).

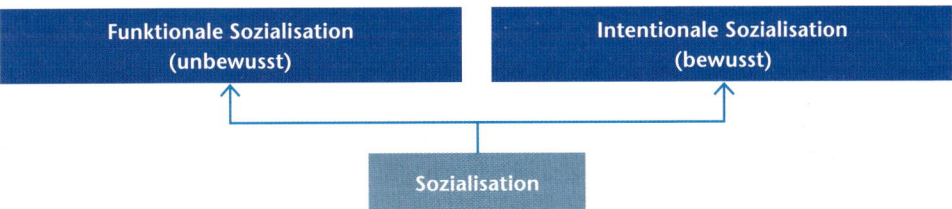

Werthaltungen, Einstellungen und Verhaltensweisen werden durch sogenannte **Sozialisationsinstanzen** vermittelt. Die in unserer Kultur wichtigste und erste Sozialisationsinstanz sind die Eltern. Es folgen Kindergarten, Schule, Kontakte zu Gleichaltrigen, aber auch Massenmedien beeinflussen die Sozialisation.
Sozialisationsinstanzen prägen unsere Entscheidungen in hohem Maße mit, also letztendlich auch unsere Berufswahl.

Berufswahlmotive und Erwartungen an den zukünftigen Beruf

Wenn die Berufswahlmotive in der Gruppe hinterfragt werden, geht es nicht darum, diese zu bewerten, sondern Zusammenhänge zwischen eigener Lebensgeschichte und Berufswahl aufzuzeigen.

> **Merke!**
> *Es gibt keine guten und schlechten Motive, einen sozialpädagogischen und sozialpflegerischen Beruf auszuüben, sondern nur unterschiedliche (vgl. Brockschnieder, 1997, S. 30).*

Berufswahlmotive beinhalten immer auch Erwartungen an den zukünftigen Beruf. So wird unterschieden zwischen:

- **Erwartungen, die das eigene Wohlbefinden betreffen** (Liebe und Dankbarkeit der hilfebedürftigen Menschen erhalten, finanzielle Unabhängigkeit, eigene Begabungen im Beruf ausleben wie z. B. im musischen Bereich usw.),
- **Erwartungen, die sich auf das Wohlbefinden der anvertrauten Menschen beziehen** (z. B. vorhandene Ressourcen „alter und kranker Menschen fördern", Familien in schweren Situationen unterstützen).
- **Erwartungen, die aufgrund eigener – sowohl positiver wie auch negativer – Lebenserfahrungen entstanden sind** (z. B. „der Beruf der Mutter hat mich schon immer interessiert")

Werden Schülerinnen und Schüler zu den Beweggründen befragt, eine sozialpädagogische und sozialpflegerische Ausbildung zu beginnen, erhält man eine Vielzahl von Antworten wie z. B.:

Beispiele
Schülerin A:
„Der Hauptgrund ist eigentlich, dass ich gerne mit Menschen zusammen bin. Mir liegen Arbeiten nicht, bei denen ich am Schreibtisch sitzen oder mit Maschinen umgehen muss."

Schülerin B:
„Meine Mutter ist Erzieherin, meine Schwester Krankenschwester, da stand es für mich eigentlich schnell fest, dass auch ich einen sozialen Beruf ergreifen würde."

Schülerin C:
„Ich bin im Heim und verschiedenen Pflegefamilien aufgewachsen, weil meine Eltern mich nicht wollten. Was ich erlebt habe, soll anderen nicht passieren. Ich möchte in meinem zukünftigen Beruf dafür sorgen, dass es anderen besser geht als mir."

Nein danke!

Schülerin D:
„Ich habe mein Schulpraktikum in einem Altenpflegeheim gemacht. Das hat mir gut gefallen."

Schülerin E:
„Wenn ich später einmal im Altenpflegeheim oder mit Kindern arbeite, kann ich ganz viel von dem machen, wozu ich bisher nur in der Freizeit Gelegenheit hatte, wie singen, tanzen und musizieren."

Schülerin F:
„Wenn ich vielleicht keine Stelle bekomme, bin ich wenigstens gut auf die Aufgaben in meiner späteren Familie und die Pflege meiner Angehörigen vorbereitet."

Schülerin G:
Ich arbeite ehrenamtlich mit älteren Menschen zusammen. Da habe ich gemerkt, was man alles erreichen kann, wenn man mit ihnen das macht, was sie früher einmal gerne getan haben."

Schülerin H:
„Ich pflege zusammen mit meiner Mutter meine Tante, die körperliche Einschränkungen hat. Das ist manchmal schon sehr anstrengend, aber so muss sie wenigstens nicht in ein Pflegeheim. Ich möchte später auch gerne kranke Menschen in ihren eigenen vier Wänden bei allem unterstützen, was sie nicht alleine bewältigen können."

Schülerin I:
„Wenn ich diesen Beruf erlerne, habe ich noch viele weitere Aufstiegschancen."

Aufgaben

1. Überlegen Sie bei jedem einzelnen Beispiel, welche Erwartungen die jeweilige Schülerin mit ihrem zukünftigen Beruf verbindet. Gibt es einzelne Äußerungen, die Sie kritisch sehen?

2. Welche Motive stimmen in etwa mit Ihren persönlichen Beweggründen überein, einen sozialpädagogischen oder sozialpflegerischen Beruf zu ergreifen?

3. Wo und warum sehen Sie sich eventuell veranlasst, noch einmal kritisch Ihre eigenen Berufswahlmotive zu hinterfragen?

2   Aufgaben und Anforderungen in verschiedenen Arbeitsbereichen des Sozialhelfers

Lernsituation

Die angehenden Sozialhelfer und Sozialhelfer-innen haben sich mittlerweile an die neue Schulform gewöhnt und erste Gespräche über das im Herbst beginnende Praktikum bestimmen zurzeit den Schulalltag.

Felix, der zuvor noch keine Erfahrungen im Umgang mit Menschen in den Schulpraktika sammeln konnte, ist verunsichert und stellt seinen Mitschülerinnen, die bereits in Kindertagesstätten oder Altenpflegeheimen gearbeitet haben, zahlreiche Fragen. Er möchte beispielsweise wissen, welche Erwartungen an Praktikanten in sozialpädagogischen und sozialpflegerischen Einrichtungen gestellt werden, wie Kinder, ältere Menschen oder die angesprochen werden, welche Begrüßungsrituale seine Mitschüler praktiziert haben usw.

Auch Sie würden gerne noch mehr über Erwartungen und Umgangsformen im beruflichen Miteinander erfahren, um sicherer im Praktikum auftreten zu können.

Aufgaben zur Lernsituation

1. Notieren Sie spontan Ihre Einschätzung der oben beschriebenen Situation:
   - Wer ist direkt und indirekt an der Situation beteiligt?
   - Wie sehen die Beteiligten die Situation? (Eventuell können Sie die einzelnen Beteiligten besser einschätzen, wenn Sie deren Sichtweise einnehmen. Formulieren Sie hierzu in ein oder zwei Sätzen die jeweiligen Gedanken und Gefühle der Beteiligten in „Ich–Form".)

2. Stellen Sie Vermutungen über Felix' Unsicherheit an und tauschen Sie sich darüber in der Kleingruppe aus. Beantworten Sie für sich folgende Fragen:
   - Welche Erwartungen wurden in meinen bisherigen Praktika an mich gestellt? Welchen wurde ich gerecht/welchen weniger? Was waren hierfür die Ursachen?
   - Welche allgemeinen Umgangsformen wie z. B. bestimmte Regeln des Grüßens und Verabschiedens und des Benehmens bei Tisch kenne ich aus meiner Familie/meinem Freundeskreis oder auch aus meinen bisherigen Praktika?
   - Was will man durch das Einhalten dieser Regeln erreichen?
   - Welche dieser Regeln könnten für das erste Praktikum hilfreich sein?

3. Lesen Sie die nachfolgenden Ausführungen, bearbeiten Sie die entsprechenden Aufgaben, und setzen Sie sich gegebenenfalls mithilfe weiterführender Informationen mit weiteren für Sie wichtigen Inhalten zu den angesprochenen Themen auseinander.

2.1 Notwendige Kompetenzen und Aufgabenschwerpunkte in verschiedenen sozialpädagogischen und sozialpflegerischen Arbeitsfeldern

Die Arbeit in allen sozialpädagogischen und sozialpflegerischen Arbeitsfeldern erfordert ein hohes Maß an sogenannter **Human-**, **Sozial-** und **Methodenkompetenz**. Diese drei Bereiche greifen in der praktischen Arbeit mit Menschen immer ineinander und werden an dieser Stelle nur theoretisch voneinander getrennt.

Kompetenzprofil der Sozialhelferin

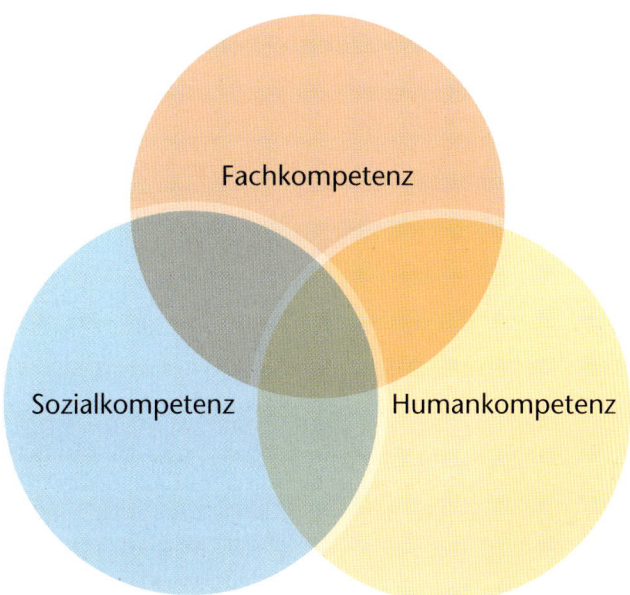

Fachkompetenz

Sozialkompetenz

Humankompetenz

Unter **Fachkompetenz** versteht man die Fähigkeit und Bereitschaft, erworbenes sozialpflegerisches und sozialpädagogisches Fachwissen in der Praxis umzusetzen.

Hierzu zählt beispielsweise:
- Ein sachgerechter Einsatz der Materialien, Geräte und Hilfsmittel für die Arbeit mit hilfebedürftigen Menschen
- Planung, Organisation und Durchführung von Pflege-, Versorgungs- und Betreuungstätigkeiten
- Menschen mit Beeinträchtigungen im Alltag und bei der Teilnahme am kulturellen und sozialen Leben assistieren.

(vgl. Lehrplan NRW, 2006, S. 12 ff.)

Unter **Humankompetenz** versteht man die Fähigkeit und Bereitschaft, seine individuelle Persönlichkeit und bestimmte Werthaltungen zu entwickeln.

Hierzu zählt beispielsweise:
- Wahrung professioneller Distanz in der Arbeit mit verschiedenen Zielgruppen
- angemessenes Äußern und Annehmen von Kritik
- konstruktiver Umgang mit körperlichen und seelischen Belastungen im Berufsalltag

(vgl. Lehrplan NRW, S. 12 f.)

Unter **Sozialkompetenz** versteht man die Fähigkeit und Bereitschaft, sich mit anderen Menschen, beispielsweise im Team, konstruktiv, kreativ und produktiv auseinanderzusetzen und mit Menschen zusammenzuarbeiten (vgl. Anderson, 2004, S. 585).

Hierzu zählt beispielsweise:
- Kontaktaufnahme und -pflege
- kommunizieren und zuhören können
- Kompromissbereitschaft
- verantwortungsvolle Mitarbeit im Team

Aufgabe

Versuchen Sie, den aufgeführten Kompetenzen konkrete Beispiele aus der beruflichen Praxis zuzuordnen.

Sozialhelfer sind in Einrichtungen der Familienpflege, Alten- und Behindertenhilfe tätig, zum Teil findet man sie auch in Einrichtungen der Kinder- und Jugendhilfe. Dort arbeiten sie auf Anweisung der sozialpädagogischen und sozialpflegerischen Fachkräfte und unterstützen diese bei gesundheitsfördernden Maßnahmen, pädagogisch-fördernden Handlungen und übernehmen haushaltsbesorgende Tätigkeiten.

In der **Familienpflege** liegt ihr Aufgabenschwerpunkt im Bereich der hauswirtschaftlichen Versorgung. Hier übernehmen sie als Vertretung der abwesenden Hausfrau/des abwesenden Hausmannes deren/dessen Aufgaben im Haushalt, die Betreuung der Kinder bzw. die Pflege alter und kranker Familienmitglieder.

Spezialisieren sich sozialpädagogische und sozialpflegerische Fachkräfte **auf Einrichtungen der Kinder- und Jugendhilfe**, werden ihre Arbeitsschwerpunkte hauptsächlich pflegerischen und hauswirtschaftlichen Charakter haben. Erzieherische Maßnahmen und spielpädagogische Angebote werden hier eher von den sozialpädagogischen Fachkräften durchgeführt. Die pädagogischen Mitarbeiter können die Sozialhelferinnen jedoch in Teilbereichen um Unterstützung bitten.

In **Einrichtungen für Menschen mit Behinderungen** unterstützen sie die dort tätigen Heilerziehungspfleger, beispielsweise in Heimen, Wohngruppen oder Werkstätten, bei ihrer Arbeit mit Menschen mit Behinderungen. Diese werden von ihnen mitverantwortlich betreut, angeleitet und gefördert.

In **Einrichtungen der Altenhilfe** haben die dort tätigen Sozialhelferinnen vorwiegend pflegerisch-betreuende und hauswirtschaftliche Tätigkeiten auszuüben. Sie helfen z.B. bei Verrichtungen des täglichen Lebens, beim Anziehen, Waschen oder Essen anreichen. Pädagogisch-fördernd werden sie tätig, wenn sie die Mitarbeiter des sozialen Dienstes bei ihrer Arbeit unterstützen.

Aufgaben

1. Bilden Sie vier Kleingruppen entsprechend der oben genannten Arbeitsbereiche (Vorschlag zur Aufteilung der Klasse in Arbeitsgruppen, s. u.).

2. Stellen Sie mithilfe der Collagetechnik[1] (= visualisieren) optisch dar, welche Tätigkeiten Sozialhelfer in diesem Arbeitsbereich ausüben können.

3. Präsentieren Sie dem Plenum Ihr Gruppenergebnis.

Arbeitsgruppen bilden
(Spielanleitung für eine Gruppe mit Teilnehmern ab 12 Jahren)

Es geht bei diesem Vorschlag darum, Kleingruppen zu bilden, die gut funktionieren. Dazu wird möglichst frei ausgehandelt, wer mit wem zusammenarbeiten kann.

„Du bist für mich die Eine, dich will ich und sonst keine!"

Zunächst wählt die Leitung (z. B. der Klassenlehrer) auf freiwilliger Basis so viele Teilnehmer aus, wie Kleingruppen entstehen sollen. Diese bilden den Ausgangspunkt für die nun zu bildenden Gruppen, d. h., bevor sich die einzelnen Personen melden, müssen sie bedenken, dass sie nachher **nicht** zusammen eine Gruppe bilden werden.

„Geht das vielleicht auch ein bisschen weniger persönlich bei so einer Arbeitsgruppenbildung?"

Haben sich Freiwillige gefunden, bittet die Leitung sie, sich in die Mitte des Kreises zu setzen. Jeder Einzelne von ihnen wird aufgefordert, ein weiteres Mitglied der Großgruppe für seine Gruppe anzuwerben. Dazu sagt er kurz, warum er gerade diese Person auswählt. Der Gewählte hat das Recht, die Wahl abzulehnen, dann kann der Betreffende eine andere Wahl vornehmen. Es sollte vorher festgelegt werden, in welcher gleichbleibenden Reihenfolge jede Gruppe wählt.

Wenn alle Gruppen aus zwei Mitgliedern bestehen, hat das gerade gewählte Mitglied nun das Recht zu sagen, wen es aus welchen Gründen in die Gruppe einladen möchte. Es muss sich jedoch mit dem ersten Mitglied der Gruppe besprechen, d. h., diese Person muss zustimmen. Hierzu wird folgende Regel eingehalten:

---

[1] Bei einer Collage werden Bilder und Texte aus Zeitungen und Zeitschriften so zusammengesetzt, dass optisch zu erkennen ist, was mit einer selbst gewählten oder vorgegebenen Aussage gemeint ist (hier z. B. „Aufgaben von Sozialhelfern in der Familienhilfe").

Es darf immer nur einer sprechen, damit alle anderen Teilnehmer mitbekommen, was geschieht und alle Wahlvorgänge nachvollziehbar bleiben.

Wieder kann der Eingeladene seine Wahl begründet ablehnen. So geht es weiter, bis noch so viele Personen übrig sind, wie Kleingruppen gebildet werden.

Nun wird das Wahlprinzip umgedreht: Diese Teilnehmer dürfen sich eine Gruppe aussuchen, in der sie mitarbeiten möchten.
(vgl. Vopel, 1976, S.70)

2.2   Allgemeine Erwartungen in sozialpädagogischen und sozialpflegerischen Einrichtungen

Beispiel

Die Werkstatt für Menschen mit Behinderungen ganz in der Nähe einer Berufsfachschule für Sozial- und Gesundheitswesen hat sich bereit erklärt, vier Praktikanten für die Dauer von sechs Wochen anzuleiten. Die Mitarbeiter gewährleisten eine gute Zusammenarbeit zwischen Einrichtung und Schule sowie Praktikant und Einrichtung, beispielsweise durch regelmäßige Anleitungs- und Reflexionsgespräche.

Es ist ihnen wichtig, dass von Anfang an ein reibungsloser Arbeitsablauf stattfinden kann. Aus diesem Grunde laden sie die zukünftigen Praktikanten einige Wochen vor dem Praktikum zu einem Vorstellungsgespräch ein.

Zur Vorbereitung auf dieses Gespräch erhalten die Praktikanten über die Schule folgende Informationsskizze bezüglich allgemeiner Erwartungen der Einrichtung an ihre Praktikanten:

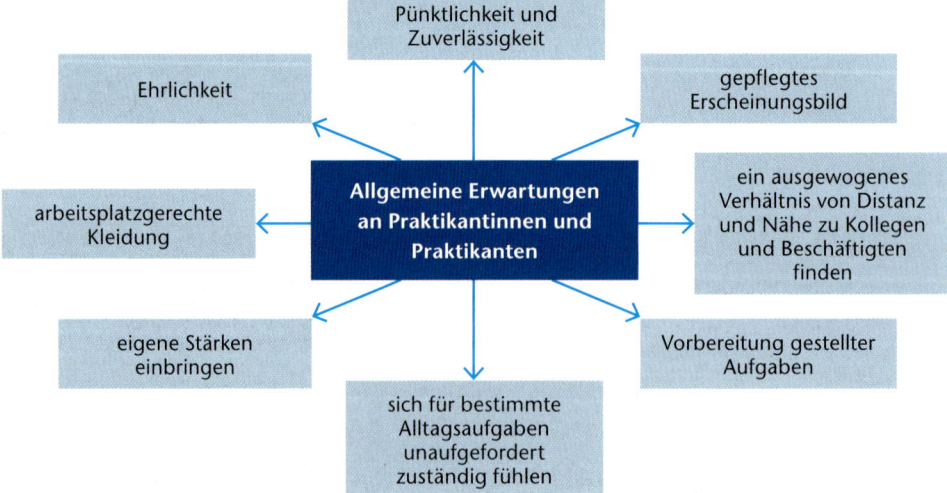

Aufgaben

1. Überlegen Sie in der Kleingruppe: „Welche konkreten Erwartungen verbinden wir mit den genannten Oberbegriffen?"

2. Notieren Sie die Ergebnisse Ihrer Überlegungen, um sie im Plenum vorzustellen.

3. Fertigen Sie eine neue Skizze an, indem Sie die oben abgebildete Skizze übertragen und mit Ihren Gruppenergebnissen ergänzen.

In der folgenden Tabelle sind Neigungen und Interessen zukünftiger Sozialhelfer aufgelistet, die notwendig, förderlich bzw. nachteilig zur Ausübung des Berufs sind (Berufsinformation der Bundesagentur für Arbeit):

Notwendig:

- durchschnittliches allgemeines intellektuelles Leistungsvermögen
- durchschnittliche Wahrnehmungs- und Bearbeitungsgeschwindigkeit
- durchschnittliches mündliches Ausdrucksvermögen
- durchschnittliches schriftliches Ausdrucksvermögen (Verfassen von Beobachtungs- und Betreuungsprotokollen)
- gute Beobachtungsgabe (Beobachtung des körperlichen und seelischen Zustandes, z. B. von Menschen mit Behinderungen)
- durchschnittliche praktische Anstelligkeit (z. B. Wickeln von Säuglingen, Bastelarbeiten mit Kleinkindern, Hausarbeit)
- Einfühlungsvermögen, Geduld (z. B. beim Umgang mit Menschen mit Behinderungen)
- Zuverlässigkeit (z. B. regelmäßige Zubereitung der Mahlzeiten, Verabreichung von Medikamenten)
- Geduld (z. B. bei der Hausaufgabenhilfe)
- Kontaktsicherheit, Durchsetzungsvermögen (z. B. sich bei „schwierigen" Patienten durchsetzen)
- Anpassungs- und Kooperationsfähigkeit
- neurovegetative Belastbarkeit und psychische Stabilität (unregelmäßige Arbeitszeiten, Wochenenddienst, Wechselschicht, Konfrontation mit Krankheit und Leiden, mit nicht behebbaren Notlagen)
- Verantwortungsbewusstsein (verantwortlich für das Funktionieren des Haushalts, z. B. für den Einkauf von Lebensmitteln)
- Bereitschaft zu zuarbeitender Tätigkeit (z. B. Unterstützung sozialpädagogischer Fachkräfte)

Förderlich:

- Neigung zu helfendem, betreuenden Umgang mit Menschen
- Neigung zu praktisch zupackender Tätigkeit (z. B. Versorgung des Haushalts wie Aufräumen, Saubermachen, Waschen usw.)
- Neigung zu pädagogisch anleitender Tätigkeit (z. B. ältere Menschen zu regelmäßiger Bewegung motivieren)
- pädagogisches Geschick (z. B. ältere Menschen zur Bewegung und Gymnastik anregen)
- gutes Personengedächtnis (ständig wechselnde betreuungsbedürftige Menschen)
- Kenntnisse in Gesprächsführung
- Erfahrung mit Kindern und Jugendlichen (in Vereinen, Jugendorganisationen) medizinische Kenntnisse

Nachteilig:
▪ Abneigung gegen Körperkontakt mit fremden Menschen (pflegebedürftige Patienten müssen gewaschen und angezogen werden) ▪ Abneigung gegen Umgang mit Menschen mit Behinderungen ▪ Abneigung gegen Umgang mit kranken Menschen ▪ Abneigung gegen Umgang mit problembelasteten Menschen ▪ Abneigung gegen körperlich anstrengende Arbeit (z. B. bettlägerige Patienten aus dem Bett heben, waschen) ▪ starke Mitgefühlsneigung ohne Befähigung zum Herstellen innerer Distanz (enger Zeitplan schränkt die Möglichkeiten für persönliche Zuneigung ein) ▪ Neigung zu Ekelreaktionen gegenüber dem Körper fremder Menschen ▪ Neigung zu Ekelreaktionen gegenüber Körpergerüchen, Ausscheidungen

(vgl. www.berufenet.arbeitsagentur.de, 2011)

Aufgaben

Beginnen Sie mit der Führung einer sogenannten „Praxismappe" (Schnellhefter oder Ringbuch), in der Sie Ihren persönlichen Entwicklungsfortschritt unter dem Registerpunkt „Notwendige, förderliche und nachteilige Neigungen in einem sozialen Beruf" dokumentieren. Hierzu folgende Aufgabe:

1. Schauen Sie sich die obige Tabelle genau an und notieren Sie Ihre persönlichen positiven und negativen Neigungen zum heutigen Zeitpunkt der Berufsausbildung (Datum angeben).

2. Suchen Sie nach Möglichkeiten, die negativen Neigungen zu bearbeiten (Ihrem Wunsch entsprechend alleine oder in der Kleingruppe) und notieren Sie diese ebenfalls.

3. Nehmen Sie sich vor, alle Schritte zur Bearbeitung Ihrer Negativneigungen in dieser Mappe festzuhalten und sprechen Sie spätestens nach dem ersten Praktikum mit Ihrem Ausbildungslehrer, wenn bei Ihnen Zweifel an der Richtigkeit Ihrer Berufswahl aufkommen.

2.3   Zum Umgang mit Menschen im Berufsalltag

Soziale Umgangsformen regeln das Miteinander im Alltag. Hierzu zählen u.a.:
- sich begrüßen und verabschieden
- sich richtig anreden
- sich vorstellen
- bitten und danken
- um Entschuldigung bitten
- Tischsitten

Grüßen bedeutet, dem anderen zu zeigen, dass man ihn kennt und mit ihm Kontakt haben möchte. Abhängig von der Tageszeit und dem Personenkreis (Verwandte, Freunde, Nachbarn, Arbeitskollegen) benutzen wir verschiedene Grußformen wie z. B. Begrüßung mit Handschlag, ein leichtes Kopfnicken, ein Lächeln, ein kurzes Grußwort usw.

Wie einzelne Personen im beruflichen Alltag *angesprochen* werden, ist abhängig davon, in welcher Beziehung wir zu ihnen stehen (siehe auch Hinweise S. 26 unten). Grundsätzlich gilt jedoch, dass jeder, mit dem wir beruflich in Beziehung treten, ohne Herablassung behandelt werden sollte.

Beispiel
Beispiel für eine herablassende Behandlung:
Die Altenpflegerin begrüßt morgens die Bewohnerin Frau Weiß:
„Na, haben *wir* heute Nacht gut geschlafen?"

Sich im beruflichen Alltag höflich und freundlich *vorzustellen*, ist für den beruflichen Beziehungsaufbau eine Notwendigkeit, denn der erste Eindruck ist sehr wirkungsvoll und häufig auch bleibend (siehe hierzu auch Kapitel V, 2.2).

Von den weiteren Umgangsformen des sozialen Miteinanders seien hier noch einige Tischsitten angeführt, da gerade die gemeinsamen Mahlzeiten einen großen Zeitrahmen in sozialpädagogischen Ganztagseinrichtungen einnehmen.

Tischsitten

- *Vor jeder Mahlzeit sollte man darauf achten, dass man sich mit sauber gewaschenen Händen an den Tisch setzt, beim Essen nicht niest und nicht zu husten beginnt.*

- *Man sitzt mit geradem Rücken und achtet darauf, dass man nicht die Ellenbogen auf den Tisch stützt.*

- *Man führt das Besteck zum Mund und beugt sich nicht wie „ein alter Hund über den Napf".*

- *Ein Messer wird nicht in den Mund gesteckt und der Löffel nicht von allen Seiten abgeschleckt.*

- *Macht man beim Essen eine Pause, legt man das Besteck gekreuzt auf den Teller, beim Beenden der Mahlzeit wird es rechts oder links nebeneinander auf den Teller gelegt.*

- *Auch bei noch so großem Appetit: Der Teller wird nicht zu voll gehäuft.*

- *Man spricht nicht mit vollem Mund, schlürft und schmatzt nicht.*

- *Stoffservietten werden nach dem Essen gefaltet links neben den Teller gelegt, Papierservietten leicht geknüllt auf den Teller.*

(vgl. Gräfin Schönfeldt, 1991, S. 175 ff.)

Aufgabe

Überlegen Sie: Welche Rituale und Normen im Zusammenhang mit dem Essen sind mir wichtig?

Umgangsformen im beruflichen Alltag sind ähnlich wie in anderen Bereichen des täglichen Lebens. Einige Regeln seien hier noch einmal aufgeführt.

Umgangsformen

- *Mitarbeiter werden grundsätzlich gesiezt. Wird das „Du" angeboten, sollte man sich vorsichtig anpassen, d. h., zunächst nur die Kolleginnen duzen, die dieses ausdrücklich wünschen.*

- *Wer einen Raum betritt, grüßt alle anderen.*

- *Kolleginnen werden dann mit Handschlag begrüßt, wenn es in der betreffenden Einrichtung üblich ist. Ansonsten genügt auch ein freundlicher Gruß.*

- *Ob der Vorgesetzte mit Handschlag begrüßt wird, hängt von seinem Verhalten ab. So wartet man höflich ab, ob er andere mit Handschlag begrüßt.*

- *Betritt ein Vorgesetzter oder die Chefin den Raum, arbeitet man weiter, springt nicht gleich auf, sondern grüßt höflich vom Arbeitsplatz aus.*

- *Ist eine Tür verschlossen, wird akzeptiert, dass dieser Raum im Moment „Unbefugten" keinen Zutritt gewährt. Es wird angeklopft und abgewartet, bis man den Raum betreten und sein Anliegen vorbringen kann.*

(vgl. Gräfin Schönfeldt, 1991, S. 271 ff.)

Darüber hinaus gilt das Gebot, sich nicht in Angelegenheiten anderer einzumischen, nicht zu offen über das eigene Privatleben zu sprechen und **vor allem** keine betriebsinternen Angelegenheiten nach außen zu tragen.

Meine Praxisanleitung sagt, Lukas muss bald zur Sprachtherapie

Merke!
Wer Betriebsgeheimnisse öffentlich macht, macht sich strafbar!

Angestellte im öffentlichen Dienst sind dazu verpflichtet, Geheimnisse, die sie im Rahmen ihrer dienstlichen Tätigkeiten erfahren haben, nicht zu offenbaren, d.h., sie haben eine sogenannte **Verschwiegenheitspflicht (§ 203 StGB)**.

Aufgaben

Überlegen Sie, welche der folgenden Betriebsangelegenheiten der Schweigepflicht unterliegen und welche nicht. Begründen Sie Ihre Ansicht.
- bestehende ansteckende Krankheiten wie z. B. Windpocken, neue Grippe, Röteln,
- Namen von Kindern, Bewohnern usw.,
- Konzeption der Einrichtung,
- Beobachtungsprotokolle,
- Informationen über zukünftige Bewohner eines Altenpflegeheims, einer Wohnstätte für Menschen mit Behinderungen,
- Protokolle von Teamsitzungen,
- Telefonnummern oder Adressen von Kollegen,
- Einladung zum „Tag der offenen Tür" einer Kindertagesstätte.

3 Der Einzelne und die Gruppe

Beispiel
Am ersten Schultag eines Berufskollegs für Sozial- und Gesundheitswesen versammeln sich 27 neue Schüler, um die nächsten zwei Jahre gemeinsam im Klassenverband zu verbringen. Die meisten Schüler kennen sich nicht und soziale Beziehungen haben sich daher noch nicht entwickelt. Alle schauen voller Erwartung auf die Klassenlehrerin, die erste Informationen zur Organisation der schulischen Ausbildung geben möchte.

Aufgabe

Überlegen Sie kurz, bevor Sie weiterlesen:
Handelt es sich bei dieser Schulklasse bereits um eine Gruppe?

Zum Zeitpunkt ihrer Aufnahme in die neue Schulklasse versammeln sich 27 Schüler und Schülerinnen am gleichen Ort, zur gleichen Zeit, sie haben geringe soziale Kontakte und ihr gemeinsames Verhalten ist durch die Erwartung gekennzeichnet „Was kommt auf uns zu?" Sie arbeiten und kommunizieren noch nicht miteinander. So handelt es sich bei einer Schulklasse in der Anfangssituation um eine **flüchtige Gruppe**, die auch als **Aggregat** bezeichnet wird.

Insbesondere wird die Lehrerin dafür sorgen, dass aus dieser **flüchtigen Gruppe** bald eine sogenannte **soziale Gruppe** wird. Was ist hiermit gemeint?

Der Begriff „**soziale Gruppe**" wird von vielen Soziologen und Sozialpsychologen unterschiedlich definiert. Aus diesem Grunde sollen hier nur einige typische Merkmale einer **sozialen Gruppe** herausgestellt werden.

Soziale Gruppen zeichnen sich aus durch:
- eine bestimmte Anzahl von Mitgliedern (mehr als zwei),
- ein sogenanntes „Wir-Bewusstsein",
- bestimmte Ziele und Interessen,
- eine bestimmte Dauer und Kontinuität der Gruppe,
- zwischenmenschliche Beziehungen innerhalb der Gruppe,
- eine innere Struktur: bestimmte Rollen- und Positionsunterschiede,
- eine einheitliche Struktur nach außen, d. h. bestimmte Formen der Außenbeziehungen.
(vgl. Doer/Schneider, 1978, S. 26.).

Gerade der Unterricht in Kleingruppen, die zusammenarbeiten, indem sie arbeitsteilig ein gemeinsames Ziel ansteuern, trägt dazu bei, dass die Mitglieder der anfänglich **flüchtigen Gruppe** durch den allmählichen Aufbau sozialer Beziehungen ein „Wir-Gefühl" entwickeln. Dieser Prozess wird durch das Verhalten des Lehrers entscheidend mitbestimmt (siehe hierzu auch Kapitel 3.2.2).

3.1   Die Rolle des Einzelnen in der Gruppe

Menschen nehmen am gesellschaftlichen Leben teil und „spielen" ihre Rolle entsprechend des Platzes, den sie in der Gesellschaft einnehmen. Dieser Platz wird als **soziale Position** bezeichnet.

> *Merke!*
> *Die Gesamtheit der Erwartungen, die an den Inhaber einer Position gestellt werden, nennt man soziale Rolle.*

Von einem Krankenpfleger wird beispielsweise erwartet, dass er fachlich kompetent, fürsorglich und verantwortungsbewusst handelt.

> *Merke!*
> *Alles, was also von dem Krankenpfleger erwartet wird – seine Fachkompetenz, seine Fürsorglichkeit, sein Verantwortungsbewusstsein – macht seine soziale Rolle aus.*

Jeder Mensch hat so viele Rollen, wie er Mitglied in unterschiedlichen Gruppen ist.

So gehört der Krankenpfleger (Beispiel S. 28) u. a. folgenden Gruppen an:
- **Familie** → Ehemann, Vater
- **Krankenhauspersonal** → Krankenpfleger, Angestellter, Mitglied in der Mitarbeitervertretung

3.1.1 Rollenerwartungen

Jeder Rollenträger sieht sich mit verschiedenen Erwartungen konfrontiert. Nicht alle Erwartungen sind jedoch gleichwertig. Der Befolgungsgrad der Erwartungen richtet sich danach, ob es sich um **Muss-**, **Soll-** oder **Kann**-Erwartungen handelt.

> *Merke!*
> *Muss–Erwartungen:*
> *Es ist selbstverständlich, diese Erwartungen zu erfüllen, bei Nichterfüllung ist mit Strafen zu rechnen. Zu dieser Art von Erwartungen zählen beispielsweise Gesetze.*

Beispiel
Ärztliche Unfallhilfe: Bei Unterlassung erfolgt eine Anklage.

> *Merke!*
> *Soll-Erwartungen:*
> *Wie der Name bereits sagt, sollten diese Erwartungen, die z. B. in Form von Satzungen von Vereinen oder Betrieben festgelegt werden, erfüllt werden. Die Erfüllung wird in der Regel nicht eigens belohnt, die Nichterfüllung kann zu einer Bestrafung führen (z. B. Missbilligung oder Tadel). Hierzu zählen u. a. Vereinbarungen, Sitten und Gebräuche.*

Beispiel
Von einem Krankenpfleger wird erwartet, dass er regelmäßig an Fortbildungen teilnimmt.

> *Merke!*
> *Kann-Erwartungen:*
> *Es handelt sich um völlig freiwillige Leistungen, die in aller Regel belohnt werden, z. B. in Form von Dank und Anerkennung. Bei Nichterfüllung erfolgen keine negativen Sanktionen wie z. B. Strafen oder Tadel. Hierzu zählen beispielsweise Gefälligkeiten und soziales Verhalten.*

Beispiel
Die Sozialpädagogin der Kinderstation im Krankenhaus kann, muss aber nicht, dem schwerkranken Patienten nach Dienstschluss etwas vorlesen, um ihn etwas aufzumuntern.
(vgl. Doer/Schneider, 1978, S. 46 f.)

Formulieren Sie **Muss-**, **Kann-** und **Soll**-Erwartungen für Ihre Schülerrolle.

3.1.2   Rollenkonflikte

Wenn die Erwartungen von zwei oder mehreren Parteien nicht in Einklang zu bringen sind, sprechen wir von einem **Inter-Rollenkonflikt**.

Beispiel
Fabian arbeitet in einem Wohnheim
für Menschen mit Behinderungen.
Wie jedes Jahr plant die Gruppe
auch diesmal, in den letzten drei
Wochen der Sommerferien gemeinsam in ein Ferienhaus nach Norwe-
gen zu fahren.
Die Gruppe wie auch der dort tätige
Sozialpädagoge, rechnet fest damit,
dass Fabian sie begleiten wird. Fabian

hat bereits geplant, mit seiner Freundin, einer Erzieherin, in den Urlaub zu fahren, wenn der Kindergarten, in dem sie arbeitet, schließt.
Er erfährt, dass die Einrichtung in diesem Jahr in den letzten drei Sommerferien-wochen schließen wird.

Wenn innerhalb einer Gruppe an eine Person oder Partei widersprechende Erwartungen geknüpft werden, sprechen wir von einem **Intra-Rollenkonflikt**.

Beispiel
Frau Müller, die neu gewählte Elternvertreterin des Kindergartens,
plant gemeinsam mit dem Kindergartenteam und anderen Eltern das
alljährlich stattfindende Sommerfest. Die Mitarbeiterinnen hoffen,
dass Frau Müller sich ihrem Vorschlag anschließen wird, das Fest
an einem Nachmittag durchzuführen und um 19.00 Uhr zu beenden.
Die anderen Eltern möchten, dass
Frau Müller sich dafür einsetzt,
nach dem Sommerfest noch eine
Party für die Eltern einzuplanen.
Beide Parteien wünschen, dass die
Elternvertreterin sich jeweils für
ihre Interessen einsetzt.

3.1.3 Untersuchungen von Beziehungsstrukturen in sozialen Gruppen (soziometrischer Test)

In jeder **sozialen Gruppe** wird schnell auch eine bestimmte Beziehungsstruktur sichtbar. Die einzelnen Gruppenmitglieder sind sich sympathisch oder lehnen sich ab, stehen im Mittelpunkt oder eher außerhalb des Gruppengeschehens und nehmen aufgrund ihres Verhaltens bestimmte „Typenrollen" ein. Das heißt:

> **Merke!**
> *Die Gruppenmitglieder einer sozialen Gruppe haben bestimmte Stellungen inne. Es lassen sich insbesondere erkennen: Gruppenführer/Star, Außenseiter/Sündenbock, Mitläufer/Unbeachteter, usw. (vgl. Doer/Schneider, 1978, S. 33).*

Die Rangplätze des **Gruppenführers** und des **Außenseiters** finden hierbei besondere Beachtung.

Interessant zu beobachten ist, dass die **Rolle des Gruppenführers** nicht mit uneingeschränkter Macht verbunden ist. Der **Gruppenführer** ist zwar stärker als jedes andere Gruppenmitglied und kann bestimmen, jedoch ist er gleichzeitig schwächer als die Gruppentradition und so gezwungen, diese zu akzeptieren.

Der **Außenseiter** oder „Sündenbock" erfüllt die wichtige Funktion, den Zusammenhalt in der Gruppe zu fördern, indem er für alles verantwortlich gemacht wird, was an Negativem in der Gruppe passiert.

Um die Rangordnung innerhalb einer Gruppe zu verdeutlichen, entwickelte der amerikanische Psychologe Jacob Levy Moreno das sogenannte **Soziogramm** (siehe Grafik auf S. 33 oben).

Zunächst wird die **Gruppenstruktur** unter dem Aspekt einer positiven bzw. negativen Wahl untersucht. Mithilfe von Fragen an jeden Einzelnen wird das Beziehungsgeflecht sichtbar gemacht und danach grafisch dargestellt (vgl. Doer/Schneider, 1978, S. 33).

Beispiel
Ergebnis einer Befragung in einer Teilgruppe einer Schulklasse am Berufskolleg: „Mit wem aus dieser Gruppe arbeitest du gerne im Fach „Fachpraxis Ernährung und Hauswirtschaft" zusammen/mit wem nicht?"

Wähler / Gewählte	Christina	Benedikt	Cosima	Darius	Elena	Franziska	Gina	Hendrik	Ina	Johannes	Erhaltene Stimmen	positiv	negativ
Christina				+							1	1	–
Benedikt	–			+							2	1	1
Cosima				+						+	2	2	–
Darius	+	+	+		+			+	+	+	7	7	–
Elena		–									1	–	1
Franziska			–	–	–		–		–	–	6	–	6
Gina											–	–	–
Hendrik					+						1	1	–
Ina					+			–			2	1	1
Johannes			+								1	1	–
Abgegebene Stimmen	2	2	3	6	2	–	1	2	2	3			
Positiv	1	1	2	5	1	–	–	1	1	2			
Negativ	1	1	1	1	1	–	1	1	1	1			

Die Beziehungen werden dann in einer Grafik aufgezeichnet, indem die Wahlen durch Pfeile verdeutlicht werden:

———————————► durchgezogene Linien = positive Wahlen

---------------► unterbrochene Linien = Ablehnung

So erfährt man etwas über die Stellungen der einzelnen Mitglieder innerhalb der Gruppe:
- Gruppenführer/Star ist derjenige, der die meisten positiven Stimmen erhält.
- Der Außenseiter oder auch Sündenbock erhält die meisten negativen Stimmen.
- Personen, die keine oder nur wenige positive sowie negative Stimmen erhalten, werden als „Mitläufer", „Randfiguren" oder „Unbeachtete" bezeichnet.

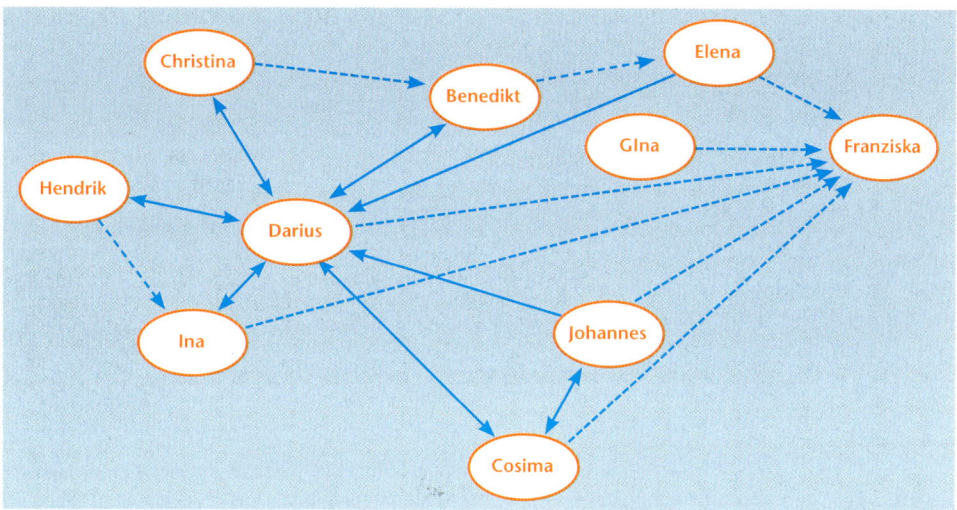

Aus dieser Grafik lässt sich leicht Darius als **Gruppenführer oder Star** mit sieben positiven Nennungen und Franziska hingegen als **Sündenbock** mit sechs negativen Nennungen und keiner positiven Wahl bestimmen.

Es ist zu beobachten, dass die Art und Weise wie die Beziehungen innerhalb der sozialen Gruppe ablaufen, stark von der bestehenden Rangordnung abhängig ist. So ist der Kontakt der Gruppenmitglieder untereinander bei einer stark vom Gruppenführer abhängigen Gruppe geringer als bei einer eher auf Gleichberechtigung ausgerichteten Gruppe.

Aufgaben

Stellen Sie die Beziehungen Ihrer Lerngruppe mithilfe eines sogenannten „Schuh-Soziogramms" dar, indem Sie folgendermaßen vorgehen (vgl. Antons, 1998, S. 20):

1. Bilden Sie einen Stuhlkreis.

2. Jeder Teilnehmer zieht einen Schuh aus und stellt ihn vor sich auf den Boden. Der zweite Schuh bleibt jeweils am Fuß, damit deutlich wird, wem der für das Soziogramm genutzte Schuh gehört.

3. Ein Teilnehmer stellt nun die Schuhe so hin, wie er die Gruppe erlebt oder erleben möchte. Dabei kann ein imaginäres Achsenkreuz als Orientierung dienen.

4. Erlebte oder gewünschte Beziehungen können dann durch Zu- oder Abkehren der Schuhspitzen, Nebeneinanderstellen der Schuhe usw. dargestellt werden.

3.2 Die Gruppe – Begriffsbestimmung und Merkmale

3.2.1 Die Entwicklung einer Gruppe

Die Entwicklung einer Gruppe, egal ob es sich hierbei um eine Schulklasse, eine Jugend-
gruppe oder eine Gruppe von Senioren handelt, verläuft immer in ähnlicher Art und
Weise.
Bernstein und Lowy haben diesen sogenannten **Gruppenentwicklungsprozess** in fünf
Phasen unterteilt:
- Orientierungsphase
- Machtkampfphase
- Vertrautheits- oder Intimitätsphase
- Differenzierungsphase
- Abschlussphase

(vgl. Bernstein/Lowy, 1975, S. 57 ff.)

Unabhängig von der Zusammensetzung und Aufgabenstellung einer jeweiligen Gruppe
zeigen die Gruppenmitglieder in den genannten Phasen bestimmte Verhaltensweisen –
auftretende Probleme gleichen sich. Der jeweilige Gruppenleiter sollte sich aus diesem
Grunde in bestimmter Weise den Gruppenmitgliedern zuwenden.
Im Folgenden werden die einzelnen Phasen mit ihren typischen Merkmalen anhand
von Beispielen aus der sozialpädagogischen Praxis näher beschrieben.

Orientierungsphase

In der Anfangsphase fühlen sich die einzelnen Gruppenmitglieder noch sehr unsicher
in der neuen Situation. Die meisten sind eher zurückhaltend, beobachten das Geschehen und fixieren sich auf die Gruppenleitung. Einzelne Teilnehmer, die in dieser Phase
versuchen, Einfluss durch dominantes und provozierendes Verhalten zu nehmen,
werden von den anderen abgelehnt. Der Einzelne sucht nach Wegen, die anderen kennenzulernen, hat aber noch starke Schwierigkeiten dabei, weil er nicht weiß, wie er sich
verhalten soll.

Beispiel

Lisa (3), Karla (4) und Florian (3)
besuchen seit einer Woche dieselbe
Gruppe der Kindertagesstätte „Aure-
lia".
Im morgendlichen Freispiel beschäftigt sich jeder von ihnen alleine oder
spielt mit einer der beiden Erzieherinnen ein Gesellschaftsspiel. Gelegentlich schauen sie den anderen
Kindern bei ihrem Spiel zu, wenden
sich dann aber schnell wieder ab.

Findet ein Stuhlkreis statt, beteiligen sich Lisa und Karla nicht an den Spielen,
sondern beobachten das Singen und Spielen der anderen Kinder. Florian wagt sich
ab und zu ungefragt in die Mitte und versucht mitzuspielen, ohne sich jedoch an
die entsprechenden Spielregeln zu halten.

Aufgaben

1. Vergleichen Sie die Ausführungen zu dieser Phase mit Ihren eigenen Gruppenerfahrungen, indem Sie in der Kleingruppe darüber sprechen, wie es Ihnen in der ersten Zeit in dieser Lerngruppe ergangen ist.

2. Welche Möglichkeiten sehen Sie, Kindern, Jugendlichen, älteren Menschen oder Menschen mit Behinderungen die Eingewöhnung in eine neue Gruppe zu erleichtern? Halten Sie Ihre Überlegungen hierzu schriftlich fest.

Machtkampfphase

In dieser Phase klärt jeder Einzelne seine Position ab, die er in der Gruppe einnehmen möchte. Vielen Teilnehmern ist es wichtig, Einfluss auf das Gruppengeschehen zu nehmen und Macht auszuüben. Dies wird mit allen Mitteln versucht.

Der Einzelne zeigt seine starken Seiten, versucht seine Interessen durchzusetzen und sucht Verbündete. So entstehen Rivalität und Konkurrenzdenken.

Zum Teil geschieht es, dass sich die Gruppenmitglieder gegen die Leitung auflehnen. Einigen Gruppen gelingt es nur schwer, diese Phase jemals zu überwinden, andere Gruppen fallen zum Teil auch immer dann in diese „Nahkampfphase" zurück, wenn es darum geht, neue Entscheidungen zu treffen.

Beispiel

Beim vierten Treffen einer Freizeitgruppe für zehn Erwachsene mit leichterer geistiger Behinderung bietet die Tagespraktikantin Katja an, ein Märchenstück für Kinder mit Behinderungen einzuüben.

Klaus und Paul, die zusammen in einem Wohnheim leben, schlagen dann das Märchen „Der Wolf und die sieben Geißlein" vor und wollen auch Kostüme dafür anfertigen. Peter lehnt sich gegen den Vorschlag auf und schreit Katja an: „Du spinnst  wohl, wir sind doch nicht behindert, bei so einem Kinderkram mache ich nicht mit." Dieser Meinung schließen sich drei Gruppenmitglieder an, die anderen äußern sich gar nicht dazu.

Katja schlägt vor, die Entscheidung, was gespielt werden soll, am nächsten Gruppenabend zu treffen.

Zum nächsten Treffen finden sich sechs der zehn Mitglieder wieder ein, Peter und drei weitere Frauen möchten nicht mehr kommen.

Vertrautheits- oder Intimitätsphase

In dieser Phase entwickelt sich ein deutliches Wir-Gefühl, das dem Einzelnen Sicherheit vermittelt. Treten Probleme auf, können diese offen angesprochen werden. Jeder weiß, wo er in der Gruppe steht. Stärken und Schwächen der einzelnen Mitglieder sind bekannt und werden von den anderen akzeptiert. Aufgaben werden gemeinsam gelöst, indem sich jeder Einzelne mit seinen Fähigkeiten in das Gruppengeschehen einbringt.

Die eigene Gruppe wird so wichtig genommen, dass Außenkontakte fast gar nicht zustande kommen. Von außen wirkt es so, als schirme sich die Gruppe gegen die Außenwelt ab.

Der Gruppe ist es in dieser Phase besonders wichtig, tragfähige Entscheidungen zu treffen, wodurch das Gruppenergebnis zunehmend verbessert wird.

Beispiel

Im Altenclub „Die wilden 80er", der von der ehrenamtlichen Mitarbeiterin Frau Wagner geleitet wird, bastelt man eifrig für den bevorstehenden Weihnachtsbasar.

Zwei Damen stricken Strümpfe und tauschen ihre gesammelten Strickmuster aus.

An den Holzarbeiten möchten sich viele der älteren Menschen beteiligen.

Es wird deutlich, dass Frau Kelm am besten mit dem Werkzeug umgehen kann, Herr Müller und Frau Kieser sehr viel Geschick beim Ausmalen zeigen, während die anderen Interessierten aufgrund ihres Alters einige feinmotorische Schwierigkeiten zeigen.

Frau Wagner bietet der Gruppe an, die Schmirgelarbeiten zu übernehmen, was diese akzeptiert. Jeder hat eine Aufgabe und ist zufrieden.

Differenzierungsphase

Die Gruppenaufgabe wird weiterhin verfolgt, jedoch gelingt es zunehmend, auch mit anderen Gruppen außerhalb der eigenen Gruppe zusammenzuarbeiten.

Jeder freut sich über die unterschiedlichen Fähigkeiten und Eigenarten der einzelnen Gruppenmitglieder und kann darin eine Bereicherung für die Bewältigung einer zielorientierten Aufgabe sehen.

Beispiel

In der vor vier Monaten gegründeten Kochgruppe des städtischen Jugendzentrums „Go West" herrscht große Zufriedenheit. Jeder der acht Jugendlichen, die am Kochkurs teilnehmen, hat seine Aufgabe gefunden. Zwei Mädchen sind hauptverantwortlich für den Einkauf, drei Jugendliche sind Ansprechpartner, wenn es um die Zubereitung der Vorspeisen und des Nachtisches geht, während die anderen sich um das jeweilige Hauptgericht kümmern. Die ausgebildete Sozialhelferin Angelika, welche die Gruppe leitet, verwaltet die Kochkasse und gibt Tipps bezüglich günstiger Einkaufsmöglichkeiten.

Carlos hat einen Freund, der in der kirchlichen Jugendarbeit engagiert ist. Dieser besucht die Gruppe hin und wieder und es wird überlegt, ob die beiden Gruppen sich einmal besuchen sollen.

Jeder in der Gruppe hat seine Aufgabe gefunden und arbeitet intensiv daran, sodass es kaum zu Problemen kommt. Die gemeinsame Aufgabe stellt jeden zufrieden.

Abschlussphase

Eine Gruppe löst sich auf, wenn das Zusammensein als nicht mehr so spannend erlebt wird oder aber die Gruppenaufgabe erfolgreich beendet wurde (z.B. Beendigung einer Ferienfreizeit für Jugendliche).

Viele Mitglieder empfinden diese Trennung dennoch als schmerzhaft und schieben den Gedanken an die endgültige Trennung so weit wie möglich hinaus. Es kann auch passieren, dass jemand gesucht wird, der für das Auseinanderfallen der Gruppe verantwortlich zu sein scheint.

Beispiel

Am letzten Abend des Kuraufenthaltes der zwanzig zwölf- bis 15-jährigen Jugendlichen, die aufgrund von Ernährungsstörungen eine dreiwöchige Kur in einem Kurheim absolvieren, stellen Kleingruppen die Ergebnisse ihrer durchgeführten Freizeitaktivitäten vor. Es handelt sich dabei um selbst geschriebene Geschichten und Lieder, selbst erstellte Schmuckstücke, und es wird sogar ein einstudiertes Theaterstück aufgeführt.

Während des Abends werden zwischen den Jugendlichen Adressen ausgetauscht und einige Jugendliche beschließen, sich in regelmäßigen Abständen nach der Kur zu treffen.

Die sozialpädagogischen Mitarbeiter führen zum Schluss noch einige Abschiedsspiele mit allen Jugendlichen durch, reflektieren gemeinsam die Kurerfolge und wünschen den Jugendlichen für die morgige Heimreise alles Gute.

> *Merke!*
> *Die verschiedenen Phasen verlaufen in der Regel nicht schematisch. Sie können unterschiedlich lang und intensiv sein. Zudem ist es möglich, dass eine Gruppe beispielsweise durch den Eintritt neuer Mitglieder in eine vorherige Phase zurückfällt.*

Aufgaben

1. Entscheiden Sie sich in der Kleingruppe für eine bestimmte Situation, die Sie in einem Rollenspiel oder als Pantomime darstellen möchten (z.B. Vorbereitung eines Festes während der Jugendgruppenstunden, Einüben eines Tanzes für einen Großelternnachmittag im Kindergarten usw.).

2. Spielen Sie diese Situation in einer ausgewählten Gruppenphase durch, indem Sie typische Merkmale dieser Phase auf die Situation übertragen.

3.   Stellen Sie Ihr Ergebnis der Lerngruppe vor, die erraten muss, um welche Phase es sich handelt.

3.2.2 Gruppenleiterregeln

Leiter größerer und kleinerer Gruppen nehmen durch ihr Verhalten Einfluss auf das Gruppengeschehen. Zielgerichtetes Einwirken kann der Gruppe helfen, soziale Prozesse in Gang zu setzen. So ist es hilfreich, wenn Gruppenleiter unterschiedlicher Gruppen (Klassengruppe, Jugendgruppe, Altenclub, Kindergruppe usw.) die jeweilige Situation ihrer Gruppe gezielt in den Blick nehmen.

Durch Beachtung bestimmter allgemeingültiger Regeln kann die Gruppe in jeder einzelnen Phase dabei unterstützt werden:
- richtige Arbeitsmethoden zu finden
- Beiträge, Handlungen Einzelner untereinander zu koordinieren
- Entscheidungen zu treffen

Im Folgenden wird die jeweilige Situation, in der sich die Gruppenmitglieder in den einzelnen Gruppenentwicklungsphasen befinden, beschrieben.

Insbesondere richtet sich hier der Blick auf das Verhältnis „Gruppe/Leitung". Die daraus abgeleiteten allgemeingültigen Regeln für die Gruppenleitung sind als Anregung zu verstehen, die helfen können, Gruppenprozesse zu fördern.

Orientierungsphase

Die einzelnen Gruppenmitglieder haben keine Gemeinsamkeiten, außer dass sich alle in der gleichen Situation befinden.
Die Gruppenleitung ist Fixpunkt für alle Teilnehmer und wird als Orientierungshilfe angesehen (vgl. Herrmann/Weber, 1999, S. 22).

Regeln zur Förderung von Gruppenprozessen in dieser Phase

- *Vermitteln Sie den Gruppenmitgliedern Sicherheit und informieren Sie sie, indem Sie sie mit Vorhaben in der Gruppe vertraut machen.*

- *Seien Sie aktiv in dieser Phase und gehen Sie auf Außenstehende zu, die Hilfestellung benötigen.*

- *Schaffen Sie eine ungezwungene Atmosphäre, indem Sie sich und Ihre Kollegen vorstellen, die Gruppenmitglieder jedoch noch nicht verpflichten, viel über sich zu erzählen.*

- *Zeigen Sie den Gruppenmitgliedern die neue Umgebung.*

Machtkampfphase

Erwartungen der Mitglieder werden erstmalig wahrgenommen. Eine Rangordnung entsteht. Zum Teil kommt es zu Schwierigkeiten in der Verständigung untereinander, wodurch auch die Entscheidungsfindung erschwert wird. Die Leitung wird provoziert.

Regeln zur Förderung von Gruppenprozessen in dieser Phase:

- Bieten Sie den Gruppenmitgliedern Raum, um ihren Platz innerhalb der Gruppe zu finden, setzen Sie aber auch bestimmte Grenzen.

- Versuchen Sie, sich bei auftretenden Konflikten möglichst herauszuhalten, bieten Sie einzelnen Mitgliedern jedoch Schutz bei körperlichen und verbalen Angriffen.

- Stellen Sie Ihren eigenen Standpunkt der Gruppe klar und deutlich dar und machen Sie nicht zu viele Zugeständnisse.

- Reagieren Sie nicht ausfallend auf persönliche Angriffe.

Vertrautheits- und Intimitätsphase

Die Gruppenmitglieder kennen Normen und Regeln. Alle sind bemüht, sich in und für die eigene Gruppe zu engagieren und möchten das Gruppenziel so gut wie möglich erreichen. Dadurch ist die Gruppe stark auf sich fixiert, hat kaum Außenkontakte und sieht neue Mitglieder als Eindringlinge an. Die Gruppenmitglieder können die Abhängigkeit von der Leitung gut akzeptieren, ohne sich entmündigt zu fühlen. (vgl. Herrmann/Weber, 1999, S. 22)

Regeln zur Förderung von Gruppenprozessen in dieser Phase

- Lassen Sie die Gruppe weitgehend selbstständig arbeiten.

- Bieten Sie der Gruppe da, wo es nötig ist, aktive Hilfe an.

- Fördern Sie die Bildung von Interessengruppen.

Differenzierungsphase

Die Gruppenaufgabe wird weiterhin zielorientiert verfolgt. Die Gruppe arbeitet selbstständig und kann Anregungen durch Kontakte zu Außenstehenden für die eigene Gruppe nutzen.
Die Leitung hat weiterhin die Aufgabe, der Gruppe unterstützend zur Seite zu stehen, kann Verantwortung jedoch auch auf Gruppenmitglieder übertragen.

Regeln zur Förderung von Gruppenprozessen in dieser Phase

- Verhalten Sie sich weitgehend passiv und übertragen Sie die Verantwortung der Gruppe.

- Nehmen Sie eine beratende Funktion ein.

- Stellen Sie Kontakte zu anderen Gruppen her.

Abschlussphase

Die Gruppenaufgabe ist beendet, Arbeitsergebnisse werden vorgestellt.
Alle erinnern sich an verschiedene Gruppenerlebnisse.
Die Leitung bereitet die Gruppe langsam auf den endgültigen Abschied vor.

Regeln zur Förderung von Gruppenprozessen in dieser Phase

- *Ermöglichen Sie den Gruppenmitgliedern, ihre Arbeitsergebnisse zu präsentieren.*

- *Helfen Sie der Gruppe bei der Auswertung der gemeinsamen Aktivitäten.*

- *Führen Sie mit der Gruppe Gespräche über gemeinsame Erlebnisse.*

- *Zeigen Sie Wege der weiteren Zusammenarbeit auf oder stellen Sie neue Aktionsmöglichkeiten vor.*

Aufgaben

1. Überlegen Sie in einzelnen Kleingruppen, in welcher Phase sich Ihre Klasse zurzeit befindet.

2. Erarbeiten Sie einige Regeln, welche die Lerngruppe in der nächsten Zeit beachten sollte, damit sich die Gruppe positiv weiterentwickeln kann.

Der Einzelne und die Gruppe in den verschiedenen Gruppenphasen

Phase	Verhalten der Gruppenmitglieder (GM)	Situation	Aufgaben der Gruppenleitung
Orientierungsphase	- reserviert - freundlich - angepasst - unsicher und zurückhaltend - gespannt und neugierig - einige wenige GM verhalten sich dominant und provozierend - alle fixieren sich auf die Leitung	- jeder weiß, dass ein gemeinsames Ziel zu erreichen ist, aber keiner kennt den Weg dorthin	- informiert über Gruppenaufgabe und Gegebenheiten in der neuen Umgebung - wählt geeignete Kennenlernmethoden aus
Machtkampfphase	- Streben nach Macht - Rivalität und Konkurrenzdenken - jeder will seine Interessen durchsetzen - Suche nach Gleichgesinnten - Mitglieder lehnen sich gegen die Leitung auf	- Rangordnungen entstehen - Meinungs- und Verständigungsschwierigkeiten lassen sich beobachten	- lässt die Gruppe innerhalb deutlicher Grenzen gewähren - hilft bei auftretenden Problemen

Vertrautheits- oder Intimitätsphase	■ fühlen sich sicher und angenommen ■ Probleme werden angesprochen ■ jeder übernimmt eine Aufgabe entsprechend seiner Fähigkeiten ■ Zufriedenheit ■ GM können Hilfen von der Leitung als Bereicherung ansehen	■ ein Wir-Gefühl entwickelt sich ■ Aufgaben werden gemeinsam gelöst ■ die Gruppe bildet eine Einheit gegenüber anderen Gruppen ■ tragfähige Entscheidungen werden getroffen	■ unterstützt die Gruppe bei allen Vorhaben ■ tritt mehr in den Hintergrund, bietet jedoch Hilfe an, wenn diese benötigt wird
Differenzierungsphase	■ freuen sich über die Fähigkeiten der anderen GM ■ Hilfsbereitschaft ■ jeder setzt seine Fähigkeiten ein ■ sind offen für Einflüsse von außen	■ zielorientiertes Arbeiten ermöglicht hohe Erfolgserlebnisse ■ Aufgabe wird unter Einsatz der Fähigkeiten aller gemeinsam gelöst	■ überträgt die Verantwortung auf die Gruppenmitglieder ■ stellt Kontakte zu anderen Gruppen her
Abschlussphase	■ empfinden Gedanken an endgültige Trennung als schmerzhaft ■ schieben Abschied hinaus ■ knüpfen neue Verbindungen	■ Gruppe löst sich langsam auf ■ Gruppenaufgabe wurde erfüllt	■ bereitet die Gruppe auf den Abschied vor ■ findet Möglichkeiten der Auswertung ■ unterstützt Anschluss an andere Gruppen

(vgl. Herrmann/Weber, 1999, S. 22)

■ *Literaturtipp:*

Metzinger, Adalbert: Arbeit mit Gruppen, Freiburg im Breisgau, Lambertusverlag 1999. Wichtige Grundbegriffe zur Arbeit mit unterschiedlichen Gruppen werden übersichtlich und leicht verständlich erläutert. Zahlreiche Aufgaben, Anregungen und Fallbeispiele veranschaulichen die vorgestellten theoretischen Grundlagen zur Arbeit mit Gruppen.

3.3 Meine neue Gruppe/Klasse und ich

Beim ersten Zusammentreffen einer Gruppe, wie beispielsweise einer Schulklasse, bewegen die einzelnen Gruppenmitglieder eine Reihe von Fragen:
■ Wen möchte ich näher kennenlernen?
■ Wie soll ich mich verhalten, um mit ihm/ihr ins Gespräch zu kommen?
■ Was machen die anderen, wenn sie nicht hier sind?
■ Was erwartet der Gruppenleiter/Lehrer von uns?

Kennenlernspiele können den Gruppenmitgliedern in ungezwungener Weise die Kontaktaufnahme und die Orientierung in der neuen Gruppe erleichtern. Durch diese Spiele können anfängliche Ängste und Unsicherheiten abgebaut werden. Sie dienen insbesondere dem Kennenlernen untereinander wie auch der Gewöhnung an die Situation in einer neuen Umgebung.

Kennenlernspiele sind für alle Altersgruppen, d. h. für Kinder, Jugendliche und Senioren gleichermaßen geeignet.

Bei der Auswahl konkreter Kennenlernspiele aus Büchern und Spielkarteien helfen Angaben zum Alter der Spieler, zur Anzahl der möglichen Teilnehmer usw., um für eine bestimmte Gruppe die geeigneten Spiele zu finden.

Spielformen, die in der Phase der ersten Orientierung nicht ausgewählt werden sollten

- *Spiele, bei denen intensiver Körperkontakt von den einzelnen Mitspielern gefordert wird, da sich die meisten Gruppenmitglieder zunächst nur aus der Distanz betrachten und überlegen, mit wem sie auf Dauer engeren Kontakt wünschen.*

- *Spiele mit sehr persönlichen Fragen, denn Gruppenmitglieder möchten in der Anfangssituation zunächst herausfinden, wem sie persönliche Dinge erzählen möchten.*

- *Spiele, bei denen sich einzelne Mitspieler vor der Gesamtgruppe präsentieren müssen, weil die Gruppenmitglieder zum größten Teil noch schüchtern und zurückhaltend in der Gruppe reagieren.*

- *Spiele, die ein hohes Maß an bestimmten Bewegungen fordern (z. B. Tanzspiele). Viele Gruppenmitglieder reagieren am Anfang peinlich berührt, wenn sie dazu veranlasst werden, rhythmische Bewegungen durchzuführen.*

Merke!
Bei einer Gruppe, deren Mitglieder sich nicht kennen, sollte man zunächst mit unverbindlichen und angstfreien Spielen beginnen, an denen sich alle Gruppenmitglieder gleichermaßen beteiligen können und der Einzelne sich in der Gesamtgruppe geschützt fühlt.

Folgende Spielformen können folgen:
- Kennenlernspiele für Paare, bei denen erstmalig intensivere Gespräche mit einer Person möglich werden
- Kennenlernspiele für Kleingruppen

3.3.1   Lockerungsspiele für die ganze Gruppe

Vorstellung mit Namen

Alter: ab 9 Jahren
Spieldauer: je nach Gruppengröße ca. 20 Minuten

Die Spielleiterin beginnt und stellt sich vor: „Ich heiße Anna, wohne in Aachen und esse gerne Ananas".
Der Name sollte stimmen, für Wohnort und Speise können all jene genommen werden, die mit dem Anfangsbuchstaben des Vornamens beginnen.
Reihum stellen sich alle auf diese Weise vor und wiederholen dabei alle bereits genannten Vorstellungen.
(vgl. Baer u. a., 1997, N 2)

Name mit Bewegung

Ich heiße Janina!

Mitspieler: ca. 10
Alter: ab 3 Jahren
Spieldauer: ca. 10 Minuten

Die Gruppe bildet einen Kreis. Alle stellen sich nacheinander mit Vornamen und begleitenden Bewegungen (siehe Beispiel unten) vor. Die ganze Gruppe wiederholt gemeinsam den Vorstellungssatz und die entsprechenden Bewegungen.

Beispiel:

Ich	(Spieler zeigt mit dem Finger auf sich)		*Du*	(alle zeigen mit dem Finger auf Janina)
heiße	(trampelt mit den Füßen)		*heißt*	(trampeln mit den Füßen)
Ja-ni-na	(klatscht die einzelnen Silben des Namens)		*Ja-ni-na*	(klatschen die einzelnen Silben des Namens)

(vgl. Baer u. a., 1997, N 1)

Kreuzworträtsel mit Namen

Mitspieler: 10–20
Alter: ab 9 Jahren
Spieldauer: 10 Minuten
Material: Stifte, Papier (möglichst kariert)

Jeder Spieler erhält ein Blatt kariertes Papier. Die Spieler schreiben ihren Namen (Vorname und Nachname) senkrecht oder waagerecht auf das Papier. Jeder versucht nun, alle Namen der Gruppenmitglieder kreuzworträtselartig seinem Namen zuzuordnen.
(vgl. Baer u. a., 1997, N 3)

3.3.2   Partnerspiele zum Kennenlernen

Partnerinterview

Mitspieler:	10–20
Alter:	ab 12 Jahren
Spieldauer:	ca. 40 Minuten
Material:	eventuell Stifte und Papier zum Notieren der Antworten

Paare setzen sich zusammen und interviewen sich ca. 20 Minuten gegenseitig.
Danach kommen alle wieder im Plenum zusammen und jeder Teilnehmer stellt der Gruppe seinen Partner anhand der Informationen vor, an die er sich erinnern kann.

Beispielfragen für die Partnerinterviews:
Name (Spitzname):
Alter:
Geschwister (auch: Reihenfolge):
Wohnort:
Hobbys:
Erwartungen an die Gruppe/Klasse:
(vgl. Bundesjugendwerk der AWO, 1982, S. 35)

Erinnerungskarten-Spiel

Mitspieler:	bis maximal 12 Spieler, bei mehr Spielern sollte man die Gruppe teilen
Alter:	ab 12 Jahren
Spieldauer:	ca. 30 Minuten
Material:	ein Blatt DIN A4 und farbige Stifte für jeden Spieler

Jeder Spieler wird aufgefordert, eine Erinnerungskarte von sich zu malen. Sie sollte Skizzen, Wörter und Bilder enthalten, z. B. von seinem Wohnort, seinen Hobbys oder Personen, mit denen er etwas zu tun hat.
Eine Karte kann aus einem ganzen Bild oder aber aus vielen kleinen Bildern bestehen. Kurze erklärende Stichworte können diese ergänzen.

Es bilden sich Paare, und jeder stellt in der Gruppe die Karte des Partners so vor, als ob er sie selbst gemalt hätte. Der Partner kann anschließend sagen, ob er „richtig" vorgestellt wurde. Der „Autor" kann die Vorstellung auch ergänzen. Nachfragen von allen sind erlaubt und erwünscht.
(vgl. Bundesjugendwerk der AWO, 1982, S. 34)

Partnersuche

Mitspieler: 11–15
Alter: ab 4 Jahren
Spieldauer: ca. 10 Minuten
Material: CD-Player und CD mit Musik

Alle Mitspieler gehen durch den Raum, während Musik gespielt wird. Dann stoppt die Musik und die Spielleiterin gibt die Anweisung: „Such dir einen Partner und gib ihm die Hand!" oder „Such dir einen Partner und nenne deinen Namen!" Wenn die Musik einsetzt, gehen alle wieder durch den Raum.
(vgl. vom Wege/Wessel, 2001, S. 41)

3.3.3   Kennenlernspiele für Kleingruppen

Atomspiel

Mitspieler: ab 15
Alter: ab 12 Jahren
Spieldauer: ca. 10–15 Minuten
Material: CD-Player und CD mit Musik

Alle Mitspieler gehen durch den Raum, während Musik gespielt wird. Dann stoppt die Musik, und die Spielleiterin ruft z. B.: „Drei Atome!"
Es bildet sich eine Kleingruppe mit der entsprechenden Personenzahl, wobei die Gruppenbildung möglichst spontan und schnell geschehen sollte. Die Mitspieler in der „Atomgruppe" nennen außer ihrem Namen drei Dinge und/oder Eigenschaften, die ihnen wichtig sind. (Beispiel: „Anna, Tanzen, Spaghetti, Schule"). Danach gehen alle wieder auseinander, bewegen sich einzeln zur Musik, bis die Spielleiterin die nächste Atomzahl ruft.

Informations-Kartenspiel

Mitspieler: Kleingruppen mit jeweils 6 Teilnehmern
Alter: ab 12 Jahren
Spieldauer: ca. 20 Minuten
Material: vorbereitete Fragekarten (siehe nächste Seite)

Die Karten werden verdeckt auf den Tisch gelegt. Reihum zieht jeder eine Karte und stellt an einen Mitspieler seiner Wahl die Frage, die auf der Karte steht.
Nachfragen, Gespräche, eigene Stellungnahmen sind nicht nur erlaubt, sondern vielmehr erwünscht.
(vgl. Bundesjugendwerk der AWO, 1982, S. 36)

Was machst du, wenn du nicht hier bist?	Gibt es eine bestimmte Speise, die du nicht magst? Welche?
Was verbindest du mit deinem Namen? Gab es ein bestimmtes Erlebnis damit, das du uns erzählen möchtest?	Warum hast du dich entschieden, hierher zu kommen? Was erwartest du von der Gruppe?
Welche Musikrichtung magst du am liebsten?	Gibt es einen Film, den du gesehen hast, über den du etwas Interessantes erzählen möchtest?
Könntest du dir vorstellen, einmal bei einer Talkshow dabei zu sein? Über welches Thema würdest du gerne sprechen?	Welche Eigenschaften schätzt du an anderen Leuten besonders?
Was würdest du machen, wenn du im Lotto eine große Summe gewinnen würdest?	Was hast du dir von diesem heutigen Tag und dem Zusammentreffen in der Gruppe erhofft?

3.3.4   Gruppenspiele zum Kennenlernen verschiedener Erwartungen an die Ausbildung und die zukünftige Berufsrolle

Erwartungs-Graffiti

Mitspieler:	beliebig
Alter:	ab 11 Jahren
Material:	große Plakate mit unvollständigen Sätzen, Stifte

Die Mitglieder einer Lern- oder Arbeitsgruppe werden aufgefordert, sich verschiedene Plakate mit unvollständigen Sätzen anzusehen, die der Lehrer oder Kursleiter vorbereitet hat. Es kann sich beispielsweise um folgende Satzanfänge handeln:

- Ich hoffe, wir werden hier ...

- Ich hoffe, wir werden hier nicht ...

- Dies wird ein erfolgreiches Arbeiten, wenn ...

- Dies wird ein unbefriedigendes Arbeiten, wenn ...

- Leute, die auf diese Plakate schreiben sind ...

- Meine größte Stärke ist ...

Die vollständigen Sätze werden vorgelesen und es kann ein Gespräch darüber entstehen, welche realistischen Ziele für die weitere Arbeit sich aus diesen Vorstellungen und Erwartungen ableiten lassen.

Anmerkung:
Es hat sich bewährt, die Plakate über einen längeren Zeitraum im Kursraum hängen zu lassen, um immer wieder zu prüfen: Entspricht unsere Arbeit noch den Bedürfnissen der Mitglieder? Haben sich unsere Ziele geändert? Warum?
(vgl. Vopel, 1976, S. 9 f.)

Die ersten fünf Minuten

Mitspieler: 10–20
Alter: ab 12 Jahren
Spieldauer: ca. 45 Minuten

Alle Mitspieler werden aufgefordert, sich einen Partner auszuwählen, mit dem Ziel, diesen besser kennenzulernen. Der Partner wird dann ca. drei Minuten dazu befragt, wie er die ersten fünf Minuten dieses Schul-/Seminartages verbracht hat: „Was waren deine ersten Gedanken und Gefühle?, Was hast du erwartet, gehofft, gewünscht?, Hast du schon über diese Stunde/diesen Kurs, die Teilnehmer nachgedacht?" …
Nach drei Minuten findet ein Rollenwechsel statt.

Dann kommen alle Mitspieler zusammen in den Kreis und berichten auf folgende Weise von dem Gespräch: Ein Paar beginnt, indem einer der beiden sich hinter seinen sitzenden Interviewpartner stellt und dem Plenum berichtet, wie dieser den Tag begonnen hat (alle hören zu, ohne einen Kommentar abzugeben).
Wurden alle Teilnehmer vorgestellt, findet ein Austausch über Gemeinsamkeiten und Unterschiede zum Tagungsbeginn statt und es wird überlegt, inwiefern diese in die nächste Arbeitseinheit einfließen können.
(vgl. Vopel, 1976, S. 7 f.)

Selbstbild – Fremdbild

Mitspieler: 10–20
Alter: ab 14 Jahren
Spieldauer: ca. 45 Minuten
Material: für jeden Teilnehmer einen DIN-A6-Bogen Papier und einen Bleistift

Die Mitspieler werden aufgefordert, jeweils drei Fähigkeiten und Fertigkeiten, die sie für den zukünftigen Beruf mitbringen, aufzuschreiben. Dann werden alle Zettel in die Mitte des Kreises gelegt, ohne sie jedoch mit Namen zu versehen.
Jeder aus der Lerngruppe nimmt dann einen Zettel aus der Mitte. Reihum liest jeder die drei Beschreibungen vor und versucht, zunächst selbst Vermutungen darüber anzustellen, wer sich hier beschrieben hat. Die Restgruppe hilft bei Unsicherheiten und äußert ebenfalls Vermutungen.

Der Betroffene selbst hält sich zurück, vergleicht seine selbst wahrgenommenen Fähigkeiten mit den Äußerungen der Gruppenmitglieder und erfährt so etwas darüber, wie er auf der Grundlage der ersten Eindrücke erlebt wird.
Wurden alle Zettel an den jeweiligen Besitzer zurückgegeben, folgt ein Auswertungsgespräch im Plenum:

- Wie weit passten die Äußerungen der anderen zu der Art und Weise, wie ich mich selbst sehe?

- Wie offen war die Gruppe während der Vorstellung?

- Über welche Teilnehmer habe ich viel erfahren oder war erstaunt über deren Fähigkeiten?

- Hat mich irgendeine Äußerung verletzt oder habe ich jemanden mit meiner Äußerung verletzt?

Gemeinsam wird dann überlegt, inwieweit sich die Fähigkeiten der einzelnen Gruppenmitglieder für die Zusammenarbeit in der Gruppe oder in kleineren Arbeitsgruppen für alle nutzbringend einsetzen lassen.
(vgl. Vopel, 1976, S.15 ff.)

Kartenspiel zur Auseinandersetzung mit Berufswunsch und Erwartungen an die Ausbildung

Mitspieler: Kleingruppen mit jeweils 6 Teilnehmern
Alter: ab 12 Jahren
Spieldauer: ca. 20 Minuten
Material: vorbereitete Fragekarten

Der Spielablauf gleicht dem des Informations-Kartenspiels. Die Karten werden auch hier verdeckt auf den Tisch gelegt. Reihum zieht jeder eine Karte und stellt an einen Mitspieler seiner Wahl die Frage, die auf der Karte steht .
(vgl. Bundesjugendwerk der AWO, 1982, S. 36)

Wie stellst du dir deine Ausbildungszeit hier vor?	Wovor hast du Angst in der Ausbildungszeit – was kann dir helfen, diese Ängste zu überwinden?
Wie bist du zu der Entscheidung gekommen, einen sozialen Beruf zu erlernen? Wer oder was hat dich beeinflusst?	Hattest du schon als Kind bestimmte Berufswünsche? Wenn ja, was hat dich an dem Beruf gereizt?
Vergleiche deine berufliche Tätigkeit mit den Berufen deiner Familie, deiner Verwandtschaft. Was fällt dir auf?	Welches ist momentan dein wichtigstes Ziel hier?
Welche Unterstützung wünscht du dir während deiner Ausbildung?	Welche sozialpflegerischen und -pädagogischen Arbeitsfelder hast du bereits kennengelernt? Was gefiel dir besonders an der Arbeit?
Wenn du dich heute entscheiden müsstest: – In welchem der vier Arbeitsbereiche würdest du am liebsten später arbeiten? – Einrichtungen der Kinder- und Jugendhilfe, – Einrichtungen der Familienpflege, – Einrichtungen der Altenhilfe, – Einrichtungen für Menschen mit Behinderungen	Was ist dir außerhalb deines Berufes noch wichtig? Wodurch schaffst du dir einen Ausgleich zu den vielen Anforderungen und Aufgaben, die ein sozialer Beruf mit sich bringt?

1. Sich bei einem gemeinsamen Frühstück ungezwungen kennenlernen

Beginnen Sie einen der ersten Tage in dieser Klasse/Gruppe mit einem gemeinsamen und selbst organisierten Frühstück. Beachten Sie bei der Organisation folgende Punkte:

- Welche Nahrungsmittel in welcher Menge sollten für das Frühstück eingekauft werden? (Liste erstellen und Aufteilung innerhalb der Gruppe)
- Ist genügend Geschirr usw. vorhanden oder muss etwas von zu Hause mitgebracht werden?
- Welche Regeln bezüglich der Esskultur sind uns wichtig und sollten eingehalten werden? (z. B. Tischdecke auflegen, Brot und Brötchen in Körben servieren usw.)
- Welche Sitzordnung wünschen wir? (z. B. ein langer Tisch oder mehrere kleine Tischgruppen)

2. Die neue Umgebung erkunden

Bilden Sie Kleingruppen von ca. vier bis fünf Personen. Beantworten Sie in der Kleingruppe nach einem Erkundungsgang durch die gesamte Schule die unten stehenden Fragen und notieren Sie Ihre Antworten.

Vergleichen Sie die Antworten Ihrer Gruppe nach ca. 30 Minuten mit den Antworten der anderen Gruppen.

- Wie viele Räume gibt es in der ganzen Schule?
- Wie viele Fachräume sind vorhanden? Welche Bezeichnungen haben die einzelnen Fachräume?
- Wie heißt der Hausmeister der Schule?
- Zu welchen Zeiten ist das Sekretariat geöffnet? Wie heißen die dort arbeitenden Personen?
- Wie viele Lehrkräfte arbeiten an der Schule? Wie heißt der Schulleiter, wie sein Stellvertreter?
- Wie viele Klassen gibt es an der Schule?
- Wo befindet sich das Anschlagbrett für die Vertretungspläne/wo das Schwarze Brett für Informationen?

Gehen Sie in den Schulgarten und bringen Sie einen Teil einer Pflanze mit. Notieren Sie den Namen dieser Pflanze.

3. Einen Steckbrief von sich erstellen

Entwerfen Sie auf einem DIN-A4-Papier einen Steckbrief, der später in der Klasse/im Gruppenraum aufgehängt wird. Achten Sie darauf, dass folgende Informationen enthalten sind:

- Bild oder Foto
- Name
- Geburtsdatum
- Hobbys
- Erwartungen und Wünsche an die Gruppe bzw. Klasse

Ergänzungen, die Ihnen wichtig sind, sind erlaubt und erwünscht!

4. Eine Spielesammlung in der Lerngruppe erstellen

Es hat sich bewährt, Regel- und Gesellschaftsspiele, die man kennengelernt hat und die den Mitspielern gut gefallen, in einer eigenen Spielkartei zu sammeln. Erst so wird es möglich, ein Spielrepertoire für die Arbeit mit unterschiedlichen Gruppen (z. B. im Kindergarten, im Altenclub, in einer Wohnstätte für Menschen mit Behinderungen) zu erwerben.

Dabei bleibt es der Spielleiterin selbst überlassen, wie sie ihre Spielesammlung gestaltet. Zu beachten wäre jedoch, dass
- für jedes Spiel das gleiche Format gewählt wird (z. B. DIN-A5-Karteikarten, DIN-A4-Blätter),
- die Spielesammlung in bestimmte Bereiche eingeteilt wird,
- die einzelnen Spiele mit wichtigen Angaben versehen werden wie es das folgende Beispiel zeigt:

Spielart:	Kennenlernspiel
Spieltitel:	Das Spinnennetz
Alter der Mitspieler:	ab 11 Jahren
Anzahl der Mitspieler:	15–25
Spieldauer:	je nach Gruppengröße ca. 15 Minuten
Spielort:	Gruppenraum
Material:	ein Wollknäuel, Stühle
Spielfunktion:	Kennenlernen/Spaß

Es wird ein Stuhlkreis gebildet. Der Spielleiter hat ein Wollknäuel in der Hand. Er nennt seinen Namen, hält das Ende des Wollknäuels fest und wirft dann das Wollknäuel einem anderen Mitspieler zu. So geht es kreuz und quer, bis alle sich vorgestellt haben.
(vgl. Evers, 1994, S. 42)

Eine Sammlung mit allen neuen Spielen, die vorgestellt werden oder die in den zukünftigen Praxisstellen kennengelernt werden, kann für die Lerngruppe angefertigt werden. Jede Schülerin kann diese Spiele dann bei Bedarf nachschlagen oder auch einzelne Spiele kopieren und in einer eigenen Spielesammlung abheften.

■ *Literaturtipp:*

Baer, Ulrich/Berker, Peter/Böseke, Harry: Remscheider Spielkartei, 24 thematische Spielketten mit über 200 Spielen zum sozialen Lernen, Münster, Ökotopia, 1997.
Diese Kartei enthält eine ausführliche Sammlung von Spielen, die nach bestimmten Themen zusammengestellt sind. So finden Sie leicht und schnell Spiele, die zum Inhalt Ihrer Gruppenarbeit passen.

4   Das Lernen lernen

Lernsituation

Einige Schulwochen am Berufskolleg sind vergangen und Termine für die ersten Klassenarbeiten und die Abgabe einer Gruppenarbeit wurden festgelegt.

Michelle hat große Schwierigkeiten, insbesondere für die vielen neuen Fächer, die sie von der Gesamtschule nicht kennt, zu lernen.

Am Unterrichtsgeschehen beteiligt sie sich immer und hat damit begonnen, eine eigene Spielesammlung für die kommenden Praktika zu erstellen.

Ansonsten ist sie etwas nachlässig, was ihre Zuverlässigkeit im Hinblick auf die Hausaufgaben und das Vorbereiten der Gruppenaufgabe angeht. Im Gespräch mit ihrer Klassenlehrerin wurde ihr dringend nahegelegt, allein oder mit einer Gruppe von Mitschülern – je nachdem, um welche Art der Vorbereitung es sich handelt – einige Lernmethoden auszuprobieren, um gut vorbereitet am Unterrichtsgeschehen teilnehmen zu können und die Klassen- und Prüfungsarbeiten gut zu bewältigen.

Außerdem weist ihre Klassenlehrerin sie noch einmal deutlich darauf hin, wie sie sich die Arbeit in der Gruppe vorstellt und was es bedeutet, wenn Einzelne sich der Gruppenaufgabe entziehen.

Auch Sie haben zahlreiche Klassenarbeitstermine vor sich und wissen kaum noch, wie Sie den gesamten Unterrichtsstoff für die Klassenarbeiten am besten lernen können. Zudem sind Sie verärgert, weil Sie viel mehr Zeit als vorgesehen in eine Gruppenarbeit investieren, die in der nächsten Woche fertiggestellt sein muss, weil zwei Mitschüler Ihrer Kleingruppe plötzlich erkrankt sind.

Aufgaben zur Lernsituation

1.   Notieren Sie spontan Ihre Einschätzung der oben beschriebenen Situation:
   - Wer ist direkt und indirekt an der Situation beteiligt?
   - Wie sehen die Beteiligten die Situation? (Eventuell können Sie die einzelnen Beteiligten besser einschätzen, wenn Sie deren Sichtweise einnehmen. Formulieren Sie hierzu in ein oder zwei Sätzen die jeweiligen Gedanken und Gefühle der Beteiligten in „Ich-Form".)

2.   Welche Lernstrategien wenden Sie an, um den Anforderungen in der Schule gerecht zu werden?

3. Vergleichen Sie in der Kleingruppe die individuellen Lernmethoden und sprechen Sie über deren Vor- und Nachteile.

4. Lesen Sie die nachfolgenden Ausführungen, bearbeiten Sie die entsprechenden Aufgaben, und setzen Sie sich ggf. mithilfe weiterführender Informationen mit weiteren für Sie wichtigen Inhalten zu dieser Thematik auseinander.

5. Probieren Sie bei nächster Gelegenheit (z. B. bei einer Schul- oder Hausarbeit) eine für Sie neue Lernmethode aus.

4.1   Lernen – was ist das eigentlich?

Lernen ist ein lebenslanger Prozess. Vieles von dem, was wir erlernen, geschieht unbewusst, z. B. wenn wir uns in manchen Situationen verhalten wie Mitglieder unserer Familie, so sprechen wie unsere Freunde, Idolen nacheifern usw.

Wir lernen aber auch bewusst, wenn wir uns auf eine Prüfung vorbereiten, ein Musikinstrument zu beherrschen versuchen oder uns eine neue Sprache aneignen.

Beim bewussten Lernen erfahren wir, dass Einsatzbereitschaft, Ausdauer und Fleiß notwendige Komponenten darstellen, um ein Ziel zu erreichen.

> **Merke!**
> *Lernen ist ein nicht beobachtbarer Prozess zum Erwerb neuer Verhaltensweisen bzw. der Veränderung oder Beseitigung bestehender Verhaltensweisen, sofern diese relativ dauerhaft sind und auf Erfahrung beruhen (vgl. Schmidbauer, 1976, S. 115).*

Aufgabe

Überlegen Sie, was Sie von Kindheit an bis jetzt im Sinne der oben genannten Definition alles gelernt haben und listen Sie einiges von Ihrem bisher „Erlernten" auf.

4.2   Lerntheorien

Mithilfe der sogenannten „**Lerntheorien**" wird versucht zu erklären, wie Menschen neues Verhalten erlernen.

4.2.1   Lernen von Signalen – Klassisches Konditionieren

Pawlow (1849–1936), ein russischer Forscher, wies nach, dass gleichzeitig auftretende Reize miteinander gekoppelt werden können und so zu einem bestimmten Verhalten führen.

In seinem bekannten Experiment untersuchte er den Speichelfluss eines Hundes. Brachte er diesem Futter, stellte sich Speichelfluss ein. Präsentierte er dem Hund einen Glockenton, passierte nichts.

Dann ließ er jedes Mal, wenn dem Hund das Futter gebracht wurde, einen Glockenton erklingen, und der Hund gab Speichel ab. Diese Darbietung von Futter und Glockenton wiederholte er mehrmals. Die Folge war, dass der Hund auch dann Speichel abgab, wenn der Glockenton erklang, ohne dass gleichzeitig Futter angeboten wurde.

Merke!
Ein Reiz, auf den zuvor keine bestimmte Reaktion erfolgte, kann zu einem verhaltensauslösenden Reiz werden, wenn dieser Reiz mehrmalig mit einem anderen Reiz zusammen dargeboten wird, der zuvor dieses bestimmte Verhalten zur Folge hatte.

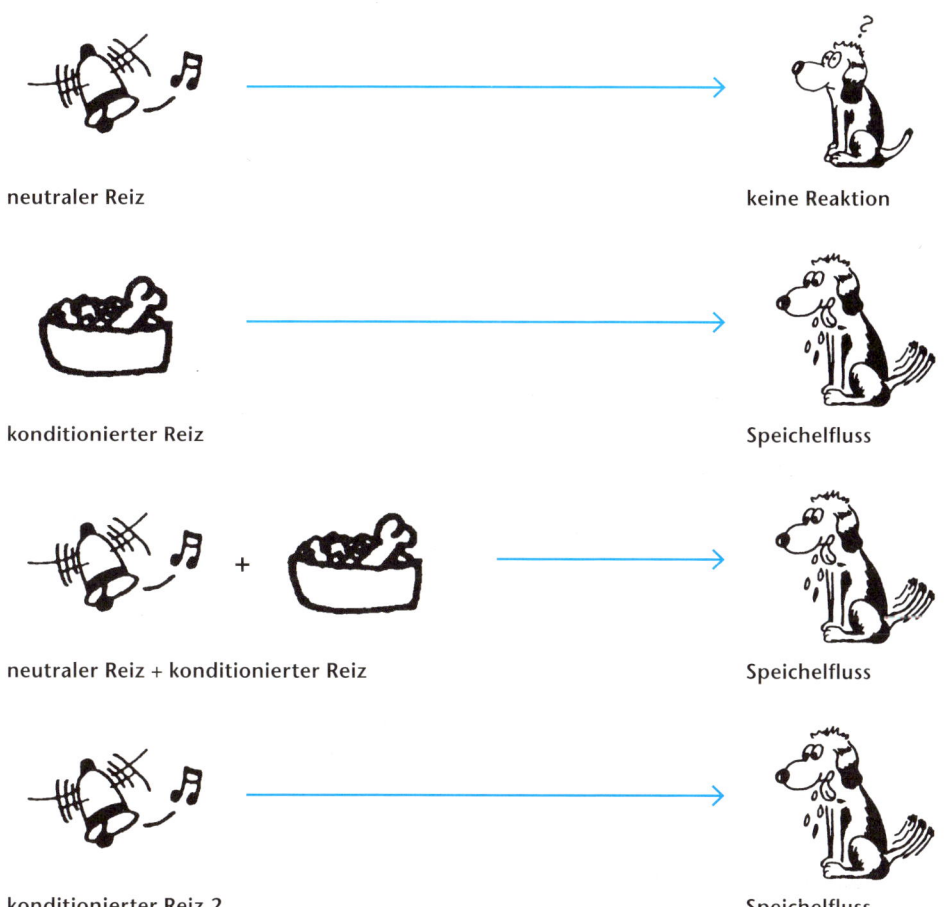

neutraler Reiz   keine Reaktion

konditionierter Reiz   Speichelfluss

neutraler Reiz + konditionierter Reiz   Speichelfluss

konditionierter Reiz 2   Speichelfluss

Klassisches Konditionieren nach Pawlow

Dieses recht einfache Prinzip macht sich insbesondere die Werbung zunutze, um den Konsumenten zum Kauf eines Produktes anzuregen.

So löst der Werbegegenstand (neutraler Reiz) schließlich eine bestimmte Reaktion aus, wenn er mehrmals mit einem anderen Reiz zusammen dargeboten wird, der zuvor schon positive Einstellungen, angenehme Gefühle oder Ähnliches zur Folge hatte.

Ein Beispiel hierfür wäre der Kauf von Diätprodukten, die auf diese Weise Schönheit und Erfolg „mitverkaufen".

Beispiele für das Signallernen im Betreuungsalltag

- Wenn Kleinkinder mittags nicht schlafen möchten, wird vorher eine Geschichte vorgelesen, ein Schlaflied gesungen oder Ähnliches, wodurch eine angenehme Atmosphäre erzeugt wird.

- In Einrichtungen der Altenhilfe ist es nicht immer einfach, die Bewohner für Beschäftigungsangebote zu begeistern. In Verbindung mit einem Kaffeetrinken gelingt dies jedoch meistens.

Merke!
Es ist unbedingt darauf zu achten, angstauslösende Reize wie lautes Sprechen, Schimpfen und Drohen zu vermeiden, da diese dazu führen können, dass schon der Anblick der entsprechenden Pflegeperson Angstgefühle hervorruft.

4.2.2 Lernen durch Verstärkung

Beispiel
1. Ein kleines Kind schreit und erhält die Zuwendung der Mutter.
2. Ein vierjähriger Junge bemüht sich sehr, seine Jacke allein anzuziehen. Obwohl es ihm nicht richtig gelingen will, wird er von der Erzieherin gelobt.
3. Der siebenjährige Leon hat das erste Mal bei seinen Hausaufgaben nicht getrödelt und daran gedacht, seine Tasche für den nächsten Tag zu packen. Seine Mutter belohnt ihn, indem sie in der nun gewonnenen Zeit sein Lieblingsspiel mit ihm spielt.

Lernen durch Verstärkung geschieht, indem ein Verhalten bekräftigt wird. Das geschieht, indem einerseits, wie in den oben genannten Beispielen gezeigt, eine erwünschte Verhaltensweise belohnt, andererseits bei unerwünschten Verhaltensweisen mit negativen Konsequenzen zu rechnen ist.

Die Verstärkung wirkt dabei auf die Folgen der Verhaltensweise ein und nicht direkt auf das Verhalten selbst.

Die Person ist bestrebt, die Verhaltensweise, die verstärkt wurde, immer häufiger auszuführen, um in den Genuss dieser positiven Folgen zu kommen. Verstärkungen sind besonders wirksam, wenn sie direkt auf das gezeigte Verhalten erfolgen.

Merke!
Auch unerwünschte Verhaltensweisen werden bekräftigt, wenn die Bezugspersonen auf das Verhalten reagieren. Das Ausbleiben einer Verstärkung führt hingegen dazu, dass eine bestimmte Handlungsweise für den Handelnden an Anziehungskraft verliert.

Weiterhin muss berücksichtigt werden, dass Verstärker wie Lob und Anerkennung ebenfalls negative Auswirkungen haben können, wenn sie zu oft eingesetzt werden. So kann sich eine Erwartungshaltung aufbauen, für jede Kleinigkeit eine Belohnung zu erhalten oder die Belohnung wird als immer weniger wertvoll angesehen.

Konsequenzen für den Betreuungsalltag

- *Die Betreuer achten darauf, dass sie situationsangemessen Belohnungen und Bekräftigungen einsetzen, d. h. beispielsweise, dass manche Bemühungen, selbst wenn sie nicht sofort zum erwünschten Ergebnis führen, eine Bekräftigung erfahren und so zum Weitermachen ermutigen.*

- *Erwünschte Verhaltensweisen, die schon mit einer bestimmten Häufigkeit auftreten, also bereits gelernt wurden, werden nur noch unregelmäßig bekräftigt, damit Verstärker ihre erwünschte Wirkung nicht verlieren.*

- *Unerwünschte Verhaltensweisen wie Weinen, Lügen, Aggressivität usw. dürfen **weder positiv noch negativ bekräftigt** werden, soll das unerwünschte Verhalten nicht mehr auftreten.*

4.2.3   Lernen durch Nachahmung

Kinder und Jugendliche wie auch noch Menschen im Erwachsenenalter beobachten andere Personen in ihrem Verhalten, ahmen diese nach und erwerben somit neue Verhaltensweisen.

Die Übernahme von Verhaltensweisen ist abhängig davon, welches Verhältnis zwischen dem „Beobachter" und der beobachteten Person besteht.

So wird ein Verhalten eher übernommen, wenn zwischen Beobachter und dem sogenannten „Modell" eine positive Beziehung besteht und das „Modell" auch noch weitere Persönlichkeitsmerkmale aufweist, die für den Beobachter eine gewisse Attraktivität besitzen wie z. B. Macht, Einfluss und Erfolg.

Das Lernen durch Nachahmung setzt bereits im ersten Lebensjahr ein, wenn das Kind andere Personen in ihrem Tun beobachtet und durch Nachahmung neue Fähigkeiten erwirbt (siehe hierzu auch Kapitel II, 2.2.1).

> *Merke!*
> *Da Kinder und Jugendliche alles nachahmen, was ihnen gefällt, und zwar sowohl gute wie auch schlechte Verhaltensweisen, müssen Eltern und Betreuer sich stets ihrer Vorbildfunktion bewusst sein.*

Konsequenzen für den Betreuungsalltag

- Da Eltern und Betreuer eine Vorbildfunktion einnehmen, achten sie in Anwesenheit von Kindern und Jugendlichen insbesondere auf ihr Sprachverhalten, ihre Ernährung und ihr Konsumverhalten.

- Wenn Betreuungspersonen gezielt etwas vormachen, was erlernt werden soll, schaffen sie entsprechende Rahmenbedingungen zum Lernen:
  - Kinder werden nicht im Kinderzimmer isoliert, sondern erhalten die Möglichkeit, Erwachsene möglichst oft in ihrem Alltagshandeln zu beobachten.
  - Handlungsabläufe, die erlernt werden sollen, werden mit langsamen, sparsamen Bewegungen vorgemacht, damit sich der komplexe Handlungsablauf besser einprägen kann (siehe hierzu auch Kapitel IV, 4.1).

- Da auch Einstellungen und Vorurteile durch Beobachtung übernommen werden, reflektieren Eltern und Betreuungspersonen von Zeit zu Zeit dementsprechend ihre Verhaltensweisen.

4.2.4 Lernen durch Einsicht

Der Fuchs und die Krähe

„Wie könnte ich es nur anstellen, diesen guten Käse zu erwischen", dachte der Fuchs bei sich, als er eine Krähe mit dem begehrten Stück im Schnabel hoch oben auf einem Baum erblickte. Er hatte mit eigenen Augen verfolgt, wie der Vogel zu seiner leckeren Beute gekommen war.

Der Fuchs schlich unter dem Baum hin und her, schaute immer wieder hoch und sprach schließlich die Krähe an: „Wie gut Sie heute Abend aussehen! Ihr glänzendes Gefieder, betörend! Sicher können Sie viel schöner singen als alle anderen Vögel unter diesem Himmel!"

Die Krähe fühlte sich sehr geschmeichelt. Kaum einer hatte ihr jemals solch süße Worte gesagt. So wollte sie beweisen, dass sie durchaus schön singen konnte.

„Krah, Krah!", stieß sie laut hervor. Dabei fiel das Stück Käse zu Boden. Der Fuchs schoss darauf los und verschlang es. (...)

(Zwerger, 2006, S. 20)

Werden Zusammenhänge eines auftretenden Problems erkannt, kann jemand mit einem neuen oder geänderten Verhalten versuchen, ein Problem zu lösen. Dieses **Lernen durch Einsicht** vollzieht sich in mehreren Schritten:

1. Wenn jemand ein Ziel vor Augen hat, aber nicht weiß, wie er es erreichen kann, entsteht ein Problem. Es kommt zu einem Zustand psychischer Spannung, der als unangenehm empfunden wird und dadurch die Suche nach einer Lösung auslöst *(der Fuchs möchte den Käse, den die Krähe im Schnabel hat).*

2. Zunächst werden alte, bewährte Verhaltensweisen ausprobiert *(der Fuchs verfolgt die Krähe zunächst mit den Augen und wartet ab, ob sie den Käse loslässt).*

3. Führen diese nicht zum Ziel, wird über das Problem nachgedacht und versucht, das Problem von verschiedenen Blickwinkeln aus zu betrachten und umzugestalten, um so neue Zusammenhänge erkennen zu können *(der Fuchs schleicht um den Baum herum, schaut immer wieder zu der Krähe hoch und denkt darüber nach, wie er den Käse erwischen könnte).*

4. Durch diese Beschäftigung mit dem Problem kommt man schließlich zu der Erkenntnis, die einzelnen Elemente des Problems anders in Beziehung zueinander zu setzen. Ein plötzlicher Einfall kann dann zu einem „Aha-Erlebnis" und somit zur Lösung des Problems führen *(der Fuchs fordert die Krähe zum Singen auf).*

5. Der Lösungsgedanke wird in die Tat umgesetzt. Führt die neue Verhaltensweise zum Ziel, wird sie beibehalten und somit gelernt *(der Fuchs erwischt den Käse, den die Krähe beim Singen fallen lässt, und frisst ihn auf).*

6. In ähnlichen Problemsituationen wird versucht, die gefundene Lösung anzuwenden, was als **Transfer** bezeichnet wird.

(vgl. Hobmair, 2008, S. 179 ff.)

Wie es die Fabel zeigt, stellt das Vorhandensein eines **Problembewusstseins** eine wichtige Voraussetzung dar, um durch Einsicht lernen zu können. Ein Kind, das auf diese Art und Weise lernt, muss zudem eine gewisse geistige Reife erlangt haben, denn erst wenn es in der Lage ist, Zusammenhänge einer Problemsituation zu erkennen, wird es versuchen, mithilfe neuer oder geänderter Verhaltensweisen Probleme zu lösen.

Konsequenzen für den Betreuungsalltag

- *Da das Lernen durch Einsicht nicht erzwungen werden kann, sollte nur dann versucht werden, Hilfestellungen bei der Problembewältigung zu geben, wenn das Kind willens und in der Lage ist, Probleme als solche zu erkennen.*

- *Erziehende unterstützen Kinder beim Erfassen der Problemsituation, wenn sie merken, dass Kinder in einen psychischen Spannungszustand geraten, aber aufgrund mangelnder Erfahrung das eigentliche Problem nicht erkennen.*

- *Handelt es sich bei dem Problem um einen Konflikt zwischen Kind und Erzieher, spricht der Erzieher das Problem direkt an und versucht auch, den Blickwinkel des Kindes einzunehmen, damit auf sachlicher Ebene nach einer gemeinsamen Lösung gesucht werden kann.*

- *Grundsätzlich ist es hilfreich, diese Art des Lernens zu fördern, indem im Alltag Situationen geschaffen werden, die zum Denken und Problemlösen anregen (z. B. Angebote im naturwissenschaftlichen Bereich wie Experimentieren oder Forschen).*

Aufgabe

Überlegen Sie, was Sie von Kindheit an bis jetzt alles gelernt haben (eventuell auch mithilfe Ihrer Notizen zur Aufgabe von S. 52) und tragen Sie entsprechend in die Tabelle ein, die Sie auf ein Blatt übertragen. Machen Sie dabei deutlich, inwiefern es sich um Lernen nach der jeweiligen benannten Lerntheorie handelt (z. B. Fahrrad reparieren durch das Beobachten des Vaters).

Dies habe ich durch den Einsatz von Signalen gelernt	Dies habe ich mithilfe von Verstärkern wie z. B. Noten, elterliche Strafen gelernt	Dies habe ich gelernt, indem ich andere beobachtet und nachgeahmt habe	Dies habe ich irgendwann eingesehen und daraus gelernt

4.3   Lernstrategien

4.3.1   Mit gezielten Lern- und Arbeitsmethoden besser vorbereitet sein

- Lesen und Verstehen von Texten
  Texte aus Fachbüchern und -Zeitschriften sind auf den ersten Blick oft schwer zu erschließen. Mithilfe der sogenannten **Fünf-Schritte-Methode** kann auch ein schwieriger Text verstanden werden und die Kerngedanken lassen sich besser behalten.

Schritt 1: Einen Überblick über den Text gewinnen
Der Text wird grob überflogen. Fett und/oder kursiv Gedrucktes zeigt meist schon in Ansätzen inhaltlich an, worum es geht.

↓

Schritt 2: Fragen stellen und Unbekanntes nachschlagen
Stellen Sie sich selbst Fragen zum Inhalt wie z. B.: „Was habe ich davon schon einmal gehört? Was muss ich noch wissen?" Unbekanntes wird notiert und nachgeschlagen.

↓

Schritt 3: Gründliches Lesen
Der Text wird noch einmal Satz für Satz gelesen und wichtige Textstellen markiert.

↓

Schritt 4: Zusammenfassen wesentlicher Abschnitte
Informationen, die Ihnen wichtig erscheinen, werden aus jedem Abschnitt zusammenfassend herausgearbeitet, indem z. B. Stichworte notiert werden, eine Tabelle oder eine Grafik hierzu erstellt wird, eine Überschrift zu jedem Abschnitt formuliert wird. Ziel des Herausarbeitens dieser Kernaussagen ist es, dass Sie hinterher wissen, worum es in jedem Abschnitt geht.

↓

Schritt 5: Schlusslesen und Inhalt wiedergeben
Der gesamte Text wird noch einmal gelesen. Nun sollte alles vertraut erscheinen und Sie sollten in der Lage sein, den Text kurz mit eigenen Worten wiederzugeben.

(vgl. Endres, 2004, S. 68 ff.)

Informationen sammeln und dokumentieren

Mithilfe geeigneter Medien lässt sich vorhandenes Wissen erweitern. Als Quellen für die Vorbereitung von **Referaten**, **Vorträgen** und **Präsentationen** bieten sich beispielsweise an:

- das **Fachbuch für den Unterricht:** Hier finden Sie meist die Grundlagentexte für Ihre zu bearbeitenden Themen. Das Literaturverzeichnis informiert über weiterführende und ergänzende Literatur. Es empfiehlt sich, diese Verweise zu notieren.
- **Bibliotheken:** Sie bieten weiterführende Fachliteratur sowie Fachzeitschriften zu vielen Themen. Um die richtige Auswahl treffen zu können, sollten Sie sich mit Ihren Fragen nach geeigneten Büchern und Artikeln an das entsprechende Fachpersonal wenden oder entsprechende Stichworte in den meist vorhandenen Onlinekatalog eingeben, um die entsprechende Signatur zu erhalten, unter der Sie das gesuchte Buch im Bücherregal finden.
- **Internet:** Durch Suchmaschinen, z. B. von google.de, yahoo.com, altavista.com usw., in die Schlüsselbegriffe eingegeben werden, erhalten Sie ein breites Angebot an Informationen. Es ist wichtig, aus der Fülle der Informationen diejenigen herauszufiltern, die für die Bearbeitung von Themen geeignet erscheinen. Als Anhaltspunkte, ob es sich um eine brauchbare Quelle handelt, wären beispielsweise folgende zu nennen:
  - Der Urheber wird in Verbindung mit einem renommierten Verlag genannt.
  - Der Text enthält Hinweise auf verwendete Literatur, sodass die Angaben überprüfbar sind.

Wenn Sie sich zuvor bestimmte, wichtige Internetadressen, die Ihnen wertvolle Informationen liefern können, notieren konnten, die Ihnen z. B. von Lehrern empfohlen, im Fernsehen genannt oder in Zeitungsartikeln und Fachbüchern abgedruckt wurden, gelangen Sie direkt an die gewünschten Informationen. Auch ist es möglich, manche Adressen auf gut Glück zu erraten, indem Sie einen Begriff oder Firmennamen direkt eingeben wie z. B.: www. Diakonie.de.

(vgl. Schräder-Naef, 2004, S. 60 ff.)

Merke!
Egal, aus welcher Quelle Ihre Informationen stammen, muss jede schriftliche Ausarbeitung vollständige Angaben über die verwendeten Quellen enthalten.

Einige wichtige Regeln für Quellenangaben

Quelle	Quellenangabe	Beispiel
Buch	Name, Vorname: Titel des Werkes, Auflage (entfällt, wenn es die 1. ist), Bandangabe (bei mehrbändigen Werken), Erscheinungsort, Verlag, Erscheinungsjahr	**Wilmes, Andrea:** Fachpraxis Sozialpädagogik und Sozialpflege für sozialpflegerische Berufe, 2. Auflage, Troisdorf, Bildungsverlag EINS, 2008.
Zeitschriftenartikel	Name, Vorname: Titel des Artikels/Aufsatzes, Name der Zeitschrift (das Wort „in" wird vorangestellt, Heftnummer des Jahrganges), Jahreszahl (in Klammern), bei Zeitungen: Erscheinungsdatum ohne Klammern, Seitenangaben.	**Bremer, Gisela/Mertens, Hildegard:** Teamarbeit im Kindergarten, in: Kindergarten heute, Heft 2, 2010, S. 71–75.

Beitrag in einem Sammelwerk	Name, Vorname: Titel des Beitrages, Name des Herausgebers (Hg. oder Hrsg.), Titel des Sammelwerkes, Auflage (entfällt, wenn es die 1. ist), Erscheinungsort, Verlag, Erscheinungsjahr, Seitenangaben	Stuckenhoff, Wolfgang: Das Verhältnis von Spielalter und Spielformen als Basis für eine Spielförderung, Hrsg. Kreuzer, K. J., in: Handbuch der Spielpädagogik Bd. 1, Düsseldorf, Schwann, 2009.
www.-Dokumente	Name, Vorname des Autors oder der Institution: Titel und Untertitel, Erscheinungsdatum der Quelle (falls vorhanden), Ort bzw. genaue Webadresse, Fundzeit oder Datum der Webseite (kann sich ständig ändern)	Bundesagentur für Arbeit: Berufsinformationen einfach finden, Sozialhelfer/in, **www.berufenet.arbeitsagentur.de**, (Zugriff am 03.03.2010).

Referate und Vorträge vorbereiten und präsentieren

Als Referent sprechen Sie über ein Thema, mit dem Sie sich über einen vorher vereinbarten Zeitraum beschäftigt haben.

Hinweise zu Referaten und Vorträgen

- *Sammeln Sie Informationen zum Thema in Bibliotheken, dem Internet und durch Befragung von Fachleuten (Überprüfen Sie die Richtigkeit der Informationen aus dem Internet, indem Sie wie oben erwähnt vorgehen).*

- *Fassen Sie die wichtigsten Aussagen mit eigenen Worten zusammen und fertigen Sie sich Stichwortzettel an.*

- *Gliedern Sie Ihren Vortrag.*

- *Tragen Sie Ihr Thema möglichst frei, langsam und gut verständlich vor.*

- *Bieten Sie Ihren Mitschülern nach Beendigung Ihres Vortrages an, Fragen zu stellen, Ergänzungen vorzunehmen usw.*

- *Händigen Sie Ihren Mitschülern nach dem Vortrag ein Thesenpapier aus, auf welchem Ihre wichtigsten Ergebnisse zusammengefasst sind.*

Präsentationen von Gruppenarbeiten

In kleinen Gruppen von drei bis maximal sechs Schülern wird zu einem bestimmten vorgegebenen oder selbst gewählten Thema gearbeitet, mit dem Ziel, die Arbeitsergebnisse nach einer festgelegten Arbeitszeit zu präsentieren.

Hinweise zu Gruppenarbeiten

- *Es bilden sich Gruppen, deren einzelne Mitglieder gut zusammenarbeiten können.*

- *Die Aufgabenstellung wird gemeinsam geklärt.*

- *Jedes einzelne Gruppenmitglied sammelt in Absprache mit den anderen Informationen zum Thema (ggf. wird auch auf Fachliteratur aus Bibliotheken, dem Internet usw. zurückgegriffen).*

- *Alle Informationen werden zusammengetragen und zu einem Gruppenergebnis „verarbeitet".*

- *Es wird festgelegt, wer welchen Teil der Vorstellung der Arbeitsergebnisse im Plenum übernimmt.*

Die Arbeitsergebnisse werden schriftlich oder mündlich vorgestellt. Um das Interesse der Zuhörer im Plenum zu wecken und zu erhalten, sollten Sie Folgendes beachten:

Hinweise zu Präsentationen

- *Informieren Sie die Gruppe über das Thema Ihrer Präsentation.*

- *Tragen Sie die Ergebnisse Ihrer Arbeit in kurzen, leicht verständlichen Sätzen möglichst frei vor.*

- *Veranschaulichen Sie die Sachverhalte oder Informationen, die Sie geben möchten, mithilfe ausgewählter Medien (siehe Beispiele unten).*

- *Achten Sie darauf, dass jeder Mitschüler Ihre Visualisierungen gut erkennen kann.*

- *Versuchen Sie, die Mitschüler einzubeziehen, indem Sie zu Fragen und Stellungnahmen ermuntern.*

- *Fassen Sie die wesentlichen Informationen zum Schluss zusammen.*

- *Überlegen Sie, ob Ihre Mitschüler eine schriftliche Zusammenfassung von Ihnen erhalten sollen, um das Gehörte und Gesehene besser behalten zu können.*

Ergebnisse von Gruppenarbeiten können beispielsweise mithilfe folgender Medien veranschaulicht werden (vgl. Grützner, 2005, S. 57 ff.):

PowerPoint-Präsentation
Mittels eines Beamers werden durch kurze Texte, Bilder und Grafiken konkrete Inhalte veranschaulicht.

OHP-Folien
Schaubilder und Gliederungspunkte werden gut lesbar auf eine Leinwand projiziert, sodass der Verlauf der einzelnen Vorträge gut nachvollziehbar wird.

Flipcharts
Mithilfe dieses Mediums können z. B. Schaubilder während eines Vortrages gemeinsam entwickelt werden.

Zudem regt es den Lernprozess in der Gesamtgruppe an, wenn nach einer Präsentation durch eine Gruppe die Restgruppe zu einer Stellungnahme aufgefordert wird.

Hinweise zu Diskussionen im Plenum

- *Es redet immer nur einer zur selben Zeit.*

- *Die Meinungen anderer Mitglieder werden respektiert. Jeder wird zur Meinungsäußerung aufgefordert.*

- *Um die eigene Meinung zu einem Thema deutlich werden zu lassen, wird auf Formulierungen wie „man" oder „wir" verzichtet, ein deutliches „Ich" ist hier angebracht.*

Vorbereitung von Klassen- und Prüfungsarbeiten

Schriftliche Leistungsnachweise wie Klassenarbeiten und Prüfungen hat jeder Schüler zu erbringen, genau wie die notwendige Vorbereitung auf diese wichtigen Arbeiten. Viele Schüler haben Schwierigkeiten damit, sich mit dem Lernstoff in überschaubaren Einheiten und mithilfe der richtigen Zeiteinteilung auseinanderzusetzen. Hier nun Tipps von A–Z zur besseren Bewältigung von Prüfungssituationen:

A:

Abklären: Sprechen Sie Ihren Lehrer darauf an, welcher Lernstoff für die Prüfung verlangt wird und auf welche Art von Fragestellungen Sie sich einstellen sollten (z. B. längere Ausführungen in Form einer Fallanalyse, Lückentexte usw.).

Angst: Ein wenig mulmig ist jedem, der an eine Prüfung denkt. Überlegen Sie deshalb, was das Schlimmste wäre, was Ihnen passieren könnte und wie Sie damit umgehen würden, wenn ihre Befürchtungen tatsächlich einträfen. Wenn Sie gut vorbereitet sind, führen Sie sich dies immer vor Augen und versuchen Sie sich mit dem Gedanken zu beruhigen, dass Sie viel getan haben (vgl. Schräder-Naef, 2004, S. 87 ff.).

Arbeitsplatz: Sorgen Sie für einen ruhigen und übersichtlichen Arbeitsplatz, an dem sich alle erforderlichen Gegenstände befinden, die für die Vorbereitung der Prüfungen (wie auch für die Durchführung Ihrer Hausaufgaben) benötigt werden.

C:

Checkliste: Verschaffen Sie sich einen Überblick über den Lernstoff, indem Sie Ihre Antworten auf folgende Fragen notieren:
- Welche Themen muss ich lernen?
- Wo finde ich etwas zu diesen Themen? (Fachbücher, Mitschriften, Arbeitsblätter)
- Welche Themen beherrsche ich schon?
- Was muss ich noch einmal neu lernen?

E:

Erklären: Erklären Sie den Lernstoff Mitschülern oder anderen „Trainingspartnern" mit eigenen Worten. So lernen Sie selbst noch beim Erklären, zum Teil werden Ihnen so auch Inhalte einsichtig, die Sie zuvor selbst noch nicht vollständig verstanden haben.

F:

Fragen: Notieren Sie beim Lernen alle auftretenden Fragen und wenden Sie sich damit an Ihren Lehrer oder Mitschüler Ihrer Lerngruppe.

Fehler: Machen Sie sich Ihre immer wieder auftretenden Fehler und Schwächen bewusst und überlegen Sie, was sie dagegen tun können.

K:

Konzentration: Sie können sich besser konzentrieren, wenn Sie zwischen verschiedenen Arbeitstechniken wechseln wie z. B. zwischen Lesen und Schreiben, Fragen stellen und Skizzen anfertigen und auch zwischen Arbeit- und Entspannungsphasen. Die Festlegung des Arbeitsbeginns und des Endes hilft beim intensiveren konzentrierten Arbeiten ebenso wie die Schaffung äußerer Bedingungen zum konzentrierten Arbeiten (Handy ausschalten, beim Lernen in der Bibliothek nicht zu Freunden setzen usw.).

L:

Lerngruppe: Üben Sie gemeinsam mit Ihren Klassenkameraden, indem Sie sich gegenseitig Fragen stellen und Sachverhalte erklären. Treffen Sie sich rechtzeitig zum Lernen, aber unterlassen Sie den Vergleich mit anderen kurz vor der Prüfung.

P:

Prüfung:
- Lesen Sie sich die Prüfungsfragen aufmerksam durch, stellen Sie eventuell zu Beginn noch Verständnisfragen und beginnen Sie erst dann mit dem Schreiben, wenn Sie sicher sind, die Frage/Fragen verstanden zu haben.
- Beginnen Sie mit den Aufgaben, die Ihnen leichter fallen, und verwenden Sie nicht zu viel Zeit auf Fragen, die Sie nicht oder schwer beantworten können.
- Schreiben Sie nur so viel, wie verlangt wird und halten Sie sich nicht zu lange mit einer einzelnen Frage auf. Wenn Sie feststellen, dass eine längere Antwort gefordert wird, kann eine vorherige Gliederung oder eine Mindmap (siehe Abbildung S. 64 oben) hilfreich sein, um Ihre Überlegungen zu strukturieren.
- Bemühen Sie sich um eine lesbare Schrift, eine übersichtliche Darstellung und Gliederung und vergessen Sie nicht, Aufgaben und Seiten zu nummerieren.
- Geben Sie Ihre Arbeit erst nach einem sorgfältigen Überprüfen Ihrer Antworten durch nochmaliges Durchlesen ab.

(vgl. Schräder-Naef, 2004, S. 90)

S:

Spickzettel:
Durch die Herstellung eines Spickzettels in mehreren Etappen kann man gut lernen, Wesentliches herauszuarbeiten. Es empfiehlt sich, zunächst den gesamten Lernstoff übersichtlich auf ein DIN-A2-Plakat zu übertragen. Nach diesem ersten Durchgang werden die Informationen nochmals gebündelt auf ein DIN-A3-Plakat übertragen. Nachdem Sie durch weitere Verkleinerungen und Zusammenfassungen die Größe DIN A7 erreicht haben, sind Sie sicherlich gut vorbereitet und werden Ihren Spickzettel für die Prüfung nicht mehr benötigen (vgl. Endres, 2004, S. 79).

W:

Wiederholungen:
Um sich intensiv auf Prüfungsarbeiten vorbereiten zu können, sind Wiederholungen notwendig. Es bleibt Ihnen überlassen, welche Methode Sie wählen, um den Lernstoff zu festigen, denn jeder hat seinen eigenen Lernstil. Hier einige Vorschläge:
- **Lernkärtchen:** Sie eignen sich gut zum Auswendiglernen, beispielsweise von Definitionen und Begriffen. Sie haben den Vorteil, dass Sie sich selbst abfragen können und die Kärtchen entsprechend Ihrer Kenntnisse sortieren können.

- **Tabellen oder Skizzen:** Fertigen Sie diese selbst an, bündeln Sie anschaulich wichtige Informationen, die Sie für Ihre weiteren Prüfungsvorbereitungen sichtbar an einer Stelle platzieren, an der Sie oft vorbeikommen.
- **Mindmap:** Von einem in der Mitte platzierten eingerahmten Schlüsselbegriff gehen strahlenförmig weitere Begriffe ab, an die zweigartig weitere dazu passende Gedanken und Ähnliches angefügt werden.

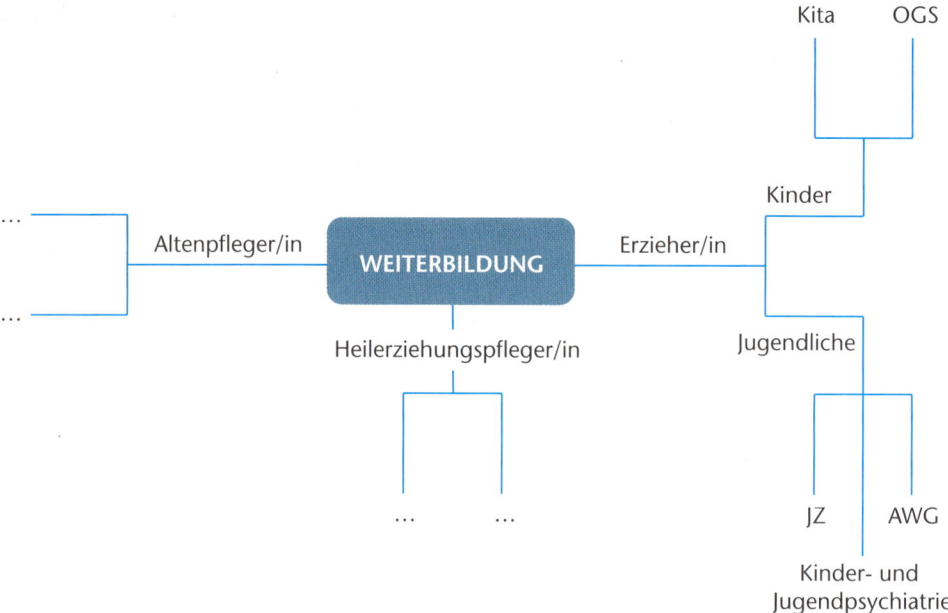

Z:

Zeiteinteilung: Stress vor Prüfungsarbeiten lässt sich mit der richtigen Zeiteinteilung vermeiden.

- Beginnen Sie vor größeren Arbeiten und Prüfungen rechtzeitig mit dem Lernen und verschaffen Sie sich zunächst einen Überblick über den gesamten Lernstoff.
- Beginnen Sie zu lernen, indem Sie den Stoff aufteilen und in mehreren Etappen angehen.
- Wiederholen Sie zunächst das bereits Gelernte vom Vortag und notieren Sie ggf. noch einmal Ihre Schwachstellen.
- Beginnen Sie nun mit dem Lernen des nächsten Teilgebiets und planen Sie auch hier Wiederholungsphasen ein.
- Üben Sie dann mit Klassenkameraden gemeinsam in **Lerngruppen**.
- Lernen Sie am Tag vor der Prüfung nichts Neues mehr, aber wiederholen Sie den gesamten Stoff noch einmal konzentriert und verschaffen Sie sich so ein Gefühl von Sicherheit.

> *Merke!*
> *Nach einiger Zeit konzentrierten Lernens ist es sinnvoll, Pausen einzulegen. Die Länge der Lernetappen ist dabei abhängig von der Art des Lernstoffs. So sind beispielsweise für das Auswendiglernen kürzere Lernzeiten einzuplanen, um Lerninhalte aufnehmen und behalten zu können.*

Aufgabe

Entwickeln Sie weitere Lerntipps zur Vorbereitung von Klassen- und Prüfungsarbeiten und halten Sie die Ergebnisse Ihrer Überlegungen sichtbar für die Klasse auf einem großen Plakat fest.

4.3.2   Mit einfachen anschaulichen Medien Lernprozesse anregen

In allen sozialpädagogischen und sozialpflegerischen Einrichtungen, egal ob es sich um Einrichtungen für Kinder, Jugendliche, ältere Menschen oder Menschen mit Behinderungen handelt, sind die dort tätigen Betreuer bemüht, Lernprozesse in Gang zu setzen. Mithilfe verschiedener einfacher Medien wird zielgerichtet versucht, Lernen anzuregen, bereits Gelerntes aufzufrischen oder zu vertiefen.

Das Prinzip der Anschauung findet hier häufig Anwendung. Hierfür sind mehrere Gründe maßgeblich:

- Anschaulich Dargebotenes prägt sich besser ein.
- Anschauungsmaterialien haben häufig einen hohen Aufforderungscharakter, machen neugierig, regen zum Ausprobieren und Überlegen an und erzielen dadurch oft eine hohe Wirkung.
- Anschauungsmaterialien ergänzen bzw. ersetzen zum Teil Geschriebenes, sodass Kinder und Menschen mit Einschränkungen im Bereich Lesen oder Sehen eine Hilfe erhalten, bestimmte Vorgänge besser zu erfassen (z. B. Back- oder Kochanleitungen).

Beispiele für die Gestaltung einfacher Medien zur Anschauung für Kinder, ältere Menschen und Menschen mit Behinderungen

Bildrezept

Auf einem großen Plakat oder mehreren DIN-A4-Bögen (je nach Rezept) werden die einzelnen Schritte zur Herstellung einer Speise aufgezeichnet oder anderweitig illustriert (z. B. indem die benötigten Lebensmittel aus einem Werbeprospekt ausgeschnitten und aufgeklebt werden).

Die Mengenangaben sind leicht zu erkennen , wenn sie vereinfacht dargestellt werden, z. B. durch die Zeichnung mehrerer Esslöffel, Teelöffel oder Tassen entsprechend der benötigten Menge.

Tipp!
Es bietet sich an, zu Arbeitsschritten, die sich bei vielen Rezepten wiederholen, wie z. B. Hände waschen und Schürzen umbinden, einzelne Kärtchen anzufertigen, diese zu laminieren, um sie so wiederholt verwenden zu können.

Kärtchen, die für die Herstellung von allen Speisen benutzt werden können

Bildrezept: Obstsalat

Bildkarten

Bildkarten mit einfachen Motiven (z. B. Tiere, Blumen, Kleidung) können wie Bildrezepte gezeichnet oder mithilfe von ausgeschnittenen Zeitschriftenabbildungen gestaltet werden.

Laminiert sind sie recht stabil und bieten sich für unterschiedliche Anlässe und für alle Zielgruppen an, mit denen Sozialhelfer arbeiten.

So dienen sie beispielsweise als Gesprächsimpuls für verschiedene Übungen mit älteren Menschen oder können als Spielkarten für ein Memory, Lotto oder Domino eingesetzt werden.

Buchstabenkarten

Buchstabenkarten können mithilfe eines Computerausdrucks gestaltet werden oder einzelne benötigte Buchstaben werden auf Sandpapier aufgezeichnet und ausgeschnitten, damit sie sich auch ertasten lassen.

Sie bieten sich insbesondere für den Einsatz bei Sprech- und Sprachspielen an, gelegentlich lassen sich hiermit auch Unterrichtsinhalte des Grundschulkindes vertiefen (z. B.: „Welches Wort beginnt/endet mit A, D, T …?").

„Blankowürfel" mit verschiedenen Motiven und Wörtern

Würfel aus Holz sind im Fachhandel erhältlich und können mit verschiedenen Motiven, Wörtern oder, je nach Größe des Würfels, mit kleinen Arbeitsaufträgen versehen werden.

Motive wie z. B. sechs verschiedene Mimikgesichter können auf einen Würfel geklebt werden, um in einer Gesprächsrunde über Befindlichkeiten einzelner Bewohner zu sprechen.

Denkbar wäre es auch, die sechs Seiten des Würfels beispielsweise zu nutzen, um sie mit den sechs Pronomen: **ich, du, er/sie/es, wir, ihr, sie** zu versehen. Mit Verben- und Zeitkarten kombiniert können sie dazu beitragen, Unterrichtsinhalte spielerisch zu wiederholen.

Beispiel

Es wird „**ich**" gewürfelt und die Kärtchen „**schlafen**" und „**Vergangenheit**" gezogen. Das Kind bildet daraus „**Ich schlief**".

Aufgabe

Stellen Sie ein einfaches Anschauungsmaterial für den Einsatz in Ihrem Praktikum her.

5   Organisation der Praktika

Lernsituation

Die Klassenlehrerin hat den angehenden Sozialhelferinnen und Sozialhelfern den Termin für das erste Praktikum bekannt gegeben und ihnen mitgeteilt, dass sie sich in diesem Praktikum in Einrichtungen bewerben können, in denen mit Kindern und Jugendlichen gearbeitet wird, wie z. B. in Kindertagesstätten, Jugendzentren oder bei der ambulanten Familienpflege.

Tina möchte sich sofort an diesem Nachmittag erkundigen, ob das Jugendzentrum in ihrem Stadtteil Praktikanten einstellt. Sie und ihre Mitschüler werden jedoch von der Klassenlehrerin darum gebeten, sich erst um einen Praktikumsplatz zu bemühen, wenn im Unterricht Grundsätzliches zur Bewerbung und zum Vorstellungsgespräch besprochen worden ist.

Auch Sie wissen nun, wann und in welchen Einrichtungsarten Ihr erstes Praktikum stattfinden wird und möchten sich nach entsprechender Vorbereitung erkundigen, ob die sozialpädagogische und sozialpflegerische Einrichtung in Ihrer Nähe Ihnen einen Praktikumsplatz anbieten kann.

Aufgaben zur Lernsituation

1. Notieren Sie spontan Ihre Einschätzung der oben beschriebenen Situation.
   - Wer ist direkt und indirekt an der Situation beteiligt?
   - Wie sehen die Beteiligten die Situation? (Eventuell können Sie die einzelnen Beteiligten besser einschätzen, wenn Sie deren Sichtweise einnehmen. Formulieren Sie hierzu in ein oder zwei Sätzen die jeweiligen Gedanken und Gefühle der Beteiligten in „Ich-Form".)

2. Welche Vorerfahrungen haben Sie bezüglich der Vorbereitung auf ein Praktikum und der Dokumentation und Präsentation Ihrer jeweiligen Erfahrungen während des Praktikums? Erstellen Sie hierzu eine Auflistung in der Kleingruppe.

3. Lesen Sie die nachfolgenden Ausführungen, bearbeiten Sie die entsprechenden Aufgaben, und setzen Sie sich ggf. mithilfe weiterführender Informationen mit weiteren für Sie wichtigen Inhalten zu dieser Thematik auseinander.

Angehende Sozialhelfer absolvieren während ihrer zweijährigen Ausbildung Praktika in verschiedenen sozialpädagogischen und sozialpflegerischen Einrichtungen. Der Zeitumfang der einzelnen Blockpraktika wird von der jeweiligen Schule festgelegt. Insgesamt 16 Praxiswochen sind in der Ausbildung zur Sozialhelferin/zum Sozialhelfer vorgesehen (vgl. Lehrplan zur Erprobung NRW, 06/2006).

Die Vor- Nachbereitung der verschiedenen Praktika findet in der Regel in den fachpraktischen Unterrichtsfächern statt.

Hierzu zählen beispielsweise die Vorbereitung des Erstkontaktes, die Besprechung der Aufgaben im jeweiligen Praktikum sowie die Auswertung nach Beendigung des Praktikums.

5.1   Vorstellungsgespräch

Bei einem Vorstellungsgespräch gewinnen Praktikantin und Praxisanleiterin einen ersten Eindruck voneinander, der sehr prägend sein kann (siehe auch Kapitel V, 2.2). Deshalb sollte sich die Praktikantin auf dieses Gespräch vorbereiten. Die Auseinandersetzung mit folgenden Fragen kann hilfreich sein und den Gesprächseinstieg erleichtern:
- Worüber möchte ich meine Praxisanleiterin informieren? Was sollte/möchte ich über
  mich persönlich mitteilen?
- Was sollte ich erfragen, damit der Einstieg in die neue Praxisstelle gut gelingen kann?
- Welche Fragen könnte meine Praxisanleiterin an mich herantragen?

Aufgabe

Sammeln Sie Stichworte zu den oben genannten Fragen und tragen Sie diese in eine
Tabelle ein.

Informationen zu meiner Person	meine Fragen	mögliche Fragen meiner Praxisanleiterin

Aufgaben

1. Tauschen Sie sich in der Kleingruppe über Ihre Stichworte aus, indem Sie gemeinsam überlegen, welche Angaben in Ihrer Tabelle noch fehlen, welche vielleicht unnötig oder ungünstig erscheinen usw.

2. Bilden Sie nun erneut Kleingruppen in einer anderen Gruppenkonstellation und führen Sie ein Rollenspiel durch:
   - Eine Schülerin spielt die Praxisanleiterin, die der neuen Praktikantin Fragen aus ihrem Fragenkatalog (3. Spalte der Tabelle) stellt.
   - Ein anderer Schüler spielt den Praktikanten, der sich in der neuen Einrichtung vorstellt (mithilfe der Stichworte aus den ersten zwei Spalten der Tabelle).
   - Die weiteren Mitglieder beobachten die Situation und machen sich Notizen zu der Situation.

3. Sprechen Sie im Plenum über die Beobachtungen zum Rollenspiel und ergänzen Sie ggf. nochmals die Angaben in Ihrer Tabelle.

Allgemeine Hinweise für ein Vorstellungsgespräch

- *Melden Sie sich rechtzeitig telefonisch in der Einrichtung, in der Sie Ihr Praktikum absolvieren möchten, und vereinbaren Sie einen Gesprächstermin. So können sich beide Seiten auf das Gespräch einstellen.*

- *Tragen Sie am Telefon der Leitung der Einrichtung kurz Ihr Anliegen vor, indem Sie mitteilen, wer Sie sind, welche Schule und welchen Bildungsgang Sie in welchem Ausbildungsjahr besuchen und für welchen Zeitraum Sie einen Praktikumsplatz benötigen.*

- *Erscheinen Sie pünktlich zum vereinbarten Gesprächstermin. Seien Sie lieber einige Minuten vorher anwesend, denn Pünktlichkeit und Zuverlässigkeit sind wichtige Kriterien bei der Auswahl von Praktikanten.*

- *Achten Sie auf Ihr äußeres Erscheinungsbild. Saubere Alltagskleidung ist für einen solchen Termin angemessen.*

- *Stellen Sie zu Beginn des Gespräches noch einmal kurz Ihr Anliegen vor und erläutern Sie Ihr Interesse an der Arbeit in der jeweiligen Einrichtung. Halten Sie dabei Blickkontakt zu Ihrem Gesprächspartner und achten Sie auf Ihre Körperhaltung, Sprechweise usw.*

- *Antworten Sie auf gestellte Fragen kurz und sachlich, und unterbrechen Sie Ihre Gesprächspartner nicht, wenn sie mit Ihnen sprechen.*

- *Gestalten Sie das Gespräch durch Ihre Fragen mit, aber stellen Sie sich dennoch auf Ihr Gegenüber ein. Spulen Sie Ihre vorbereiteten Fragen nicht ab, sondern bringen Sie diese zum geeigneten Zeitpunkt ein.*

- *Bitten Sie zum Schluss höflich und interessiert darum, dass man Ihnen die Einrichtung zeigt, wenn Ihnen dies zuvor noch nicht angeboten worden ist.*

- *Verabschieden Sie sich von der Leitung, indem Sie sie mit Namen ansprechen, und fragen Sie freundlich nach, wann Sie mit einer Entscheidung rechnen dürfen, ob sie noch weitere Unterlagen einreichen sollen usw.*

Aufgabe

Fragen Sie in der Einrichtung, in der Sie Ihr Praktikum absolvieren werden, ob Sie einen Steckbrief von sich erstellen sollen. Wenn ja, fertigen Sie diesen auf einem farbigen Bogen an. So können auch andere Mitarbeiter der Einrichtung einordnen, wer Sie sind, wie lange Sie in der Einrichtung arbeiten werden usw.

5.2 Aufgaben im Praktikum

In den verschiedenen Ausbildungsabschnitten können die angehenden Sozialhelfer, je nach Schwerpunktsetzung des jeweiligen Berufskollegs, Praktika in Einrichtungen für Kinder und Jugendliche, ältere Menschen, bei der ambulanten Familienpflege sowie in Einrichtungen für Menschen mit Behinderungen absolvieren.

Während der verschiedenen Praktika sollten die angehenden Sozialhelfer soweit wie möglich an pflegerischen Maßnahmen, pädagogisch-fördernden Angeboten sowie Tätigkeiten hauswirtschaftlicher Art und der Haushaltsführung beteiligt werden.

Sie beobachten Abläufe in der Einrichtung, sammeln Informationen und verarbeiten diese in den entsprechenden Praktikumsaufgaben.

Je nach Unterrichtsfach sind verschiedene Aufgaben zu erfüllen.

Hier eine kleine Auswahl möglicher Praktikumsaufgaben:

- **Erfassen der allgemeinen Situation der Ausbildungsstätte** (Größe, Träger, Lage, Räume und deren Nutzungsmöglichkeiten, Größe und Ausstattung der Einrichtung, Mitarbeiterinnen usw.)
- **Erfassen des Tagesablaufes in der Ausbildungsstätte**
- **Darstellung des jeweiligen Wochenverlaufes**

Beispiel für einen Wochenplan

1. Woche	Pflegerische Tätigkeiten	Hauswirtschaftliche Tätigkeiten	Pädagogische Tätigkeiten
Montag			
Dienstag			
Mittwoch			
Donnerstag			
Freitag			
Samstag			
Sonntag			

- **Übernahme kleinerer Tätigkeiten** (z. B. mit einem Kind oder einer Kleingruppe von Kindern, einem Bewohner oder einer Gruppe von Bewohnern)

Planen und reflektieren Sie diese Tätigkeiten schriftlich, indem Sie folgende Fragen beantworten:

Vor der Durchführung der Tätigkeit:
- Welche Vorbereitungen muss ich treffen?
- Welche Hilfen muss ich von anderen annehmen?
- Was werden die Kinder/Bewohner voraussichtlich während der Tätigkeit allein übernehmen können?
- Wobei muss ich ihnen voraussichtlich helfen?

Nach der Durchführung der Tätigkeit:
- Wie gestaltete sich der Ablauf der Tätigkeit?
- Was würde ich bei einer Wiederholung der Tätigkeit ändern? Warum?

5.3   Zielgerichtete Dokumentation des eigenen Entwicklungsfortschrittes

Während der verschiedenen Praktika werden die angehenden Sozialhelfer **unter Anleitung** wie auch **Beobachtung** durch die Praxisanleitung und/oder die Betreuungslehrerin der Ausbildungsstätte verschiedene Handlungsweisen durchführen.

Hierzu zählen beispielsweise:
- pflegerische Maßnahmen
- Begleitung von Alltagssituationen
- sozialpädagogische Angebote und Aktionen
- Tätigkeiten hauswirtschaftlicher Art

Einige Male wird über die durchgeführten zielgerichteten Maßnahmen und Angebote gemeinsam in einem Praxisberatungsgespräch reflektiert. Am Schluss dieses Gespräches steht die Beurteilung der jeweiligen Handlungsweise.

Es wird empfohlen, die Ergebnisse jeder Nachbesprechung schriftlich festzuhalten und in einer sogenannten **Praxismappe** abzuheften. So setzen sich angehende Fachkräfte mit selbst- und fremdbeobachteten Lernfortschritten und Lernlücken noch einmal bewusst auseinander und können hieraus eigenständig und zielgerichtet Konsequenzen für das weitere Handeln in der sozialpädagogischen und sozialpflegerischen Praxis ableiten. (Allgemeine Auswertungsfragen zur Reflexion einer durchgeführten Handlungsweise finden Sie in Kapitel VI, 1.2, S. 495 f.).

Weitere Hinweise zur Selbstreflexion

- *Beantworten Sie alle Fragen ehrlich.*
- *Lassen Sie sich genügend Zeit zum Nachdenken.*
- *Finden Sie mögliche Handlungsalternativen.*
- *Besprechen Sie die Ergebnisse Ihrer Überlegungen mit einigen Mitschülern oder Ihrem Lehrer.*

, **Aufgabe**

1. Führen Sie Ihre Praxismappe weiter (siehe hierzu auch Aufgabe in Kapitel I, 2.2. S. 24). Richten Sie hierzu den nächsten Registerpunkt „Reflexionen zu Beratungs- und Anleitungsgesprächen" ein, um schriftliche Reflexionen abheften zu können.

2. Überlegen Sie gemeinsam im Plenum, welche weiteren Registerpunkte die Praxismappe enthalten sollte, damit Sie Ihren Lernprozess in der Praxis umfassend dokumentieren können.

5.4 Auswertung der Praktika

Nach jedem Praktikum haben Schülerinnen und Schüler viel zu berichten. Es geht im Wesentlichen um zentrale Fragen wie:
- Welche Erwartungen hatte ich vor dem Praktikum? Haben sich meine Erwartungen erfüllt? Wenn ja, woran wurde das deutlich? Wenn nein, welche Gründe waren hierfür maßgeblich?
- Welche Ziele hatte ich vor dem Praktikum? Habe ich diese erreicht? Warum gelang es mir in einigen Situationen noch nicht, zielgerichtet zu handeln?
- Wie konnte ich mit den Anforderungen, die an mich gestellt wurden, umgehen?
- Wie war mein Verhältnis zu Kindern/Bewohnern ..., Kollegen?
- usw.

Eine gemeinsame Auswertung des Praktikums im Klassenverband kann viel dazu beitragen, unbeantwortete Fragen zu klären und bestimmte Situationen aus verschiedenen Perspektiven zu betrachten.

Hier einige methodische Anregungen[1]:

„Das brennt mir unter den Nägeln"

Material: eine Schachtel Streichhölzer, Papier und Stifte

Nacheinander zündet jeder ein Streichholz an. Während das Streichholz brennt, hat der Einzelne die Möglichkeit, alles zum Praktikum loszuwerden, was ihm „unter den Nägeln brennt". Im Anschluss daran werden spontan 10 Begriffe aufgeschrieben, die man mit seinem Praktikum in Verbindung bringt. Ein Austausch über die gesammelten Begriffe erfolgt danach in Kleingruppen.

Mögliche Fragen zum Austausch:

- Warum sind mir diese Begriffe zuerst eingefallen? Was verbinde ich damit?

- Welche Begriffe kommen häufiger vor? Ist immer das Gleiche gemeint?

- u.Ä. mehr

---

[1] *Vorschläge zur Auswertung der verschiedenen Praktika sind in enger Zusammenarbeit mit Kolleginnen und Kollegen des St. Franziskus Berufskollegs/Hamm entstanden.*

Gesichterauswertung

Jeder erinnert sich noch einmal an die letzten Wochen seines Praktikums, an seine Stimmungen, Gefühle, Wünsche. Dies alles versucht er in einem Gesicht auszudrücken (Beispiele s. u.). Es können auch Sprechblasen zu dem Gesicht gemalt werden.

zufrieden   enttäuscht   usw.

(vgl. Baer u. a., 1997, E 5)

Mein „roter Faden" durch das Praktikum

Material: für jeden Schüler ein großer Bogen Papier oder Tonpapier, eine Schere, Klebstoff, rote Wollreste, alte Zeitschriften, Bunt- oder Filzstifte

- Zeigen Sie auf einem großen Bogen Papier Ihre persönlichen Stimmungen, Erfolgserlebnisse und Misserfolge im Verlauf des Praktikums auf. Unterteilen Sie hierzu das Blatt entsprechend der Anzahl der Praktikumswochen.

- Verdeutlichen Sie diese Entwicklung von Stimmungen, bedeutsamen Situationen, Schwierigkeiten … mithilfe eines roten Wollfadens.
  (**Beispiele:** Erfolgserlebnis = Faden zeigt nach oben,
  Knoten = Verwicklungen, Schwierigkeiten,
  durchgeschnittener Faden = „da habe ich plötzlich nicht mehr weitergewusst")

- Ergänzen Sie wesentliche Abschnitte durch kleine Bilder, zentrale Aussagen, Symbole, farbige Gestaltung …

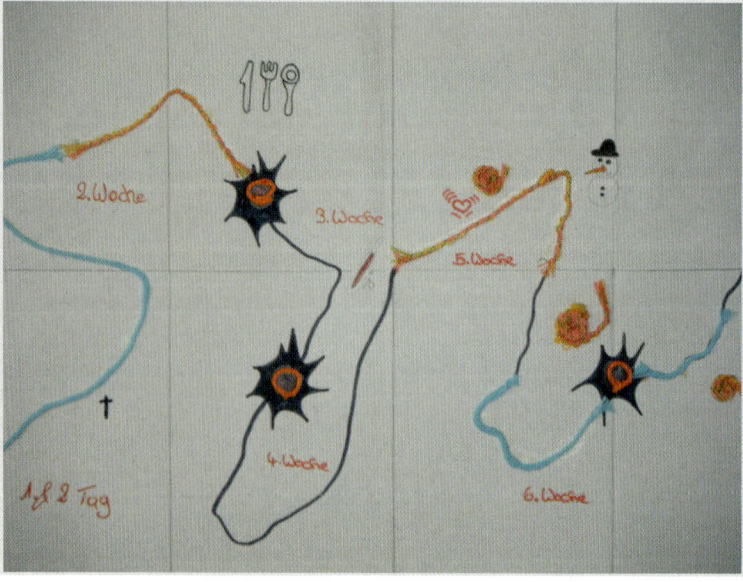

„Das habe ich besonders gut gemacht"

- Überlegen Sie, welche beruflichen Situationen Sie in den zurückliegenden Wochen besonders erfolgreich gemeistert haben.

- Worauf sind Sie besonders stolz?

- Was ist Ihnen dabei besonders gut gelungen?

Fassen Sie stichwortartig zusammen, welche persönlichen Stärken, Fähigkeiten und Begabungen Ihren Erfolg bewirkt haben.

Berichten Sie dies in einer Kleingruppe und stellen Sie alle erfolgsfördernden Eigenschaften deutlich heraus (Machen Sie keine Einschränkungen, schieben Sie nichts auf „Glück" oder „Zufall", lassen Sie „wenn" und „aber" weg. Nehmen Sie Ihren Erfolg ganz für sich in Anspruch).

6 Berufliche Perspektiven und Möglichkeiten der Fort- und Weiterbildung

Wenn Sozialhelfer ihre Berufsausbildung erfolgreich abgeschlossen haben, ist dies nicht gleichbedeutend mit dem Abschluss ihrer beruflichen Bildung. Um ihren Wissensstand neuen Erkenntnissen über ihr Arbeitsfeld ständig anzupassen, sollten sie sich regelmäßig weiterbilden.

So sind beispielsweise Weiterentwicklungen von Methoden in der Betreuung, Neuerungen im pädagogischen und pflegerischen Bereich Herausforderungen, denen sich Sozialhelfer immer wieder neu stellen müssen.

Seminare zu pflegerischen, erzieherischen und hauswirtschaftlichen Themen in der Alten-, Familien- und Kinder- und Jugendhilfe sowie sonderpädagogische Einführungslehrgänge, Kurse zu EDV im Sozialwesen oder Fortbildungen zur Förderung der Kommunikationsfähigkeit und des Konfliktlöseverhaltens können die in der Ausbildung erworbenen Kenntnisse vertiefen.

> **Merke!**
> *Fort- und Weiterbildungsmaßnahmen sichern die berufliche Position und bilden die Grundlage für berufliche Veränderungen.*

Viele Sozialhelferinnen streben aufstiegsorientierte Weiterbildungen an. Hierzu zählen Ausbildungen wie:

- staatlich anerkannte Heilerziehungspflegerin (siehe hierzu Kapitel IV, 1.3)
- staatlich anerkannte Erzieherin
- Altenpflegerin (siehe hierzu auch Kapitel III, 1.2)
- staatlich anerkannte Haus- und Familienpflegerin (siehe hierzu auch Kapitel III, 1.2)
- Gesundheits- und Krankenpflegerin (siehe hierzu auch Kapitel III, 1.2)
- staatlich anerkannte Heilpädagogin (siehe hierzu Kapitel IV, 1.3)
- Qualitätsbeauftragte im Gesundheits- und Sozialwesen

Über Zugangsvoraussetzungen, Ausbildungsorte, -dauer, Aufgabenschwerpunkte usw. können sich Interessierte z. B. über das Internet unter „berufenet.arbeitsagentur.de" informieren.

Anregung

Laden Sie ehemalige Absolventen Ihrer Schule ein, damit diese von ihren Erfahrungen im Beruf, in Weiterbildungsmaßnahmen usw. erzählen können.

II.

Ich möchte Beziehungen
zu Menschen verschiedener
Altersstufen in Familien und
Einrichtungen für Kinder
und Jugendliche aufbauen

Ziele:

■ Einrichtungen und entsprechende Arbeitsschwerpunkte der Mitarbeiter der Kinder-
und Jugendhilfe und der Familienpflege kennen

■ alters- und entwicklungsbedingte Fähigkeiten, Bedürfnisse und Gewohnheiten von
Kindern und Jugendlichen in Familie und Gesellschaft erfassen und situationsbedingt
deren Alltag begleiten

■ alters-, entwicklungs- und situationsbedingte Probleme einordnen können

■ Lebenssituationen von unterstützungsbedürftigen Familienmitgliedern wahrnehmen
und angemessen darauf reagieren

■ vorherrschende Spielformen der verschiedenen Altersstufen kennen und altersentsprechende Angebote für Kinder und Jugendliche unter Anleitung begleiten

■ sich für einen verantwortungsbewussten Umgang mit Medien der unterstützungsbedürftigen Kinder und Jugendlichen mitverantwortlich fühlen

1   Sozialpädagogische und sozialpflegerische Einrichtungen für Kinder, Jugendliche und unterstützungsbedürftige Familien

Die Schülerinnen und Schüler der Unterstufenklasse im Bildungsgang „Sozialhelfer" haben erfahren, wann ihr erstes Praktikum beginnen wird und mit welcher Zielgruppe hier gearbeitet werden soll. Die Fachlehrerin hat ihnen letzte Woche mitgeteilt, dass von der Schule festgelegt wurde, dass für das erste Praktikum Einrichtungen ausgewählt werden sollen, in denen mit Kindern und Jugendlichen gearbeitet wird.

Damit die Klasse eine Orientierung über das breit gefächerte Angebot an Einrichtungen der Kinder- und Jugendhilfe und der Familienpflege erhält und jeder entsprechend seiner Neigungen einen Praktikumsplatz auswählen kann, werden Schülerinnen und Schüler der Oberstufe eingeladen, die von ihrem Praktikum im letzten Schuljahr berichten.

Jonas erzählt von seinem Praktikum in einem Jugendzentrum:

„Mein Arbeitstag im Jugendzentrum (JZ) begann für mich als Mitarbeiter um 11.00 Uhr morgens und endete in der Regel um 20.00 Uhr abends.

Bei uns war das JZ von 11.00–14.00 Uhr für die Kinder und Jugendlichen nicht zugänglich. In dieser Zeit war es meine Aufgabe, die Küche aufzuräumen, einzelne Räume aufzuschließen und mit den Kollegen den Tagesablauf durchzusprechen.

Von 14.00–20.00 Uhr ist das JZ für die Jugendlichen öffentlich zugänglich, d. h. von 14.00–16.00 Uhr findet von montags bis freitags die Schulaufgabenhilfe statt, danach neben den spontan entstehenden Spielangeboten und -aktionen auch die geplanten Aktivitäten und Projekte. Jeder Tag verlief für mich anders, entsprechend der Bedürfnisse der Jugendlichen und der Vorgaben durch das Team."

Alina fragt interessiert nach: „Das hört sich spannend an. Könntest Du etwas zu den Angeboten sagen, die ihr mit den Kindern und Jugendlichen durchführt? Wie alt sind eure Besucher und woher kommen sie?"

Jonas: „Schwerpunktmäßig besuchen Kinder und Jugendliche im Alter zwischen acht und 18 Jahren unser JZ. Mit unseren Angeboten versuchen wir, die Kinder und Jugendlichen, die verschiedenen Nationalitäten angehören, wobei die türkische einen Schwerpunkt bildet, in ihrer Entwicklung zu unterstützen und zu fördern. Dies geschieht durch Angebote wie z. B.:

- erlebnispädagogische Aktionen,
- Angebote im Außengelände mit Streetball, Tischtennis,
- Medienangebote,
- Projektarbeit, die regelmäßiger Bestandteil in der Planung und Gestaltung des pädagogischen Programms ist (z. B. Kunst und Bau, Gewalt, Natur und Sucht),
- musikpädagogische Angebote wie Schlagzeugunterricht, Gesangsunterricht,
- Angebote speziell für Mädchen oder Jungen, so ist z. B. mittwochs Mädchentag mit Aktionen wie Kochen für Girls, Jazztanz und Mädchencafé.

Kevin möchte noch mehr über die Besucher erfahren, da er sehr an einem Praktikum in dieser Einrichtung interessiert ist. Er weiß bereits, dass im Einzugsgebiet des Jugendzentrums viele Familien wohnen, die sozial schwächer gestellt sind und ist etwas verunsichert, was deren Problemlagen betrifft.

Jonas: „Es ist richtig, dass sich unser Jugendzentrum in einem Stadtteil befindet, in dem die dort lebenden Menschen einige Probleme haben. So sind viele Familien von Arbeitslosigkeit betroffen oder sie haben viele Kinder, viele Mütter leben mit ihren Kindern allein, die Wohnverhältnisse sind häufig sehr beengt, zum Teil haben Familienmitglieder nur eingeschränkte Deutschkenntnisse. Auch die Probleme der Jugendlichen sind nicht zu übersehen. Viele weisen soziale Defizite auf, manche konsumieren regelmäßig Drogen."

Kevin: „Das scheint ein schwieriges Arbeitsfeld zu sein. Wie viele Betreuer habt ihr denn dort?"

Jonas: „Zum festen Team gehören zwei Diplom-Sozialarbeiterinnen, eine Diplom-Pädagogin sowie zwei männliche Mitarbeiter, ein Diplom-Sozialarbeiter und ein Diplom-Pädagoge. Zur Unterstützung im offenen Bereich werden pädagogisch geschulte Honorarkräfte eingesetzt. Wichtig für euch wäre sicherlich auch noch zu erfahren, dass es im Hause eine Hausordnung gibt, die sichtbar ausgehängt ist und für alle Nutzer gilt. Neben anderen  wichtigen Regeln steht an erster Stelle der respektvolle, gewaltfreie Umgang miteinander. Hält sich jemand nicht an diese oder andere Regeln, wird zunächst ein Gespräch mit ihm geführt. Sollte es dennoch nicht zu einer Einsicht kommen, wird ein Hausverbot erteilt."

Die Schulklasse ist dankbar, so viele Informationen über diese Einrichtung erhalten zu haben und schon sehr gespannt zu hören, was andere Schüler über ihr Praktikum in weiteren Einrichtungen der Kinder- und Jugendhilfe oder der ambulanten Familienpflege zu berichten haben.

Auch Sie sind sehr interessiert, mehr über mögliche Einsatzgebiete in Ihrem Praktikum zu erfahren.

Aufgaben zur Lernsituation

1. Notieren Sie spontan Ihre Einschätzung der oben beschriebenen Situation:
   - Welche Fragen werden die an der Situation beteiligten Schülerinnen und Schüler bewegen?
   - Welche der genannten und weiteren Themen möchten Sie ebenfalls zur Vorbereitung auf Ihr Praktikum bearbeiten? Listen Sie diese auf.

2. Laden Sie zur weiteren Informationsvermittlung Schülerinnen und Schüler höherer Klassen ein, die über ihr vergangenes Praktikum berichten.
   - Bilden Sie Kleingruppen entsprechend der Altersstufe, mit der Sie schwerpunktmäßig im Praktikum arbeiten werden.
   - Entwickeln Sie in den Kleingruppen vorbereitend einige Fragen zu der Arbeit mit Kindern und/oder Jugendlichen in dem entsprechenden Arbeitsfeld, und lassen Sie diese den Schülerinnen und Schülern einige Zeit vorher zukommen (z. B. zum Tagesablauf, der Zielgruppe, den Kolleginnen usw.).

3. Sammeln Sie dann entsprechende Referatsthemen, die der weiteren Vorbereitung auf das Praktikum dienen, und bearbeiten Sie diese in den Kleingruppen. Wählen Sie hierzu auch entsprechend aus den nachfolgenden Texten aus.

Sozialhelferinnen, die mit Kindern arbeiten möchten, arbeiten meistens in einer Familie und übernehmen als Vertretung der abwesenden Haushaltsführung deren Aufgaben im Haushalt, die Betreuung der Kinder und/oder die Pflege alter und kranker Familienmitglieder.

Neben dieser Arbeit absolvieren Sozialhelfer während der Ausbildungszeit **auch** Praktika in Einrichtungen für Kinder und Jugendliche. Zu diesen Einrichtungen zählen:
- sozialpädagogische Tageseinrichtungen für Kinder
- familienersetzende Einrichtungen
- Einrichtungen der gesundheitlichen Fürsorge
- Einrichtungen der offenen Kinder- und Jugendarbeit

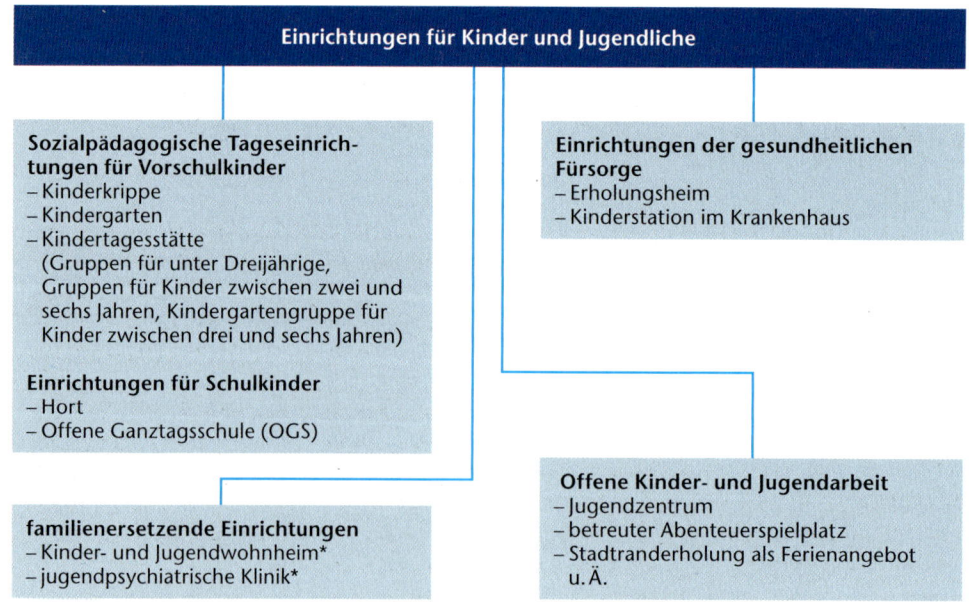

Einrichtungen für Kinder und Jugendliche

Sozialpädagogische Tageseinrichtungen für Vorschulkinder
– Kinderkrippe
– Kindergarten
– Kindertagesstätte
  (Gruppen für unter Dreijährige, Gruppen für Kinder zwischen zwei und sechs Jahren, Kindergartengruppe für Kinder zwischen drei und sechs Jahren)

Einrichtungen für Schulkinder
– Hort
– Offene Ganztagsschule (OGS)

familienersetzende Einrichtungen
– Kinder- und Jugendwohnheim*
– jugendpsychiatrische Klinik*

Einrichtungen der gesundheitlichen Fürsorge
– Erholungsheim
– Kinderstation im Krankenhaus

Offene Kinder- und Jugendarbeit
– Jugendzentrum
– betreuter Abenteuerspielplatz
– Stadtranderholung als Ferienangebot u. Ä.

In den mit einem Sternchen gekennzeichneten Einrichtungsformen werden Sozialhelfer nur bedingt einen Praktikumsplatz finden, da zum Teil Zusatzqualifikationen verlangt werden. Zudem ist aufgrund des Alters der Zielgruppe häufig ein bestimmtes Mindestalter erwünscht, um eine professionelle Distanz wahren zu können.

1.1 Aufgaben und Mitarbeiterinnen in der ambulanten Familienpflege und in Einrichtungen für Kinder und Jugendliche

1.1.1 Ambulante Familienpflege

Bei der **Familienpflege** handelt es sich in der Regel um eine vorübergehende Übernahme haushaltsversorgender Tätigkeiten der abwesenden haushaltsführenden Person oder deren Unterstützung. Gründe zur Gewährung dieser Hilfsmaßnahme können z. B. sein:
- ein Krankenhausaufenthalt des haushaltsversorgenden Familienmitgliedes
- Mehrlingsgeburten oder Wochenbettdepressionen der Mutter
- langwierige oder chronische Erkrankung der haushaltsführenden Person (z. B. Multiple Sklerose, Krebs)

Hauptaufgabe der dort tätigen Familienpflegerinnen ist die Versorgung und Betreuung der im Haushalt lebenden Kinder bis zum 14. Lebensjahr.
Hierzu gehören neben der Sicherstellung des gewohnten Tagesablaufes die Hausaufgabenbetreuung und die Beschäftigung in der Freizeit mit angemessenen Angeboten. Zudem werden pflegebedürftige Familienmitglieder versorgt, eventuell in Zusammenarbeit mit der ambulanten Kranken- und Altenpflege.

Diese Hilfen werden von verschiedenen freien und öffentlichen Trägern wie dem Diakonischen Werk, dem Deutschen Caritasverband, der Arbeiterwohlfahrt und dem Deutschen Roten Kreuz angeboten.

Familienpflege wird häufig verwechselt mit der **sozialpädagogischen Familienhilfe** im Sinne des § 31 des SGB VII (Kinder- und Jugendhilfegesetz), deren Hauptaufgabe darin besteht, Familien sogenannte **Hilfe zur Selbsthilfe** anzubieten, d.h., es wird versucht, Konflikte innerhalb der Familie zu benennen, zu bearbeiten und wenn möglich die Situation gemeinsam mit allen Familienmitgliedern zu verbessern. Deshalb werden hier auch überwiegend **Diplom-Sozialpädagoginnen und -Sozialpädagogen** oder **sozialpädagogische Fachkräfte mit Zusatzqualifikationen** tätig sein, die in den Familien über einen langfristigen Zeitraum (i. d. R. ein halbes bis ein Jahr oder länger) versuchen, eine konstruktive Auseinandersetzung mit dem eigenen Leben anzuregen.

1. Erkundigen Sie sich nach sozialen Diensten zur Unterstützung von Familien in Ihrer Heimatstadt.

2. Organisieren Sie einen Besuch in einer Einrichtung zur Unterstützung von Familien oder laden Sie einen Mitarbeiter in die Schule ein, der über Organisationsstrukturen und Arbeitsschwerpunkte informiert.

1.1.2 Kindertagesstätte (Kita)

Kindertagesstätten sind Einrichtungen der Kindertagesbetreuung für Kinder vom Säuglings- bis zum Schulalter. Regional findet man unterschiedliche Definitionen. So werden teilweise nur Kindergärten mit Ganztagsbetreuung „Kita" genannt, während in anderen Regionen dann von Kindertagesstätten gesprochen wird, wenn alle drei Altersgruppen (unter Dreijährige, Kindergartenkinder und Schulkinder) betreut werden.
Hiervon unabhängig wird an dieser Stelle kurz auf Aufgaben und Funktionen der unterschiedlichen Gruppen bezüglich der erzieherischen und pflegerischen Arbeit eingegangen:

In der **Kinderkrippe** oder der **kleinen altersgemischten Gruppe** werden Kinder bis zur Vollendung ihres dritten Lebensjahres betreut. Hier steht neben der pflegerischen Versorgung die pädagogische Unterstützung beim Entwickeln von Fähigkeiten und Fertigkeiten, dem Erlangen von Sicherheiten und der Befriedigung des enormen Lernbedürfnisses der Kinder im Vordergrund.

Kindergartengruppen besuchen Kinder im Alter zwischen drei und sechs Jahren. Der Schwerpunkt der erzieherischen Arbeit liegt darin, erste Grundlagen für das Zusammenleben in einer Gruppe Gleichaltriger zu vermitteln.

Nach Inkrafttreten des Kinderbildungsgesetzes (KiBiz) sind in den Kindertagesstätten künftig zunehmend drei Gruppentypen vorgesehen:
- Die Gruppen für unter Dreijährige sollen die klassische Gruppenstärke einer kleinen altersgemischten Gruppe haben,
- daneben gibt es eine Gruppe für Kinder zwischen zwei Jahren bis zum Schuleintritt und
- klassische Kindergartengruppen für Kinder zwischen drei Jahren bis zum Schuleintritt.

Die Betreuungszeiten können bundeslandspezifisch voneinander abweichen. Folgende Formen werden unterschieden:
- Besuch der Einrichtung am Vor- und/oder am Nachmittag
- Besuch der Einrichtung von morgens bis nach dem Mittagessen
- Ganztagsbetreuung, von morgens bis zum späten Nachmittag entsprechend der Bedarfsstruktur der Eltern

Zum Teil werden in der Kita auch noch Kinder im Alter von sechs bis 14 Jahren in Hortgruppen vor und nach dem Unterricht betreut. Zunehmend verlagert sich die Betreuung der Schulkinder jedoch auf die "Offene Ganztagsschule" und viele bestehende Horte werden nach und nach – je nach Bedarf – in andere Gruppentypen (siehe vorherige Seite) umgewandelt.

In den genannten Einrichtungen arbeiten überwiegend staatlich anerkannte Erzieherinnen, zum Teil auch Diplom-Sozialpädagoginnen als Leiter einer Einrichtung und regional verschieden zum Teil auch noch Kinderpflegerinnen.

Das pädagogische Fachpersonal ist dazu angehalten, sich in der pädagogischen Arbeit mit den Kindern nach **Bildungsplänen** zu richten und die Bildung der Kinder als einen wesentlichen Bestandteil der erzieherischen Arbeit anzusehen.
In der sogenannten **Bildungsvereinbarung** haben Träger von Tageseinrichtungen und die entsprechenden Länder (z. B. NRW) eine Verständigung über Bildungsziele und deren mögliche Umsetzung getroffen.
Als übergeordnetes Bildungsziel gilt, Kinder in allen Entwicklungsbereichen zu begleiten, zu fördern und herauszufordern.

Um **Bildungsprozesse** in Gang setzen zu können, benötigen Kinder gute Erfahrungsmöglichkeiten in einer für sie vorbereiteten Umgebung, in der sie vorfinden, was sie in jedem Entwicklungsabschnitt benötigen.

In den ersten drei Lebensjahren umfasst die frühkindliche Bildung:
- Bildung der Sinne, einschließlich der Bewegung und Gefühle
- Bildung von Vorstellungswelt, Fantasie und szenischem Spiel
- Bildung der symbolischen Welt, insbesondere einer Sprachwelt
- Bildung der zwischenmenschlichen Beziehungen

Vom dritten Lebensjahr an werden folgende **Bildungsbereiche** zunehmend bedeutsam:
- Bewegung
- Spielen und Gestalten, Medien
- Sprache(n)
- Natur und kulturelle Umwelt(en)
- Religion

(vgl. Bildungsvereinbarung NRW)

1.1.3   Hort und Offene Ganztagsschule (OGS)

Den **Hort** besuchen Kinder im Alter von sechs bis 14 Jahren vor und nach dem Unterricht. Sie werden in der Regel von einer Erzieherin betreut, wobei der Personalschlüssel vorsieht, dass eine sozialpädagogische Fachkraft für je zehn Kinder zuständig ist.

Im Hort steht die allgemeine und auf die Hausaufgaben bezogene individuelle Betreuung im Vordergrund, während gemeinsame Aktivitäten und Freizeitangebote etwas in den Hintergrund treten.

Die Kinder erhalten ein Mittagessen und haben auch die Möglichkeit, die Einrichtung während der Ferien zu besuchen. Horte sind meist an eine Kindertagesstätte angeschlossen, sodass die vorhandenen Räumlichkeiten auch von den Hortkindern genutzt werden können. Da es sich meist um altersgemischte Gruppen handelt, die von den Schulkindern besucht werden, ergeben sich auch Kontakte zu jüngeren Kindern.

Nicht nur während der Schulzeit, sondern auch an unterrichtsfreien Tagen und bei Bedarf eventuell auch in den Ferien, werden 25 Kinder in **offenen Ganztagsschulen** von einer Erzieherin und Honorarkräften aus Einrichtungen des Sports und der Kultur betreut.

In der **offenen Ganztagsschule**, genauer gesagt der Vormittagsschule mit Nachmittagsbetreuung bis 17.00 Uhr, erhalten Grundschüler Hilfe bei den Hausaufgaben, werden mit einem Mittagessen versorgt und können an zahlreichen Angeboten der Nachmittagsbetreuer in den Bereichen Spiel, Sport, Musik usw. teilnehmen.

Die Betreuung nach der Schule wird zunehmend den Schulen zuteil, was in den meisten Bundesländern durch den Ausbau der Grundschulen zu offenen Ganztagsschulen geschieht. Ziel ist es hierbei, die räumliche und fachliche Verbindung zwischen Schule und Nachmittagsbetreuung der Grundschüler zu verstärken.

1.1.4   Kinder- und Jugendwohnheim, jugendpsychiatrische Kliniken

In **Kinder- und Jugendwohnheimen** werden Kinder und Jugendliche aufgenommen, die vorübergehend oder dauerhaft nicht in ihrer Familie leben können. Meist wohnen die Kinder und Jugendlichen in einer Wohneinheit von sechs bis acht Kindern/Jugendlichen zusammen, teilweise bewohnen die Gruppen auch größere Einfamilienhäuser.

Von hier aus besuchen sie entsprechend der jeweiligen Altersstufe Kindertagesstätten, Schulen oder Ausbildungsstellen.

Die Aufgabenschwerpunkte in einer solchen Einrichtung sind vielfältig und umfassen die Erziehung, Versorgung und die ganzheitliche Förderung der Kinder und Jugendlichen gleichermaßen.

Da die Kinder und Jugendlichen in der Regel aufgrund der Erziehungsunfähigkeit der Eltern oder anderer familiärer Schwierigkeiten aus ihren Familien herausgenommen worden sind, ist eine der wichtigsten Aufgaben darin zu sehen, sie in ihrer Persönlichkeit und Beziehungsfähigkeit zu stärken, ihnen beim Aufbau verlässlicher Beziehungen zu helfen und sie an klare Strukturen und Regeln zu gewöhnen.

Neben dieser emotionalen Stabilisierung sind als weitere Arbeitsschwerpunkte der dort tätigen Erzieherinnen, Diplom-Sozialpädagogen und Sozialarbeiter u. a. zu nennen:

- Hinführung zur Verselbstständigung
- Hausaufgabenbetreuung
- Freizeitgestaltung

In **jugendpsychiatrischen Klinken** leben Kinder und Jugendliche mit schweren Verhaltensauffälligkeiten für die Dauer ihrer Behandlung (z. B. suizidgefährdete Kinder und Jugendliche, Kinder mit bestimmten Ängsten, drogenabhängige Kinder und Jugendliche usw.).

Erzieherinnen, Diplom-Sozialpädagogen und Sozialarbeiter, Heilerziehungspfleger, Psychologen, Bewegungstherapeuten, Ergotherapeuten, Lehrer, Kunsttherapeuten, Werklehrer, Logopäden, Ärzte, Gesundheits- und Krankenpfleger begleiten sie mit verschiedenen Arbeitsschwerpunkten in ihrem Alltag. Die Tätigkeitsbereiche der sozialpädagogischen und sozialpflegerischen Kräfte sind vergleichbar mit Arbeitsaufgaben in der Heimerziehung.

1.1.5 Erholungsheime und Kinderstationen von Krankenhäusern

In diesen Einrichtungen der Gesundheitsfürsorge unterstützt das pädagogische Fachpersonal Eltern, Ärzte und Gesundheits- und Krankenpfleger für Kinder bei der Pflege und Betreuung der kranken Kinder.

Die zu betreuenden Kinder sind hier vorübergehend von ihrer Familie getrennt und benötigen neben der körperlichen Pflege viel Zuneigung, Anteilnahme und Ablenkung. Da an erster Stelle der Gesundungs- und Erholungsprozess der Kinder steht, liegt der Schwerpunkt der pädagogischen Arbeit in der begleitenden Unterstützung der gesundheitsfördernden Maßnahmen.

1.1.6 Offene Kinder- und Jugendarbeit

Zu Einrichtungen der Kinder- und Jugendarbeit zählen z. B. **Häuser der offenen Tür, Jugendzentren und Jugendfreizeitheime**.

Kinder und Jugendliche kommen in ihrer Freizeit und während der Ferien stundenweise zu Spielkreisen, zur Teilnahme an Jugendgruppenstunden, zu Spielprogrammen und während der Schulzeit zudem zur Hausaufgabenbetreuung.

Durch gezielte Freizeitangebote oder auch „lockeres Zusammensein" entstehen Gruppenbeziehungen und Gemeinschaftserfahrungen. Somit leisten solche Einrichtungen eine wichtige Ergänzung zur familiären Erziehung.

Hauptsächlich arbeiten hier Diplom-Sozialarbeiterinnen und Diplom-Sozialpädagogen. Zur Unterstützung werden im offenen Bereich häufig pädagogische geschulte Honorarkräfte eingesetzt.

Zu den weiteren Einrichtungen der offenen Kinder- und Jugendarbeit zählen die betreuten **Abenteuerspielplätze**, **Bauspielplätze** und **Jugendfarmen**, die älteren Kindern und Jugendlichen selbst gestaltbare Erlebnisspielräume bieten.

In der Ferienzeit wird darüber hinaus vielerorts auch eine sogenannte **Stadtranderholung** angeboten, an der Kinder im Alter von sechs bis in der Regel zwölf Jahren teilnehmen können.

Die Teilnehmer werden mit dem Bus aus ihrem Stadtteil abgeholt, frühstücken gemeinsam und führen den Tag über mit pädagogisch geschulten Betreuern verschiedene Angebote auf dem Gelände durch. Am späten Nachmittag werden dann alle Kinder mit dem Bus wieder in ihren Stadtteil zurückgebracht. Diese Freizeiten dauern in der Regel 14 Tage bis drei Wochen.

1.2 Allgemeine Tätigkeiten der Sozialhelferin in der Familie und in Einrichtungen für Kinder und Jugendliche

Sozialhelferinnen, die mit Kindern und Jugendlichen arbeiten, haben vielfältige Aufgaben wahrzunehmen, die je nach Einsatzgebiet einen anderen Schwerpunkt aufweisen. So werden sie in der Familie mehr sozialpflegerische und hauswirtschaftliche Tätigkeiten übernehmen, während sie z. B. in Kindergartengruppen den Schwerpunkt ihrer Arbeit in der Unterstützung der Erzieherin bei sozialpädagogischen Tätigkeiten finden werden.

Folgende Aufgaben werden mit unterschiedlicher Gewichtung in allen Arbeitsbereichen übernommen:
- Übernahme von hauswirtschaftlichen Arbeiten wie Wäschepflege, Nahrungszubereitung, Raumpflege
- Familienmitglieder mit krankheitsbedingten Einschränkungen pflegen und betreuen

- Unterstützung der pädagogischen Fachkräfte/Eltern bei Spiel- und Lernangeboten
- eigenständige Betreuung einzelner Kinder durch Angebote wie Malen und Werken, Erzählen und Vorlesen, Spielen von Gesellschaftsspielen usw.
- Unterstützung und Mitgestaltung von Festen und Feiern für und mit Kindern
- Hilfen geben bei der Pflege der eigenen Person und der Umgebung,
- Pflege des Spielmaterials

Aufgaben

1. Bilden Sie innerhalb Ihrer Klasse Lerngruppen entsprechend der ausgewählten Praktikumsstelle.

2. Informieren Sie sich weiterführend über diese Einrichtungsart, um mehr über den Berufsalltag, die dortigen Kinder und Jugendlichen, besondere Anforderungen usw. zu erfahren (z. B. mithilfe von Fachliteratur oder einem Interview mit Mitarbeitern).

3. Finden Sie in der Gruppe Möglichkeiten, die Ergebnisse Ihrer Recherchen anschaulich zu präsentieren (siehe hierzu auch Kapitel I, 4.3.1).

4. Setzen Sie sich in Absprache mit Ihren Fachlehrern mit weiteren einrichtungsrelevanten Themen zur Vorbereitung auf Ihr Praktikum auseinander.

2 Entwicklungs- und bedürfnisorientierte Unterstützung von Kindern in verschiedenen Altersstufen und ausgewählten Lebenssituationen

2.1 Allgemeines zur menschlichen Entwicklung

Im Laufe seines Lebens muss sich jeder Mensch in den verschiedenen Lebensperioden bestimmten Herausforderungen stellen und diese bewältigen.

Diese Herausforderungen werden in der Entwicklungspsychologie als **Entwicklungsaufgaben** bezeichnet. Werden sie erfolgreich bewältigt, erfährt der Mensch Glück und Erfolg, während Versagen unglücklich macht, auf Ablehnung durch die Gesellschaft stößt und zu Schwierigkeiten bei der Bewältigung späterer Aufgaben führt.

Die Entwicklung ist ein Prozess, der von der Geburt bis zum Tode reicht, und Entwicklung ist immer individuell.

Jeder Mensch wird als einzigartiges Individuum mit ganz bestimmten **Anlagen** geboren. Die Gene bestimmen von Anfang an das Verhalten eines jeden Menschen in entscheidender Weise mit.

Merke!
Anlagefaktoren meinen alle im Menschen angelegten Faktoren, die von innen heraus ohne Einfluss von außen wirksam werden.

So zählen beispielsweise das Aussehen und Temperament, körperliche Bedürfnisse wie der Geschlechtstrieb oder das Bedürfnis nach Nahrung und Bewegung zur Grundausstattung, mit der ein Mensch der Welt begegnet.

Weitere wichtige Faktoren, die mitentscheiden, wie Entwicklungsaufgaben angegangen und schließlich gelöst werden, sind Einflüsse aus der **Umwelt** des Menschen. Hierzu zählen die Einflüsse der **sozialen Umwelt** wie Erziehung, Schicht- und Religionszugehörigkeit und die **nährenden und schädigenden Umweltfaktoren** wie Ernährung, Klima, Umweltverschmutzung usw.

Durch das enge Zusammenspiel der **Anlage- und Umweltfaktoren** bildet der Mensch seine Persönlichkeit mit seinen individuellen Fähigkeiten und Verhaltensweisen heraus. *(vgl. Wirsing, 2000, S. 47 ff.)*

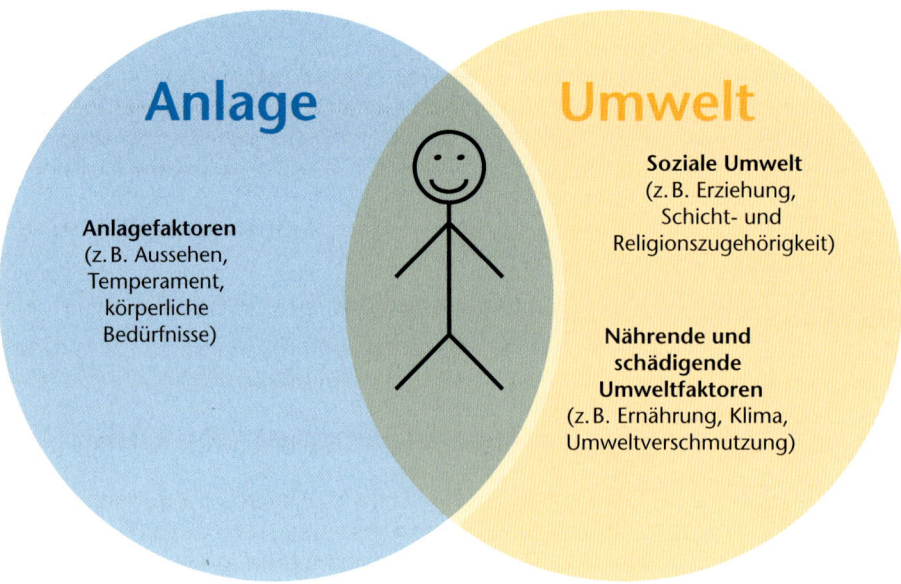

Die Lebensphase „Kindheit", die im Folgenden besondere Beachtung findet, zeichnet sich durch den Erwerb grundlegender körperlicher, geistiger, sprachlicher und sozial-emotionaler Fähigkeiten und Fertigkeiten aus, wobei insbesondere in den ersten drei Lebensjahren die entscheidenden Grundlagen in all diesen Bereichen erworben werden. Das Wissen um diese Entwicklungsprozesse bildet für alle an der Erziehung Beteiligten die Basis der angemessenen pädagogischen Begleitung und Lenkung.

Hierbei ist zu beachten, dass jedes Kind, das die einzelnen Entwicklungsstufen durchläuft, sein eigenes Entwicklungstempo aufweist. Bei starken Abweichungen sollte das Kind jedoch einem Fachmann (z.B. einem Kinderarzt oder Heilpädagogen) vorgestellt werden, damit Entwicklungsverzögerungen oder -störungen festgestellt und durch gezielte Maßnahmen verringert oder sogar beseitigt werden können.

Zum weiteren Verständnis werden den einzelnen Entwicklungsphasen beispielhaft jeweils auch einige der oben erwähnten **Entwicklungsaufgaben** nach Havighurst[1] zugeordnet, die der Mensch während der einzelnen Entwicklungsphasen erfolgreich zu bewältigen versucht.

---

[1] *Robert James Havighurst (1900–1991) entwickelte in den 50er-Jahren das Konzept der Entwicklungsaufgaben, womit er darlegt, dass Menschen im Verlauf ihres Lebens verschiedenen Problemen gegenüberstehen, die es zu bewältigen gilt. Jeder Lebensabschnitt hält somit andere altersentsprechende Aufgaben für den Menschen bereit.*

2.2 Das Kind unter drei Jahren

Jessica absolviert ihr Praktikum bei der ambulanten Familienpflege eines konfessionellen Trägers. Hier arbeitet sie schwerpunktmäßig mit der Familie Danker. Zur Familie Danker gehören die Kinder Tobias, sieben Jahre, der die Grundschule bis mittags besucht, Klara, 3,4 Jahre, die meist bis zum frühen Nachmittag in der Kindertagesstätte bleibt und die fünf Monate alte Jana, die den ganzen Tag zu Hause verbringt.
Frau Danker kümmerte sich bisher um den Haushalt und die Kinder und half ihrem Mann an zwei Tagen in der Woche im Betrieb.
Nach ihrem Krankenhausaufenthalt vor zwei Wochen ist Frau Danker noch sehr geschwächt und kann sich kaum um Haushalt und Familie kümmern. Ihre Mutter, die ihre Kinder vorübergehend im Haus der Familie versorgte, muss nun auch wieder ihren eigenen Verpflichtungen nachgehen, sodass die Familie Unterstützung in der Pflege und Versorgung der Kinder und des Haushaltes benötigt.
Jessica wird von ihrer Praxisanleiterin gebeten, sie insbesondere bei der Versorgung und Betreuung der fünf Monate alten Jana zu unterstützen.

Auch Sie und zwei weitere Mitschülerinnen werden Ihr erstes Praktikum bei der ambulanten Familienpflege absolvieren.

1. Notieren Sie spontan Ihre Einschätzung der oben beschriebenen Situation:
   - Wer ist direkt und indirekt an der Situation beteiligt?
   - Wie sehen die Beteiligten die Situation? (Eventuell können Sie die einzelnen Beteiligten besser einschätzen, wenn Sie deren Sichtweise einnehmen. Formulieren Sie hierzu in ein oder zwei Sätzen die jeweiligen Gedanken und Gefühle der Beteiligten in „Ich-Form".)

2. Welche Aufgaben haben Mitarbeiter der ambulanten Familienpflege, die in der beschriebenen Situation angesprochen werden? Welche Vorerfahrungen haben Sie diesbezüglich?

3. Welche der in der Situation angesprochenen Themen würden Sie zur intensiveren Vorbereitung auf Ihr Praktikum gerne bearbeiten? Listen Sie diese auf.

4. Lesen Sie die nachfolgenden Ausführungen, bearbeiten Sie die entsprechenden Aufgaben, und setzen Sie sich mithilfe weiterführender Literatur mit weiteren für Sie wichtigen Inhalten zu diesen Themen auseinander.

2.2.1 Entwicklung des Kindes im Säuglings- und Kleinkindalter

Entwicklung des Kindes in den ersten sechs Wochen	Entwicklung des Kindes im zweiten und dritten Monat	Entwicklung des Kindes im vierten und fünften Monat
Körperliche Entwicklung: ■ Gegen Ende des ersten Monats hält das Kind den Kopf in Bauchlage einige Sekunden hoch, ■ es macht Schreitbewegungen, wenn es unter den Achseln festgehalten wird, ■ die Hände sind überwiegend geschlossen, es zeigt sich ein ausgeprägter Handgreifreflex. 	**Körperliche Entwicklung:** ■ Am Ende des dritten Monats hebt das Kind den Kopf in Bauchlage und hält ihn für wenigstens eine Minute um 45° bis 90° an, ■ das Kind stützt sich auf beide Unterarme bei überwiegend mäßig gestreckten Hüften, ■ gegen Ende des dritten Monats bewegt es die halb geöffnete Hand in Richtung auf einen vorgehaltenen Gegenstand, ■ gegen Ende des zweiten Monats klingt der Schreitautomatismus allmählich ab.	**Körperliche Entwicklung:** ■ Das Kind kann sich am Ende des vierten Monats sicher mit den Unterarmen abstützen, ■ am Ende des fünften Monats „schwimmt" das Kind in Bauchlage, es kann sich in Schwebelage strecken, ■ beim langsamen Heranziehen bis 45° hebt es den Kopf und beugt leicht die Beine, ■ am Ende des vierten Monats sind die Hände meist halb geöffnet, Spielzeug wird in den Mund gesteckt (Hand-Mund-Koordination), ■ am Ende des fünften Monats führt es die Hand zum Spielzeug und berührt es.
Entwicklung der Wahrnehmung: ■ Das Kind reagiert mit Unwillen auf laute Geräusche und grelles Licht, ■ mit vier Wochen kann es einen Gegenstand mit den Augen bis 45° verfolgen.	**Entwicklung der Wahrnehmung:** ■ Das Kind reagiert auf einen Glockenton durch Innehalten des Blickes und der Bewegung, ■ es verfolgt einen Gegenstand mit den Augen von einem Augenwinkel zum anderen.	**Entwicklung der Wahrnehmung:** ■ Am Ende des vierten Monats betrachtet das Kind Spielzeug, das es in der Hand hält, ■ am Ende des fünften Monats reagiert das Kind auf Geräusche, wie z. B. Papierrascheln, durch Kopfdrehung.
Geistige Entwicklung: ■ Das Kind erlebt sich als Einheit mit der Umwelt.	**Geistige Entwicklung:** ■ Das Kind wiederholt Handlungen, die ein angenehmes oder interessantes Ergebnis zur Folge haben.	**Geistige Entwicklung:** Ab dem fünften bis achten Monat: ■ Ab dem fünften Monat handelt das Kind, weil es bemerkt, dass sein Handeln zu einem bestimmten Ergebnis führt, ■ Gegenstände werden mit allen Sinnen erforscht, ■ ab dem fünften Monat entsteht allmählich der „Objektbegriff", und das Kind erlebt sich langsam als eigenständiges Wesen.

Sprachentwicklung:
- Das Kind teilt seine Wünsche durch unterschiedliches Schreien mit,
- erste Bildung von Vokalen mit vier Wochen (a, ä, die mit einem h verbunden werden, sodass ein ä, a, ähä, hä zu hören ist).

Sprachentwicklung:
- Nach acht Wochen sind erste Kehllaute zu hören (e-che, ek-che, errhe),
- am Ende des dritten Monats bildet das Kind rrr-Ketten (Gurren).

Sprachentwicklung:
- Am Ende des vierten Monats bildet das Kind Laute wie m, b, w und juchzt,
- am Ende des fünften Monats bildet das Kind rhythmische Silbenketten.

Sozial-emotionale Entwicklung:
- Am Ende des ersten Monats betrachtet das Kind menschliche Gesichter,
- es beruhigt sich, wenn es auf den Arm genommen wird.

Sozial-emotionale Entwicklung:
- Ab der achten Woche folgt das Kind Personen mit den Augen,
- am Ende des dritten Monats: „soziales Lächeln".

Sozial-emotionale Entwicklung:
- Am Ende des vierten Monats lacht das Kind fröhlich, wenn es geneckt wird,
- das Kind kann freundlichen und strengen Tonfall unterscheiden,
- das Kind kann durch liebevolle Ansprache beruhigt werden,
- es wendet sich Personen zu, die sprechen oder singen.

Entwicklung des Kindes im sechsten Monat	Entwicklung des Kindes im siebten Monat	Entwicklung des Kindes im achten Monat

Körperliche Entwicklung:
- Das Kind stützt sich in Bauchlage mit gestreckten Armen auf die halb oder ganz geöffneten Handflächen,
- es rollt sich von einer Seite zur anderen,
- ein angebotenes Spielzeug ergreift es mit gezielten Bewegungen.

Körperliche Entwicklung:
- Das Kind kann für mindestens drei Sekunden einen Arm hochhalten (Arme sind „sprungbereit"),
- es dreht sich vom Rücken auf den Bauch,
- in der Rückenlage kann es mit seinen Füßen spielen.

Körperliche Entwicklung:
- Es zieht sich aus eigener Kraft an den Fingern eines Erwachsenen hoch,
- es kann wenigstens fünf Sekunden lang allein mit Abstützen nach vorne sitzen,
- es nimmt Scheibchen mit den Fingern und gestreckten Daumen auf,
- es zeigt mit dem Zeigefinger auf Einzelheiten an Gegenständen.

Entwicklung der Wahrnehmung:
- Es wendet sich gezielt Geräuschquellen zu.

Entwicklung der Wahrnehmung:
- Es schaut heruntergefallenem Spielzeug nach.

Sprachentwicklung:
- Das Kind lallt,
- es beginnt, Laute nachzuahmen.

Sprachentwicklung:
- Das Kind plaudert, indem es verschiedenartige Silben aneinanderreiht und sich in wechselnder Lautstärke und Tonhöhe äußert.

Sprachentwicklung:
- Das Kind beginnt zu flüstern.

Sozial-emotionale Entwicklung:	Sozial-emotionale Entwicklung:	Sozial-emotionale Entwicklung:
▪ Es beginnt allmählich, vertraute und fremde Personen zu unterscheiden.	▪ Das Kind liebt „Guck-Guck-Spiele", ▪ es versteht „Eia-Spiele".	▪ Das Kind „fremdelt", ▪ es beobachtet Personen in ihrem Tun, ▪ es nimmt durch Anlächeln oder Laute Kontakte zu anderen Kindern auf.

Entwicklung des Kindes im neunten Monat	Entwicklung des Kindes im zehnten Monat	Entwicklung des Kindes im elften Monat
Körperliche Entwicklung: ▪ Das Kind robbt, ▪ es sitzt mindestens eine Minute lang, ▪ das Kind lässt einen Gegenstand absichtlich fallen. 	**Körperliche Entwicklung:** ▪ Das Kind krabbelt unkoordiniert, ▪ es schaukelt auf Händen und Knien, ▪ es gelangt aus der Bauchlage über Hüftbeugung und Rumpfdrehung zum Sitzen, ▪ es setzt sich selbstständig aus der Bauchlage auf, ▪ es sitzt frei mit geradem Rücken, ▪ es steht selbstständig, wenn es festgehalten wird, ▪ kleine Gegenstände werden wie mit einer Pinzette ergriffen, ▪ es klopft Gegenstände aneinander.	**Körperliche Entwicklung:** ▪ Das Kind krabbelt koordiniert auf Händen und Knien, ▪ es zieht sich an Möbeln selbstständig hoch, ▪ es ergreift kleine Gegenstände mit dem Zangengriff. 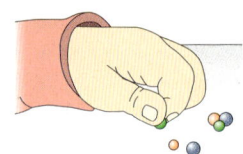

Entwicklung der Wahrnehmung:	**Entwicklung der Wahrnehmung:**	**Entwicklung der Wahrnehmung:**
▪ Das Kind nimmt einen Würfel in einem Behälter wahr und greift hinein, ▪ es nimmt leise Geräusche wahr.	▪ Das Kind ahmt Gesten nach.	▪ Das Kind wirft Spielzeug absichtlich weg, ▪ es findet versteckte Dinge wieder.

Geistige Entwicklung:
Ab dem neunten bis zum zwölften Monat:
- das Kind beginnt nachzuahmen,
- es entwickelt ein Verständnis für die dauerhafte Existenz von Gegenständen.

Sprachentwicklung:	**Sprachentwicklung:**	**Sprachentwicklung:**
▪ Das Kind bildet deutliche Silbenverdoppelungen.	▪ Das Kind ahmt lautlich vertraute Silben richtig nach, ▪ das Kind sucht auf Befragen nach einer vertrauten Person.	▪ Es versteht Verbote und unterbricht sein Spiel.

Sozial-emotionale Entwicklung:	Sozial-emotionale Entwicklung:	Sozial-emotionale Entwicklung:
▪ Das Kind reagiert heftig, wenn in seine Tätigkeiten und Wünsche eingegriffen wird, ▪ es liebt Versteckspiele mit vertrauten Personen.	▪ Das Kind beginnt, Lob und Tadel zu verstehen, ▪ es freut sich, wenn es bestätigt wird.	▪ Das Kind drückt seine Wünsche durch Gesten aus, ▪ es reagiert auf Verbote, ▪ es macht Geräusche und Bewegungen Erwachsener nach.
Entwicklung des Kindes im zwölften Monat	**Entwicklung des Kindes im 13.– 18. Monat**	**Entwicklung des Kindes im 19.– 24. Monat**
Körperliche Entwicklung: ▪ Das Kind geht an Möbeln entlang, ▪ es macht Schritte nach vorn, wenn es an der Hand gehalten wird, ▪ es legt Gegenstände in Behälter oder die Hand des Erwachsenen, ▪ es beginnt, selbst zu essen und zu trinken, ▪ es kann einen Stift halten. 	**Körperliche Entwicklung:** ▪ Das Kind kann frei stehen und laufen, ▪ es kann Spielzeug hinter sich herziehen, ▪ Hindernisse, wie z.B. Treppen, können mit Hilfe überwunden werden, ▪ das Kind kann einen Löffel oder eine Tasse zum Mund führen, ▪ es kann ca. drei Bauklötze aufeinander setzen, ▪ es kann Deckel von Kartons öffnen.	**Körperliche Entwicklung:** ▪ Das Kind kann einige Schritte rennen, ▪ es ahmt Tierbewegungen nach, ▪ es steht kurz auf einem Bein, ▪ es stößt einen Ball mit dem Fuß weg, ▪ es beginnt mit dem Händewaschen und Zähneputzen mit Hilfe, ▪ es schaltet das Licht ein und aus, ▪ es kann große Perlen auffädeln, ▪ es schraubt Deckel ab, ▪ es zieht Kleidungsstücke selbst aus, ▪ es rollt formbare Massen wie z.B. Knete.
Entwicklung der Wahrnehmung: ▪ Das Kind zieht ein begehrtes Spielzeug an einer Schnur heran, ▪ es lässt Gegenstände in kleine Schachteln fallen.	**Entwicklung der Wahrnehmung:** ▪ Das Kind kann vertraute Personen auch aus einiger Entfernung erkennen, ▪ es kann sich ein einfaches Bilderbuch ansehen, ▪ es reagiert auf seinen Namen.	**Entwicklung der Wahrnehmung:** ▪ Es versteht die Ankündigung von vertrauten Aktivitäten wie z.B. „Aufräumen", ▪ es weiß, wo sich bestimmte Dinge im Raum befinden, ▪ es kann Körperteile bei sich und Puppen zeigen, ▪ es legt geometrische Formen in ein Formbrett.
Geistige Entwicklung: siehe oben	**Geistige Entwicklung:** ▪ Das Kind experimentiert und entdeckt neue Handlungsweisen, ▪ es erkennt sich als handelndes Wesen, ▪ das Symbolverständnis beginnt (Sprache/Bilder).	**Geistige Entwicklung:** ▪ Es kann Ergebnisse von einfachen Handlungen vorwegnehmen, ▪ das Zahl- und Zeitverständnis beginnt sich zu bilden („weniger", „jetzt").

Sprachentwicklung:	Sprachentwicklung:	Sprachentwicklung:
▪ Das Kind bildet die ersten sinnvollen Silben, ▪ es kann einfache Aufforderungen befolgen.	▪ Das Kind kann „ja" und „nein" verstehen, ▪ es kann auf bekannte Dinge (z. B. in Bilderbüchern), die benannt werden, zeigen, ▪ es bildet Einwortsätze, ▪ das Kind spricht Worte nach.	▪ Das Kind bildet Zweiwortsätze und erste Fragesätze, ▪ es versteht auch schwierigere Aufforderungen.
Sozial-emotionale Entwicklung:	Sozial-emotionale Entwicklung:	Sozial-emotionale Entwicklung:
▪ Das Kind liebt soziale Spiele, wie z. B. Fangen, ▪ es kann auf Aufforderung Dinge reichen, ▪ es reagiert auf sein Spiegelbild, ▪ es tauscht mit anderen Kindern Spielzeug aus.	▪ Das Kind drückt Gefühle aus, ▪ es ahmt beobachtete Tätigkeiten Erwachsener nach, ▪ es kann einfache Aufträge ausführen (z. B. „Hol den Ball!"), ▪ es spielt allein oder neben anderen Kindern.	▪ Das Kind beginnt mit Trotzreaktionen, ▪ das „Ich-Bewusstsein" entsteht.

Entwicklung des Kindes im 25.–30. Monat	Entwicklung des Kindes im 31.–36. Monat
Körperliche Entwicklung: ▪ Das Kind kann mit nachgesetztem Schritt Treppen steigen, ▪ es wirft und fängt einen Ball, ▪ es hüpft auf einer Stelle, ▪ es fährt Dreirad, ▪ es kann einfache Kleidungsstücke anziehen, ▪ es isst selbstständig mit dem Löffel, ▪ es beginnt, mit der Schere zu schneiden, ▪ es blättert Buchseiten einzeln um.	**Körperliche Entwicklung:** ▪ Das Kind geht auf Zehenspitzen, ▪ es kann ein Stück rennen, ▪ es kann Wasser in ein anderes Gefäß umgießen, ▪ es zieht seine Schuhe an, ▪ es kann eine Tasse in einer Hand halten.
Entwicklung der Wahrnehmung: ▪ Es kann Farben und Formen zuordnen, ▪ es erkennt weitläufig bekannte Personen.	**Entwicklung der Wahrnehmung:** ▪ Das Kind kann Tätigkeiten und Geschehnisse auf einem Bild erkennen, ▪ es kann auch schwierigere Aufforderungen verstehen, ▪ einfache Klatschgeräusche können nachgemacht werden.
Geistige Entwicklung: ▪ Das Denken des Kindes ist an die Anschauung gebunden, ▪ das Kind nimmt Lebloses häufig als belebt wahr (z. B. Stofftiere), ▪ es kann „eins" und „viele", „groß" und „klein" usw. unterscheiden.	

Sprachentwicklung:	Sprachentwicklung:
▪ Das Kind kann sich beim Vornamen nennen, ▪ die Mehrwortsätze nehmen zu.	▪ Das Kind fragt „warum?", „wie?", „was?", ▪ es kann einfache Sätze bilden, ▪ es beginnt, Nebensätze zu bilden, ▪ es beginnt, schwierigere Lautverbindungen zu lernen (z. B. kn, bl, gr), ▪ es versteht den Inhalt einfacher Geschichten und Lieder.
Sozial-emotionale Entwicklung:	Sozial-emotionale Entwicklung:
▪ Das Kind kann „gut" und „schlecht" unterscheiden, ▪ es kann Stolz und Scham äußern, ▪ es beginnt, sich von primären Bezugspersonen abzulösen.	▪ Das Kind zeigt Zu- und Abneigung, ▪ es zeigt Ansätze von Höflichkeit und Rücksichtnahme, ▪ es hat herzliche Gefühle kleinen Kindern und Tieren gegenüber.

(vgl. Petersen, Kinder unter 3 Jahren in Tageseinrichtungen Bd. 2, 1995, S. 73 –79)

Entwicklungsaufgaben in dieser Phase:

- Aufbau emotionaler Bindungen zu den Bezugspersonen
- Gehen und Sprechen lernen
- Kontrollieren der Körperausscheidungen

Aufgaben

1. Überlegen Sie, worauf Eltern/Betreuungspersonen in den ersten Jahren des Kindes besonders achten müssen, um das Kind in seiner Entwicklung unterstützen zu können.

2. Erstellen Sie auf einem separaten Blatt nach folgendem Muster eine Tabelle, in der Sie zu jedem der auf S. 90 bis 95 aufgeführten Entwicklungsabschnitte ein bis zwei Hinweise eintragen.

Monat	Darauf sollten Eltern/Betreuungspersonen besonders achten:
Erste bis sechste Woche	▪ Vermeiden Sie in der Nähe des Kindes laute Geräusche und grelles Licht. ▪ Nehmen Sie das Kind auf den Arm, wenn es weint, damit es sich schnell wieder beruhigen kann.
Zweiter/dritter Monat	…
Vierter/fünfter Monat	…
Sechster Monat	…
Siebter Monat	…
usw.	…

2.2.2   Grundbedürfnisse von Kindern

Es existieren zahlreiche Annahmen über grundlegende Bedürfnisse von Kindern. All diese Theorien zeigen auf, wie wichtig es für die gesunde Entwicklung eines Kindes ist, diese Bedürfnisse ernst zu nehmen und in verantwortlicher Weise zur Befriedigung der kindlichen Bedürfnisse beizutragen.

In Anlehnung an Maslow (vgl. Maslow, Motivation und Persönlichkeit, 1977), der Bedürfnisse in einer bestimmten Rangfolge darstellte, werden verschiedene Bedürfnisse vorgestellt und daraus einige mögliche Konsequenzen für die Arbeit mit Kindern unter drei Jahren abgeleitet.

Maslow geht davon aus, dass die Befriedigung grundlegender Bedürfnisse zunächst in einer Stufe erreicht sein muss, damit nächsthöhere Bedürfnisse überhaupt entstehen können.

1. Stufe: Die physiologischen Bedürfnisse

Zu den mächtigsten Bedürfnissen, die ein Mensch hat, zählen Hunger, Durst, Schlaf, Wärme und Sauerstoff. Werden diese nicht befriedigt, können sie das Leben eines Menschen völlig beherrschen. Sie verlieren jedoch an Bedeutung, wenn sie regelmäßig befriedigt werden und andere Bedürfnisse treten in den Vordergrund. (vgl. Piefel, 1993, S. 244)

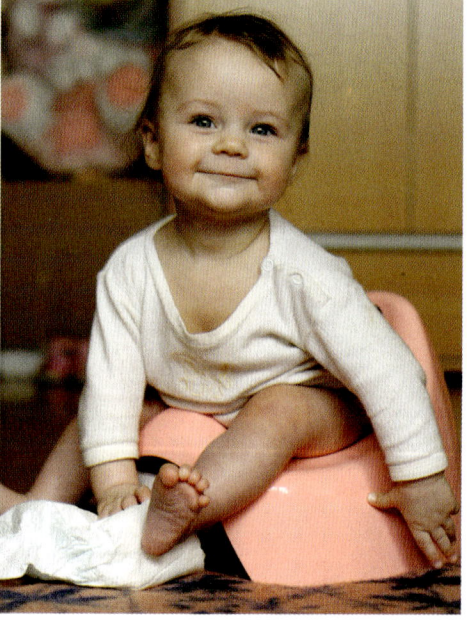

Mögliche Konsequenzen für die Arbeit mit Kindern unter drei Jahren:
- Betreuungspersonen sollten auf eine ruhige Umgebung bei den Mahlzeiten achten und den Kindern Zeit genug zum Essen lassen.
- Sie sollten bei der Sauberkeitserziehung den individuellen Rhythmus eines jeden Kindes beachten und es nicht zu festgelegten Zeiten wickeln bzw. zur Toilette schicken.
- Kleinkinder sollen möglichst nicht nach einem bestimmten Zeitplan schlafen gelegt werden, sondern entsprechend ihres individuellen Schlafbedürfnisses.

2. Stufe: Die Sicherheitsbedürfnisse

Hierunter sind Bedürfnisse nach Struktur und Ordnung, Gesetz und Grenzen, Stabilität, Angstfreiheit und Schutz zu verstehen.

Deutlich zeigt sich dieses Bedürfnis bei Kindern durch ihren starken Wunsch nach einer vorhersehbaren und geordneten Welt. Wird dieses Bedürfnis nicht befriedigt, beispielsweise weil Kinder plötzlich und unerwartet fremden und ungeordneten Einflüssen ausgesetzt sind, so hat das negative Auswirkungen auf die Entwicklung ihres „Urvertrauens". Die Kinder nehmen dann ihre Umwelt als bedrohlich, überwältigend und sogar feindselig wahr. (vgl. Piefel, 1993, S. 244)

Mögliche Konsequenzen für die Arbeit mit Kindern unter drei Jahren:

- Räume sollten gut gegliedert und behaglich eingerichtet werden, vertraute Dinge befinden sich an bekannten Orten.
- Durch vertraute Abläufe und immer wiederkehrende Ereignisse innerhalb des überschaubaren Tagesablaufes erfährt das Kind Orientierung und Sicherheit.
- Eine gute Orientierungshilfe bieten auch klare und verständliche Regeln und Grenzen.

(vgl. Petersen, 1995, S. 63 ff.)

3. Stufe: Die Bedürfnisse nach Zugehörigkeit und Liebe

Diese Bedürfnisse werden vor allem durch stabile, dauerhafte, zuverlässige und liebevolle Beziehungen zu den Eltern oder zu einem Elternersatz erfüllt.

Es ist nicht darunter zu verstehen, dass sich die Bezugspersonen ständig mit dem Kind beschäftigen, sondern vielmehr Wärme, Einfühlungsvermögen, Interesse und Freude an der Beschäftigung mit dem Kind zeigen. Bestehen ungünstige Bedingungen wie z. B. ständige Streitigkeiten in der Familie, Tod eines Elternteils oder Scheidung, dann können diese Bedürfnisse unter Umständen nicht ausreichend befriedigt werden. (vgl. Piefel, 1993, S. 244)

Mögliche Konsequenzen für die Arbeit mit Kindern unter drei Jahren:

- Kinder unter drei benötigen eine feste Bezugsperson, die sich in der Eingewöhnungszeit und auch später intensiv um sie kümmert.
- Geborgenheit kann durch ständigen Blick- und Sprachkontakt vermittelt werden (z. B. wenn das Kind beginnt, sich aufgrund seines zunehmenden Bewegungsdranges von der Bezugsperson zu entfernen).

(vgl. Petersen, 1995, S. 61ff.)

4. Stufe: Die Bedürfnisse nach Wertschätzung

Jeder Mensch hat das Bedürfnis nach Anerkennung, Achtung und Lob. Für Kinder ist es besonders wichtig, dass ihre Gefühle, Stimmungen und Probleme ernst genommen werden.

Die Nichtbefriedigung der Bedürfnisse nach Wertschätzung kann zu Minderwertigkeitsgefühlen und Gefühlen der Schwäche und Hilflosigkeit führen. (vgl. Piefel, 1993, S. 244)

Mögliche Konsequenzen für die Arbeit mit Kindern unter drei Jahren:

- Kinder sollen für ihr Bemühen und ihre Ausdauer bei neu entdeckten Beschäftigungen gelobt werden. So können sie erstaunliche Ausdauer bei Tätigkeiten zeigen, die sie immer wiederholen.
- Von Anfang an sollen Kinder zur Initiative und Selbstständigkeit ermutigt werden.

(vgl. Petersen, 1995, S. 64)

5. Stufe: Die Bedürfnisse nach Selbstverwirklichung

Hierunter ist das Bestreben eines jeden Menschen zu verstehen, seine ganz individuellen Möglichkeiten zu realisieren. In jedem menschlichen Wesen steckt dieses Streben nach Wachstum, Reife und Vervollkommnung. Selbst wenn alle zuvor genannten Bedürfnisse befriedigt worden sind, der Mensch aber keine Möglichkeit zur Selbstverwirklichung findet, kommt es zu Unruhe und Unzufriedenheit. (vgl. Piefel, 1993, S. 244)

Mögliche Konsequenzen für die Arbeit mit Kindern unter drei Jahren:

- Dem kleinen Kind soll die Möglichkeit gegeben werden, seine eigenen Fähigkeiten immer wieder auszuprobieren und zu vervollkommnen.
- Um sich in unterschiedlichen Aktivitäten ausprobieren zu können, benötigen Kinder gut gegliederte Räume und abgeschirmte Bereiche, damit sie in ihrem Tun nicht abgelenkt werden.

(vgl. Petersen, 1995, S. 65 ff.)

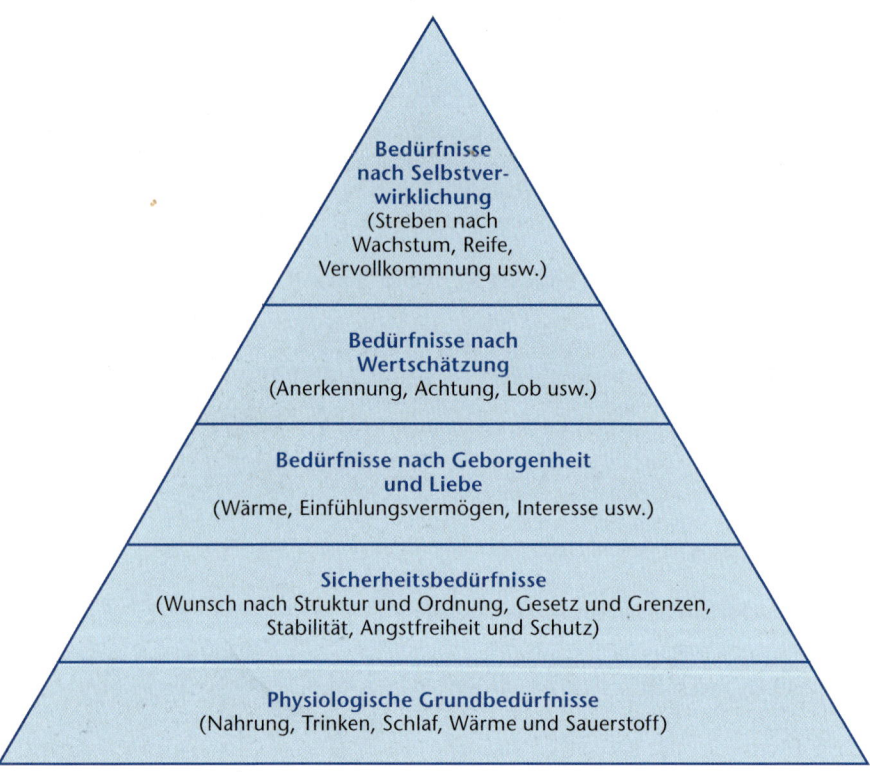

Bedürfnispyramide nach Maslow

> **Merke!**
> *Als eine wichtige Voraussetzung, Grundbedürfnisse von Kindern zu befriedigen, sieht Maslow, dass auch die Bezugsperson des Kindes Befriedigung ihrer eigenen Bedürfnisse erfährt, denn erst dann ist sie geneigt und fähig, auf die Bedürfnisse der Kinder einzugehen.*

Aufgabe

Finden Sie zu den genannten Konsequenzen für die Arbeit mit unter Dreijährigen konkrete Beispiele aus Ihrer beruflichen Praxis.

2.2.3 Begleitung des Kindes unter drei Jahren in typischen Alltagssituationen

Gerade in alltäglichen Situationen entwickelt sich die Beziehung zwischen Betreuungsperson und Kind erheblich. In diesen Situationen gelangt das Kind bei gut durchdachter pädagogischer Begleitung schrittweise zur Selbstständigkeit, kann Grunderfahrungen einer gesunden Lebensweise machen und lernen, sich gegenüber unserer Umwelt verantwortlich zu verhalten.

Die Mahlzeiten

Durch die Mahlzeiten erfahren die Kinder Momente der Entspannung und Ruhe, machen wichtige Erfahrungen in der Gemeinschaft, erleben Tischkultur und werden an Tischsitten herangeführt. Darüber hinaus werden sie mit einer gesunden Ernährungsweise vertraut gemacht und entwickeln ihre Selbstständigkeit weiter. In gemütlicher Atmosphäre und durch Beachtung einiger wichtiger Grundregeln können Betreuungspersonen einen wichtigen Beitrag zur gesunden Entwicklung des Kindes leisten (vgl. Petersen, 1995, S. 180 ff.).

Hinweise zum Füttern von Säuglingen

- *Erkundigen Sie sich, wann der Säugling für gewöhnlich gefüttert wird, welche individuellen Essgewohnheiten er hat und berücksichtigen Sie diese (z. B. ob er schon aus einer Tasse trinkt).*

- *Achten Sie auf eine ruhige Umgebung beim Füttern und lassen Sie sich Zeit, da sich Ihre Unruhe auf das Kind übertragen kann.*

- *Wischen Sie Brei- und Essensreste nicht nach jedem Löffel ab, da die Mundregion des Säuglings sehr empfindlich ist.*

- *Schauen Sie das Kind beim Füttern an und sprechen Sie mit ihm, denn nur so kann es sich geborgen fühlen.*

- *Wenn das Kind mit dem Löffel zu essen beginnt, unterstützen Sie es, indem Sie Zeit und Gelegenheit zum Ausprobieren geben.*

- *Wenn es der individuelle Rhythmus des Kindes zulässt, lassen Sie den Säugling an den gemeinsamen Mahlzeiten teilhaben, damit er die Essgewohnheiten beobachten kann.*

(vgl. Petersen, 1995, S. 182 –184)

Weitere allgemeine Hinweise zur Gestaltung der Mahlzeiten mit kleinen Kindern

- *Seien Sie den Kindern ein Vorbild und ernähren Sie sich selbst gesundheitsbewusst.*

- *Beteiligen Sie die Kinder, wenn möglich, an anfallenden hauswirtschaftlichen Aktivitäten zur Vor- und Nachbereitung von Speisen (z. B. Tischdecken, Abwaschen usw.).*

- *Schaffen Sie Tischatmosphäre, beispielsweise durch Tischdecken, Tischschmuck, denn auch bei den Kindern „isst das Auge mit".*

- *Essen Sie gemeinsam mit den Kindern.*

- *Geben Sie den Kindern so früh wie möglich Gelegenheit, ihre Speisen selbst aufzufüllen, ihre Brote zu schmieren usw., d. h., helfen Sie zunächst und zeigen Sie die Handhabung, und lassen Sie dann zunehmend das Kind selbst tätig werden.*

- *Achten Sie auf eine störungsfreie Atmosphäre beim Essen.*

- *Beginnen und beenden Sie Mahlzeiten gemeinsam mit den Kindern.*

- *Achten Sie darauf, dass Essensreste nicht achtlos in den Mülleimer geworfen werden, damit die Kinder eine sorgsame Haltung gegenüber Nahrungsmitteln aufbauen können.*

(vgl. Petersen, 1995, S 185 f.)

Aufgabe

1. Stellen Sie sich ein von Ihnen zu betreuendes Kind im zweiten oder dritten Lebensjahr bei den Mahlzeiten vor und überlegen Sie, welche Tätigkeiten es hierbei selbstständig übernehmen kann und wobei es auf Ihre Hilfe angewiesen ist. Tragen Sie die Ergebnisse Ihrer Überlegungen in eine Tabelle ein.

2. Überlegen Sie, was Sie tun können, damit das Kind schrittweise eine der Tätigkeiten selbstständig bewältigen kann. Notieren Sie die Ergebnisse Ihrer Überlegungen ebenfalls.

Das kann das Kind schon allein:	Dabei muss ich dem Kind helfen:

Wickeln und Sauberkeitserziehung

Werden auch in der Pflegesituation einige wesentliche pädagogische Grundregeln beachtet, hilft die Betreuungsperson mit, dass das Kind:
- ein natürliches Verhältnis zu seinem Körper und dessen Funktionen entwickeln kann
- die Pflege der eigenen Person als etwas Angenehmes für sich und sein Wohlbefinden empfindet
- zunehmend Selbstständigkeit in der Körperpflege erlangt

(vgl. Petersen, 1995, S. 191)

Hinweise zur Gestaltung des Wickelns

- Passen Sie die Wickelzeiten dem individuellen Rhythmus des Kindes an.

- Begleiten Sie den Wickelvorgang sprachlich, indem Sie beispielsweise die zu benutzenden Pflegemittel benennen und versuchen, die Aktivitäten und Empfindungen des Kindes sprachlich zum Ausdruck zu bringen.

- Beteiligen Sie das Kind soweit wie möglich (!) aktiv an den Pflegevorgängen, indem Sie es z. B. zum Eincremen und Pudern auffordern.

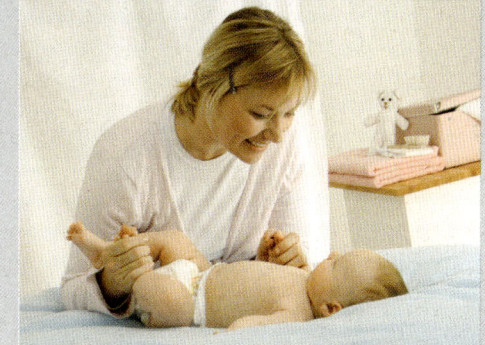

- Geben Sie dem Kind die Möglichkeit, sich ohne einengende Kleidung frei zu bewegen, zu strampeln, die Füße zu entdecken usw. Achten Sie dabei auf eine ausreichende Raumtemperatur und eine angenehme Wickelunterlage (z. B. ein Handtuch auf der Plastikunterlage).

- Wickeln Sie das Kind an einem ruhigen Ort, der eventuell mit Mobiles gemütlich gestaltet wird.

- Achten Sie immer auf Bewegungen des Kindes, da es sich ab dem dritten Monat spontan drehen kann und so die Gefahr des Herunterfallens vom Wickeltisch gegeben ist. Lassen Sie es niemals allein auf dem Wickeltisch liegen.

(vgl. Petersen, 1995, S. 191–197)

Betreuungspersonen unterstützen in Absprache mit den Eltern (!) die Sauberkeitserziehung des Kindes, die frühestens in der zweiten Hälfte des zweiten Lebensjahres beginnen sollte. Unter anderem sollten sie dabei Folgendes beachten:

Hinweise zur Sauberkeitserziehung

- Drängen Sie das Kind niemals länger auf der Toilette (mit Einsatz) sitzen zu bleiben, als es selbst möchte.

- Orientieren Sie sich an dem individuellen Rhythmus des Kindes und setzen Sie es nicht zu festen Zeiten auf die Toilette.

- Akzeptieren Sie es, dass das Kind keinen Ekel bezüglich seiner Ausscheidungen empfindet. Schimpfen Sie nicht, wenn es versucht, mit dem Kot zu spielen, sondern lenken es ab, und geben Sie ihm die Möglichkeit, sich aktiv an allen Vorgängen wie z. B. der Betätigung der Toilettenspülung zu beteiligen.

- Wenn tagsüber die Windeln weggelassen werden, können Sie das Kind zwischendurch an den Toilettengang erinnern, aber möglichst nur in Situationen, in denen das Kind nicht gerade intensiv in sein Spiel vertieft ist.

(vgl. Petersen, 1995, S. 197–200)

Ruhen und Schlafen

Auch bezüglich der Ruhephasen ist es für Betreuungspersonen wichtig, den individuellen Tagesrhythmus des einzelnen Kindes zu kennen und sich Zeit zu lassen im Umgang mit diesem Kind.

Einige Hinweise zu dieser Phase können Betreuungspersonen helfen, das Kind angemessen in dieser Phase zu begleiten.

Hinweise zu Ruhe- und Schlafphasen

- Legen Sie die Kleinkinder entsprechend ihres jeweiligen individuellen Bedürfnisses schlafen und stellen Sie keinen Zeitplan hierfür auf.

- Schaffen Sie für die Kinder einen Übergang vom Wachen zum Schlafen, da sie sich erst langsam von den vorausgegangenen Tätigkeiten lösen müssen! Entwickeln Sie hierzu ein Ritual, welches das Einschlafen begleitet (z. B. Ausziehen, eine Geschichte vorlesen, das Licht löschen, ein Schlaflied vorsingen).

- Erkundigen Sie sich ausgiebig nach den Schlafgewohnheiten der Kinder und übernehmen Sie diese soweit wie möglich (z. B. Einschlafhilfen wie bestimmte Stofftiere).

- Vergegenwärtigen Sie sich die Bedürfnisse der Kinder bezüglich der Schlafumgebung. (So können z. B. einige Kinder nur in absoluter Ruhe einschlafen, während andere Kinder am besten einschlafen, wenn andere Kinder ebenfalls im Raum sind.)

- Achten Sie immer darauf, dass die Kinder vor dem Schlafengehen ihre Oberbekleidung ausziehen, denn es erhöht sich die Erkältungsgefahr, wenn die Kinder verschwitzt aufstehen.

In der Kindertagesstätte:

- Zwingen Sie die Kinder nicht dazu, mittags zu schlafen, aber gestalten Sie die Mittagszeit als Ruhephase für alle Kinder. Halten Sie Kinder, die nicht schlafen möchten, dazu an, in einem anderen Raum einer ruhigen Tätigkeit nachzugehen. Ebenso sollten Kinder, die früher wach werden, dazu angehalten werden, leise aufzustehen, ohne die anderen zu stören.

(vgl. Petersen, 1995, S. 201–206)

2.2.4 Einige Gedanken zur Betreuung von Kleinkindern im Haushalt

Sozialpädagogische und sozialpflegerische Fachkräfte, die eine Familie unterstützen, übernehmen neben den haushaltsversorgenden Tätigkeiten auch zum Teil die Betreuung eines Kleinkindes.

Das Kleinkindalter ist in besonderem Maße geprägt von Entdeckungsfreude, Neugierde und dem Drang, alles zu erforschen, was unbekannt ist. So sollte das Kind in ausreichendem Maße Gelegenheit erhalten, die Wohnung zu erkunden. Damit sich das Kind hierbei nicht in Gefahr bringt, wird es ständig aus sicherer Entfernung beobachtet. Die Wohnung sollte so gestaltet sein, dass sie keine Gefahrenquellen für das Kleinkind bietet. Um die Räumlichkeiten daraufhin zu überprüfen, bietet es sich an, selbst einmal in die Hocke zu gehen und die Wohnung aus der Perspektive des Kindes anzuschauen:

▪ Sind alle Steckdosen mit Schutzsteckern versehen?
▪ Gibt es offene Schränke oder Regale, auf denen sich zerbrechliche Gegenstände befinden?
▪ Sind alle Schranktüren und Schubladen so gesichert, dass das Kind sie nicht auf- oder herausreißen kann?
▪ Gibt es Hänge- oder Wandlampen, an denen das Kind sich hochziehen könnte?

▪ Sind alle Tischdecken weggelegt, damit das Kind nicht in Versuchung kommt, sich daran festzuhalten und alles, was auf dem Tisch liegt, mit herunterzuziehen wie beispielsweise Kannen mit heißen Flüssigkeiten?
▪ Gibt es in der Wohnung Stehlampen oder Bodenvasen, die das Kind umwerfen könnte?
▪ Stehen Blumentöpfe außer Reichweite des Kindes (Blätter, Blüten und Blumenerde ziehen kleine Kinder magisch an)?
▪ Sind alle Zugänge zu gefährlichen Bereichen, wie z. B. Keller und Treppe, mit einem Schutzgitter versehen?
▪ Wurden scharfe Kanten mit Schaumstoff umkleidet, damit sich das kleine Kind nicht am Kopf verletzt, wenn es bei seinen ersten Gehversuchen dagegen stößt?
▪ Wurden alle Kabel elektrischer Kleingeräte aus der Steckdose gezogen und außer Reichweite des Kindes gestellt?
▪ Sind Herdplatten, Kühl- und Gefrierschränke, Waschmaschine usw. unzugänglich für das neugierige Kind, das alles berühren und sich unter Umständen in Schränken verstecken möchte?
▪ Ist der Mülleimer weggeschlossen oder hochgestellt worden, denn er könnte Schädliches oder Giftiges enthalten?
▪ Befinden sich keine Plastiktüten in der Nähe des spielenden Kindes, das sich diese über den Kopf ziehen und ersticken könnte?

- Wurden alle alkoholhaltigen Getränke und Tabakwaren weggeschlossen, denn diese können bei kleinen Kindern auch in geringen Mengen sehr viel Schaden anrichten (so kann z. B. der Tabak einer einzigen Zigarette tödlich sein)?
- Befinden sich alle Putz- und Waschmittel, Chemikalien und Medikamente unter Verschluss?

Weist die Wohnung einer Familie einige der genannten Gefahrenquellen auf, sollten sie in Absprache mit allen Beteiligten aus dem Weg geräumt werden. Der Wohnraum sollte für einen gewissen Zeitraum „kindersicher" gestaltet werden. Wenn das Kind dann etwas älter ist, werden diese Sicherheitsvorkehrungen wieder aufgehoben, denn dann muss es lernen, mit der „Gefahr" umzugehen.
(vgl. Alete Mütterdienst, Heft 4, 1996, S. 9 ff)

2.3 Das Kind im Kindergartenalter (drei bis sechs Jahre)

2.3.1 Entwicklung des Kindes im Kindergartenalter

Körperliche Entwicklung

Allgemein lässt sich feststellen, dass sich das Vorschulkind in seiner Gestalt schrittweise immer mehr vom babyhaften Kleinkind entfernt und zunehmend in die ausdifferenzierte Gestalt des Schulkindes wächst. Konkrete körperliche Entwicklungsfortschritte lassen sich feststellen wie beispielsweise:
- das Kind kann Bälle zielgerichtet werfen und fangen
- es kann sich zunehmend selbst an- und ausziehen, d. h. seine Kleidung vorne zuknöpfen, seine Schuhe anziehen, Knoten und Schleifen üben
- das Gleichgewicht des Kindes stabilisiert sich und es lernt Dreirad- und Fahrradfahren, Klettern und Schaukeln
- und vieles mehr

Geistige Entwicklung

- das Kind ist wissbegierig und es kann vieles erfassen und begreifen
- das „magische Denken" herrscht vor, d. h., das Kind hat in dieser Zeit eine ausgeprägte Fantasie, sodass es oft zwischen Realität und Fantasie kaum unterscheiden kann (es erzählt unwahre Geschichten, ohne zu lügen)
- das Kind kann Größen (z. B. ineinander passende Figuren), Formen, Farben und Bilder (z. B. beim Spiel „Memory") zuordnen
- es kann Oberbegriffe bilden oder auch Gegenstände bestimmten Oberbegriffen zuordnen (z. B. „das braucht man zum Backen")
- das Kind beginnt zu zählen
- mit der Begriffsbildung entsteht eine bildliche Vorstellung im Gehirn, d. h., das Kind kann sich ein bestimmtes Tier vorstellen, ohne es direkt vor sich zu haben
- das Kind beginnt zu planen und kann sich vorstellen, was passiert, wenn es etwas Bestimmtes tut (z. B. „wenn ich an dieser Tischdecke ziehe, dann ...)
- und vieles mehr
(vgl. Lübben-Chambi/Jackson, S. 27–29).

Sprachentwicklung

Allgemein lässt sich feststellen, dass sich der Wortschatz immer mehr vergrößert. Mit sechs Jahren ist die Sprachentwicklung dann abgeschlossen und die Sprache wird in der weiteren Zukunft nur noch verfeinert und der Wortschatz kontinuierlich erweitert.

Sprachentwicklung bis ca. vier Jahre
- der Wortschatz wächst immer weiter an
- das Kind beherrscht seine Muttersprache bis auf eventuelle Zischlaute und schwierige Konsonantenverbindungen (z. B. kl, dr)
- Nebensätze können gebildet werden usw.

Sprachentwicklung bis ca. sechs Jahre
- das Kind kann alle Laute bilden
- es beherrscht weitgehend die Grammatik
- es kann verschiedene Zeitformen und Pluralformen verwenden
- das Kind kann Geschichten nacherzählen

(vgl. Wendlandt, 1995, S. 21)

Sozial-emotionale Entwicklung

- das Kind wird unabhängiger von der Mutter und kann sich in einer Gruppe einfinden
- es kann sich mitteilen und andere verstehen
- es entdeckt den eigenen Körper und den des anderen, ebenso die verschiedenen Geschlechter
- seine Bedürfnisse müssen nicht mehr unmittelbar befriedigt werden
- es lernt, dass es verschiedene Gefühle wie Wut, Trauer, Freude gibt und dass auch andere Kinder diese Gefühle haben
- und vieles mehr

(vgl. Lübben-Chambi/Jackson, 2001, S. 30)

Einige Entwicklungsaufgaben in dieser Phase:
- zwischen „falsch" und „richtig" unterscheiden können
- Überwinden des kleinkindhaften Weltbildes

Aufgabe

1. Lesen Sie das Kapitel über die Entwicklung des Vorschulkindes aufmerksam durch.

2. Finden Sie in der Kleingruppe (vier bis fünf Teilnehmer) einige weitere Hinweise, die Eltern/Betreuungspersonen helfen, das Vorschulkind in seiner Entwicklung zu unterstützen.

   Hinweise zur Betreuung von Kindern im Vorschulalter:
   1. Üben Sie mit dem Kind häufig die Schleife, damit es sich selbst die Schuhe zubinden kann.
   2. Geben Sie dem Kind häufig Spielzeug, bei dem es etwas zuordnen muss wie Memory, Lotto, Puzzlespiele.
   3. ...

2.3.2 Begleitung des Kindes im Kindergartenalltag

Beispiel

Beispielhafte Schilderung eines Tagesablaufes in einer Kindergartengruppe (eine Praktikantin berichtet):

„In der Kindergruppe sind 25 Kinder im Alter von drei bis sechs Jahren. Das Freispiel beginnt um 7.30 Uhr mit der Ankunft der ersten Kinder. Meist sind bis ca. 8.30 Uhr erst wenige Kinder in unserer Gruppe, sodass Zeit genug bleibt, um für die Kinder oder mit den Kindern gemeinsam Getränke für den Frühstückstisch vorzubereiten. Es wird Tee, Wasser, Milch und Kakao angeboten.

Einige Eltern bleiben auch noch bei ihren Kindern, führen ein Spiel mit ihnen durch und verabschieden sich dann.

Bis 9.00 Uhr haben sich dann alle Kinder eingefunden und wir beginnen mit dem Morgenkreis. Dieser auf Sitzkissen stattfindende Kreis mit der Gesamtgruppe verläuft immer ähnlich.

Zur Begrüßung singen wir gemeinsam ein Lied, das die Erzieherin anstimmt, die den Kreis leitet. Dann wird die Anwesenheit überprüft. Dabei dürfen die Kinder, die aufgerufen werden, manchmal mit verschiedenen Tierstimmen antworten. Es werden dann entweder noch ein, zwei Lieder gesungen oder eine Geschichte vorgelesen, bevor die anstehenden Aufgaben wie Spülmaschine einräumen, Tische abwischen, Mal- und Frühstücksecke fegen, Sitzkissen wegräumen usw. besprochen werden.

Finden an dem Tag noch angeleitete Aktivitäten statt, wird dies den Kindern ebenfalls mitgeteilt, sodass sie wissen, wie die Tagesplanung aussieht.

Nach dem Morgenkreis, der ungefähr eine halbe Stunde dauert, gehen die Kinder in das Freispiel zurück, und die Kinder finden dann meist schnell in ihr Spiel.

Hierzu bieten der Gruppenraum und der kleine Nebenraum vielfältige Möglichkeiten, den eigenen Spielinteressen nachzugehen.

Im Gruppenraum befinden sich der Mal- und Gestaltungstisch, an dem die Kinder nach ihren Wünschen etwas malen oder basteln können. Dort werden auch Angebote durchgeführt, an denen die Kinder freiwillig teilnehmen können.

Der Frühstückstisch befindet sich ebenfalls im Gruppenraum. Hier können im Laufe des Vormittages bis ca. 10.30 Uhr immer fünf Kinder frühstücken. Die Kinder bekommen also die Möglichkeit, selbst zu entscheiden, wann sie während des Freispiels frühstücken möchten.

Die Kinder finden einen gedeckten Platz vor, verlassen diesen auch wieder sauber und neu eingedeckt. Dazu steht ein Geschirrwagen in der Gruppe, auf dem sich oben sauberes Geschirr befindet und das untere Fach Platz für das benutzte Geschirr bietet.
Außerdem befinden sich im Gruppenraum einige Tische, an denen die Kinder Gesellschaftsspiele und Ähnliches spielen können.

Im Nebenraum haben die Kinder die Möglichkeit, Rollenspiele in der Puppenecke durchzuführen oder im Baubereich etwas mit Holzbausteinen oder anderen Konstruktionsmaterialien zu gestalten.

Spätestens um 11.00 Uhr beginnt die Aufräumphase. Diese wird von einer Erzieherin durch ein Aufräumlied (z. B. eins, zwei, drei – das Spielen ist vorbei ...) eingeleitet. Die Kinder räumen die Spielmaterialien, mit denen sie gespielt haben, weg und helfen den anderen Kindern.

Entweder wird nach dem Aufräumen noch eine angeleitete Aktivität mit einer Kleingruppe oder der ganzen Gruppe von einer Erzieherin durchgeführt oder die Kinder gehen nach draußen, um auf dem großen Außengelände zu spielen.

An schönen Tagen werden die Kinder, die nicht über Mittag im Kindergarten bleiben, von ihren Eltern am Spielplatz abgeholt. Bei schlechtem Wetter findet noch ein kurzer Abschlusskreis so gegen 12.15 Uhr statt. Hier wird wiederum gesungen, es werden Kreisspiele durchgeführt und der Vormittag klingt entspannt aus.

Die Kinder, die den ganzen Tag im Kindergarten bleiben, erhalten dann um 12.30 Uhr ihr Mittagessen und haben die Gelegenheit, sich im Nebenraum bis 13.45 Uhr zum Schlafen hinzulegen. Zurzeit schläft jedoch kein Kind in der Einrichtung.

Ab 14.00 Uhr finden dann freies Spiel oder die Nachmittagsangebote wie z. B. Kochen oder Schulkindertreffen statt. Zu diesen Angeboten erscheinen auch einige Kinder wieder, die mittags abgeholt wurden.

Um 16.00 Uhr werden die Kinder abgeholt. Das Personal räumt dann noch auf, fegt die Gruppenräume, bevor alle um 16.30 Uhr den Kindergarten verlassen."

Freispiel

Unter dem Freispiel versteht man eine bestimmte Zeitdauer innerhalb des Kindergartentages. Unter Beachtung der bestehenden Gruppenregeln haben die Kinder die freie Wahl:
- des **Spielortes** (d. h., welchen der vorhandenen Spielbereiche sie nutzen möchten)
- des **Spielmaterials**
- des **Spielpartners** (d. h., ob sie alleine, zu zweit oder mit mehreren Kindern spielen möchten)
- des **Spieltempos**, der **Spielintensität** und des **Spielverlaufes** (d. h., wie lange sie spielen möchten, ob sie sich ihrem Spiel intensiv hingeben möchten, wie sie etwas spielen möchten)

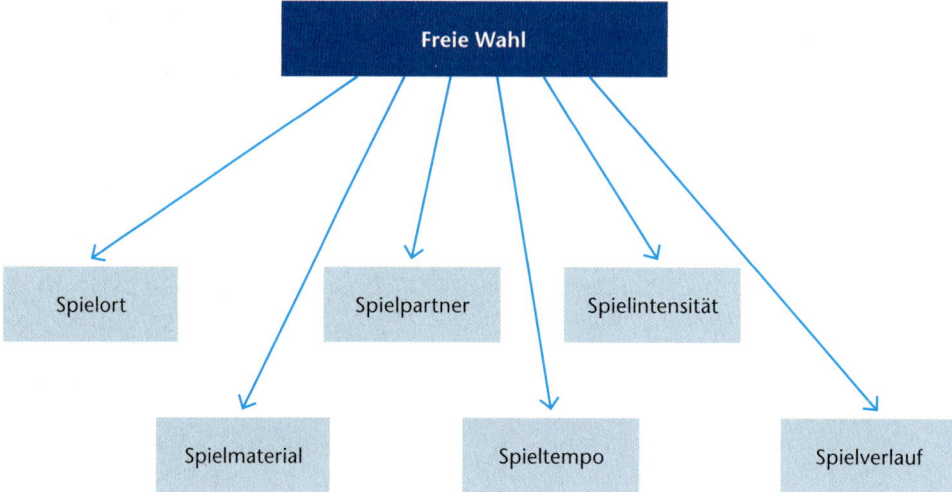

Die meisten Gruppenräume sind in einzelne Spielbereiche (Spielorte) unterteilt, die von den Kindern während des Freispiels genutzt werden können:

- Der **Bauteppich** mit verschiedenen Bau-, Konstruktions- und Belebungsmaterialien (Tiere, Bäume usw.) kann zum freien Gestalten sowie zum Bauen nach einem bestimmten, vorgefertigten Plan genutzt werden.
- Der **Rollenspielbereich** bietet den Kindern durch das Vorhandensein von Requisiten wie Kleidung, Möbel usw. die Möglichkeit, in verschiedene Rollen zu schlüpfen und diese spielerisch zu erproben.
- Am **Mal- und Gestaltungstisch** können die Kinder ihre kreativen Ideen umsetzen oder an den von Erzieherinnen angeleiteten Angeboten teilnehmen.
- An **Spieltischen** spielen die Kinder zu zweit oder in kleineren Gruppen Tisch- oder Gesellschaftsspiele, meist nach bestimmten Regeln.

Außer diesen Bereichen, die man in fast allen Kindergärten in ähnlicher Form vorfindet, können die Kinder in einigen Einrichtungen während des Freispiels auch das **Außengelände** zum Spielen nutzen oder die Einrichtungen verfügen über weitere Bereiche wie **Lese- und Ruhebereich**, **Experimentierecke** und **Tobeecke**.

Durch das Aufbewahren der Spielmaterialien an einem bestimmten Platz in offenen Regalen oder den Kindern leicht zugänglichen Schränken finden die Kinder selbstständig das Material, das sie für ihre ausgewählten Rollen-, Bau-, Gestaltungsspiele usw. benötigen.

In den meisten Kindergärten haben die Kinder während des Freispiels die Möglichkeit zu frühstücken. In einer abgeteilten **Frühstücksecke** innerhalb des Gruppenraumes verzehren die Kinder ihr von zu Hause mitgebrachtes Frühstück. Einige Kindergärten richten auch im Flur oder in der Halle ein sogenanntes **Kindercafé** ein, in dem die Kinder aus allen Gruppen frühstücken können.
Da das Frühstück parallel zum Freispiel verläuft, erhalten die Kinder die Möglichkeit, selbst entscheiden zu können, wann sie während des Freispiels mit wem frühstücken möchten. Sie finden einen gedeckten Platz vor, den sie auch wieder sauber verlassen. Sie frühstücken in Ruhe und können sich währenddessen mit anderen Kindern unterhalten. Auch die Betreuungspersonen, die mit den Kindern frühstücken, haben hier Gelegenheit, Gespräche mit einzelnen Kindern zu führen (Hinweise zur Gestaltung der Frühstückssituation bzw. der Mahlzeiten im Allgemeinen finden sich in Kapitel 2.2.3, S. 99).

Hinweise zur Begleitung des Freispiels

- *Beachten Sie, dass Sie den Kindern gegenüber eine Vorbildfunktion einnehmen, und überprüfen Sie Ihr eigenes Verhalten von Zeit zu Zeit (z. B. Sprachverhalten, Auswahl des eigenen Frühstückes usw.).*

- *Machen Sie den Kindern Spielvorschläge oder geben Sie weiterführende Impulse, wenn Sie bemerken, dass die Kinder orientierungslos nach neuen Spielideen suchen.*

- *Vermitteln Sie den Kindern Fähigkeiten und Fertigkeiten, wenn sie Schwierigkeiten im sachgerechten Umgang mit bestimmten Materialien zeigen.*

- *Weisen Sie die Kinder auf wert- und sachgerechten Umgang mit dem Spielmaterial hin.*

- *Begrüßen Sie ankommende Kinder offen und freundlich.*

- *Akzeptieren Sie, wenn Kinder keine körperliche Nähe wünschen.*

- *Achten Sie das Spiel der Kinder und unterbrechen Sie nicht durch Nachfragen.*

- *Schauen Sie sich Werke, die die Kinder Ihnen zeigen möchten, gemeinsam mit den Kindern intensiv an.*

- *Schenken Sie Kindern, die etwas erzählen möchten, Aufmerksamkeit.*

- *Helfen Sie den Kindern beim Aufräumen und zeigen Sie immer wieder, wo und wie das Spielmaterial aufbewahrt wird.*

- *Begleiten Sie die Kinder beim Frühstück.*

- ***Und:*** *Wenden Sie sich in schwierigen Situationen an die Gruppenleiterin, fragen Sie um Rat und lassen Sie sich helfen (z. B. bei aggressiven Kindern, heftigen Streitereien zwischen Kindern usw.).*

Morgen-, Stuhl- und Abschlusskreis

Während des Kindergartenmorgens finden zu unterschiedlichen Zeiten Sitzrunden mit allen Kindern der Gruppe statt. Diese Sitzrunden werden in verschiedenen Kindergärten unterschiedlich gestaltet. Einige Einrichtungen räumen für einen solchen Sitzkreis alle Tische an die Seite, bilden einen Kreis aus Stühlen oder Sitzkissen. Andere Kindergärten haben eine separate Ecke mit mobilen Schaumstoffpolstern zu diesem Zweck eingerichtet. Inhalte dieser Sitzrunden können unterschiedlich sein.

Im **Morgenkreis** werden z.B. alle Kinder begrüßt, es wird über den vergangenen Tag, über die Tagesplanung gesprochen und/oder Lieder gesungen, Geschichten vorgelesen, Spiele durchgeführt und in konfessionellen Einrichtungen gemeinsam gebetet. Im sogenannten **Stuhlkreis** werden meist gezielte Angebote wie z.B. eine Spielrunde mit mehreren Kreis-, Sing-, Bewegungsspielen durchgeführt, der Gruppe wird eine Geschichte vorgelesen oder neue Lieder werden eingeübt. Der **Abschlusskreis** dient dem harmonischen Ausklang des Kindergartenmorgens. Erlebnisse des Morgens können noch einmal aufgegriffen werden, es kann ein Ausblick auf den Nachmittag oder den kommenden Tag gegeben werden, bevor die Kinder mit einem Abschiedslied nach Hause oder in die Über-Mittag-Betreuung entlassen werden.

Gerade Gespräche, die in diesen Runden stattfinden, fördern die Bereitschaft der Kinder, anderen zuzuhören, sie ausreden zu lassen, die eigenen Ausführungen zu Ende zu bringen, die eigene Meinung frei vor einer Gruppe zu äußern.

Meist werden diese Sitzkreise von einer Erzieherin geleitet, die weiteren Betreuungspersonen unterstützen sie oder übernehmen Teilaufgaben.

Hinweise zur Begleitung der unterschiedlichen Sitzkreise

- *Nehmen Sie aktiv an dem Geschehen teil, indem Sie Lieder mitsingen, Spiele mitspielen usw.*
- *Halten Sie Blickkontakt zu allen Kindern.*
- *Beteiligen Sie sich an Gesprächsrunden durch Nachfragen, Verstärkung des Gesagten usw.*

Angeleitete Angebote

Angeleitete Angebote sind geplante, zielgerichtete Aktivitäten für ein Kind oder eine Gruppe von Kindern unter Beachtung ihrer aktuellen Bedürfnisse und Interessen und der räumlichen, materiellen und zeitlichen Möglichkeiten. Eine Aktivität wird in drei Phasen durchgeführt:

- In der **Hinführungsphase** werden die Kinder mit durchdachten Methoden auf den Inhalt der Aktivität eingestimmt.
- In der **Durchführungsphase** wird in mehreren methodisch sinnvollen Handlungs-schritten der Inhalt erarbeitet.
- In der **Abschlussphase** klingt die Aktivität harmonisch aus.

Da der Durchführung eines angeleiteten Angebotes eine durchdachte methodische Planung vorausgeht, wird sie eher von einer Erzieherin durchgeführt. Sie kann die Sozialhelferin jedoch in Teilbereichen um Unterstützung bitten.

Beispiele für angeleitete Angebote
- Einführung eines neuen Spiels
- Bilderbuchbetrachtung mit einer Kleingruppe
- Liedeinführung
- Durchführung neuer Maltechniken
- Gestalten und Erproben von Bewegungsbaustellen
- Experimentieren mit einer Kleingruppe

Aufgabe

1. Übertragen Sie die unten stehende Tabelle auf ein Blatt Papier.

2. Formulieren Sie in der Kleingruppe zu den aufgeführten Zeitabschnitten Fragen (siehe Beispiel) bezüglich Ihres möglichen Arbeitseinsatzes während eines Kindergartentages.

3. Klären Sie Ihre Fragen vor dem Praktikum mit Ihrer Praxisanleiterin.

Frühdienst	Kann ich mit den Kindern gemeinsam die Getränke vorbereiten?
Vormittag	
Mittag	
Nachmittag	

2.3.3 Alte und neue pädagogische Handlungskonzepte in Kindergärten und Kindertagesstätten

Friedrich Fröbel (1782–1852) und seine Grundgedanken zur Kindergartenpädagogik

1837 gründete Fröbel den ersten Kindergarten in Thüringen. Vorher gab es bereits Kleinkinderschulen, Bewahranstalten und ähnliche Einrichtungen, in denen jüngere, noch nicht schulpflichtige Kinder beaufsichtigt, beschäftigt und gepflegt wurden.

Im Kindergarten hingegen sollten sich die Kinder selbsttätig beschäftigen und spielen, denn …

„Spiel ist die höchste Stufe der Kindesentwicklung …“

(Friedrich Fröbel)

Fröbel sah von Anbeginn seiner Überlegungen den Kindergarten als notwendige Ergänzung zur Familie für jedes Kind. Ihm war es wichtig, diese Erziehung zu unterstützen – eine Aufgabe, die auch die Kindergartenarbeit unserer Zeit prägt.
Die erziehende Familie war für ihn von größter Bedeutung und eine Fremderziehung hatte nur dann ihre Berechtigung, wenn die Familie versagte.
Den Erziehenden riet er, dem Kind beobachtend, hegend und pflegend zur Seite zu stehen und sich den Gärtner zum Vorbild zu nehmen. Aus dieser Grundeinstellung heraus gab er seiner Anstalt den Namen Kindergarten. Als Fremdwort ging dieser Name, der zugleich für ein pädagogisches Konzept steht, unübersetzt in andere Sprachen über.

„Wie in einem Garten unter Gottes Schutz und unter Sorgfalt erfahrener, einsichtiger Gärtner im Einklang mit der Natur, so sollen hier die edelsten Gewächse, Menschen, Kinder, als Keime und Glieder der Menschheit in Übereinstimmung mit sich, mit Gott und der Natur erzogen werden.“
(Friedrich Fröbel)

Das Kind darf nicht wie ein Wachsstück geformt werden, sondern benötigt wie jedes Naturwesen genug Raum und Zeit zur Entwicklung. Diese Entwicklung zu schützen ist Aufgabe der Erziehenden.
Seine Idee fand großen Anklang bei der damaligen Frauenbewegung. Fröbel gründete das erste Kindergärtnerinnenseminar, denn er wollte die Erziehungsfähigkeit der Mütter erhöhen. Er war der Überzeugung, dass eine professionelle Erziehung kleiner Kinder nur praktisch erlernt und durch lebende Personen verbreitet werden könne.

Ein wichtiges Prinzip bei seinen Angeboten war, dass Kinder ihre Erfahrungen aus eigener Anschauung gewinnen sollten. So war für ihn eine ganzheitliche Erziehung mit Platz für soziales, musisches, manuelles, schöpferisches und kognitives Lernen und Tun ein Grundprinzip.

Er war überzeugt, dass Greifen vor dem Begreifen, Fassen (= Anfassen), also vor dem Erfassen einer Sache kommen muss. Der kindliche Tätigkeitstrieb wird durch das Mittel „Spiel" befriedigt.

Das Spiel als „Prinzip der Kindergartenpädagogik" finden wir noch heute in vielen unserer Grundgesetze als Zielsetzung.

So haben Fröbels Grundgedanken schon seit fast zwei Jahrhunderten Gültigkeit. Viele seiner pädagogischen Grundgedanken sind in unserem Kindergartenalltag heute selbstverständlich, ohne dass uns dieses bewusst ist.

Die bekanntesten, sogenannten „Spielgaben" Fröbels sind: Kugel, Würfel und Walze. Daran schließen sich bei ihm Beschäftigungen wie Stäbchen legen, Flecht- und Faltarbeiten, Erbsen legen, Zeichnen, Gemeinschafts- und Bewegungsspiele und auch Gartenarbeit an.

(vgl. Becker-Textor, 1996, S. 3 ff.)

1. Spielgabe: Der Ball   2. Spielgabe: Kugel, Walze, Würfel

Der situationsorientierte Ansatz

Ausgangspunkt dieses pädagogischen Handlungskonzeptes sind Situationen der Kinder, in denen sie sich zurzeit befinden oder in welche sie hineinkommen werden (z. B.: Kinder ängstigen sich vor bestimmten Tieren, die älteren Kinder kommen bald in die Schule).

Durch die Arbeit nach diesem Ansatz werden die Kinder dazu befähigt, gegenwärtige Situationen zu bewältigen und sich durch das Erfahrungslernen auf die Zukunft vorzubereiten.

Verwirklicht wird dieser Ansatz u. a. durch die Beteiligung der Kinder an der Planung der pädagogischen Arbeit. Weiterhin mithilfe des Einbeziehens des Umfeldes der Gruppe (Eltern, Nachbarschaft usw.) und der Arbeit in Projekten.

Die Umsetzung dieses Ansatzes erfolgt in einer bestimmten Schrittfolge:

- **1. Schritt: Vergegenwärtigung der Lebensbereiche der Kinder und ihres Umfeldes**
  Situationen in verschiedenen Lebensbereichen der Kinder werden daraufhin untersucht, inwieweit sie das Leben der Kinder innerhalb ihrer Gruppe mitbestimmen. Hierzu zählen beispielsweise die Familie, das mitmenschliche Umfeld und die religiösen und weltanschaulichen Werte.

- **2. Schritt: Sammlung von Situationen**
  Es werden beobachtete Situationen notiert, die für die Analyse, Planung und Durchführung eines Projektes relevant sind. Betreuungspersonen achten deshalb besonders auf wiederkehrende Äußerungen, Spielhandlungen und Berichte von Eltern.

- **3. Schritt: Analyse und Auswahl der Situationen**
  Unterschiedliche Situationen werden genauer untersucht und aus der Fülle der gesammelten Situationen werden diejenigen ausgewählt, die für ein Projekt infrage kommen.

- **4. Schritt: Planung des Projektes**
  Gemeinsam mit allen Beteiligten (Kinder, Betreuungspersonen, Eltern) wird überlegt:
  – Welche Aktivitäten/Aktionen möchten wir durchführen?
  – Welche Ziele verfolgen wir mit unserem Projekt?
  – Welche Medien/Materialien benötigen wir/stehen uns zur Verfügung? usw.

- **5. Schritt: Gemeinsame Durchführung des Projektes**
  Nach der gemeinsamen und gut durchdachten Planung wird das Projekt gemeinsam mit den Beteiligten durchgeführt. Kein Kind wird gezwungen, an einem Angebot teilzunehmen, es steht jedem frei, sich einzubringen.

- **6. Schritt: Auswertung des Projektes**
  Alle an dem Projekt beteiligten Personen reflektieren ihre Erlebnisse, Eindrücke und Gefühle. Insbesondere werden hierbei die Ergebnisse im Hinblick auf Zielsetzungen, Wirkungen und Nebenwirkungen der betroffenen Personenkreise untersucht. Ergänzend wird das Projekt dann häufig anhand von Fotos, Videoaufzeichnungen usw. dokumentiert.

(vgl. Krenz, 1991, S.84 ff.)

Insbesondere zeigt sich bei diesem Ansatz, dass er weit über die klassischen Kinderaktivitäten hinausgeht. Kontakte mit Menschen außerhalb des Kindergartens gewinnen an Bedeutung, Gemeinwesenarbeit wird zu einer Selbstverständlichkeit. So werden auch hohe Anforderungen an die Betreuungskräfte gestellt, die nach diesem Ansatz mit den Kindern arbeiten möchten.

Grundlagen der Waldorfpädagogik

Die Begriffe „Waldorfschule" und „Waldorfkindergarten" entstanden, als Rudolf Steiner (1861–1925), der Begründer der anthroposophischen Pädagogik (Anthroposophie = Weisheit vom Menschen), seine erste Schule an der Waldorf Astoria Zigarettenfabrik 1919 in Stuttgart gegründet hatte.
Die Waldorfpädagogik sieht vor, dass Kinder im Waldorfkindergarten für die Waldorfschule vorbereitet werden, die sie bis zum 18. bzw. 19. Lebensjahr besuchen können, denn Waldorfpädagogik sollte von Anfang an ein erzieherisches Gesamtkonzept sein (vgl. Erath, 1991, S. 33f.).
Nach Erkenntnissen der Anthroposophie vollzieht sich die Entwicklung des Kindes in einem Sieben-Jahre-Rhythmus.

In den ersten sieben Jahren lernt das Kind durch Nachahmung des Erwachsenen. In diesem nachahmenden Verhalten lassen sich bis zur Schulreife wiederum drei verschiedene Entwicklungsstufen beobachten:

1. Entwicklungsstufe

In dieser Stufe, die etwa bis 2 ½ Jahre andauert, erwirbt das Kind durch Nachahmung die Fähigkeiten, sich aufzurichten, zu gehen, zu sprechen und damit die Voraussetzung für das Denken.
Das Tun des Kindes ist noch nicht zweckgerichtet. Es möchte einfach alles mitmachen können, ohne den Zweck der Arbeit zu durchschauen.

2. Entwicklungsstufe

In dieser Stufe, die etwa im dritten Lebensjahr beginnt, ändert das Kind sein Verhalten, indem es seine Fantasie mit in das Tun eingibt. Gegenstände können zweckentfremdet und auf verschiedene Art und Weise Verwendung finden. So wird ein Handfeger plötzlich zu einem Hund, wenn er an einer langen Schnur hinterhergezogen wird.
Damit das Kind seine Fantasie frei entfalten kann, müssen die Erziehenden für Dinge sorgen, die solch ein Spielen erst möglich machen.
So ist das Spielzeug in den Waldorfkindergärten einfach, wenig ausdifferenziert und aus gutem, natürlichen Material (z.B. Puppen mit nicht voll ausgestalteten Gesichtern, Naturmaterialien und vor allem Tücher, die sich vielseitig einsetzen lassen).
Vorgefertigtes Spielzeug wie Legosteine und Playmobil findet man in den Waldorfkindergärten nicht.

3. Entwicklungsstufe

In dieser Stufe, die etwa um das fünfte Lebensjahr beginnt, ändert das Kind sein Spielverhalten, indem es Spielimpulse nicht mehr nur von außen, sondern auch durch das eigene innere Vorstellungsbild gewinnt. Es schafft sich Gegenstände und Verkleidungen, die es für sein Spiel benötigt, selbst. Durch seine Fantasie und die inzwischen erworbene Geschicklichkeit ist es gut dazu in der Lage.

Damit das Kind immer wieder zu diesen Tätigkeiten angeregt wird, gehen die Erziehenden während des Vormittags ebenfalls Tätigkeiten nach und lassen die Kinder beobachtend oder auch direkt daran teilnehmen. Dazu gehören z.B. bügeln, kochen, Getreide mahlen und stricken.
(vgl. Jaffke, 1996, S. 4ff.)

Von großer Bedeutung in Waldorfeinrichtungen sind Rhythmen, die Sicherheit und Ordnung bieten.
So ist der **Tagesablauf** rhythmisch gestaltet und im Groben jeden Tag gleich (z.B. Freispiel, Eurythmie, Frühstück, Gartenspiel, Märchen).
Ein anderer Rhythmus, der den Kindern Orientierung und Sicherheit bietet, ist der **Wochenrhythmus**. Dadurch, dass einzelne Tage jeweils Besonderheiten aufweisen, die sich dann jede Woche wiederholen, erfährt das Kind die Ordnung dieses Zeitraums.
Der **Jahresablauf** wird den Kindern durch Feiern von Jahresfesten und dem Miterleben der Vorgänge in der Natur, an denen sie z.B. durch aktive Gartenarbeit teilhaben, bewusst.

Die Erzieherinnen in einem Waldorfkindergarten haben den Anspruch, dass Kinder ihnen mit gleichem Vertrauen begegnen können wie den Eltern. So ist gerade hier ein enger Kontakt zwischen Kindergarten und Elternhaus sehr wichtig.
(*vgl. Erath, 1991, S. 35*)

An die Eltern werden ebenfalls hohe Anforderungen gestellt. Im Interesse der Kinder sollen Elternhaus und Kindergarten möglichst ähnliche Erziehungsvorstellungen haben. Dazu gehört auch in manchen Einrichtungen die Erwartung, dass in den Elternhäusern gar nicht oder kaum ferngesehen wird.
Eltern werden beispielsweise eingeladen zur Mithilfe bei der Gartenarbeit, der Vorbereitung von Festen und zu Bastelaktivitäten.

Reggio-Pädagogik

Allgemeines
Die Reggio-Pädagogik wird verstanden als ein Modell der gegenseitigen Erziehung von Erziehendem und Kind.
Der Ursprung der Reggio-Pädagogik ist in der Region „Reggio Emilia" in Oberitalien zu finden.
Kurz nach dem Zweiten Weltkrieg ging man beim Aufbau des ersten Volkskindergartens der Frage nach, wie dem bis 1945 vom Faschismus bestimmten Vorschulwesen soziale Erziehungsformen entgegengesetzt werden könnten.
Kindererziehung sollte zum Aufbau einer neuen Gesellschaft beitragen, sodass die wichtigsten Zielsetzungen Erziehung zur Demokratie, sozialer Gerechtigkeit und Solidarität waren. An diesen Zielen sollten Kindergärten, Eltern und Stadt gemeinsam arbeiten.
Die Reggianer mit Loris Malaguzzi, dem Begründer und Leiter des ersten Reggio-Kindergartens, sehen in der Erziehung einen lebendigen Dialog zwischen Kind und Erwachsenem.
Kindergärten werden als Kommunikations- und Erfahrungsstätten gesehen, in denen Eindrücke und ihre Wertungen durch vielfältige Ausdrucks- und Gestaltungsformen übermittelt werden.
Im gemeinsamen Bemerken, Staunen, Fragen, Entdecken, Suchen und Experimentieren werden vielfältige Themen und Erscheinungen des Lebens verstanden und handhabbar gemacht.

Das Bild vom Kind in der Reggio-Pädagogik
In der Reggio-Pädagogik wird die kindliche Entwicklung nicht als ein in Stufen verlaufender Prozess, bei dem das Kind mit zunehmendem Alter bestimmte Fähigkeiten und Fertigkeiten erwirbt, gesehen.
Die Reggianer sagen, das Kind sei von Anfang an aktiv, forschend und kommuniziere mit Personen und Dingen seiner Umgebung. Folgende Aspekte sollen an dieser Stelle hervorgehoben werden:

- Kinder haben eine „innere Sprache", mit der sie sich auf vielfältige Weise verständlich machen können. Mit seinen „hundert Sprachen" drückt das Kind aus, was es mitteilen möchte. So kann es beispielsweise mithilfe von Spielhandlungen, Plastiken oder Bildern etwas über sein Innenleben aussagen.
- Kinder erklären etwas für sich, arbeiten mit Metaphern und versuchen, das Unmögliche für sich möglich zu machen, denn für Kinder gibt es nichts, was unmöglich ist.
- Kinder können mithilfe ihrer Wahrnehmung Dinge erforschen und entdecken. Durch ihre Fragen bilden sie Hypothesen darüber, wie Dinge sind. So forschen sie, betrach-

ten, was nicht selbstverständlich ist, begnügen sich nicht mit dem, was man norma-lerweise sieht und finden Antworten auf ihre Fragen und verstehen Zusammenhänge.

- Kinder entdecken auch Ähnlichkeiten und Unterschiede zwischen sich und den anderen und gewinnen so ein Bild von sich und den eigenen Fähigkeiten.
- Ältere Kinder formulieren Rechte, denn Recht heißt, man kann etwas machen, muss es aber nicht (z. B.: Wir haben das Recht zu spielen, müssen es aber nicht). Während die Kinder sich mit den Rechten auseinandersetzen, denken sie auch über ihre Pflich-ten nach.
- Das Kind gelangt durch dieses entdeckende Lernen zu Erkenntnissen und Gewiss-heiten und strebt immer mehr danach, sich neuen Herausforderungen zu stellen.

Das Bild vom Lernen und die Aufgaben der Erziehenden
Die Erzieher in den Reggio-Einrichtungen verstehen sich als Begleiter und Lernende zugleich, die viele Fragen stellen, Anregungen geben und vor allem den Kindern inten-siv zuhören.
Die Kinder in den Reggio-Einrichtungen erhalten keine vorgegebenen Lösungen, son-dern begeben sich mit den Fachkräften gemeinsam auf die Suche nach geeigneten Lösungen. Gelernt wird vor allem in Projekten.
Kleinere Gruppen von Kindern beobachten, untersuchen, bilden Hypothesen und su-chen nach Antworten auf ihre Fragen. Erst wenn in diesen Kleingruppen Erfahrungen gesammelt wurden, Antworten gegeben wurden, wird der Kreis der Beteiligten erweitert.
(vgl. Kazemi-Veisari, 1996, S. 3ff.)

Kinder experimentieren

spannende Versuche mit Sand

Raumgestaltung
Alle Räume sind kreisförmig um den sogenannten „Marktplatz" (Piazza) angeordnet. Dieser Platz gilt als Spielplatz, Ausstellungsraum und Treffpunkt für Besucher der Ein-richtung.
In allen Reggio-Einrichtungen ist ein Atelier vorhanden. Dieses soll die Kinder zu künst-lerischem Tun anregen und ihre gestalterischen Interessen und Fähigkeiten fördern. Eine Erzieherin, die eine kunstpädagogische Ausbildung hat, eine sogenannte „Atelieris-ta", begleitet die Kinder.

Dokumentation

Viele Dinge, die mit der Einrichtung, den Kindern, den Gästen, welche die Einrichtung besuchen, usw. zusammenhängen, werden sichtbar gemacht. Durch die Dokumentation wird vermittelt was, wie und aus welchem Grund in dem Kindergarten passiert.

Gerade diese Art der Transparenz nimmt in der Reggio-Pädagogik eine zentrale Rolle ein.

So werden Arbeiten der Kinder ausgestellt, Fotoserien zu durchgeführten Projekten erstellt, Projektpläne als Information für die Eltern ausgehängt und Speisepläne veröffentlicht.

Dies geschieht in und außerhalb der Einrichtung. Außerhalb beispielsweise dadurch, dass Kinderzeichnungen in öffentlichen Einrichtungen ausgestellt, Veröffentlichungen über die Einrichtung z. B. in Buchhandlungen zu finden sind.

Dokumentationen dienen auch den neuen Eltern als Orientierung. So bekommen sie durch Aufzeichnungen über Momente wie Schlafenszeit, beschriebene Tagesabläufe und Darstellungen verschiedener Ereignisse erste anschauliche Informationen über die Einrichtung, die ihr Kind nach den Sommerferien besuchen wird.

Maria Montessori – Leben und Werk

Maria Montessori wurde am **31. August 1870** in Chiaravalle/ Italien geboren und starb am **06. Mai 1952** in Noordwijk an Zee in den Niederlanden.

Überragende Schulleistungen zeigten früh eine überdurchschnittliche Begabung. Gegen den Willen ihres konservativen Vaters und unter Protest aller männlichen Studenten Roms begann sie als erste Frau Italiens mit dem Medizinstudium, das sie **1896** mit einem glänzenden Examen abschloss.

Ihre wichtigsten pädagogischen Erfahrungen sammelte sie als junge Assistenzärztin in der psychiatrischen Universitätsklinik in Rom, wo sie geistig zurückgebliebene bzw. vernachlässigte Kinder von Patientinnen, die dort nur aufbewahrt wurden, systematisch pädagogisch so intensiv förderte, dass sie in ihren Leistungen Anschluss an die normal entwickelten Kinder fanden.

Maria Montessori fand in den Schriften der französischen Ärzte und Pädagogen Itard (1774–1838) und Séguin (1812–1880) wichtige Anregungen für die Behandlung ihrer Kinder.

Itard entwickelte eine Erziehungsmethode, die vor allem bei der Bildung der Sinne, der Bewegung und Sprache ansetzte, und die dann von seinem Schüler Séguin weiterentwickelt wurde.

Maria Montessori hat diese Ansätze in umfassender Weise fortentwickelt und bei stark entwicklungsverzögerten Kindern angewandt. Sie erzielte auf diese Weise sensationelle Erfolge.

So nun auch als Pädagogin bekannt geworden und nach weiteren pädagogischen und psychologischen Studien, wurde sie neben ihrem Arztberuf Leiterin einer Schule zur Ausbildung von Heilpädagogen, hielt Vorträge auf Kongressen usw.

Es stellte sich die Frage, wie wirksam die bei geistig zurückgebliebenen Kindern angewandte neue Erziehungsmethode erst bei gesunden und normalen Kindern sein würde. Dazu sollte Maria Montessori bald Gelegenheit finden.

1907 beteiligte sie sich an der Gründung einer Einrichtung zur Betreuung von vernachlässigten Kindern in dem römischen Elendsviertel San Lorenzo. So wurde am **6. Januar 1907** das erste Kinderhaus (casa dei bambini) eröffnet. Hier machte Maria Montessori wichtige Beobachtungen und Studien über die frühe Entwicklung, Erziehung und Bildung von Kindern.

Sie erkannte durch ihre Studien, Forschungen und in der Praxis mit Kindern, dass eine spezifische Konzentrations- und Lernfähigkeit im frühen Kindesalter vorhanden ist. Montessori spricht von der **Polarisation der Aufmerksamkeit** (= die Anheftung, die Sammlung der gesamten Aufmerksamkeit auf einen Gegenstand hin).

Ebenso erkannte sie, dass jedes Kind sein Lerntempo, seinen individuellen Lernrhythmus, seine persönlichen Begabungen hat, auf die eine kind- und entwicklungsgemäße Erziehung spezifisch zu antworten hat. Ihr ganzes Streben war nun, diese Eigentümlichkeiten bei jedem einzelnen Kind methodisch zu entdecken und mithilfe geeigneter Entwicklungs- und Lernmaterialien in einer kindgemäß eingerichteten **vorbereiteten Umgebung** systematisch zu fördern, damit jedes Kind zur optimalen Entfaltung bzw. Unabhängigkeit seiner Persönlichkeit gelangen kann.

Besucher aus aller Welt kamen in Maria Montessoris Kinderhaus. Durch diese angeregt, hielt sie Lehrgänge zur Ausbildung von Lehrern.

Ihre Pädagogik erlangte internationalen Ruhm.

Sie reiste durch viele Länder Europas, Nordamerikas, Südamerikas, durch Indien, Pakistan und Ceylon, hielt vielerorts Ausbildungskurse ab, richtete Kinderhäuser ein sowie Schulen und Lehrerbildungsanstalten.

Das Montessorimaterial und seine pädagogische Bedeutung

Es gibt in den Montessori Kinderhäusern neben anderen bekannten Materialien ein spezielles sogenanntes *Sinnesmaterial*. Es ist ein Mittel, wie Montessori sagt, ein Schlüssel zur ganzheitlichen Entwicklung grundlegender psychisch geistiger Fertigkeiten:

- Erkennen einer Sache (Identifikation), eines Merkmals beispielsweise Längen oder Farben
- Unterscheiden
- Kombinieren z.B. zusammengehöriger Teile
- Gruppieren usw.

Die Materialien sprechen alle Sinne an (Tasten, Sehen, Hören, Schmecken, Riechen, den Gewichts- und Wärmesinn sowie den Gleichgewichtssinn).

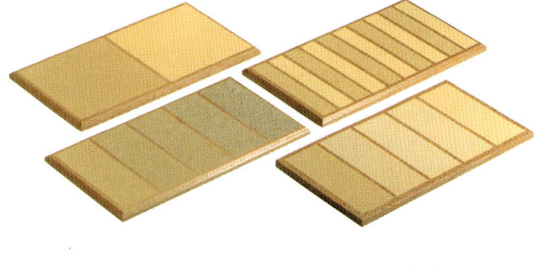

Rosa Turm: Material zum Erkennen verschiedener Größen

Tastbretter: Material zum Unterscheiden von Oberflächenstrukturen

Einige Schlüsselbegriffe der Montessori-Pädagogik

„Hilf mir, es selbst zu tun"
Dieser Grundgedanke sagt aus, dass das Kind durch Selbsttätigkeit, Mühe und Erfahrung seine Personalität aufbauen kann. Es soll mithilfe des Einsatzes spezifischer Materialien zur Unabhängigkeit vom Erwachsenen geführt werden. Die Materialien sind so aufgebaut, dass sie den kindlichen Wunsch nach Selbsttätigkeit permanent provozieren.

Der absorbierende Geist
Mit diesem Begriff beschreibt Montessori die besondere Geistesform des Kindes in den ersten Lebensjahren. Das Kind im Alter von 0–3 Jahren saugt Umwelteindrücke auf wie ein trockener Schwamm, ohne das Absorbierte jemals wieder abzugeben. Das Kind erlernt so Sprache, Sitte, Brauchtum, Religion, Weltanschaulichkeit und andere Kulturerscheinungen.
Der absorbierende Geist ist auch ein unkritischer Geist. Am Beispiel der Sprache wird dieses besonders deutlich. Egal ob das Kind eine einfache oder komplizierte Sprache erlernen muss, die Sprache wird nach einer bestimmten Zeit sicher beherrscht. Der absorbierende Geist bleibt uns in Form des unbewussten Lernens erhalten, beispielsweise bei der Aneignung eines Dialektes oder dem Aufnehmen von Werbebotschaften.

Sensible Perioden
Es handelt sich um Entwicklungsperioden mit besonderen inneren Empfänglichkeiten für spezifische Umweltreize, in denen das Kind wichtige Fähigkeiten kognitiver und affektiver Art erwirbt.

Unterteilung:
- **0–6:**   Unterphase: 0–3 (Tätigkeit des absorbierenden Geistes),
             Unterphase: 3–6 (Sensibilität für Sprache, Ordnung)
- **7–12:**   Sensibilität des Gewissens, Unterscheidung von Gut und Böse, Gerechtigkeit
- **12–18:**   Rolle in der Gesellschaft be- und ergreifen

Polarisation der Aufmerksamkeit
Die gesamte Aufmerksamkeit des Kindes ist auf eine Tätigkeit ausgerichtet und es versinkt selbstvergessen in seiner Arbeit.

Das Sinnesmaterial und die Bedeutung seiner spezifischen Eigenschaften

Isolierung einer Eigenschaft: Das Material bleibt gleich, es verändert sich nur eine Eigenschaft (z. B. Größe, Dicke, Länge).

Selbstständige Fehlerkontrolle: Das Kind braucht den Erwachsenen nicht, denn das Material ist so beschaffen, dass das Kind selbst prüfen kann, ob es richtig gehandelt hat. (z. B. Zylinder passen nicht in die entsprechenden Öffnungen).

Begrenzung: Jedes Material ist nur einmal vorhanden. Das Kind weiß, dass es Material, das von anderen benutzt wird, respektieren muss. So fördert es sein Sozialverhalten, Begriffe des Wartens und Respektierens prägen sich.

Übungen des täglichen Lebens

Das Kind sieht lebenspraktische Tätigkeiten des Erwachsenen und versucht sie nachzuahmen.

Maria Montessori unterteilt diese Übungen in drei Gruppen:

- Pflege der eigenen Person
- Pflege der Umgebung
- Pflege der sozialen Kontakte

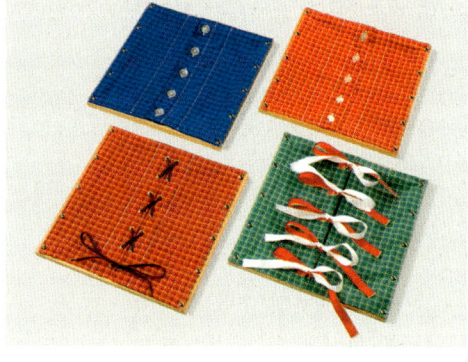

Bei kleinen Kindern sind die Tätigkeiten Selbstzweck genug, sie wischen um des Wischens Willen, ohne das Resultat direkt anzuzielen. Erst älteren Kindern wird das Ergebnis ihres Handelns wichtig (siehe auch Kapitel IV, 4.1).

Die vorbereitete Umgebung

Die Vorbereitung der Umgebung ist Hauptaufgabe der Erzieherin.

Sie stellt entwicklungsgemäße Gegenstände bereit, die das Kind frei wählen kann. So kann sie z. B. auch manche Materialien für einen gewissen Zeitraum aus der Gruppe nehmen, wenn sie beobachtet, dass die Kinder hierfür kein Interesse zeigen.

> *Merke!*
> *Die Erzieherin muss sich ihrer großen Verantwortung bewusst werden, denn sie entscheidet darüber, was das Kind wann braucht.*

Aufgaben

1. Unterteilen Sie Ihre Lerngruppe in mehrere Kleingruppen, die sich jeweils mit einem der vorgestellten pädagogischen Handlungskonzepte intensiv auseinandersetzten (auch mithilfe weiterführender Literatur).

2. Fassen Sie jeweils wichtige Informationen zur Arbeit nach diesem Konzept zusammen. Jede Kleingruppe stellt dann ihre Ergebnisse vor.

3. Diskutieren Sie dann im Plenum die Frage: Welche Vorteile hat der Besuch eines Kindergartens, der nach diesem pädagogischen Handlungskonzept arbeitet?

■ *Literaturtipp:*

Kindergarten heute spezial: Pädagogische Handlungskonzepte von Fröbel bis zum Situationsansatz, Freiburg, Verlag Herder, 1996.
Die Autoren stellen die wichtigsten pädagogischen Ansätze vor, nach denen in den heutigen Kindergärten und Kindertagesstätten gearbeitet wird. Leicht verständlich und in angemessenem Umfang bietet dieses Heft eine erste Orientierung bezüglich wichtiger pädagogischer Grundideen.

2.4   Das Kind im Grundschulalter (sechs bis zehn Jahre)

2.4.1   Entwicklung des Kindes im Grundschulalter

Körperliche Entwicklung

- Das Kind im Grundschulalter ist voller Energie und muss sich häufig „austoben".
- Es kann Bälle zielsicher werfen und auffangen.
- Die Feinmotorik entwickelt sich weiter, was z.B. daran zu erkennen ist, dass das Grundschulkind einen Stift führen kann, mit Messer und Gabel isst und mit großen Stichen nähen kann.
- Es zieht sich selbstständig an.
- Es kann ohne Stützräder Fahrrad fahren.

Der Zahnwechsel kann dem Kind ähnliche Schwierigkeiten wie im Babyalter bereiten.

Geistige Entwicklung

- Das Schulkind zeigt Ausdauer und Freude an der Aufgabenbewältigung, Leistungsbereitschaft und Konzentrationsfähigkeit.
- Es kann lesen, schreiben und rechnen und fördert so sein Denkvermögen.
- Der Zeitbegriff bildet sich aus.
- Das Kind kennt die Reihenfolge der Wochentage und der Monate eines Jahres.
- Es kennt seine eigenen Interessen, und langsam entwickeln sich Hobbys.

Sozial-emotionale Entwicklung

- Das Kind löst sich langsam aus dem Familienband und es entstehen erste Freundschaften.
- Das Kind erlernt die Achtung vor dem anderen und Respekt vor seiner Leistung, indem es die Leistungen anderer, beispielsweise in einer Wettbewerbssituation, mit den eigenen vergleicht.
- Es kann Aufgaben in der Klasse und zu Hause übernehmen (z.B. sein Zimmer saugen).

(vgl. Lübben-Chambi/Jackson, 2001, S. 31–33)

Einige Entwicklungsaufgaben in dieser Phase:
- Erlernen körperlicher Geschicklichkeit, die für normales Spielen notwendig ist
- Lesen, Schreiben, Rechnen lernen
- mit Gleichaltrigen zurechtkommen
- Entwicklung von Gewissen, Moral und Wertvorstellungen
- Erreichen persönlicher Unabhängigkeit

(vgl. Schenk-Danzinger, 1988, S. 357)

1. Lesen Sie das Kapitel über die Entwicklung des Grundschulkindes aufmerksam durch.

2. Finden Sie in der Kleingruppe (vier bis fünf Teilnehmer) einige weitere Hinweise, die Eltern/Betreuungspersonen helfen, das Grundschulkind in seiner Entwicklung zu unterstützen.

   Hinweise zur Betreuung von Kindern im Grundschulalter:
   1. Gehen Sie oft mit dem Kind nach draußen, damit es sich austoben kann.
   2. Halten Sie das Kind dazu an, sich alleine anzuziehen, und machen Sie ihm z. B. nicht wie selbstverständlich die Jacke zu.
   3. …
   4. …

2.4.2 Begleitung und Betreuung des Grundschulkindes bei den Hausaufgaben

Kathi absolviert ihr Praktikum in einem Jugendzentrum und betreut u. a. einige Grundschulkinder bei der Erledigung ihrer Hausaufgaben. Luka, sieben Jahre, der die Grundschule bis mittags besucht, kann sich zurzeit sehr schlecht bei den Hausaufgaben konzentrieren und benötigt besondere Unterstützung von den Betreuungspersonen. Der Praxisanleiter bittet **Kathi** darum, diese Aufgabe zu übernehmen.

Einige Mitschüler Ihrer Klasse, die bei der ambulanten Familienpflege oder im Jugendzentrum ihr Praktikum absolvieren, berichten davon, dass auch sie helfend bei der Betreuung der Hausaufgaben tätig sein werden.

1. Notieren Sie spontan Ihre Einschätzung der oben beschriebenen Situation:
   - Wer ist direkt oder indirekt an der Situation beteiligt?
   - Wie sehen die Beteiligten die Situation? (Eventuell können Sie die einzelnen Beteiligten besser einschätzen, wenn Sie deren Sichtweise einnehmen. Formulieren Sie hierzu in ein oder zwei Sätzen die jeweiligen Gedanken und Gefühle der Beteiligten in „Ich-Form".)

2. Welche Anforderungen an Betreuungspersonen werden in dieser Situation angesprochen? Welche Vorerfahrungen haben Sie diesbezüglich?

3. Welche der Themen, die in der Situation angesprochenen werden, würden Sie zur intensiveren Vorbereitung auf Ihr Praktikum gerne bearbeiten? Listen Sie diese auf.

4. Lesen Sie die nachfolgenden Ausführungen, bearbeiten Sie die entsprechenden Aufgaben, und setzen Sie sich mithilfe weiterführender Literatur mit weiteren für Sie wichtigen Inhalten zu diesen Themen auseinander.

Sozialhelferinnen arbeiten teilweise auch mit Grundschulkindern zusammen.
Da die Kinder den Vormittag oder zumindest einen Teil davon in der Schule verbringen, beziehen sich die Arbeiten Sozialhelfer in diesem Zeitabschnitt eher auf die Unterstützung der Betreuungspersonen.

So können beispielsweise folgende Arbeiten in dieser Zeit verrichtet werden:
- Vorbereitung von Freizeitangeboten am Nachmittag
- Einkaufen von Materialien für Freizeitangebote
- Säuberung und Instandsetzen von Einrichtungsgegenständen
- Reparieren von defekten Spielmaterialien
- Blumen- und Tierpflege
- Säuberungsarbeiten
- Vorbereitung von Mahlzeiten

Um die Mittagszeit kommen die Kinder dann aus der Schule, und meist wird zunächst gemeinsam zu Mittag gegessen (hier sollten die gleichen Hinweise zu den Mahlzeiten beachtet werden, die auch in Kapitel 2.2.3 angesprochen worden sind).

Nach der Mittagszeit erledigen die Kinder ihre Hausaufgaben, bei denen sie zum Teil auf Unterstützung angewiesen sind. Die Hausaufgabenbetreuung gestaltet sich nicht immer einfach, insbesondere wenn Kinder aus verschiedenen Schulen und Klassen gemeinsam ihre Aufgaben erledigen.

> *Merke!*
>
> *Es bedarf immer einer genauen Absprache zwischen Betreuungskräften und Eltern bezüglich der möglichen Begleitung der Kinder bei den Hausaufgaben, denn die Kinder brauchen eine einheitliche tägliche Strukturierung der Hausaufgabensituation, um ruhig und konzentriert arbeiten zu können. Insbesondere durch immer wiederkehrende Rituale in einer vertrauensvollen Atmosphäre fühlen sie sich gut aufgehoben und erledigen ihre Hausaufgaben zunehmend sicherer.*

Allgemeine Hinweise zur Gestaltung der Hausaufgabensituation

- *Lassen Sie die Kinder ihre Hausaufgaben immer an einem festen Platz erledigen und sorgen Sie für einen ruhigen geordneten Arbeitsplatz, an dem sich nur Gegenstände befinden, die für die Hausaufgaben benötigt werden.*

- *Sorgen Sie dafür, dass in dem Raum alle erforderlichen Gegenstände zur Erledigung der Hausaufgaben vorhanden sind (z. B. Lexika, Wörterbuch, Lineal, Locher usw.).*

- *Vereinbaren Sie mit dem Kind in Absprache mit den Eltern ein Zeitlimit für die Erledigung der Hausaufgaben.*

- *Legen Sie mit den Kindern gemeinsam den Zeitpunkt der günstigsten Arbeitsphase fest (z. B. nach einer kurzen Entspannungsphase nach dem Mittagessen).*

- *Lassen Sie die Kinder vor der Erledigung der Hausaufgaben erläutern, welche Aufgaben sie machen müssen (am besten mithilfe eines Aufgabenheftes).*

- Erstellen Sie mit den Kindern einen Plan bezüglich der Reihenfolge, in der die Hausaufgaben durchgeführt werden, und versuchen Sie, die Kinder mit folgenden Regeln zu unterstützen:
  - Beginne immer mit einer Hausaufgabe, die dir am meisten Spaß macht!
  - Erledige dann die schwierigen Aufgaben!
  - Beende die Hausaufgaben wieder mit einer leichteren Aufgabe!

- Planen Sie immer Pausen ein, da die Kinder sich nicht durchgehend konzentrieren können. Hier Angaben zur durchschnittlichen Konzentrationsdauer:
  - fünf bis sieben Jahre 15 Minuten
  - acht bis neun Jahre 20 Minuten
  - zehn bis zwölf Jahre 25 Minuten

- Lassen Sie das Kind möglichst nach den Hausaufgaben die Schultasche für den nächsten Tag packen.

(vgl. SPI, Projekt-Post Nr. 5, 1993, S. 32 ff.)

Aufgaben

1. Sammeln Sie in der Kleingruppe Vorschläge zur Belohnung eines Kindes, das einige Schwierigkeiten bei den Hausaufgaben hat und sich sehr bemüht, sie trotzdem zu erledigen und den aufgestellten Plan einzuhalten.

2. Diskutieren Sie die Vorschläge in der Lerngruppe.

2.5 Entwicklung im Teenager- und Jugendalter (elf bis 16 Jahre)

Für diesen Lebensabschnitt könnte eine Unterteilung in Vorpubertät, Pubertät und Jugendzeit vorgenommen werden. Da jedoch die Unterschiede zwischen den Geschlechtern und den Jugendlichen selbst groß sind, wird darauf verzichtet. Es erden vielmehr nur grundlegende Angaben zur Entwicklung in dieser Zeit gegeben.

Körperliche Entwicklung

- Es ist ein großer Wachstumsschub verbunden mit einer Kräftesteigerung insbesondere bei den Jungen zu beobachten.

- In der Phase des starken Wachstums nimmt auch der Appetit zu.
- Die Bewegungen wirken schlaksig, ungelenk, und gelegentlich klagen die Jugendlichen über Wachstumsschmerzen.
- Die Geschlechtsorgane wachsen zu ihrer Funktionsfähigkeit heran.
- Zeitweise klagen die Jugendlichen über starke Müdigkeit.

Geistige Entwicklung

- Die Fähigkeit zum Planen und Organisieren sowie das Bedürfnis nach Übersicht und Systematik wächst zunehmend.
- Insbesondere durch Literatur und das Erlernen von Fremdsprachen entwickelt sich der sprachliche Ausdruck weiter.
- Ein persönlicher Stil und Geschmack entwickelt sich ebenfalls.
- Die Willenskraft wird stärker.

Sozial-emotionale Entwicklung

- Die Jugendlichen ziehen sich von Familienaktivitäten zurück zugunsten des Zusammenseins mit Gleichaltrigen.
- Ein Wechsel zwischen Verlangen nach Einsamkeit und Geselligkeitsbedürfnis, Anpassung und Auflehnung ist zu beobachten.
- Der einzelne Jugendliche orientiert sich stark an seiner Clique.
- Gefühle wie Freundschaft und Liebe prägen dieses Alter.
- Bei Rückschlägen und Enttäuschungen sind Phasen zu beobachten, in denen der Jugendliche wieder Halt in der Familie sucht.
- Insbesondere bei Mädchen kann es zu Stimmungsschwankungen kommen, oft wirken sie leicht depressiv.
- Jugendliche neigen dazu, Idole zu idealisieren.
- Die Jugendlichen denken über ihre Berufswünsche nach und entscheiden sich für einen bestimmten Ausbildungsweg.

(vgl. Lübben-Chambi/Jackson, 2001, S.34ff.)

Einige Entwicklungsaufgaben in dieser Phase:
- Übernehmen der weiblichen oder männlichen Geschlechtsrolle
- Erlangen emotionaler Unabhängigkeit von Eltern und anderen Erwachsenen
- Vorbereitung auf das Berufs- und Familienleben
- Entwicklung eines sozialverantwortlichen Verhaltens

Aufgaben

1. Lesen Sie die Ausführungen zur Entwicklung des Teenagers und Jugendlichen aufmerksam durch.

2. Überlegen Sie in der Kleingruppe wie Sie selbst mit den Veränderungen in diesem Lebensabschnitt umgegangen sind.

3. Formulieren Sie als Ergebnis dieses Gespräches drei bis vier Erwartungen von Jugendlichen an ihre Betreuungspersonen, damit sie eine wünschenswerte Unterstützung in diesem Lebensabschnitt erhalten.

Möglichkeiten der Begleitung des Teenagers und Jugendlichen in typischen Alltagssituationen

Sozialhelfer werden weniger mit Teenagern und Jugendlichen arbeiten als mit den zuvor genannten Altersstufen.

Zudem ist diese Altersstufe in der Bewältigung von Alltagssituationen schon weitgehend selbstständig. Gezielte Unterstützung in diesem Bereich wird meistens im Heim oder ähnlichen familienersetzenden Einrichtungen stattfinden. Hier arbeiten Erzieher, Sozialpädagogen usw. mit den Jugendlichen, bei denen meist Verhaltensauffälligkeiten aufgrund vorheriger konfliktträchtiger Erlebnisse vorliegen.

Sozialhelfer werden am ehesten mit Jugendlichen im Freizeitbereich, z. B. in einem Jugendzentrum arbeiten und ihnen bestimmte Spiel- und Gestaltungsmöglichkeiten anbieten. Aus diesem Grund sei an dieser Stelle auf konkrete Vorschläge in Kapitel 3.4 verwiesen.

2.6 Mögliche Verhaltensprobleme in der Entwicklung von Kindern und Jugendlichen

Lernsituation

Nach Ihrem Praktikum in Einrichtungen für Kinder und Jugendliche und bei der ambulanten Familienpflege findet in der Klasse ein reger Austausch über beobachtete Verhaltensauffälligkeiten von Kindern und Jugendlichen statt. **Alina**, **Ayse** und **Jaqueline**, die in einer Kita gearbeitet haben, berichten von Kindern, die Schwierigkeiten beim Sprechen aufwiesen oder anderen, die mit ihren Gruppenmitgliedern auf eine unangemessene Weise Konflikte lösten. **Miriam**, die bei der ambulanten Familienpflege gearbeitet hat, berichtet von ihrem „Zappelphilipp" Lukas, der durch seine ständige Unruhe kaum in der Lage war, sich auf seine alltäglichen Hausaufgaben zu konzentrieren.

Auch Sie haben Ähnliches im Praktikum erlebt und möchten gerne mehr über diese Verhaltensauffälligkeiten von Kindern erfahren.

Aufgaben zur Lernsituation

1. Notieren Sie spontan Ihre Einschätzung der oben beschriebenen Situation:
   - Wer ist direkt und indirekt an der Situation beteiligt?
   - Wie sehen die Beteiligten die Situation? (Eventuell können Sie die einzelnen Beteiligten besser einschätzen, wenn Sie deren Sichtweise einnehmen. Formulieren Sie hierzu in ein oder zwei Sätzen die jeweiligen Gedanken und Gefühle der Beteiligten in „Ich-Form".)

2.   Welche Probleme werden in dieser Situation angesprochen? Wurden Sie schon einmal mit Verhaltensproblemen von Kindern und Jugendlichen konfrontiert? Wie haben Sie damals reagiert?

3.   Listen Sie Themen auf, die Sie bearbeiten möchten, um auf die Konfrontation mit solchen oder ähnlichen Problemen in Ausbildung und Beruf vorbereitet zu sein.

4.   Lesen Sie die nachfolgenden Ausführungen, bearbeiten Sie die entsprechenden Aufgaben, und setzen Sie sich ggf. mithilfe weiterführender Informationen mit weiteren, für Sie wichtigen Inhalten zu dieser Thematik auseinander.

Jedes menschliche Verhalten kann unter bestimmten Umständen als „normal" oder auch „auffällig" gelten. Diese Beurteilung ist abhängig von der Einschätzung der sozialen Umwelt, den Erwartungen, Zielen, Bedürfnissen der Gruppe und der jeweiligen Situation, in der dieses Verhalten gezeigt wird.

Merke!
Allgemein kann ausgesagt werden, dass eine Verhaltensauffälligkeit oder -störung erst dann vorliegt, wenn sich ein Zuviel oder Zuwenig vom durchschnittlich als „normal" angesehenen Verhalten über einen längeren Zeitraum immer wieder aufs Neue zeigt.

So ist ein Kind, das ein anderes Kind schlägt, nicht sofort aggressiv, auch wenn es eine aggressive Reaktion zeigt. Schlägt es jedoch bei jedem geringfügigen Anlass brutal zu, zeigt es also ein Zuviel dieser aggressiven Reaktion, ist es als auffällig zu bezeichnen. Ebenso auffällig ist ein Kind, das sich alles gefallen lässt und so ein Zuwenig der Verhaltensweise zeigt.
(vgl. Metzinger, 2005, S. 15 f.)

Im Folgenden werden einige abweichende Verhaltensweisen, mit denen Betreuer in Familien und/oder sozialpädagogischen und sozialpflegerischen Einrichtungen sehr häufig konfrontiert werden, beispielhaft vorgestellt und einige Hinweise zum Umgang mit der jeweiligen Verhaltensauffälligkeit gegeben.

2.6.1   Sprachstörungen

Es gilt laut Expertenmeinung als erwiesen, dass Sprachstörungen in den letzten Jahren stark zugenommen haben.

Merke!
Man spricht im Zusammenhang mit Sprache von einer Störung, wenn ein Mensch nicht in der Lage ist, seine Muttersprache nach Inhalt und Regeln angemessen zu gebrauchen.

Unter anderem werden folgende Formen von Sprachstörungen unterschieden:
- **Verzögerte Sprachentwicklung:** Hierzu zählen das eingeschränkte Wortverständnis (das Kind versteht weniger als Gleichaltrige, ohne dass eine Hörstörung vorliegt), der eingeschränkte Wortschatz und die sogenannte Babysprache (beispielsweise werden Wörter wie Wauwau statt Hund zu lange verwendet).

- **Stammeln:** fehlerhafte Aussprache und Bildung von Lauten und Lautverbindungen, z. B. wenn ein Kind Tatao anstatt Kakao, Lume statt Blume sagt und dieses über das vierte Lebensjahr hinaus anhält.
- **Stottern:** Es zeigt sich eine krampfartige Unterbrechung des Redeflusses auch noch nach der Vollendung des vierten Lebensjahres.

Es ist wichtig, dass Eltern und Betreuer im Umgang mit dem entsprechenden Kind einige Verhaltensregeln beachten.

Hinweise zum Umgang mit Kindern mit Sprachstörungen

- *Wenn das Kind Ihnen etwas erzählen möchte, hören Sie geduldig zu, halten Sie Blickkontakt und unterbrechen Sie es nicht, bis es zu Ende erzählt hat.*

- *Wenn das Kind etwas Falsches sagt, weisen Sie nicht auf diesen Fehler hin, sondern wiederholen den Satz eher beiläufig und fehlerfrei (z. B. sagt ein Kind: „Da Hase hat lauft". Die Betreuerin reagiert folgendermaßen: „Da wollen wir einmal nachschauen, wohin der Hase gelaufen ist.").*

- *Seien Sie selbst stets ein Sprachvorbild, indem Sie Ereignisse und Handlungen kommentieren, langsam und deutlich sprechen und auf eine Aussprache achten, die das Kind weder unter- noch überfordern.*

(vgl. Metzinger, 2005, S. 21 ff).

2.6.2 Störungen des Sozialverhaltens

Wenn ein Kind oder ein Jugendlicher ein Verhalten wiederholt und andauernd zeigt, das einem funktionierenden Leben in der Gemeinschaft widerspricht, sprechen wir von Störungen des Sozialverhaltens oder auch von dissozialem Verhalten.

Hierzu zählen u. a.:
- Leistungsverweigerung (z. B. Schulschwänzen)
- aggressives Verhalten
- Davonlaufen und
- beginnende kriminelle Handlungen wie Sachbeschädigung, Diebstahl und Körperverletzung

Die Aggression tritt mit am häufigsten auf und nimmt bei Kindern und Jugendlichen immer mehr zu.

Merke!
Kennzeichnend für aggressives Verhalten ist eine zerstörende Handlung, die sich gegen Personen und/oder Sachen richtet.

Als eine der Hauptursachen für diese Verhaltensstörung wird eine unbefriedigende zwischenmenschliche Beziehung angegeben.
Bei Kindern sprechen wir dann von aggressivem Verhalten, wenn sie ohne sichtbaren Grund andere angreifen, kratzen, schlagen oder beißen.

Hinweise zum Umgang mit aggressiven Kindern

- Zeigen Sie dem gewaltbereiten Kind die Konsequenzen seines Verhaltens auf, d. h. beispielsweise:
  - Verlangen Sie bei Zerstörung von Sachen eine Wiedergutmachung des entstandenen Schadens.
  - Halten Sie das Kind bei körperlichen Aggressionen unbedingt dazu an, sich angemessen und altersentsprechend zu entschuldigen.
  - Bei akuten Gefährdungen durch ein aggressives Kind fordern Sie eine Auszeit, indem Sie das Kind aus dem Raum entfernen, damit es sich erst einmal wieder beruhigen kann, bevor Sie mit ihm sachlich über den Vorfall sprechen.

- Stellen Sie klare Verhaltensregeln auf und achten Sie darauf, dass alle (einschließlich Sie selbst) diese einhalten.

- Schaffen Sie Möglichkeiten zum akzeptierten Abreagieren wie z. B. den Einsatz eines Sandsacks, Bewegungsspiele, Nutzung von Sportangeboten usw. .

(vgl. Metzinger, 2005, S. 42 ff.).

2.6.3   ADS und ADHS

Kinder, die unter ADS (Aufmerksamkeits-Defizit-Syndrom) oder ADHS (Aufmerksamkeits-Defizit-Hyperaktivitätsstörung) leiden, haben massive Schwierigkeiten, sich über einen längeren Zeitraum zu konzentrieren und eine Aufgabe zu Ende zu führen, sind wenig belastbar und zeigen eine starke Bewegungsunruhe.

Um ADS sicher diagnostizieren zu können, muss dieses Verhalten
- sich mindestens in zwei unterschiedlichen Lebensbereichen, beispielsweise in der Familie und in der Schule zeigen
- deutlich häufiger auftreten als bei anderen Kindern gleichen Alters,
- im Vorschulalter begonnen haben und
- über einen längeren Zeitraum (mindestens sechs Monate) andauern.

Hinweise zum Umgang mit Kindern mit ADS und ADHS

- Halten Sie sich konsequent an aufgestellte, einfache und eindeutig formulierte Regeln.

- Versuchen Sie, kleinere Störungen nicht zu beachten.

- Heben Sie erwünschtes Verhalten positiv hervor.

- Geben Sie dem Kind, das große Schwierigkeiten beim konzentrierten Arbeiten hat, konkrete Hilfestellungen zur Strukturierung seiner Aufgaben, z. B. durch ein Hausaufgabenheft, in das alle wichtigen Punkte eingetragen werden.

Aufgaben

1.   Setzen Sie sich mit einer kindlichen Verhaltensauffälligkeit mithilfe weiterführender Literatur auseinander (siehe auch Literaturtipp, unten).

2.   Bereiten Sie ein Referat hierzu vor, das Sie in Ihrer Lerngruppe unter Berücksichtigung der Hinweise zur Präsentation (siehe Kapitel I, 4.3.1) Ihrer Lerngruppe vorstellen.

■ *Literaturtipp:*

Metzinger, Adalbert: *Verhaltensprobleme erkennen, verstehen und behandeln, Weinheim und Basel, Beltz, 2005.*
In diesem Werk werden häufig auftretende Verhaltensstörungen im Kindes- und Jugendalter auf gut verständliche Weise beschrieben, mit entsprechenden Beispielen erläutert und wertvolle Hinweise zum Umgang mit den betroffenen Kindern und Jugendlichen gegeben.

2.6.4 Sucht

Lernsituation

Frauke hat in ihrem Blockpraktikum im Jugendzentrum gearbeitet.
Neben der Hausaufgabenbetreuung der Grundschulkinder wurde hier an drei Nachmittagen auch Jugendlichen im Alter von 13–15 Jahren angeboten, gemeinsam die Freizeit zu gestalten. An einem Dienstagnachmittag in der wöchentlich stattfindenden Kochgruppe erlebte sie, wie sich zwei 14jährige Mädchen ungewöhnlich albern verhielten. Egal, was gesagt wurde, die beiden begannen sofort zu lachen. Als Frauke sie zur Rede stellen wollte und ihnen dabei ins Gesicht schaute, bemerkte sie den völlig verklärten Blick der Mädchen. Sie vermutete, dass die Mädchen irgendwelche Drogen zu sich genommen haben könnten, und wandte sich Hilfe suchend an ihren Praxisanleiter.

Auch in Ihrer Klasse berichten Mitschüler von ähnlichen Erfahrungen mit Jugendlichen.

Aufgaben zur Lernsituation

1. Notieren Sie spontan Ihre Einschätzung der oben beschriebenen Situation:
    - Wer ist direkt und indirekt an der Situation beteiligt?
    - Wie sehen die Beteiligten die Situation? (Eventuell können Sie die einzelnen Beteiligten besser einschätzen, wenn Sie deren Sichtweise einnehmen. Formulieren Sie hierzu in ein oder zwei Sätzen die jeweiligen Gedanken und Gefühle der Beteiligten in „Ich-Form".)

2. Überlegen Sie in der Kleingruppe, welche Motive Jugendliche haben, Rauschmittel zu konsumieren und erstellen Sie hierzu eine Mindmap.

3. Wie sieht Ihre Einstellung zum Thema „Rausch- und Genussmittel" aus?

4. Welche vorbeugenden Maßnahmen zu dieser Thematik haben Sie bereits kennengelernt? Welche Angebote können Ihrer Meinung nach in der offenen Jugendarbeit oder auch in der Schule durchgeführt werden?

5. Zu welchen Themen im Zusammenhang mit „Sucht" möchten Sie noch mehr durch Eigenarbeit, Ihre Lehrer oder pädagogische Fachkräfte, die in die Schule eingeladen werden, erfahren?

Trotz der zahlreichen Aufklärungskampagnen durch Gesundheitsämter und Fachverbände in Schulen und Jugendarbeit besteht das Problem der Rauschgiftsucht nach wie vor.

Praktikantinnen, die mit Jugendlichen arbeiten, die häufig nur einige Jahre jünger sind als sie selbst, fühlen sich meist überfordert, wenn sie mit einem solchen Problem direkt konfrontiert werden.

> **Merke!**
> *In schwierigen Situationen, wenn der Verdacht auf Drogenmissbrauch besteht, sollten sich Praktikanten immer an berufserfahrene Fachkräfte wenden, sie um Rat fragen und sich helfen lassen!*

Was ist eigentlich Sucht und wie entsteht sie?

Jeder Mensch hat bestimmte Gewohnheiten und sich an bestimmte Stoffe gewöhnt, ohne dass gleich behauptet werden könnte, die Person, die erst nach der ersten Zigarette am Morgen ansprechbar ist oder am Abend ein Stück Schokolade zur Entspannung benötigt, sei süchtig.

Auch der tägliche Konsum bestimmter Stoffe muss noch keine totale Abhängigkeit bedeuten, sondern zeigt nur, wie selbstverständlich viele Menschen versuchen, durch solche Substanzen ihr Befinden zu verbessern. So formulierte schon Wilhelm Busch:

„Es ist ein Brauch von alters her:
Wer Sorgen hat, hat auch Likör!"

Aber ist es wirklich selbstverständlich, bei auftretenden Problemen gleich zum Alkohol zu greifen? Und ist die nebenstehende Abbildung wirklich so witzig, wie sie auf den ersten Blick erscheint? Es lohnt sich sicherlich, einmal darüber nachzudenken und gemeinsam zu überlegen, warum wir amüsiert auf solche Darstellungen reagieren.

Allgemein kann an dieser Stelle ausgesagt werden:

> **Merke!**
> *Das Grundmotiv aller Genuss- und Suchtmittel ist der Wunsch, sich besser zu fühlen (vgl. Hurrelmann/Unverzagt, 2000, S. 64 f.).*

Solange eine Person Genussmittel zu sich nimmt, ohne dass die Gesundheit oder die Fähigkeit der Teilhabe am sozialen Leben gefährdet ist, wird sie niemand als „süchtig" oder gar „suchtkrank" bezeichnen.

> **Merke!**
> *Als „süchtig" oder „suchtkrank" wird ein Mensch erst dann bezeichnet, wenn das ganze Denken einer Person nur noch darauf ausgerichtet ist, sich durch bestimmte Mittel Befriedigung von Bedürfnissen zu verschaffen, diese aber immer weniger auch wirklich nach dem Genuss dieser Mittel einsetzt (vgl. Kammerer, 2000, S. 12).*

Durch das sogenannte „**Trias-Modell**" wird versucht, Sucht als Resultat des Zusammenspiels vielfältiger Faktoren zu beschreiben und zu erklären. Einzelne Faktoren werden hier folgenden drei Bereichen zugeordnet:

1. Die **Person** selbst mit ihren körperlichen und seelischen Befindlichkeiten wie z. B. Gesundheitszustand und Selbstwertgefühl.

2. Die **Umwelt**, d. h., Menschen, mit denen die Person zusammenlebt (z. B. Familie, Menschen am Arbeitsplatz), Strukturen und Dinge, welche die Person umgeben (z. B. Möglichkeiten der Freizeitgestaltung, Wohngegend), aber auch die fernere Umwelt wie Kultur, Religion, Politik, und die jeweilige Wirtschafts- und Sozialordnung.

3. Das oder die **Suchtmittel** legaler (z. B. Alkohol) oder illegaler (z. B. Haschisch) Art, die der Person zur Verfügung stehen.

Diese drei Bereiche sind miteinander verknüpft und beeinflussen sich gegenseitig.
Jeder lebt in einem bestimmten Umfeld, das ihn und seine persönliche Entwicklung prägt, und nimmt selbst ebenfalls Einfluss auf seine Umwelt. Suchtmittel werden eingenommen oder auch angeboten bzw. einem Menschen aufgedrängt (z. B. durch Arbeitskollegen, aber auch durch Werbung an Plakatsäulen, im Fernsehen usw.).
So kann sich innerhalb dieses Systems, bestehend aus den drei Bereichen **Person, Umwelt und Suchtmittel**, ein Suchtverhalten entwickeln. Einzelne Faktoren allein können also die Entstehung von Sucht nicht erklären. Immer spielen Faktoren aller drei Bereiche eine Rolle.
(vgl. Emke/Schaller, 1997, S. 19 ff.)

So lässt sich z. B. der Wunsch nach einer Zigarette mithilfe dieses Modells veranschaulichen:

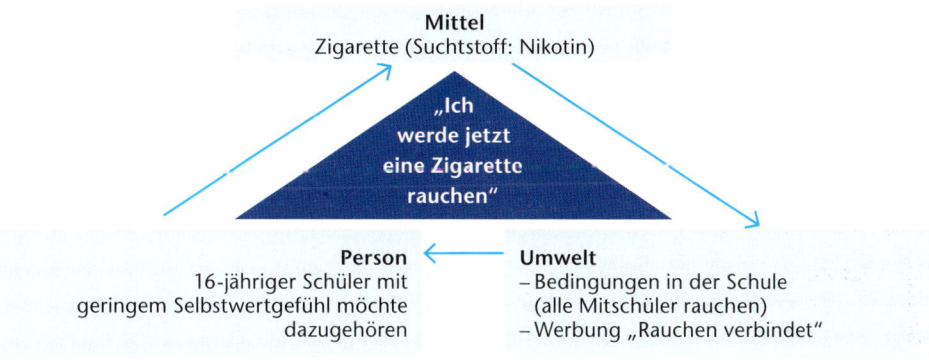

Aufgabe

Finden Sie ein eigenes Beispiel für die Verknüpfung der drei Bereiche mithilfe des Trias-Modells.

Hier noch einmal die grafische Darstellung des Zusammenwirkens aller drei Bereiche mit möglichen einzelnen Faktoren:

Mittel	
legal	**illegal**

– Alkoholische Getränke
– Zigaretten (Nikotin)
– Medikamente (Beruhigungsmittel,
  Schmerzmittel, Aufputschmittel)
– Kaffee (Coffein)
– Tee (Teein)
– Schnüffelstoffe (Lösungsmittel)
	– Haschisch u. a. Cannabisprodukte
	– Heroin
	– Kokain
	– chemische Drogen wie LSD
	– Designer-Drogen wie Exstasy
	  ihre Verfügbarkeit und Griffnähe
	  ihr Suchtpotenzial

Mensch	**Milieu**

körperliche Bedingungen:
– Alter
– Geschlecht
– Gesundheitszustand
 	
seelische Bedingungen:
– Selbstwertgefühl
– Fähigkeit, mit Konflikten umgehen
  zu können
– Fähigkeit, mit Enttäuschungen umgehen
  zu können
– Fähigkeit, Bedürfnisse und Gefühle äußern
  zu können
– Fähigkeit, Beziehungen knüpfen
  zu können
	– Beziehungen und Bedingungen in Familie
	  und Freundeskreis
	– Beschaffenheit und Lebensqualität in
	  Wohnung, Wohngegend, Stadt/Land
	– Möglichkeiten der Alltagsbewältigung und
	  Freizeitgestaltung
	– Erfahrungen in und Förderung durch
	  Kindergarten, Schule, Ausbildung
	– Zufriedenheit am Arbeitsplatz
	– finanzielle Situation
	– kulturelle und soziale Teilhabemöglichkeiten
	– Bedeutung religiöser und ethischer Werte
	– Sozial-, Gesundheits- und sonstige Politik-
	  bereiche
	– Wirtschafts- und Gesellschaftssystem

Es kann davon ausgegangen werden, dass der andauernde Konsum von Genussmitteln dann zu einem Problem wird, wenn auftretende Probleme nicht durch eigene Anstrengungen bearbeitet werden und ein Mensch ihnen permanent ausweicht, sie verdrängt und versucht, sie mithilfe von Suchtmitteln zu vergessen.

Mit der Zeit wird dieses Verhalten zur Gewöhnung, da die Mittel zumindest kurzfristig wirken; man wird abhängig und schließlich süchtig.

So ergibt sich folgendes Schema:

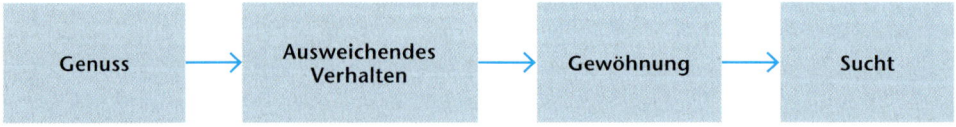

Formen der Sucht und Suchtmittel

Bei Sucht unterscheiden wir zwischen **stofflich gebundenen Süchten**, d.h., dass bestimmte Suchtmittel konsumiert werden, wie z.B. Alkohol und Drogen und **stoffungebundenen Süchten**. Hierzu zählen Verhaltensweisen, die zur Sucht werden können wie Spiel-, Kauf-, Fernseh-, Computer-, Arbeitssucht und Esssüchte verschiedener Art (Esssucht, Magersucht und Bulimie).

Des Weiteren sprechen wir auch von Süchten, die eine Zwischenstellung zwischen stofflich gebundener und stoffungebundener Sucht einnehmen wie das Naschen von Süßigkeiten. Diese zuckerhaltigen Lebensmittel können eine Abhängigkeit hervorrufen, weil nach Verzehr ein wohliges Wärmegefühl zu spüren ist, das aufgrund des erhöhten Blutzuckerspiegels entsteht.
(vgl. Ehmke/Schaller, 1997, S. 24)

Essstörungen (als Beispiel für stoffungebundene Süchte)

Essstörungen gehören zu den **nichtstofflichen Süchten**. Sie treten meist während der Pubertät und gehäuft bei Mädchen auf. Unterschieden werden folgende Formen:

Fettsucht (Adipositas)

Als Ersatz nicht erfüllter emotionaler Bedürfnisse wird exzessiv gegessen.

> *Merke!*
> *Dieses Verhalten wird als Störung bezeichnet, wenn die Essanfälle mindestens zweimal pro Woche, über einen längeren Zeitraum (mindestens drei Monate) unkontrolliert, ständig, ohne Hungergefühl und heimlich stattfinden.*

Magersucht (Anorexia nervosa)

Am Anfang steht meist eine bewusste Bemühung, das Körpergewicht zu reduzieren (z. B. auch mithilfe von Abführmitteln). Dann hungern die Betroffenen immer weiter, fühlen sich dennoch zu dick und geben an, nicht essen zu können.

Außer der Nahrungsverweigerung können sich bei dieser Störung weitere Symptome zeigen wie
- Ausbleiben der Menstruation (Amenorrhö)
- rastloses Verhalten (ständiger Bewegungsdrang, Gefühl, ständig etwas tun zu müssen wie basteln, wandern usw.)
- hingebungsvolles Kochen für andere

Ess-Brech-Sucht (Bulimia nervosa)

Es werden sehr große Nahrungsmengen aufgenommen, anschließend erbrechen sich die Betroffenen. Kennzeichnend für die Bulimie ist ein ständiges Kreisen der Gedanken um das Essen. So machen sich die Betroffenen oft vor: „Ich esse zu viel – ich will es nicht – ich will alles anders machen."
Durch die den Essanfällen folgenden Brechattacken bestrafen sie sich selbst dafür, dass es ihnen nicht gelingen will, mit dem exzessiven Essen aufzuhören.

Hinweise zum Umgang mit von Essstörungen Betroffenen

- *Bei Essstörungen ist eine ärztliche Betreuung unumgänglich. Unterstützung durch Eltern und Betreuer kann nur in geringem Maße erfolgen, z. B. indem*
  - *an vereinbarte Arzttermine erinnert wird ,*
  - *die notwendigen Gewichtskontrollen begleitet werden,*
  - *wegen möglicher Mogelei (z. B. Wassertrinken vor dem Wiegen) zu unterschiedlichen Zeiten gewogen wird.*

Suchtmittel im Überblick[1]

Drogen	Aussehen/Gewinnung	Einnahmeart	Wirkung	Entzugserscheinungen	Risiko
Alkohol	▪ entsteht durch Vergärung bzw. Destillation ▪ unterschiedliche Getränke mit verschiedenen Alkoholanteilen (Bier, Schnaps, Wein) werden aus Getreide, Früchten oder Zuckerrohr gewonnen	Trinken	▪ Stimmungsveränderung in Richtung heiter-fröhlich oder auch aggressives Verhalten ▪ Alkoholfahne und z. T. auch gerötetes Gesicht	▪ Gereiztheit, Unruhe, Zittern, Schweißausbrüche, gelegentlich Delirium bzw. Krämpfe	▪ Alkoholvergiftung ▪ Bewusstseinsverlust, der möglicherweise sogar zum Tod führen kann
Aufputschmittel (Amphetamine wie Ritalin, Captagon oder auch Abmagerungsmittel wie Recatol usw.)	künstliche chemische Stoffe zum Schlucken oder Spritzen	Schlucken oder Spritzen	▪ euphorische Stimmung ▪ vorübergehende Leistungssteigerung z. T. Kontaktfreude, Rededrang, planlose Aktivitäten und Misstrauen ▪ je nach Art der Droge auch erweiterte Pupillen, geringes Schlafbedürfnis, wenig Appetit	▪ Drang zur Wiedereinnahme, ▪ Depression und Apathie, ▪ lange Schlafperioden	▪ psychische Abhängigkeit ▪ Schlaflosigkeit ▪ Unrast ▪ Wahnvorstellungen ▪ Psychosen möglich

[1] Zur Orientierung befindet sich ein Überblick über Begriffe aus der Drogensprache im Anhang.

Drogen	Aussehen/Gewinnung	Einnahmeart	Wirkung	Entzugserscheinungen	Risiko
Ecstasy	▪ künstlich im Labor hergestellte Droge als bunte Pillen, Tabletten oder Kapseln erhältlich, die geschluckt werden	Schlucken	▪ stimulierende Effekte ▪ sinnestäuschende und bewusstseinsverändernde Wirkungen im Zusammenhang mit aufputschenden Effekten ▪ durch Überhitzung fehlendes Durstgefühl und so Gefahr des Austrocknens ▪ weite Pupillen	Drang zur Wiedereinnahme	je nach Zusammensetzung der Kapsel unterschiedlich: Leberprobleme, Überhitzung, Nierenschäden, Herz-Kreislauf-Probleme, epileptische Anfälle, allergische und asthmatische Reaktionen, Depressionen, Schlafstörungen, Psychosen
Haschisch (und Marihuana)	▪ braune, harzartige Plättchen oder Blüten und zerkleinerte Blätter ▪ werden aus der indischen Hanfpflanze Cannabis gewonnen (Haschisch aus ihrem Harz, Marihuana aus Blüten und Blättern)	überwiegend Rauchen mit Tabak in selbst gedrehten Zigaretten (Joints) oder in Pfeifen	▪ Wohlbehagen bis Angstzustände ▪ euphorische Stimmung ▪ intensive Sinneswahrnehmungen ▪ Antriebsverlust ▪ Gesicht und Augen gerötet ▪ Pupillen eher weit ▪ bei hohen Dosen auch Halluzinationen möglich	starker Drang zur Wiedereinnahme, Reizbarkeit, Unruhe, Schlaflosigkeit	▪ psychische Abhängigkeit ▪ Nachlassen der Leistungsfähigkeit bei längerem Gebrauch ▪ Depression ▪ Verwirrung ▪ Verständigungsprobleme

Drogen	Aussehen/Gewinnung	Einnahmeart	Wirkung	Entzugserscheinungen	Risiko
Opiate wie Heroin, Morphium, Opium, Methadon usw.	weißes oder braunes Pulver, Tabletten, Kapseln, Ampullen, Rohopium braune Kugeln oder Klumpen	Spritzen, Schnupfen, Schlucken, Rauchen (Opium)	▪ Einstichstellen durch Spritzen, Stecknadelpupillen ▪ stark betäubend und beruhigend ▪ kurzes Hochgefühl (Flash)	▪ Gliederschmerzen, Schüttelfrost und Schweißausbrüche ▪ Durchfälle, Tränen- und Nasenfluss ▪ Unruhe und Schlaflosigkeit ▪ Gereiztheit ▪ weite Pupillen	▪ Bewusstseinstrübung ▪ Bewusstlosigkeit ▪ Tod durch Überdosierung oder giftige Beimengungen im Heroin
Kokain/Crack	▪ weißes Pulver oder weiße Kristalle ▪ zu Klümpchen verbackene Kristalle	Schnupfen, Rauchen, Schlucken, Spritzen	▪ wirkt zunächst betäubend ▪ Wechsel zwischen Euphorie und Depression ▪ Appetitsteigerung ▪ bei großen Dosen psychoseartige und paranoide Reaktionen	starker Drang zur Wiedereinnahme, Reizbarkeit, Unruhe	▪ Atemlähmung und Herzschwäche, Todesgefahr ▪ Psychosen mit optischen Halluzinationen ▪ ängstliche Verwirrtheit und Verfolgungswahn
LSD und andere Halluzinogene	in Flüssigkeit gelöste Produkte, die auf Löschpapier getropft, werden Tabletten, Kapseln	Schlucken	▪ Veränderung der Wahrnehmung ▪ Halluzinationen ▪ Überschätzung der eigenen Fähigkeiten	Drang zur Wiecereinnahme, Reizbarkeit, Unruhe	▪ tiefgreifende Veränderungen im Alltagsbewusstsein und im Raum- und Zeiterleben ▪ Angstpsychosen (Horrortrip)

Drogen	Aussehen/Gewinnung	Einnahmeart	Wirkung	Entzugserscheinungen	Risiko
Medikamente (mit Missbrauchs- und Abhängigkeitsrisiko)	Tabletten und Pillen in verschiedenen Farben; Ampullen	Schlucken, Trinken oder Spritzen	■ **Schmerzmittel:** anregend, täuschen ein angenehmes Körpergefühl vor ■ **Beruhigungsmittel:** angstdämpfend ■ **Weckmittel und Appetithemmer:** steigern Aktivität und Wohlbefinden	■ starker Drang zur Wiedereinnahme, Gereiztheit, Unruhe, Schlaflosigkeit, Kopf- und Gliederschmerzen, Schweißausbrüche und Frösteln ■ bei abruptem Absetzen sind Krampfanfälle möglich	■ Störungen des Gleichgewichts ■ Trübung des Bewusstseins ■ Atemlähmung mit Todesfolge
Nikotin	wird aus den Blättern der Tabakpflanze gewonnen	Rauchen, schnupfen oder kauen	Stimulierende und entspannende Wirkung	Drang zur Wiedereinnahme, Reizbarkeit, Unruhe	■ Verkalkung der Blutgefäße ■ Herz- und Kreislauf-Erkrankungen ■ chronische Bronchitis ■ Kehlkopf- und Lungenkrebs
Schnüffelstoffe	Dosen, Tuben oder lösungsgetränkte Taschentücher mit Klebstoff, Verdünner, Farben, Lacke, Benzin usw.	Inhalieren	■ gehobene Stimmung ■ Verwirrtheit oder Benommenheit ■ schlechte Ansprechbarkeit	Drang zur Wiedereinnahme, Reizbarkeit, Unruhe und Schlaflosigkeit	■ schwere körperliche Schäden (Verbrennungen, Verätzungen der Atemwege, Lähmungen usw.) ■ bei längerer Anwendung Demenzerkrankung möglich ■ Bewusstlosigkeit ■ Erbrechen durch Reizung der Magenschleimhäute ■ Atemlähmung und Tod

(vgl. Wille, 1997, S. 49 ff.; Kammerer, 2000, S. 19 ff.)

Überlegungen zum eigenen Umgang mit Genuss- und Suchtmitteln

Fachkräfte in sozialpädagogischen Einrichtungen wie auch Eltern Heranwachsender können im Umgang mit Genussmitteln gute Vorbilder sein (die Abstinenz bezüglich illegaler Suchtmittel sei hier vorausgesetzt).

Soll gezielt zu diesem Thema gearbeitet werden, ist es sinnvoll, das eigene Verhalten bezüglich des Umgangs mit diesen Mitteln zu überdenken. Dazu dient der folgende Fragebogen.

Aufgaben

1. Beantworten Sie die folgenden Fragen gewissenhaft und ehrlich.

2. Sprechen Sie in der Kleingruppe über einige Ihrer Antworten und nennen Sie jeweils eine lästige Gewohnheit, die Sie schon länger ablegen wollten.

3. Vereinbaren Sie eine begrenzte Zeit (z.B. eine Woche), in der Sie versuchen, auf diese Gewohnheit zu verzichten.

4. Sprechen Sie nach dieser Zeit in der Kleingruppe darüber, wie es Ihnen ergangen ist.

Fragenkatalog zum Umgang mit Genuss- und Suchtmitteln

1. Welche der folgenden Genuss- und Suchtmittel spielen auch in meinem Leben eine Rolle?

    Alkohol – Aufputschmittel – Süßigkeiten – Medikamente – Nikotin – Drogen zum Rauchen oder Schlucken – Sonstiges

2. Auf welche dieser Mittel kann ich verzichten/auf welche Mittel nur schwer?

3. Gibt es Stoffe, von denen ich mich süchtig oder abhängig fühle?

4. Gibt es Situationen, in denen ich bevorzugt bestimmte Suchtmittel konsumiere?

5. Wann fällt mir der Verzicht auf Suchtmittel besonders schwer?

6. Womit rechtfertige ich den Gebrauch dieser Stoffe, wenn ich direkt angesprochen werde?

7. Wie reagiere ich auf kritische Anmerkungen bezüglich meines Suchtverhaltens? Stimmen mich diese Rückmeldungen eher nachdenklich oder lehne ich solche Anmerkungen ab?

8. Welche Gefühle bewegen mich, wenn ich dem Druck zum Konsum meiner bevorzugten Mittel nachgebe?

9. Wie fühle ich mich, wenn ich diesem Druck widerstehe?

(vgl. Kuntz, 2005, S. 355 ff.)

Angemessene Reaktionen beim Verdacht auf Drogenmissbrauch

- *Fachkräfte in sozialpädagogischen Einrichtungen, die plötzliche Veränderungen bei Jugendlichen bemerken und an Drogenmissbrauch denken, sollten dieses Problem immer im Team besprechen und dabei die Frage einbeziehen, ob sich diese Veränderungen auch ohne Drogen erklären lassen und beispielsweise Ausdruck einer Krisenzeit in der Pubertät sein können.*

- *Lassen sich folgende Symptome bei Jugendlichen beobachten, sollte unter Einbeziehung der Frage nach normalen Schwankungen in der Pubertät die Situation von allen Betreuern ernsthaft geprüft werden, weil diese Anzeichen eines beginnenden Drogenkonsums sein können:*
  - *Der Jugendliche wirkt ungepflegt und nachlässig.*
  - *Er hat zu nichts mehr Lust und wird passiver.*
  - *Er zieht sich zurück, macht vieles allein, findet schwer Freunde und fühlt sich einsam.*
  - *Er erscheint in seinem Verhalten ungewohnt langsam.*
  - *Die schulischen Leistungen verschlechtern sich.*
  - *Der Jugendliche vernachlässigt seine Hobbys, seinen bisherigen Freundeskreis und trifft sich mit anderen „Gleichgesinnten".*
  - *Er reagiert häufig unehrlich.*
  - *Er ist gegen alles und jeden und sieht alles nur noch negativ.*
  - *Schwierigen Situationen weicht er aus, indem er mit Wutausbrüchen, Weglaufen und Verzweiflung reagiert.*
  - *Manchmal spricht er auch davon, nicht mehr leben zu wollen.*

- *Bei einem begründeten Verdacht sollte zunächst ein Gespräch mit dem Jugendlichen geführt werden, welches ein behutsames und einfühlsames Vorgehen erfordert. Der Jugendliche spürt so, dass man für ihn da ist und ihm helfen möchte. Diese Hilfe ist nur dann sinnvoll und kann angenommen werden, wenn ein Betreuer in der Lage ist, dem Jugendlichen aktiv zuzuhören (siehe hierzu auch Kapitel V, 3.4), Verständnis zu zeigen, sich einzufühlen, seine eigenen Gefühle und Ansichten ins Gespräch zu bringen und ihm gleichzeitig in aller Deutlichkeit die eigenen Grenzen aufzeigt. Auch sollte er dem Jugendlichen die Notwendigkeit eines weiteren Gespräches mit seinen Eltern verdeutlichen, damit auch in der Familie das bestehende Problem bearbeitet werden kann. Gemeinsam kann dann überlegt werden, wo, wann und wie das Gespräch geführt werden sollte.*

- *Der Betreuer wird dann ein Gespräch mit den Eltern führen. Auch im Umgang mit ihnen wird er behutsam vorgehen. In diesem Gespräch sollte vor allem deutlich herausgestellt werden, dass niemand von dem Problem erfährt, der nicht davon erfahren soll. So muss der Jugendliche z. B. nach Artikel 15, Abs. 3 des Betäubungsmittelgesetzes nicht angezeigt werden, wenn er Suchtmittel konsumiert. Gemeinsam sollte jedoch überlegt werden, ob es sinnvoll ist, den Klassenlehrer in das Problem einzubeziehen. Außerdem sollten die Eltern ermutigt werden, sich Unterstützung und Hilfe in einer Beratungsstelle zu holen. Eine entsprechende Adressenliste könnte ausgehändigt werden.*

Suchtprävention in der Jugendarbeit

Wie bereits zuvor beschrieben hat Sucht und Drogenabhängigkeit viele Ursachen und gerade im Jugendalter kann sich aus dem „nur-Probieren-wollen" von Genuss- und Suchtmitteln ein Suchtverhalten entwickeln.

Dieses erklärt sich u. a. daraus, dass die Jugendlichen sich in einem Entwicklungsabschnitt ihres Lebens befinden, in dem gerade im sozial-emotionalen Bereich Veränderungen auftreten, die den Jugendlichen anfälliger für den Konsum von Genuss- und Suchtmitteln werden lassen als dies in den vorherigen Lebensabschnitten der Fall war.

Je nachdem, wie der einzelne Jugendliche den besonderen Anforderungen gewachsen ist, kann sich gerade in diesem Alter der Konsum solcher Mittel manifestieren.

So muss Suchtvorbeugung die im Trias-Modell benannten drei Bereiche **Person**, **Umwelt** und **Suchtmittel** gleichermaßen einschließen, wenn sie wirksam sein soll. Eine bloße Persönlichkeitsstärkung allein reicht in diesem Alter genauso wenig aus wie die Beschränkung auf Informationsveranstaltungen zum Thema.

In der folgenden grafischen Darstellung werden beispielhaft Möglichkeiten der Präventionsarbeit in Schule und Jugendarbeit in den drei Bereichen vorgestellt. Sicherlich ist jede Aktion für sich schon als wertvoll zu bezeichnen, jedoch nur durch das Zusammenspiel der Aktionen in den drei Bereichen kann eine Suchtprävention zur wirksamen Entfaltung kommen.

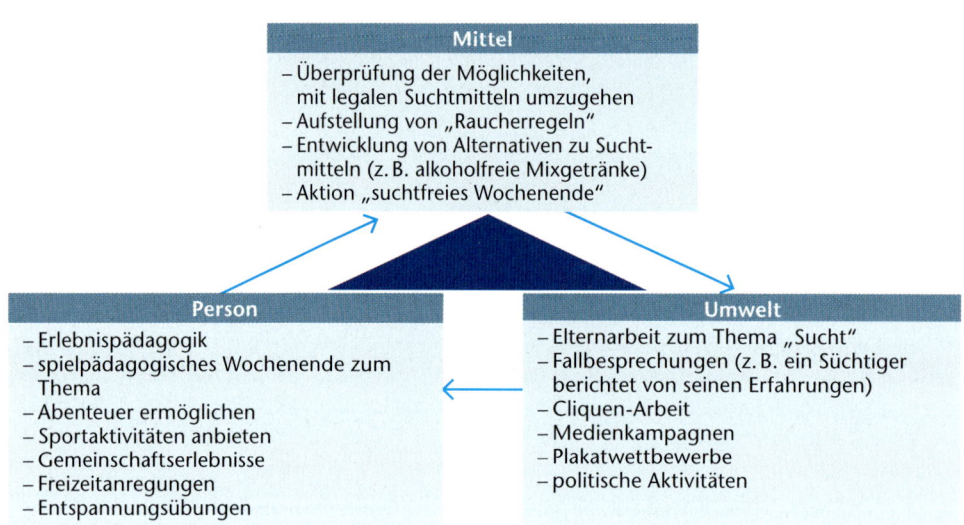

Mittel
- Überprüfung der Möglichkeiten, mit legalen Suchtmitteln umzugehen
- Aufstellung von „Raucherregeln"
- Entwicklung von Alternativen zu Suchtmitteln (z. B. alkoholfreie Mixgetränke)
- Aktion „suchtfreies Wochenende"

Person
- Erlebnispädagogik
- spielpädagogisches Wochenende zum Thema
- Abenteuer ermöglichen
- Sportaktivitäten anbieten
- Gemeinschaftserlebnisse
- Freizeitanregungen
- Entspannungsübungen

Umwelt
- Elternarbeit zum Thema „Sucht"
- Fallbesprechungen (z. B. ein Süchtiger berichtet von seinen Erfahrungen)
- Cliquen-Arbeit
- Medienkampagnen
- Plakatwettbewerbe
- politische Aktivitäten

■   *Literaturtipp:*

Robra, Andreas: Das SuchtSpielBuch, Spiele und Übungen zur Suchtprävention in Kindergarten, Schule und Jugendarbeit und Betrieben, Seelze (Velbert), Kallmeyersche Verlagsbuchhandlung GmbH, 1999.
Der Autor stellt Spiele und Übungen zur Suchtprävention vor, die bei der Persönlichkeitsbildung junger Menschen ansetzen, aber auch die weiteren Faktoren miteinbeziehen, die bei der Entstehung von Süchten eine ursächliche Rolle spielen. Durch die vielfältigen Spielformen wie Entspannungsspiele, Rollenspiele zu verschiedenen Konfliktsituationen, Diskussions- und Entscheidungsspiele, Trainingsspiele zur Lösung von Problemen und Spielaktionen gibt er allen, die mit Kindern und Jugendlichen arbeiten, eine wertvolle Arbeitshilfe zur Suchtvorbeugung an die Hand.

2.7   Kinder aus anderen Kulturen in Kindertagesstätten

Marion hat ihr erstes Praktikum in einer Kindertagessstätte mit drei Gruppen absolviert.

Ihre Gruppe besuchen 25 Kinder im Alter von drei bis sechs Jahren.

Aufgrund des Einzugsgebietes setzt sich die Gruppe aus 12 deutschen und 13 Kindern aus anderen Kulturen zusammen, die türkisch, polnisch, russisch und italienisch sprechen.

Marion hat gerne in dieser Gruppe gearbeitet und sich sehr interessiert an den Lebenssituationen der Kinder gezeigt, deren Erstsprache nicht Deutsch ist. In Gesprächssituationen zeigten viele Kinder immer wieder große Zurückhaltung, weil sie Schwierigkeiten hatten, sich sprachlich verständlich zu machen, während sie im gemeinsamen Spiel mit anderen Kindern viel aufgeschlossener wirkten. Hier konnten sie sich gut mithilfe nonverbaler Ausdrucksmittel mitteilen.

Marion wollte von ihrer Praxisanleiterin erfahren, wie sie die Kinder dabei unterstützen könnte, ihre Sprachkompetenz zu erweitern.

Auch Sie und einige Mitschülerinnen berichten über beobachtete Sprachschwierigkeiten von Kindern, deren Erstsprache nicht Deutsch ist.

Aufgaben zur Lernsituation

1.   Notieren Sie spontan Ihre Einschätzung der oben beschriebenen Situation:
   - Wer ist direkt und indirekt an der Situation beteiligt?
   - Wie sehen die Beteiligten die Situation? (Eventuell können Sie die einzelnen Beteiligten besser einschätzen, wenn Sie deren Sichtweise einnehmen. Formulieren Sie hierzu in ein oder zwei Sätzen die jeweiligen Gedanken und Gefühle der Beteiligten in „Ich-Form".)

2.   Haben Sie schon einmal Ähnliches, eventuell auch mit einer anderen Zielgruppe erlebt? Wie haben Sie damals reagiert?

3.   Erkundigen Sie sich in Kindertagesstätten in Ihrer Nähe über Konzepte zur Sprachförderung für Kinder, deren Erstsprache nicht Deutsch ist und bearbeiten Sie die nachfolgenden Texte und Aufgaben.

In diesem Kapitel werden zwei Fragen vorrangig behandelt, die vor allem Praktikantinnen und Berufsanfänger bewegen, die erstmalig in einer Gruppe mit Kindern arbeiten, deren Erstsprache nicht Deutsch ist.
- Welche Bedeutung hat die Mehrsprachigkeit für ein Kind und welche Möglichkeiten haben pädagogische Fachkräfte, auf Sprachschwierigkeiten einzugehen?
- Welche Feste und Bräuche haben die unterschiedlichen Kulturen?

Mehrsprachigkeit der Kinder

Den Begriff „Muttersprache" zu definieren ist nicht immer einfach. Hier finden wir zahlreiche verschiedene Erklärungsmuster.

Als wichtigstes Kriterium wird angegeben, dass die Muttersprache die Sprache ist, die das Kind in seinem Leben zuerst hört, bevor es zu sprechen beginnt. Seine Eltern geben ihm Zuwendung über diese Sprache – die Muttersprache.

Über die Muttersprache werden Beziehungen gestaltet. Über diese Sprache erschließt sich das Kind seine Welt.

Gerade durch die Sprachforschung wurde bekannt, dass Kinder, die ihre Muttersprache gut beherrschen, auch keine Schwierigkeiten haben, eine Zweitsprache zu erwerben, da in der Muttersprache grundlegende kommunikative Kompetenzen erworben werden, die beim Erlernen einer neuen Sprache von Bedeutung sind.

So kann davon ausgegangen werden, dass die Muttersprache kein Hindernis beim Erlernen einer anderen Sprache darstellt, sondern dass ihre Beherrschung eine unentbehrliche Voraussetzung ist.

> *Merke!*
> *Der Satz „hier wird Deutsch gesprochen" sollte unterlassen werden, da die Muttersprache einen elementaren Teil der Persönlichkeit eines Kindes darstellt.*
> *Wenn ein Kind die Erfahrung macht, dass das, was zu ihm gehört – nämlich seine Muttersprache – keine Rolle spielt, erfährt es eine Entwertung seiner Sprache und Kultur. Dieses kann zu starken Minderwertigkeitsgefühlen führen.*

Was bedeutet nun Zweisprachigkeit genau?

Drei verschiedene Formen werden unterschieden:

Doppelspracherwerb: Das Kind erwirbt gleichzeitig zwei Sprachen, z.B., weil die Eltern, die aus verschiedenen Ländern stammen, konsequent in der jeweiligen Muttersprache mit dem Kind sprechen.

Natürlicher Zweitsprachenerwerb: Das Kind erlernt neben seiner Muttersprache, die zuhause gesprochen wird, in nicht kontrollierten Lernsituationen (z.B. in der Tageseinrichtung) im Umgang mit anderen Kindern eine zweite Sprache.

Gesteuerter Zweitsprachenerwerb: In künstlichen Lernsituationen, z.B. dem klassischen Fremdsprachenunterricht, erlernt das Kind eine zweite Sprache.

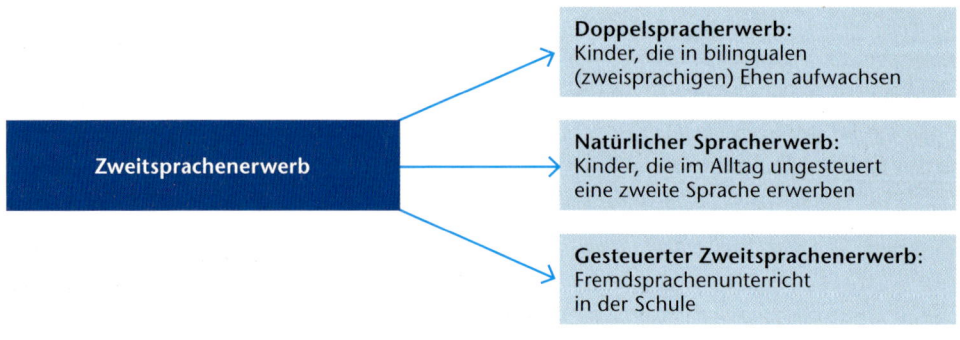

Je jünger die Kinder sind, umso leichter fällt es ihnen, eine zweite Sprache neben ihrer Muttersprache zu erlernen.

Störungen beim Deutschlernen des nicht deutschsprachigen Kindes sind immer im Zusammenhang mit der muttersprachlichen Entwicklung zu sehen.

Folgende Faktoren können hier als ursächlich benannt werden:

- In den Familien wird ein „Mischmasch" aus Muttersprache und Deutsch gesprochen.
- Eltern unterschiedlicher Herkunft halten die beiden Sprachen nicht auseinander, sodass das Kind die Sprachen ebenfalls nicht trennen kann.
- Die Zweitsprache „Deutsch" wird wenig gesprochen und die Muttersprache wird nicht vollständig gelernt, weil sie im Aufnahmeland kaum anerkannt wird.

Dieses unvollständige Erlernen beider Sprachen wird als **„doppelseitige Halbsprachigkeit"** bezeichnet.

Wird die Muttersprache langfristig verdrängt und die Zweitsprache nur deshalb erworben, weil die Muttersprache nicht anerkannt wird, spricht man von **subtraktivem Bilinguismus**.

(vgl. Böhm u. a., 1999, S. 161 ff.)

Für das nicht deutschsprachige Kind ergeben sich Probleme, wenn es keine kommunikative Kompetenz besitzt, um Kontakte anzubahnen, Bedürfnisse verständlich zu äußern, von Sprache geprägte Vorgänge um sich herum zu verstehen und sprachintensive Angebote wahrzunehmen.

Wie können pädagogische Fachkräfte durch ihr Verhalten im Alltag den Spracherwerb nicht deutschsprachiger Kinder unterstützen?

- Zunächst ist es wichtig, dass Eltern und Kinder von den Fachkräften ermutigt werden, in ihrer jeweiligen Muttersprache miteinander zu sprechen.
- Namen nicht deutschsprachiger Kinder sollten auf keinen Fall eingedeutscht werden.
- Kinder sollen ermutigt werden, in ihrer Muttersprache zu sprechen, so oft sie wollen.
- Es erfolgt bei falschen Formulierungen keine Sprachkorrektur, sondern eine Wiederholung in richtiger Formulierung (z. B.: „Wir haben gebackt gestern", „Gestern habt ihr gebacken?") (vgl. Böhm u. a., 1999, S. 176 ff.).
- Die pädagogische Fachkraft begleitet das Kind sprachlich beim Umgang mit Dingen und benennt die Gegenstände, mit denen das Kind gerade umgeht.
- Sie kommentiert Tätigkeiten oder verdeutlicht sie pantomimisch.
- Sie benutzt Handpuppen, um Kinder zum Sprechen anzuregen. (z. B. zum Begrüßen, sich vorstellen, bejahen, verneinen ...)
- Die pädagogische Fachkraft versucht, die nicht Deutsch sprechenden Kinder in das Spiel der anderen Kinder einzubeziehen.
- Mithilfe von Kinderlyrik können Kinder gemeinsam Verse in unterschiedlichen Sprachen lernen.
- Die pädagogische Fachkraft sollte einige Redewendungen in der jeweiligen Sprache kennen und sprechen wie z. B. Formen der Begrüßung, der Zustimmung und Ablehnung.

Hier werden noch einige türkische Redewendungen vorgestellt, die gelernt, beliebig erweitert und vor allem angewendet werden können, um ein Kind spüren zu lassen, dass die Betreuungspersonen Interesse an seiner Sprache und Kultur haben:

Der erste Kontakt:

Guten Tag	– Merhaba
Guten Morgen	– Günaydın
Wie geht es dir?	– Nasılsın?
Mir geht es gut	– Iyiyim
Und wie geht es dir?	– Sen nasılsın?
Danke schön	– Teşekkür ederim
Wie heißt du?	– Adın ne?
Ich habe dich nicht verstanden	– Ben seni anlayamadım
Kommst du bitte mit 'rein	– Içeriye lütfen gelirmisin

Alltagssituationen:

Es reicht, genug	– Yeter
Kommt wir frühstücken jetzt!	– Gelin kahvaltı yapalım
Aufräumen!	– Topar la!
Spül bitte dein Geschirr!	– Bulaşığını lütfen yıkayabilirmisin
Bitte wasche deine Hände!	– Ellerini lütfen yıkayabilirmisin

Aufgabe

Sammeln Sie weitere Redewendungen in anderen Sprachen, die im Umgang mit nicht Deutsch sprechenden Kindern hilfreich sein können.

Feste und Bräuche in den unterschiedlichen Kulturen

Feste und Feiern sind für Menschen auf der ganzen Welt von großer Bedeutung. Entsprechend der Kultur eines Landes lassen sich Anlass, Form und Durchführung unterscheiden. Es gibt Feste mit religiösem, persönlichem oder gesellschaftlichem Hintergrund.

Gemeinsam ist allen Festen und Feiern, dass sie die Traditionen und Bräuche eines Landes aufrechterhalten.
Feste sind gerade deshalb für Kinder so bedeutsam, weil sie ihnen wichtige Orientierungen geben. Sie gliedern das Jahr oder auch die Lebenszeit, so ist beispielsweise jeder Geburtstag für das Kind eine Stufe, die es näher zum Erwachsensein bringt.

In Kindertageseinrichtungen nimmt die Gestaltung von Festen eine zentrale Stellung ein. Es wurde und wird auch versucht, fremde Feste und Gebräuche, die in Zusammenhang mit den Lebenssituationen der Kinder stehen, in die pädagogische Arbeit einzubeziehen. Feiern in der Gemeinschaft wird dabei als Bereicherung angesehen, hilft bei der Annäherung unterschiedlicher Kulturen und dem Kennenlernen von kulturellen Gemeinsamkeiten und Unterschieden.
Bei all diesen Bemühungen können und sollten pädagogische Fachkräfte folgende Hinweise beachten, damit diese positiven Ziele auch verwirklicht werden können und eine Festgestaltung nicht als verkrampfte, gewollte „Inszenierung" erscheint. Eine Vorführung kultureller Gebräuche erscheint nämlich nur künstlich und lächerlich und widerspricht somit den gemeinsamen Zielen.

Hinweise zur Übernahme fremder Festbräuche

- Beachten Sie, dass es aufgrund verschiedener Rahmenbedingungen (längere oder kürzere Aufenthaltsdauer in Deutschland, starke oder weniger starke Verbundenheit mit dem Herkunftsland usw.) nicht „die Gruppe der Migranten" geben kann, sondern ganz unterschiedliche Gruppierungen mit unterschiedlichen Traditionen und Bedürfnissen bezüglich der Gestaltung ihrer Festpraxis.

- Erkundigen Sie sich nach möglichen Veränderungen der Festgewohnheiten im Vergleich zum Herkunftsland. Für viele Menschen, deren Erstsprache nicht Deutsch ist, bestimmen beispielsweise Feste wie Weihnachten und Ostern und die damit verbundenen Ferientage ihren eigenen Lebensrhythmus stärker als Feste des Herkunftslandes.

- Eignen Sie sich Grundkenntnisse der verschiedenen Kalendersysteme und Hauptfeste anderer Länder an.

- Orientieren Sie sich mithilfe eines jährlich erscheinenden interkulturellen Kalenders über die jeweiligen Feste, aber erkundigen Sie sich auch, welche davon in den Familien wie gefeiert werden.

- Erstellen Sie hierzu einen individuellen Festkalender, in den alle wichtigen Feste eingetragen werden.

- Beachten Sie vor allem, dass auch persönliche Feste wie der **eigene Geburtstag** in unterschiedlichen Familien unterschiedliche Gewichtung haben:
  - Es gibt türkische Familien, bei denen der Geburtstag eine geringere Rolle spielt als beispielsweise bestimmte Ereignisse im Lebenslauf.
  - Es gibt unter den griechisch-orthodoxen Familien und teilweise auch unter sehr gläubigen Katholiken die Tradition, den Namenstag stärker zu gewichten als den Geburtstag.
  - Die Zeugen Jehovas lehnen die Geburtstagsfeier ganz ab.

Einige Festdaten und Kalendersysteme

Es gibt zwei natürliche Zeitmaße, die sich beobachten lassen:

Das **Sonnenjahr** umfasst mit seinen 365 Tagen, fünf Stunden, 48 Minuten und 46 Sekunden die vier Jahreszeiten. Es orientiert sich an der Zeit, welche die Erde benötigt, um sich einmal um die Sonne zu drehen.

Das **Mondjahr** ist 11 Tage kürzer als das Sonnenjahr. Es orientiert sich am Lauf des Mondes um die Erde, an den Mondmonaten, die 29 oder 30 Tage umfassen, also von Neumond zu Neumond reichen.

Da beide Zeitrechnungen nicht so einfach zueinanderpassen, gibt es unterschiedliche Kalender, die sich mehr oder weniger stark an einem der beiden Systeme orientieren oder versuchen, beide Systeme miteinander zu kombinieren.

Islamischer Kalender
Die islamische Zeitrechnung orientiert sich ausschließlich am Mondjahr. So bewegen sich Jahresanfang, die einzelnen Monate und die Festtage im Verlauf von 33 Jahren durch alle Jahreszeiten.

Einige islamische Feste:

- **Ramadan (türkisch: Ramazan):** Es handelt sich hierbei um den vom Koran vorgeschriebenen 30-tägigen Fastenmonat. In dieser Zeit verzichten gläubige Muslime täglich von der Morgendämmerung bis zum Sonnenuntergang auf Nahrung, Getränke und Genussmittel. Gerade hier wird deutlich, welche Bedeutung die jahreszeitliche Verschiebung für diesen Fastenmonat hat, denn sicherlich ist es schwerer, an langen heißen Sonnentagen die Fastenregeln einzuhalten als an wesentlich kürzeren kalten Wintertagen.
- **Fest des Fastenbrechens (türkisch: ramazan bayrami):** Dieses dreitägige Fest nimmt im Bewusstsein vieler Muslime die erste Stelle aller Feste ein. Am ersten Tag wird mit einem Gebet in der Moschee Allah dafür gedankt, dass er das Einhalten des Fastens ermöglicht und

Fastenbrechen nach dem Ramadan

Übertretungen vergeben hat. Da es Brauch ist, an diesen Tagen Süßigkeiten zu verschenken, wird das Fest auch **Zuckerfest (türkisch: seker bayram)** genannt.

Hinduistischer Kalender:

Im Hinduismus existieren verschiedene Kalendersysteme sowie eine sehr unterschiedliche Festpraxis, je nachdem wo das Fest begangen wird. Hier wird auf zwei Feste hingewiesen, die gerade für Menschen, die in Deutschland leben, von Bedeutung sein können:

- **Pongal** ist ein großes Erntedankfest der Tamilen, das im Januar gefeiert wird. Das Hauptnahrungsmittel Reis bildet den Mittelpunkt dieses Festes. In einem verzierten Tontopf wird Reis gekocht und nach einer Opferzeremonie in der Gemeinschaft verzehrt.
- **Diwali**, das am meisten verbreitete Hindufest, wird in europäischen Hindugemeinschaften in einer Neumondnacht im Spätherbst gefeiert. Öllampen, die auf den Mauern und Fenstersimsen aufgestellt werden, bilden den Mittelpunkt dieses Festes. Dieses Fest wird als Siegesfeier des Guten über das Böse oder des Lichtes über die Finsternis verstanden.

Julianischer und gregorianischer Kalender

Beide Kalendersysteme orientieren sich am Sonnenjahr, jedoch mit leichten Verschiebungen.

Der gregorianische Kalender, der Kalender der westlichen Länder, gilt heute in einem großen Teil der Welt, unabhängig von der religiösen Struktur eines Landes.

Bis heute werden in den christlichen Kirchen die Feste aufgrund der Existenz verschiedener Kalendarien an unterschiedlichen Tagen gefeiert. Dies betrifft z. B. das Weihnachtsfest. In den westlichen Kirchen und der griechisch-orthodoxen Kirche wird Weihnachten am 24./25. Dezember gefeiert, während das östliche Christentum das

Weihnachtsfest am 6./7. Januar begeht. Dieses Datum kann dann z. B. für äthiopische und russische Familien von Bedeutung sein.

Welche Möglichkeiten haben pädagogische Fachkräfte, landesübliche Feste zu berücksichtigen, ohne sie gleich mit den Kindern und ihren Familien zu feiern?

Die pädagogische Fachkraft kann

- den Kindern und ihren Familien zu dem entsprechenden Fest gratulieren,
- die Festkleidung zum Anlass eines Gespräches nutzen,
- Bilderbücher zu bestimmten Festen vorstellen.

(vgl. Böhm u. a., 1999, S. 185 ff.)

Aufgabe

Gestalten Sie in Ihrer Lerngruppe entsprechend der individuellen Festgewohnheiten der einzelnen Mitglieder einen interkulturellen Kalender.

2.8   Kinder in veränderten Familienformen

Lernsituation

Selma arbeitete im Praktikum in einer Kindertagesstätte und hat folgende Situation beobachtet:

„Die vier Kinder Jonas, Lea, Fabian und Özlem spielten in der Puppenecke Vater, Mutter und Kind. Lea, die Mutter, versorgte gerade Özlem und Jonas, ihre Kinder, und rief Fabian zu: „Du wärst jetzt wohl der Vater, der Urlaub hat und mit seiner Familie nach Spanien fährt." Fabian fragte: „Soll ich der Vater sein, der hier wohnt oder der andere? Und fahren alle Kinder mit oder nur deine Kinder?"
Sowohl Lea als auch Selma schauten Fabian fragend an."

Selma erfuhr von ihrer Praxisanleiterin, dass Fabians Eltern geschieden sind. Fabian lebt mit seiner Mutter, ihrem neuen Lebenspartner und dessen zwei Kindern zusammen. Seinen leiblichen Vater sieht Fabian jedes zweite Wochenende und in den Ferien.

Auch Sie und Ihre Mitschüler können von unterschiedlichen Familienformen berichten, mit denen Sie im Praktikum konfrontiert wurden.

Aufgaben zur Lernsituation

1. Notieren Sie spontan Ihre Einschätzung der oben beschriebenen Situation:
   - Wer ist direkt und indirekt an der Situation beteiligt?
   - Wie sehen die Beteiligten die Situation? (Eventuell können Sie die einzelnen Beteiligten besser einschätzen, wenn Sie deren Sichtweise einnehmen. Formulieren Sie hierzu in ein oder zwei Sätzen die jeweiligen Gedanken und Gefühle der Beteiligten in „Ich-Form".)

2. In welchen verschiedenen Familienformen leben Kinder und Jugendliche, die Sie in Ihrem Praktikum/Ihren Praktika kennengelernt haben? Notieren Sie die Ergebnisse Ihrer Reflexion (anonymisiert!).

3. Erstellen Sie mithilfe dieser Ergebnisse in der Kleingruppe eine beispielhafte Grafik zum Thema „Familienformen heute".

4. Lesen Sie die nachfolgenden Ausführungen und bearbeiten Sie die entsprechenden Aufgaben.

Seit der Mitte der 60er-Jahre sinkt die Geburtenrate stetig. Immer mehr Ehen werden geschieden und die Anzahl der Eheschließungen nimmt zugunsten anderer Formen der Lebensgemeinschaften ab.

„Mutter, Vater und zwei Kinder" kann so schon lange nicht mehr die „Normalfamilie" definieren.

So bestimmen zahlreiche nicht-traditionelle Lebens- und Familienformen auch das tägliche Miteinander im Alltag einer Kindertagesstätte mit.

In diesem Kapitel geht es zum einen darum, verschiedene Familienformen vorzustellen, die unsere Zeit prägen und zum anderen, angehenden pädagogischen Fachkräften einige einführende Hilfen an die Hand zu geben, um mit diesem sensiblen Thema sicherer in der alltäglichen sozialpädagogischen Praxis umgehen zu können.

Verschiedene Familienformen

Es gibt zahlreiche verschiedene Lebensformen, die sich in den letzten Jahrzehnten herausgebildet und zunehmend mehr akzeptiert werden. Dazu zählen u. a.:
- die eheliche Lebensgemeinschaft mit oder ohne Kinder
- die nicht eheliche Lebensgemeinschaft mit oder ohne Kinder
- die gleichgeschlechtliche Lebensgemeinschaft mit oder ohne Kinder
- die Eineltern-Familie
- die Stieffamilie in ihren verschiedenen Formen
- die Adoptivfamilie
- die Pflegefamilie

Im Folgenden wird auf zwei der sogenannten „alternativen Lebensformen" näher eingegangen, da diese neben der „normalen Familie" am häufigsten den Alltag in Kindertageseinrichtungen mitbestimmen.

Die Eineltern-Familie

> **Merke!**
> *In einer Eineltern-Familie oder besser gesagt in einem Eineltern-Haushalt lebt ein Elternteil mit einem Kind oder mehreren Kindern zusammen und besitzt die alltägliche Erziehungsverantwortung.*

Aufgrund der unterschiedlichsten Lebensbedingungen der Alleinerziehenden kann es bei dieser Definition leicht zu Fehldeutungen kommen.

Sind die Eltern beispielsweise geschieden, ist das nicht gleichbedeutend mit dem Verschwinden eines Elternteils, denn in vielen Scheidungsfällen kümmern sich auch weiterhin beide Eltern intensiv um ihre Kinder und haben das gemeinsame Sorgerecht.

Es ist ebenso möglich, dass Alleinerziehende in einer Haushaltsgemeinschaft mit Eltern, Verwandten oder anderen nahestehenden Personen wohnen, also entgegen der häufigen Vorstellung sich nicht völlig allein um Haushalt und Kinder kümmern müssen.

Viele Alleinerziehende tragen jedoch nach wie vor die Alleinverantwortung für den Alltag mit ihren Kindern und müssen die meisten Entscheidungen selbst treffen.

Gerade berufstätige Alleinerziehende fühlen sich häufig mit der Aufgabe überfordert, Kindererziehung und Kinderbetreuung mit den beruflichen Anforderungen in Einklang zu bringen. So muss bei jeder beruflichen Entscheidung überlegt werden, welche Auswirkungen diese im familiären Bereich mit sich bringt.

(vgl. Peuckert, 1996, S. 158 ff.)

Die Stieffamilie

> **Merke!**
> *In einer Stieffamilie wird eine Familieneinheit durch Trennung oder Tod eines Elternteils verändert. Ein Elternteil oder beide Elternteile gehen eine neue Beziehung ein. Die Partner können Kinder aus der Vorehe mit in die neue Lebensgemeinschaft bringen.*

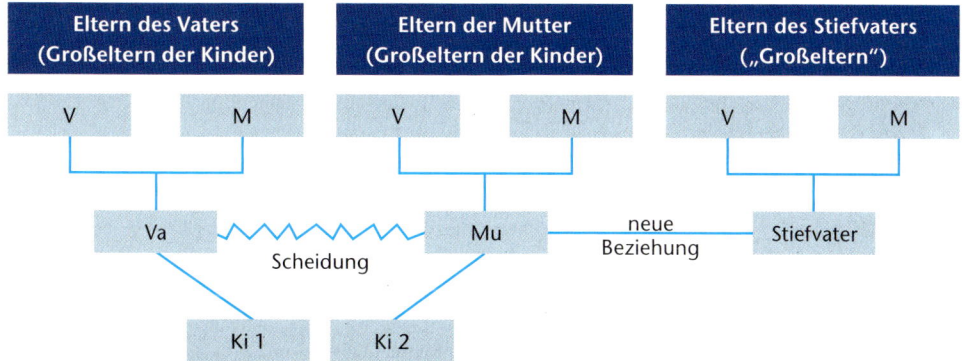

Es kann zwischen verschiedenen Formen der Stieffamilie, auch „Patchworkfamilie" genannt, unterschieden werden:

Die „Stiefmutterfamilie"

Merke!
In der sogenannten „Stiefmutterfamilie" geht der alleinerziehende Vater eine Beziehung mit einer neuen Partnerin ein, die mitverantwortlich für seine Kinder aus erster Ehe ist.

Diese Art der Patchworkfamilie ist heute eher selten anzutreffen.

Bis vor ca. 100 Jahren bekamen Kinder häufiger aufgrund des Todes ihrer leiblichen Mutter eine Stiefmutter. Da heute eher Scheidung und Trennung zum Zerfall der Ursprungsfamilie führen und die Kinder bei der Mutter leben, gibt es wenig allein erziehende Väter und Stiefmütter.

Einige Probleme, die in einer solchen Stieffamilie auftreten können:
- Der leibliche Vater ist wichtigste Bezugsperson für die Kinder, kann diese Rolle aber aufgrund von beruflich bedingter Abwesenheit häufig nicht wahrnehmen.
- Der alleinerziehende Vater neigt dazu, die neue Partnerin in eine Mutterrolle zu drängen, wodurch sie zur Konkurrentin der leiblichen Mutter wird. Die Kinder können so in Loyalitätskonflikte geraten.
- Die „Stiefmutter" hat es aufgrund der notwendigen und recht schnellen Übernahme alltäglicher Belange sehr schwer, langsam und schrittweise eine Beziehung zu den Kindern ihres neuen Partners aufzubauen.

„Die Stiefvaterfamilie"

Merke!
In der sogenannten „Stiefvaterfamilie" leben ein oder mehrere Kinder mit ihrer leiblichen Mutter und deren Partner zusammen in einem Haushalt.

Mit 80% stellt diese die häufigste Form der Patchworkfamilie dar. Konfliktträchtige Situationen treten hier weniger häufig auf als in der vorgenannten Form, da Stiefväter, ebenso wie andere Väter auch, weniger Zeit mit der Familie verbringen.
Meist ist die Beziehung zu den Kindern der neuen Partnerin etwas distanziert, abwartend und mehr auf freundschaftlicher Basis aufgebaut.
Die vermittelnde Aufgabe der Mutter ist häufig schwierig, da in der vorangegangenen Zeit zwischen der Trennung vom leiblichen Vater und dem Eingehen der neuen Beziehung, als sie mit den Kindern allein lebte, eine sehr starke Bindung entstanden ist, die Dritte häufig ausschließt.

Einige Probleme, die in einer solchen Stieffamilie auftreten können:
- Aufforderungen des Stiefvaters werden häufig mit dem Satz: „Du hast mir gar nichts zu sagen", beantwortet. Die Mutter muss so häufig klarstellend und vermittelnd eingreifen.
- Der „Stiefvater" hat ebenfalls Kinder, die bei ihrer leiblichen Mutter leben, und kann so in Loyalitätskonflikte geraten.

Die zusammengesetzte Familie

> **Merke!**
> *In der Haushaltsgemeinschaft der zusammengesetzten Familie leben zwei alleinerziehende Elternteile mit ihren leiblichen Kindern und den Kindern des neuen Partners zusammen.*

Diese Form der Patchworkfamilie hat den Vorteil, dass beide Partner mit den gleichen Startbedingungen die Beziehung eingehen. Beide Partner sind mit der biologischen Elternrolle vertraut und müssen sich in die Stiefelternrolle einfinden.

Einige Probleme, die in einer solchen Stieffamilie auftreten können:
- Es kann den beiden eingespielten Familiensystemen, Schwierigkeiten bereiten, bestehende Regeln, Normen und Lebensstile aufeinander abzustimmen.
- Bei Konflikten ist insbesondere die Paar-Ebene gefährdet, weil jeder verunsicherte Partner in Loyalitätsschwierigkeiten kommen kann und oft nicht weiß, auf welche Seite er sich schlagen soll.

Die Stieffamilie mit einem gemeinsamen Kind

> **Merke!**
> *In dieser Haushaltsgemeinschaft leben ein Elternteil oder zwei alleinerziehende Elternteile mit einem oder mehreren Kind(ern) aus der/den Vorehe/Vorehen. In diese Familie wird dann ein neues gemeinsames Kind hineingeboren.*

Das größte Problem, das aus einer solchen Konstellation entstehen kann, ist die Tatsache, dass sich die Kinder aus den Vorehen zurückgedrangt fühlen und auf Distanz mit der neuen Familie gehen. So geschieht es häufiger, dass ältere Stiefkinder sehr früh das Elternhaus verlassen oder Kinder mittleren Alters es vorziehen, zu dem anderen Elternteil zu ziehen, wenn sich Nachwuchs ankündigt.
(vgl. Unverzagt, 2002, S. 40 ff.)

Hinweise zum Umgang mit dem Thema „Veränderte Familienformen" in sozialpädagogischen Einrichtungen

Pädagogische Fachkräfte, die längere Zeit in einer Kindergruppe einer Kindertageseinrichtung arbeiten und Vertrauen zu den Kindern aufgebaut haben, können sich in Familiensituationen von Kindern einfühlen und das Thema „Familienformen" **direkt** mit den Kindern ansprechen.
Angehende Sozialhelferinnen oder Praktikantinnen in sozialpädagogischen und sozialpflegerischen Ausbildungen hingegen werden eher **indirekt** mit dieser Thematik konfrontiert, z. B., wenn Kinder von ihren Familiensituationen berichten. Oft bringen Konfrontationen mit dieser Thematik eine große Unsicherheit mit sich.

Hier wäre es zunächst wichtig, sich das eigene Bild von „Familie" zu vergegenwärtigen und die Einstellung zu Trennung, Scheidung und Wiederverheiratung zu überdenken (siehe hierzu auch unten stehende Aufgabe).

In konkreten Situationen sollten die angehenden Fachkräfte sensibel zuhören (siehe hierzu auch Kapitel VI, 3.4.) und beobachten, wie sich die Kinder verhalten. Im Team können diese Beobachtungen dann besprochen werden.

Zu wissen, welche spezifischen Probleme insbesondere die Kinder bewegen, die in eine veränderte Familienform hineinwachsen müssen, kann hilfreich bei der Einschätzung von verändertem Verhalten der Kinder sein:

- Oft wird von den Kindern erwartet, dass sie den neuen Partner als Vater- oder Mutterersatz annehmen. Die Kinder selbst sehen aber in dem Partner eher eine Ergänzung und keinen Ersatz für den nicht täglich anwesenden Elternteil.
- Der Elternteil, der nicht mit dem Kind zusammenlebt, hält sich nicht an Vereinbarungen aus Angst, ganz aus der Familie gedrängt zu werden. Er führt die unterschwelligen Auseinandersetzungen fort, sodass Kinder in Loyalitätskonflikte geraten.
- Die Kinder entwickeln häufig Wunschfantasien nach einer Wiedervereinigung der leiblichen Eltern.
- Lebt das Kind dann plötzlich auch noch mit den Kindern des neuen Partners zusammen, kann es zu erheblichen Rivalitäten kommen, wenn es sieht, dass sich der eigene Elternteil auch noch um „fremde" Kinder kümmert.

Die zunehmende Anzahl an Ehescheidungen bestimmt den Arbeitsalltag pädagogischer Fachkräfte mit und erfordert eine objektive Auseinandersetzung mit einer Vielzahl unterschiedlicher Lebensgemeinschaften und Familienformen. Dieses kann ein erster Schritt sein, festgelegte Vorstellungen über Kinder und Eltern, die uns nicht in einer „normalen" Familienkonstellation begegnen, abzubauen und sicherer mit diesen Familien in Beziehung zu treten.

Aufgaben

1. Erstellen Sie eine Übersicht über Beziehungsformen in Ihrer eigenen Familie, ähnlich wie es die Abbildung des vorangegangenen Textes zeigt.

2. Betrachten Sie Ihr „Familienbild" und beantworten Sie für sich hierzu folgende Fragen:
   - Welchen Einfluss haben meine Erfahrungen in dieser Familie auf mein eigenes Bild von Familie?
   - Welche Gefühle habe ich, wenn ich mit Familien oder Familienmitgliedern zusammentreffe, die andere Vorstellungen vom Zusammenleben in einer Familie haben als ich?
   - Kenne ich in meinem näheren Umfeld Familien, die in alternativen Lebensgemeinschaften zusammenleben?
   - Inwieweit orientiere ich mein Verhalten gegenüber anderen Familienkonstellationen schon heute an anderen Werten und Vorstellungen, als ich sie durch meine Eltern und mein näheres Umfeld kennengelernt habe?

3. Tauschen Sie die Ergebnisse Ihrer Überlegungen in der Kleingruppe aus.

2.9   Ein Kind kommt ins Krankenhaus

Lernsituation

Desiree erzählt bei der Praktikumsauswertung von Angelina (5,5 Jahre), die in der letzten Woche ihres Praktikums sehr verändert und traurig wirkte, weil sie zu diesem Zeitpunkt erfuhr, dass sie ins Krankenhaus musste. Sie war, so teilte es ihr die Praxisanleitung mit, im letzten Jahr sehr häufig beim Arzt, weil sie schlimme Halsschmerzen hatte. Nun sollten ihre Mandeln entfernt werden, damit die häufigen Infektionen endlich aufhörten.

Angelina machte sich viele Gedanken und redete immer wieder auch mit **Desiree** und den Erzieherinnen ihrer Gruppe über den bevorstehenden Krankenhausaufenthalt.

Alle versuchten, Angelina etwas von ihrer Angst zu nehmen, indem sie Zeit für sie hatten, ihr zuhörten und – so gut es ging – ihre Fragen beantworteten.

Einer Ihrer Mitschüler hatte im Praktikum ein ähnliches Erlebnis und wusste nicht so recht, wie er auf die kindlichen Ängste eingehen sollte.

Aufgaben zur Lernsituation

1. Notieren Sie spontan Ihre Einschätzung der oben beschriebenen Situation:
    - Wer ist direkt und indirekt an der Situation beteiligt?
    - Wie sehen die Beteiligten die Situation? (Eventuell können Sie die einzelnen Beteiligten besser einschätzen, wenn Sie deren Sichtweise einnehmen. Formulieren Sie hierzu in ein oder zwei Sätzen die jeweiligen Gedanken und Gefühle der Beteiligten in „Ich-Form".)

2. Falls Sie ein derartiges Erlebnis hatten: Denken Sie an einen früheren Krankenhausaufenthalt und versuchen Sie, sich an Ihre damaligen Gefühle zu erinnern.

3. Tauschen Sie anschließend Ihre Gedanken in der Kleingruppe aus.

4. Lesen Sie die nachfolgenden Ausführungen, bearbeiten Sie die entsprechenden Aufgaben, und setzen Sie sich ggf. mithilfe weiterführender Informationen mit weiteren für Sie wichtigen Inhalten zu dieser Thematik auseinander.

Ein Kind, das für einen kürzeren oder längeren Zeitraum ins Krankenhaus geht, muss sich nicht nur mit seiner Krankheit oder der bevorstehenden Operation auseinandersetzen, sondern zudem viele Veränderungen ertragen:
- Es wird zeitweilig von seinem Elternhaus und seiner vertrauten Umgebung getrennt.
- Viele fremde Menschen übernehmen seine Betreuung, untersuchen das Kind mit zum Teil unbekannten Instrumenten, die ihm Angst machen können.
- Es erlebt bedrohliche und Schmerz auslösende Situationen.
- Das Kind muss sich dem zeitlichen Rhythmus, der den Krankenhausalltag bestimmt, unterordnen.
- Es erlebt sich selbst als passiv, abhängig, eingeschränkt in seiner Bewegungs- und Handlungsfähigkeit.

Praktikantinnen werden sich je nach Einsatzgebiet mit unterschiedlichen Fragen zum Thema „Kind und Krankenhaus" auseinandersetzen wie z. B.:

- Wie können Kinder verschiedener Altersstufen auf das veränderte Leben im Krankenhaus reagieren?
- Welche Angebote und Maßnahmen können einem Kind den Krankenhausaufenthalt erleichtern?
- Welche Möglichkeiten haben sich bewährt, Kinder auf einen Krankenhausaufenthalt vorzubereiten?

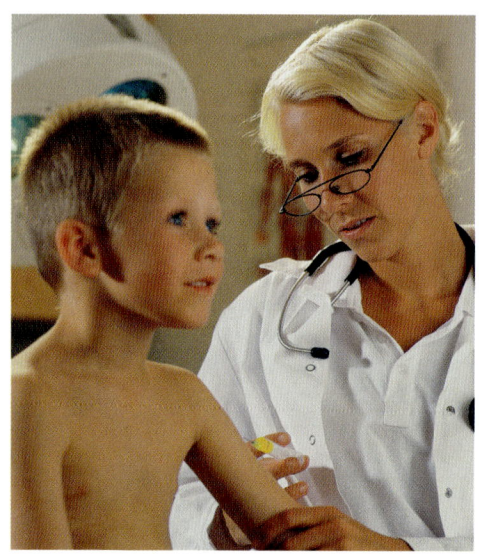

Mögliche Reaktionen von Kindern verschiedener Altersstufen während eines Krankenhausaufenthaltes

Kinder reagieren unterschiedlich auf einen längeren oder kürzeren Krankenhausaufenthalt. Belastet sie der Krankenhausaufenthalt sehr stark, kann je nach Entwicklungsstand des Kindes mit folgenden Stresssymptomen gerechnet werden:

Alter der Kinder	Mögliche Stressreaktionen auf den Krankenhausaufenthalt
Früh- und Neugeborene, Säuglinge	<ul><li>Unruhe</li><li>Schreckhaftigkeit</li><li>häufiges Schreien</li><li>Verweigerung der Nahrung</li></ul>
Ein- bis Fünfjährige	<ul><li>Zurückfallen in vorherige Entwicklungsstufen und Reaktionen der Unselbstständigkeit</li><li>Trotzreaktionen, indem sie jegliches Mitmachen bei alltäglichen Handlungsabläufen wie Waschen, selbstständiges Essen usw. verweigern</li><li>Abwehrreaktionen auf pflegerische oder ärztliche Maßnahmen</li><li>überangepasste Reaktionen, indem Kinder völlig verstummen und „brav" alles über sich ergehen lassen</li></ul>
Sechs- bis Zehnjährige	<ul><li>gehen im Allgemeinen rationaler mit den veränderten Situationen aufgrund ihrer Einsicht um, können aber auch versuchen, – durch Verweigerung allen unbekannten Vorgängen aus dem Weg zu gehen – ihre Irritationen mit Tapferkeit und „Großmäuligkeit" zu überspielen</li></ul>
Zehn- bis Sechzehnjährige	<ul><li>sind weitgehend in der Lage, die veränderte Situation als vorübergehend einzustufen und zu bewältigen</li></ul>

Erschwerend zur Einschätzung der Situation des jeweiligen Kindes kommt hinzu, dass je nach Alter auch das **Krankheitsempfinden** des Kindes für das pflegerische und pädagogische Personal und auch für die Eltern nicht immer eindeutig zu analysieren ist. Während Kinder ab dem sechsten Lebensjahr schon gut in der Lage sind, ihr Krankheitsempfinden durch Beschreiben, Beantwortung konkreter Fragen usw. mitzuteilen, ist die

Einschätzung der empfundenen Schmerzen bei jüngeren Kindern nicht immer einfach. Die Ausdrucksformen von Kleinkindern und Säuglingen begrenzen sich hier auf Mimik, die Art des Weinens und Reaktionen auf Berührungen.
Kleinkinder, die schon sprechen können, bezeichnen alle Symptome als „Bauchschmerzen", egal, an welcher Körperstelle sie Schmerzen empfinden.

Um Kindern in dieser Situation helfen zu können, ist es wichtig, dass das Betreuungspersonal im Gespräch mit den Eltern des jeweiligen Kindes bleibt, denn sie können am besten beurteilen, ob sich ihr Kind krankheitsbedingt anders verhält als sonst.
Zusätzlich sollte dann versucht werden, dem Kind spielerische Möglichkeiten zur Verarbeitung seiner belastenden Situation anzubieten.
(vgl. Grotensohn, 1999, S. 48 ff.)

Im Folgenden werden Möglichkeiten vorgestellt, die dem Kind im Krankenhaus helfen können, seine belastende Situation zu verarbeiten:

Gespräche mit dem Kind
Gerade im Gespräch kann das Kind seine Ängste und Hoffnungen äußern, denn Kinder im Krankenhaus haben oft das Bedürfnis, über das zu sprechen, was sie am meisten bewegt. Spüren sie dann, dass ihnen ein Erwachsener aufmerksam und interessiert zuhört (siehe hierzu auch Kapitel V, 3.4) und dass andere ähnliche Empfindungen haben (z. B. wenn das Gespräch in einer Kindergruppe geführt wird), kann dies eine Entlastung bewirken.

Verarbeitung der beängstigenden Situation durch Zeichnungen und Bilder

Oft stellen insbesondere jüngere Kinder belastende Ereignisse in Bildern und Zeichnungen dar. Dieses kreative Ausdrucksmittel ist für die Kinder eine gute Möglichkeit, über beängstigende oder belastende Erlebnisse hinwegzukommen.

Verarbeitung des Erlebten mithilfe des Spiels
Wiederholtes Spielen einer erlebten Situation hilft dem Kind bei der Verarbeitung dieser Situation. Es kann häufig beobachtet werden, dass Kinder an ihren Puppen oder Stofftieren die gleiche Operation vornehmen wie die, die sie selbst erlebt haben.

Abbau von Spannungszuständen
Um Spannungen abzubauen, sollten Kindern im Krankenhaus verschiedene Techniken angeboten werden, die ein Gegengewicht zur sterilen Krankenhausatmosphäre bilden.
Bewährt haben sich hier:
- *Arbeiten mit Fingerfarbe*, weil hier mithilfe des „legalisierten Schmierens" Aggressionen abgebaut werden können,
- *Collagen*, weil hier etwas zerstört wird (z. B. ein Blatt Buntpapier durch Reißen), um anschließend durch Zusammenfügen einzelner Teile etwas Neues zu bilden,

Bild eines neunjährigen Jungen, der aufgrund einer Knochenhautentzündung einige Wochen auf den Rollstuhl angewiesen war

- *Modellieren und Kneten*, weil auch hier durch zunächst grobes Bearbeiten etwas Neues entstehen kann,
- *Malen nach Musik,* weil dies als harmonisierend und wohltuend empfunden wird.

(vgl. Lehmann, 1986, S. 44 ff.)

Neben diesen pädagogisch-psychologischen Hilfen gibt es in den Krankenhäusern interne Angebote und Aktivitäten externer Gruppen, Verbände oder Einzelpersonen, die insbesondere Kinder ansprechen, die einen längeren Krankenhausaufenthalt vor sich haben (vgl. Grotesohn, 1999, S. 77 ff.):

Betreuung der kranken Kinder durch Erzieher und Lehrer

Kinder werden direkt an ihrem Bett oder in einem separaten Spielzimmer von pädagogischen Fachkräften betreut und ggf. auch zu einzelnen Untersuchungen begleitet.
Eltern erhalten von den Fachkräften Spieltipps und die Möglichkeit zu begleitenden Gesprächen.
Zum Teil stellen Kinderkrankenhäuser auch Lehrer mit Sonderschulausbildung für den Krankenhausunterricht ein. Durch diesen Unterricht wird dem kranken Schulkind der Anschluss an den Unterricht in der eigenen Schule erleichtert. Der Unterricht kann in besonderen Fällen eine Zurückversetzung der Kinder verhindern, die einen längeren Aufenthalt in einem Krankenhaus vor sich haben.

Kontinuierliche Angebote

Hierzu zählen Einrichtungen wie Büchereien, Angebote zur Geschwisterbetreuung oder festgelegte Spielnachmittage, die häufig von Ehrenamtlichen ins Leben gerufen und von ihnen getragen werden (z. B. auch von Mitgliedern des Aktionskomitees Kind im Krankenhaus e. V. = AKIK-Bundesverband).
Ziel dieser Angebote ist es, ein wenig „normalen Alltag" in das Kinderkrankenhaus zu bringen, Eltern bei der Betreuung zu unterstützen und den kranken Kindern Abwechslung und Beschäftigung zu bieten.

Besondere Veranstaltungen

Bei diesen meist sporadisch stattfindenden Angeboten handelt es sich beispielsweise um Autorenlesungen, Puppenspiele und Aufführungen von Schulklassen. Gerade für Kinder mit einem längeren Krankenhausaufenthalt bieten diese Angebote eine willkommene Abwechslung.

Clowns und Clowndoktoren

Diese sind zunehmend in Kinderkrankenhäusern anzutreffen und kommen zum Teil sogar regelmäßig auf die Stationen. Oft wird hier die Unterhaltung des klassischen Clowns mit der Funktion eines Doktors, dem sogenannten „Clowndoktor" verknüpft.

Möglichkeiten der Vorbereitung eines Kindes auf einen bevorstehenden Krankenhausaufenthalt

Da es sich erfahrungsgemäß als sehr ungünstig erwiesen hat, Kinder kurz vor der Aufnahme in ein Krankenhaus über alles Bevorstehende aufzuklären, sollte ihnen frühzeitig vermittelt werden, warum ein Krankenhausaufenthalt manchmal notwendig sein kann, damit sie im Akutfall auf ihr Vorwissen zurückgreifen können.
In Kindertagesstätten für Vorschul- und Schulkinder und zum Teil auch in der Familie bieten sich hierzu verschiedene Möglichkeiten an:

Kinderbücher zum Thema „Krankenhaus"

Sachbücher oder Geschichten zum Thema „Kranksein" und „Krankenhaus" regen zum Erzählen, Nachfragen und Malen von beängstigenden Gefühlen an. Schulkinder sind darüber hinaus auch schon in der Lage, eigene Krankenhausgeschichten zu erzählen oder aufzuschreiben.

Besuch eines Krankenhauses, einer Arztpraxis oder Besichtigung eines Rettungsfahrzeuges

Sind Kinder im Moment nicht selbst betroffen, sind sie viel besser in der Lage, Informationen über pflegerische Einrichtungen, die mit der Gruppe besucht werden, aufzunehmen und fragen interessiert nach. Betreuer, welche die Kinder begleiten, haben während des Besuches und im Rahmen der Nachbereitung des Besuches Gelegenheit, dem Kind viele Fragen zu Personen, Gegenständen und Beobachtungen in den medizinischen Einrichtungen zu beantworten.

> *Merke!*
> *Ein Besuch in einem Krankenhaus oder einer Arztpraxis dient erst dann der Vorbereitung auf den Ernstfall, wenn gesammelte Erfahrungen und Erlebnisse im Nachhinein durch Spiele, Gespräche usw. aufgearbeitet werden.*

Krankenhaus- und Arztspiele

Diese Spiele geben den Kindern die Möglichkeit, sich mit dem Thema je nach ihrem Entwicklungsstand auseinanderzusetzen. Vorschulkinder bevorzugen hier noch das konkrete Spiel, bei dem jeder Mitspieler sich entsprechend der tatsächlich beobachteten Rolle verhält (Arzt, Krankenschwester, Patient usw.), während es Schulkindern bei ihrem Arztspiel wichtiger erscheint, durch das Spiel mehr über die Funktion medizinischer und pflegerischer Maßnahmen zu erfahren (z.B. „Warum muss ein Röntgenbild erstellt werden? Wie und warum wird der Blutdruck gemessen?").

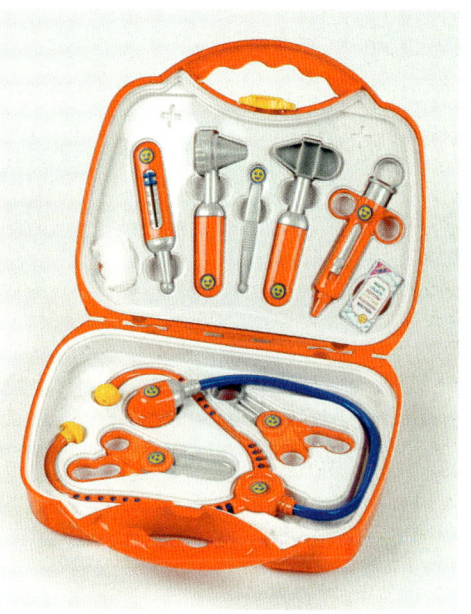

Jugendliche auf einen bevorstehenden Krankenhausaufenthalt vorzubereiten, erscheint wesentlich schwieriger. Viele junge Leute wollen andere Menschen, mit denen sie zu tun haben, seien es die eigenen Eltern oder Betreuer einer Wohngruppe, nicht mit ihren Sorgen und Problemen belasten, die sich hier meistens auf die Folgen der Behandlung beziehen, wie z.B. bleibende Gebrechen, Sterbenmüssen usw.

Es scheint am sinnvollsten, von eigenen Krankheitserlebnissen und damit verbundenen Ängsten, Befürchtungen und Sorgen zu berichten. So erfahren die Jugendlichen, dass Erwachsene ähnliche Vorstellungen mit dem Thema verbinden wie sie selbst, ohne dass sie sich direkt offenbaren müssen.

Erstellen Sie, je nachdem, ob Sie direkt auf einer Kinderstation im Krankenhaus arbeiten oder aber Kinder in einer Kindertageseinrichtung oder in der Familie auf dieses Thema vorbereiten möchten, eine Literaturliste mit Büchern zur Vorbereitung **oder** Begleitung für Kinder zum Thema „Kranksein und Krankenhaus".

2.10 Das Kind mit Behinderungen in der Familie

Lernsituation

Die Fachlehrerin erzählt den Schülerinnen und Schülern von einer Familie, die sie angesprochen hat, weil sie eine stundenweise Betreuung für ihre Tochter Lisa sucht:

Lisa, ein Mädchen im Vorschulalter, zeigt starke Störungen im Spiel- und Sozialverhalten, in der Sprachentwicklung und in der Motorik. Sie hat ein besonders ausgeprägtes Bedürfnis nach Gleicherhaltung der Umwelt. Bei ihr lautete die Diagnose nach zahlreichen Untersuchungen „frühkindlicher Autismus".
Ihre Mutter, Frau Petermann, besucht mit Lisa seit zwei Jahren ein Frühförderzentrum, in dem eine Therapie mit dem Kind durchgeführt wird. Sie selbst erhält hier Beratungsgespräche, außerdem wird ihr gezeigt, wie die Förderprogramme in der Familie weitergeführt werden können.
Zu Lisas Familie gehört weiterhin ihr Vater, Herr Petermann, und ihr sechsjähriger Bruder Luca. Die Eltern beschreiben Lisa als ein Kind, mit dem sich der Umgang schwierig gestaltet, das sich gegen Körperkontakt sträubt, kaum Blickkontakt aufnimmt und vor allem ungewöhnlich heftig auf laute Geräusche reagiert.
Dennoch oder gerade deshalb fordert sie die ungeteilte Aufmerksamkeit ihrer Eltern. Ihr Bruder, der keine Beeinträchtigungen aufweist, fühlt sich dadurch häufig zurückgesetzt.

Der Alltag der Familie Petermann ist meist recht anstrengend, und auch wenn Frau Petermann nicht arbeiten geht, wünscht sie sich sehr, wenigstens einige Stunden am Tag so strukturieren zu können, wie sie es möchte, ohne ständig Rücksicht auf Lisa nehmen zu müssen.
Eine stundenweise Betreuung durch eine Schülerin, die einen sozialpädagogischen und/oder sozialpflegerischen Beruf erlernt, ziehen sie zunächst in Erwägung.
Aus diesem Grunde wendet sich Familie Petermann an die Fachlehrerin, die dieses Anliegen an die Klasse weitergibt.

Auch Sie würden gerne während Ihrer Ausbildung noch mehr Erfahrungen im Umgang mit betreuungsbedürftigen Menschen in Familien sammeln.

Aufgaben zur Lernsituation

1. Notieren Sie spontan Ihre Einschätzung der oben beschriebenen Situation:
   - Wer ist direkt und indirekt an der Situation beteiligt?
   - Wie sehen die Beteiligten die Situation? (Eventuell können Sie die einzelnen Beteiligten besser einschätzen, wenn Sie deren Sichtweise einnehmen. Formulieren Sie hierzu in ein oder zwei Sätzen die jeweiligen Gedanken und Gefühle der Beteiligten in „Ich-Form".)

2. Überlegen Sie, welche besonderen Anforderungen an die Betreuer gestellt werden, die Lisa einige Stunden am Tag betreuen.

3. Listen Sie Themen auf, die Sie an dieser Stelle bearbeiten möchten, um auf die Arbeit mit Kindern mit Behinderungen in einer Familie besser vorbereitet zu sein.[1]

4. Lesen Sie die nachfolgenden Ausführungen.

In dem oben beschriebenen Fall wird exemplarisch die Situation einer Familie mit einem Kind mit und einem Geschwisterkind ohne geistige Behinderungen vorgestellt. Die Art der Behinderung spielt hierbei eine eher untergeordnete Rolle. Es geht vielmehr darum, sich, ausgehend vom Fallbeispiel, mit der Situation der Geschwister von Kindern mit Behinderungen und den Anforderungen dieser Lebenssituation an eine Familie auseinanderzusetzen.

Die Situation der Geschwister von Kindern mit Behinderungen

An Geschwister von Kindern mit Behinderungen werden meist hohe Anforderungen gestellt.
Schon in jungen Jahren übernehmen sie zur Entlastung ihrer Eltern sozialpädagogische und sozialpflegerische Funktionen. So sind diese Kinder gewissermaßen zugleich pflegerisch, erzieherisch, spielpädagogisch und therapeutisch tätig.

---

[1] *Anmerkung: Eine differenziertere Auseinandersetzung erfolgt dann bei der Bearbeitung der Lernsituationen zum Kapitel 4, S. 371 ff.*

Einige werden dadurch stark, belastbar, tolerant und sozial engagiert. Andere können diese Last schwerer verkraften und reagieren verbittert, gehemmt und unglücklich.

Das Wissen um die Situation dieser Geschwister ist vor allem für sozialpädagogisch und sozialpflegerisch tätige Personen wichtig, die in einer Familie mit Kindern arbeiten, von denen ein Kind eine Behinderung aufweist. Das Leben an der Seite eines Geschwisterkindes mit Behinderungen verlangt viel von einem Kind:

Sehr frühe Konfrontation mit Leid und Krankheit
Geschwister von Kindern mit Behinderungen erleben tagtäglich, was es heißt, auf die Hilfe anderer angewiesen zu sein, Krankheiten und auch Diskriminierungen ertragen zu müssen.
Sie spüren sehr deutlich die Blicke, die ihre Geschwister auf sich ziehen.

Verbot von Geschwisterrivalitäten
Da die Eltern sehr viel Rücksichtnahme von ihren Kindern gegenüber dem Kind mit Behinderungen erwarten, lernen diese schnell, eigene Bedürfnisse zurückzustellen. Das kann sie wütend machen, aber die Wutgefühle dürfen sich nicht gegen den Bruder oder die Schwester mit Behinderungen richten. Sie unterdrücken ihre Aggressionen und verhalten sich ihren Geschwistern mit Behinderungen gegenüber oftmals viel verkrampfter als das zwischen gesunden Geschwistern der Fall ist, die ihre Gefühle ehrlich und frei nennen und Streit offen austragen können.

Entwicklung von Schuldgefühlen
Schuldgefühle entstehen zum einen aufgrund der unterdrückten Aggressionen, wenn Geschwister sich Vorwürfe aufgrund ihrer scheinbar bösen Gedanken machen oder aber auch aus dem Bewusstsein heraus, dass sie gesund sind, während ihr Bruder oder ihre Schwester durch eine Behinderung beeinträchtigt ist.
Oft opfern sie sich für das Geschwisterkind auf, sind immer zur Stelle und überfordern sich damit selbst. Schlechte Schulleistungen, depressive und aggressive Reaktionen können die Folge der oben beschriebenen Schuldgefühle sein und behindern das gesunde Kind in seiner persönlichen Entwicklung.

Geringere Zuwendung durch die Eltern
Da das Kind mit Behinderungen in der Familie viel Fürsorge benötigt, wird darüber manchmal vergessen, dass die Geschwister ebenfalls die Zuwendung, Hilfe und Anerkennung ihrer Eltern brauchen.

Einschränkung der Möglichkeiten, Freundschaften zu schließen
Familien mit einem Kind mit Behinderungen leben oft isolierter als andere Familien. Die Reaktionen der Außenwelt können Freizeit- und Erholungsmöglichkeiten erheblich einschränken. Diese Isolation erschwert die Entwicklung der Kinder ohne Behinderungen, die auch aus diesem Grunde eingeschränkte Kontakte zu Gleichaltrigen haben. Ihre familiäre Situation kann sie zu Einzelgängern werden lassen, selbst wenn sie eigentlich von ihrem Naturell aus offen auf andere Menschen zugehen.

Verändertes Erleben der Geschwisterfolge
Wenn das ältere Kind Behinderungen aufweist, erlebt das Kind ohne Behinderungen, wie es dieses allmählich überholt, was zu Unsicherheiten führen kann. Auch Hemmungen und Schuldgefühle können aus diesem Erleben resultieren.

Angst, selbst behindert zu sein oder zu werden
Mehr als die Eltern selbst, entdecken Kinder Ähnlichkeiten zwischen sich und dem Geschwisterkind mit Behinderungen. Das kann auf sie bedrohlich wirken und zu Gedanken führen wie: „... wenn ich meinem Bruder so ähnlich sehe und er hatte eine Hirnhautentzündung, vielleicht bin auch ich dann anfällig für diese Krankheit ..."

Leben in einer „andersartigen" Familie
Es gibt bestimmte Phasen im Leben heranwachsender Kinder, in denen es ihnen ungeheuer wichtig ist, genau so zu sein wie alle ihre Freunde. Sie möchten die gleiche Trendkleidung tragen und sich mit den gleichen Dingen umgeben wie alle anderen.
Dieser Wunsch wird durch das Geschwisterkind mit Behinderungen zunichtegemacht. So kommt es vor, dass Jugendliche in der Pubertät, die vorher ihren Bruder oder ihre Schwester mit Behinderungen bereitwillig überall mit hinnahmen, nun versuchen, das Geschwisterkind abzuhängen.
(vgl. Achilles, 2002, S. 42 ff.)

Aufgabe

1. Schauen Sie sich gemeinsam den Film „Rainman" mit Tom Cruise und Dustin Hoffmann in den Hauptrollen an.

    Dieser Film zeigt die Geschichte zweier Brüder, von denen einer eine Behinderung aufweist und der andere nicht. Da sie erst im Erwachsenenalter voneinander erfahren, müssen sie versuchen, sich einander anzunähern. Der Film zeigt, wie es dem Bruder ohne Behinderungen nach und nach gelingt, seinen autistischen Bruder anzunehmen

    Diskutieren Sie nach dem Film folgende und ähnliche Fragen:
    - Was spricht für die Unterbringung eines Familienmitgliedes mit Behinderungen in einer Wohnstätte/was für ein lebenslangen Wohnen in der Familie, was eher dagegen?

2. Laden Sie einen Bruder oder eine Schwester eines Menschen mit Behinderungen ein und lassen ihn/sie von seinen/ihren Erfahrungen mit dem Geschwisterkind berichten.

3 Begleitung des Kindes in den verschiedenen Altersstufen beim Spielen und Gestalten

3.1 Das Spiel des Kindes im Alter von null bis drei Jahren und entwicklungsgerechte Spiel- und Gestaltungsangebote

Lernsituation

Zur Vorbereitung auf das Praktikum in den Einrichtungen für Kinder und Jugendliche und der ambulanten Familienpflege bilden alle Schülerinnen und Schüler Gruppen entsprechend der Altersstufe, mit der sie im Praktikum schwerpunktmäßig arbeiten werden. Unter anderem findet ein reger Austausch über Spiel- und Gestaltungsangebote für die verschiedenen Altersstufen und Anlässe statt.

Auch Sie sammeln gezielt Spiel- und Gestaltungsangebote für Ihre Zielgruppe im Praktikum, um sich mit den Kindern und Jugendlichen neben anderen begleitenden und unterstützenden Aufgaben auch spielerisch beschäftigen zu können.

Aufgaben zur Lernsituation

1. Notieren Sie spontan Ihre Einschätzung der oben beschriebenen Situation:
   - Wer ist direkt und indirekt an der Situation beteiligt?
   - Welche gemeinsamen Ziele verfolgen alle Schülerinnen und Schüler, wo gibt es Unterschiede?

2. Bilden Sie Kleingruppen entsprechend der Altersstufe, mit der Sie schwerpunktmäßig im Praktikum arbeiten werden.

3. Entwickeln Sie in den Kleingruppen vorbereitend einige Fragen zur Spiel- und Freizeitbegleitung von Kindern und/oder Jugendlichen in dem entsprechenden Arbeitsfeld und listen Sie dann entsprechende Themen auf, die der weiteren Vorbereitung auf das Praktikum dienen.

4. Bearbeiten Sie diese in Kleingruppen. Wählen Sie hierzu auch entsprechend aus den nachfolgenden Spielanregungen aus.

Schon im Säuglingsalter beginnen Kinder zu spielen. In den ersten Monaten besteht die Spieltätigkeit weitgehend darin, sich selbst, Menschen und Dinge wahrzunehmen.
In den Bereichen Tasten, Fühlen, Sehen und Hören finden erste Spieltätigkeiten statt.
Die kindliche Spieltätigkeit entwickelt sich zunehmend, sie wird differenzierter und vielfältiger. Bezugspersonen, die Auswahl des ersten Spielzeuges und die Gestaltung der Spielräume, in denen das Kind für seine Entwicklung grundlegende Erfahrungen sammeln kann, sind hierbei von entscheidender Bedeutung.
Die vorherrschenden Spielformen dieser Altersstufe sind Folgende:
- das Übungs- oder Funktionsspiel,
- das Symbolspiel.

Das Übungs- oder Funktionsspiel

Zu dieser Spielform zählen alle Spiele, die das Erproben der Motorik und der Sinne betreffen. Es werden eigene Fähigkeiten ausprobiert und die Handhabung von Materialien wird erprobt.

So spielt bereits der Säugling mit seinen Händen, Beinen und mit seiner Stimme.

Zunehmend werden dann Gegenstände in dieses Bewegungsspiel einbezogen, indem z. B. eine Rassel bewegt, ein hängendes Mobile mit den Augen verfolgt wird.

Im zweiten Lebenshalbjahr werden diese Gegenstände dann auch gezielt eingesetzt, indem das Kind Gegenstände absichtlich fallen lässt, sie heranzieht, sie aneinanderschlägt, schüttelt usw.

Die Übungsspiele werden von dem Kind immer differenzierter durchgeführt, je älter es wird. So versucht es bald, wenn es sich fortbewegen kann, auf einen Stuhl, einen kleinen Hügel zu klettern, probiert Materialien und deren Funktionen aus (z. B. Wasser gießen, Sand einfüllen, lässt Dinge rollen, zieht Fahrzeuge hinter sich her oder schiebt etwas auf Rädern und versucht schließlich, sich selbst mit altersentsprechenden Fahrzeugen fortzubewegen).

In der Altersstufe von null bis drei Jahren haben diese Übungsspiele ihren Höhepunkt, bleiben aber bis ins Jugend- und Erwachsenenalter erhalten, wenn beispielsweise ein neues Gerät wie z. B. ein Einrad ausprobiert wird.

Spielanregungen für die Unterstützung der Übungs- und Funktionsspiele

Spielzeug, das sich leicht selbst herstellen lässt

Die Kette zum Hinschauen (Säuglingsalter)

In einige Holzwäscheklammern (sechs bis acht) werden Löcher gebohrt, diese werden dann aufgefädelt und im Abstand von ca. 10 cm an eine Kordel oder Schnur geknotet. In Kopfhöhe des Kindes wird die Kette über das Bett gespannt.

An die Klammern können dann immer wieder andere Gegenstände befestigt werden, die das Kind beobachten kann, wie z. B.:

- farbige Plastikgegenstände, z. B. ein Messlöffel für den Babybrei, eine Tasse usw.

- bunte Krepppapierbänder

- Taschentücher

- Wollknäuel in den Grundfarben

- verschiedenfarbige Waschlappen

Variation:
Es können zur Abwechslung auch Gegenstände angehängt werden, die ein (angenehmes) Geräusch von sich geben wie beispielsweise kleine Glöckchen.
(vgl. Horak, 1993, S. 22)

Mobiles (Säuglingsalter)

Es gibt verschiedene Aufhängevorrichtungen für Mobiles, die z. B. mit bunter Zauberwolle, ausgesägten und bemalten Holzmotiven behängt werden können.

Hier einige Beispiele:

- **Kleiderbügel:** An den Bügel werden verschieden lange Bänder mit Motiven gehängt.

- **Ast:** Ein stark verzweigter Ast (z. B. von einer Korkenzieherhasel) wird mit verschiedenen Motiven behängt.

- **Astreifen:** Ein von Seitentrieben befreiter langer dünner Baum- oder Buschzweig wird in warmem Wasser eingeweicht, dann zu einem Reifen gebogen und mit Garn zusammengebunden. Auch hieran lassen sich gut verschiedene Objekte befestigen.

(vgl. Horak, 1993, S. 28)

Ringklapper (Säuglingsalter)

Es werden einige große bunte Holzperlen auf eine feste Schnur gefädelt. Diese wird dann um einen Holzring gebunden.
Schüttelt das Kind diese Klapper, macht diese einen herrlichen Krach.
(vgl. Horak, 1993, S. 29)

Kochlöffelkastagnetten (Säuglingsalter)

Es werden drei Kochlöffel benötigt. Von zwei Kochlöffeln sägt man die Stiele ab. Dann wird in jedes Schöpfteil ein Loch gebohrt und die drei Teile mit einer festen Schnur verbunden. Das Kind liebt es, damit herrlich laute Geräusche zu machen.
(vgl. Horak, 1993, S. 29)

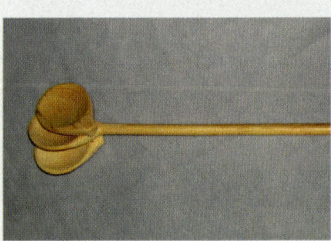

> *Merke!*
> *Bei allen selbst hergestellten Spielzeugen, gerade für das Säuglingsalter, müssen bestimmte Aspekte beachtet werden:*
> - *Scharfe Ecken oder Kanten, an denen sich das Kind verletzen kann, sind unbedingt zu vermeiden!*
> - *Das Spielzeug darf nicht zu klein sein, damit das Kind es nicht verschlucken kann!*
> - *Spielzeug zum Hinschauen muss reißfest und sicher sein und hoch genug angebracht werden!*

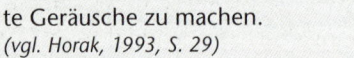

Schlange aus Papierrollen zum Nachziehen (zweites Lebensjahr)

Mit dem Kind gemeinsam werden einige Toilettenpapier-rollen mit Fingerfarbe bemalt. Alle Rollen werden mithilfe einer Schnur verbunden, die man am Ende ca. einen Meter überhängen lässt. Der Schlangenkopf kann dann noch mit Augen und Zunge beklebt werden.
(vgl. Horak, 1993, S. 82)

Tiere zum Nachziehen (zweites Lebensjahr)

Eine Schachtel wird mit Fellresten beklebt und das Gesicht eines beliebigen Tieres gestaltet. Unter die Schachtel wird ein Ball gelegt, der so groß ist, dass er noch ein bisschen zu sehen ist. Das Kind kann das Tier auf diese Weise gut nach-ziehen.
(vgl. Horak, 1993, S. 83)

Erstes Farbzuordnungsspiel (drittes Lebensjahr)

Es werden Kordeln in zwei oder drei verschiedenen Farben gedreht (z. B. in den Grundfarben Blau, Gelb und Rot) und zu Kreisen auf den Fußboden gelegt. Das Kind wird aufge-fordert, Dinge im Raum zu suchen, die jeweils die gleiche Farbe haben wie die Kordeln. Es legt dann die Gegenstände in die entsprechenden Farbkreise.

Spiele am Wickeltisch

Das Wickeln sollte mehr sein als nur eine notwendige pflegerische Handlung. Gerade beim Säubern und Pflegen des Kindes bieten sich Möglichkeiten zur Kontaktaufnahme durch Blicke, Unterhaltungen und kleine Spiele.

Während das Baby eingecremt wird, kann dieser Vers gesprochen werden:

> „Tupf, tupf, tupf,
> was ist denn das?
> Tupf, tupf, tupf,
> Das macht ja Spaß!
> Tupf, tupf, tupf,
> Es wird nicht bleiben,
> Tupf, tupf, tupf,
> Ich werd´s – verreiben!"
> *(Horak, 1993, S. 31)*

Bei dem nachfolgenden Spiel werden die einzelnen Zehen des Säuglings angetippt oder es wird sanft jeder Zeh vom Grundgelenk bis zur Spitze ausgestreift. Dabei wird langsam folgender Text gesprochen:

> „Der ist ins Wasser gefallen,
> der hat ihn herausgezogen,
> der hat ihn ins Bett gelegt,
> der hat ihn zugedeckt,
> und der kleine Schelm
> hat ihn wieder aufgeweckt.“
> *(Wilmes-Mielenhausen, 1996, S. 64)*

Fingerspiele

Bei Fingerspielen genießt das Kind, ähnlich wie bei den Spielen am Wickeltisch, die Zuwendung des Erwachsenen. Reim und körperliche Berührung erfreuen das Kind. Im dritten Lebensjahr können einfache Fingerspiele dann auch von Erwachsenem und Kind gemeinsam durchgeführt werden.

Bei dem folgenden Fingerspiel geht man mit den Fingern langsam bis an den Hals des Kindes und krault es schließlich unter dem Kinn:

> „Da kommt ein Bär,
> er tappt daher
> und fragt, wo mein lieber *(Name des Kindes nennen)* wär?“
>
> *(Arndt/Singer, 1980, S. 48)*

Bei dem nun folgenden Fingerspiel fasst der Erwachsene beim Sprechen jeden Finger des Kindes an. Es wird mit dem kleinen Finger begonnen, am Schluss lässt man den Daumen nicken:

> „Das ist das Kleinchen,
> das ist das Beinchen,
> das ist der lange Mann,
> das ist der Zeigermann,
> das ist der dicke Mann,
> der so schön nicken kann.“
>
> *(mündlich überliefert)*

Das nachfolgende Fingerspiel kann gemeinsam mit dem Kind im dritten Lebensjahr durchgeführt werden. Der Text sollte betont langsam gesprochen werden, damit Text und Bewegung für das Kind gut nachvollziehbar sind:

> „Das ist das Mäuschen   *(der ausgestreckte Daumen wackelt über der Faust hin und her)*
>
> schlüpft in das Häuschen   *(der Daumen kriecht in die Faust hinein)*
>
> guckt wieder raus   *(der Daumen wird wieder hochgestreckt)*
>
> hier ist die Maus!“   *(der Daumen wackelt hin und her)*
>
> *(Beermann/Bort-Gsella, Mini Spielkartei, 1996, F4)*

> *Merke!*
> *Da Fingerspiele durch ihre Versform eine indirekte Vorbereitung auf Gesang und Gedichte bieten, sollten alle pädagogischen Kräfte die Melodie und den Text sicher beherrschen und ihn nicht ablesen!*

> *Tipp!*
> *Auch kleine Requisiten wie aufgesetzte Fingerhüte, aufgemalte Gesichter auf den Fingern, Fingerpüppchen usw. können ein Fingerspiel für das Kind zu einem lustigen Erlebnis werden lassen.*

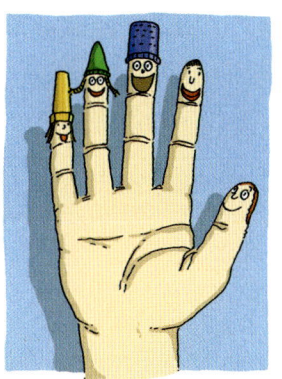

Einfache Bewegungsspiele

Wenn das Kind laufen gelernt hat, entdeckt es recht schnell weitere Bewegungsformen, die es ausprobieren möchte, wie z. B. klettern, hüpfen, balancieren und rutschen.
Die Bewegungsfreude des Kindes kann durch kleine Spiele unterstützt werden.

Ballonkette (Bewegungsspiel im Raum)

Es werden einige Ballons aufgeblasen und an einer Schnur in Kopfhöhe des Kindes/der Kinder aufgehängt. Die Kinder können nun nach Belieben darunter her laufen, sie leicht berühren usw.

„Wer kommt in meine Arme?" (Bewegungsspiel im Freien)

Draußen beim Spaziergang geht der Erwachsene ein kleines Stück vor, dreht sich um, breitet seine Arme aus und ruft: „Wer kommt in meine Arme?" Das Kind läuft auf den Erwachsenen zu, der es hochhebt und ein paar Mal im Kreis herumwirbelt.

Der Kissenweg (Bewegungsspiel in einem möglichst großen Raum)

Es werden viele Kissen hintereinander gelegt und das Kind/die Kinder und der Erwachsene versuchen gleichermaßen über die Kissen zu laufen, ohne abzurutschen.

Variationen:
Es wird ein Kissen weggenommen und versucht, über die Lücke zu springen. Das Kind rutscht mit einem Kissen um die anderen Kissen herum. Zum Schluss wird ein großer Berg aus allen Kissen aufgetürmt, dessen „Gipfel" die Kinder nacheinander zu erklimmen versuchen.

Barfuß durch den Matsch (Bewegungsspiel im Freien)

Alle beteiligten Kinder und der Erwachsene ziehen Schuhe und Strümpfe aus und gehen durch nassen Sand (z. B. am Strand).
Die Kinder werden an die Hand genommen, und alle patschen zum Rhythmus des folgenden Verses in den Sand hinein:

> „Pitsch, patsch, patsch
> Barfuß durch den Matsch!
> Der Matsch quatscht durch die Zehen,
> das stört nicht, wir gehen
> fröhlich durch den Matsch,
> pitsch, patsch, patsch."
> *(Lübben-Chambi/Jackson, 2001, S. 74)*

Aufgaben

1. Suchen Sie in verschiedenen Spielebüchern nach weiteren Spielvorschlägen zum Übungs- und Funktionsspiel.

2. Stellen Sie eines dieser Spiel Ihrer Lerngruppe vor.

Das Symbolspiel

Schon zu Beginn des zweiten Lebensjahres kann man einfache Vorformen des Rollenspiels, die sogenannten „Als-ob-Spiele" oder Symbolspiele beim Kind beobachten.
Zunächst handelt es sich bei diesen Spielen um reine Nachahmungsspiele. Das Kind wiederholt eigene erworbene Verhaltensformen oder bei den Erwachsenen beobachtetes Verhalten. Dann werden auch Symbole eingeführt: Ein großer Pappkarton wird zum Haus, ein Blatt zum Teller, ein kleiner Wurfreifen und ein Stuhl zu einem Auto.
Diese Gegenstände können immer wieder ihre Bedeutung ändern.
Dann übernimmt das Kind selbst kleine Rollen mit zunächst noch ganz kurzen Episoden und Szenen. So spielt es z. B. Essen zubereiten, Schlafen legen, Autofahren. Dabei tut es nicht nur so, als wäre es eine andere Person, sondern es fühlt sich im Spiel auch wirklich als diese Person. Nun kann es Dinge tun, die ihm als Kind nicht möglich sind, wie z. B. das Geschwisterchen ins Bett bringen, Auto fahren.
Dieses wichtige Nachspielen von erworbenen Eindrücken kann durch bestimmte Anregungen gefördert werden.

Spielanregungen für die Unterstützung des Symbolspiels

Der Verkleidungskorb

Material:
Tücher, Gewänder, Hüte, Erwachsenenschuhe oder Stiefel

Das zwei- bis dreijährige Kind kann noch nicht so in fremde Rollen schlüpfen, wie es beispielsweise bei einem Vierjährigen zu beobachten ist. Dennoch liebt es bereits Requisiten zum Verkleiden. Stellen Sie dem Kind deshalb einige Kleidungsstücke in einem „Verkleidungskorb" zur Verfügung.

Anmerkung:
Stellen Sie keine Schuhe oder Stiefel mit hohen Absätzen zur Verfügung.
Arbeiten Sie in die Gewänder einen Gummizug ein, damit sich das Kind selbstständig umziehen kann.
(vgl. Horak, 1993, S. 114 f.)

Der Kaufmannsladen/Einkaufen

Mögliche Materialien für den ersten Kaufmannsladen:

Einkaufstaschen, Körbchen, Becher zum Aufbewahren und Umfüllen der „Waren", leere, zugeklebte Lebensmittelschachteln, Dosen mit Schraubverschluss, Holzobst, Naturmaterialien wie Kastanien, Nüsse, große Mehlschaufeln und vieles mehr.

Zwei- bis Dreijährige können Einkaufssituationen zwar noch nicht im Einzelnen ganz und gar begreifen, spielen diese aber dennoch gerne auf ihre Art und Weise nach.
Das Umfüllen von Materialien wie Sand und Reis liebt bereits das jüngere Kleinkind. Dieses erfährt in diesem Spiel eine Erweiterung.
Alles kann zu allem werden. So schüttet das Kind beispielsweise kleine Steinchen von einer Dose in eine andere und die Steinchen werden für das Kind zu Kirschen, Bonbons usw.
Die Kinder spielen dann „Einkaufen" und packen Bauklötze, Schachteln, kleine Dosen in Taschen, packen diese wieder aus und lassen sich „Bonbons" (z.B. Steinchen) in Becher füllen usw.
(vgl. Horak, 1993, S. 114 f.).

Die Schönheitsecke

Auch die Zwei- bis Dreijährigen betrachten sich schon gerne im Spiegel, wenn sie sich verkleidet haben oder sich kämmen bzw. mit Schmuck behängen.
Hängen Sie deshalb für die Kinder einen Spiegel auf, in dem diese sich ganz sehen können.
Daneben können Sie eine einfache Kammtasche oder ein Körbchen mit Bürsten, Kämmen, Spangen, Modeschmuck aufbewahren, sodass sich das Kind jederzeit „schön machen" kann.

(vgl. Horak, 1993, S. 114 f.)

Puppenwäsche

Material:
Plastikschüssel

Kinder lieben es, mit Wasser zu planschen. So können Sie dem Kind auch einmal anbieten, die Puppenwäsche zu waschen.

Anmerkung:
Achten Sie darauf, dass dieses Spiel nur im Waschraum oder Badezimmer stattfindet, denn für die Kinder ist das schönste Erlebnis an der Puppenwäsche der Überfluss des Wassers.

Fische angeln

Material:
zusammengerollte Strümpfe, Kleiderbügel

Rollen Sie einige Strümpfe zusammen und verteilen Sie diese gleichmäßig auf dem Boden. Nun geben Sie dem Kind/den Kindern Kleiderbügel in die Hand. Die Kinder versuchen, mit den Haken der Kleiderbügel die „Fische" zu fangen.
(vgl. Beermann/Bort-Gsella, Mini Spielkartei, 1996, R 2).

Das eigene Haus

Material:
ein großer Pappkarton, Kissen, Decken, eventuell Farbe zum Bemalen des Kartons

Ein großer Karton wird umgedreht. Schneiden Sie nun mit einem Papiermesser Fenster und Türen nach Wunsch der Kinder ein. Eventuell können die Kinder das Haus dann noch anmalen. Die Kinder können ihr eigenes Haus dann mit Decken, Kissen, Taschenlampen usw. nach eigenem Belieben einrichten.

Die Lokomotive

Stellen Sie sich als Lokomotive, Auto, Flugzeug, Boot usw. zur Verfügung. Das Kind darf in „das Fahrzeug" einsteigen. Es fährt oder fliegt nun mit Ihnen, wohin es will und macht dazu passende Geräusche.
(vgl. Beermann/Bort-Gsella, Mini Spielkartei, 1996, R 1)

Wolkengeschichten

Setzen Sie sich mit dem Kind auf eine Parkbank oder legen Sie sich auf eine Decke und betrachten Sie am Himmel die Wolkenberge. Überlegen Sie gemeinsam mit dem Kind, welche Tiere, Pflanzen usw. man am Himmel sehen kann, und erzählen Sie dazu eine Geschichte, die sich am Himmel sich abspielt.

Aufgaben

1. Schreiben Sie die in den Spielbeispielen genannten Materialien zur Unterstützung des Symbolspiels heraus. Ergänzen Sie diese Materialliste mit weiteren alltäglichen (ungefährlichen) Materialien.

2. Entwickeln Sie zu einem Material/einer Materialgruppe eine eigene kleine Spielanregung und stellen Sie diese der Lerngruppe vor.

Im Folgenden werden noch Lieder und Bilderbücher vorgestellt, die für Kinder der Altersstufe von eineinhalb bis drei Jahren geeignet erscheinen:

Bilderbücher für Kleinkinder

Schon ein Kind mit eineinhalb Jahren schaut sich zusammen mit einem Erwachsenen Bilderbücher an. Da es in diesem Alter alle Gegenstände mit allen Sinnen begreifen möchte, sollten die ersten Bilderbücher folgende Merkmale aufweisen:
- Die einzelnen Seiten sollten fest und stabil sein, damit sie auch kleinere „Kau- und Lutschattacken" des Kindes überstehen und das Kind die Seiten selbstständig umblättern kann.
- Es sollte einfache Abbildungen von bekannten Gegenständen enthalten.
- Die Farben der Bilder sollten klar und leuchtend gestaltet sein.

■ *Bilderbuchempfehlung für Kinder ab dem dritten Lebensjahr:*

Boelts, Maribeth/Parkinson, Kathy: Häschen braucht keine Windeln mehr, Coppenrath, Münster, 1995.
Dieses fantasievolle Tierbilderbuch greift das Thema „Sauberkeitserziehung" auf und hilft Kindern und Eltern zu begreifen, dass auch das Trockenwerden seine Zeit braucht.
Eltern-Tipps am Ende des Buches ermutigen in diesem Zusammenhang zu Verständnis und Geduld.[1]

---

[1] *Auch wenn dieses Buch zur Zeit leider vergriffen ist, kann es in einigen Büchereien entliehen werden. Es bietet vor allem Eltern und Betreuern eine wertvolle Hilfe bei der Begleitung ihrer Kinder in dieser wichtigen Alltagssituation.*

Lieder für Kleinkinder

Schlaflied: Eselchens Traumreise

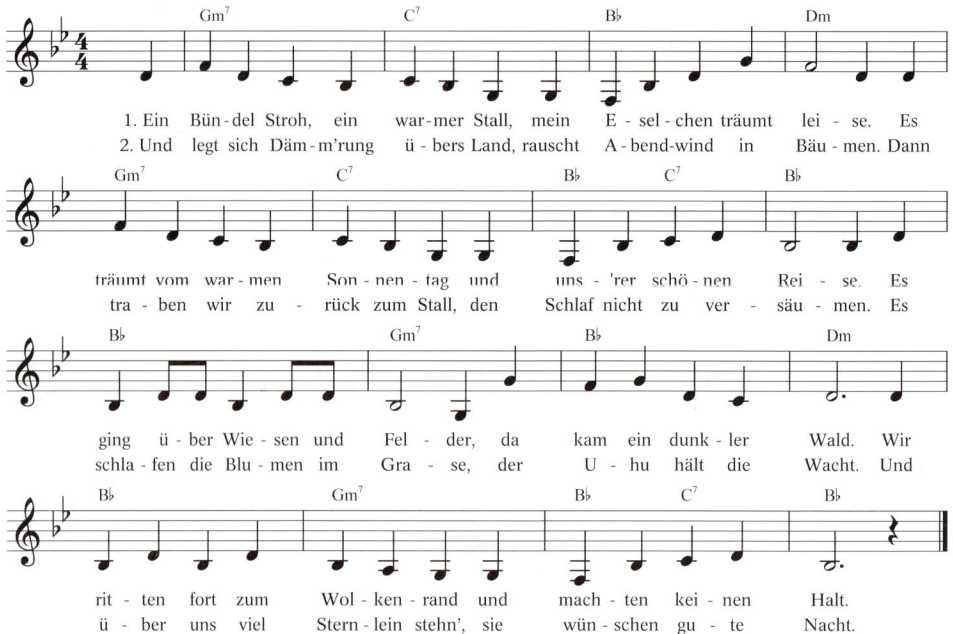

1. Ein Bün-del Stroh, ein war-mer Stall, mein E-sel-chen träumt lei-se. Es
2. Und legt sich Däm-m'rung ü-bers Land, rauscht A-bend-wind in Bäu-men. Dann

träumt vom war-men Son-nen-tag und uns-'rer schö-nen Rei-se. Es
tra-ben wir zu-rück zum Stall, den Schlaf nicht zu ver-säu-men. Es

ging ü-ber Wie-sen und Fel-der, da kam ein dunk-ler Wald. Wir
schla-fen die Blu-men im Gra-se, der U-hu hält die Wacht. Und

rit-ten fort zum Wol-ken-rand und mach-ten kei-nen Halt.
ü-ber uns viel Stern-lein stehn', sie wün-schen gu-te Nacht.

Quelle: überliefert

Tanzbär

Ich bin ein di-cker Tanz-bär und kom-me aus dem

Wald. Ich such mir ei-ne Freun-din und fin-de sie auch bald.

Komm, wir tan-zen hübsch und fein von ei-nem Bein auf's an-dre Bein.

Komm, wir tan-zen hübsch und fein von ei-nem Bein auf's an-dre.

Quelle: überliefert

Kräht der Hahn früh am Tage (Geburtstagslied)

2. *Guckt das Eichhörnchen runter:*
Wenig Zeit, wenig Zeit!
Guten Morgen, Rumpumpel!
Dein Geburtstag ist heut.

3. *Kommt das Häschen gesprungen,*
macht Männchen vor Freud:
Guten Morgen, Rumpumpel!
Dein Geburtstag ist heut.

4. *Steht der Kuchen auf dem Tische,*
macht sich dick, macht sich breit:
Guten Morgen, Rumpumpel!
Dein Geburtstag ist heut.

Text: Paula Dehmel;
Melodie: Karl Marx;
Rechte: Bärenreiter Verlag, Kassel

3.2 Das Spiel des Kindes im Kindergartenalter und entwicklungsgerechte Spiel- und Gestaltungsangebote

Ab dem vierten Lebensjahr des Kindes ist zu bemerken, dass die ersten Spielformen eine deutliche Erweiterung erfahren. Die vorherrschenden Spielformen dieser Altersstufe sind

- **das Rollenspiel** als Fortsetzung des Symbolspieles,
- **das Übungs- und Funktionsspiel**,
- **das Konstruktionsspiel** als Fortsetzung des Übungsspieles,
- **das Regelspiel**, das sich ebenfalls langsam aus den Übungsspielen entwickelt.

Das Rollenspiel

Bei dieser Spielform versetzen sich die Kinder in verschiedene Rollen, die in der Spielgruppe untereinander festgelegt werden (z.B. Vater-Mutter-Kind). Requisiten wie Gegenstände aus der Erwachsenenwelt oder auch Verkleidungen, unterstützen diese Spielform. Es werden überwiegend beobachtete Handlungsabläufe nachgespielt und neue Handlungen ausprobiert. So übt das Kind beispielsweise Verhaltensweisen von Erwachsenen ein. Ebenso können durch diese Spielform unangenehme Ereignisse nachgespielt und somit verarbeitet werden oder es werden Situationen erprobt, die dem Kind Angst bereiten (z.B. ein bevorstehender Krankenhausaufenthalt). Im Kindergartenalter wird zwischen zwei Formen des Rollenspieles unterschieden:

- **das freie Rollenspiel**,
- **das angeleitete Rollenspiel**.

Das freie Rollenspiel

Das freie Rollenspiel reicht vom einfachen Spiel ohne Spielpartner, bei dem beispielsweise eine Puppe gefüttert oder ein Auto hin- und hergeschoben wird, bis hin zum kollektiven bzw. sozialen Rollenspiel, bei dem mehrere Kinder untereinander die zu spielenden Rollen verteilen.

Bei dieser Rollenspielform spielen die Kinder nach ihren Vorstellungen. Die pädagogische Begleitung und Unterstützung erfolgt meist indirekt, beispielsweise durch das Bereitstellen von Raum und Material.

Häufig beziehen sich die Spielthemen auf Erlebnisse in der Familie: Die Mutter bringt die Kinder in den Kindergarten und in die Schule, der Vater mäht den Rasen usw.

Die zu spielenden Rollen verteilen die Kinder untereinander, wobei sie selten frei gewählt werden, da meist ein Kind bestimmt, wer welche Rolle spielen soll.

Mit typischen Gegenständen aus der Erwachsenenwelt oder symbolischen Gegenständen werden bei Erwachsenen beobachtete Handlungsweisen nachgespielt.

Kinder können in diesen Rollenspielen Erlebnisse, Bedürfnisse und Vorstellungen in Spielhandlungen umsetzen und so oft sie möchten wiederholen. So können z. B. auch unangenehme Erlebnisse nachgespielt und verarbeitet und neue Verhaltensformen ausprobiert werden. Zuschauer werden bei dieser Rollenspielform nicht benötigt, sie wirken eher störend und spielhemmend.

Im Kindergarten gibt es spezielle Bereiche für das Rollenspiel, die mit Materialien ausgestattet sind, die zum spontanen Rollenspiel anregen, z. B.:

- eine Rollgarderobe mit Verkleidungsutensilien (Kleider, Röcke, Schuhe usw.)
- Arzt- und Friseurutensilien
- Puppenhaus
- Puppen und Puppenspielzubehör
- Gegenstände aus der Erwachsenenwelt wie Schreibmaschine und Telefon

---

Hinweise zur Begleitung des freien Rollenspieles des einzelnen Kindes oder einer Gruppe von Kindern

- *Beobachten Sie das Kind/die Kinder bei dem Rollenspiel, und bieten Sie nur das Mitspiel an, wenn dem Kind/den Kindern Spielideen fehlen oder das Spiel verflacht.*

- *Unterstützen Sie die Spielideen des Kindes/der Kinder mit spielanregenden Materialien oder Requisiten (z. B. auch durch Materialien, die selbst gestaltet wurden wie z. B. Geld mithilfe der Durchreibetechnik).*

- *Geben Sie dem Kind/ den Kindern, wenn nötig, durch behutsames Mitspielen in einer Nebenrolle (!) neue Spielimpulse (z. B. als Kundin in einem Friseursalon, die eine Dauerwelle wünscht, als Kunde eines Supermarktes, der Obst und Gemüse kauft usw.).*

- *Ziehen Sie sich behutsam aus dem Rollenspiel zurück, wenn Sie merken, dass das Kind/die Kinder in das Spiel gefunden hat/haben (z. B. als Kundin des Friseursalons, die sich nach dem Frisieren wieder verabschiedet, als Kunde des Supermarktes, der diesen nach dem Bezahlen verlässt usw.).*

Das angeleitete Rollenspiel

Beim angeleiteten Rollenspiel geht die Initiative von einer Erzieherin aus. Thema und Inhalt des Rollenspieles werden vorgegeben. Die Kinder beteiligen sich an der Planung und Gestaltung. Der Spielverlauf und der Ausgang des Spiels werden vorher nicht festgelegt.

Es wird einerseits eine Auseinandersetzung mit dem vorgegebenen Inhalt angestrebt, andererseits kann darstellendes Spiel wie Theaterspiel, Schattenspiel usw. geübt werden. Auch diese Rollenspielform wird nicht für Zuschauer inszeniert, sondern nur für die Spieler selbst. Wenn Gruppenmitglieder sogleich Zuschauer sind, dann nur deshalb, weil es sich so ergibt. Deshalb haben diese Rollenspiele auch keinen Übungscharakter. Szenen werden nur deshalb wiederholt, weil es Spaß macht, weil der Spieler etwas noch einmal erfahren möchte oder weil er durch eine andere Spielweise eine neue Erfahrung machen soll, aber nicht, weil eine bessere Darstellungsform für Zuschauer erarbeitet werden soll.

Die Erzieherin kann mitspielen oder der Sozialhelferin eine Rolle überlassen, wenn den Kindern dadurch Anregungen gegeben werden oder wenn sie das zu spielende Geschehen in einer bestimmten Weise thematisieren möchte.

(vgl. Pausewang, 1997, S. 138 ff.)

Mögliche Themen für angeleitete Rollenspiele:

- „Wir spielen unseren Besuch bei der Feuerwehr nach."
- „So sah mein erster Besuch beim Zahnarzt aus."
- „So stelle ich mir meinen ersten Schultag vor."
- „Wir spielen ein Märchen, eine Geschichte oder den Inhalt eines Bilderbuches nach."

Beispiel eines angeleiteten Rollenspiels zu dem Märchen „Sterntaler"

- Die Erzieherin sitzt mit den Kindern im Halbkreis auf einem Teppich, hat eine Kiste mit diversen Requisiten vor sich stehen, erklärt den Kindern kurz ihr Vorhaben und erzählt noch einmal das Märchen „Sterntaler".
- Die Erzieherin bespricht mit den Kindern die Rollen, die man spielen könnte (vier verschiedene Kinder, die Sterntaler in unterschiedlicher Kleidung zeigen, Menschen, die Sterntaler begegnen usw.).
- Wenn jedes Kind eine Rolle hat, holt es sich seine Requisiten.
- Die Erzieherin bespricht mit den Kindern, wie sie ihre Rolle darstellen wollen.
- Gemeinsam wird überlegt, wie die Raumaufteilung und -gestaltung aussehen soll (z. B. Wo geht der Weg entlang? Wo ist der Wald?).
- Das Spiel beginnt: Die Erzieherin erzählt den Rahmen der Geschichte, die Kinder übernehmen Dialoge und Handlung. Durch Blickkontakt gibt die Erzieherin den Einsatz und, wenn nötig, mündlich kleine Hilfestellungen.
- Wird nach dem Spiel eine Wiederholung gewünscht, wird das Vorherige kurz nachbesprochen, dann kann eventuell ein Rollentausch stattfinden.

Auch in zahlreichen Regelspielen sind Rollenspielelemente enthalten, welche die Spieler zu pantomimischen Spielen (Rollenspiel ohne Worte) oder anderen Rollenspielen auffordern. Diese Spiele dienen als Vorübung zum darstellenden Spiel wie Theater, Schattenspiel usw.

Beispiele für pantomimische Spiele:

Lieder darstellen

Alter der Mitspieler: ab 5 Jahren
Anzahl der Mitspieler: 1–20 Spieler
Spieldauer: ca. 5 Minuten

Alle Kinder sitzen im Halbkreis und singen ein ihnen bekanntes Lied. Ein Kind oder mehrere Mitspieler versuchen dann, dazu passende pantomimische Bewegungen zu erfinden.
(vgl. Thiesen, 2009, S. 159)

Marionetten-Spiel

Alter der Mitspieler: ab 5 Jahren
Anzahl der Mitspieler: ab 2 Spielern
Spieldauer: ca. 10 Minuten

Jeweils zwei Kinder spielen zusammen: Eines ist die Marionette, das andere der Marionetten-spieler. Dieser zieht bei der Marionette an unsichtbaren Fäden und überprüft dabei z.B. Knie, Füße, Kopf, Schulter, Po usw. Zum Schluss werden alle Fäden losgelassen und die Marionette fällt in sich zusammen. Dann werden die Rollen getauscht.
(mündlich überliefert)

Das Konstruktionsspiel

Bei dieser Spielform stellen die Kinder, z.B. durch Bauen, Werken, Malen oder Formen, selbst etwas her. Mit verschiedenen Materialien gestaltet das Kind ein Werk nach eigenen, vorgegebenen oder in der Gruppe entwickelten Vorschlägen. Diese Spielform stellt einen Übergang zu Arbeitstätigkeiten dar, die zum Teil viel Ausdauer und Konzentration fordern. Das Kind lernt hierbei, nach einem Plan zu arbeiten oder etwas Vorgestelltes zu gestalten. Bei einigen zu gestaltenden Werken werden auch erste technische Zusammenhänge erkannt.
Beim Konstruktionsspiel unterscheiden wir zwischen zwei verschiedenen Spielformen:
- Bauspiele
- Mal- und Gestaltungsspiele

Bauspiele
Einige Autoren teilen diese Spielform in drei Gruppen ein:

1. **Das Spiel mit kleinen Bausteinen auf dem Tisch oder dem Boden**
   Es können Vorlagen zum Konstruieren eines Werkes benutzt werden.
   Dieses Spielmaterial eignet sich gut für das Spiel des einzelnen Kindes, kann aber auch in kleineren Gruppen gespielt werden.
   Zum Material, das für diese Spielform genutzt wird, zählen:
   Duplo-, Legosteine, Legetrapeze, Steckspiele mit Farben oder Formen, Steckmosaike usw.

2. **Das Spiel in eigens ausgestatteten Baubereichen auf dem Boden**
   Meist finden sich hier kleine Gruppen von Kindern zusammen, die etwas für späte-
   re Rollenspiele konstruieren. Die Mitspieler regen sich gegenseitig zum fantasie-
   vollen Bauen an, gleichzeitig müssen sie gemeinsam organisieren und miteinander
   kooperieren, indem sie beispielsweise überlegen:
   - Was wollen wir bauen?
   - Wer übernimmt welche Aufgabe?
   - Was benötigen wir an Material?

   Materialien, die sich für diese Spielform und das sich daran anschließende Rollen-
   spiel eignen, sind vielfältig. Hierzu zählen beispielsweise:
   - Holzbausteine,
   - Spielzeugbausteine aus Kunststoff,
   - ein Straßenteppich mit Autos,
   - Belebungsmaterial wie Tiere aus Holz oder Kunststoff, Bäume, Zäune,
   - Eisenbahnschienen aus Holz oder Kunststoff,
   - eine Holzeisenbahn.

   Zudem können auch einige Verpackungs- und Naturmaterialien, Holzabfälle, die
   mithilfe von Bastelmaterial gestaltet oder umgestaltet werden, in dieses Spiel einbezogen werden.

3. **Großräumiges Bauen im Turnraum, Flur oder im Freien**
   Bei dieser Spielform bauen Kinder meist in der Gruppe mit Materialien, welche die
   Spieler zum Teil auch selbstständig gefunden haben. Meist handelt es sich bei dieser
   Spielform um eine Kombination aus Bauen und bewegungsreichem Spiel.

   Zu den Materialien, die den Kindern angeboten werden, zählen z. B.:
   - große Kartons
   - Decken, Tücher, Kissen
   - Großbausteine
   - Möbel
   - Schaumstoffteile

   (vgl. Pausewang, 1997, S. 128 f.)

Mal- und Gestaltungsspiele

Bei dieser Spielform gestaltet das einzelne Kind oder
eine Kindergruppe allein oder mit Unterstützung der
pädagogischen Fachkraft etwas aus Verbrauchsmateri-
al. Dabei kann es sich um eine stark gelenkte Bastelak-
tivität oder um ein frei zu gestaltendes Werk handeln.
Einen stärker spielerischen Charakter hat das Werken,
Malen und Formen, da hier der Gestaltungsprozess
wichtiger ist als das Ergebnis. Der Spielende kann sich
ohne Leistungsanforderung kreativ betätigen.

Materialien, die sich für diese Spielform eignen, sind:
- Malutensilien wie Pinsel, Wachsmalstifte, Kreide
  usw.
- verschiedene Papiersorten zum Schneiden, Reißen, Knüllen usw.

- formbare Materialien wie Knete, Ton, Plastilin usw.
- Alltagsmaterialien wie Kartons, Dosen, Knöpfe, Watte,Verpackungsmaterial
- Naturmaterialien wie Muscheln, Steine, Stöckchen usw.

Hinweise zur Begleitung des Konstruktionsspieles des einzelnen Kindes oder einer Gruppe von Kindern

- *Beobachten Sie das Kind/die Kinder bei ihrem Konstruktionsspiel und orientieren Sie sich, welche Konstruktionsmaterialien zur Verfügung stehen und ob eventuell andere oder weitere Materialien benötigt werden.*

- *Unterstützen Sie die Spielideen des Kindes/der Kinder mit spielanregenden Materialien (z. B. auch durch Materialien, die selbst gestaltet wurden wie beispielsweise Stallungen für Tiere aus kleinen Kartons).*

- *Geben Sie dem Kind/den Kindern, wenn nötig, durch behutsames, eher untergeordnetes Mitspielen neue Spielimpulse (z. B. können Sie am Maltisch anbieten, Häuser für den Bau einer Stadt auf dem Bauteppich zu gestalten).*

- *Erlauben Sie den Kindern, ihre Bauwerke stehen zu lassen, damit sie zum Weiterbauen angeregt werden. Informieren Sie die anderen Kinder darüber, damit sie das Konstruierte nicht zerstören.*

Aufgaben

1. Gehen Sie in ein nahe gelegenes Spielzeuggeschäft, und finden Sie für die in der folgenden Tabelle genannten Spielbereiche konkrete Spielmittel.

2. Fertigen Sie auf einem separaten Blatt Papier eine Tabelle entsprechend der Vorlage an und tragen Sie hier die Spielmittel ein.

3. Kennzeichnen Sie in unterschiedlichen Farben, welche der aufgeführten Spielmittel Sie persönlich als „sehr empfehlenswert für das Vorschulalter", „empfehlenswert für das Vorschulalter" und „weniger empfehlenswert für das Vorschulalter" beurteilen. Begründen Sie Ihre Wahl.

4. Tauschen Sie Ihre Bewertungen zunächst in der Kleingruppe, dann im Plenum aus.

Spiele und Spielsachen für verschiedene Spielbereiche

Spielform	Spiele/Spielsachen
Freies Rollenspiel	
Angeleitetes Rollenspiel	

Bauen mit kleinen Bausteinen	
Bauen im Baubereich auf dem Boden	
Großräumiges Bauen	
Mal- und Gestaltungsspiele	

Das Regelspiel

Bei dieser Spielform wird nach Regeln gespielt, die eingehalten werden müssen, um das Spiel durchführen zu können. Hierbei erhalten die Spiele ab dem vierten Lebensjahr zum Teil auch Wettbewerbscharakter. Sie spornen das Kind zu Leistungen an, die es mit denen anderer vergleicht. So erlebt das Kind, wie es sich anfühlt, zu gewinnen und zu verlieren. Zudem lernt es gerade durch Regelspiele, die einen bestimmten persönlichen Einsatz erfordern, seine eigenen Grenzen kennen.

Unter anderem zählen zu dieser Spielform folgende Spiele:
- Gesellschaftsspiele
- Kreisspiele
- Bewegungsspiele

Gesellschaftsspiele
Bei dieser Spielform handelt es sich um Regelspiele, bei denen mithilfe von Spielfiguren, einem Würfel oder Karten ein bestimmtes Ziel erreicht werden soll. Meist gibt es einen Sieger und einen Verlierer.

Geschicklichkeitsspiele (Beispiele)

Mikado

Alter der Mitspieler: ab 6 Jahren
Anzahl der Mitspieler: 2–4 Spieler

Mehrere bemalte Holzstäbchen werden als Bündel gehalten und auseinanderfallen gelassen. Reihum versucht nun jeder Mitspieler, so viele Holzstäbchen wie möglich nacheinander wegzunehmen, ohne die anderen Stäbchen zu berühren. Sobald sich ein Stäbchen bewegt, kann der nächste Spieler sein Glück versuchen.

Angelspiel

Alter der Mitspieler: ab 3 Jahren
Anzahl der Mitspieler: 2–4 Spieler

Bei diesem Spiel werden auf Pappe aufgedruckte Fische und andere Gegenstände mithilfe einer Magnetangel aus einem umrahmten Karton geangelt. Reihum versucht jeder Mitspieler, einen Fisch oder andere Gegenstände zu erwischen.

Gedächtnisspiele

Memory oder Lotto

Alter der Mitspieler: ab 3 Jahren
Anzahl der Mitspieler: 2–4 Spieler

Ziel dieser Spiele ist es, ein oder mehrere gleiche Motive, die sich zumeist auf Pappkärtchen befinden, einander zuzuordnen.

Kartenspiele

Alter der Mitspieler: ab 4 ½ Jahren (wenn Kinder die Karten halten können!)
Anzahl der Mitspieler: 2–4 Spieler

Bei den meisten Kartenspielen für das Vorschulalter werden zwei oder vier Karten durch Fragen oder Ziehen beim Mitspieler gesammelt. Zufall und Taktik entscheiden über den Spielverlauf. Darüber hinaus können Kinder u. a. durch geschicktes Platzieren lernen, unerwünschte Karten wie beispielsweise den „Schwarzen Peter" loszuwerden. Bei schwierigeren Formen dieser Kartenspiele müssen Karten in einer bestimmten Art und Weise angeordnet werden, damit Muster, logische Reihen usw. entstehen können.

Wahrnehmungsspiele

Alter der Mitspieler: ab 3 Jahren
Anzahl der Mitspieler: 2–4 Spieler

Wahrnehmungsspiele sind Spiele, die einen oder mehrere unserer Sinne ansprechen.
Beim Spiel „Blinde Kuh" wird beispielweise der Tastsinn gefordert, denn hier geht es darum, mit verdeckten Augen bestimmte Figuren zu ertasten.

Spiele mit einem Würfel

Alter der Mitspieler: ab 3 Jahren
Anzahl der Mitspieler: 2–4 Spieler

Durch Würfeln mit einem Farb- oder Zahlenwürfel erreichen die Mitspieler ihr Ziel. So ist es z. B. Ziel des Farbwürfelspiels „Tempo, kleine Schnecke" als Erster eine der bunten Holzschnecken zu den Salatköpfen zu bringen.
Bei schwierigeren Würfelspielen, wie z. B. „Mensch ärgere dich nicht", liegt der besondere Spielreiz darin, dass Glück und taktisches Überlegen zusammenwirken.

Hinweise zur Begleitung von Gesellschaftsspielen

- *Bereiten Sie das Spiel gemeinsam mit den Kindern vor (z. B. Spielplan gemeinsam aufbauen, Karten gemeinsam verteilen).*

- *Fragen Sie die Kinder, ob sie das Spiel schon kennen, und lassen Sie sich die Spielregeln zunächst von den Kindern erklären.*

- *Fassen Sie die Spielregeln dann noch einmal kurz zusammen.*

- *Lassen Sie den jüngsten Mitspieler mit dem ersten Spielzug beginnen.*

- *Kommentieren Sie Spielzüge, damit die Spielregeln besser behalten werden (z. B. „Ich habe die „5" gewürfelt und gehe nun fünf Felder vor und zähle 1,2,3,4,5").*

- *Halten Sie das Kind dazu an, ebenfalls seine Spielzüge zu kommentieren, indem Sie Impulse geben wie beispielsweise. „Wie viele Felder musst du vorgehen? Welche Farbe hast du gewürfelt?".*

- *Achten Sie darauf, dass das Kind das Spiel an einen festen Aufbewahrungsort zurückbringt, damit sie das Spiel immer wiederfinden.*

Und hier noch ein Hinweis:

Verändern Sie eventuell die Spielregeln des Gesellschaftsspieles, wenn Sie bemerken, dass das Kind mit den Spielregeln über- oder unterfordert ist (z. B. „Mensch ärgere dich nicht" kann auch mit zwei Figuren gespielt werden, damit das Spiel nicht zu lang wird).

Aufgaben

1. Führen Sie in einer Kleingruppe mit sechs Teilnehmern ein Gesellschaftsspiel durch. Bestimmen Sie hierzu einen Spielleiter, drei Mitspieler und zwei Beobachter. Gehen Sie folgendermaßen vor:
   - Der Spielleiter und die Mitspieler führen das Spiel durch, die Beobachter notieren, welche Spielleiterregeln berücksichtigt werden.
   - Sprechen Sie über Ihre Eindrücke während des Spielverlaufes und die gemachten Beobachtungen.

2. Versuchen Sie anschließend, die folgenden Fragen zu beantworten:
   ▪ Welche Vorbereitungen muss/kann ich vor der Durchführung dieses Gesellschafts-
     spieles mit den Kindern treffen:
     a) wenn die Kinder das Spiel bereits kennen?
     b) wenn ich das vorliegende Spiel neu einführen möchte?
   ▪ Was können die Kinder während der Spieldurchführung wahrscheinlich allein
     bewältigen?
   ▪ Wobei muss ich den Kindern während der Spieldurchführung eventuell helfen/bzw.
     welche Erklärungen erscheinen mir notwendig?

Kreisspiele

Bei dieser Spielform handelt es sich um Spiele, die in Kreisform gespielt werden (z. B. im
Stuhlkreis). Oft handelt es sich hierbei auch um spielbare Lieder mit vorgegebenen
Regeln. Das Kind kann hier Spielrollen übernehmen und muss sich in der Gemeinschaft
den vorgegebenen Spielregeln und dem Begleittext anpassen.

Wem gehört der Schuh?

Alter der Mitspieler:	ab 4 Jahren
Anzahl der Mitspieler:	ab 5 Spielern
Spieldauer:	ca. 20 Minuten
Material:	ein Tuch oder eine Kiste

Alle Kinder ziehen beide Schuhe aus und legen einen davon in die Mitte des Kreises. Der
andere Schuh wird in eine große Kiste gelegt oder unter einem Tuch versteckt. Nun zieht ein
vorher bestimmtes Kind einen Schuh aus dem Berg in der Mitte. Das Kind, dem der Schuh
gehört, meldet sich und sagt seinen Namen.
Sind alle Schuhe aus der Mitte verteilt, nimmt ein Kind einen Schuh unter dem Tuch hervor
und gibt ihn dem Kind, dem er gehört. Der Schuhbesitzer nimmt den Schuh nur dann, wenn
das Kind seinen Namen weiß. Weiß es ihn nicht, wird der Name nochmals gesagt und das
Kind steckt den Schuh wieder unter das Tuch. Jetzt ist ein anderes Kind an der Reihe, einen
Schuh zu zeigen.
(mündlich überliefert)

„Ich bin die kleine Hexe" (Spiellied)

Alter der Mitspieler:	ab 3 Jahren
Anzahl der Mitspieler:	ab 5 Spielern
Spieldauer:	ca. 7 Minuten
Material:	Besen

Ich bin die klei-ne He-xe und ha-be .... Schuh'.
Ich reit' auf mei-nem Be-sen und sing' ein Lied da-zu.
Hey, hop-hop-hop, hey, hop-hop-hop, hey, hop-hop-hop-hop - hop!

Rechte: Lamp und Leute

Spielform:

Alle Kinder gehen angefasst im Kreis herum. Ein Kind hält einen Besen zwischen den Beinen und „reitet" gegen die Tanzrichtung in der Mitte des Kreises. Bei „... und habe ... Schuh", setzt es die Farbe von den Schuhen ein, die es trägt. „Hey, hop-hop-hop" wird von allen Kindern gesungen und dabei geklatscht. Das Kind in der Mitte tanzt mit dem Besen. Danach wird ein neues Kind bestimmt und das Spiel beginnt von vorn.

Bewegungsspiele

Bei dieser Spielform handelt es sich um Regelspiele, deren Grundform die Bewegung ist. So kommen diese Spiele dem stark ausgeprägten Bewegungsdrang der Kinder entgegen.

Fischer, Fischer wie tief ist das Wasser?

Alter der Mitspieler:	ab 4 Jahren
Anzahl der Mitspieler:	ab 8 Spielern
Spieldauer:	ca. 10 Minuten

Ein Kind wird als Fischer bestimmt (z. B. durch Auszählen). Es stellt sich auf die eine Seite der Turnhalle oder des Platzes, die anderen Kinder stehen auf der gegenüberliegenden Seite. Jetzt ruft die Gruppe: „Fischer, Fischer wie tief ist das Wasser?"
Der Fischer antwortet z. B.: „100 Meter tief."
Die Gruppe fragt: „Wie kommt man da hinüber?"
Der Fischer nennt eine Gangart wie z. B.: „Auf allen Vieren krabbeln."
Die Kinder laufen dann in der vorgeschriebenen Gangart los, um auf die andere Seite zu gelangen, und der Fischer versucht, so viele wie möglich abzuschlagen. Die gefangenen Kinder werden ebenfalls zu Fischern. Das Spiel dauert so lange, bis nur noch ein Kind übrig ist, das in der nächsten Runde der Fischer sein darf.

(mündlich überliefert)

Tausendfüßler

Alter der Mitspieler: ab 5 Jahren
Anzahl der Mitspieler: ab 4 Spielern
Spieldauer: ca. 5 Minuten

Es werden zwei gleich starke Riegen gebildet. Die Kinder gehen auf allen Vieren und umfassen dabei die Fußgelenke des Vordermannes. Der „Tausendfüßler", der zuerst ein markiertes Ziel erreicht, hat gewonnen.

(vgl. Thiesen, 2009, S. 140)

Hinweise zur Begleitung eines neuen Kreis- oder Bewegungsspieles

- *Erklären Sie das neue Spiel langsam, kindgerecht und kurz. Falls möglich, machen Sie es vor.*

- *Akzeptieren Sie, wenn ein Kind nicht mitspielen möchte.*

- *Spielen Sie so lange mit, bis Sie merken, dass die Kinder das Spiel verstanden haben, und ziehen Sie sich dann langsam aus der aktiven Rolle zurück.*

- *Versuchen Sie alle Kinder einzubeziehen, die mitspielen möchten.*

- *Beobachten Sie die Spielsituation und beenden Sie das Spiel, indem Sie das Spielende rechtzeitig bekannt geben.*

- *Führen Sie nur so viele Spieldurchgänge durch, wie es das Spiel und die Spielsituation erlauben.*

Aufgabe

Wählen Sie ein Bewegungs- oder Kreisspiel aus und führen Sie es mit der Lerngruppe unter Beachtung der genannten Spielleiterregeln durch.

■ *Literaturtipps:*

Im Folgenden werden zwei Bilderbücher vorgestellt, die sich für Kinder im Vorschulalter eignen. (Auf die Methode „Bilderbuchbetrachtung" wird hier nicht näher eingegangen, da diese im Unterrichtsfach „Deutsch/Kommunikation" behandelt wird.)

Bloom, Becky/Biet, Pascal: Der kultivierte Wolf, *Oldenburg; Lappan Verlag, 2008.*
In diesem Tierbilderbuch geht es darum, das Interesse am Betrachten von Büchern zu wecken. Durch eindrucksvolle Bilder, die zeigen, wie aus dem „bösen Wolf" ein „gebildeter Wolf" wird, erkennen schon ältere Kindergartenkinder, dass es Wichtigeres und Wertvolleres gibt, als mit Angst einflößenden Worten und Gesten seine Macht zu demonstrieren.

Rasmos, Mario: Ich bin der Schönste im ganzen Land, *2. Auflage, Moritz Verlag, Frankfurt a. M., 2009.*
Dieses Tierbilderbuch greift in eindrucksvoller Weise die Themen „Prahlen und Angeberei" auf und lässt schon jüngere Kinder erkennen, dass jemand, der sich ausschließlich durch diese Verhaltensweisen in den Vordergrund drängt, nicht immer so „tierisch" ernst genommen werden sollte.

3.3 Das Spiel des Grundschulkindes und entwicklungsgerechte Spiel- und Gestaltungsangebote

Das Grundschulkind spielt nur noch in seiner Freizeit außerhalb der Schulzeit. Beobachtet man Kinder dieser Altersstufe, so wird deutlich, dass ihr Spiel wirklichkeitsbezogener und meist auf ein bestimmtes Ziel ausgerichtet ist.

Die vorherrschenden Spielformen dieser Altersstufe sind bereits beim Kindergartenkind zu beobachten. Im Grundschulalter erfahren sie jedoch, insbesondere durch ihre auffällige Regelgebundenheit, eine deutliche Erweiterung. Folgende Spielformen lassen sich beobachten:

- das Rollenspiel
- das Konstruktionsspiel
- das an Regeln gebundene Bewegungsspiel
- das an Regeln gebundene Gesellschaftsspiel

Das Rollenspiel

Im Grundschulalter wird wie im Kindergartenalter zwischen verschiedenen Rollenspielformen unterschieden. Im Wesentlichen handelt es sich dabei um folgende drei Formen:

- das spontane freie Rollenspiel
- das pädagogisch angeleitete Rollenspiel
- das darstellende Rollenspiel

Das spontane freie Rollenspiel

Das Kind im Grundschulalter erstrebt eine annähernd wirklichkeitsgetreue Wiedergabe des tatsächlichen Verhaltens der Personen, die es gerade darstellen möchte.

Insbesondere versucht es durch das Spiel, Handlungen von Erwachsenen und Gleichaltrigen zu begreifen.

Die Verarbeitung belastender Erlebnisse ist nicht mehr von so großer Bedeutung wie beim Kindergartenkind. Hier geht es eher um das schnelle Abreagieren gefühlsbetonter Erlebnisse (z. B. beim Schulespielen).

> **Merke!**
> *Auch wenn das Grundschulkind keine Spielimpulse mehr durch Ihr behutsames Mitspiel benötigt, können Sie die Spielideen durch Bereitstellen von Material (z. B. Verkleidungsgegenstände, Gestaltungsmaterial zur Errichtung von Höhlen und Buden), Zeit und einen geeigneten Ort zum Spielen unterstützen.*

Das pädagogisch angeleitete Rollenspiel

Bei dieser Rollenspielform geben erfahrene Spielpädagogen Themen vor, die ohne Publikum in einer Kleingruppe von sechs bis zehn Teilnehmern gespielt werden. Die Kinder können so beispielsweise spielerisch erproben, Probleme zu lösen, schwierige Entscheidungen zu treffen und vieles mehr.

Das darstellende Rollenspiel

Zu den darstellenden Rollenspielformen gehören z. B. das Figurenspiel (Kasperletheater, Marionettenspiel usw.), pantomimische Spiele, das Schattenspiel und das Maskenspiel. Es wird meist vor einem Publikum gespielt. Insbesondere wird hierbei die Zusammenarbeit mit anderen und das selbstständige Organisieren geübt.

Folgende Aufgaben kann die Sozialhelferin zur Vorbereitung einer Aufführung (entweder mit den Kindern gemeinsam oder auch für die Kinder) übernehmen:

- Gestaltung der Hintergrundkulisse
- Nähen von Umhängen und Kostümen
- Basteln von Masken aus Tonpapier, Gips oder anderen Materialien
- Bau einfacher Hand- oder Stabpuppen für ein Puppenspiel
- Basteln von Schattenfiguren aus Karton für ein Figurenschattenspiel
- gemeinsames Einüben von Texten für ein Theaterstück

Beispiele für den Bau einfacher Figuren für das Puppenspiel

Die Kochlöffelpuppe

Man benötigt einen Holzkochlöffel, den man nach Belieben gestaltet. Als Kopf dient die Schale des Kochlöffels, das Gesicht kann aufgemalt oder aufgeklebt werden (Wollreste können z. B. die Haare der Puppe bilden), das Kleid wird mit einem Band am Stiel des Kochlöffels befestigt. Mit der Kochlöffelpuppe wird gespielt, indem sie um die eigene Körperachse gedreht wird.
(vgl. Mühldorfer, 1994, S. 11)

Das Krokodil aus Eierkartons

Es werden zwei Eierkartons benötigt, die übereinander geklebt werden. Hierbei lässt sich ein Karton als Maul öffnen. Mithilfe von Filzstoffen und entsprechender Bemalung kann z. B. ein Ungetüm entstehen. Ein einfacher Ärmel (z. B. aus grünem Stoff) dient als Körper dieses Krokodils oder Drachens.
(vgl. Mühldorfer, 1994, S. 11 und 15)

1.   Suchen Sie in entsprechenden Büchern nach weiteren Beispielen für den Bau einer einfachen Figur für ein Puppenspiel.

2.   Fertigen Sie selbst eine Spielpuppe an.

Das Konstruktionsspiel

Auch beim Konstruktionsspiel des Grundschulkindes ist ein zunehmender Wirklichkeitsbezug zu erkennen. Dem Grundschulkind ist es wichtig, reale Gegenstände möglichst genau nachzubilden. Dem jüngeren Schulkind genügt dabei noch die Übereinstimmung in den äußeren Formen, während das ältere Schulkind vor allem erwartet, dass die Bauwerke und Fahrzeuge auch funktionstüchtig nachgebildet werden. Es lässt sich ein großes Interesse an technischen Erzeugnissen wie Autos, Flugzeugen und Maschinen erkennen. Das Kind kann sich nun viel länger auf eine Sache konzentrieren, wird ausdauernder und möchte die selbst gestellte Aufgabe erfolgreich beenden.

Hier einige Beispiele für Konstruktions- und Technikspielzeug:

Fischertechnik
Aus Plastikbauteilen lassen sich Modelle zu verschiedenen Themen wie Fahrzeuge, Flugzeuge, Werkzeuge, Traktoren und Landmaschinen, gestalten. Außerdem gibt es verschiedene Baukästen zum Thema „Elektrotechnik". Durch Experimentieren und Bauen erhalten die Kinder Antworten auf ihre Fragen zu elektrischen Schaltungen und zur Elektromechanik.

Lego
Mit den bekannten Legosteinen und entsprechenden Erweiterungsmaterialien (z. B. Figuren oder auch Motoren) lassen sich insbesondere zu aktuellen Spielthemen wie „Harry Potter", „Star Wars" oder zu Themen wie „Sport", „Autorennen" usw. kleinere oder größere Abenteuerlandschaften gestalten.

Kosmos-Experimentierkästen
Durch Experimentiermaterialien zu jeweils bestimmten Themengebieten können Kinder Zusammenhänge von Naturwissenschaft und Technik spielerisch erschließen. Die Kinder forschen, beobachten und lernen, sich spielerisch mit Chemie und Physik auseinanderzusetzen.
Diese Experimentierkästen gibt es für verschiedene Altersstufen von sechs bis ca. zwölf Jahren. Hier einige Beispiele:
- *Experimente mit der Maus:* Schon ab *fünf Jahren* können Kinder mit diesen Kästen Experimente mit Wasser, Licht, Wind und Luft usw. durch- und vorführen.

- **Experimentieren mit Peter Lustig:** Zu den Themengebieten „Sonne, Mond & Sterne", „Verblüffende Geheimnisse des Alltags" und „Die fünf Sinne" können Kinder **ab sieben Jahren** zahlreiche Experimente durchführen.
- **Electronic Start:** Durch Experimente und Anwendungen mit selbst gebauten kleineren Elektroanlagen und -schaltungen erlangen Kinder **ab neun Jahren** anschaulich einen Zugang zur Welt der Elektronik.
- **Parfum Labor:** Mithilfe verschiedener Duftöle können Kinder **ab zehn Jahren** ihr eigenes Parfum komponieren oder auch andere „wohlriechende Ideen" umsetzen.

> **Merke!**
> *Konstruktions- und Technikspielzeug sollte nur Kindern im Grundschulalter angeboten werden, die sich für dieses Spielmaterial wirklich interessieren, d.h., experimentierfreudig sind und Interesse an technischen Erzeugnissen zeigen.*

Die Beantwortung folgender Fragen kann bei der Auswahl von Konstruktions- und Technikspielzeug hilfreich sein:
- Entspricht das Material dem angegebenen Alter?
- Bestehen die einzelnen Materialteile aus möglichst einfachen Formen?
- Lassen sich mit dem Material sowohl wirklichkeitsgetreue Nachbildungen wie auch eigene Gestaltungsideen umsetzen?
- Ist das Konstruktions- oder Technikspielzeug erweiterungsfähig? (z.B. durch einzelne Bausteine oder Motoren)?
- Kann das Spielzeug repariert werden? Sind Ersatzteile leicht zu beschaffen?

Aufgaben

1. Wählen Sie ein Konstruktions- oder Technikspielzeug aus, das Sie entweder selbst besitzen, oder in einem Spielzeuggeschäft, oder anderswo gesehen haben und beschreiben Sie alle Bau- und Gestaltungsmöglichkeiten.

2. Beurteilen Sie dieses Spielzeug mithilfe der oben genannten Fragen zur Auswahl von Konstruktions- und Technikspielzeug.

Das an Regeln gebundene Bewegungsspiel

Das Grundschulkind ist an vielen Bewegungsspielformen interessiert. Es möchte Leistung zeigen und seine Leistungen mit denen Gleichaltriger vergleichen.
Die meisten Bewegungsspiele sind an bestimmte Regeln gebunden, die es unbedingt einzuhalten gilt. Zudem nehmen sie immer stärker Wettkampfcharakter an und werden unter einem bestimmten Zielaspekt durchgeführt (z.B. wer kann am längsten Seilchen springen?). Folgende Spielformen lassen sich beobachten:
- Ballspiele (Volleyball, Fußball, Korbball, Völkerball, Federball, Tischtennis usw.)
- Wurfspiele (z.B. Pfeil und Bogen, Ringwerfen)
- Suchspiele (z.B. Verstecken)
- Laufspiele (z.B. Fangen)
- Kreisspiele (z.B. „der Plumpsack geht um")
- Geschicklichkeitsspiele (z.B. Hinkeln, Gummitwist, Springseil)
- Singspiele (z.B. „Laurentia")
- Tänze

Einige Spielbeispiele:

Hüpfkästchen (Geschicklichkeitsspiel)

Alter der Mitspieler:	ab 6 Jahren
Anzahl der Mitspieler:	ab 2 Spielern
Spieldauer:	ca. 10 Minuten
Material:	Straßenkreide

Es wird draußen auf der Straße oder dem Schulhof ein Spielplan aus Kästchen, z. B. in Form eines Ts, eines Kreuzes oder einer Schnecke, aufgezeichnet. Die Kinder springen dann nach bestimmten Regeln der Reihe nach durch die Kästchen. Wird ein Fehler gemacht, muss man aussetzen und warten, bis alle anderen Spieler gesprungen sind.

Erreicht man sofort das Ziel, ist man Sieger, muss jedoch alle anderen Mitspieler ebenfalls springen lassen, und so gibt es unter Umständen in einer Runde mehrere Sieger, wenn alle fehlerfrei „durchkommen".

Die einfachste Form – das „T" (siehe Abbildung) – wird folgendermaßen gesprungen:

Man hüpft von Kästchen zu Kästchen, dann mit einem Grätschsprung in die beiden „5er" hinein, dann wird ein Wendesprung vorgenommen, man steht wieder auf den beiden „5ern" und hüpft dann mit Sprüngen die „4", „3", „2" und „1" hinaus.

(mündlich überliefert)

Seilchenspringen (Geschicklichkeitsspiel)

Alter der Mitspieler:	ab 6 Jahren
Anzahl der Mitspieler:	ab einem Spieler
Spieldauer:	beliebig
Material:	Seilchen

Spielmöglichkeiten:

Allein: Man springt mit geschlossenen Beinen vorwärts, rückwärts, mit gekreuzten Armen usw.

Als Paar: Man springt in einem längeren Seil dicht nebeneinander.

Als Gruppe von drei Personen: Zwei Kinder schwingen das Seil und ein drittes Kind springt in das Seil hinein, hüpft nach einem bestimmten Liedtext, wie z. B.:

> „Teddybär, Teddybär, hüpf hinein!
> Teddybär, Teddybär, heb dein Bein!
> Teddybär, Teddybär, mach dich krumm!
> Teddybär, Teddybär, ganz herum!
> Teddybär, Teddybär, ruh dich aus!
> Teddybär, Teddybär, hüpf hinaus!"
> *(mündlich überliefert)*

Fuchsball (Ballspiel)

Alter der Mitspieler: ab 6 Jahren
Anzahl der Mitspieler: 8–15 Spielern
Spieldauer: beliebig
Material: ein Wurfball, Markierungsmaterial zum Abgrenzen des Spielfeldes

Es wird ein Spielfeld abgesteckt. In diesem Spielfeld läuft eine Gruppe flinker Hasen umher. Ein Kind wird zum Fuchs ernannt und hat einen Ball in der Hand. Mit diesem versucht es, die anderen Kinder abzuwerfen. Hat es ein Kind abgetroffen, wird dieses ebenfalls zum Fuchs und darf mit abwerfen.
(vgl. Thiesen, 1986, S. 70)

Flaschenkegeln (Wurfspiel)

Alter der Mitspieler: ab 6 Jahren
Anzahl der Mitspieler: 5–10 Spielern
Spieldauer: ca. 15 Minuten
Material: 9 leere Plastikfla-
schen, ein Ball

Es werden neun leere Plastikflaschen in einem Feld aufgestellt. Von einer ca. 5 Meter entfernten Linie aus müssen sie durch einen gerollten Ball umgeworfen werden. Wer hat nach drei Kegelversuchen die meisten Flaschen umgeworfen?
(vgl. Thiesen, 1986, S. 83)

Schlangenspiel (Lauf- und Fangspiel)

Alter der Mitspieler: ab 6 Jahren
Anzahl der Mitspieler: ab 5 Spielern
Spieldauer: beliebig

Alle mitspielenden Kinder bilden eine Schlange. Der Kopf versucht, den Schwanz zu fangen. Ist dies gelungen, wechseln „Kopf- und Schwanzspieler" mit Kindern aus der Mitte.
(mündlich überliefert)

Aufgabe

1. Entwerfen Sie in der Kleingruppe eine Figur für ein Hüpfkästchenspiel und stellen Sie Regeln für die Spieldurchführung auf.

2. Vielleicht können Sie Ihr Spiel auch auf dem Schulhof selbst erproben?

Das an Regeln gebundene Gesellschaftsspiel

Ab dem Grundschulalter lassen sich zwei verschiedene Formen von Gesellschaftsspielen unterscheiden, die festgeschriebene Regeln haben und keine spontane Änderung mehr zulassen:

- **Glücksspiele**, deren Ausgang fast nur vom Zufall abhängt. Hierzu zählen *Kartenspiele* wie z. B. „Schwarzer Peter", Würfelspiele wie z. B. „Kniffel" und *Brettspiele* wie z. B. „Mensch ärgere Dich nicht".
- **Intellektuelle Spiele**, die den Einsatz logischen Denkens zur Erreichung des Spielerfolges verlangen. Hierzu zählen:
  - Ratespiele (z. B. „Teekesselchen")
  - Gedächtnisspiele („Ich packe in meinen Koffer")
  - Buchstabenspiele (z. B. „Scrabble")
  - Schreibspiele (z. B. „Stadt-Land-Fluss")
  - Brettspiele
  - Steckspiele (z. B. „Superhirn")
  - Anlegespiele
  - Kartenspiele (z. B. „Quartett", „Mau-Mau")
  - Geduldsspiele (z. B. „Puzzle")
  - Geschicklichkeitsspiele

Einige Spielbeispiele:

Lügen und Betrügen (Kartenspiel)

Alter der Mitspieler:	ab 7 Jahren
Anzahl der Mitspieler:	ab 3 Spielern
Spieldauer:	so lange, bis ein Spieler alle Karten abgelegt hat
Material:	ein Kartenspiel mit 52 Karten

Es wird ein Kartenspiel mit 52 Karten benötigt. Die Karten werden gut gemischt und gleichmäßig an alle Mitspieler verteilt. Übrig gebliebene Karten werden beiseitegelegt, mit der Rückseite nach oben.

Der erste Spieler (links vom Geber) legt eine beliebige Karte mit der Rückseite nach oben ab und nennt dabei den Wert der Karte. Der nächste Spieler legt ebenfalls verdeckt eine Karte auf den Stapel und nennt dabei den folgenden Wert. So geht es reihum weiter, immer um eine Stufe höher bis zum As, dann beginnt das Zählen wieder bei der Zwei usw.

Es bleibt den Spielern überlassen, den geforderten Wert oder eine „falsche" Karte abzulegen. In der ersten Runde darf noch nicht kontrolliert werden, ob der richtige Wert gelegt wurde, ab der zweiten Runde dürfen die Mitspieler klopfen, sobald sie vermuten, jemand habe eine falsche Karte abgelegt.

Beim Klopfen wird die letzte Karte umgedreht. Handelt es sich nicht um den angesagten Wert, hat der Spieler also betrogen, muss er sämtliche, der bisher abgelegten Karten aufnehmen. Hat er nicht betrogen, muss der „Klopfer" die Karten aufnehmen.

Zudem besteht die Möglichkeit, zwischendurch einmal mit dem Ablegen auszusetzen. Das erhöht die Glaubwürdigkeit. Auch mehrere Karten gleichzeitig abzulegen, ist erlaubt, d. h., es darf belogen und betrogen werden, nur erwischen lassen sollte man sich nicht!

Ziel des Spieles ist es, alle Karten abzulegen. Wer das als Erster geschafft hat, ist Sieger.
(mündlich überliefert)

Hundert (Kartenspiel)

Alter der Mitspieler: ab 9 Jahren
Anzahl der Mitspieler: ab 3 Spielern
Spieldauer: ca. 15 Minuten
Material: ein Kartenspiel mit 32 Karten, Spielmarken oder Bonbons

Man benötigt ein Kartenspiel mit 32 Karten. Die Karten werden gemischt und an die Spieler verteilt. Karten, die übrig bleiben, werden offen auf den Tisch gelegt. Die Kartenwerte dieser Karten werden zusammengerechnet, sie bilden den Anfang des Ablegestoßes. Die Summe der beiden Karten nennt der Geber laut. Die einzelnen Karten haben folgende Werte:

As   = 11
Zehn   = 10
Neun   = 9
Acht   = 8
Sieben = 7
König   = 4
Dame   = 3
Bube   = 2

Reihum werden die Handkarten abgelegt (man beginnt links vom Geber). Dabei wird der Wert der abgelegten Karte zur Summe der darunterliegenden Karten addiert. Der jeweilige Spieler nennt die neue Summe laut.
Ziel des Spieles ist es, ganz genau auf die Summe „Hundert" zu kommen.
Wer das schafft, ist Sieger und erhält von jedem Mitspieler drei Spielmarken (oder Bonbons). Wer jedoch mit seiner Karte nicht genau auf Hundert, sondern darüber kommt, der verliert und muss an jeden Mitspieler so viel Spielmarken zahlen, wie er Augen über Hundert abgelegt hat. So sollte man versuchen, zu Beginn möglichst die hohen Karten abzulegen und die Karten mit niedrigeren Werten bis zum Schluss aufzubewahren.
(mündlich überliefert)

Geld verlieren (Würfelspiel)

Alter der Mitspieler: ab 9 Jahren
Anzahl der Mitspieler: ab 2 Spielern
Spieldauer je Durchgang: ca. 15 Minuten
Material: 1–3 Würfel

Von einer Ausgangssumme (nach Absprache) wird je Spielrunde die gewürfelte Menge abgezogen (hierbei kann nach Belieben mit einem, zwei oder drei Würfeln gespielt werden). Es wird so lange gewürfelt, bis die Vermögenssumme aufgebraucht ist.
(mündlich überliefert)

Banane (Ratespiel)

Alter der Mitspieler:	ab 7 Jahren
Anzahl der Mitspieler:	6–20
Spieldauer:	ca. 10 Minuten

Während ein Spieler den Raum verlässt, denken sich die anderen eine Tätigkeit, beispielsweise Schuhe putzen, aus. Nachdem der ratende Spieler wieder im Raum ist, sprechen die Mitspieler von dieser Tätigkeit nur noch als „Banane".

Mit gezielten Fragen muss die Tätigkeit erraten werden, z. B.: „Kann man von dieser Banane leben?" „Kann Onkel Christian Banane?"

Nach ca. fünf Fragen können auch Hilfen gegeben werden wie: „Zu der Banane braucht man eine Bürste".

Das Spiel ist beendet, wenn die Tätigkeit erraten wurde.

(mündlich überliefert)

Das ABC-Spiel (Spiel mit Buchstaben)

Alter der Mitspieler:	ab 8 Jahren
Anzahl der Mitspieler:	6–20
Spieldauer:	ca. 10 Minuten

Alle Kinder sitzen im Kreis. Reihum werden Wörter mit den Anfangsbuchstaben in der Reihenfolge des Alphabetes genannt, d. h., der erste Spieler nennt ein Wort mit „A", der zweite Spieler ein Wort mit „B" usw.

Zunächst werden alle Wörter zugelassen, dann kann je nach Schuljahr auch verlangt werden, ein Wort einer bestimmten Wortart (z. B. nur Substantive, Verben, Adjektive) zu nennen.

(vgl. Flemming/Fritz, 1995, S. 64)

Buchstaben bilden (Spiel mit Buchstaben)

Alter der Mitspieler:	ab 6 Jahren
Anzahl der Mitspieler:	ca. 5–10 Minuten
Spieldauer:	ca. 10 Minuten
Material:	vorbereitete Zettel mit Buchstaben in Blockschrift

Es werden zwei Gruppen von drei bis vier Kindern gebildet. Jede Gruppe erhält einen Zettel mit einem Buchstaben in Blockschrift. Die Kinder sollen diesen Buchstaben in der Gruppe mit ihrem Körper darstellen. Die jeweilige andere Gruppe schaut zu und errät den Buchstaben.

(vgl. Flemming/Fritz, 1995, S. 24)

Wort im Wort (Schreibspiel)

Alter der Mitspieler:	ab 8 Jahren
Anzahl der Mitspieler:	kleinere Spielgruppen
Spieldauer:	ca. 5–10 Minuten
Material:	für jeden Spieler kopierte Wörterliste, Stifte

Jeder Mitspieler erhält eine Liste von Wörtern, in denen weitere Wörter versteckt sind. Auf ein bestimmtes Zeichen hin beginnen alle Spieler, die versteckten Wörter zu umkreisen. Wer zuerst fertig ist, klopft und alle müssen aufhören. Nun wird vorgelesen und verglichen: Hat ein anderer auch das Wort gefunden? Wo befindet sich das genannte Wort?

Mögliche Wörterliste: Wanne, Astern, Klosett, Stiefel, Meinung, Wind, Rauch
(vgl. Flemming/Fritz, 1995, S. 54)

Aufgabe

1. Wählen Sie eines der vorgeschlagenen Gesellschaftsspiele aus und führen Sie dieses Spiel mit einer Kleingruppe innerhalb Ihrer Lerngruppe durch.

2. Überlegen Sie anschließend gemeinsam, zu welchen Anlässen Sie dieses Spiel mit Grundschulkindern durchführen könnten.

■ *Literaturtipps:*

Biermann, Franziska: Herr Fuchs mag Bücher, Reinbek bei Hamburg, Rowohlt Taschenbuchverlag GmbH, 2001.
Diese fantasievolle Tiergeschichte handelt von einem gefräßigen Fuchs, der Bücher verschlingt – und dies ist wörtlich zu nehmen, denn Herr Fuchs isst jedes Buch, das er in die Pfoten bekommt.
Die komische und zugleich hintersinnige Geschichte eignet sich aufgrund der Schriftgröße und des Buchumfanges schon für Erstleser, die mit ein wenig Unterstützung durch Eltern oder Betreuungspersonen zum Lesen angeregt werden.

Maar, Paul: Alles vom Sams – Büchersammlung mit allen fünf Einzelbänden, Hamburg, Verlag Friedrich Oetinger GmbH, 2003.
In fünf aufeinanderfolgenden Bänden begleitet ein kleines fantastisches Wesen mit Rüsselnase einen schüchternen Mann, den es gleich bei der ersten Begegnung zu seinem Papa erklärt.
Mithilfe seiner blauen Punkte kann es seinem Papa und später auch dessen Sohn alle Wünsche erfüllen. Es gibt nur einen Haken – die Wünsche werden sehr wörtlich genommen. So muss der Wünschende sich sehr genau überlegen, wie er einen Wunsch formuliert, bevor er ihn ausspricht, um nicht in peinliche, komische oder gar kriminelle Situationen zu geraten. Dies passiert z. B., als Herr Taschenbier, so heißt der Mann, den das Sams „Papa" nennt, drei Hamburger zum Essen wünscht und plötzlich drei Hamburger Bürger als vermisst gelten.

Diese Reihe mit vielen turbulenten Geschichten eignet sich zum Vorlesen für Kinder ab acht Jahren, zum Selbstlesen aufgrund der Schriftgröße und des Buchumfangs ab ca. neun Jahren.

Lieder und gespielte Lieder für Kinder im Grundschulalter

Die Affen rasen durch den Wald

Die Affenmama sitzt am Fluss und angelt nach der Kokosnuss.
Die ganze Affenbande …

Der Affenonkel, welch ein Graus, reißt alle Urwaldbäume aus.
Die ganze Affenbande …

Die Affentante kommt von fern, sie isst die Kokosnuss so gern.
Die ganze Affenbande …

Der Affenmilchmann, dieser Knilch, der wartet auf die Kokosmilch.
Die ganze Affenbande …

Das Affenbaby voll Genuss hält in der Hand die Kokosnuss.
Die ganze Affenbande brüllt: „Da ist die Kokosnuss …
es hat die Kokosnuss geklaut!"

Die Affenoma schreit „Hurra! Die Kokosnuss ist wieder da!"
Die ganze Affenbande brüllt: „Da ist die Kokosnuss …
es hat die Kokosnuss geklaut!"

Und die Moral von der Geschicht:
Klaut keine Kokosnüsse nicht,
weil sonst die ganze Bande brüllt:
„Wo ist die …"

Quelle: überliefert

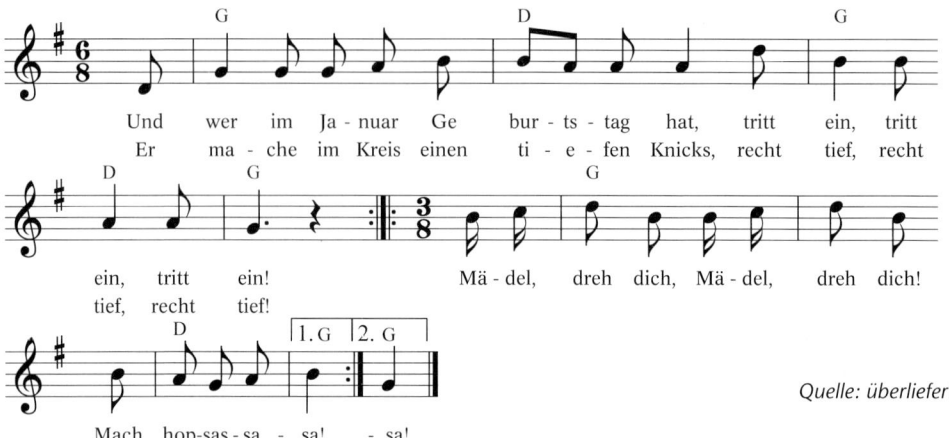

Und wer im Januar geboren ist

G D G
Und wer im Ja - nuar Ge bur - ts - tag hat, tritt ein, tritt
Er ma - che im Kreis einen ti - e - fen Knicks, recht tief, recht
D G G
ein, tritt ein! Mä - del, dreh dich, Mä - del, dreh dich!
tief, recht tief!
D 1. G 2. G
Mach hop-sas - sa - sa! - sa!

Quelle: überliefert

Tanzform zum Lied:
Die Kinder stehen im Kreis und halten sich an der Händen. Das aufgerufene Geburtstagskind tritt in den Kreis und macht drei Knickse. Beim Refrain tanzt das Kind, und die anderen Kinder klatschen. Nun wird Monat für Monat aufgerufen und besungen.

Der Gorilla mit der Sonnenbrille (Seht euch den Gorilla an)

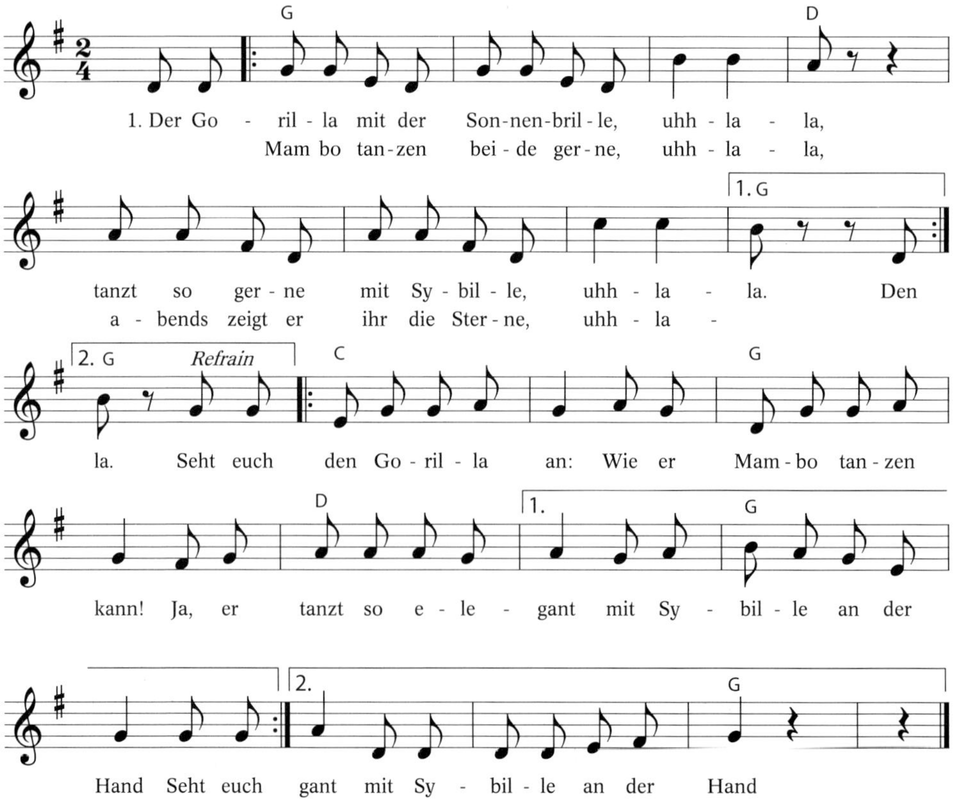
G D
1. Der Go - ril - la mit der Son-nen-bril - le, uhh - la - la,
Mam bo tan-zen bei - de ger - ne, uhh - la - la,
1. G
tanzt so ger - ne mit Sy - bil - le, uhh - la - la. Den
a - bends zeigt er ihr die Ster - ne, uhh - la -
2. G Refrain C G
la. Seht euch den Go - ril - la an: Wie er Mam - bo tan - zen
D 1. G
kann! Ja, er tanzt so e - le - gant mit Sy - bil - le an der
2. G
Hand Seht euch gant mit Sy - bil - le an der Hand

2. *Der Gorilla mit der Sonnenbrille,*
   uhh-la-la,
   liebt es laut, und nicht die Stille,
   uhh-la-la,
   Drum gehn sie in die Disco beide,
   uhh-la-la,
   Bille trägt ein Kleid aus Seide,
   uhh-la-la.
   Refrain

3. *Der Gorilla mit der Sonnenbrille,*
   uhh-la-la,
   braucht zum Tanzen keine Pille,
   uhh-la-la,
   Denn will er einen Mambo bringen,
   uhh-la-la,
   lässt er seine Beine schwingen,
   uhh-la-la.
   Refrain

Text und Melodie: Volker Rosin, Rechte: Moon Records Verlag, Düsseldorf

Spielvorschlag zum Lied:
Ein Kind bekommt eine Sonnenbrille und spielt den Gorilla. Die anderen Kinder sitzen im Kreis. Bei der ersten Strophe sucht sich der Gorilla seine „Sybille" und tanzt mit ihr Mambo. Bei der zweiten Strophe tanzen alle Kinder mit („wie in der Disco"). Zur dritten Strophe bringt der Gorilla eine Solo-Einlage. Zum Schluss kitzeln sich die beiden und nehmen sich friedlich in die Arme. Den letzten Refrain tanzen dann wieder alle Kinder.

Laurentia, liebe Laurentia mein

2. *Ach, wenn es doch schon wieder Montag wär,*
   und ich bei meiner Laurentia wär,
   Laurentia wär.

3. *Laurentia, liebe Laurentia mein,*
   wann werden wir wieder beisammen sein?
   Am Dienstag!

4. *Ach, wenn es doch schon wieder Montag,*
   Dienstag wär …

Es wird so lange gesungen, bis alle Wochentage verwendet wurden.

Letzte Strophe:
Ach, wenn es doch schon wieder Montag, Dienstag, Mittwoch, Donnerstag, Freitag, Samstag, Sonntag wär, und ich bei meiner Laurentia wär, Laurentia wär!

Quelle: überliefert

Spielform zum Lied:
Alle Teilnehmer stehen im Kreis rund halten sich an den Händen. Beim Wort „Laurentia" und auch bei der Nennung der Wochentage wird jeweils gemeinsam eine Kniebeuge gemacht. Bis zum Ende sind es insgesamt 63 Kniebeugen. Ob wohl alle durchhalten? Dieses Spiel erfordert einige Kondition.

3.4 Das Spiel des Teenagers und Jugendlichen und entwicklungsgerechte Spiel- und Gestaltungsangebote

Im Teenager- und Jugendalter lässt das Spielinteresse zugunsten anderer Freizeitaktivitäten wie beispielsweise Sport und Musik, langsam nach. Dennoch lassen sich die bisher vorgestellten Spielformen in abgewandelter Form je nach Interesse des einzelnen Teenagers oder Jugendlichen auch hier noch beobachten.

So beschäftigen sich einzelne Teenager und Jugendliche z. B. mit **Konstruktionsmaterialien** wie Modellbaukästen oder Ton und entdecken so für sich ein interessantes Hobby, dem sie sich mit viel Ausdauer und Ideenreichtum konzentriert widmen.

Andere Teenager und Jugendliche wiederum schließen sich freien Theatergruppen an, **spielen** verschiedene **Rollen** und erweitern zunehmend ihre darstellerischen Fähigkeiten.

An **Regeln gebundene Bewegungs- und Gesellschaftsspiele** werden eher in speziellen Jugend- und Freizeitgruppen durchgeführt. Auch projektähnliche Aktionen gehören hier zum Freizeitangebot für Teenager und Jugendliche.

Da in Jugendzentren und -heimen neben Erzieherinnen und Sozialpädagogen auch Sozialhelfer spiel- und freizeitbegleitende Aufgaben übernehmen können, werden im Folgenden zunächst einige konkrete Spiele verschiedener Spielformen beschrieben, die in den vorherigen Kapiteln noch nicht vorgestellt wurden.
Ein Beispiel für ein mögliches thematisches Projekt, an dem über mehrere Gruppenstunden gearbeitet werden kann, schließt sich an.

Tanz- und Discospiele

Die in einem Jugendzentrum eingerichtete Disco ist für viele Jugendliche oft der einzige Ort, an dem sie ihre Bedürfnisse nach freizügigeren Bewegungen, nach offener Zärtlichkeit und vertrauensvollen Beziehungen befriedigen können. Hier können sie sich nach ihren Wünschen „austoben".

Eine Möglichkeit, die Disco lebendiger zu gestalten, um einseitigem Konsumverhalten wie es in der „normalen" Disco üblich ist, entgegenzuwirken, bieten Disco- und Tanzspiele.
Diese Spiele können dazu beitragen, dass die Spieler ihre Kommunikations-, Bewegungs-, Musik- und Spielerfahrungen erweitern, indem sie die vielfältigen kreativen Ausdrucksformen, die unser Körper bietet, entdecken und ausprobieren.

Spielbeispiele

Zeitungstanz

Mitspieler: ab 10 Spieler
Alter: beliebig
Spieldauer: ca. 10 Minuten
Material: für jedes „Tanzpaar" eine Zeitung.

Es werden Paare gebildet. Jedes Paar tanzt auf einer aufgeschlagenen Zeitung. Wenn die Musik stoppt, wird die Zeitung jeweils in der Mitte gefaltet. Welches Paar schafft es, am längsten auf einer Zeitung zu tanzen, ohne den Boden zu berühren.
(mündlich überliefert)

Tanz mit Verkleidungen

Mitspieler: ab 10 Spieler
Alter: beliebig
Spieldauer: mit dem Schminken und Verkleiden ca. 20 Minuten
Material: Schminkutensilien, Spiegel, verschiedene Kopfbedeckungen, Tücher, Brillen, Jacken, Mäntel usw.

Die genannten Materialien werden an den Rand der Tanzfläche gelegt und es wird eine Schminkecke mit Spiegel eingerichtet. Die Spielleiter beginnen, sich zu verkleiden, zu schminken und animieren so die Jugendlichen, es ihnen gleichzutun.
Mit dieser Verkleidung werden dann Tänze ausprobiert. Spielleiter können hier Impulse durch Fragen geben: „Wie tanzt man wohl als Vampir, Opa, Top-Model?"
Nach einer ausreichenden Experimentierphase können dann auch kleine Ballettszenen entwickelt werden, die unter ein bestimmtes Motto gestellt werden wie z. B. „Opa-Rock", „Vampirblues", „Ballett der Supergirls".
Vielleicht entwickelt eine Gruppe hierbei einen Tanz, der bei einer Feier vorgeführt werden kann.
(mündlich überliefert)

Tanz mit Tüchern

Mitspieler: ab 5 Spieler
Alter: beliebig
Spieldauer: ca. 20 Minuten
Material: für jeden Spieler ein Tuch ca. 90 x 90 cm

Alle Mitspieler erhalten ein Tuch und probieren zunächst allein, dann in kleineren Gruppen Bewegungsabläufe mit dem Tuch aus.
Anstatt des Tuches können natürlich auch andere Objekte wie farbige Bänder, Stäbe usw. eingesetzt werden.
(mündlich überliefert)

Rollenspiel

Es werden zwei Formen des Rollenspieles unterschieden, die im Jugendalter durchgeführt werden können:

1. die pantomimische oder auch mit Worten unterstützte Darstellung einfacher Tätigkeiten, Geschichten usw.

2. Rollenspiele, bei denen Probleme nachgespielt werden. Durch diese Spielform können die Jugendlichen dann Probleme in der Familie, Schulsituationen oder Beziehungen zu Freunden aufgreifen, verarbeiten und gemeinsam mögliche Lösungen erarbeiten, denn hier ist es erwünscht, auch einmal in die Rolle der anderen Beteiligten zu schlüpfen.

Im Folgenden werden Spiele für die erste Spielform vorgestellt, da diese gut von Sozialhelfern begleitet werden können.
Die zweite Spielform wird eher von Erziehern und Sozialpädagogen angeleitet, die aufgrund ihrer Ausbildung mehr Erfahrungen im Umgang mit diesem pädagogischen Rollenspiel sammeln konnten.

Personenparty

Mitspieler:	10–20 Spieler
Alter:	beliebig
Spieldauer:	ca. 20 Minuten
Material:	vorbereitete Kärtchen, auf denen die Namen bekannter Märchenfiguren stehen

Der Spielleiter bereitet Zettel vor, auf denen die Namen bekannter Märchenfiguren stehen wie z. B. „Rotkäppchen", „Hänsel" usw. Jeder Spieler zieht einen Zettel, ohne den anderen mitzuteilen, wen er darstellt. Dann beginnt das Spiel:

Alle Märchenfiguren befinden sich auf einer Party. Sie gehen herum, unterhalten sich und versuchen, durch geschickte Gespräche möglichst viel über die einzelnen Gesprächspartner herauszufinden.

Wenn die meisten oder alle meinen zu wissen, wen die anderen darstellen, wird die Party beendet, und es wird überprüft, wer wen gespielt hat.

(vgl. Bundesjugendwerk der AWO, 1982, S. 163)

Gesprächssituationen nachspielen

Mitspieler: ab 10–20 Spieler
Alter: beliebig
Spieldauer: ca. 40 Minuten
Material: ca. 20 ausgeschnittene Fotos aus Zeitschriften, die Menschen in verschiedenen Gesprächssituationen zeigen

Die Gruppe bildet einen Sitzkreis. In der Mitte befinden sich Fotos von Menschen, die miteinander sprechen. Es bilden sich Paare. Jedes Paar einigt sich auf eine nachzuspielende Situation, ohne diese der Gruppe mitzuteilen. Die Gesprächssituation wird in einem anderen Raum ca. fünf Minuten eingeübt.

Nach dieser Zeit spielen die einzelnen Paare der Gruppe die Gesprächssituation vor. Die Gruppe muss nun herausfinden, welches Foto das jeweilige Paar ausgewählt hat.

(vgl. Thiesen, 1995, S. 71)

Spiele mit Sprache

Zu dieser Spielform zählen Schreibspiele, Erzählspiele, Spiele mit Wörtern, Gedichten, Geschichten usw.
Sie bieten den Jugendlichen die Gelegenheit, den Umgang mit Buchstaben, Wörtern und Sätzen spielerisch zu festigen. Die Jugendlichen entdecken, dass der Umgang mit Sprache Spaß machen kann und darüber hinaus etwas mit dem eigenen Erleben und den eigenen Gefühlen zu tun hat.
Da meist in einer Gruppe gespielt wird, ist auch der Teamgeist angesprochen. So bieten diese Spiele auch ein Gegengewicht zu den von vielen Jugendlichen bevorzugten Computerspielen. (Sicherlich kommt diesen Spielen eine wichtige Funktion in der heutigen Zeit zu, jedoch sollte nicht übersehen werden, dass sie den Jugendlichen vereinzeln können. So ist es gut, wenn Jugendliche Spiele kennenlernen, die in der Gruppe gespielt werden und bei denen jeder Mitspieler mindestens einen Spielpartner hat.)

Spielbeispiele

Marmor, Stein und Eisen bricht

Mitspieler: 3–20 Spieler
Alter: beliebig
Spieldauer: ca. 10 Minuten
Material: für jede Gruppe eine Zeitung, ein Blatt Papier, Klebstoff und Scheren

Die Spielleiterin nennt den Mitspielern einen Liedanfang wie z. B. „Marmor, Stein und Eisen bricht". Jeder Spieler oder die Kleingruppe versucht, mithilfe der Zeitung ganz schnell diese Zeile nachzubilden, indem passende Buchstaben oder auch ganze Zeilen aus der Zeitung ausgeschnitten und auf ein Blatt Papier geklebt werden. Wer zuerst den Liedanfang aufgeklebt hat, hat gewonnen.

(vgl. Flemming/Fritz, 1995, S. 20)

Eine Geschichte mit „E" erfinden

Mitspieler: ab 3 Spieler
Alter: ab 12 Jahre
Spieldauer: ca. 45 Minuten
Material: Wörterbuch, Stifte und Papier

Alle Mitspieler werden aufgefordert, eine Geschichte von etwa zehn Zeilen zu schreiben. Einzige Spielregel: Es dürfen nur Wörter in der Geschichte vorkommen, die mit „E" beginnen. Damit das Spiel nicht zu schwierig wird, können die Spieler aus bereitliegenden Wörterbüchern einige Wörter entnehmen.
(vgl. Rooyackers, 1998, S. 87)

Aus einem Wort neue Wörter bilden

Mitspieler: ab 5 Spieler
Alter: beliebig
Spieldauer: ein Spieldurchgang ca. 5 Minuten
Material: Papier und Stifte

Die Spielleiterin nennt einen Begriff, z. B. „Schreibspiel". Alle notieren diesen Begriff und versuchen, innerhalb von fünf Minuten möglichst viele neue Wörter aus den einzelnen Buchstaben dieses Wortes zu bilden. Wer findet die meisten neuen Wörter? (z. B.: *Reibe, Spiel, Liebe, Reise, Scheibe, Beil, Spree, Ich ...*)
(mündlich überliefert)

Beispiel für ein Projekt im Rahmen der Mädchenarbeit unter der Themenstellung: „Das Frauenbild in der Werbung"

1. Gruppenstunde: „Wahrnehmungsspaziergang: Werbung in unserer Umgebung"

Alle Teilnehmerinnen (TN) machen einen Spaziergang durch die Innenstadt. Sie erhalten lediglich den Auftrag, bewusst auf Werbebilder auf Plakatsäulen, Häuserwänden, Bushaltestellen und in Geschäften zu achten.
In einer anschließenden Diskussion im Jugendzentrum können dann die gewonnenen Eindrücke zusammengefasst werden:
- Wo gibt es überall Werbeplakate?
- Werden die Geschlechter unterschiedlich dargestellt?
- Entsprechen die Werbedarstellungen dem eigenen Schönheitsideal? usw.

2. Gruppenstunde: „Frauen- und Männerdarstellungen in der Zeitschriftenwerbung"

Material: verschiedene Zeitschriften, Tapetenrollen, Klebstoff und Stifte

Es werden zwei Gruppen gebildet.
Eine Gruppe untersucht die Männerdarstellungen in der Zeitschriftenwerbung, die andere Gruppe die Frauendarstellungen.

Besonders ansprechende, provokante oder aus anderen Gründen auffällige Werbungen werden ausgeschnitten und als Collage auf eine Tapetenrolle geklebt. Zum Schluss gibt jede Gruppe ihrem „Werk" einen Titel. Jede Gruppe stellt das Ergebnis vor.

3. Gruppenstunde: „Frauen- und Männerdarstellungen in der Fernsehwerbung"

Material: DVD mit ca. 20 ausgewählten Werbespots

Es werden alle Werbespots angeschaut, anschließend wird in Kleingruppen mithilfe von Fragen über das Gesehene diskutiert:
- Wofür wird geworben? Wofür werben Männer/wofür Frauen?
- Welche angeblichen Charaktereigenschaften haben die gezeigten Männer/Frauen?
- Welche Berufe haben die unterschiedlichen Geschlechter?
- Wie wirkt die Werbung auf uns? Woran merken wir, dass sie wirkt?
- Was können wir tun, um auf die Darstellung geschlechtstypischer Werbespots aufmerksam zu machen?

4.– 6. Gruppenstunde: „Inszenierung von Umkehrwerbespots zur Verdeutlichung typischer Frauendarstellungen in der Werbung"

Hier kann der Gruppenleiter in folgenden Schritten vorgehen:
- *Herstellung des Drehbuches zu dem Umkehrwerbespot*
  Mithilfe von Collagen werden die einzelnen Szenen der Spots von den TN hergestellt und mit Sprechblasen und Untertiteln versehen.
- *Herstellen von Requisiten für die Umkehrwerbespots*
  Entsprechend der Vorstellungen der TN werden neue Requisiten (z. B. Brillen, Schnurrbärte usw.) hergestellt und vorhandene Materialien umgestaltet (z. B. Überkleben von Kosmetikartikeln).
- *Aufzeichnung der Umkehrwerbespots*
  Die eigenen Werbespots, die darauf ausgerichtet sein sollen, auf frauenstereotype Darstellungen aufmerksam zu machen, werden mit einer Kamera aufgezeichnet. So kann z. B. in einer Kosmetik- oder Strumpfwerbung gezeigt werden, dass Frauen in der Werbung häufig auf sexistische Weise dargestellt werden, indem man sie auf einzelne Körperregionen reduziert.

Möglicherweise besteht die Möglichkeit, die Umkehrwerbespots anderen Gruppen vorzuführen.

Hier noch einige weitere Angebote für Jugendliche in Jugendfreizeiteinrichtungen:
- Fotoaktionen zu bestimmten Themen durchführen
- ein Kochstudio einrichten
- Modeschmuck selbst gestalten
- Theater- und Zirkusprojekte
- Musik machen, Lieder schreiben, eine Band gründen
- Ferienfreizeiten planen und durchführen
- und vieles mehr

1. Wählen Sie in der Kleingruppe einen der Beschäftigungsvorschläge aus der oben stehenden Auflistung aus und erstellen Sie hierzu mithilfe entsprechender Bücher und/oder Spielesammlungen eine umfassende Stoffsammlung für mehrere Gruppenstunden.

2. Stellen Sie einen konkreten Vorschlag der Lerngruppe vor.

3.5 Spiel- und Gestaltungsangebote für das kranke Kind

Sozialhelferinnen betreuen Kinder mit kurzen, vorübergehenden Krankheiten wie auch mit chronischen Erkrankungen in der Familie oder in Einrichtungen der Gesundheitsfürsorge (z. B. einem Erholungsheim). Gerade die zuletzt genannte Kindergruppe muss nicht nur die Krankheit ertragen, sondern auch die zeitweilige Trennung vom Elternhaus. Spielangebote helfen gegen Langeweile und lenken zumindest etwas von der Krankheit ab.

Bei der Auswahl geeigneter Spiele und Spielmaterialien ergeben sich häufig Schwierigkeiten, wenn sich das Kind bereits wieder gesund fühlt, aktiv werden möchte, dies aber nicht uneingeschränkt darf, weil einige Körperteile ruhiggestellt werden müssen (z. B. nach einem Unfall oder einer Operation).

Folgende Spielangebote können Sozialhelferinnen mit kranken Kindern zu Hause oder in Einrichtungen der Gesundheitsfürsorge durchführen:

- Bastelspiele
- Finger- und Schattenspiele mit der Hand
- Ratespiele
- Lieder, Gedichte, Verse (insbesondere Trost- und Heilverse für kurze, vorübergehende Krankheiten)
- Mal-, Sprach- und Schreibspiele
- einfache Brett- oder Kartenspiele
- Bilderbücher und Geschichten zum Gesundwerden

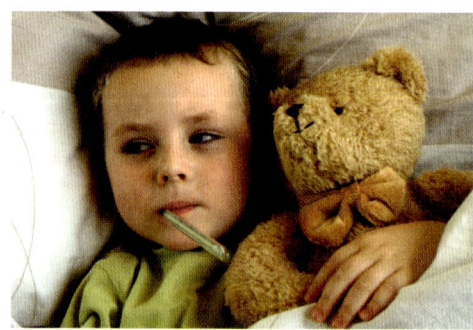

Zudem können bei chronischen Erkrankungen auch Angebote bezogen auf das spezielle Krankheitsbild durchgeführt werden, damit die Kinder lernen, mit ihrer Krankheit umzugehen und dementsprechend zu leben. Hierzu zählen z. B. Angebote im hauswirtschaftlichen Bereich wie das Backen von Plätzchen für an Diabetes erkrankte Kinder.

(Entsprechende Rezepte können im Unterrichtsfach „Fachpraxis Ernährung und Hauswirtschaft" kennengelernt werden.)

Beispiele für Spielangebote

Bastelspiele

Das Traumkissen

Material: gelber Baumwollstoff ca. 40 cm, Stoffmalfarben: Blau oder Schwarz, Gold oder Silber, Füllwatte

Auf einen doppelt gelegten Stoff wird ein Kreis mit einem Durchmesser von ca. 20 cm aufgemalt und ausgeschnitten.
Auf beide Stoffseiten werden Traummotive, wie z.B. Sterne und Mond, mit Stoffmalfarbe aufgemalt. Die Farbe muss nach dem Trocknen von links gebügelt werden. Dann werden die Kreise rechts auf rechts gelegt, anschließend wird das Kissen genäht. Hierbei muss zunächst eine Öffnung zum Füllen des Kissens freigelassen werden. Das Kissen wird dann ausgestopft und die Öffnung geschlossen.
(vgl. Cratzius, 1990, S. 41)

Fantasiebilder aus Schaschlikspießen

Man nimmt eine Packung mit Schaschlikspießen und kürzt diese auf unterschiedliche Längen. Auf einer festen Unterlage entstehen durch Anlegen der Spieße Bilder. Dabei kann das Kind mit dem Erwachsenen gemeinsam gestalten.
Verwendet man einen festen Karton, kann das Bild auch aufgeklebt werden.
(vgl. Jöcker, 1995, S. 46)

Fingerspiel

Fünf kranke Fingerchen

Die fünf Finger an meiner Hand sind alle krank:	*(der Erzähler legt die fünf Finger des Kindes in seine Hand)*
der hat Fieber,	*(man wackelt mit dem Daumen)*
der hat Husten	*(man wackelt mit dem Zeigefinger und hustet)*
der hat Kopfweh,	*(man wackelt mit dem Mittelfinger)*
der hat keinen Hunger	*(man wackelt mit dem Ringfinger)*
und dem kleinen Burschen hier rumpelt der Bauch.	*(man fasst den kleinen Finger an und schüttelt ihn)*

(Bartl, 1992, S. 38)

Schattenspiele mit der Hand

In einem abgedunkelten Raum kann bei Lampenschein ein Schattenspieltheater an der Wand stattfinden. Hauptakteure sind dabei die Hände.

Es lassen sich viele Figuren durch Ausprobieren oder durch Vorlagen, die sich in verschiedenen Büchern finden, darstellen.

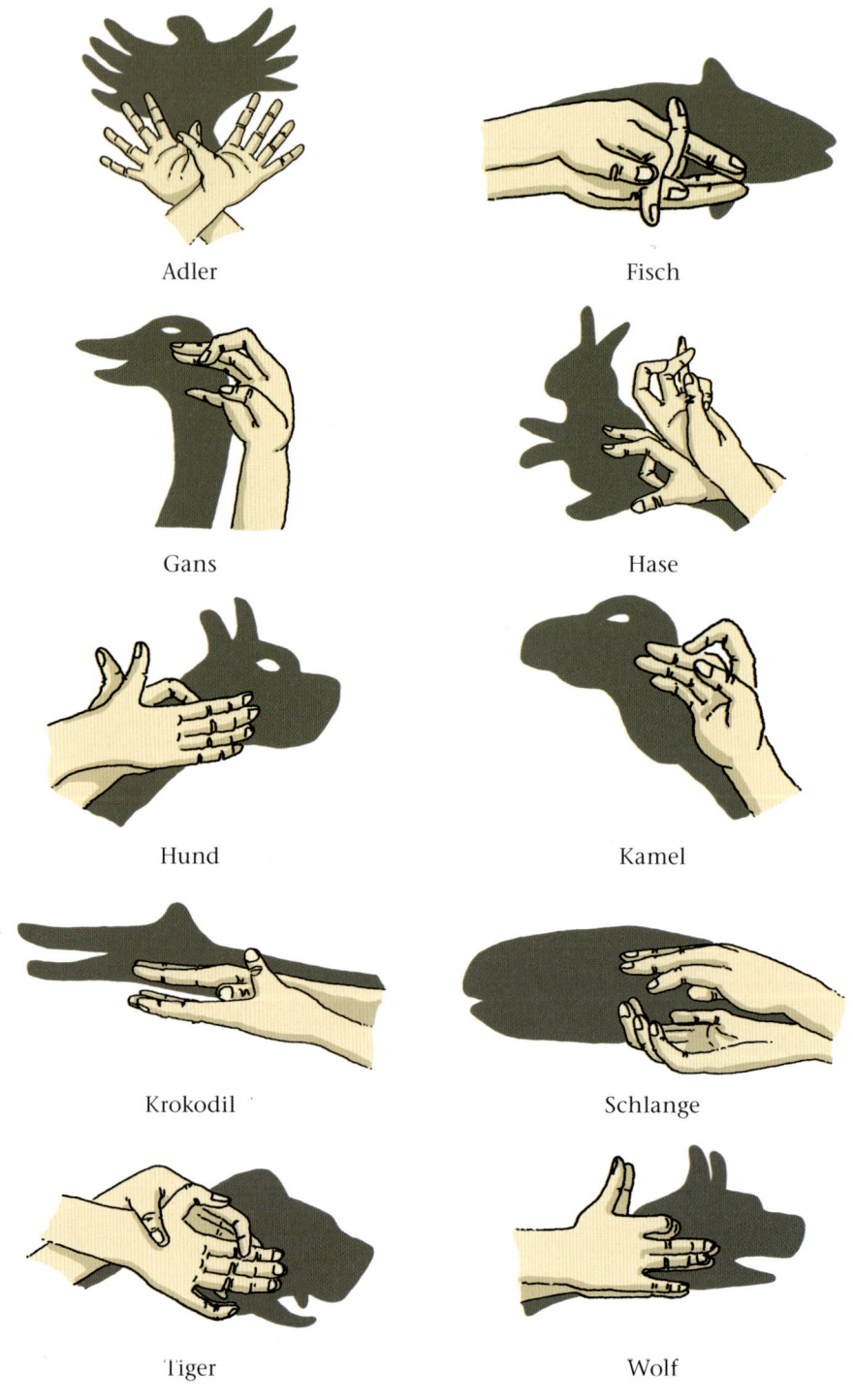

Adler

Fisch

Gans

Hase

Hund

Kamel

Krokodil

Schlange

Tiger

Wolf

Ratespiele

Berufe raten im Krankenhaus

In den folgenden Namen sind Berufe von Leuten versteckt, die im Krankenhaus arbeiten. Durch das Umstellen der Buchstaben kann man die einzelnen Berufe herausfinden[1]:

Ch. Nöki   Tina Heisse-Nast
Tarzan Uge   Zar Dredkin
Hülse Filp   Chr. Urig
Paul R. M. Feger   Peter Hypositahu
Ilona Drogi

Anmerkung:
Dieses Spiel kann nur mit älteren Kindern, die sicher lesen und schreiben können, durchgeführt werden.

(vgl. Wehner/Poll, 1998, S. 37)

Lügengedicht

In dem folgenden Lügengedicht sind zahlreiche Fehler versteckt. Welche Fehler findest Du?

Dunkel war's

Dunkel war's, der Mond schien helle,

Schnee bedeckt die grüne Flur,

als ein Wagen blitzeschnelle,

langsam um die Ecke fuhr.

Drinnen saßen stehend Leute,

schweigend in's Gespräch vertieft,

als ein totgeschossener Hase auf der Wiese Schlittschuh lief.

Und auf einer roten Bank, die blau angestrichen war,

saß ein blondgelockter Jüngling mit kohlrabenschwarzem Haar.

Neben ihm 'ne alte Schachtel zählte kaum erst 16 Jahr',

und sie aß ein Butterbrot, das mit Schmalz bestrichen war.

Oben auf dem Apfelbaume,

der sehr grüne Birnen trug,

hing des Frühlings letzte Pflaume und voll Nüssen noch genug.

Zu diesem Gedicht kann im Anschluss an das Ratespiel ein lustiges Fantasiebild gestaltet werden.

(vgl. Thiesen, 1994, S. 106)

---

[1] Lösungen: 1 = Köchin, 2 = Augenarzt, 3 = Spülhilfe, 4 = Raumpfleger, 5 = Physiotherapeut, 6 = Radiologin, 7 = Anästhesistin, 8 = Kinderarzt, 9 = Chirurg, 10 = Krankenschwester

Lieder, Gedichte, Verse (insbesondere Trost- und Heilverse für kurze, vorüber- gehende Krankheiten)

Vers für kranke Kinder

„Muh, muh, muh, auf der Wiese schreit die Kuh.
Ihr Euter, der ist heut 'so voll,
das findet die Kuh gar nicht toll.
Muh, muh, muh, auf der Wiese schreit die Kuh.
Krah, krah, krah, wer kann das sein?
Der Rabe läuft auf einem Bein.
Beim letzten Sturzflug ging was schief,
weil an dem Tag der Wind so blies.
Kikeriki, so ruft der Hahn,
ihm hat doch keiner was getan.
Doch auf dem Misthaufen, ach du Schreck,
da sind viele Dornen, das ist nicht nett.
Quak, quak, quak, ertönt es aus dem Teich.
Auf dem Blatt, da sitzt ein Frosch, der ist ganz bleich.
Er hat sich wohl den Magen verdorben,
und wartet mit dem Fressen besser bis morgen.
Und auch du bist ganz schlapp und dein Köpfchen ist heiß,
drum bin ich auch jetzt lieber ganz leis'.
Dann kuschelst du dich in mein Ärmchen ein,
bald wirst du wieder ganz munter sein."
(Jöcker, 1995, S. 50)

Trostlied

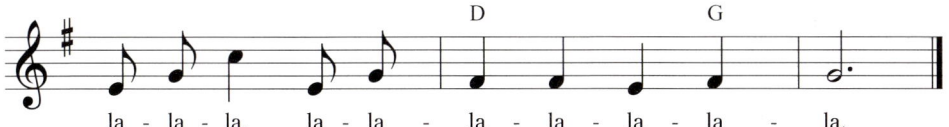

la - la - la,   la - la -   la - la - la - la -   la.

2. Teddy hat die Nase gestoßen
   und den großen Zeh.
   Komm, wir kraulen ihn und pusten,
   dann tut's nicht mehr weh.

3. Miezekatz mag nicht mehr schmusen,
   mauzt und sträubt das Fell.
   Komm, wir streicheln ihr den Rücken
   dann schnurrt Miez ganz schnell.

4. Schmuseschaf ist hingefallen,
   weh tut ihm das Bein.
   Kraule, kraule, liebes Schätzchen,
   bald wird's besser sein.

5. Pandabär mag nicht mehr brummen,
   ach, ein Ohr ist los.
   Komm, wir schreicheln ihm das Bäuchlein
   sanft auf meinem Schoß.

6. Ach, dem lieben Kind geht's besser,
   ist nun aufgewacht.
   Puste, puste weg die Schmerzen,
   hei – mein Kind das lacht.

Musik: Klaus W. Hoffmann; Text: Barbara Cratzius;
Rechte: PLAYA Musikverlag, Münster

Mal-, Sprach- und Schreibspiele

Galgenmännchen

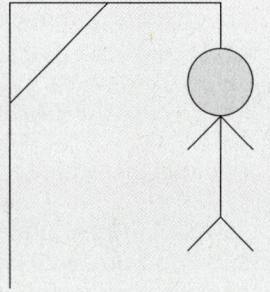

Anzahl der Mitspieler:	2 Spieler
Material:	Zettel und Stift

Einer der beiden Spieler denkt sich ein Wort aus und macht Striche auf das Papier entsprechend der Anzahl der Buchstaben.
Der Mitspieler nennt Buchstaben. Ist der genannte Buchstabe in dem gesuchten Wort enthalten, wird er an die entsprechende Stelle eingetragen. Wird ein falscher Buchstabe genannt, wird dem Galgen immer ein neuer Strich hinzugefügt. Nach zehn Fehlversuchen hängt das Männchen am Galgen und der Ratende hat verloren. Schafft er es vorher, das Wort herauszufinden, ist er Sieger und denkt sich das nächste Wort aus.
(vgl. Wehner/Poll, 1998, S. 30)

Wörtertürme

Es wird versucht, Wörtertürme zu bauen, indem immer ein Buchstabe des vorhergehenden Wortes verändert wird, z. B.:

Maus	Hase	Kind
Haus	Nase	Rind
Haut	nass	rund
kaut	Fass	Mund
...	...	...

(vgl. Wehner/Poll, 1998, S. 31)

Stadt – Land – Fluss für das Krankenhaus

Anzahl der Mitspieler: mindestens 2 Spieler
Material: Zettel und Stifte

Es werden mindestens zwei Mitspieler benötigt. Ein Spieler sagt lautlos das Alphabet auf, ein anderer ruft: „Stopp!" Mit dem nun genannten Buchstaben als Anfangsbuchstaben füllen alle Mitspieler möglichst schnell die Spalten ihrer Tabelle. Wer zuerst fertigt ist, ruft wieder laut „Stopp!", und alle hören auf zu schreiben.

Körperteil	Krankheit	Speise	Spielzeug	Kleidungsstück	Punkte

Für jeden gefundenen Begriff erhalten die Mitspieler zehn Punkte. Haben mehrere Spieler den gleichen Begriff gefunden, erhält jeder fünf Punkte. Wenn ein Spieler einen Begriff als Einziger gefunden hat, darf er sich hierfür 20 Punkte aufschreiben.
(vgl. Wehner/ Poll, 1998, S. 33)

Bilderbücher und Geschichten zum Thema „Krankheit"

Es gibt verschiedene Bilderbücher und Geschichten zum Trösten und Gesundwerden, Sachbilderbücher über Krankheiten und zur Vorbereitung auf einen Krankenhausaufenthalt sowie Geschichten und Bilderbücher, die sich mit ganz speziellen Krankheiten und den damit verbundenen kindlichen Ängsten auseinandersetzen .

Tipp!
Um für das kranke Kind genau das entsprechende Bilderbuch oder die richtigen Geschichten zu finden, empfiehlt es sich, in einer Bücherei nach Büchern zu dieser Krankheit zu suchen, oder einen Bibliothekar zu bitten, alle vorhandenen Bücher zu dieser Krankheit herauszusuchen.

■ *Literaturtipps:*

Janosch: „Ich mach dich gesund, sagte der Bär", Weinheim, Beltz, 2006.
In diesem Tierbilderbuch erlebt der kleine Tiger wie es ist, wenn man krank ist, nicht genau weiß, was einem wirklich fehlt und alle versuchen zu helfen, damit man ganz schnell wieder gesund wird.

Frey, J: „Lillis Windpocken-Wünschpunkte" in: „Das gibt's nur einmal auf der Welt: Geschichten, die Kinder stark machen", hg. von Sabine Kalwitzki u. a., Bindlach, Loewe Verlag 2008.
In dieser wirklichkeitsnahen Geschichte erlebt ein kleines Mädchen, dass man auch mit einer plötzlich auftauchenden und dazu noch ansteckenden Kinderkrankheit eine schöne Geburts-

tagsfeier haben kann, wenn jemand da ist, der versucht, das beste aus einer solchen Situation zu machen.

Horvath, M. und K.: „Kinderkrankheiten haben viele Gesichter", *Innsbruck, Tyrolia Verlag 2000.*
Durch dieses Sachbilderbuch erfahren Kinder ab sechs Jahren, welche Kinderkrankheiten es gibt, wie man mit diesen Krankheiten umgeht, woran man sie erkennt, wie lange sie dauern und vieles mehr.

Haberer, G.: „Mein Krankenhausbuch", *Frankfurt /M., Falken Verlag 2000.*
Dieses Sachbilderbuch spricht Kinder an, die einen Krankenhausaufenthalt vor sich haben.
In einzelnen Kapiteln werden die jungen Leser auf diese Zeit vorbereitet. So erfahren sie z. B. etwas über den Tagesablauf in einem Krankenhaus, über das Krankenhauspersonal und mögliche Untersuchungen. Zudem beinhaltet dieses Bilderbuch auch Beschäftigungsvorschläge zum Basteln, Malen und Aufschreiben.
Dieses Buch dient neben der Vorbereitung auf einen Krankenhausaufenthalt auch der anschließenden Verarbeitung dieses Erlebnisses.

Aufgaben

1. Erweitern Sie Ihre Spielkartei, indem Sie Spiele für das kranke Kind in den drei Altersstufen (null bis drei Jahre, drei bis sechs Jahre, sechs bis zehn Jahre) aus verschiedenen Büchern heraussuchen. Stellen Sie einen konkreten Vorschlag der Lerngruppe vor.

2. Stellen Sie ein bis zwei ausgewählte Spiele der Lerngruppe vor.

3.6 Vorbereitung und Durchführung von Kinderfesten und -feiern am Beispiel „Geburtstagsfeier"

Die Sozialhelferin wird die Erzieherin in der Kindertagesstätte oder die Eltern des Geburtstagskindes bei den Vorbereitungen und der Durchführung dieses wichtigen Tages unterstützen.

Oft werden Kindergeburtstage von Kindern im Vorschulalter unter ein bestimmtes Motto gestellt wie z. B. „Prinzessinnengeburtstag", „Piratengeburtstag" und „Monsterparty". Entsprechende Verkleidungen, Spiele, Lieder und Geschichten werden ebenfalls angeboten.
Egal, welches Thema das Geburtstagskind wünscht, es gibt es auf jeder Feier bestimmte Dinge, die den Geburtstag eines Kindes erst zu einer wahren Geburtstagsfeier werden lassen und die auf keinen Fall fehlen dürfen. Hierzu gehören:
- *der Geburtstagsorden,* der vor allem den anderen Kindern anzeigt wie alt das Kind geworden ist,

- ***das Geburtstagslied***, durch das dem Kind gezeigt wird, dass ihm alle gratulieren möchten:

Wie schön, dass du geboren bist (Heute kann es regnen)

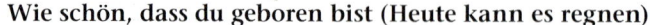

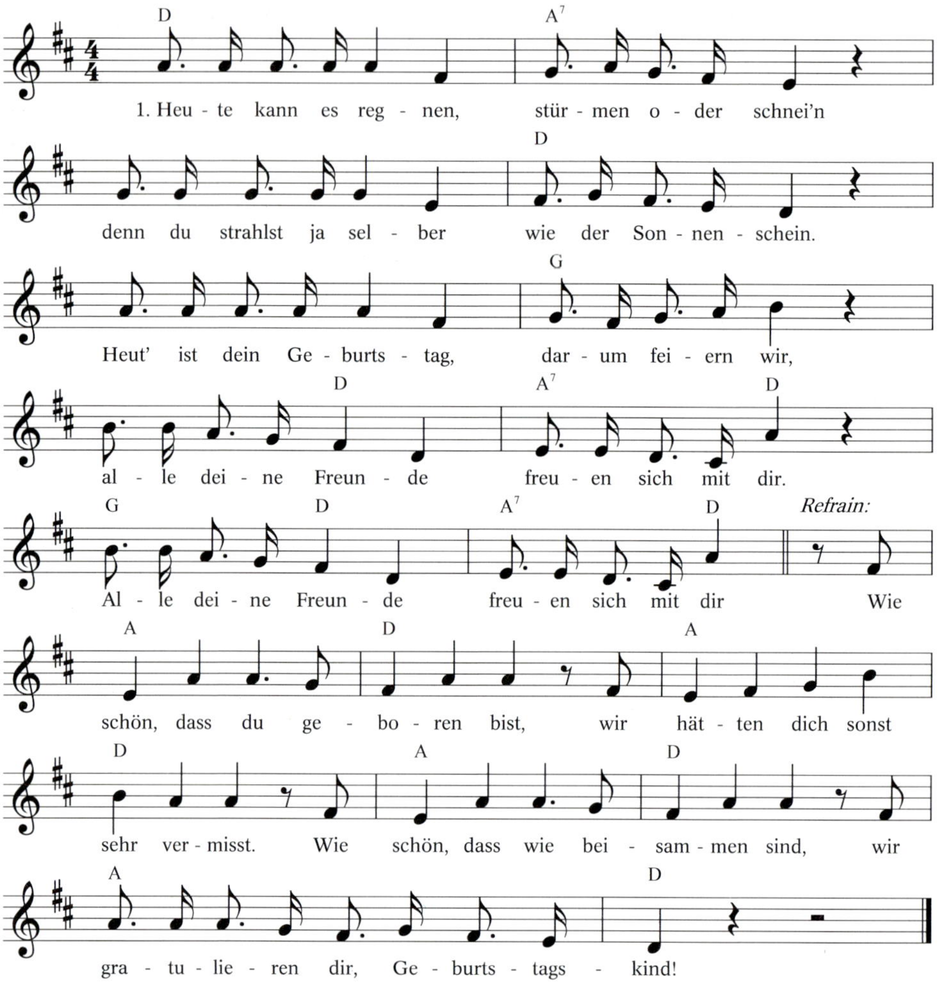
D A7
1. Heu - te kann es reg - nen, stür - men o - der schnei'n
D
denn du strahlst ja sel - ber wie der Son - nen - schein.
G
Heut' ist dein Ge - burts - tag, dar - um fei - ern wir,
D A7 D
al - le dei - ne Freun - de freu - en sich mit dir.
G D A7 D Refrain:
Al - le dei - ne Freun - de freu - en sich mit dir Wie
A D A
schön, dass du ge - bo - ren bist, wir hät - ten dich sonst
D A D
sehr ver - misst. Wie schön, dass wie bei - sam - men sind, wir
A D
gra - tu - lie - ren dir, Ge - burts - tags - kind!

2. *Uns're guten Wünsche haben ihren Grund:*
Bitte bleib noch lange glücklich und gesund.
Dich so froh zu sehen, ist was uns gefällt,
Tränen gibt es schon genug auf dieser Welt.
Tränen gibt es schon genug auf dieser Welt.

3. *Montag, Dienstag, Mittwoch, das ist ganz egal,*
dein Geburtstag kommt im Jahr doch nur einmal.
Darum lass uns feiern, dass die Schwarte kracht,
heute wird getanzt, gesungen und gelacht,
heute wird getanzt, gesungen und gelacht.

Text und Musik: Rolf Zuckowski, Rechte: MUSIK FÜR DICH. Rolf Zuckowski OHG, Hamburg

- ***die Geburtstagskerzen***, die allen Kindern zeigen, wie alt das Geburtstagskind geworden ist. Dabei ist es nicht zwingend notwendig, dass die Geburtstagskerzen sich in dem für die Kinder gewohnten Geburtstagskränzchen befinden. Es ist durchaus denkbar, dass hier auch eine andere Form gewählt wird.

- *der Geburtstagsschmuck*, der das Geburtstagskind sichtbar von den anderen Kindern unterscheidet (z. B. Geburtstagskrone, Geburtstagshut usw.),
- *das Geburtstagsgeschenk*, wodurch dem Kind eine Freude bereitet wird. Selbst gebastelte Geschenke, wie z. B. ein Tastmemory, sind dabei durchaus beliebt bei den Kindern,
- *das gemeinsame Geburtstagsessen* in Form eines Frühstückes oder Kaffeetrinkens, das auch zuvor gemeinsam vorbereitet werden kann (Geburtstagsrezepte können gut im Fach „Fachpraxis Ernährung und Hauswirtschaft" ausprobiert werden).

Neben diesen immer wiederkehrenden Elementen sollte ein Teil der Geburtstagsfeier entsprechend der Wünsche des Kindes individuell gestaltet werden, um dem Kind zu zeigen, dass es sich um eine Feier handelt, deren Ablauf es mitbestimmen kann.

Aufgaben

1. Suchen Sie zu einem „Mottogeburtstag" Ihrer Wahl aus verschiedenen Büchern Spiele, Lieder, Geschichten, Verkleidungen und eventuell Geburtstagsrezepte heraus und listen Sie diese auf.

2. Stellen Sie Ihre „Stoffsammlung" in der Lerngruppe vor.

4   Begleitung von Kindern und Jugendlichen beim Umgang mit Medien

Lernsituation

Valentina absolviert ihr Praktikum in einer Kindertagesstätte. An einem Montagmorgen beobachtet sie, wie der sechsjährige Robert den Gruppenraum betritt, kaum dass er da ist, in die Bauecke stürmt und sich mithilfe eines Steckmaterials ein waffenähnliches Gebilde anfertigt. Dann verschanzt er sich hinter einem Raumteiler, wartet auf seinen Freund und bedroht ihn schließlich mit den Worten: „Disch, disch – du bist tot."

Sein Freund und einige weitere ältere Jungen der Gruppe schließen sich begeistert diesem Spiel an und es beginnt ein lautes Kämpfen, Beschießen und Bedrohen. Zwischendurch fallen Namen einiger Fernsehhelden, welche die Eigenschaft besitzen, nach ihrem gewaltsamen Ende gleich wieder aufzustehen und weiterzukämpfen.

Durch dieses wöchentlich wiederkehrende laute Spiel, insbesondere der angehenden Schulkinder, fühlen sich einige jüngere Kinder immer wieder gestört. Es erscheint dem Team daher notwendig, den „kindergartenmüden" Jungen und Mädchen neue Impulse zu geben, die sie fordern und ein wenig von diesen Spielen ablenken. So beschließt das Team, dass der Nebenraum zum Computerraum umfunktioniert wird, der nach bestimmten Regeln, insbesondere von den angehenden Schulkindern, regelmäßig genutzt werden kann.

An diesem Montag soll im Team besprochen werden, wann und wie dieser Raum den Kindern zugänglich gemacht werden soll. **Valentina** wird eingeladen, an dieser Teamsitzung teilzunehmen.

Auch Sie und einige Ihrer Mitschülerinnen haben im Praktikum ähnliche Verhaltensweisen von Kindern beobachten können und finden diese Umgestaltungsidee gut. Andere Mitschülerinnen, die ihr Praktikum in Familien oder Einrichtungen der offenen Kinder- und Jugendarbeit absolviert haben, stehen diesem Vorschlag allerdings etwas kritisch gegenüber, da sie Kinder und Jugendliche kennengelernt haben, die so auf den Computer fixiert waren, dass sie kaum für andere Angebote zu gewinnen waren.

Aufgaben zur Lernsituation

1. Notieren Sie spontan Ihre Einschätzung der oben beschriebenen Situation:
   - Wer ist direkt und indirekt an der Situation beteiligt?
   - Wie sehen die Beteiligten die Situation? (Eventuell können Sie die einzelnen Beteiligten besser einschätzen, wenn Sie deren Sichtweise einnehmen. Formulieren Sie hierzu in ein oder zwei Sätzen die jeweiligen Gedanken und Gefühle der Beteiligten in „Ich-Form").

2. Überlegen Sie in der Kleingruppe, warum bestimmte Sendungen mit dauernder Wiederholung brutaler Kampfszenen oder auch bestimmte Computerspiele Kinder und Jugendliche so faszinieren können.

3. Listen Sie Themen auf, die Sie bearbeiten möchten, um auf die Begleitung von Kindern bzw. Jugendlichen im Umgang mit Medien in Ausbildung und Beruf besser vorbereitet zu sein.

4. Lesen Sie die nachfolgenden Ausführungen, bearbeiten Sie die entsprechenden Aufgaben und setzen Sie sich ggf. mithilfe weiterführender Informationen mit weiteren, für Sie wichtigen Inhalten zu dieser Thematik auseinander.

4.1   Kinder und ihre Medienwelten

Immer wieder wird in Einrichtungen der Kinder- und Jugendhilfe wie auch in Schulen, der Medienkonsum von Kindern und ihren Familien zum Thema. Dies ist verständlich, da Kinder heutzutage mit einer Vielzahl elektronischer Medien aufwachsen wie Fernseher, MP3- und DVD–Player, iPod, Computer, Playstation u. Ä.

Viele Kinder können mit diesen Medien auch recht gut umgehen, verbringen nur festgelegte Zeiten am Computer oder Fernseher, wählen Computerprogramme und Fernsehsendungen bewusst aus und lernen so eine Menge dazu.

Aktuellen Anlass zur Thematisierung der Mediennutzung bieten jedoch häufiger die negativen Beobachtungen wie in dem Beispiel beschrieben:
- Brutale Kampfszenen eines neuen Medienhelden werden täglich nachgespielt. Betreuungskräfte haben Befürchtungen bezüglich der Auswirkungen des Fernsehkonsums auf die Aggressionsbereitschaft der Kinder.
- Kinder erzählen von ihrem erhöhten Medienkonsum am Wochenende und wirken montags unruhiger als an den übrigen Wochentagen.
- Eltern möchten Ratschläge, welche Kindersendungen und Computerspiele für die Kinder geeignet erscheinen und welche sich eher als problematisch einstufen lassen, weil sie das Gefühl haben, durch den Konsum bestimmter Sendungen und Programme etwas falsch zu machen.

Gerade die allgegenwärtige Präsens von Medien in Familien, Einrichtungen für Kinder und Jugendliche sowie Schulen macht den bewussten und kritischen Umgang notwendig.

4.2   Kind und Fernsehen

Was sehen und verstehen Kinder verschiedener Altersstufen im Fernsehen und wie verarbeiten sie das Gesehene?

Altersstufe: 0–3 Jahre	
Fernsehverhalten	**Risiko**
<ul><li>Mit ca. einem halben Jahr wendet das Kind den Kopf dem Fernseher zu und horcht.</li><li>Eineinhalbjährige erkennen Figuren und Gegenstände aus ihrer alltäglichen Umgebung wie Trinkbecher, Kleidungsstücke usw.</li><li>Zweijährige nehmen insbesondere andere Kinder, große Tiere usw. wahr und interessieren sich für Handlungen, die sie aus ihrem alltäglichen Leben kennen, sie sprechen wiederkehrende Fernsehtexte mit und beginnen, Handlungen nachzuahmen.</li></ul>	Kinder sind verstört, wenn sie erleben, dass in ihre vertraute Welt etwas Gewaltsames oder Erschreckendes einbricht, deshalb sollte das Kind **nie** (!) wahllos und allein fernsehen.
Altersstufe: 3–5 Jahre	
Fernsehverhalten	**Risiko**
<ul><li>Alter des „magischen Denkens", d. h., fantastische, märchenhafte Darstellungen werden als wirklich erlebt</li><li>Es werden immer noch vorwiegend Einzelheiten wahrgenommen, dennoch können Kinder nun auch einzelnen Filmhandlungen folgen (z. B. Sendungen, die in Magazinform verschiedene Geschichten aneinanderhängen wie „Die Sendung mit der Maus", bei der Kinder ein- und aussteigen können.</li><li>Ruhige und lange Szenen können besser wahrgenommen werden als z. B. Zeichentrickfilme, die sich durch hektische Bewegungen/Szenenfolgen auszeichnen.</li></ul>	Zeit- und Raumsprünge, Rückblenden und Rahmenhandlungen überfordern Kinder.
Altersstufe: 6–9 Jahre	
Fernsehverhalten	**Risiko**
<ul><li>Auch hier werden zunächst noch eher Einzelheiten aufgenommen.</li><li>Kinder werden weniger leicht von Filmhandlungen überwältigt.</li><li>Durch das nun ausgeprägte Vermögen zum konkret-logischen Denken können sie einer Filmhandlung auch dann folgen, wenn diese aus verschiedenen Perspektiven erzählt wird (z. B. wenn Rückblenden eingespielt werden).</li><li>Ab ca. acht Jahren halten Kinder gezeichnete Figuren nicht mehr für real.</li></ul>	

Altersstufe: 10–13 Jahre	
Fernsehverhalten	Risiko
▪ Wirklichkeit und Fiktion im Film können zuverlässig voneinander unterschieden werden. ▪ Ab dem 10. Lebensjahr können Kinder das Fernsehgeschehen auch mit Rahmenhandlungen, Rückblenden und Nebensträngen erfassen. ▪ Sie achten weiterhin auf Einzelheiten und den „roten Faden".	Kinder, die im Fernsehprogramm von „Action" zu „Action" „zappen", erleben viele aufreizende Einzelszenen und dadurch einen Erregungszustand, den Körper, Geist und Seele nur schwer verarbeiten können.

(vgl. BzgA, 1997, S. 7 ff.)

Positive und negative Wirkungen des Fernsehens

Gute Kindersendungen weisen vor allem folgende Kriterien auf:
▪ einfacher Aufbau mit Magazincharakter, der Kinder ein- und aussteigen lässt,
▪ sie knüpfen an den Erfahrungen der Adressatengruppe an,
▪ die gezeigten Handlungen sind für die Kinder nachvollziehbar.

Als mögliche positive Auswirkungen wären hier Lerneffekte durch Sachsendungen zu nennen, z. B. durch Tierfilme, die das bereits vorhandene Wissen der Kinder erweitern oder speziell auf Kinder abgestimmte Nachrichtensendungen, die auch schwierige Ereignisse in eine kindgemäße Sprache kleiden. Setzen sich Erwachsene dazu, kann dann später auch noch über die Fernsehinhalte gesprochen werden.
Auch klar strukturierte Geschichten zur Unterhaltung können positive Effekte auslösen. Sie bieten den Kindern die Möglichkeit, das Gesehene nachzuspielen. Das Spielen fördert die Kreativität und Fantasie, Beeindruckendes oder aber auch Beängstigendes wird durch das Spiel verarbeitet.
Als Beispiel hierfür wären die Marionettenfilme der Augsburger Puppenkiste zu nennen, die seit Jahrzehnten bei jüngeren Kindern beliebt sind.

Als **mögliche negative Auswirkungen** werden neben den körperlichen Reaktionen wie Bewegungsmangel und Fettleibigkeit als Folge des vielen Naschens vor dem Fernseher auch zahlreiche psychische Nebenwirkungen genannt:

Fernsehen verdrängt Lesen und Spielen
Anders als beim Fernsehen muss das Kind beim Lesen nachdenken, um zu verstehen, was es aufnimmt. Das Wort ist nicht sichtbar, sondern verlangt nach Umsetzung in Bilder und Gedankengebäude, um konkret zu werden. Der fernsehfixierte junge Zuschauer, der wenig liest, macht sich beim gelegentlichen Lesen nicht die Mühe, Bilder zu durchdenken und irrt über den Umfang dessen, was er wirklich verstanden hat.

Fernsehen macht einsam
Entweder sitzen die Kinder ohnehin allein vor dem Fernseher oder die Situation lässt es nicht zu, dass Gespräche stattfinden. So ist es nicht möglich, auf eventuelle Fragen zu antworten. Stattdessen werden die Fragen mit immer neuen Fernsehbildern „zugedeckt".

Fernsehen macht aggressiv

Schauen sich Kinder Gewaltdarstellungen im Fernsehen an, können diese spontan zu aggressivem Verhalten anregen, wenn die Kinder ohnehin geladen und unzufrieden sind.

Allerdings lösen brutale Fernsehinhalte allein ohne weitere grundlegende Faktoren kein aggressives Verhalten aus.

Fernsehen macht ängstlich

Angsterregend wirken insbesondere Fernsehinhalte, die etwas Erschreckendes aus der alltäglichen Erlebniswelt der Kinder zeigen. So kann es vorkommen, dass Ängste und Verstörungen nach Filmen mit brutalen und angsteinflößenden Szenen und Gestalten monatelang anhalten.

Fernsehen fördert die Konsumbereitschaft der jungen Zuschauer

Gerade durch speziell auf die kindlichen Bedürfnisse und Gewohnheiten abgestimmte Werbeunterbrechungen werden Wünsche bei Kindern nach neuem Spielzeug, bestimmtem Spielzeug, Getränken usw. geweckt.

(vgl. BzgA, 1997, S. 16 ff.)

Ratschläge an Eltern und Betreuer in Familie zum Thema „Fernsehen"

Gemeinsam mit den Kindern sollte am Wochenanfang ein Programm zusammengestellt werden, bei dem die Eltern die tägliche Länge der Fernsehzeit vorgeben. Sie sollten berücksichtigen, dass folgende Richtzeiten nicht überschritten werden:
- für 3- bis 5-Jährige eine halbe Stunde
- für 6- bis 9-Jährige eine Stunde
- für 10- bis 13-Jährige 90 Minuten

Eltern und Betreuer sollten vor allem darauf achten, dass jüngere Kinder niemals allein und im Dunkeln vor dem Fernseher sitzen.

Eltern und Betreuer sollten von Kindern nicht verlangen, dass sie beim Fernsehen still sitzen bleiben, denn Bewegungen, Kommentare usw. helfen dem Kind, das Gesehene zu verarbeiten.

Auf Angstgefühle, die beim Fernsehen entstehen, sollten Eltern und Betreuer nicht amüsiert reagieren, weil dies dazu führen kann, dass Kinder zu einem späteren Zeitpunkt ihre Ängste vor den Bezugspersonen zu verstecken suchen.

Kinder müssen während und nach einer Sendung Gelegenheit haben, Gefühle zu zeigen und sich abzureagieren. Dies kann geschehen durch Zulassen von Bewegung, körperlichem Kontakt, Fragen und Gespräche.

Eltern und Betreuer sollten manchmal mit den Kindern Fernsehsendungen nachspielen.

Mit etwa zehn Jahren sollten Eltern Kinder an Nachrichten und Informationssendungen heranführen. Sie können dadurch den Realitätssinn der Kinder schärfen und sie anregen, Fragen zu Weltgeschehnissen zu stellen. Eltern sollten derartige Sendungen jedoch mit den Kindern gemeinsam anschauen, weil reale Gewalt Kinder häufig mehr ängstigt als fiktive.

> **Merke!**
> *Der Fernseher sollte niemals als Belohnung oder Bestrafung eingesetzt werden, denn so wird dem Kind vermittelt, dass fernsehen auf jeden Fall etwas Erstrebenswertes ist.*

Eltern sollten in ihrem Fernsehverhalten mit gutem Beispiel vorangehen und vielleicht auch einen fernsehfreien Tag pro Woche einführen.

4.3 Kind und Computer

Computerstart im Kindergarten – was sollten pädagogische Fachkräfte beachten?

Der Computer ist heutzutage in fast allen Lebensbereichen anzutreffen und bestimmt zunehmend den Alltag von Erwachsenen und auch Kindern mit. So ist es als wichtige Aufgabe von Eltern und Betreuern anzusehen, Kinder an den richtigen Umgang mit diesem wichtigen Medium heranzuführen. Die Heranführung eines Kindes an den Umgang mit dem Computer bedarf sicherlich einiger Vorüberlegungen. So seien an erster Stelle die Vorteile genannt, die der Computer den Kindern bietet:

- Durch den Computer werden mehrere Sinne gleichzeitig angesprochen, d.h., das Lernen erfolgt über das Hören und über das Sehen.
- Über Lerntempo und Lerninhalte können Kinder selbst bestimmen.
- Das Gedächtnis- und Erinnerungsvermögen wird geschult, wenn Kinder sich alle Handlungen (z.B. Start, Ausdrucken einer Seite ...) merken müssen, damit sie selbstständig am PC arbeiten können.
- Durch den Umgang mit Zeichen und Symbolen bietet der Computer eine gute Vorbereitung für das spätere Lesen, Schreiben und abstrakte Denken.

- Lernschwache oder aber auch überdurchschnittlich begabte Kinder können durch entsprechende Programme individuell gefördert werden.
- Es ist im Gegensatz zum passiven Fernsehen immer das aktive Kind getragt, das den PC bedient.
- Es findet eine Förderung der Feinmotorik durch gezieltes Bedienen der Maus statt.
- Kinder, die zu Hause keinen Computer haben, können im Kindergarten schon erste Erfahrungen im Umgang mit einem neuen Medium sammeln (Chancengleichheit).

> **Merke!**
> *Bei allen Vorteilen, die der Computer bietet, sollte eines nie vergessen werden: Der Computer ist ein Angebot unter zahlreichen anderen Angeboten für Kinder und sollte auch so verstanden werden.*

Hat beispielsweise das Team einer Kindertagesstätte die Entscheidung getroffen, den Computer in der Einrichtung einzuführen, so sollten sich die Mitarbeiterinnen zunächst einen groben Einblick in die Welt des Computers verschaffen, beispielsweise durch den Besuch einer anderen Kindertagesstätte, einer Grundschule oder der Bücherei, d.h. Einrichtungen, die schon länger mit einem PC arbeiten.

Weiterhin sollten sie überlegen, ob es sich um ein einmaliges oder längerfristiges Projekt handeln soll. Bei einem einmaligen Projekt bietet es sich vielleicht eher an, einen Computer auszuleihen, um erste Erfahrungen mit den Kindern zu sammeln.

Ist der Umgang mit dem Computer ein längerfristiges Angebot, so ist es sinnvoll, zunächst über folgende Fragen nachzudenken:

- Soll der Computer im Gruppenraum oder in einem separaten Raum untergebracht werden?
- Wird der PC von einer Gruppe oder von mehreren Gruppen genutzt?
- Soll er als offenes Angebot oder nur zu bestimmten Zeiten eingesetzt werden?

Für die praktische Arbeit mit den Kindern sollten folgende Punkte beachtet werden:
- Prinzip der Freiwilligkeit
- Eine halbe Stunde sollte möglichst nicht überschritten werden, wobei in der jeweiligen Situation Flexibilität gefragt ist (z. B. wenn ein Spiel noch beendet werden muss).
- Kinder sollten nur in kleinen Gruppen am PC arbeiten.
- Der Umgang der Kinder mit dem PC wird beobachtet und dann im Team reflektiert.
- Es ist wichtig, klare Grenzen und Regeln (mit den Kindern!) festzulegen (siehe auch Auflistung unten).
- Auf entsprechende ausgleichende Angebote wird geachtet: Entspannung, Bewegung, Augenentspannung.

Das Aufstellen von Regeln zum Umgang mit einem Computer ist notwendig, damit die Kinder sich zum einen nicht selbst gefährden und zum andern, damit der Computer eine möglichst lange Lebensdauer hat. Hier einige Vorschläge:
- CD s immer in das richtige Fach einlegen!
- Nicht mit schmutzigen Händen arbeiten!
- Keine Getränke oder Lebensmittel in die Nähe des PCs bringen!
- PC immer korrekt herunterfahren und nicht bei laufenden Programmen Stecker ziehen!
- Zwischendurch auch einmal nach draußen schauen, um die Augen zu entspannen!
- Kopf zwischendurch kreisen lassen, um Nackenschmerzen zu vermeiden!

(vgl. Bausteine Kindergarten, 2003, S. 25 ff.)

Wie bei Büchern und anderen Medien gibt es auch ein großes Angebot an Kindersoftware, aus dessen Fülle Eltern und Betreuer wählen können. Die Auswahl ist nicht immer einfach, sodass eine kompetente Beratung wichtig erscheint.

Buchhandlungen, Büchereien und einige Verlage bieten zum Teil Demo-Software an. Im Internet finden sich ebenfalls Informationen und Artikel über Software.

Folgende Auswahlkriterien helfen bei der Beurteilung von guter Kindersoftware:

- Die **Altersangaben** und aufgedruckten **Systemvoraussetzungen** müssen entsprechend sein.
- Die **Mausfunktion** und andere Symbole im Spiel müssen klar verständlich sein, weil Kinder noch nicht lesen können.
- Die Software sollte **keine Gewalt-** und „**Ballerspiele**" enthalten.
- Die **Rahmenhandlung** sollte spannend und motivierend sein und witzige, überraschende Momente enthalten.
- Die **Sprache** muss kindgerecht und dennoch differenziert sein, der **Ton** sollte klar und deutlich zu verstehen sein.
- Das Spiel darf **nicht zu schnell** ablaufen.
- Das **Ziel des Spieles** sollte verständlich, sinnvoll und originell sein.
- Die **Bildqualität** muss auch bei bewegten Bildern gut bleiben.
- Eine eventuelle **musikalische Untermalung** muss passen und nicht „nerven".
- Das Spiel sollte man jederzeit **beenden** können.

Aufgabe

1. Suchen Sie in der Bibliothek, im Internet oder im Fachhandel nach einem Computerspiel für Vorschulkinder und beurteilen Sie dieses mithilfe der genannten Kriterien.

2. Stellen Sie dieses Spiel der Lerngruppe vor.

4.4 Mögliche Auswirkungen virtueller Verlockungen auf das Verhalten von Jugendlichen

Besonders anfällig für virtuelle Verlockungen, die durch das Internet oder bestimmte Computerspiele dem jugendlichen Benutzer angeboten werden, sind diejenigen, denen es schwerfällt, mit ihrer persönlichen Lebensgeschichte zurechtzukommen.

Die reale Welt erscheint dem jugendlichen Benutzer häufig unüberschaubar und zerrissen, und der Wunsch nach einer stabilen sozialen Struktur und Ordnung bleibt versagt.

Viele Spiele am PC werden als Ersatz angesehen, dieses Bedürfnis zu befriedigen. Bei einem Computerspiel wird exakt angegeben, welche Regeln und Vorschriften zu beachten sind, um ein bestimmtes Ziel zu erreichen. Durch die Belohnung beim Erreichen eines bestimmten „Levels" nach langer Spielzeit entsteht beim jugendlichen Benutzer ein Glücksgefühl. Dieses kann schließlich dazu führen, dass er sich in einer virtuellen Welt zu Hause fühlt und dieses scheinbare „Zuhause" gar nicht mehr verlassen will.

So wird schließlich die soziale Umwelt mit ihren Anforderungen in Schule und Ausbildung, die Aufgaben in der Familie usw. als Last empfunden, als störend für das, was wirklich zählt – das Leben in der virtuellen Welt.

Auswirkungen von Computerspielen

- Viele jugendliche Benutzer wissen nichts mehr mit sich anzufangen, sobald der PC für einen bestimmten Zeitraum nicht mehr vorhanden ist, wie es das Beispiel eines 15-jährigen Schülers zeigt, der aufgrund seines defekten Computers am Wochenende die Wohnung der Eltern zertrümmerte.
- Es lassen sich aufgrund des stundenlangen Sitzens gehäuft Haltungsschäden beobachten.
- Aufgrund des Bewegungsmangels und der ungesunden Ernährung kommt es zu Übergewicht, oft gepaart mit Herz-Kreislauf-Erkrankungen, arteriosklerotischen Gefäßveränderungen und Typ-II-Diabetes.
- Verhaltensauffälligkeiten wie ADS, Störungen des Sozialverhaltens (siehe auch in diesem Kapitel unter 2.5.3) zählen ebenfalls zu den negativen Auswirkungen des erhöhten Konsums von Computerspielen.
- Schulschwierigkeiten zeigen sich im Allgemeinen wie im Speziellen. So berichten Lehrer beispielsweise von Schülern mit kreativen Einfällen, denen es nicht gelingt, ihre Ideen beim Schreiben miteinander zu verbinden. Die Ursache wird darin gesehen, dass diese Schüler es gewohnt sind, ihre Ideen im Netz von anderen „Mitspielern" aufgreifen, fortsetzen oder verwerfen zu lassen. Bei einem Aufsatz oder anderen schriftlichen Arbeiten fehlt jedoch dieses Gegenüber und es kann zur Aneinanderreihung von Gedanken kommen, die zwar recht kreativ sind, jedoch keinen roten Faden erkennen lassen.

> *Merke!*
> *Wie bei anderen Süchten und zwanghaft ausgeführten Verhaltensweisen wird niemand „computersüchtig", weil er Zugang zu diesem Medium hat. Dieses Problem entsteht im Zusammenwirken mit weiteren Faktoren (siehe hierzu auch das „Trias Modell" in diesem Kapitel unter 2.5.4).*
> *So sind vor allem die gestörten Beziehungen junger Menschen zu ihren Bezugspersonen als Ursache für die Entstehung einer Abhängigkeit zu nennen.*

Umgang mit computersüchtigen Jugendlichen

Jugendliche, die in virtuellen Welten gefunden haben, was sie im realen Leben vermissen, in die Realität zurückzuholen, ist ein langwieriger Prozess, den Eltern und geschulte Fachkräfte gemeinsam gestalten müssen.

Alle weiteren Betreuungspersonen, die mit den Jugendlichen umgehen, sollten jedoch Folgendes wissenn (vgl. Bergmann/Hüther, 2008, S. 25 ff.):

> **Merke!**
> *Computersüchtige oder von dieser Sucht bedrohte Jugendliche können nur dann den Weg zurück in das reale Leben finden, wenn sie dort das geboten bekommen, was bisher für sie nur in den Computerspielen zu finden war.*

Hilfreiche Maßnahmen bei bestehender oder beginnender Computersucht

- *Klare Regeln, Absprachen und Strukturen, die von allen am Erziehungsprozess Beteiligten eingehalten werden müssen, geben eine Orientierung im täglichen Miteinander.*

- *Freiräume, um Entscheidungen treffen zu können und deren Konsequenzen selbst zu verantworten, helfen beim Aufbau des Selbstwertgefühles.*

- *Das Einbringen und Erwerben von eigenen Fähigkeiten, Fertigkeiten, die Entwicklung von zielorientierten Verhaltensweisen wie Umsicht, Bedachtsamkeit usw. können zu Erfolgserlebnissen führen.*

- *Das Erleben von Abenteuern, überraschenden und zum Teil auch etwas gefährlichen Situationen, die man bestehen kann, kann eigene Grenzen erkennen lassen und beim Aufbau der eigenen Persönlichkeit und der Entwicklung erreichbarer Ziele hilfreich sein.*

> **Merke!**
> *Um schrittweise neue Verhaltensweisen entwickeln zu können, benötigen diese Jugendlichen vor allem Vorbilder, die etwas können, tun oder ausstrahlen, was sie selbst als erstrebenswert erachten.*

Aufgabe

Welche konkreten Angebote und Maßnahmen können unterstützend zu den oben genannten Forderungen nach Erziehungsarbeit von Eltern und pädagogischen Fachkräften in Einrichtungen der offenen Jugendarbeit durchgeführt werden.

Literaturtipp:

Bergmann, Wolfgang/Hüther Gerald: *Computersüchtig, Kinder im Sog der modernen Medien, Weinheim und Basel, Beltz, 2008.*
In diesem Buch wird auf gut verständliche Weise beschrieben, was Computerspiele so attraktiv macht und welche Folgen die intensive Beschäftigung mit diesem Medium für die Psyche und Hirnentwicklung von Jugendlichen mit sich bringen kann.

III.

Ich möchte helfen, ältere Menschen mit alters- und/oder krankheitsbedingten Beeinträchtigungen zu betreuen

Ziele:

■ Einrichtungen der Altenhilfe und Arbeitsschwerpunkte der dort tätigen Mitarbeiter kennen

■ Lebenssituationen von älteren Menschen in Familie und Gesellschaft erfassen und Orientierungshilfen bei alters- und/oder krankheitsbedingten Veränderungen anbieten

■ alters- und/oder krankheitsbedingte Probleme einordnen können und ältere Menschen in einigen typischen Alltagssituationen begleiten

■ Spiel- und Gestaltungsangebote für einzelne ältere Menschen und/oder Gruppen kennen und entsprechend der vorhandenen geistigen und körperlichen Fähigkeiten, Interessen und Bedürfnisse Beschäftigungsangebote unter Anleitung begleiten

■ mit schwierigen Situationen wie Alter, Schmerz und Tod umgehen lernen

1   Einrichtungen für ältere Menschen

Die Schülerinnen und Schüler werden im nächsten Praktikum mit älteren Menschen arbeiten, sie pflegen, betreuen und versorgen. In ihrer Heimatstadt finden sich zahlreiche Einrichtungen, die ihnen mit unterschiedlichen Schwerpunkten Praktikumsplätze anbieten können. Zur Orientierung über das breit gefächerte Angebot an Einrichtungen werden wieder Schülerinnen und Schüler eingeladen, die von ihrem Praktikum im letzten Schuljahr berichten.

Carolina erzählt von ihrem Praktikum bei der Tagespflege in konfessioneller Trägerschaft:

„Dienstbeginn war für mich meist um 8.00 Uhr. Unsere ersten Tagesgäste, die von ihren Angehörigen gebracht wurden, kamen so gegen 8.30 Uhr. Die weiteren Gäste trafen gegen 9.00 Uhr mit unserem Fahrdienst ein.
In der ersten halben Stunde war es meine Aufgabe, gemeinsam mit der anwesenden Betreuerin – um diese Zeit war es immer nur eine Kollegin – das Frühstück vorzubereiten. Unsere Gäste konnten in aller Ruhe frühstücken, denn Angebote fanden immer erst gegen 10.00 Uhr statt. Zu diesem Zeitpunkt waren dann auch die anderen vier Kollegen anwesend.
Nach Beendigung der unterschiedlichen Aktivitäten so gegen 11.45 Uhr und dem Toilettengang gab es bei uns das Mittagessen, das selbst gekocht wurde. Bei uns war danach Mittagsruhe. Die meisten Besucher nutzten diese Zeit, um sich auf unseren Ausruhsesseln zu entspannen. Nur ein Besucher mit starken körperlichen Einschränkungen verbrachte die Mittagspause in unserem einzigen Pflegebett in einem Nebenraum.
In der Mittagszeit war es meine Aufgabe, die Küche aufzuräumen und das Kaffeetrinken für 15.00 Uhr vorzubereiten.
Gegen 16.00 Uhr fanden dann noch einmal kleinere Angebote statt, bis unser Fahrdienst ab 16.45 Uhr die Gäste nach Hause fuhr bzw. diese von ihren Angehörigen abgeholt wurden. Dienstschluss war dann spätestens um 17.30 Uhr.

Ayşe bemerkt: „Das hört sich nach einem Tagesablauf an, ähnlich wie ich ihn aus dem Kindergarten kenne. Aber sicherlich führt ihr mit euren Tagesgästen ganz andere Aktivitäten durch. Kannst du dazu etwas sagen, damit wir wissen, welche Aufgaben so auf uns zukommen?"

Carolina: „Mit unseren Angeboten versuchen wir, den Gästen eine sinnvolle und anerkennende Gestaltung ihres Tages in der Gemeinschaft mit anderen zu bieten. Dies geschieht durch Angebote wie beispielsweise Gedächtnistraining, Gymnastik, Tanzen, Singen, Gestalten, Spielen, Gartenaktivitäten usw.
Außerdem ist es unsere Aufgabe, vermittelnd tätig zu sein, das heißt z. B., dass wir die Organisation von Friseurbesuchen und der Fußpflege organisieren, einzelne Gäste zu Haus- und Fachärzten begleiten, mit Angehörigen Gespräche zum Umgang mit an Demenz erkrankten Menschen führen usw."

Kevin: „Dann sieht ja doch jeder Tag anders aus, und es werden sicherlich einige Betreuer gebraucht, die diese unterschiedlichen Aufgaben übernehmen. Wie viele Betreuer habt ihr denn in der Tagespflege?"

Carolina: „Zum festen Team gehören fünf Mitarbeiterinnen mit einer Ausbildung im sozialen Bereich. Zurzeit sind das zwei Altenpflegerinnen, eine Kinderpflegerin und zwei Betreuer mit einer Helferqualifikation. Außerdem haben wir noch eine Hauswirtschaftskraft, die jeden Tag das Essen kocht."

Marion möchte noch etwas mehr über die Gäste erfahren, da sie weiß, dass in der Tagespflege nicht jeden Tag die gleichen Personen anwesend sind.

Carolina: „Das ist richtig. Es gab bei uns nur drei Gäste, die täglich die Einrichtung besuchten, die anderen kamen meist zweimal in der Woche, um ihre Angehörigen etwas zu entlasten. Insgesamt können täglich 13 Gäste unsere Einrichtung besuchen."

Marion: „Ist es nicht ziemlich schwierig, sich jeden Tag wieder auf andere Menschen einzustellen?"

Carolina: „Anfangs musste ich mich erst daran gewöhnen, aber dann fand ich es hilfreich und abwechslungsreich zugleich, jeden Tag anders gestalten zu können, je nachdem, ob ich z. B. mit einer Gruppe an Demenz erkrankter Gäste gearbeitet habe oder aber mit anderen älteren Menschen."

Viele Schüler zeigen sich sehr interessiert an diesem Arbeitsfeld mit dem Schwerpunkt „Beschäftigung". Andere Schüler hingegen möchten noch mehr über die Arbeit in Einrichtungen erfahren, in denen die pflegerischen Tätigkeiten einen größeren Raum im Tagesgeschehen einnehmen. Insbesondere diese Schüler sind schon sehr gespannt, was andere Schüler über ihr Praktikum in weiteren Einrichtungen für ältere Menschen zu berichten haben.

Von der Schule, die Sie besuchen, wird erwartet, dass Sie im Praktikum sowohl pflegerisch als auch sozialpädagogisch und hauswirtschaftlich tätig sind, den Schwerpunkt aber entsprechend Ihrer Neigungen setzen können.
Da Sie noch nicht genau wissen, welche Tätigkeiten Ihnen mehr liegen, sind Sie sehr interessiert, mehr über mögliche Einsatzgebiete und die damit verbundenen schwerpunktmäßigen Aufgaben zu erfahren.

Aufgaben zur Lernsituation

1. Notieren Sie spontan Ihre Einschätzung der oben beschriebenen Situation:
   - Wer ist direkt und indirekt an der Situation beteiligt?
   - Wie sehen die Beteiligten die Situation? (Eventuell können Sie die einzelnen Beteiligten besser einschätzen, wenn Sie deren Sichtweise einnehmen. Formulieren Sie hierzu in ein oder zwei Sätzen die jeweiligen Gedanken und Gefühle der Beteiligten in „Ich-Form".)

2. Welche Vorerfahrungen haben Sie, bezüglich der in der Situation angesprochenen Fragestellungen? Welche der genannten Themen möchten Sie ebenfalls zur Vorbereitung auf Ihr Praktikum bearbeiten?

3. Befragen Sie Schülerinnen und Schüler höherer Klassen zu ihren Erfahrungen im Praktikum in Einrichtungen für ältere Menschen.
   - Entwickeln Sie vorbereitend einige Fragen zu der Arbeit in dem entsprechenden Arbeitsfeld, und lassen Sie diese den Referenten einige Zeit vorher zukommen (z. B. zum Tagesablauf, der Zielgruppe, den Kolleginnen usw.).

4. Lesen Sie die nachfolgenden Ausführungen, bearbeiten Sie die entsprechenden Aufgaben, und setzen Sie sich ggf. mithilfe weiterführender Informationen mit weiteren, für Sie wichtigen Inhalten zu Ihrem für das Praktikum ausgewählten Arbeitsfeld auseinander. (Hospitieren Sie hierzu, wenn möglich, einige Stunden oder an einem schulfreien Tag in der Einrichtung, in der Sie ihr Praktikum absolvieren werden).

1.1 Einrichtungen und Dienste der Altenhilfe

In der Altenhilfe wird unterschieden zwischen der
- **offenen Altenhilfe** (Altentreffs, Altentagesstätten und Wohnberatungsstätten)
- **ambulanten Altenhilfe** (z. B. ambulante Pflegedienste, Altenwohngemeinschaften, z. B. für Menschen mit Demenz)
- **teilstationären Altenhilfe** (Tagespflege, betreutes Wohnen, geriatrische und gerontopsychiatrische Tageskliniken)
- **stationären Altenhilfe** (Altenpflege- und Seniorenheime, Kurzzeitpflege, geriatrische und gerontopsychiatrische Kliniken

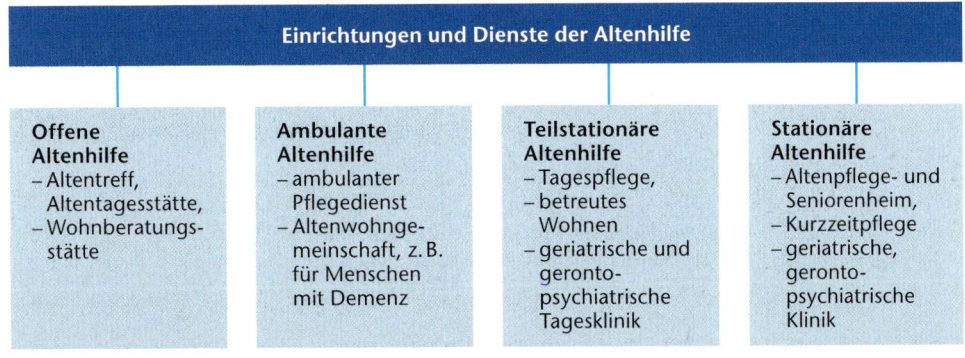

Einrichtungen und Dienste der Altenhilfe

Offene Altenhilfe	Ambulante Altenhilfe	Teilstationäre Altenhilfe	Stationäre Altenhilfe
– Altentreff, Altentagesstätte, – Wohnberatungsstätte	– ambulanter Pflegedienst – Altenwohngemeinschaft, z. B. für Menschen mit Demenz	– Tagespflege, – betreutes Wohnen – geriatrische und gerontopsychiatrische Tagesklinik	– Altenpflege- und Seniorenheim, – Kurzzeitpflege – geriatrische, gerontopsychiatrische Klinik

Einrichtungen der Altenhilfe richten sich an ältere Menschen in unterschiedlichen Lebenssituationen mit unterschiedlichen Bedürfnissen. Die Mitarbeiterinnen arbeiten zielgerichtet mit den älteren Menschen, damit sich diese in der jeweiligen Einrichtung angenommen fühlen und entsprechend ihrer individuellen Bedürfnisse die notwendige Pflege und Betreuung erhalten, um ihre Selbstständigkeit, soweit möglich, zu erhalten und zu verbessern. Angehörige sollen in diesen Prozess einbezogen werden.

1.1.1   Offene Altenhilfe

Zu den Angeboten und Einrichtungen der offenen Altenhilfe zählen spezielle Veranstaltungen und Treffpunkte, die ältere Menschen, die noch in ihrer eigenen Wohnung leben, für einen begrenzten Zeitraum aufsuchen.

Altentreff, Altentagesstätte

In diesen Einrichtungen der offenen Altenhilfe können ältere Menschen mit anderen Menschen zusammentreffen, um neue Kontakte zu knüpfen. Verschiedene kulturelle, sportliche oder ähnliche Angebote ermöglichen es ihnen, ihre freie Zeit sinnerfüllt zu verbringen. Sie bieten vor allem Betreuungs- und Beschäftigungsangebote sowie Teilnahme an gesundheitsfördernden Maßnahmen wie Gymnastik, Tanz, usw. (vgl. Dühring/Habermann-Horstmeier, 1996, S. 14 f.)

Wohnberatungsstätte

Ältere Menschen erhalten hier Beratung über Veränderungsmöglichkeiten in ihrer Wohnung aufgrund zunehmender körperlicher Einschränkungen oder Pflegebedürftigkeit.

1.1.2   Ambulante Altenhilfe

Im Rahmen der ambulanten Altenhilfe werden ältere Menschen durch professionelle Pflegekräfte in ihrer Wohnung unterstützt.

Ambulanter Pflegedienst

Dienstleistungsunternehmen in unterschiedlicher Trägerschaft gewährleisten die behandlungspflegerische und grundpflegerische Versorgung hilfe- und pflegebedürftiger Menschen in ihrer häuslichen Umgebung.
Über eine Sozialstation wird diese **ambulante häusliche Pflege** organisiert sowie bei Bedarf Hilfe und Unterstützung bei hauswirtschaftlichen Tätigkeiten wie Reinigung der Wohnung, Essen auf Rädern usw. gewährt.
Durch dieses Angebot wird älteren Menschen eine weitgehend selbstbestimmte Lebensführung ermöglicht. Ziel **der ambulanten häuslichen Pflege** ist es, neben der Verkürzung und Vermeidung von Krankenhausaufenthalten älteren Menschen vorübergehend oder dauerhaft Betreuung und Pflege in der eigenen Wohnung zu ermöglichen. Dieser Bereich der Pflege nimmt aufgrund der Gesundheitsreform und der erwähnten kürzeren

Verweildauer von Patienten in stationären Einrichtungen einen immer größeren Raum ein. (vgl. Anderson, 2004, S. 47)

Altenwohngemeinschaft für Menschen mit Demenz

Diese Sonderform einer Wohngemeinschaft bietet Menschen, die aufgrund ihrer fortschreitenden Krankheit keinen eigenen Haushalt mehr führen können, eine Alternative zur Unterbringung in einem Altenpflegeheim. Das eigene Apartment in einer Seniorenwohngemeinschaft ermöglicht Menschen mit Demenz ein weitgehend selbstbestimmtes Leben, vor allem, wenn ihnen eine „Normalität des Alltags" geboten wird. Dies bedeutet, dass jeder Bewohner sich in den Alltag mit einbringt, soweit es sein gesundheitlicher Zustand erlaubt.
Für die Arbeit in dieser ambulant betreuten Wohngemeinschaft ist es erforderlich, dass die dort tätigen Betreuer u. a. Kenntnisse in den Bereichen biografisches Arbeiten, Pflege, validierende Kommunikation, Mobilitätsförderung und Sterbebegleitung besitzen.
(vgl. Köther, 2005, S. 697)

1.1.3 Teilstationäre Altenhilfe

Der Aufenthalt älterer Menschen in Einrichtungen der teilstationären Altenhilfe beschränkt sich auf sechs bis acht Stunden täglich, danach kehren sie in ihre Wohnung zurück.

Tagespflege

In Einrichtungen der Tagespflege werden Senioren tagsüber an den Werktagen, gelegentlich auch samstags betreut. So werden insbesondere pflegende Angehörige entlastet, die tagsüber berufstätig sind und sich daher nicht um ihre Angehörigen kümmern können. Auch wird durch dieses Angebot eine Heimunterbringung häufig vermieden oder hinausgezögert.
Die Betreuungskräfte bieten viele Beschäftigungsmöglichkeiten wie z.B. Kochen, Backen, Singen, Gedächtnistraining und Seniorengymnastik auch für an Demenz erkrankte Menschen an. Ebenso erhalten die Gäste Unterstützung in allen pflegerischen Belangen und werden bei Bedarf medizinisch versorgt, beispielsweise durch Vermittlung von Haus- und Fachärzten und Therapeuten.
Die Versorgung durch Frühstück, Mittagessen und Nachmittagskaffee ist gewährleistet, ebenso verfügen die meisten Einrichtungen über einen Hol- und Bringedienst, der die Gäste morgens abholt und spätnachmittags wieder nach Hause bringt.
(vgl. www.caritas-altenhilfe.de/angebote/tagespflege)

Betreutes Wohnen

Hier befinden sich die Wohnungen der Senioren in unmittelbarer Nähe eines Altenpflegeheims, das bei Bedarf über ein Notrufsystem erreichbar ist. So wird einerseits die Selbstständigkeit der älteren Menschen erhalten, andererseits ist im Notfall schnelle und kompetente Hilfe zur Stelle. Der Leitsatz zur Organisation der Hilfen dieses Einrichtungskonzeptes lautet: „So viel Selbstständigkeit wie möglich und so viel Hilfe wie nötig".
(vgl. Dühring/Habermann-Horstmeier, 1996, S. 15)

Geriatrische und gerontopsychiatrische Tagesklinik

Geriatrische Tageskliniken sind in der Regel eng mit einem Krankenhaus verbunden. Die Patienten können den größten Teil des Tages und die Nacht in der eigenen Wohnung verbringen und erhalten hier die notwendige ärztliche und therapeutische Behandlung.

Eine teilstationäre Behandlung in der sogenannten **gerontopsychiatrischen Tagesklinik** bietet sich für psychisch kranke und verwirrte ältere Menschen an, bei denen noch ein Verbleib zu Hause möglich ist, eine ambulante Behandlung durch einen Psychiater oder Psychotherapeuten aufgrund der notwendigen intensiveren Behandlung sich jedoch als zu schwierig gestaltet. Hier erhalten sie Förderangebote, die ihren Fähigkeiten und Bedürfnissen entsprechen.
(vgl. Köther, 2005, S. 671)

1.1.4   Stationäre Altenhilfe

Aufgrund unterschiedlicher altersbedingter Einschränkungen haben ältere Menschen, die diese Form der Altenhilfe in Anspruch nehmen, ihren Wohnsitz in einer stationären Einrichtung der Altenhilfe.

Altenpflege- und Seniorenheim

Allgemein gesprochen handelt es sich bei diesen Einrichtungen um vollstationäre Häuser für ältere Menschen, die ihren Alltag nicht mehr allein bewältigen können und Unterstützung bei allen anfallenden täglichen Verrichtungen und Besorgungen benötigen. Die Bezeichnung für diese Einrichtungen variieren, so werden z. B. Häuser als Seniorenresidenz oder Wohnstift bezeichnet, wenn sie eine gehobene Ausstattung o. Ä. aufweisen.

Alle Einrichtungen dieser Art gewährleisten Pflegebedürftigen und chronisch kranken älteren Menschen eine umfassende Pflege und Betreuung. Sie sind darauf ausgerichtet, die Restfähigkeiten mit ärztlicher Hilfe zu erhalten und den Allgemeinzustand, vor allem auch durch aktivierende Pflege, zu verbessern.
In eine solche Einrichtung aufgenommen werden vor allem ältere Menschen, die Unterstützung und Hilfen bei wichtigen Lebensaktivitäten wie beispielsweise der Pflege der eigenen Person, Essen und Trinken benötigen und die aufgrund ihrer Einschränkungen nicht mehr von einem ambulanten Pflegedienst geleistet werden kann.

Kurzzeitpflege

Die **Kurzzeitpflege** dient der kurzfristigen stationären Unterbringung pflegebedürftiger Menschen. Sie wird für die Übergangszeit von einem Krankenhausaufenthalt oder zur Nachbetreuung vor der Entlassung in die häusliche Gemeinschaft in Anspruch genommen oder sie dient der Überbrückung von Krisensituationen, z. B.,

- wenn pflegende Angehörige entlastet werden müssen, weil sie in den Urlaub fahren oder selbst krank sind,
- die Pflegepersonen vorübergehend mit der Situation überfordert sind oder
- der Zustand des älteren Menschen sich vorübergehend verschlechtert hat.

Bei dieser Art stationärer Unterbringung handelt es sich um eine zeitlich begrenzte 24-Stunden-Betreuung, die inhaltlich mit der Vollzeitpflege in einem Altenpflegeheim zu vergleichen ist.

Geriatrische, gerontopsychiatrische Klinik

Weitere Formen der stationären Altenhilfe stellen **geriatrische, gerontopsychiatrische Kliniken** dar, bei denen die Diagnostik und Therapie von Alterserkrankungen und die medizinische Versorgung im Vordergrund stehen. (vgl. Dühring/Habermann-Horstmeier, 1996, S. 14 f.)

Aufgaben

Erstellen Sie in Ihrer Lerngruppe eine Informationsbroschüre über verschiedene Einrichtungen der Altenhilfe. Gehen Sie folgendermaßen vor:

1. Teilen Sie Ihre Lerngruppe in einzelne Gruppen ein.

2. Jede Gruppe hat den Auftrag, über einen der vier Bereiche der Altenhilfe interessierte Praktikanten oder auch zukünftige ehrenamtliche Mitarbeiter zu informieren.

3. Einigen Sie sich in der Gesamtgruppe über die zu bearbeitenden Gliederungspunkte (z. B. Zielgruppe, Mitarbeiter, Arbeitsschwerpunkte, Tagesablauf, Besonderheiten) sowie den Umfang der Ausführungen zu den vier Bereichen.

4. Fertigen Sie Ihren Informationsteil mithilfe weiterführender Literatur, Internetrecherchen bzw. Hospitationen in entsprechenden Einrichtungen an.

5. Stellen Sie Ihr Gruppenergebnis der Lerngruppe vor und fügen alle Ausführungen in Absprache mit Ihrem Fachlehrer zusammen.

6. Bewahren Sie diese Informationen für alle zugänglich als Entscheidungshilfe zur Wahl der Einrichtungsart für Ihr Praktikum auf.

1.2 Sozialpädagogische und sozialpflegerische Mitarbeiter in Einrichtungen der Altenhilfe

Sozialhelferinnen werden in Praktika und Beruf im Team mit verschiedenen sozialpädagogischen und sozialpflegerischen Fachkräften zusammenarbeiten, deren Arbeitsschwerpunkte entsprechend ihrer Ausbildung und ihres Einsatzbereiches unterschiedlich sein können.

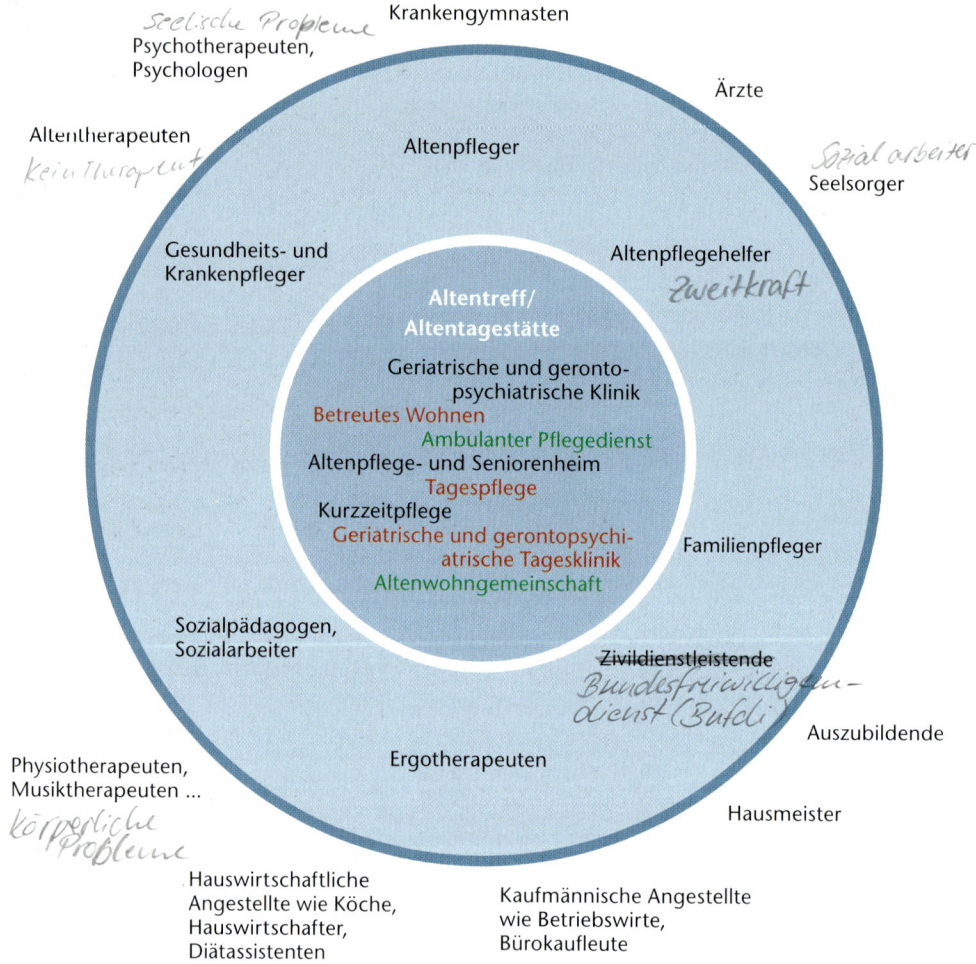

In Einrichtungen der Altenhilfe werden angehende und ausgebildete Sozialhelferinnen vor allem mit folgenden Berufsgruppen eng zusammenarbeiten:

Altenpflegerin

- **Aufgaben:**
  - Altenpflegerinnen übernehmen die selbstständige und verantwortliche Pflege, Betreuung und Beratung von Senioren in allen Einrichtungen der Altenhilfe und -pflege.
  - Sie unterstützen ältere Menschen bei der Pflege der eigenen Person wie z.B. beim Essen, Anziehen und bei der Körperpflege. Weiterhin begleiten sie diese bei Behördengängen oder Arztbesuchen und führen mit ihnen Beschäftigungen zur Aktivierung und zur aktiven Freizeitgestaltung durch.

  - Auch therapeutische und medizinisch-pflegerische Aufgaben werden von Altenpflegerinnen wahrgenommen, indem sie nach ärztlicher Verordnung Medikamente verabreichen, Verbände wechseln, Spülungen durchführen usw.
  - Die Angehörigenarbeit und die Unterweisung von ehrenamtlichen Helfern, z.B. in Pflegetechniken, zählt besonders bei der ambulanten häuslichen Pflege zu wichtigen Aufgaben der Altenpflegerinnen.
- **Ausbildung:**
  Der schulische Teil der Ausbildung findet in einer Altenpflegeschule statt, der praktische Teil in Krankenhäusern oder Einrichtungen der Altenpflege. Die Ausbildung dauert in Vollzeit drei Jahre.
- **Voraussetzungen:**
  Vorausgesetzt wird ein mittlerer Bildungsabschluss oder eine andere abgeschlossene Schulbildung, die den Hauptschulabschluss erweitert.
  Hauptschüler, die zusätzlich über eine abgeschlossene Berufsausbildung von mindestens zweijähriger Dauer verfügen, können ebenfalls an der Altenpflegeschule angenommen werden wie auch Schüler mit Hauptschulabschluss und einer mindestens einjährigen erfolgreich abgeschlossenen Ausbildung in der Altenpflegehilfe oder der Krankenpflegehilfe.

Altenpflegehelferin

- **Aufgaben:**
  - Altenpflegehelferinnen unterstützen Altenpflegerinnen bei der Pflege und Betreuung von Senioren in allen Einrichtungen der Altenhilfe und -pflege.
  - Sie übernehmen pflegerische Aufgaben wie die Hilfe bei der Körperpflege und beim Essen. Außerdem unterstützen sie ältere Menschen bei der Bewältigung ihres Alltags.

- **Ausbildung:**
  Die Ausbildung von Altenpflegehelferinnen und Altenpflegehelfern findet an Berufs-fachschulen statt. Der praktische Teil der Ausbildung erfolgt in Einrichtungen für ältere Menschen wie z.B. in Altenpflegeheimen oder bei einem ambulanten Pflege-dienst.
  Die Ausbildung dauert ein Jahr bis drei Jahre.
- **Voraussetzungen:**
  Vorausgesetzt wird in der Regel mindestens der Hauptschulabschluss oder ein als gleichwertig anerkannter Schulabschluss.
  Schüler ohne berufliche Vorbildung benötigen in manchen Bundesländern mindes-tens einen mittleren Bildungsabschluss oder eine andere abgeschlossene zehnjährige Schulbildung, die den Hauptschulabschluss erweitert.
  (vgl. Bundesagentur für Arbeit, 2009, S. 36 ff.)

Haus- und Familienpflegerin

- **Aufgaben:**
  - Zu den Hauptaufgaben der Haus- und Familienpflegerinnen zählt die selbstständige und verantwortliche Wahrnehmung hauswirtschaftli-cher, pflegerischer und erzieherischer Aufgaben in Familien oder die Be-treuung und Pflege alleinstehender Menschen.
  - Sind sie bei pflegebedürftigen älteren Menschen eingesetzt, übernehmen Haus- und Familienpflegerinnen Grundpflege- und Behandlungspfle-geleistungen nach ärztlicher Vorgabe und leiten Angehörige in der Kran-kenpflege an.
  - Haus- und Familienpflegerinnen ar-beiten in Einrichtungen des Sozial-wesens, z.B. Sozialstationen oder ambulanten Pflegediensten.

- **Ausbildung:**
  Die Ausbildung findet an Berufsfach-schulen statt und dauert zwei bis drei Jahre.
- **Voraussetzungen:**
  Vorausgesetzt wird in der Regel ein mittlerer Bildungsabschluss. Der Hauptschulab-schluss und eine abgeschlossene einschlägige Berufsausbildung sowie eine ein- bis zwei-jährige Berufspraxis ermöglichen zum Teil ebenfalls den Zugang zu dieser Ausbildung.
  (vgl. Bundesagentur für Arbeit, 2009, S. 233 f.).

Gesundheits- und Krankenpflegerin

- **Aufgaben:**
  Gesundheits- und Krankenpflegerinnen pflegen, betreuen und beobachten Patienten nach ärztlichen Vorgaben, führen erforderliche medizinische Behandlungen durch und bereiten Patienten auf Therapien, Operationen usw. vor.

Hauptsächlich arbeiten sie in Krankenhäusern, sie werden aber auch in
Einrichtungen für ältere Menschen
eingesetzt.

- **Ausbildung:**
  Die schulische Ausbildung erfolgt an
  der Berufsfachschule für Krankenpflege
  und dauert drei Jahre.
- **Voraussetzung:**
  Vorausgesetzt wird ein mittlerer Bildungsabschluss. Der Hauptschulabschluss und eine abgeschlossene mindestens zweijährige Berufsausbildung
  oder eine mindestens einjährige erfolgreich abgeschlossene Ausbildung in der
  Kranken- oder Altenpflegehilfe ermöglichen ebenfalls den Zugang zu dieser
  Ausbildung.

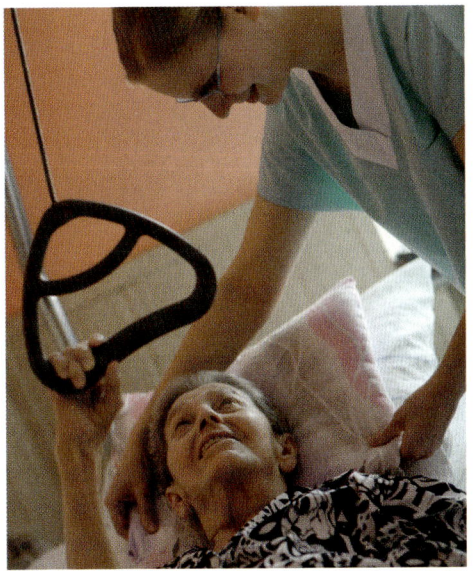

(vgl. Bundesagentur für Arbeit, 2009, S. 214 ff.)

Aufgaben und Mitarbeiter des sozialen Dienstes

In Einrichtungen für ältere Menschen arbeiten Sozialhelfer/innen insbesondere mit
Diplom-Sozialpädagogen/Diplom-Sozialarbeitern mit einem abgeschlossenen Studium von dreijähriger Dauer und/oder **Ergotherapeuten** (siehe hierzu auch Kapitel IV,
1.2) zusammen, die dem sozialen Dienst angehören.

Der soziale Dienst bietet in den meisten Einrichtungen ein Bindeglied zwischen Bewohnern, Angehörigen, weiteren Mitarbeitern und der Heimleitung. Zu seinen vielfältigen
Aufgabenbereichen gehören beispielsweise:

- Vorbereitung und Begleitung der Heimaufnahme
- Vermittlung von Hilfsdiensten (z. B. Suchtberatung, therapeutische Angebote)
- Arbeit mit Gruppen
- Einzelbetreuung für immobile Bewohner
- Realitätsorientierungstraining für demenzerkrankte Bewohner und weitere spezielle
  Angebote in Kleingruppen
- Sterbebegleitung
- Angehörigenarbeit
- Planung von Veranstaltungen und Angeboten
- Informations- und Vernetzungsarbeit (z. B. Teams und Gremien miteinander in
  Beziehung bringen, einen Austausch ermöglichen)
- Mitverantwortung bei konzeptionellen Entwicklungen und Fortschreibungen
- Entwicklung und Förderung von Formen der Mitbestimmung (z. B. Heimbeirat,
  Mitarbeitervertretung)
- individuelle Beratung und Begleitung von Mitarbeitern
- Vernetzung mit weiteren Diensten und Einrichtungen der Altenhilfe (z. B. ambulante
  Dienste, Krankenhäuser)
- Kontakt und Zusammenarbeit mit dem Gemeinwesen (z. B. Kirchengemeinden,
  Kindergärten, Behörden)
- Gewinnung, Begleitung und Qualifikation von ehrenamtlichen Mitarbeitern
- Informations- und Öffentlichkeitsarbeit
- Kontakte und Kooperation mit Ausbildungsstätten

> **Merke!**
> *In allen Einrichtungen der Altenhilfe bedarf es einer regelmäßigen Absprache mit allen Mitarbeitern, die in der Pflege oder Betreuung der älteren Menschen tätig sind, um den älteren Menschen eine „alltagsnahe Normalität" und ein Gefühl von Gemeinschaft und Geborgenheit trotz ihrer altersbedingten Einschränkungen bieten zu können.*

Anregung

Sprechen Sie frühzeitig nach Erhalt Ihres Praktikumsplatzes in einer Einrichtung der Altenhilfe Ihre Schwerpunktaufgaben im Praktikum mit Ihrer zukünftigen Praxisanleitung in Pflege und Betreuung ab.

1.3   Allgemeine Aufgaben des Sozialhelfers in Einrichtungen der Altenhilfe und Altenpflege

Die in der Altenhilfe tätigen Sozialhelfer üben insbesondere pflegerisch-betreuende, pädagogisch-fördernde und hauswirtschaftliche Tätigkeiten aus. Hierzu zählen u.a.:

- Unterstützung der Altenpfleger in der Gesundheits- und Krankenpflege,
- Betreuung älterer Menschen bei der Pflege der eigenen Person (z.B. Waschen, Anziehen),
- Unterstützung der älteren Menschen beim Gebrauch von Gehhilfen bzw. einem Rollstuhl,
- Begleitung der älteren Menschen beim Arztbesuch, beim Einkaufen, bei Spaziergängen,
- Unterstützung der pädagogischen Mitarbeiter bei musischen, handwerklichen und spielpädagogischen Angeboten,
- Übernahme von hauswirtschaftlichen Arbeiten in den Altenhilfeeinrichtungen wie Wäschepflege, Austeilen von Essen, Raumpflege.

Aufgaben

1.   Erkundigen Sie sich in der Altenhilfeeinrichtung, in der Sie Ihr Praktikum absolvieren werden, nach Ihren pflegerisch-betreuenden, pädagogisch-fördernden und hauswirtschaftlichen Aufgaben.

2.   Listen Sie diese auf und sprechen Sie in der Lerngruppe und mit Ihren Fachlehrern auftretende Fragen an.

2 Unterstützung von älteren Menschen in ausgewählten Lebenssituationen

2.1 Alt werden – was heißt das eigentlich?

1. Übertragen Sie ein Kalenderblatt mit Stundeneinteilung zweimal.
   - Notieren Sie auf dem ersten Kalenderblatt alle Tätigkeiten mit entsprechender Zeitdauer, denen Sie an einem normalen Tag nachgehen (Aufstehen, Körperpflege, Schule, Tätigkeiten mit Arbeitscharakter wie z.B. Hausaufgaben, Küche aufräumen usw.).
   - Notieren Sie auf dem zweiten Kalenderblatt Ihre Einschätzung darüber, wie lange ein älterer Mensch für die entsprechenden Tätigkeiten braucht.

2. Vergleichen Sie in der Kleingruppe Ihre Notizen und diskutieren Sie die Frage „Alt werden – was heißt das eigentlich?"

3. Wählen Sie in der Kleingruppe zu diesem Thema ein Unterthema, und gestalten Sie eine Collage oder eine Fotoserie.

Wird ein junger Mensch nach seinen Vorstellungen vom Älterwerden gefragt, so wird häufig Negatives zur Antwort gegeben:

„Da lebt man krank und verwirrt in einem Altenpflegeheim und wartet nur auf den Tod!" „Da ist das Leben gelaufen – das Einzige, was noch zählt, ist die Vergangenheit!" „Außer schlafen, fernsehen und essen hat man nichts mehr, auf das man sich freuen kann."

Ob das Älterwerden für einen Menschen zum Problem wird oder nicht, hängt immer von den Umweltreaktionen sowie der eigenen Einstellung zu diesem neuen Lebensabschnitt ab.

In keiner anderen Lebensphase eines Menschen finden wir so viele verschiedene Eigenschaften und Lebenssituationen vor wie in diesem letzten Lebensabschnitt. Das reicht vom rüstigen Rentner bis hin zum hinfälligen Greis; von der großzügigen, hilfsbereiten Oma bis hin zur geizigen und egoistischen alten Dame, vom weisen alten Mann, von dem wir vieles lernen können, bis hin zu einem passiven, hilfsbedürftigen bettlägerigen Alten.

Will man zeitlich genau festlegen, wann der Alterungsprozess im höheren Alter beginnt, so wird man sich damit sehr schwer tun, denn es gibt verschiedene Gesichtspunkte, die das Altern des Einzelnen wesentlich mitbestimmen:

- das kalendarische Alter
- das biologische Alter
- das soziale Alter

Das kalendarische Alter

Hiermit ist das Alter eines Menschen gemessen in Jahren gemeint. Über die geistigen und körperlichen Fähigkeiten sagt dieses Alter zunächst gar nichts aus.

Üblicherweise wird hier der Begriff „alt" mit der Erreichung des Rentenalters (also ab ca. 65 Jahren) gleichgesetzt, d.h., ein Mensch hat zwei wesentliche Abschnitte seines Lebens bereits hinter sich gelassen: die **Familienphase**, gemeint ist die Zeit der Kindererziehung, und die **Erwerbsphase**, in der er aktiv am Arbeitsleben teilgenommen hat.

Das biologische Alter

Hiermit ist der Alterungsprozess bezüglich der körperlichen Veränderungen gemeint. Einige sichtbare Zeichen können sein:
- Altersflecken an den Händen und im Gesicht,
- Haarausfall oder Graufärbung der Haare,
- die Haltung wird zunehmend gebeugter, der Körper schrumpft,
- Faltenbildung der Haut,
- Einschränkungen der Sinnesorgane wie Schwerhörigkeit, Sehschwäche,
- Nachlassen der Nieren- und Blasenfunktion.

Das soziale Alter

Auch gesellschaftliche Vorstellungen und Erwartungen sind mitbestimmend für die Festlegung, ob ein Mensch als „alt" zu bezeichnen ist. So wird erwartet, dass sich ein Mensch in den verschiedenen Lebensabschnitten in einer bestimmten Art und Weise verhält. Hierbei unterscheiden wir vier verschiedene Stufen:
- Kind
- Jugendlicher
- Erwachsener
- alter Mensch

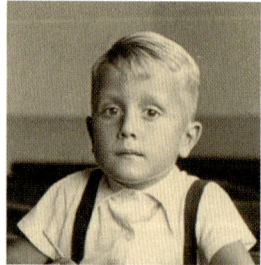
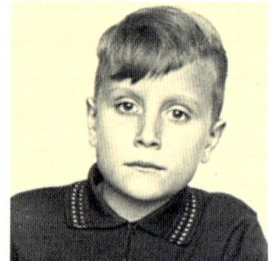

Die Erwartungen, die an einen Menschen in einer dieser Altersstufen gestellt werden, unterliegen einem stetigen Wandel. Je nachdem, welche gesellschaftlichen Entwicklungen, z.B. auf dem Arbeitsmarkt oder in der Zusammensetzung der Bevölkerung vorherrschen, erfährt auch die Lebensphase „alter Mensch" unterschiedliche soziale Bewertungen.
(vgl. Dühring/Habermann-Horstmeier, 2000, S. 3 f.)

> **Merke!**
> *Egal, ob es sich um körperliche oder psychische Veränderungen handelt, die wir vermeintlich bei älteren Menschen entdecken, sollten wir eines immer bedenken:*
> *Um beurteilen zu können, ob es sich bei bestimmten Verhaltensweisen älterer Menschen um altersbedingte Veränderungen handelt, ist es wichtig, diese immer im Vergleich zu ihren früheren Eigenschaften und Fähigkeiten zu sehen.*

2.2   Menschen in der nachberuflichen Phase

Beispiel

Der Einkaufsdirektor Heinrich Lohse wird vorzeitig in den Ruhestand versetzt und steht mittags plötzlich im Wohnzimmer und verkündet seiner Familie (Ehefrau und pubertierender Sohn) die „freudige" Nachricht, dass er ab sofort seine Berufserfahrungen dem Haushalt und der Familie zur Verfügung stellen werde.
Beide schauen ihn ganz verwundert an und die Ehefrau fragt leicht irritiert mit nicht gerade begeistertem Gesichtsausdruck: „Was sagst du da? Was heißt denn das?" Herr Lohse antwortet: „Ich bin pensioniert."
(aus „Pappa ante portas", Regie: Victor von Bülow, Deutschland 1991)

Aufgaben

1. Stellen Sie sich den Tagesablauf einer Familie vor, in welcher die Ehepartner beide arbeiten, zwei oder mehrere ältere Kinder haben, von denen mindestens noch ein Kind zuhause wohnt. Skizzieren Sie kurz den Tagesablauf dieser Familie.

2. Was kann sich in dieser Familie alles ändern, wenn einer der beiden Ehepartner in den Ruhestand geht?

Den Übergang vom Berufsleben in den Ruhestand erleben viele Menschen ambivalent. Einerseits kommt nun die Zeit des „wohlverdienten Ruhestandes" auf sie zu, eine Zeit, auf die sie lange hingearbeitet haben. Auf der anderen Seite kann dieser neue Lebensabschnitt mit der Angst verbunden sein, dass man nicht mehr gebraucht wird.
Verschiedene Faktoren wie die **vorherige berufliche Situation**, der **Gesundheitszustand**, **finanzielle Aspekte** usw. beeinflussen die individuelle Beurteilung des Berufsaustrittes.
So wurde nachgewiesen, dass Selbstständige wie Besitzer von kleineren Handwerksbetrieben eine größere Abneigung zeigen, in den Ruhestand zu gehen, während beispielsweise Schichtarbeiter die Verrentung eher positiv bewerten, weil sie ihnen trotz der damit verbundenen Einkommenseinbußen Entlastung und Erholung verschafft.
Angehörige höher qualifizierter Berufe empfinden den neuen Lebensabschnitt unterschiedlich. Sie sind weniger belastet mit dem Problem der Einkommenseinbußen,

befürchten jedoch mit Eintritt in den Ruhestand eine verminderte Möglichkeit der Selbstbestätigung zu finden.

Es gibt auch Studien, die besagen, dass die Einstellung zum Rentnerdasein abhängig davon ist, was der Beruf dem Einzelnen bedeutet hat. So verkraftet jemand, der den finanziellen Aspekt im Beruf als sehr wichtig ansah und über eine ausreichende Rente verfügt, diesen Lebenseinschnitt besser als ein Arbeitnehmer mit geringerem Einkommen.

Ist der ideelle Aspekt wie Erhalt **sozialer Kontakte, Verbundenheit mit dem Betrieb, Prestigegewinn** jedoch von größerer Bedeutung, wird die Verrentung recht zwiespältig gesehen.

Besonders positiv sehen hingegen Menschen die Situation des nahenden Berufsaustritts, die körperlich schwer arbeiten mussten und merken, dass sie aufgrund ihrer altersbedingten Beeinträchtigungen nicht mehr so mithalten können, wie sie es vielleicht gerne möchten.

(vgl. Voges, 1995, S. 56 ff.)

Im Folgenden werden die positiven und negativen Auswirkungen, die der Ausstieg aus dem Berufsleben mit sich bringen kann, noch etwas näher betrachtet.

Im Anschluss daran wird die Frage beantwortet, mit welchen Aktivitäten ältere Menschen, die aus dem Berufsleben ausscheiden, ihre arbeitsfreie Zeit verbringen.

So kann die Lebenssituation dieser Zielgruppe besser verstanden werden – ein wichtiger erster Schritt für die sozialpädagogische Gruppenarbeit in Einrichtungen der Altenhilfe.

Auswirkungen des Berufsaustrittes

Ein älterer Mensch, der plötzlich nicht mehr jeden Tag seinen gewohnten Arbeitsplatz aufsucht, sondern seine Zeit weitgehend frei gestalten kann, wechselt in eine ganz neue Rolle mit ganz neuen Handlungsmustern. Es ist nicht immer einfach, diesen Schritt zu bewältigen.

So werden als negative Auswirkungen der Verrentung vor allem folgende Umstellungen genannt:

Verlust sozialer Kontakte

Während der Berufstätigkeit hat jeder Mensch täglich mit Kollegen zu tun, mit denen er mehr oder weniger regelmäßig Gespräche führt, Meinungen austauscht u. Ä. Scheidet er aus dem Berufsleben aus, muss er auf diese Verbindungen zwangsläufig verzichten und seine Kontakte beschränken sich weitgehend auf Menschen aus seinem Familien- und Freundeskreis und der Nachbarschaft.

Funktionsverlust

Die Funktion, die der Berufstätige täglich zu erfüllen hatte, fällt mit Eintritt in den Ruhestand gänzlich weg. Hat sich der Rentner nicht früh genug darum bemüht, einen Ersatz für die arbeitsfreie Zeit zu schaffen, kann es passieren, dass er nichts mit sich anzufangen weiß und unzufrieden wird.

> *Merke!*
> *Für jeden Menschen ist es wichtig, sich während der Berufstätigkeit frühzeitig Beschäftigungsmöglichkeiten/Aufgaben zu suchen, denen er sich in der nachberuflichen Phase widmen kann, um die arbeitsfreie Zeit als gewinnbringend zu erleben.*

Status-, Prestige- und Autoritätsverlust
Der gesellschaftlich zugewiesene Status „Rentner" bedeutet zugleich für den Betroffenen einen Prestigeverlust in seiner sozialen Umgebung. Je höher die Stellung in seinem Berufsleben war, um so schmerzhafter wird diese Veränderung empfunden.
Zudem erleben Personen, die höher qualifizierte Berufe ausübten, dass sie an Autorität verlieren. Waren sie vorher noch häufig Entscheidungsträger, müssen sie sich nun mit der Situation abfinden, diese Rolle an jüngere qualifizierte Kräfte abzugeben.
(vgl. Doer/Voges, 1995, S. 56 ff.).

Neben diesen negativen Auswirkungen werden jedoch auch eine Reihe positiver Auswirkungen gesehen, wodurch der Ruhestand als ein neuer Lebensabschnitt angenommen wird, in welchem eigene Wünsche und Vorstellungen ohne Fremdbestimmung verwirklicht werden können. Hierzu zählen u. a.:

Zeit für Familie und Partnerschaft
Großeltern kümmern sich liebevoll um Enkel, unternehmen viel mit dem Partner, was durch die begrenzte Freizeit während des Berufslebens undenkbar war.

Zeit für Hobbys, Freunde, religiöse Aktivitäten usw.
Vernachlässigte Aktivitäten, für welche die Berufstätigkeit keinen zeitlichen Raum bot, nehmen nun eine wichtige Funktion ein. Mit Hingabe durchgeführte Hobbys können zur Lebensaufgabe werden, kontinuierliche Kontakte zu Freunden werden zunehmend wichtiger und viele Rentner versuchen, ihrem Leben einen weiteren Sinn zu geben, indem sie sich in religiösen oder kommunalen Gemeinschaften mit ihrem Wissen und ihren Fähigkeiten engagieren.

Aktivitäten und Beschäftigungen älterer Menschen in der nachberuflichen Phase

Fehlende berufliche Funktionen und das Gefühl, nicht ausgelastet zu sein, müssen in der nachberuflichen Phase durch Aktivitäten und Beschäftigungen verschiedenster Art ausgeglichen werden.
Die betroffenen Rentner müssen entsprechend ihrer Persönlichkeit die arbeitsfreie Zeit mit Aktivitäten füllen, die ihnen Befriedigung bringen und ihre Persönlichkeit stabilisieren.
Als häufigste Aktivitäten werden folgende genannt:
▪ Zeitung lesen und Fernsehen
▪ Spaziergänge und Wahrnehmen kultureller Angebote (z. B. Kino-, Theater-, Konzertbesuche)
▪ Besuche bei Familienangehörigen und Freunden
▪ Garten- und Hausarbeit

Welchen Beschäftigungen ältere Menschen nachgehen, hängt im Wesentlichen von sozioökonomischen und sozialen Faktoren wie Einkommen, vorheriger Beruf, Bildungsniveau, Familienstand, Geschlecht usw. ab. So wurde beispielsweise festgestellt, dass Personen mit akademischer Ausbildung bevorzugt kulturelle Veranstaltungen besuchen und an Bildungsmaßnahmen teilnehmen, während Verheiratete mehr außerhäuslichen Beschäftigungen nachgehen als Alleinstehende.

Männer wenden sich deutlich häufiger und intensiver Beschäftigungen zu, während Frauen sich nach wie vor mehr für den Haushalt verantwortlich fühlen. Menschen, die auch in früheren Jahren einen Zugang zur Religion und Kirche hatten, intensivieren oftmals im Alter ihre religiösen Aktivitäten.

(vgl. Voges, 1995, S. 62 ff.)

Entwicklungsaufgaben in dieser Phase:

- Anpassen an den Ruhestand
- Erhalt gesellschaftlicher und sozialer Verpflichtungen

Im Folgenden wird ein Artikel aus einer hauseigenen Zeitung eines Altenpflegeheimes vorgestellt, in welcher ein Rentner Stellung zu seiner Tätigkeit als ehrenamtlicher Mitarbeiter bezieht. Ausgehend von einem Zeitungsartikel in seiner Heimatzeitung, beschloss dieser Ruheständler wie 25 weitere Pensionäre, einen Teil seiner arbeitsfreien Zeit als ehrenamtlicher Mitarbeiter in einem Altenpflegeheim zu verbringen, um einem älteren Herrn in Form einer sogenannten „Patenschaft" individuelle Betreuung und Hilfe zu bieten.

Es genügt nicht, dass man existiert

„Albert Schweitzer wurde einmal gefragt, was der Durchschnittsmensch in seinem Alltagsleben tun könne, um Schweitzers berühmter Forderung nach „Ehrfurcht vor dem Leben" nachzukommen. Hier in Auszügen die Antwort Albert Schweitzers:

„Jeder tue, was er kann. Es genügt nicht, dass man existiert. Es genügt nicht, dass man sich sagt: `Ich verdiene genug, um gut zu leben und meine Familie zu erhalten. Ich leistete etwas in meinem Beruf. Ich bin ein guter Vater, ein guter Ehemann.

Das alles ist schön und gut. Aber es genügt nicht. Man muss Zeit haben für seine Mitmenschen. Man muss etwas, und sei es noch so wenig, für diejenigen tun, die Hilfe brauchen, etwas, was keinen Lohn bringt, sondern die Freude, es tun zu dürfen.`

Angesprochen von dieser Idee habe ich vor knapp zwei Jahren den Sprung ins kalte Wasser gewagt und mich aufgrund eines Artikels in meiner Heimatzeitung für die Übernahme sogenannter „Patenschaften" zu einzelnen Senioren des Hauses interessiert. Seitdem besteht Kontakt zum St. ... -Heim. Regelmäßig treffe ich mich mit einem älteren Herrn zu gemeinsamen Spaziergängen, Ausflügen, Gesprächen usw. Den erwähnten Sprung ins kalte Wasser konnte ich schnell vergessen. Der Umgang mit besagtem Herrn, aber auch gelegentliche Kontakte zu weiteren Heimbewohnern, bringen mir inzwischen viel Freude. Zu meinem „Partner" hat sich – ich darf wohl sagen – ein echtes Vertrauensverhältnis entwickelt. Mein lieber Herr B. wird es mir sicherlich erlauben, wenn ich ihn als einen väterlichen Freund bezeichne. Fast beschämend für mich war in dieser Zeit, festzustellen, wie dankbar doch ältere Menschen sind für die geringste Aufmerksamkeit, die man ihnen bewusst oder unbewusst entgegenbringt, sei es durch einen freundlichen Gruß, ein kurzes Gespräch oder sonstige Kleinigkeiten. Ich erinnere mich z. B. gern an eine ältere Dame, die wir auf einem unserer Spaziergänge ein Stück des Weges begleiteten, weil ihre sonstigen Weggefährtinnen an diesem Tage verhindert waren. Nicht nur, dass sie sich am Schluss bedankte, nein, sie bedankte sich ausdrücklich nochmals bei meinem Partner während des Abendessens. Oder wenn ich an den kürzlich verstorbenen Herrn P. denke; wie dankbar war er doch, wenn man ihn im Krankenhaus besuchte. Dabei strahlte er trotz seines schweren Leidens eine Zufriedenheit aus, die den Besucher selber zufriedener machen konnte.

Die ehrenamtliche Tätigkeit in diesem Hause wird aber auch durch die unkomplizierte und vertrauenserweckende Art der Heimleitung und ihrer Mitarbeiter positiv beeinflusst. Es herrscht nach meinem Empfinden eine wohltuende Atmosphäre im Hause.

Ich wünsche mir, dass noch weitere ehrenamtliche Mitarbeiter den Weg ins Seniorenheim finden. Sollte dabei jemand nach Geben und Nehmen fragen, so kann ich nur sagen, dass ich durch meinen bescheidenen Anteil an der ehrenamtlichen Tätigkeit im Hause an Erfahrung und Zufriedenheit weitaus mehr mitnehme als ich vielleicht einbringe."

(Wilmes, 1988, S. 3 f.)

Aufgaben

1. Befragen Sie Rentner in ihrer unmittelbaren Umgebung (z. B. Nachbarschaft) nach ihren Beschäftigungen und Aktivitäten in ihrer arbeitsfreien Zeit.

2. Welche Angebote können ältere Menschen in Ihrer Umgebung nutzen?

2.3 Unterstützung des älteren Menschen bei psychischen Veränderungen

Sven arbeitet als Praktikant für einige Wochen beim ambulanten Pflegedienst und besucht täglich das Ehepaar Gerner.

Frau Gerner ist 79 Jahre alt und wohnt gemeinsam mit ihrem Ehemann seit über 30 Jahren in einem Einfamilienhaus. Beide versuchen, den gemeinsamen Haushalt im Rahmen ihrer Möglichkeiten weitgehend selbstständig zu führen.

Frau Gerner ist stark sehbehindert und deshalb auf den ambulanten Pflegedienst angewiesen. In letzter Zeit machen sich zeitweise Gedächtnislücken bemerkbar und ihre bisherigen Interessen und Kontakte zu ihrem Frauenkreis bestehen seit kurzer Zeit auch nicht mehr.

Herr Gerner leidet seit dem letzten Jahr unter erheblichen Gedächtnisstörungen und wirkt in seinem gesamten Verhalten starr und uneinsichtig, was sich insbesondere dann bemerkbar macht, wenn die Pflegerin versucht, als Orientierungshilfe etwas an der Anordnung der Wohnungsgegenstände zu ändern. **Sven** ist sehr bemüht, in allen sozialpflegerischen Situationen angemessen auf diese altersbedingten Beeinträchtigungen zu reagieren.

Sie und Ihre Mitschüler haben durch Schüler höherer Klassen und Gespräche mit Mitarbeiterinnen verschiedener Altenhilfeeinrichtungen erfahren, dass es wichtig ist, sich auf altersbedingte psychische Veränderungen vorzubereiten, um das Verhalten älterer Menschen verstehen und angemessen in Alltagssituationen reagieren zu können.

Aufgaben zur Lernsituation

1. Notieren Sie spontan Ihre Einschätzung der oben beschriebenen Situation:
   - Wer ist an der Situation direkt und indirekt beteiligt?
   - Wie sehen die Beteiligten die Situation? (Eventuell können Sie die einzelnen Beteiligten besser einschätzen, wenn Sie deren Sichtweise einnehmen. Formulieren Sie hierzu in ein oder zwei Sätzen die jeweiligen Gedanken und Gefühle der Beteiligten in „Ich-Form".)

2. Welche Probleme werden in dieser Situation angesprochen? Wurden Sie schon einmal mit Verhaltensveränderungen von älteren Menschen konfrontiert? Wie sind Sie selbst mit dieser Situation umgegangen?

3. Listen Sie Themen auf, die Sie bearbeiten möchten, um auf die Konfrontation mit solchen oder ähnlichen Problemen in Ausbildung und Beruf vorbereitet zu sein.

4. Lesen Sie die nachfolgenden Ausführungen, bearbeiten Sie die entsprechenden Aufgaben, und setzen Sie sich ggf. mithilfe weiterführender Informationen mit weiteren für Sie wichtigen Inhalten zu dieser Thematik auseinander.

Folgende psychische Veränderungen lassen sich mit zunehmendem Alter häufig beobachten:
- Veränderungen der Gedächtnisleistung
- rückwärtsgerichteter Blick und Interessenverschiebung
- Beharrungstendenz
- Veränderung des Leistungsverhaltens
- Charakterausprägung
- mangelnde Steuerungsfähigkeit der Gefühle
- Antriebshemmung
- Verminderung der Erlebnisintensität

Veränderung der Gedächtnisleistung

Mit zunehmendem Alter tritt das Langzeitgedächtnis hervor, gleichzeitig ist ein Nachlassen des Kurzzeitgedächtnisses zu beobachten.
Die Speicherungsfähigkeit für aktuelle Informationen lässt also nach. Ebenso fällt es dem älteren Menschen schwerer, sich neue Kenntnisse und Fähigkeiten einzuprägen.
Inhalte, die jedoch früher im sogenannten **Langzeitgedächtnis** gespeichert wurden, bleiben erhalten und verfügbar. So ist es zu erklären, dass ältere Menschen häufig von Vergangenem sprechen und gerne auf Kenntnisse und Fähigkeiten zurückgreifen, die sie früher einmal erworben haben.
Die in der Altenhilfe Tätigen sollten darauf achten, die geistige Beweglichkeit des alternden Menschen zu erhalten und zu fördern, ihn ernst nehmen und ihn immer wieder durch gezielte Angebote zur geistigen Aktivität motivieren.

Rückwärtsgerichteter Blick und Interessenverschiebung

- Häufig sprechen ältere Menschen von früheren Ereignissen, wobei ein positiv eingestellter Mensch eher erfreuliche Ereignisse im Langzeitgedächtnis gespeichert hat, während ein pessimistischer Mensch eher negative Erlebnisse registriert. So sind Aussprüche, die sich stetig wiederholen, wie: „In der guten alten Zeit ...“ oder „Ich war immer schon vom Pech verfolgt.“, leicht zu erklären.

- Der Blick in die Vergangenheit kann für den älteren Menschen auch zur Flucht in eine „heile Welt“ werden, sodass die Bereitschaft, Neues zu erfahren und dieses im Gedächtnis zu bewahren, noch geringer wird.
- Ältere Menschen mit positiv gerichtetem Blick auf Gegenwart und Zukunft werden versuchen, vergangene Erfahrungen mit dem gegenwärtigen Erleben zu verbinden und sich so mit der Realität des Lebens auseinandersetzen.
- Ein Nachlassen der Interessen aufgrund biologischer und anderer Gegebenheiten ist ebenfalls oftmals zu beobachten. Der ältere Mensch beschränkt sich auf einige wenige Interessengebiete und übt diese dann zum Teil umso intensiver aus. Hierbei knüpft die Art der Interessen sehr häufig an Bekanntes an.

Sich die früheren Lebenssituationen und Interessen der älteren Menschen zu vergegenwärtigen, sollte Aufgabe der Altenhilfe sein, um mit gezielten Angeboten hier anknüpfen zu können.

Beharrungstendenz

Es ist häufig zu beobachten, dass ältere Menschen erhebliche Schwierigkeiten haben, sich Neuerungen anzupassen. Diese sogenannte „Beharrungstendenz", die sich in einem Festhalten an gewohnten Verhaltensweisen zeigt und sich in ungünstigen Fällen bis hin zum Altersstarrsinn steigern kann, ist lediglich eine Schutzreaktion.
Durch dieses Verhalten vermeidet der ältere Mensch Unsicherheit im Umgang mit allem Neuen, entzieht sich der Bevormundung durch Fremde, deren Argumenten er nicht mehr so schnell folgen kann, und muss nicht über bevorstehende Änderungen nachdenken.

Für die Altenhilfe bedeutet das Wissen um diese Zusammenhänge, dass:
- bei allen Neuerungen Hilfe angeboten wird,
- unnötige Veränderungen im Tagesablauf vermieden werden,
- Interesse an alten Gewohnheiten und deren Vorteilen gezeigt wird, damit langsam etwas Neues eingeführt werden kann,
- Wahlmöglichkeiten in der Art des Vorgehens, der Reihenfolge von angestrebten neuen Handlungen geboten werden, um dem älteren Menschen das Gefühl zu nehmen, er werde bevormundet,
- eine vertraute Atmosphäre geschaffen wird, die schrittweise die Angst vor Veränderungen oder Neuerungen nehmen kann.

Leistungsverhalten

Leistung unter Zeitdruck zu erbringen, fällt älteren Menschen immer schwerer, da die Konzentrations- und Merkfähigkeit sich zunehmend vermindern.
Einmal erworbenes Allgemeinwissen und der Wortschatz bleiben jedoch unter normalen Umständen erhalten, wenn nicht eine Krankheit vorliegt, die zu einer Leistungsminderung führen muss.

Um die Leistungsfähigkeit weitgehend zu erhalten und auch zu fördern, sollten Angebote, die den Einsatz geistiger Fähigkeiten trainieren, durchgeführt werden. Auch das Anknüpfen an Interessen und Hobbys der Senioren wirkt sich positiv auf deren Leistungsverhalten aus.

Charakterausprägung

Ursachen für bestimmte Eigenschaften, von denen man sagt, sie würden sich im Alter verstärken (z. B. von der Sparsamkeit zum Geiz) in gemessenen Kalenderjahren zu suchen, wäre falsch. Vielmehr sollte man davon ausgehen, dass bestimmte anerzogene Gewohnheiten im Alter aus unterschiedlichen Gründen eine Ausprägung erfahren.
So könnte beispielsweise die Lebensgewohnheit zu sparen, um nicht zu verarmen, auch zur gegenteiligen Haltung führen – Geld, das nun ausreichend vorhanden ist, mit vollen Händen auszugeben, um das Leben zu genießen.
Alle Charakterausprägungen sind immer im Zusammenhang mit den früheren Lebensgewohnheiten und -einstellungen zu betrachten wie z. B. berufliche und private Situationen, in denen diese gebraucht und durch Erfolge verstärkt wurden (z. B. der Lehrer, der belehrt, korrigiert, Wissen vermittelt).

Pflegende Personen können derartige Ausprägungen nicht ändern. Es bleibt nur die Möglichkeit, den Menschen so anzunehmen, wie er ist, und durch Aufbau von Vertrauen, Sicherungs- und Selbstbehauptungstendenzen zu verringern.

Ebenso sind Ursachen für andere Persönlichkeitsveränderungen abhängig von der Persönlichkeitsentwicklung, der Lebenssituation und -einstellung und nicht so sehr im Zusammenhang mit den kalendarischen Lebensjahren zu sehen. Hierzu zählen:
- die **mangelnde Steuerungsfähigkeit** der Gefühle (z. B. Wutanfälle, die schnell nachlassen),
- eine **Antriebshemmung** (weniger Interessen und soziale Kontakte) oder auch
- eine **Verminderung der Erlebnisintensität**, d. h., es wird eine Distanz zu Ereignissen des Lebens aufgebaut, die sich im ungünstigen Fall als Abstumpfung, im günstigen Fall als Abgeklärtheit auswirken kann.

Auch hier kann nur ein Annehmen des Menschen, wie er jetzt geworden ist, als einzige Möglichkeit angesehen werden, ihn in dieser Situation zu stützen.

Die Betroffenheit des einzelnen älteren Menschen, bezüglich der altersbedingten körperlichen und psychischen Veränderungen ist immer von seiner Grundeinstellung und seinem früheren Leben abhängig.

Ebenso hängt es von der Persönlichkeit des Einzelnen ab, ob er seine letzte Lebensphase genießen kann und vor allem die positiven Seiten dieses Lebensabschnittes sieht. So entdecken viele Senioren im Alter Freiheiten, die in der Familien- und Arbeitsphase nicht gelebt werden konnten (z. B. Reisen und Studium). Ebenso können sie manche Situationen, die sie früher als belastend erlebt haben, aufgrund ihrer Lebenserfahrung mit mehr Gelassenheit bewältigen.

Zu sehen, dass jeder ältere Mensch mit seiner individuellen Lebensgeschichte zu betrachten ist, sollte daher eine der wichtigsten Aufgaben der Altenhilfe sein.

Aufgaben

1. Lesen Sie den oben stehenden Text aufmerksam durch.

2. Übertragen Sie die im Text genannten Kennzeichen der psychischen Veränderungen im Alter in eine Tabelle (Mustertabelle siehe nächste Seite).

3. Suchen Sie zu zweit nach konkreten Angeboten oder helfenden Handlungen, um eine starke Ausprägung der genannten Veränderungen ansatzweise verringern zu können und tragen Sie diese in die letzte Spalte der Tabelle ein.

Psychische Veränderungen	Kennzeichen	Förderangebote/ helfende Handlungen
Veränderung der Gedächtnisleistung	▪ Nachlassen des Speichervermögens für Informationen ▪ Schwierigkeiten beim Einprägen neuer Kenntnisse und Fähigkeiten	▪ den älteren Menschen ernst nehmen ▪ durch gezielte Angebote zur geistigen Aktivität anregen (z. B. Gedächtnistraining)
Rückwärtsgerichteter Blick und Interessenverschiebung		
Beharrungstendenz		
Veränderung des Leistungsverhaltens		
Charakterausprägung		
Mangelnde Steuerungsfähigkeit der Gefühle		
Antriebshemmung		
Verminderung der Erlebnisintensität		

Entwicklungsaufgaben in dieser Phase:
▪ Akzeptieren des Nachlassens der Kräfte und der Gesundheit
▪ Bewältigung des Verlusts des Partners
▪ Auseinandersetzung mit Sterben und Tod

2.4   Hilfen bei der Übersiedlung in ein Altenpflegeheim

Lernsituation

Swetlana, die im letzten Jahr ihre Ausbildung zur staatlich geprüften Sozialhelferin absolviert hat, arbeitet nun seit einem Jahr in einem Altenpflegeheim. Die Bewohner im Alter zwischen 64 und 96 Jahren wohnen alle schon seit längerer Zeit in der Einrichtung, eine Neuaufnahme gab es bis vor Kurzem in **Swetlanas** bisheriger Berufstätigkeit noch nicht.

Die Wohnbereichsleiterin teilte ihr dann vor einigen Wochen mit, dass eine neue Bewohnerin aufgenommen werden sollte, und bat sie darum, der Mitarbeiterin des sozialen Dienstes bei der Integration dieser Dame zu assistieren. Folgende Informationen über die zukünftige Bewohnerin erhielt **Swetlana** ebenfalls:

„Frau Scherer, 76 Jahre, weist altersbedingte Bewegungseinschränkungen auf und ist auf Hilfe in allen Alltagssituationen angewiesen. Da ihr Mann, der die bisherige Pflege von Frau Scherer übernahm, vor Kurzem verstorben ist und die Angehörigen nicht in der näheren Umgebung wohnen, erschien es notwendig, Frau Scherer möglichst schnell in einem Pflegeheim unterzubringen. Sie selbst kann sich nur schwer an diesen Gedanken gewöhnen, auch wenn sie die Notwendigkeit einsieht."

Swetlana wurde von der Wohnbereichsleiterin aufgefordert, sich auf den bevorstehenden Heimeinzug von Frau Scherer vorzubereiten, um sie einfühlend in dieser Situation begleiten zu können.

Sie berichtet in der Klasse von ihren Erfahrungen bezüglich der Begleitung der neuen Bewohnerin.

Sie und einige Ihrer Mitschülerinnen, die im nächsten Jahr in Einrichtungen der Altenhilfe arbeiten möchten oder hier eine weiterführende Ausbildung beginnen werden, sind sehr daran interessiert, mehr über die Begleitung eines neuen Bewohners bei der Übersiedlung in eine Einrichtung der stationären Altenhilfe zu erfahren.

Aufgaben zur Lernsituation

1. Notieren Sie spontan Ihre Einschätzung der oben beschriebenen Situation:
   - Wer ist an der Situation direkt und indirekt beteiligt?
   - Wie sehen die Beteiligten die Situation? (Eventuell können Sie die einzelnen Beteiligten besser einschätzen, wenn Sie deren Sichtweise einnehmen. Formulieren Sie hierzu in ein oder zwei Sätzen die jeweiligen Gedanken und Gefühle der Beteiligten in „Ich-Form".)

2. Welche Probleme werden in dieser Situation angesprochen?

3. Laden Sie eine Mitarbeiterin eines Pflegeheims ein, die von ihrer unterstützenden Arbeit bei einer Heimunterbringung berichten kann.

4. Lesen Sie die nachfolgenden Ausführungen, bearbeiten Sie die entsprechenden Aufgaben, und setzen Sie sich ggf. mithilfe weiterführender Informationen mit weiteren für Sie wichtigen Inhalten zu dieser Thematik auseinander.

2.4.1 Ziele der Integration und ihre Verwirklichung in den verschiedenen Phasen des Heimeinzugs

Durch eine gute zielgerichtete Zusammenarbeit zwischen dem zukünftigen Heimbewohner und den Heimmitarbeitern, auch unter Einbeziehung der Angehörigen, kann eine Übersiedlung von der häuslichen Umgebung in eine Einrichtung der stationären Altenhilfe erleichtert werden. Folgendes sollte dabei beachtet werden:

Der ältere Mensch sollte auf die Übersiedlung in eine stationäre Altenhilfeeinrichtung vorbereitet werden
Der ältere Mensch sollte genügend Zeit haben, sich auf die Übersiedlung in ein Altenpflegeheim oder Ähnliches einzustellen. Hierbei sollte ihn die Familie unterstützen und ihm klarmachen, dass durch einen Heimaufenthalt Beziehungen nicht abgebrochen werden müssen.
Weiterhin wird Probewohnen als eine gute Möglichkeit der Vorbereitung gesehen. Vorherige Gespräche mit den Mitarbeitern, die dem älteren Menschen zeigen, dass er seine Selbstständigkeit und seine Interessen keineswegs aufgeben muss, tragen dazu bei, ihm den Umzug zu erleichtern.

Die Wahrung der Kontinuität in den Lebensbedingungen sollte gefördert werden
Bleiben Beziehungen zu seinem früheren sozialen Umfeld erhalten, wird das neue Zuhause weniger als Ort der Isolation betrachtet und das vorherige Leben kann in einigen Bereichen fortgeführt werden. Unterstützend sollten die Mitarbeiter Interesse an der Biografie des neuen Bewohners zeigen und ihm Möglichkeiten bieten, an Aktivitäten außerhalb der Einrichtung teilzunehmen.

Die Selbstständigkeit und Selbstverantwortung muss erhalten bleiben, indem der neue Bewohner aktiv am Heimalltag teilnehmen kann

Gerade durch die Übertragung bestimmter Aufgaben wird für den neuen Bewohner eine Möglichkeit geschaffen, sich erfolgreich in die Heimsituation einzufinden.

> **Merke!**
> *Wenn der ältere Mensch selbst entscheiden kann, zu welchem Zeitpunkt die Übersiedlung stattfinden soll und welches Heim er für das geeignete erachtet, trägt dies viel zu seiner Bereitschaft bei, eine Einrichtung der stationären Altenhilfe als sein neues Zuhause anzuerkennen.*

Soll die Integration eines neuen Bewohners gelingen, werden Mitarbeiter des sozialen Dienstes und/oder die Pflegedienst- bzw. zuständige Wohnbereichsleitung versuchen, den älteren Menschen in drei aufeinanderfolgenden Phasen die Übersiedlung in sein neues „Zuhause" zu erleichtern.

Phase 1: Vorbereitung

Wenn sich der zukünftige Bewohner gemeinsam mit seinen Angehörigen in verschiedenen Altenpflegeheimen oder ähnlichen Einrichtungen über die jeweiligen Angebote und Leistungen informieren möchte, haben sich folgende begleitende Maßnahmen als hilfreich zum ersten Kennenlernen der Einrichtung erwiesen:
- Rundgang durch die Einrichtung und Besichtigung eines freien Zimmers, damit der zukünftige Bewohner weiß, wie seine neue Wohnumgebung aussehen könnte,
- Informationsgespräch über die pflegerischen und hauswirtschaftlichen Leistungen, Gestaltung der Mahlzeiten, Beschäftigungs- und Freizeitangebote, medizinische Betreuung, Kosten- und Finanzierungsmöglichkeiten und Leistungen der Pflegekasse sowie die Grenzen der Angebote, beispielsweise die pflegerischen und hauswirtschaftlichen Leistungen bei den unterschiedlichen Pflegestufen.

Zudem kann die Einrichtung dem zukünftigen Bewohner ein bis zwei Wochen lang ein sogenanntes „Probewohnen" anbieten.

Sollte sich der Bewohner und die Familie für eine bestimmte Einrichtung entschieden haben, so wird eine Mitarbeiterin einen Besuch in der bisherigen Wohnung vornehmen, um beispielsweise gemeinsam zu überlegen, welche Möbelstücke und persönlichen Wertgegenstände mitgenommen werden können. Ein solcher Besuch hat sich als sehr hilfreich erwiesen, um den zukünftigen Bewohner mit seinen Lebensgewohnheiten und Bedürfnissen besser kennen und verstehen zu lernen.

Persönliche Erinnerungsstücke erleichtern die Übersiedlung in ein Altenpflegeheim

Phase 2: Tag des Einzugs

Am Tag des Einzugs findet der neue Bewohner in seinem vorbereiteten Zimmer meist eine Begrüßungskarte vor, die mit wichtigen Informationen für ihn und seine Angehörigen versehen ist. Ein Empfangsgruß, z. B. ein Blumenstrauß, vermittelt ihm das Gefühl, willkommen zu sein.

Die zuständigen Mitarbeiterinnen der Früh- und Spätschicht sprechen mit dem Neuankömmling und seinen Angehörigen, um noch etwas mehr über Vorlieben, Gewohnheiten usw. zu erfahren und um sich selbst als Ansprechpartner für die nächsten zwei bis vier Wochen vorzustellen.

Außerdem werden Informationen über Räumlichkeiten, Tagesablauf und die zukünftigen Mitbewohner gegeben.

> *Merke!*
> *Die vielen neuen Informationen werden dem neuen Bewohner schrittweise erläutert und in regelmäßigen Abständen wiederholt, um eine Überforderung auszuschließen.*

Die Bezugspersonen erstellen zusammen mit der Wohnbereichsleitung einen vorläufigen Pflegeplan, bei dem alle bisher verfügbaren Informationen berücksichtigt werden. Eine Kontrolle des Planes am nächsten Tages ist unbedingt erforderlich, um sofort entsprechend der festgestellten Notwendigkeiten Veränderungen und Ergänzungen vornehmen zu können.

Phase 3: Zeit der Eingewöhnung

Ungefähr zwei bis vier Wochen wird der neue Bewohner durch die Bezugspflegekräfte und die Mitarbeiterin des sozialen Dienstes begleitet, um feste Strukturen im Tagesablauf, Angebote des Hauses und bestehende Gruppen kennenzulernen. Manche Einrichtungen bieten auch regelmäßige Treffen mit den neu eingezogenen Menschen als feste Integrationshilfen an und haben damit gute Erfahrungen gemacht.
(vgl. Köther, 2005, S. 714 ff.)

Anregungen

1. Erkundigen Sie sich in einer Altenhilfeeinrichtung in Ihrer Nähe, wie die Mitarbeiter hier die Eingewöhnungsphase für neue Bewohner gestalten.

2. Listen Sie diese Integrationshilfen auf.

3. Überlegen Sie in der Kleingruppe, welche weiteren Hilfen Sie älteren Menschen bei der Übersiedlung in eine stationäre Einrichtung bieten würden, die dazu beitragen können, das Fremdheitsgefühl zu überwinden.

2.4.2 Gestaltung der Wohnumgebung

Wer die Möglichkeit erhält, ein Bewohnerzimmer eines Altenpflegeheimes einmal aus der Sicht eines bettlägerigen Menschen zu betrachten, wird schnell bemerken, welche Gestaltungselemente in einem solchen Zimmer Orientierung geben und welche Dinge zum Hinschauen anregen. Folgende Fragen könnten möglicherweise aufkommen:

- Würde ich mich auch so einrichten, wenn ich dieser Bewohner wäre?
- Ist der Raum in warmen, ansprechenden Farben gestrichen?
- Gibt es eine geschmackvolle Raumdekoration?
- Gibt es etwas Schönes zum Anschauen?
- Sagt dieser Raum etwas Persönliches über seinen Bewohner aus?
- Befinden sich die persönliche Kleidung, Handtücher u. Ä. in einem übersichtlich aufgeteilten Schrank?
- Ist ein Ausblick nach draußen gegeben?
- Befindet sich die Nasszelle in unmittelbarer Nähe? Können hier persönliche Waschutensilien gelagert werden?

Werden die meisten Fragen mit „Ja" beantwortet, kann davon ausgegangen werden, dass der Zimmerbewohner sich in der neuen Umgebung einigermaßen gut zurechtfindet und wohlfühlen kann. Werden die meisten Fragen jedoch verneint, ist die Wohnumgebung also sehr steril gehalten, kann dies zur Verstärkung altersbedingter Veränderungen wie Verwirrtheit, Nachlassen des Umweltinteresses, Abkapselung usw. führen.
Die Schaffung einer anregenden Umgebung, in der sich der ältere Mensch wohlfühlt und sich Orientierungshilfen entsprechend seiner Bedürfnisse befinden, trägt dazu bei, vorhandene positive psychische Ressourcen weitgehend zu erhalten.

Im Folgenden werden Vorschläge zur Gestaltung der Wohnumgebung aufgegriffen, die Heike Dunkhorst in ihrem Buch „Gestaltung und Beschäftigung" vorstellt (vgl. Dunkhorst, 2001, S. 235 ff.):

Schaffung einer anregenden Umgebung

- Grundsätzlich sollte versucht werden, bekannte und neue Gestaltungselemente miteinander zu verbinden, damit der ältere Mensch zum einen die Wohnumgebung nicht als fremd und somit abschreckend empfindet, zum anderen jedoch auch nicht als eintönig und langweilig.
- Es empfiehlt sich, biografische Bezüge herzustellen. Dies gelingt durch das Mitbringen einiger Einrichtungsgegenstände, eigener Bilder, Fotos, die den Menschen in seiner früheren Umgebung mit vertrauten Personen zeigen und Dekorationsstücken.
- Auch aktuelle Fotos und selbst gestaltete Werke (wie in Kapitel 4.4 vorgestellt) sollten die verschiedenen Räumlichkeiten der Einrichtung schmücken.
- Das Vorhandensein von Literatur jeglicher Art, Blumen, die gepflegt werden müssen, Brettspielen, Schalen mit Obst und Obstmessern regen die älteren Menschen dazu an, den Tag aktiv zu gestalten.
- Erhalten sie dann noch die Möglichkeit, mitzubestimmen, wann Mahlzeiten eingenommen werden, wann sie geweckt werden, an welchen Beschäftigungsangeboten sie teilnehmen, so wird für selbstständige Aktivitäten mehr Raum geschaffen.
- Gemütliche Sitzgruppen auf den Fluren oder in Gemeinschaftsräumen tragen zu Gesprächen untereinander bei.
- Wird auf jahreszeitliche, geschmackvolle Dekoration geachtet, Wandschmuck von Zeit zu Zeit verändert und entsprechend der Bedürfnisse der älteren Menschen zu bestimmten Zeiten eine musikalische Untermalung (keine Dauerberieselung) angeboten, so kann dies ein wichtiger Schritt zur Gewöhnung an das neue Zuhause sein.

Dieses Zimmer wurde gemeinsam mit der Bewohnerin gestaltet. Neben der Standardeinrichtung erhielt sie die Möglichkeit, eigene Einrichtungsgegenstände und ein großes Wandbild unterzubringen sowie das Zimmer nach eigenen Wünschen zu dekorieren.

2.4.3   Orientierungshilfen

Damit ältere Menschen sich in dem neuen Wohnumfeld gut zurechtfinden können, sollten Orientierungshilfen geschaffen werden. Dabei wird zwischen den folgenden vier Orientierungshilfen unterschieden:
- Hilfen zur persönlichen Orientierung
- Hilfen zur situativen Orientierung
- Hilfen zur zeitlichen Orientierung
- Hilfen zur räumlichen Orientierung

Hilfen zur persönlichen Orientierung
- So oft es geht, wird der einzelne ältere Mensch mit seinem Namen angesprochen.
- Die Geburtstage der einzelnen Bewohner werden in einen Kalender eingetragen, Betreuer vergessen so diesen wichtigen Tag nicht und können den älteren Menschen an sein Lebensalter erinnern.
- Große Spiegel, in denen sich jeder betrachten kann, sollten in ausreichender Anzahl vorhanden sein, außerdem Handspiegel auf jedem Nachttisch.
- Wenn möglich, sollten die Bewohner über einen eigenen Hausschlüssel verfügen.
- Persönliche Dinge wie beispielsweise eigene Bettwäsche, Wecker, und das eigene Portemonnaie sind den Bewohnern vertraut und geben ihnen eine persönliche Orientierung.

Hilfen zur situativen Orientierung
- Die Bewohner werden über die Notwendigkeit aller pflegerischen Maßnahmen aufgeklärt. Auf die Notwendigkeit des Trinkens wird ebenfalls hingewiesen.
- Die Privatsphäre der Bewohner wird respektiert, indem alle Betreuer an die Zimmertür klopfen, bevor sie den Raum eines älteren Menschen betreten.
- Namensschilder und ein Aushang mit Fotos aller Betreuer helfen den Bewohnern, diese schneller kennenzulernen.
- Eine Pinnwand mit Informationen zum entsprechenden Tag erleichtert die Orientierung.

Hilfen zur zeitlichen Orientierung
- Große Kalender, z.B. mit Sprüchen, erinnern die älteren Menschen insbesondere an den aktuellen Wochentag.
- Uhren sollten groß genug sein, damit auch ältere Menschen mit Sehbeeinträchtigungen diese lesen können.
- Tageszeitungen lassen die Bewohner am aktuellen Weltgeschehen teilhaben.
- Alle Angebote, die immer wiederkehren, werden innerhalb der Woche am gleichen Tag und zur gleichen Uhrzeit durchgeführt (z.B. Werken und Gestalten immer freitags zwischen 9.00 und 11.00 Uhr).
- Alle Termine, die für die jeweiligen Bewohner wichtig sind, wie z.B. Fußpflege und Krankengymnastik, werden ihnen rechtzeitig schriftlich bekannt gegeben.
- Indirekt hilft auch die jahreszeitliche Dekoration ebenso bei der zeitlichen Orientierung wie jahreszeitliche Feste und Feiern.

Hilfen zur räumlichen Orientierung

- Vor dem Zimmer des jeweiligen Bewohners sollte sich ein Namensschild befinden.
- Die einzelnen Etagen werden farblich unterschiedlich gestaltet, damit ein Bewohner sofort bemerkt, wenn er sich im falschen Stockwerk befindet.
- Insbesondere helfen sogenannte „Nachtlichter", die in die Steckdose gesteckt werden und nur schwaches Licht erzeugen, der Orientierung des Bewohners, der nachts einmal aufstehen muss.
- Es hat sich bewährt, jedem Bewohner ein Foto von der Außenansicht des Hauses zur Verfügung zu stellen, damit er das Heim immer wiederfindet, wenn er dieses beispielsweise für einen Spaziergang verlässt.

(vgl. Dunkhorst, 2001, S. 235 ff.)

2.5 Betreuung von psychisch veränderten und demenzerkrankten älteren Menschen

Lernsituation

Das Praktikum in den Einrichtungen der Altenhilfe rückt immer näher. Die angehenden Sozialhelfer fühlen sich inzwischen in weiten Teilen gut vorbereitet und freuen sich auf die Arbeit mit einer neuen Zielgruppe.

Alina kommt an einem Schultag ganz aufgelöst in die Klasse und berichtet vom Freitod eines älteren Herrn in ihrer Nachbarschaft:

„Herr K., unser Nachbar, war früher bei einer Bank angestellt. Er lebte seit zwanzig Jahren in dem benachbarten Mehrfamilienhaus. Wir haben ihn in den letzten zwei Jahren, vor allem nach dem Tod seiner Ehefrau, immer seltener gesehen. Kinder hatte er keine. Man sagt in unserer Nachbarschaft, er wäre früher schon häufiger aufgefallen, weil er sich ständig über den Lärm im Haus beschwerte, der ihn abends nicht einschlafen ließ. Dann, vor einigen Jahren, zog er sich plötzlich immer mehr zurück. Es wird vermutet, dass er an Depressionen litt, die schließlich auch dazu führten, dass er nicht mehr weiter wusste und sich mit einer Überdosis Schlaftabletten das Leben genommen hat. Gefunden hat ihn der Hausmeister – eine Woche nach seinem Tod."

Die Mitschüler sind sehr betroffen und äußern Ängste bezüglich des Umgangs mit Verhaltensproblemen älterer Menschen, mit denen sie ggf. in ihrem Praktikum konfrontiert werden könnten.

Auch Sie und Ihre Mitschüler werden in einigen Wochen das Praktikum in Einrichtungen der Altenhilfe beginnen. Sie sind verunsichert, was den Umgang mit möglichen schwierigen Verhaltensweisen älterer Menschen angeht.

Aufgaben zur Lernsituation

1. Notieren Sie spontan Ihre Einschätzung der oben beschriebenen Situation:
   - Wer ist an der Situation direkt und indirekt beteiligt?
   - Wie sehen die Beteiligten die Situation? (Eventuell können Sie die einzelnen Beteiligten besser einschätzen, wenn Sie deren Sichtweise einnehmen. Formulieren Sie hierzu in ein oder zwei Sätzen die jeweiligen Gedanken und Gefühle der Beteiligten in „Ich-Form".)

2. Welche weiteren Fragen ergeben sich hieraus für Sie bezüglich einer möglichen Konfrontation mit Verhaltensproblemen oder altersbedingten Veränderungen?

3. Suchen Sie gemeinsam in der Lerngruppe und mithilfe ihrer Fachlehrerin nach Möglichkeiten, eine möglichst umfassende Antwort auf Ihre Fragen zu bekommen.

4. Lesen Sie die nachfolgenden Ausführungen, bearbeiten Sie die entsprechenden Aufgaben, und setzen Sie sich ggf. mithilfe weiterführender Informationen mit weiteren für Sie wichtigen Inhalten zu dieser Thematik auseinander.

2.5.1 Mögliche Verhaltensprobleme älterer Menschen

Depressionen im Alter

> **Merke!**
> *Unter einer Depression versteht man eine psychische Erkrankung, die zu den sogenannten „affektiven Störungen" gehört. Charakteristisch für eine solche Störung sind Schwankungen der Stimmung und des Antriebes.*

Aufgrund der altersbedingten Erfahrungen von Krankheit, Verlust des Partners und der eigenen Unabhängigkeit erkranken Menschen im Alter häufiger an einer Depression als jüngere Menschen.
Unter anderem lassen sich folgende Symptome beobachten:
- nachlassendes Interesse, gedrückte Stimmung,
- Gefühl einer inneren Leere,
- negativer Blick in die Gegenwart,
- geistige Abwesenheit (der Mensch wirkt zum Teil mimisch starr und schlaff),
- Verminderung der Konzentrations- und Entscheidungsfähigkeit,
- Antriebshemmungen,
- Erschöpfungszustände,
- Appetitstörungen,
- Schlafstörungen,
- eingeschränktes Selbstvertrauen und Selbstwertgefühl,
- nicht begründbare Schuld- und Angstgefühle,
- Grübeln und Nachdenken über den Tod, eventuell verbunden mit Suizidgedanken

(vgl. Bremer-Roth u. a., 2007, S. 639 ff.)

Merke!
Alle in der Altenhilfe Tätigen sind dazu angehalten, auf mögliche Krankheitssymptome der Menschen in einer Einrichtung der Altenhilfe zu achten und diese dem Team und dem behandelnden Arzt gegenüber zu äußern.

Allgemeine Betreuungshinweise für die Arbeit mit depressiven älteren Menschen

- *Nehmen Sie den depressiven älteren Menschen ernst und bringen Sie ihm dabei persönliche Zuwendung entgegen, ohne aufdringlich zu werden (z. B. durch das Halten seiner Hand).*

- *Ermutigen Sie ihn, über seine Befindlichkeit zu sprechen, ohne ihn zu drängen. Wenden Sie dabei die Gesprächstechnik „aktives Zuhören" an (siehe Kapitel V, 3.4).*

- *Versuchen Sie die Gefühle des älteren Menschen zu verstehen und wertzuschätzen, aber lassen Sie sich dabei nicht in seine Gefühlslage hineinziehen.*

- *Sorgen Sie für eine sichere und fördernde Umgebung (z. B. freundliche Atmosphäre, Zimmerschmuck, Orientierungshilfen).*

- *Achten Sie darauf, dass der depressive Mensch angemessen isst und trinkt.*

- *Sprechen Sie bei Inkontinenz des Betroffenen über den richtigen Gebrauch entsprechender Hilfen und über seine Gefühle von Ekel und Scham. Versuchen Sie diese zu akzeptieren und reden Sie sie ihm nicht aus.*

- *Versuchen Sie, den antriebsgehemmten Menschen zu kleineren Aktionen, wie z. B. zu einem Spaziergang anzuregen.*

- *Unterstützen Sie ihn bei der Pflege der eigenen Person und anderen alltäglichen Handlungen, aber nehmen Sie ihm nicht alles ab.*

- *Vermeiden Sie Bewertungen des Denkens und Fühlens des depressiven Menschen und unterlassen Sie das Drängen zu Aktivitäten und Entscheidungen.*

(vgl. Köther, 2005, S. 302 f.)

Aufgaben

1. Überlegen Sie, welche Menschen besonders gefährdet sind, an einer Depression zu erkranken.

2. Welche Möglichkeiten sehen Sie für sich als Sozialhelfer, ausgehend von den oben genannten Betreuungshinweisen, ältere Menschen mit depressiven Störungen in Einrichtungen der Altenhilfe zu begleiten?

3. Sprechen Sie in der Kleingruppe über die Ergebnisse Ihrer Überlegungen.

Suizid (Selbsttötung) und Suizidgefahr im Alter

> **Merke!**
> *Unter Suizid versteht man die willentliche und häufig vorher angekündigte Handlung gegen das eigene Leben, die zum Tode führt (vgl. Anderson, 2004, S. 1025).*

Unter dem sogenannten **chronischen Suizid** versteht man das Verhalten älterer Menschen, die durch eine absichtliche Verwahrlosung oder unzureichende Nahrungszufuhr eine Tötungsabsicht verfolgen.

Als Risikofaktoren für die Neigung zum Selbstmord im Alter lassen sich u. a. folgende Ursachen nennen:
- Depressionen und Wahnerkrankungen
- beginnende Demenz
- Krebs- und andere Schmerzerkrankungen
- Verlust von Bezugspersonen
- Alkoholabhängigkeit

(vgl. Bremer-Roth u. a., 2007, S. 643)

Ältere Menschen mit Tötungsabsichten gegen sich selbst durchlaufen in der Regel drei Phasen *(nach Reiner, 1971)* der inneren Entscheidungsfindung.

1. Phase: Erwägung
Aufgrund der erdrückenden Probleme wie soziale Isolierung, Sucht, Depression und Hoffnungslosigkeit wird der Selbstmord als Lösung in Erwägung gezogen.

2. Phase: Ambivalenz
Der Betroffene sucht Kontakt und Hilfe und äußert direkt und indirekt seine Selbstmorddrohungen („Wenn ihr mich nicht besucht, werde ich mich umbringen." „Ihr werdet noch sehen, wie das ist, wenn ich nicht mehr da bin.")
Auch durch Hilferufe wie „Ich kann nicht mehr!" usw. macht der suizidgefährdete Mensch auf seine ausweglose Situation aufmerksam.

3. Phase: Entschluss
Es werden Handlungen zur Vorbereitung der Selbsttötung vorgenommen wie beispielsweise das Sammeln von Tabletten, das Regeln persönlicher Angelegenheiten usw. Der Suizid wird nicht mehr angesprochen. Diese sogenannte „Ruhe vor dem

Sturm" vermittelt Pflegenden den Eindruck, es gehe dem Betroffenen besser. Schließlich folgt die Suizidhandlung.

Hinweise zum Umgang mit suizidgefährdeten älteren Menschen

- *Nehmen Sie jede Ankündigung eines Suizids ernst.*

- *Informieren Sie bei einem Verdacht auf konkrete Suizidgedanken umgehend die behandelnden Ärzte, Therapeuten und Ihr Team.*

- *Wenn Sie das Gefühl haben, ein älterer Mensch habe Selbsttötungsabsichten, sprechen Sie den Betroffenen direkt an oder überlassen Sie dieses Gespräch den Bezugspflegekräften. Häufig sind die Betroffenen erleichtert, über ihre Gedanken und Absichten sprechen zu können. Geeignet können in diesem Zusammenhang folgende Fragen sein:*

  1. *Haben Sie manchmal den Gedanken, sich das Leben nehmen zu wollen?*
  2. *Haben Sie Vorstellungen darüber, wie Sie Ihre Tötungsabsicht umsetzen würden?*
  3. *Haben Sie diesbezüglich Vorbereitungen getroffen?*
  4. *Haben Sie oder Angehörige Ihrer Familie schon einmal einen Selbstmordversuch unternommen?*
  5. *Wie sehen Sie selbst Ihre jetzige Situation? Welche Kontakte bestehen noch zu Ihrer Familie und zu Ihren Freunden? Hat sich diesbezüglich in letzter Zeit etwas geändert? usw.*

(vgl. Bremer-Roth u. a., 2007, S. 643 f.)

Merke!
Wenn Sie sich mit der Begleitung eines suizidgefährdeten Menschen überfordert fühlen, sprechen Sie umgehend mit Ihrem Team und scheuen Sie sich nicht, professionelle Hilfe in Anspruch zu nehmen.

Aufgaben

1. Überlegen Sie, welche Menschen besonders suizidgefährdet sind.

2. Wo sehen Sie Ihre persönlichen Grenzen, ältere Menschen mit Suizidgedanken in Einrichtungen der Altenhilfe zu begleiten?

3. Sprechen Sie in der Kleingruppe über die Ergebnisse Ihrer Überlegungen.

Suchterkrankungen im Alter

Merke!
Unter Sucht versteht man eine zwanghafte, unkontrollierbare Abhängigkeit von bestimmten Stoffen oder Gewohnheiten, deren Verzicht schwere emotionale, mentale oder physiologische Reaktionen hervorrufen kann (vgl. Anderson, 2004, S. 1025).[1]

---

[1] *Zur Entstehung eines Suchtverhaltens siehe auch Kapitel II, 2.5.4*

Die Gefährdung durch Suchtmittel ist nicht nur bei Jugendlichen, sondern auch bei älteren Menschen ein Problem.
Dabei stellt der Alkoholismus die wichtigste Abhängigkeitsform im Alter dar, dicht gefolgt von der Medikamentenabhängigkeit. Nach Schätzungen haben 1,7 bis 2,8 Millionen der über 60 Jahre alten Menschen ein Problem mit Arzneimitteln oder sind medikamentenabhängig (Stand 2010).

Alkohol und Medikamente werden von älteren Menschen als Hilfe bei belastenden Situationen wie Verlust von Sozialkontakten oder körperlichen Schmerzen angesehen

Zu den Faktoren, die eine Entwicklung des Suchtverhaltens gerade im Alter begünstigen, zählen u. a. folgende:

- Suchtmittel dienen als Ersatzbefriedigung für fehlende Zuwendung und helfen über die Einsamkeit hinweg.
- Das Verordnungsverhalten zahlreicher Ärzte begünstigt ein Suchtverhalten. So können beispielsweise Schlafmittel abhängig machen.
- Bestehende psychische Erkrankungen, wie z. B. eine Altersdepression, erhöhen die Gefahr des Missbrauchs von suchtfördernden Mitteln.

Hinweise zum Umgang mit suchtgefährdeten älteren Menschen

- *Achten Sie darauf, dass die Bewohner nicht leichtfertig Schlaf- und Schmerzmittel einnehmen.*

- *Bieten Sie dem gefährdeten oder bereits abhängigen älteren Menschen immer wieder Alternativen wie eine Tagesstrukturierung und Gruppenangebote, um die innere Leere zu füllen und das Gefühl der Sinnlosigkeit zu bekämpfen.*

- *Unterstützen Sie einen älteren Menschen niemals bei der Substanzbeschaffung.*

- *Sprechen Sie offen Ihre eigenen Gefühle an, wie z. B. die Enttäuschung über einen Rückfall, ohne den abhängigen Menschen dabei zu entwerten (siehe hierzu auch Ich-Botschaften, Kapitel V, 3.6).*

- *Ziehen Sie sich bei Fehlhandlungen des Betroffenen nicht resigniert zurück, sondern bieten Sie ihm erneut Alternativen an.*

- *Ermuntern Sie den bereits abhängigen älteren Menschen, über seine Sucht zu reden und initiieren Sie gemeinsam mit ihm Kontakte zu Selbsthilfegruppen.*
(vgl. Bremer-Roth u. a., 2007, S. 651 ff.)

Anregung

Laden Sie einen Mitarbeiter des sozialen Dienstes ein, der von seiner Arbeit mit älteren alkoholabhängigen Menschen in einer entsprechenden Einrichtung der Altenhilfe erzählt.

2.5.2 Betreuung von verwirrten und demenzerkrankten Menschen

Neben altersbedingten Verhaltensänderungen und den oben genannten Verhaltensproblemen älterer Menschen kann es im Alter auch zu Hirnleistungsstörungen kommen, die als Folge krankhafter Veränderungen im Gehirnstoffwechsel auftreten. Das damit verbundene psychopathologische Erscheinungsbild der „Verwirrtheit" in seinen verschiedenen Ausprägungen kann einen Umzug in eine Einrichtung der stationären Altenhilfe erforderlich machen.

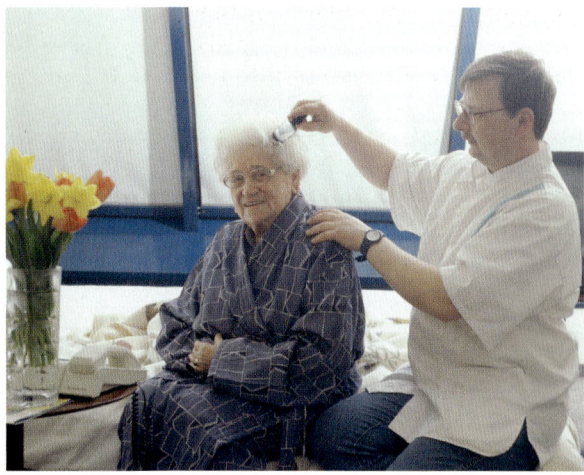

Im Folgenden werden verschiedene Erscheinungsformen kurz definiert.

Verwirrtheitszustand

Aufgrund des Verlustes intellektueller Fähigkeiten ist der verwirrte Mensch eingeschränkt oder unfähig, Aktivitäten des alltäglichen Lebens zu bewältigen. Ebenso kann es zu Gedächtnislücken und wirren Verhaltens- und Sprechweisen kommen (vgl. Anderson, 2004, S. 1116).

Hierbei wird zwischen verschiedenen Erscheinungsformen unterschieden:

Akute Verwirrtheit
„Es handelt sich um ein plötzliches Auftreten einer Reihe von allgemeinen, vorübergehenden Veränderungen und Störungen von Aufmerksamkeit, kognitiven Leistungen, psychomotorischen Aktivitäten, Bewusstseinszustand und/oder Schlaf-wach-Rhythmus.
Zu den kennzeichnenden Merkmalen zählen verstärkte Agiertheit oder Unruhe, Wahrnehmungsstörungen und mangelnde Motivation, zielgerichtete oder sinnvolle Verhaltensweisen zu initiieren oder zu verfolgen."
(Anderson, 2004, S. 1116)

Chronische Verwirrtheit
„Es handelt sich um eine irreversible längerfristige und/oder fortschreitende Verschlechterung des Intellekts und um Persönlichkeitsstörungen, die sich durch die verminderte Fähigkeit, Umweltreize zu interpretieren und intellektuelle Denkprozesse durchzuführen zeigen. Dieses äußert sich in Störungen der Gedächtnisleistung, der Orientierung und der Verhaltensweisen.
Zu den kennzeichnenden Merkmalen gehören klinische Anzeichen von organischen Störungen, veränderte Interpretation oder Reaktion auf Reize, zunehmende und längerfristige kognitive Störungen, unveränderter Bewusstseinszustand, gestörte Sozialisation, gestörte Gedächtnisleistung (Kurzzeit- und Langzeitgedächtnis) und Persönlichkeitsveränderungen".
(Anderson, 2004, S. 1116)

Demenz

„Es handelt sich um eine fortschreitende organische, mentale Störung mit chronischen Veränderungen der Persönlichkeitsstruktur, Verwirrtheit, Desorientiertheit, Verlust früher erworbener und intellektueller Fähigkeiten und Funktionen sowie Gedächtnisverlust, Beeinträchtigung der Urteilsfähigkeit und Impulskontrolle. Der Prozess kann über Monate oder auch über Jahre andauern. Beispiele:
Alzheimer Krankheit – Creutzfeld-Jakob-Krankheit – Parkinson-Syndrom, aber auch bei Gefäßsklerosen, Traumen, Psychosen, Intoxikationen und Schizophrenie".
(Anderson, 2004, S. 244 f.)

Demenz vom Alzheimer-Typ (Morbus Alzheimer)

Diese Krankheit ist gekennzeichnet durch eine „eigenartige Erkrankung der Hirnrinde, verbunden mit schwerem geistigen Siechtum" und wurde um die Jahrhundertwende von dem deutschen Neurologen **Alois Alzheimer (1864–1915)** als eine Krankheit beschrieben, die in den mittleren Lebensjahren beginnt. Später wurde dann dieses Krankheitsbild nach ihm benannt.
Als erste Anzeichen dieser Erkrankung sind leichte Gedächtnis- und Verhaltensstörungen und eine räumliche Desorientierung zu nennen, während die Persönlichkeit lange erhalten bleibt.

Im Allgemeinen verläuft die Krankheit dann in drei Phasen:

1. Phase (sogenannte „Merkwürdige Phase):
Folgende kognitive Störungen können u. a. beobachtet werden:
- Das Kurzzeitgedächtnis tritt zunehmend zurück,
- Schwierigkeiten, sich im Alltag zurechtzufinden (z. B. im Straßenverkehr, beim Umgang mit Geld),
- Interessenverlust,
- erworbene Fähigkeiten wie Schreiben, Lesen und Rechnen gehen zurück und schließlich ganz verloren.

Viele der erkrankten älteren Menschen reagieren mit Depressionen und/oder Ängstlichkeit, gelegentlich kann es auch zu wahnähnlichen Vorstellungen kommen.

2. Phase
Bei vielen vorher vorhandenen Fähigkeiten und Fertigkeiten zeigt sich ein relativ rascher Abbau. So ist u. a. Folgendes zu beobachten:
- fortschreitender Gedächtnisverlust,
- Kommunikation ist meist nur noch über die Gefühlsebene möglich,
- bei allen alltäglichen Handlungsabläufen wird Hilfestellung benötigt,
- Apathie oder auch motorische Unruhe,
- völlige Hilflosigkeit aufgrund von Harn- und Stuhlinkontinenz usw.

3. Phase
In dieser letzten Phase werden auch die nächsten Angehörigen häufig nicht mehr erkannt. Es kommt zum Sprachverlust, Haltungsverlust und zum allgemeinen Kräfteverfall. Durch die unvermeidbare Bettlägerigkeit und der damit verbundenen Unfähigkeit, sich zu bewegen kann es zu Beugekontrakturen in allen Gliedmaßen kommen. Sekundäre Folgen der Alzheimer Erkrankung, wie z. B. Mangelernährung oder akute Infektionen, führen dann meist zum Tode.

(vgl. Köther, 2000, S. 516 ff.)

Die folgende Zeichnung veranschaulicht beispielhaft den Verlauf der Krankheit:

Umgang mit demenzerkrankten älteren Menschen

Jeder Demenzerkrankte muss entsprechend seiner veränderten Verhaltens- und Erlebensweisen und auch der ihm verbliebenen Erfahrungs- und Handlungsmöglichkeiten individuell betreut werden.

Merke!
Es gibt nicht „den an Demenz erkrankten Menschen", sodass es auch kein einheitliches Betreuungskonzept für den Umgang mit diesem Personenkreis geben kann.

Unabhängig davon, welches Betreuungskonzept in der jeweiligen Einrichtung Anwendung findet, sollten einige grundsätzliche Hinweise von allen, die an der Betreuung von Menschen mit Demenz beteiligt sind, beachtet werden:

Allgemeine Betreuungshinweise für die Arbeit mit demenzerkrankten Menschen

- *Eine **behutsame Kontaktaufnahme** durch **Berührungen** und **Blickkontakt** hilft, einen Zugang zu dem demenzerkrankten Bewohner zu erhalten.*

- *Durch wiederkehrende **Rituale**, beispielsweise die namentliche Begrüßung am Morgen, wird den von Demenz betroffenen älteren Menschen Sicherheit vermittelt.*

- *Um den Bewohnern Orientierung und Sicherheit innerhalb ihrer Tagesstruktur zu gewährleisten, sollte der **Tagesablauf gleichbleibend strukturiert** werden (z. B. feste Zeiten für Beschäftigungen, Mahlzeiten und Spaziergänge).*

- *Im Umgang mit den erkrankten Bewohnern sollten Betreuer **Geduld zeigen** und liebevoll auf sie eingehen, z. B. auch, indem die von den Bewohnern vorgegebene Ordnung eingehalten wird (Sitzordnung, Vorgehensweise bei Pflegemaßnahmen).*

- Betreuer sollten auf **klare Anleitungen** und eine **deutliche Sprache** mit möglichst **kurzen Sätzen** (siehe hierzu auch Kapitel V, 2.7.3 „Gespräche mit demenzerkrankten älteren Menschen") achten. Sie vermeiden sogenannte „W-Fragen", da diese den Betroffenen aufgrund der geforderten Gedächtnisleistung überfordern.

- Es sollte ein **demenzgerechtes Lebens- und Wohnumfeld** geschaffen werden wie beispielsweise zentrale Wohngruppen, um die herum die Zimmer der Bewohner angeordnet sind. Durch diesen Rundweg wird das sichere Laufen ermöglicht und ein Verlaufen kann leichter verhindert werden.

- Es wird bei allen Angeboten darauf geachtet, **Über- und Unterforderungen** zu **vermeiden** und **Erfolgserlebnisse** zu **ermöglichen** und **wenige Reize** gezielt einzusetzen, um Unruhe und Reizüberflutung, die Angst und Unsicherheit auslösen können, zu vermeiden (z. B. gezielter Einsatz von Musik, anstatt ältere Menschen einer Dauerberieselung durch das Radio auszusetzen).

- Auf die **Förderung des sinnlichen Erlebens**, z. B. durch Tast-, Riech- und Entspannungsübungen wird viel Wert gelegt.

Eine demenzerkrankte Frau ist an einem beliebten Gesellschaftsspiel beteiligt

- Unter Berücksichtigung der Ressourcen und Bedürfnisse des Einzelnen sollten immer wieder **körperliche Betätigungen** angeregt werden.

- Die **Beteiligung** des demenzerkrankten älteren Menschen **an vielen Unternehmungen** wie Feiern, öffentlichen Veranstaltungen usw. trägt zu einem relativ „normalen Leben" bei.

- Das **Anknüpfen an die Lebensgeschichte** lässt Erinnerungen des Betroffenen wach werden. So können Ressourcen des Langzeitgedächtnisses aufgedeckt und vorhandene Fähigkeiten gezielt aktiviert werden (siehe hierzu auch 5.2).

- Wenn möglich, sollte die Pflege und Betreuung durch einige wenige **Bezugspersonen** vorgenommen werden, um durch Kontinuität Sicherheit und Orientierung vermitteln zu können.

(vgl. Mötzing, 2005, S. 61 ff.)

> **Merke!**
> *Insbesondere sollten alle Betreuer versuchen, Verständnis für die Welt des an Demenz erkrankten Bewohners zu zeigen, was bedeutet, dass:*
> - *dem Bewohner gegenüber keine Kritik geäußert wird und*
> - *keine Machtkämpfe mit ihm ausgefochten werden, denn Streiten bedeutet in diesem Fall, die eigene Realität aufdrängen zu wollen und die des anderen nicht zu akzeptieren.*

Validation

Verständnis für die Welt des an Demenz erkrankten Menschen zeigt eine bestimmte Kommunikationsmethode, die **Validation**, welche zunehmend in Einrichtungen der Altenhilfe praktiziert wird.

Die Amerikanerin Naomi Feil (geb. 1932 in München) entwickelte diese Theorie und Methode der Validation. Sie stützt sich auf die Grundlage der unbedingten Wertschätzung, Annahme und Akzeptanz von verwirrten älteren Menschen durch ihr Umfeld. (vgl. Michalke u.a., 2001, S. 154 f.)

Merke!
Die Voraussetzung zur Anwendung der Validation bei demenzerkrankten Bewohnern ist die Teilnahme an entsprechenden Fortbildungsveranstaltungen zum Erlernen dieser Technik.

Anregung

Erkundigen Sie sich nach Fortbildungsveranstaltungen zum Thema „Validation" in Ihrer näheren Umgebung.

3 Begleitung des Einzelnen oder einer Gruppe älterer Menschen in einigen typischen Alltagssituationen

Lernsituation

Jenny absolviert ihr Praktikum in einem Seniorenstift ganz in der Nähe ihrer Heimatwohnung. Sie arbeitet schwerpunktmäßig mit Mitarbeiterinnen des sozialen Dienstes zusammen.

Frau Scherer und Frau Becker sind Bewohnerinnen dieses Seniorenstifts und weisen beide altersbedingte Bewegungseinschränkungen auf, welche die Benutzung eines Rollators und zeitweise auch eines Rollstuhls erforderlich machen. Frau Becker, die vor zwei Jahren einen Schlaganfall erlitt und eine Halbseitenlähmung davongetragen hat, ist auf Unterstützung in vielen Alltagssituationen angewiesen. Frau Scherer benötigt aufgrund ihrer fortschreitenden Sehbehinderung insbesondere Hilfen beim Lesen.
Auf Wunsch ihrer Praxisanleiterin begleitet **Jenny** die beiden Frauen während ihres Praktikums in ihrem Tagesablauf.

Auch Sie und einige Ihrer Mitschüler arbeiten während des Praktikums beim sozialen Dienst in verschiedenen Einrichtungen für ältere Menschen.

Aufgaben zur Lernsituation

1. Notieren Sie spontan Ihre Einschätzung der oben beschriebenen Situation:
   - Wer ist an der Situation direkt und indirekt beteiligt?
   - Wie sehen die Beteiligten die Situation? (Eventuell können Sie die einzelnen Beteiligten besser einschätzen, wenn Sie deren Sichtweise einnehmen. Formulieren Sie hierzu in ein oder zwei Sätzen die jeweiligen Gedanken und Gefühle der Beteiligten in „Ich-Form".)

2.   Stellen Sie Vermutungen darüber an, welche konkreten Erwartungen an Jenny gestellt werden.

3.   Welche Vorkenntnisse haben Sie bezüglich der Begleitung von älteren Menschen in Alltagssituationen, die Ihnen möglicherweise helfen können, die Situation einzuschätzen?

4.   Lesen Sie die nachfolgenden Ausführungen, bearbeiten Sie die entsprechenden Aufgaben, und setzen Sie sich ggf. mithilfe weiterführender Informationen mit weiteren für Sie wichtigen Inhalten zu dieser Thematik auseinander.

In den meisten Einrichtungen der Altenhilfe nimmt die Begleitung der älteren Menschen in typischen Alltagssituationen einen breiten Raum ein. Viele Aufgaben in diesem Bereich werden mehr von Pflegekräften als vom pädagogischen Personal übernommen, da hier der pflegerisch-medizinische Aspekt im Vordergrund steht.

Dennoch wird zunehmend versucht, den älteren Menschen ganzheitlich wahrzunehmen und Betreuungs- und Pflegetätigkeiten, soweit dieses möglich ist, miteinander zu verbinden. So werden an dieser Stelle einige Alltagssituationen vorgestellt und Anregungen zur Begleitung gegeben, die über den reinen pflegerischen Aspekt hinausgehen können.

3.1   Essen reichen

Es gilt als bewiesen, dass die Art und Weise, wie ein älterer Mensch, der auf fremde Hilfe angewiesen ist, bei den Mahlzeiten unterstützt wird, einen entscheidenden Einfluss auf seinen Appetit und auf sein Lebensgefühl im Allgemeinen hat.

Als wichtigster Grundsatz bei der Begleitung der Mahlzeiten, egal ob im Speisesaal, am Tisch im Zimmer oder im Bett gilt deshalb: „**Hilf so viel wie nötig und gleichzeitig so wenig wie möglich**". Zu größtmöglicher Selbstständigkeit beim Essen anzuregen trägt dazu bei, vorhandene Ressourcen zu erhalten und zu fördern. Die unterstützenden Maßnahmen sind dabei abhängig vom individuellen Zustand des älteren Menschen, der in Ruhe kauen, schlucken und die Mahlzeit genießen soll. Das Esstempo sollte er selbst bestimmen dürfen, damit es ihm besser bekommt, wodurch letztlich auch einige Komplikationen vermieden werden können.

Vorbereitende Aufgaben

- Lüften Sie den Raum vor dem Essen.
- Waschen Sie sich selbst vorher die Hände.
- Gestalten Sie den Tisch entsprechend der individuellen Bedürfnisse der einzelnen Bewohner. Das heißt:
  - Eine frische saubere Tischdecke oder Serviette (evtl. auch Blumen und Kerzen) schmücken den Tisch.
  - Wenn möglich wird richtiges Essbesteck und nicht nur ein großer Löffel bereitgelegt, da das Essen mit einem Löffel an das Füttern von Kleinkindern erinnert.
  - Trinkgefäße werden mit Bedacht ausgewählt und z.B. Schnabeltassen aus Plastik nur im äußersten Notfall eingesetzt, da sie das Geschmacksempfinden beeinträchtigen können. Besser ist es, eine nicht zu schwere Porzellantasse nur halb gefüllt anzubieten oder einen abgeknickten Strohhalm einzusetzen.
  - Bei der Anordnung des Geschirrs ist darauf zu achten, ob die Bewohner Rechts- oder Linkshänder sind. Bei Rechtshändern werden Besteck und Trinkgefäß auf der rechten Seite platziert, bei Linkshändern dagegen auf der linken.
  - Damit Geschirr und Tischdecke bei wahrnehmungs- oder sehgestörten Bewohnern deutlich voneinander unterschieden werden können, ist es sinnvoll, Kontraste herzustellen (z.B. buntes Geschirr auf einem weißen Tischtuch).
- Stellen Sie für Bewohner, die nur im Bett essen und trinken können, das Kopfteil des Bettes so hoch, dass sie aufrecht sitzen können! (Ein Kissen beispielsweise an den Füßen verhindert ein Verrutschen).
- Lassen Sie den Bewohner eine Serviette zum Schutz seiner Kleidung umbinden oder helfen ihm dabei.
- Achten Sie darauf, dass ältere Menschen, die eine Zahnprothese haben, diese vor dem Essen einsetzen.
- Stellen Sie Medikamente, die vor dem Essen eingenommen werden müssen, bereit.

Hinweise zur Durchführung

- *Geben Sie den Bewohnern entsprechend ihrer individuellen Einschränkungen beim Essen Hilfestellung (z.B. Bewegungsabläufe anbahnen/die Hand zum Mund führen). Bereiten Sie die Mahlzeit so vor, dass der Pflegebedürftige weitgehend allein essen und trinken kann.*

- *Achten Sie darauf, dass warmes Essen auch wirklich warm ist. Gegebenenfalls sollten Sie es nochmals aufwärmen oder sehr langsam essenden Bewohnern einen Warmhalteteller anbieten. Außerdem sollten Sie darauf achten, dass das Essen appetitlich zubereitet wird („das Auge isst mit!").*

- *Räumen Sie jedem älteren Menschen so viel Zeit zum Essen ein, wie er benötigt, um in Ruhe seine Mahlzeit zu sich zu nehmen.*

- *Halten Sie die Bewohner immer wieder zum Trinken an. Stellen Sie Getränke immer in Reichweite.*

- *Zeigen Sie Bewohnern, die gar nicht mehr allein essen können und so auf vollständige Übernahme aller Schritte durch Sie angewiesen sind, was sie essen. Ist dies nicht möglich, ist es Ihre Aufgabe zu beschreiben, was sich auf dem Teller befindet.*

- *Gehen Sie auf die Wünsche des Pflegebedürftigen ein und richten Sie sich nach seinem individuellen Rhythmus.*

- *Vereinbaren Sie mit Bewohnern, die nicht mehr sprechen können, nonverbale Zeichen (z.B. Kopf wegdrehen = „ich bin satt"; mit dem Kopf nicken = „es kann weitergehen").*

> **Merke!**
> *Bei sehr stark pflegebedürftigen Bewohnern sollte möglichst immer dieselbe Person das Essen reichen, denn sie kann am besten einschätzen, welche Hilfen und Hilfsmittel benötigt werden, wie die Speisen vorbereitet werden müssen und wie sie mit den Betroffenen kommunizieren kann.*

Nachbereitung

- Räumen Sie alle nicht mehr benötigten Materialien weg (Geschirr, Tablett, verschmutztes Tischtuch usw.).
- Entfernen Sie die Serviette und geben Sie dem Bewohner die Möglichkeit zur Mund- und Zahnpflege.
- Kontrollieren Sie, ob die Kleidung sauber ist.
- Lagern Sie Pflegebedürftige zurück.
- Dokumentieren Sie Veränderungen bei Bewohnern bezüglich ihres Ess- und Trinkverhaltens.

(vgl. Michalke, 2001, S. 293 f.; Köther/Gnamm, 2000, S. 344 ff.)

Aufgaben

1. Üben Sie das Essenreichen mit einem Partner aus Ihrer Lerngruppe, indem Sie ihm beim Essen eines Joghurts behilflich sind. Tauschen Sie dann die Rollen.

2. Beantworten Sie nach der Durchführung dieser Übung folgende Fragen:
   - Welche Gefühle löste die Situation des Essenreichens bei mir aus?
   - Wie fühlte ich mich in der Rolle der Pflegekraft?

3. Welche Konsequenzen lassen sich aus dieser Übung für Ihre berufliche Tätigkeit in Einrichtungen der Altenhilfe ableiten?

3.2 Zeitung lesen

Das gemeinsame Zeitunglesen mit einem Bewohner oder einer kleinen Gruppe von Bewohnern kann dazu beitragen, das Interesse an aktuellen Ereignissen aus den Bereichen Politik, Wirtschaft, Regionales usw. zu erhalten oder neu zu wecken. Zudem erinnert sich der ältere Mensch durch dieses allmorgendlich stattfindende Angebot an frühere tägliche Gewohnheiten. Das Zeitunglesen in der Gruppe regt zum Meinungsaustausch an und die Bewohner werden gefordert, sich über einen gewissen Zeitraum aufmerksam auf eine Sache zu konzentrieren.

Vorbereitende Aufgaben

- Informieren Sie sich über Interessengebiete des Bewohners/der Bewohner und wählen Sie dementsprechend Artikel der aktuellen Zeitung aus, die gemeinsam gelesen werden!
- Bereiten Sie den Raum vor:
  - Sorgen Sie für bequeme und geeignete Sitzmöglichkeiten.
  - Schalten Sie mögliche Störquellen im Vorfeld aus (z.B. Radio, Fernseher).
  - Stellen Sie Getränke bereit.

Hinweise zur Durchführung

- *Überzeugen Sie sich davon, dass alle Bewohner, die auf Brille und Hörgerät angewiesen sind, diese Hilfen auch wirklich tragen.*

- *Fragen Sie zunächst nach Datum und Wochentag und bieten Sie den Bewohnern ggf. als weitere Orientierungshilfe an, das entsprechende Kalenderblatt vom Vortag abzureißen und den Tagesspruch zu lesen.*

- *Geben Sie einen groben Überblick über die wichtigsten Themen der Woche, die den Bewohnern/dem Bewohner bereits bekannt sind.*

- *Stellen Sie entsprechend des Interesses der Bewohner/des Bewohners einige Artikel vor, die Sie langsam, deutlich und etwas lauter als gewöhnlich vorlesen oder tragen Sie wichtige Inhalte im „Erzählstil" vor.*

- *Halten Sie während des Vorlesens bzw. Vortragens Blickkontakt zu dem Bewohner/den Bewohnern.*

- *Zeigen Sie nach Beendigung eines Themas Fotos zu diesem Artikel.*

- *Regen Sie zu Gesprächen über Inhalte an, indem Sie z. B. Vergleiche zu früheren Zeiten anstellen oder zu einem Meinungsaustausch auffordern. Vermeiden Sie jedoch die direkte Ansprache von Teilnehmern mit geistigen Defiziten, damit diese sich nicht bloßgestellt fühlen.*

- *Bieten Sie den Bewohnern/dem Bewohner zwischendurch immer wieder etwas zum Trinken an.*

> **Merke!**
> *Das gemeinsame Zeitunglesen sollte einen Zeitrahmen von 30–45 Minuten nicht überschreiten, da einige Bewohner sonst überfordert würden.*

Aufgaben

1. Wählen Sie aus einer aktuellen Tageszeitung einen Artikel aus, den Sie der Lerngruppe im „Erzählstil" vorstellen.

2. Formulieren Sie ein oder zwei Fragen zu diesem Artikel, um die Lerngruppe zu einem Gespräch über diesen Artikel zu animieren.

3.3   Spazieren gehen

Spaziergänge werden meistens mit einem einzelnen Bewohner und häufiger in den Sommermonaten durchgeführt. Egal, ob der ältere Mensch noch mobil ist oder aufgrund seiner Einschränkungen auf Gehhilfen oder einen Rollstuhl angewiesen ist, durch solche kleineren Unternehmungen kann

- das Interesse am näheren Umfeld der Einrichtung geweckt oder erhalten bleiben,
- dem Bewohner eine Abwechslung zum Alltagsgeschehen geboten werden, die eine Steigerung des allgemeinen Wohlbefindens, Ablenkung von Schmerzen und Sorgen bewirken kann,
- in Ruhe ein Gespräch über Bedürfnisse, Interessen, Sorgen und Probleme zwischen Betreuer und Bewohner geführt werden.

Durch das Bewegen regen mobile Bewohner zudem ihre Herz- und Kreislauftätigkeit, ihre Atemfunktion und ihren Appetit an.

Vorbereitende Aufgaben

- Sprechen Sie mit den Bewohnern (ggf. auch mit der Leitung) die geplante Wegstrecke ab! Achten Sie darauf, dass insbesondere für mobile Bewohner Ruhebänke vorhanden sind und der Weg nicht zu viele Unebenheiten aufweist!
- Organisieren Sie Gehhilfen wie Rollator, Gehstöcke oder einen Rollstuhl. Überprüfen Sie diese auf ihre Funktionsfähigkeit.
- Nehmen Sie ein Mobiltelefon für Rufmöglichkeiten im Notfall mit und bei Bedarf ein Getränk, Sonnencreme oder einen Regenschirm.

Hinweise zur Durchführung

- *Führen Sie mit dem Bewohner während des Spaziergangs Gespräche über das Wetter, die jahreszeitlichen Veränderungen und persönliche Anliegen.*

- *Regen Sie ältere Menschen, die zeitweilig auf den Rollstuhl angewiesen sind, immer wieder an, kleinere Strecken zu laufen.*

- *Machen Sie den älteren Menschen mit Einschränkungen im Hör- und Sehvermögen auf herannahende Gefahren aufmerksam (z. B. ein Auto oder Unebenheiten).*

- *Legen Sie öfter Ruhepausen ein.*

- *Bieten Sie sturzgefährdeten Bewohnern Hilfe beim Gehen an („unterhaken").*

- *Gehen Sie auf individuelle Wünsche der Bewohner beim Spaziergang ein (z. B. Lieder zu singen oder Pflanzen näher zu betrachten)..*

Nachbereitung:

- Bieten Sie die nach dem Spaziergang notwendige Unterstützung und Hilfe beim Ausziehen der Kleidung und beim Aussteigen aus dem Rollstuhl an.
- Bieten Sie etwas zum Trinken an.
- Räumen Sie alle Hilfsmittel wieder an ihren Platz zurück.

4 Geplante Angebote und Aktionen für ältere Menschen

Lernsituation

Jenny gestaltet die Nachmittagsangebote mit, die der soziale Dienst im Seniorenstift anbietet. Frau Scherer und Frau Becker nehmen regelmäßig an diesen Angeboten unter der Leitung der Sozialpädagogin, Frau Paul, teil, um aktiv zu bleiben und ihre Freizeit sinnvoll zu gestalten.
Frau Weiß, die demenzerkrankt ist, gehört ebenfalls zu den Bewohnern, die regelmäßig bei den Nachmittagsangeboten anzutreffen sind. Häufig schaut sie nur zu.

Sie beteiligt sich jedoch hin und wieder, insbesondere wenn kurzweiligere Aktivitäten durchgeführt werden, die an ihren früheren Interessen anknüpfen.

Von Ihnen und Ihren Mitschüler wird ebenfalls im Praktikum erwartet, dass Sie in der Lage sind, verschiedene Angebote für ältere Menschen zu planen und zumindest in Teilen auch selbstständig durchzuführen.

Aufgaben zur Lernsituation

1. Notieren Sie spontan Ihre Einschätzung der oben beschriebenen Situation.
   - Wer ist direkt und indirekt an der Situation beteiligt?
   - Welche Spiel- und Gestaltungsangebote eignen sich Ihrer Meinung nach für die Gruppe dieser älteren Menschen? Welche Vorerfahrungen haben Sie bezüglich einer möglichen Spielauswahl? Welche Fragen bewegen Sie hierzu?

2. Lesen Sie die nachfolgenden Ausführungen, bearbeiten Sie die entsprechenden Aufgaben, erweitern Sie Ihr Spielrepertoire in Ihrer Praxismappe, und setzen Sie sich ggf. mithilfe weiterführender Informationen mit weiteren für Sie wichtigen Inhalten zu dieser Thematik auseinander.

Die Durchführung von offenen Angeboten wie Spielen und Gestalten hilft, Bedürfnisse älterer Menschen zu erkennen und zu befriedigen, und leistet somit einen wichtigen Beitrag zur Realisierung einer ganzheitlich-fördernden Pflege. Wenn alle in einer Altenpflegeeinrichtung Tätigen diese Angebote als pflegerischen Grundanspruch eines jeden älteren Menschen anerkennen und das Team sich gemeinsam für die Durchführung regelmäßig stattfindender Angebote einsetzt, kann diese pädagogische Arbeit insbesondere in folgenden vier Punkten einen Gewinn für die Altenarbeit darstellen (vgl. Dunkhorst, 2001, S. 13-16):

Durch offene Angebote wird es eher möglich, die Senioren mit ihren Stärken und Schwächen kennenzulernen.
In der Beschäftigung mit den Senioren erhält man zahlreiche Informationen über ihre Bedürfnisse, Interessen, Schwächen, aber auch über vorhandene Ressourcen. So wird es möglich, die älteren Menschen besser und von einer anderen Seite kennenzulernen.

Offene Angebote tragen dazu bei, die Kommunikationsmöglichkeiten der Senioren zu verbessern.
Gerade Gestaltungsangebote bieten die Möglichkeit, mit den Senioren ins Gespräch zu kommen. Nachfragen bezüglich ihres Befindens, ihrer Alltagserlebnisse regen zum zwanglosen Gespräch an.

Durch offene Angebote kann die Angehörigenarbeit eine Verbesserung erfahren.
Werden Angehörige in die pädagogische Arbeit mit den älteren Menschen einbezogen, so bedeutet dies Entlastung und Bereicherung auf beiden Seiten. Die Verunsicherung von manchen Angehörigen bei Besuchen kann durch Begleitung und Unterstützung durch das Pflegepersonal vermindert werden. So wäre es z. B. vorstellbar, den Angehörigen eine beliebte Spielesammlung oder kleine Geschichten „an die Hand zu geben",

damit sie gemeinsam mit den älteren Menschen etwas tun können. Ebenso sollten Angehörige bei Festen und Ausflügen einbezogen werden, damit bei den älteren Menschen das Gefühl erhalten bleibt, auch in einer neuen Umgebung wie früher gemeinsam mit der Familie etwas unternehmen und erleben zu können.

Offene Angebote dienen der Qualitätssicherung in der Altenpflege.
Wird in einer Altenpflegeeinrichtung auch gute pädagogische Arbeit geleistet, wird dies der Öffentlichkeit schnell bekannt sein. Einrichtungen mit einem guten Ruf aufgrund qualifizierter Arbeit werden auf dem Altenhilfemarkt weiterhin bestehen. Auch dies sollte ein Grund sein, durch gut durchdachte, sinnvolle Angebote die Qualität der Pflege zu sichern.

Im Folgenden werden verschiedene Möglichkeiten für offene Angebote in der Altenhilfe vorgestellt.

4.1 Gedächtnistraining

Mithilfe des Gedächtnistrainings werden geistige Fähigkeiten, die bei den Hochbetagten noch vorhanden sind, erhalten und gefördert.
So kann die geistige Leistungsfähigkeit erhalten bleiben, weiterentwickelt oder auch in Ansätzen zurückgewonnen werden.
Dies wirkt sich positiv auf die gesamte Persönlichkeit der älteren Menschen aus:

- Durch Erfolgserlebnisse wissen sie, wer sie sind und was sie können,
- sie sind zufriedener und ausgeglichener durch das Erleben von Freude und Spaß,
- sie sind in der Lage, soziale Kontakte aufrechtzuerhalten oder neu zu knüpfen durch die Erfahrung von Geselligkeit,
- sie erhalten ihre geistige Selbstständigkeit und Unabhängigkeit und vieles mehr.

Hinweise zum Gedächtnistraining mit Hochbetagten

- **Zeigen Sie den Bewohnern die Bedeutung des Gedächtnistrainings auf.**
  Die Leiterin sollte den Senioren als Erstes die Möglichkeiten, die ein regelmäßiges Gedächtnistraining mit sich bringt (Erhaltung und Förderung der geistigen Fähigkeiten), erläutern und vielleicht mit dem bekannten Spruch „wer rastet – rostet" versuchen, die älteren Menschen für diese Art von Angebot zu begeistern.

- **Vermitteln Sie den Bewohnern, dass es sich beim Gedächtnistraining nicht um schulisches Lernen handelt.**
  Alle Beteiligten sollten wissen, dass es sich bei diesen Angeboten um Anregungen zum Denken und Mitagieren handelt. So steht nicht die richtige Lösung einer Aufgabe allein im Mittelpunkt, sondern das gemeinsame Entwickeln einer Lösung.

- **Beobachten Sie die Situation, um Konkurrenz- und Leistungsdruck vermeiden zu können.**
  Die Leiterin sollte es als eine ihrer Hauptaufgaben ansehen, Konkurrenzsituationen zu vermeiden. Dazu muss sie die Gesamtsituation ständig beobachten und wenn nötig einzelne Teilnehmer unterstützen oder auch die Schnelleren etwas bremsen.

- **Bieten Sie abwechslungsreiche Übungen an.**
  Bei den auszuwählenden Einzelübungen sollten unterschiedliche Fähigkeiten und Fertigkeiten gefordert werden. Zudem kann das Gedächtnistraining durch gelegentliche Bewegungsübungen bereichert werden, da hierdurch die Durchblutung des Gehirns angeregt wird.

- **Wählen Sie Aufgaben, die an den Interessen der Bewohner anknüpfen.**
  Es ist darauf zu achten, dass die Übungen im Zusammenhang mit dem stehen, was die Bewohner kennen oder woran gerade gearbeitet wurde. So würde es z. B. wenig Sinn haben, abstrakte Zahlenkombinationen auswendig zu lernen.

- **Loben und ermuntern Sie die Bewohner immer wieder.**
  Erfolgserlebnisse können durch direktes Lob oder auch durch schriftliches Festhalten der Ergebnisse vermittelt werden. So erfahren die Bewohner, wie gut bzw. wie umfangreich eine Aufgabe gelöst wurde, und werden zum weiteren Mitagieren, Denken und Lösungen suchen angespornt.

(vgl. Dunkhorst, 2001, S. 155 ff.)

Es empfiehlt sich, das Gedächtnistraining unter ein bestimmtes Thema zu stellen, das die älteren Menschen zur aktiven Teilnahme anregt.

Dabei kann das Thema:
- an den früheren Interessen der Senioren anknüpfen (so könnten die Themen „Kräutergarten", „Blumen", „Kartoffeln" für eine Gruppe gewählt werden, die früher gern im Garten gearbeitet hat),
- sich z. B. an der aktuellen Jahreszeit oder den Festen und typischen Gegebenheiten im Kalenderjahr orientieren (z. B. „Weihnachten", „Aprilwetter", „Urlaub", „Erntezeit/Brot").

Mit einem Lied oder einer Geschichte kann man zu einem Gedächtnistraining hinführen. Ein harmonischer Ausklang passend zum Thema sollte ebenfalls Bestandteil einer Gedächtnistrainingsstunde sein.

Im Folgenden wird ein Beispiel für eine thematische Gedächtnistrainingsstunde mit verschiedenen Anregungen und Übungen vorgestellt. Die Reihenfolge der Übungen ist beliebig, jedoch sollte bei allen durchzuführenden Übungen darauf geachtet werden, zunächst mit Aufgaben zu beginnen, die leichter zu bewältigen sind und an etwas Bekanntes anknüpfen:

Beispiel: Thema: „Sterne"

Hinführung zum Thema
(Lied: Weißt du, wie viel Sternlein stehen?)
In einem abgedunkelten Raum, dekoriert mit Leuchtsternen, kann dieses Lied vorgesungen, vorgespielt oder gemeinsam mit den teilnehmenden Bewohnern

gesungen werden, dann könnte eventuell ein Gespräch über Sterne folgen. Mögliche Gesprächsimpulse:

- Wenn Sie an Sterne denken, was fällt Ihnen dazu ein?
- Wann haben Sie zuletzt den Sternenhimmel betrachtet?
- Welches Sternzeichen sind Sie?
- Was verbinden sie mit Ihrem Sternzeichen?

Sprichwörter und Redewendungen zum Thema „Sterne"

Ergänzen Sie bitte folgende Sprichwörter und Redewendungen:

„Er möchte ihr die Sterne ..." (vom Himmel holen)
„Das steht in den ..." (Sternen geschrieben)
„Nach den Sternen ..." (greifen)
„Blaue Augen Himmelsstern ..." (küssen und poussieren gern)
(vgl. Leitner, 2000, S. 66–68)

ABC-Aufgaben
Es werden Buchstaben des Alphabetes ausgewählt. Hierzu soll ein Begriff gefunden werden, der mit dem die Substantiv „Stern" zusammengesetzt ist (es bleibt der Leiterin überlassen, welche Buchstaben sie wählt und weglässt), z. B.: *Sternbild, Sterndeuter, Sternforscher.*

Anagramm
Die Buchstaben eines Wortes (z. B. Sternenhimmel) werden so umgestellt, dass neue Wörter entstehen. Es müssen nicht jedes Mal alle Buchstaben benutzt werden, z. B.: *Stern, Himmel, Heim, Nein, Lernen, Lehm.*

Wortgerüst
Das Wort „Stern" wird in Blockbuchstaben von oben nach unten geschrieben und etwas entfernt daneben von unten nach oben. Die Lücken dazwischen müssen mit Buchstaben gefüllt werden, sodass zwischen dem ersten Buchstaben und dem letzten Buchstaben in je einer Zeile neue Wörter entstehen:

S	ehe	N
T	raue	R
E	idechs	E
R	o	T
N	as	S

Bewegungsübung

Das Luftballonspiel

Gelbe Luftballons werden mit den einzelnen Buchstaben des Wortes „Sterne", orangefarbene Luftballons mit den Buchstaben des Wortes „Mond" und rote Ballons mit den Buchstaben des Wortes „Sonne" beschriftet. Anschließend spielen die Mitspieler die Luftballons einander über den Tisch zu, dann wird versucht, die Wörter zu ordnen.

Kimspiel zum Sehen

Es werden folgende Gegenstände in die Mitte des Kreises gelegt:
Strohstern, Horoskop aus der Zeitung, ein Weihnachtsstern (Pflanze), eine Sternenkette, eine Schüssel mit Sternchennudeln, ein Buch über Astrologie.
Alle Bewohner schauen sich die Gegenstände an, dürfen sie in die Hand nehmen, bei Bedarf dazu etwas erzählen. Dann werden die Gegenstände in die Kreismitte gelegt. Die Bewohner prägen sich das Bild ein und schließen dann die Augen. Die Leiterin verändert etwas an den Gegenständen. Die Bewohner sollen die Veränderung benennen.

Rätsel
- *Wer ist einem Stern gefolgt?* (Die Heiligen Drei Könige aus dem Morgenland zurzeit von Jesu Geburt)
- *Wer beschäftigt sich beruflich mit Sternen?* (Sterndeuter oder Astrologen. Sie versuchen, den Charakter und das Schicksal des Menschen aus der Stellung der Planeten zueinander abzulesen).
- *Was sind Sternsinger?* (Am 6. Januar verkleiden sich Kinder als die Heiligen Drei Könige, gehen mit einem Stern von Haus zu Haus und sammeln Spenden für Menschen in Not).

(vgl. Dunkhorst, 2001, S. 70)

Ruhiger Ausklang
Es können Sterne mithilfe verschiedener Techniken gebastelt werden, z.B.:
- Strohsterne
- Faltsterne aus Transparentpapier
- Sterne mithilfe der Frottagetechnik durchreiben, Sterne eventuell ausschneiden, ein Gemeinschaftsbild erstellen und ein in Sütterlin geschriebenes Sternenlied in die Mitte kleben

(vgl. Dunkhorst, 2001, S. 69)

Hier noch einige weitere Beispiele für Übungen, die sich ebenfalls für ein Gedächtnistraining eignen (vgl. Dunkhorst, 2001, S. 68):

Beispiel: Zusammengesetzte Hauptwörter
Der letzte Teil eines zusammengesetzten Hauptwortes bildet den Anfang eines neuen zusammengesetzten Hauptwortes. Reihum werden so Wörter gefunden, die aus zwei Hauptwörtern bestehen, wie z.B.:

Sternenhimmel – Himmelstür – Türschloss – Schlosshof – Hofhund

Denkbar wäre auch, jeweils mithilfe des letzten Buchstabens ein neues Wort zu bilden, wie z.B.:

*Ster**n** – **N**ase – **E**nte – **E**i – **I**gel …*

Beispiel: Begriffe ergänzen

Zu genannten Begriffen oder gezeigten Gegenständen teilen die Bewohner mit, was ihnen dazu einfällt, wie z. B.:

Stern: *Glück, Horoskop, Weihnachten, hell …*

Die genannten Begriffe könnten dann in einem sich anschließenden Gespräch aufgegriffen werden.

Beispiel: Reihumspiel

Den Teilnehmern wird ein Wort genannt. Anschließend sollen sie Wörter suchen, die mit diesem Wort beginnen oder enden wie z. B. „Stern":

Sterndeuter – Sternschnuppe – Sterntaler – Sternsinger
Polarstern – Glücksstern – Abendstern …

Aufgaben

1. Überlegen Sie, welche weiteren Themen sich für eine Gedächtnistrainingsstunde eignen könnten, und listen Sie diese auf.

2. Finden Sie zu einem von Ihnen gewählten Schwerpunktthema etwa fünf Übungen zum Gedächtnistraining und schreiben Sie diese auf.

3. Führen Sie Ihre Übungen zum Gedächtnistraining mit der Lerngruppe durch.

4.2   Feste und Feiern

Feste und Feiern gab es schon immer und auf der ganzen Welt. Entsprechend der Kultur eines Landes unterscheiden sich allerdings Anlass, Form und Durchführung. Gemeinsam ist allen Festen und Feiern, dass sie die Traditionen und Bräuche eines Landes aufrechterhalten. Es wird zwischen drei verschiedenen Formen von Festen unterschieden, den kirchlichen, persönlichen und den gesellschaftlichen Festen.

- **Kirchliche Feste im Jahreskreis**
  St. Martin, Nikolaus, Weihnachten, Dreikönigstag, Feste der Karwoche wie der Karfreitag, Ostern, Himmelfahrt, Pfingsten, Fronleichnam, Erntedank, Totengedenktage wie Allerheiligen, Allerseelen, Totensonntag

- **Persönliche Feste**
  Geburtstag, Namenstag, Einschulung, Kommunion oder Konfirmation, Schulabschluss, Hochzeitstag, Jubiläen usw.

- **Gesellschaftliche Feste**
  Stadtfest, Tanz in den Mai, Schützenfest, 100-Jahr-Feier

Der größte Teil der Fest- und Feiertage im Jahreslauf hat einen religiösen Hintergrund, einige Fest- und Feiertage auch einen weltlichen oder politischen Anlass wie Silvester, Neujahr, Erster Mai und der 3. Oktober.

Im Folgenden werden einige religiöse, aber auch weltliche Fest- und Feiertage etwas näher beschrieben. Die Reihenfolge der Auflistung beginnt hierbei mit dem 1. Januar, dem ersten Tag im weltlichen Jahr.

Neujahr, 1. Januar

Im Römischen Reich wurde als Neujahrstag der 1. Januar gefeiert. Das neue Jahr wurde immer mit großen Hoffnungen und Erwartungen in der Gemeinschaft mit anderen Menschen begrüßt. Durch diese Gemeinschaft fühlte man sich sicher vor bösen Geistern. Dieses Fest findet im Kirchenjahr wenig Beachtung, wenn es auch in der Regel mit einem Gottesdienst/einer Messe eingeführt wird. Das christliche Kirchenjahr beginnt am ersten Adventssonntag.

Dreikönigstag, 6. Januar

Die Christenheit feiert an diesem Tag die Ankunft der drei weisen Männer aus dem Morgenland, die Jesus, den neugeborenen König der Juden, suchten und durch einen Stern zu Maria und Josef nach Bethlehem geführt wurden. Sie brachten Gold, Weihrauch und Myrrhe als Gaben, daher glaubte man später, sie seien Könige gewesen. Die Heiligen Drei Könige heißen der Überlieferung nach Kaspar, Melchior und Balthasar.
Heutzutage ziehen am 6. Januar als Könige verkleidete Kinder (Sternsinger) von Haus zu Haus, schreiben zusammen mit der Jahreszahl die Buchstaben C+M+B an die Haustür, eine Abkürzung für „Christus Mansionem Benedicat" (Christus segne dieses Haus) und sammeln Geld für karitative Zwecke.

Karneval

Am 11.11. um 11.11 Uhr beginnt der Karneval, wobei die Zahl 11 als böse Zahl gilt, die der guten Zahl 10 folgt (Zehn Gebote).
Der Höhepunkt dieser Zeit, die Karneval, aber auch Fastnacht oder Fasching genannt wird, dauert von Donnerstag (Altweiberfastnacht) bis zum darauffolgenden Dienstag.
Die Karnevalsbräuche sind je nach Gebiet unterschiedlich. Allen gemeinsam ist das sich Verkleiden, die Umzüge, das Lärmen und die sogenannte „Narrenfreiheit". Einige rheinische Elemente wurden in die Fastnacht anderer Gebiete übernommen, wie z. B. der Elferrat, die Narrenkappe, das Schunkeln, der Tanz der Funkenmariechen, die Büttenrede.

Fastenzeit

Vor Ostern gibt es in der katholischen Kirche eine Fastenzeit mit Aschermittwoch und Karfreitag als wichtigsten Fastentagen. In der christlichen Tradition enthält sich der Gläubige beim Fasten zur Buße oder als Vorbereitung auf religiöse Handlungen bestimmter oder aller Speisen.

Die letzte Fastenwoche, die sogenannte „Karwoche", orientiert sich mit ihren Festen an den letzten Tagen im Leben Jesu.

Der *Palmsonntag*, der Sonntag vor Ostern, erinnert an den triumphalen Einzug Jesu in Jerusalem, bei dem ihm die Menschen zujubelten und Palmzweige schwenkten. Als Erinnerung hieran werden im katholischen Palmsonntagsgottesdienst geweihte Buchsbaumzweige an die Gläubigen verteilt.

Der *Gründonnerstag* erinnert an das letzte Abendmahl, das Jesus mit seinen Jüngern gefeiert hat, bevor er festgenommen und hingerichtet wurde.

Der *Karfreitag* erinnert an das Leiden und den Tod Jesu am Kreuz. An diesem Tag sind Tanz und lärmende Freude untersagt. In den evangelischen Kirchen gilt der Karfreitag als der höchste Feiertag des Jahres.

Der *Karsamstag* gilt als Reinigungstag. Zur Vorbereitung auf das Osterfest wird das Haus geputzt und festlich geschmückt.

Ostern

Das Osterfest erinnert an die Auferstehung Jesu. Der Name „Ostern" stammt entweder von der germanischen Frühlingsgöttin „Ostara" oder von „Osten", der Himmelsrichtung, in der die Frühlingssonne aufgeht. So wurde das altgermanische Frühlingsfest mit der Einführung des Christentums im nördlichen Europa mit dem Osterfest verschmolzen.

So lassen sich einige der Osterbräuche erklären:

Das *Ei* gilt aus christlicher Sicht als Sinnbild des entstehenden Lebens und somit auch als Zeichen für die Auferstehung Christi. Zudem war es früher notwendig, den Überschuss an Eiern, der durch die sechswöchige Fastenzeit, in der auch auf Milchprodukte und Eier verzichtet wurde, schnell abzubauen.

Das *Osterlamm* steht für Fruchtbarkeit und für Jesus („er nimmt hinweg die Sünde der Welt").

Mit einem *Feuer* wurde bereits in vorchristlicher Zeit im Frühjahr die Sonne begrüßt. Es galt als Symbol für die Sicherung der Ernte, der Fruchtbarkeit und des Wachstums.

1. Mai

Im Jahr 1890 wurde der Erste Mai von der internationalen Arbeiterbewegung zum Feiertag erklärt. Er wird seitdem mit Kundgebungen und Demonstrationen von Gewerkschaften begangen.

Neben diesen politischen Veranstaltungen werden beispielsweise auch dörfliche Maifeste gefeiert, um den Frühling zu begrüßen. Hauptsymbol ist hier der Maibaum, der auf dem Markt- oder Festplatz aufgestellt wird.

Muttertag, zweiter Sonntag im Mai

Die Amerikanerin Ann Jarvis arrangierte im Jahre 1906 eine Gedenkfeier für ihre verstorbene Mutter. Hieraus entstand die Idee eines allgemeinen Gedenk- und Ehrentages für alle Mütter, die im Jahre 1914 durch Präsident Wilson verwirklicht wurde. Acht Jahre später wurde der erste Muttertag dann auch in Deutschland gefeiert.

Christi Himmelfahrt, Pfingsten, Fronleichnam

Vierzig Tage nach Ostern und zehn Tage vor Pfingsten wird mit dem Fest Christi Himmelfahrt der Aufnahme Christi in den Himmel gedacht.
Zehn Tage danach wird das Pfingstfest gefeiert, das an den Heiligen Geist erinnert, der den Aposteln von Gott gesandt wurde und ihnen den Auftrag gab, die Lehre Jesu in die ganze Welt zu tragen.
Am ersten Donnerstag nach der Osterperiode feiern die Katholiken das Fest Fronleichnam, das Fest des Sakramentes der Eucharistie. Dabei wird der Leib Christi im verwandelten Hostienbrot in Prozessionen durch die Straßen getragen.

Johannisfest, 24. Juni

Dieses Fest ehrt Johannes den Täufer. Auf diese Weise gab die katholische Kirche dem germanischen Fest der Sonnwendfeier eine christliche Bedeutung.
Da an diesem Tag die Sonne am höchsten steht, sprach man ihr hier die größte Macht zu. Auch das Feuer bekam magische Bedeutung, sodass das Johannis- oder Sonnenwendfeuer zum festen Brauch in der Mittsommernacht wurde.

Erntedank, erster Sonntag im Oktober

Mit dem Erntedankfest danken die Christen Gott für die eingebrachte Ernte. Heutzutage werden bei diesem Fest die Altäre mit Erntegaben wie Gemüse, Obst und Blumen festlich geschmückt. Es wird in Gebeten für die Ernte gedankt und für diejenigen gebetet, die nicht genug zum Leben haben.

Tag der Deutschen Einheit, 3. Oktober

Am 9. November 1989 wurden alle Grenzübergangsstellen der ehemaligen DDR zur Bundesrepublik Deutschland freigegeben. Am 3. Oktober 1990 erfolgte dann die offizielle Wiedervereinigung beider deutscher Staaten. Seitdem wird dieser Tag gefeiert.

Allerheiligen, Allerseelen, Volkstrauertag, Totensonntag

Bei all diesen Feiertagen handelt es sich um Gedenktage für die Verstorbenen bzw. die Heiligen der katholische Kirche.
Allerheiligen wird von der katholischen Kirche zum Gedenken an die Heiligen am 1. November gefeiert.
Dieser Tag ist eng verbunden mit dem *Allerseelentag* am 2. November, an dem das feierliche Gedächtnis aller Verstorbenen gefeiert wird.
Am 1. November werden die Gräber festlich mit Blumen, Kränzen und Lichtern geschmückt.

Am **Volkstrauertag**, dem vorletzten Sonntag vor dem ersten Sonntag im Advent, wird seit 1952 in Deutschland der Opfer des Zweiten Weltkrieges gedacht.

Der **Totensonntag** oder *Ewigkeitssonntag*, der am letzten Sonntag vor dem ersten Advent begangen wird, ist ein Fest der evangelischen Kirche und inhaltlich mit dem Fest Allerseelen zu vergleichen. Im Gottesdienst werden die Namen der Verstorbenen des letzten Jahres genannt und in die Fürbitten eingeschlossen.

Martinstag, 11. November

Am 11. November wird das Fest des heiligen Martin gefeiert. Der Legende nach teilte dieser seinen Mantel mit einem Bettler. Es ist heute ein Fest der Kinder, die mit Laternenumzügen und Martinsliedern den Heiligen feiern.

Advent

Die Adventszeit will auf Weihnachten vorbereiten. Advent bedeutet „Ankunft". Mit Adventskränzen und Adventskalendern zählen die Christen die Tage bis zum Weihnachtsfest.

Nikolaustag, 6. Dezember

Dieser Tag wird zu Ehren des Bischofs Nikolaus von Myra, der wahrscheinlich im vierten Jahrhundert lebte, gefeiert. Es wurden ihm viele gute Taten zugesprochen.

Unter anderem ist er der Schutzheilige der Kinder, daher werden ihnen am 6. Dezember in vielen Gegenden Geschenke gemacht.

Es war und ist heutzutage zum Teil noch Brauch, am Vorabend des 6. Dezember einen Nikolaus im Bischofsgewand auftreten zu lassen, der sich den Kindern zuwendet und ihnen anschließend ein kleines Geschenk macht.

Weihnachten

Das Weihnachtsfest ist das erste große Fest im Kirchenjahr, mit dem am 25. Dezember die Geburt Jesu gefeiert wird. Am Vorabend, dem Heiligabend, beginnen die Feiern mit Gottesdiensten, Festessen und dem Austausch von Geschenken.

Es gibt außer dem **Weihnachts- oder Tannenbaum** zahlreiche weitere Weihnachtssymbole:

Geschenke sollen an die Gaben der Heiligen Drei Könige erinnern und an das Erlösungsgeschenk Gottes in Gestalt seines Sohnes. Hiermit sollen die Menschen aufgefordert werden, Zuneigung und Liebe an andere Menschen weiterzugeben.

Der **Stern** erinnert an den Stern von Bethlehem, der die Weisen aus dem Morgenland zu Jesus geführt hat.

Die **Kerzen** symbolisieren das Licht der Welt, das durch Jesus zu den Menschen auf die Erde gekommen ist. Zudem steigen durch das Kerzenlicht die Gebete der Gläubigen zum Himmel.

Die Farbe **Rot** steht für das Blut, das Jesus für die Menschen vergossen hat, die Farbe **Grün** symbolisiert die Hoffnung.

Silvester

Dieser letzte Tag des Jahres wurde nach Papst Silvester I. (314–355) benannt. Viele Menschen möchten die Zukunft im neuen Jahr voraussehen oder beeinflussen, indem sie Blei gießen und versuchen, in den entstandenen Formen etwas zu deuten, oder sich Geld in die Tasche stecken, damit sie im neuen Jahr finanziell abgesichert sind. Mit viel Lärm und Feuerwerk wird das alte Jahr verabschiedet und das neue Jahr begrüßt.
(vgl. Klütsch, 1991, S. 12–22)

Feste und Feiern mit älteren Menschen können viele positive Auswirkungen auf deren gesamte Persönlichkeit haben:
- Werden Angehörige eingeladen, kann gemeinsam Freude erlebt werden.
- Zeitweilig können die Bewohner belastende Situationen vergessen, über die sie viel nachgrübeln, indem sie durch das Beisammensein mit Gleichgesinnten abgelenkt werden.
- Die älteren Menschen werden aus ihrer Einsamkeit und Isolation herausgeholt, da sich im Rahmen von Festen und Feiern soziale Kontakte zwangsläufig ergeben.
- Durch körperlichen Einsatz beispielsweise beim Schunkeln oder Tanzen wird die gesamte Motorik angeregt.
(vgl. Dunkhorst, 2001, S. 223 f.)

Gestaltung von Festen und Feiern

Damit ein Fest oder eine Feier mit Senioren gelingen kann, bedarf es der frühzeitigen Planung und einer gut durchdachten Organisation. Altenpflegerinnen oder in der Altenhilfe tätige Sozialpädagogen orientieren sich hierbei häufig an Planungshilfen, wie sie beispielsweise Evelyn Klütsch in ihrem Werk „Feste und Feiern" (1991) vorstellt:

Planungshilfen für die Fest- und Feiergestaltung

- **„Aufgabe/Thema/Motto**
  Wie lautet das gestellte Thema oder die Aufgabe, wird ein Motto gewählt?

- **Mit wem wird das Fest gefeiert?**
  Welcher Personenkreis, welche Zielgruppe soll angesprochen werden?

- **Wer gestaltet das Fest?**
  z. B. ein Veranstalter, Arbeitsgruppen, die Feiernden selbst

- **Wo und wann wird das Fest durchgeführt?**
  Ortsfestlegung mit Ausweichmöglichkeit

- **Warum wird das Fest gefeiert?**
  Inhaltsvermittlung (kirchlich/historisch), Zielsetzung sozialer oder kultureller Art

- **Gesamtablauf**
  Festlegung des groben Ablaufes

- **Programm**
  Ablauf dessen, was den Feiernden vorgeführt werden soll, Einzelplanung

- **Zeitplan**
  zeitliche Strukturierung der Einzelschritte (wichtig: flexible Planung!)

- **Technische Aufgaben**
  Dekoration, Bestuhlung und Musik, ausgesucht nach Anlass, Umgebung, Zielgruppe

- **Was und wie viel wird gebraucht?**
  Material, Hilfsmittel, Werkzeug
  Damit werden die Menge und die Art der benötigten Dinge festgehalten.
  Diese Liste ist gleichzeitig Einkaufs- und Beschaffungsliste.

- **Kostenrechnung**
  eine einfache Kostenrechnung, die vor dem Fest erkennen lässt, welche Kosten zu erwarten sind"
  (Klütsch, 1991, S. 33)

Sozialhelfer werden unter Anleitung der Hauptverantwortlichen einige vorbereitende Aufgaben für ein Fest oder eine Feier übernehmen. Hierzu zählen insbesondere technische Aufgaben und Aufgaben bezüglich der Materialbeschaffung. Außerdem können kleinere Programmteile übernommen werden (z.B. Vorlesen einer Geschichte, Reichen von Speisen und Getränken usw.).
Im Folgenden wird ein Beispiel für die Planung einer Feier für Senioren gegeben. Anschließend werden Anregungen für die Gestaltung von passenden Einladungskarten und Tischdekorationen angeboten, d.h. Anregungen für vorbereitende Aufgaben, die Sozialhelferinnen gut übernehmen können.

Beispiel: Nikolausfeier

- **Aufgabe/Thema/Motto**
  Nikolausfeier im kleineren Kreis „Apfel, Nüss' und Mandelkern"

- **Mit wem wird das Fest gefeiert?**
  mit ca. mit 20 Bewohnern eines Altenpflegeheimes

- **Wer gestaltet das Fest?**
  hauptamtliche und ehrenamtliche Mitarbeiter, Kinder einer Kindergartengruppe der nahegelegenen Kindertagesstätte

- **Wo und wann wird das Fest durchgeführt?**
  Im Speisesaal des Seniorenzentrums am 5. Dezember um 16.00 Uhr

- **Warum wird das Fest gefeiert?**
  – Orientierung an Festen im Jahreslauf
  – Pflege der Gemeinschaft der Bewohner untereinander
  – zur Freude der Bewohner

- **Gesamtablauf**
  – Begrüßung
  – gemeinsames Singen
  – Kaffeetrinken
  – Nikolausgedicht
  – Schattenspiel
  – Verteilen der Nikolausgeschenke
  – adventliche Musik
  – gemeinsames Singen
  – ruhiger Ausklang

- **Programm**

16.00 Uhr	Begrüßung durch den Heimleiter
16.05 Uhr	gemeinsames Singen des Nikolausliedes „Lasst uns froh und munter sein"
16.10 Uhr	Kaffeetrinken
16.40 Uhr	Ankunft und Begrüßung der Kindergartenkinder durch die Sozialpädagogin
16.45 Uhr	Vortrag des Gedichtes „Holler, boller Rumpelsack" durch ein Kindergartenkind
16.55 Uhr	„Die Nikolauslegende", ein Schattenspiel, aufgeführt von den Kindergartenkindern
17.15 Uhr	Verteilen der Nikolausgeschenke an die Kinder und die Senioren durch einen ehrenamtlichen Mitarbeiter, der als Nikolaus verkleidet ist und Verabschiedung der Kinder
17.30 Uhr	adventliche Musik, gespielt vom Seniorenorchester
17.40 Uhr	gemeinsames Singen verschiedener Nikolaus-, Advents- und Weihnachtslieder
	ruhiger Ausklang

- **Technische Aufgaben**
  - Bestuhlung: zwei lange Tische vor einer Bühne (Holzpodest), auf der sich die Schattenspielwand befindet
  - Dekoration: Jutetischdecken, rote Servietten als Nikolausschuh gefaltet, rote Kerzen in grünen Kerzenständern, Nüsse und kleine Zieräpfel Bodenvasen mit Tannenzweigen, Strohsternen und Zieräpfeln dekoriert, für jeden Tisch zwei kleine Vasen mit Koniferenzweigen und Dekorationsstücken

- **Was und wie viel wird gebraucht?**
  - 30 x Kaffeegeschirr und Besteck
  - vier Stollen, vier Mokka-Stern-Torten, vier Schälchen Weihnachtsgebäck
  - Milch, Süßstoff
  - Jutetischdecken
  - rote Servietten, rote Kerzen in grünen Kerzenständern
  - ca. 40 Zieräpfel, drei verschiedene Sorten Nüsse
  - 30 Jutekreise: Ø 24 cm
  - rotes Kordelband, ca. 1,50 m
  - 16 Bögen grünes Tonpapier DIN A2, breites Weihnachtsband
  - ca. 1 m dünne Goldkordel
  - Relieffarbe in Antik-Gold zum Beschriften
  - sechs große Tannenzweige
  - zwei Bodenvasen
  - 30 kleine Strohsterne, 20 Zieräpfel mit Band
  - 30 Kopien des Liedes „Lasst uns froh und munter sein"
  - 30 Liederbücher mit Weihnachtsliedern
  - 30 Stutenkerle

Anregungen für Einladungskarten

Durch schön gestaltete Einladungskarten mit kurzen Informationen über Anlass, Ort und Zeit der Einladung gelingt es schon vor einer Feier, die Eingeladenen positiv einzustimmen. Wenn dann noch um eine Rückmeldung gebeten wird, erleichtert dies zudem die Organisation, denn die Veranstalter im Seniorenheim können sich auf eine bestimmte Anzahl von Gästen einstellen.

Einladungskarten kann man selbst herstellen, indem vorgefertigte Karten dem Anlass entsprechend gestaltet und beschriftet werden. Der kurze Einladungstext sollte die bekannten fünf „Ws" enthalten, d. h.:

Wer wird eingeladen?
Was ist der Anlass? / Warum wird eingeladen?
Wo findet das Fest/die Feier statt?
Wann findet das Fest/die Feier statt?
(vgl. Klütsch, 1991, S. 52)

Als Einladungskarte für eine Nikolausfeier bietet sich beispielsweise eine Doppelkarte aus naturfarbener Wellpappe (A5) an, die auf der Vorderseite mit einem Jutestück beklebt ist, in dessen Mitte sich ein Nikolausmotiv befindet (z. B. Stiefel, kleiner Nikolaus). Der entsprechende Text könnte beispielsweise folgendermaßen lauten:

> Liebe Frau …,
>
> zu unserer diesjährigen Nikolausfeier laden wir, die Mitarbeiter des Seniorenstifts, Sie herzlich ein.
> Die kleine Feier findet am 5. Dezember um 16.00 Uhr statt.
> Wir freuen uns, Sie im Speisesaal, in dem wir unsere Feier mit einem Kaffeetrinken beginnen möchten, begrüßen zu können.
> Wir bitten um Rückantwort bis zum Ende der Woche bei Ihrer Stationsschwester.
>
> Mit freundlichem Gruß
>
> Die Mitarbeiterinnen

Anregungen für Tischdekorationen

Farblich harmonisch und dem Anlass entsprechend gestaltete Tische tragen viel zum Gelingen eines Festes oder einer Feier bei. Es ist darauf zu achten, dass Kerzen, Blumenschmuck und Tischkarten passend zum Geschirr und den Tischdecken gewählt werden. Auch die Raumbeleuchtung spielt eine große Rolle bei der atmosphärischen Gestaltung; so verbreitet Kerzenlicht in jedem Fall eine heimelige Atmosphäre.
Zu beachten wäre hierbei jedoch, dass bei Festen mit Senioren zusätzlich für ausreichend Beleuchtung gesorgt wird, damit sich niemand irgendwo stößt oder aufgrund von zu großer Dunkelheit etwas umstößt. (vgl. Klütsch, 1991, S. 62)

Dekorationsvorschläge für eine Nikolausfeier

Tischkarten:
Durch Tischkarten wird die Sitzordnung geregelt, jeder findet mühelos seinen Platz. Zudem kann eine Tischkarte ein schönes Erinnerungsstück sein .
Hier könnte man z. B. kleine Jutesäckchen gestalten, an die ein Apfel aus Tonpapier gebunden wird, auf dem sich mit Goldschrift der entsprechende Name befindet. Die Säckchen könnten mit Süßigkeiten gefüllt werden.

Material: ein Jutekreis, Ø 24 cm, rote Kordel, ca. 20 cm, rotes und grünes Tonpapier zum Basteln eines Apfels, Stift mit Goldfarbe

Tischset:

Ein grüner oder roter Zeichenkarton wird mit weihnachtlichem Schleifenband umklebt.
Dann kann ein kopiertes Nikolauslied auf das Set geklebt werden, damit man z. B. zum
Einstieg gemeinsam ein Lied singen kann.

Servietten:

Mit schön gestalteten Servietten kann die Tischdekoration vervollständigt werden.
So könnte z. B. ein gefalteter roter Stiefel oder ein Weihnachtsbaum jeden Teller schmücken.

Beispiel: Tannenbaum

- Die geöffnete Serviette wird zur Mitte gefaltet.
- Die rechte und linke obere Ecke werden so übereinandergelegt, dass eine zentrierte
  Spitze entsteht.
- Diese Spitze wird als gleichschenkliges Dreieck nach unten zeigend gefaltet (wirkt in
  etwa wie ein Briefumschlag).
- Diese Faltarbeit wird umgedreht, sodass sich die Spitze nun auf der Rückseite befin-
  det.
- Die untere Kante des Rechtecks wird zu ca. Zweidrittel nach oben gefaltet.

- Nun wird die Arbeit um 180° gedreht, und mit Daumen und Zeigefinger (Pinzetten-griff) wird erst unter die eine obere Ecke gegriffen und diese in Richtung Mitte gezogen (geht etwas darüber hinaus), dann wird die andere Ecke in Richtung Mitte gezogen, bis ein Baumstamm entsteht.

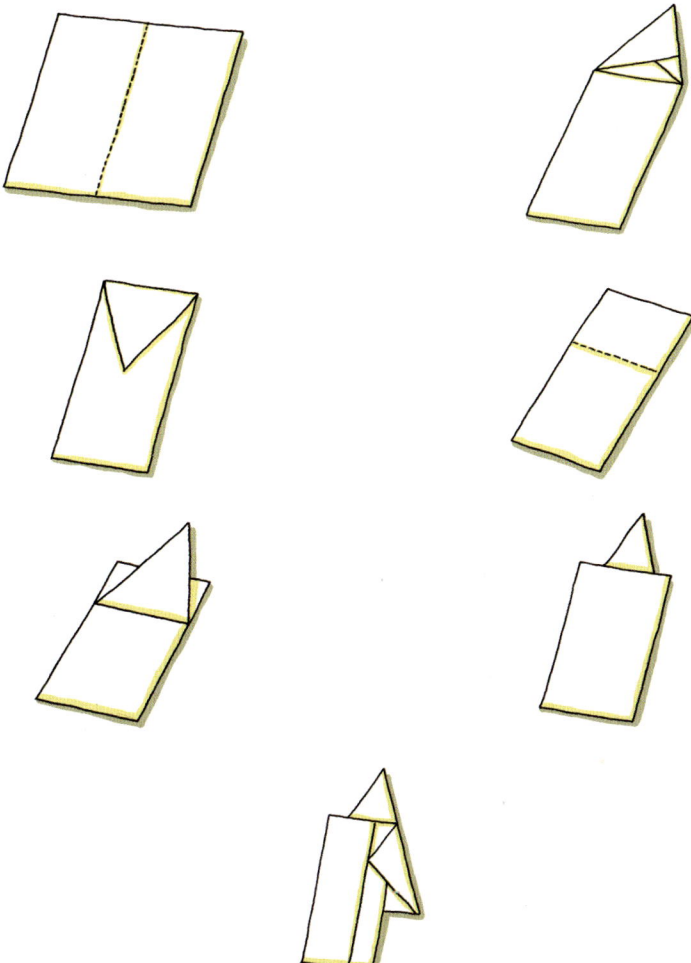

Beispiel: Nikolausstiefel
- Die Serviette wird geöffnet, es wird zunächst ein Kreuz gefaltet, dann werden alle Ecken zum Mittelpunkt gefaltet (Briefumschlag) werden.
- Die Arbeit wird gewendet und auf dieser Seite werden ebenfalls alle Ecken zur Mitte gefaltet (Briefumschlag).
- Die Arbeit wird nochmals gewendet und wieder werden alle Ecken zur Mitte gefaltet (Briefumschlag).
- Die Arbeit wird nochmals gewendet.
- Nun werden zwei gegenüberliegende Ecken so herausgezogen, dass anstatt der vorher sichtbaren Spitzen zwei gerade Kanten erkennbar werden (dazu wird die Spitze aus der Mitte zur äußeren Spitze des Quadrates gezogen).

- Die Arbeit wird leicht angehoben und in der Mitte so gefaltet, dass die beiden geraden Kanten aufeinanderliegen.
- Nun wird diese Arbeit nochmals zur Hälfte gefaltet und es entsteht ein Nikolausstiefel.

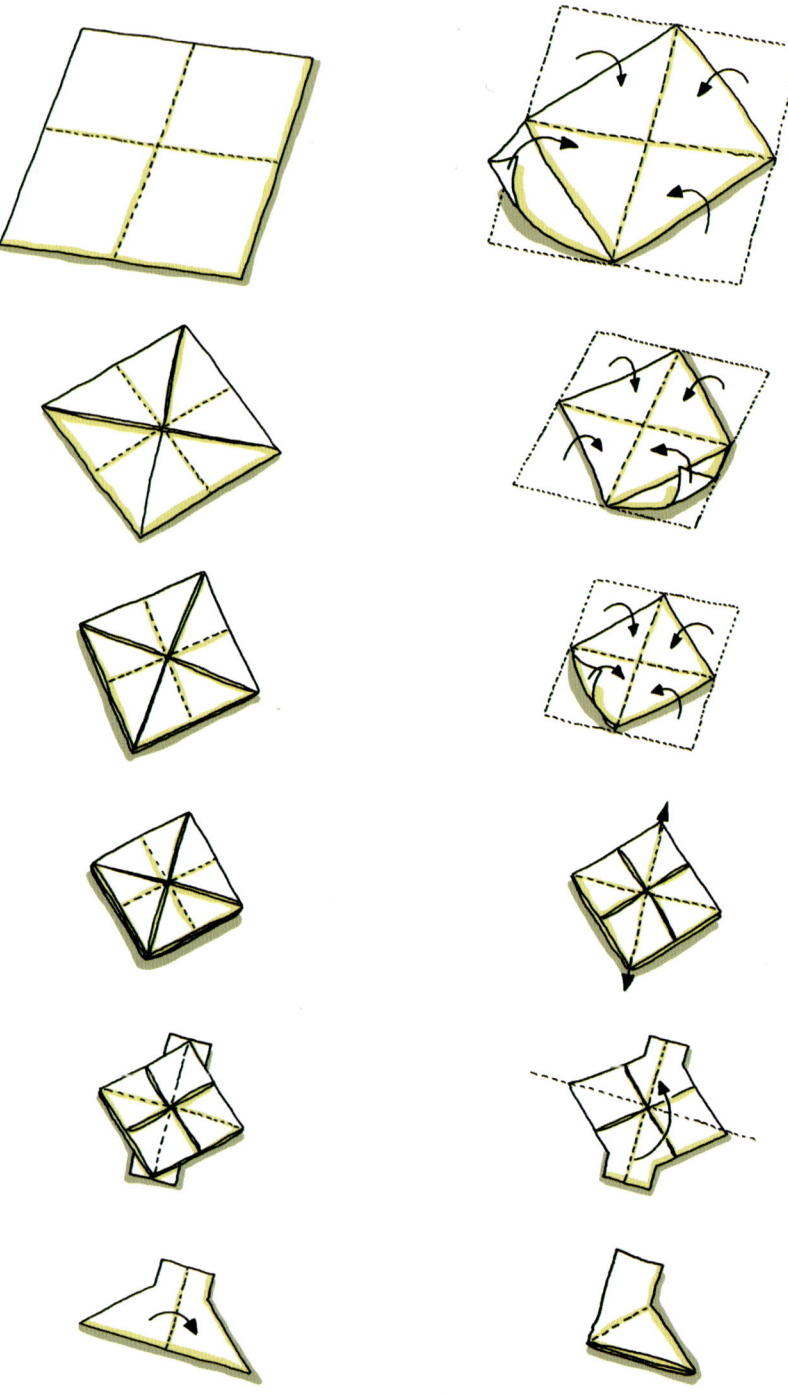

An dieser Stelle sei noch auf einige Grundregeln hingewiesen, die es bei der Organisation eines Festes oder einer Feier zu beachten gilt:

Hinweise zur Organisation von Festen

1. *Beginnen Sie frühzeitig mit einer „Stoffsammlung" (passende Gedichte, Lieder usw.).*

2. *Knüpfen Sie bei der Festgestaltung an Traditionellem an und versuchen Sie, Neues einzubauen.*

3. *Teilen Sie die vorbereitenden Aufgaben untereinander auf, z. B. durch die Bildung von Arbeitsgemeinschaften.*

4. *Denken Sie daran, frühzeitig einzuladen oder den Termin bekannt zu geben.*

5. *Beziehen Sie Einrichtungen der Nachbarschaft ein, die mit Theateraufführungen oder Ähnlichem das Fest oder die Feier bereichern können.*

6. *Denken Sie immer daran, dass Sie die Gäste nicht mit der Fülle des Programmes überfordern („Weniger ist manchmal mehr").*

(vgl. Michalke, 2001, S. 595)

Aufgaben

1. Sichten Sie verschiedene Bücher zum Thema „Feste und Feiern" und sammeln Sie Lieder, Geschichten und Gedichte für eine mögliche Geburtstagsfeier im Altenpflegeheim.

2. Sammeln Sie ebenfalls Ideen für eine Tischdekoration.

3. Entwerfen und gestalten Sie eine Einladungskarte für die Geburtstagsgäste.

4. Entwerfen Sie in der Kleingruppe ein Glückwunschplakat, auf dem sich die Gratulanten des Tages eintragen können, damit eine Erinnerung auch über den Tag hinaus erhalten bleibt.

4.3 Spielen

Die Generation der heutigen Senioren hatte in ihrem bisherigen Leben kaum Gelegenheit zu spielen. So ist es zu erklären, dass viele ältere Menschen zunächst abweisend reagieren, wenn ihnen angeboten wird, an Gesellschaftsspielen oder einem Spielenachmittag teilzunehmen. Sie empfinden das Spielen als Kinderkram oder Faulenzerei.
Schauen sie jedoch spielenden Mitbewohnern eine Weile zu und erleben diese begeistert beim Spielen, kann dies ansteckend wirken und die eigene Spielfreude wecken.

Die Bedeutung des Spielens für ältere Menschen und mögliche Spielhemmungen

Im Spiel werden nicht nur Kinder, sondern auch Erwachsene aktiv. Sie stellen sich selbst dar und nehmen sich viel bewusster wahr.
Dass das Spiel somit einen positiven Einfluss auf das Lebensgefühl hat, ist unumstritten, denn:

Spiel fördert das Erleben von Gemeinschaft und Verständnis für den anderen.

Für alle Mitspieler gelten die gleichen Regeln, an die sie sich halten müssen. Somit ist jeder gleichberechtigt, hat die gleichen Aufgaben zu erfüllen, wodurch das Gefühl, „ich gehöre, dazu", aufgebaut und gefördert werden kann.

Stärken und Schwächen der einzelnen Teilnehmer können ausgeglichen werden, indem beispielsweise ein Teilnehmer für einen anderen einen Spielstein setzt, wenn dessen Fingerfertigkeit dies nicht mehr zulässt, während dieser eine zu erfüllende Aufgabe vorliest, da die Sehfähigkeit des anderen beeinträchtigt ist.

So werden die Stärken und Schwächen des Einzelnen als Bereicherung und nicht als Konkurrenz erlebt.

Im Spiel können die älteren Menschen ihr Gedächtnis und ihre Konzentrationsfähigkeit trainieren.

- Die abgesprochenen Regeln werden verinnerlicht und behalten.
- Während des Spieles achtet jeder auf das Einhalten der Regeln.
- Spielzüge erfordern zum Teil strategisches Denken.

Durch das Spiel können die älteren Menschen ihre Wahrnehmungsfähigkeit stärken.

Viele ältere Menschen sind in ihrer Wahrnehmungsfähigkeit eingeschränkt, sie können z. B. nicht mehr richtig sehen, hören oder schmecken.

Die sogenannten Sinnes-, Wahrnehmungs- oder Kimspiele können hier ein Gegengewicht bilden, indem vorhandene Sinnesfähigkeiten erhalten und ausgebildet werden. Bei vielen dieser Spiele werden mehrere Sinne gleichzeitig angesprochen. So bieten sie den älteren Menschen eine Gelegenheit zur vielsinnigen Wahrnehmung und des vielsinnigen Erlebens.

Spiel bewirkt das Erlebnis von Freude und Spaß.

Im Spiel dürfen Dinge getan werden, die in der Realität nicht immer erlaubt sind oder ganz andere Konsequenzen hätten. So erlaubt das Spiel beispielsweise, jemandem ein Hindernis in den Weg zu stellen, jemanden gezielt hinauszuwerfen usw.

Gefühle wie Schadenfreude oder Aktivitäten wie sich Verbündete zu suchen, sind erlaubt, zum Teil sogar erwünscht.

So kann das Spiel ältere Menschen aus ihrem zum Teil recht eintönigen Alltag kurzweilig herausholen. Es kann sie dazu anregen, gemeinsam Spaß zu erleben und sich zu freuen.

Durch größere und kleinere Bewegungen im Spiel können Spannungen abgebaut werden.

Körperliche Bewegung führt immer zu einem Abbau von psychischen und physischen Spannungen.

Bewegungsspiele (z. B. mit einem Softball) bieten sich an, um ältere Menschen zur Bewegung anzuregen.

Aber auch einfache Tischspiele wie beispielsweise Memory und Domino erfordern kleine Bewegungen, die helfen können, die Beweglichkeit der Gelenke zu erhalten und zu fördern. Zudem wird durch die aktive

Teilnahme an jedem Spielgeschehen die Durchblutung angeregt und Körper und Gehirn werden besser mit Glukose und Sauerstoff versorgt.
(vgl. Dunkhorst, 2001, S. 52–55)

Trotz der genannten positiven Wirkungen des Spieles haben viele ältere Menschen Hemmungen, aktiv zu spielen.
Um sie zum Spielen zu motivieren, ist es daher immer wichtig, vorher mit den älteren Menschen ein Gespräch zu führen, indem sie nach ihren individuellen Bedürfnissen befragt werden (Was haben Sie früher am liebsten gespielt? Wie ist Ihre Einstellung zu Gesellschaftsspielen? Welche Spiele kennen Sie?).
Nur die Kenntnis der Vorlieben der älteren Menschen macht es möglich, die Bewohner zum Spielen anzuregen.

Mit folgenden Spielhemmungen müssen Betreuer in der Altenpflege rechnen:
- Neuere Spiele sind den älteren Menschen häufig unbekannt.
- Körperliche Beeinträchtigungen beispielsweise des Sehens, Hörens oder der Feinmotorik erschweren die aktive Teilnahme am Spielgeschehen.
- Ältere Menschen empfinden Spielen oftmals als sinnlosen „Kinderkram".
- Sie sind zum Teil kontaktscheu und haben Angst, die Spielregeln nicht zu verstehen, sie schnell wieder zu vergessen und sich so zu blamieren.
- Auch haben einige ältere Menschen Angst, bei Wettkampf- oder Gruppenspielen zu versagen.

(vgl. Dunkhorst, 2001, S. 59 f.)

Hilfen für Spielleiter

Die in der Altenpflege tätigen Sozialhelfer werden in Situationen kommen, in denen sie die Bewohner zum Spielen motivieren müssen.
Kenntnisse über die Interessen und Bedürfnisse der jeweiligen Person oder Gruppe helfen bei der Spielauswahl. Zudem ist es sinnvoll, sich vor der Durchführung eines Spieles oder auch eines Spielnachmittags mit bestimmten Fragen auseinanderzusetzen, damit die älteren Menschen mit Freude an einem solchen Angebot teilnehmen.
Die Beantwortung folgender Fragen vor der Durchführung eines Spielangebotes kann hierbei hilfreich sein:

- **Wie viele Bewohner werden an dem Spiel/dem Spielangebot teilnehmen?**
  Die Spielleitung sollte immer überlegen wie viele Mitspieler mindestens und wie viele Mitspieler maximal an dem Angebot teilnehmen können oder sollen.
  Bei Tischspielen kann man sich an den Angaben in der Spielbeschreibung orientieren, bei Spielen im Kreis sollten nicht weniger als acht Personen und meist nicht mehr als zwanzig Personen teilnehmen, wenn das Spielangebot nicht langweilig werden soll.

- **Welches Spiel/welche Spiele sind geeignet?**
  Die durchzuführenden Spiele müssen immer entsprechend der Bedürfnisse, Interessen, Stärken und Schwächen der einzelnen Bewohner ausgewählt werden.
  Dazu sollte die Spielleitung immer deren Möglichkeiten und Wünsche, eventuelle Ängste und Beeinträchtigungen berücksichtigen und so auch entsprechende Vorschläge und Variationsmöglichkeiten bereithalten (z. B. könnte bei geringer Konzentrationsfähigkeit der Bewohner ein Mensch-ärgere-dich-nicht-Spiel auch mit zwei Spielpüppchen durchgeführt werden).

Die Spielleitung sollte selbst Freude an den ausgewählten Spielen haben, denn eigene Freude überträgt sich ebenso wie Missmut.

- **Wenn ich eine Spielrunde durchführe: In welcher Reihenfolge biete ich die ausgewählten Spiele am besten an?**
  Es sollte mit einem bekannten Spiel begonnen werden, damit eventuelle Hemmungen und Ängste abgebaut werden oder auch gar nicht erst entstehen. Zudem sollte es sich um ein Spiel handeln, bei dem alle in gleicher Weise beteiligt werden. Vorführspiele sind also in dieser Phase unbedingt zu vermeiden.
  Dann sollte darauf geachtet werden, dass langsam auf einen Höhepunkt zugesteuert wird und die Spielrunde mit einem ruhigen Spiel ausklingt.

- **Welchen Ort wähle ich am besten für das Spielangebot aus?**
  Wenn Spiele im Raum durchgeführt werden, sollte dieser einladend und animierend wirken, groß genug sein, damit eventuell ein Stuhlkreis gestellt und für Rollstühle genügend Integrationsraum geschaffen werden kann.
  Zudem soll es sich um einen Raum handeln, in dem die Raumtemperatur gut zu regeln ist, da dies insbesondere für ältere Menschen sehr wichtig ist.
  Der Raum sollte zudem auch Spielsicherheit gewährleisten, damit beispielsweise nicht die Gefahr besteht, sich beim Spielen an Tischkanten zu stoßen oder auf dem Teppich auszurutschen.

- **Wie rede ich die mitspielenden Bewohner an?**
  Damit keine kühle Spielatmosphäre entsteht, sollte das Spielangebot auf der „Du-Ebene" erfolgen. Auch sollten die Bewohner nicht mit „liebe Senioren" angesprochen werden, da ein direkter Hinweis auf das Alter ebenfalls spielhemmend wirken kann.
  (vgl. Broich, 1997, S. 10/11)

- **Was sollte ich als Spielleiter noch beachten?**
  - Alle Materialien, die gebraucht werden, sollten bereitliegen, ansonsten besteht die Gefahr, die Mitspieler mit endlosen Vorbereitungen zu langweilen.
  - Gerade schwierige Spielregeln sollten schrittweise erklärt werden, indem das Spiel zunächst in vereinfachter Form einmal durchgespielt wird. Bei einigen Spielen kann auch ein Probedurchlauf durchgeführt werden, bei dem einzelne Mitspieler in der Zuschauerrolle verweilen, damit der Spielhergang besser verstanden werden kann. Auch störendes Nachfragen kann so vermieden werden.
  - Die Spielregeln sollten einfach, kurz, knapp und anschaulich erklärt werden (z. B. durch entsprechende unterstützende Gesten). Die Spielleitung sollte nach Möglichkeit immer mitspielen.
  - Während des Spielens kann die Spielleitung viel zur Stimmung beitragen, indem sie Spielerfolg bewundert, originelle Beiträge hervorhebt, denn zu einigen Spielen müssen die Bewohner sehr viel Mut aufbringen, was entsprechend gewürdigt werden sollte.
  - Die Spielleitung sollte zu allen Mitspielern Blickkontakt haben, denn nur so vermittelt sie einen persönlichen Kontakt.
  - Es bietet sich an, vor Spielbeginn das Gesamtvorhaben bekannt zu geben. Es wird mitgeteilt, wie viele Spiele gespielt werden und wie lange gespielt wird. Zudem sollte den Spielern gesagt werden, wann das Spielangebot beendet ist und was dann geschieht.

Bewährt hat es sich zudem, zu Beginn oder am Ende einer Spielrunde im Kreis oder auch einer Tischspielrunde etwas durchzuführen, was nach einer Weile fester Bestandteil eines jeden Spielangebotes ist. Dabei kann es sich um das Vorlesen eines kurzen Textes, das Singen eines Liedes oder auch einen Austausch über das aktuelle Tagesgeschehen handeln.

(vgl. Wilken, 1995, S. 24–30)

Aufgaben

1. Lesen Sie den Text zum Spielleiterverhalten aufmerksam durch, und tragen Sie die im Text genannten Hinweise stichwortartig in die ersten drei Spalten der Tabelle ein, die Sie auf ein Blatt übertragen.

2. Überlegen Sie dann gemeinsam in der Kleingruppe, welche Verhaltensweisen von Spielleitern ältere Menschen davon abhalten, an einem Spielangebot teilzunehmen und tragen Sie die Ergebnisse Ihrer Überlegungen stichwortartig in die vierte Spalte der Tabelle ein.

Spielleiterverhalten

Diese Vorbereitungen muss ich vor dem Spielangebot treffen:	Das muss ich bei der Spielerklärung beachten:	Das muss ich bei der Durchführung des Spielangebotes beachten:	„Spielekiller"

Spielvorschläge für ältere Menschen

Im Folgenden werden Spielformen und konkrete Spiele vorgestellt, die sich je nach Verfassung der Bewohner als Spielangebot am besten eignen.

Tischspiele wie „Mensch-ärgere-dich-nicht", „Rommé´" oder „Kniffel" sind bei älteren Menschen sehr beliebt, sodass es sich anbietet, ab und zu einen Spielenachmittag mit solchen oder ähnlichen Spielen durchzuführen.

Sozialhelfer übernehmen in der Regel keine Übungsstunden im Rahmen der Seniorengymnastik, da hier ein fundiertes Fachwissen bezüglich der Einschätzung von Grenzen und Gefahren der Bewegungsübungen gefordert ist. Dieses Fachwissen kann nur in entsprechenden Aus- und Fortbildungen zum Übungsleiter erworben werden.[1] **Bewegungsspiele** hingegen können während einer Spielrunde oder innerhalb einer Übungsstunde im Rahmen der Seniorengymnastik auch von Fachkräften ohne Übungsleiterschein angeboten werden, jedoch bedarf es vorher einer intensiven Beobachtung der körperlichen Verfassung der einzelnen Mitspieler.

> *Merke!*
> *Bewegungsspiele, bei denen Hüpfen, Springen und Schnellkraft gefordert werden, sind für Senioren aufgrund ihrer eingeschränkten Reaktions- und Koordinationsfähigkeit nur bedingt geeignet.*

Wahrnehmungsspiele eignen sich für eine Gruppe älterer Menschen vor allem deshalb, weil hier immer verschiedene Sinne angesprochen werden.
Je nach individueller Verfassung gelingt es dem Einzelnen, die vorhandenen Fähigkeiten im Hören, Tasten, Schmecken, Fühlen oder Riechen anzuregen oder zu intensivieren.

Wort-, Gedächtnis- oder Ratespiele trainieren spielerisch den Wortschatz und die Gedächtnisfähigkeit.

Darstellende Spiele, die auch „pantomimische" Spiele genannt werden (der Begriff stammt von dem griechischen Wort „Pantomime", das so viel bedeutet wie „alles nachahmend"), bereiten vielen älteren Menschen sehr viel Freude. Durch Mimik und Gestik werden hier Gefühle, Erlebnisse und kleine Alltagssituationen dargestellt. Kreativität und Fantasie werden gefördert und erweitert.

Als zum Teil problematisch erweisen sich **Lese- und Schreibspiele**, da das Sehvermögen vieler Senioren eingeschränkt ist. Durchzuführen sind diese Spiele nur mit einem ausdrücklichen Hinweis auf das Mitbringen der Brille. Zudem muss der Spielleiter es als seine Pflicht ansehen, bei Lesespielen eine möglichst große Schrift zu wählen.

An dieser Stelle sei auch noch auf Spielformen hingewiesen, die sich als eher ungeeignet für Senioren erweisen, da körperliche Einschränkungen im hohen Alter das Durchführen bestimmter Spiele einfach nicht mehr zulassen.

Hierzu zählen insbesondere:
- Pustespiele (z. B. „Wattepusten")
- Flüsterspiele (z. B. „Stille Post")
- Stuhlreihenspiele (z. B. „die Reise nach Jerusalem")
- Spiele, die schnelles Sitzplatzwechseln erfordern (z. B. „der Plumpsack geht um")
(vgl. Evers, 1994, S. 39–41)

Im Folgenden werden ausgewählte Spielbeispiele aufgeführt, die sich gut in einer Gruppe von Senioren durchführen lassen:

---

[1] *Informationen hierzu erhalten Interessierte über Landessportverbände, Landesturnverbände, örtliche Sportverbände oder regionale Wohlfahrtsverbände (vgl. Mötzing, 2005, S. 155)*

Spielbeispiele für Wahrnehmungs-, Rate-, Bewegungs- und Darstellungsspiele

Wahrnehmungsspiele

Was ist anders? (Sehen)

Anzahl der Mitspieler:	ca. 8 bis 20 Spieler
Spieldauer:	5–10 Minuten
Spielort:	beliebig

Zwei Mitspieler stehen sich gegenüber und betrachten sich eine Weile (ca. fünf Minuten). Es wird z. B. auf die Kleidung und Körperhaltung geachtet.

Ein weiterer Mitspieler verändert dann ein bis zwei Merkmale, die von dem Gegenüber erraten werden müssen, während der andere die Augen geschlossen hält.

Wird die Aufgabe schwer gelöst, wird die Aufgabenstellung in der nächsten Runde vereinfacht, indem nur ein Merkmal verändert wird.

(vgl. Broich, 1997, S. 52)

Wo ist der Punkt? (Tasten)

Anzahl der Mitspieler:	ca. 8 bis 20 Spieler
Spieldauer:	5–10 Minuten
Spielort:	beliebig
Material:	Kugelschreiber

Ein Mitspieler zieht seinen Ärmel hoch, schließt die Augen, während ein anderer Spieler mit einem Kugelschreiber einen kleinen Punkt auf seinen Arm zeichnet. Der erste Spieler versucht ebenfalls mit einem Kuli, diese Stelle zu ertasten. Wird es ihm gelingen?

(mündlich überliefert)

Ratespiele

Quiz mit Sprichwörtern

Anzahl der Mitspieler:	ca. 8 bis 20 Spieler
Spieldauer:	ca. 20 Minuten
Spielort:	Gruppenraum
Material:	Sprichwörtersammlung

Es werden Anfänge von Sprichwörtern genannt, die ergänzt werden müssen. Beispiele:

„Wer andern eine Grube gräbt ..." (fällt selbst hinein)
„Morgenstund ..." (hat Gold im Mund)
„Die Katze im ..." (Sack kaufen)
„Der Apfel fällt ..." (nicht weit vom Stamm)
„Es ist nicht alles ..." (Gold, was glänzt)
„Was du nicht willst, was man dir tu ..." (das füg auch keinem andern zu)

„Ohne Fleiß ..." (kein Preis)
„Müßiggang ..." (ist aller Laster Anfang)
„Was ich nicht weiß ..." (macht mich nicht heiß)
„Wie man in den Wald ruft ..." (so schallt es zurück)
„Ein gutes Gewissen ..." (ist ein sanftes Ruhekissen)

(vgl. Mergast/Uilenkamp, 1992, S. 82/83)

Otto

Anzahl der Mitspieler:	für einen oder mehrere Spieler geeignet
Spieldauer:	5–10 Minuten
Spielort:	beliebig

Otto mag nicht jeden, aber Kalle mag er.
Otto mag keine Kirschen, aber Beeren mag er.
Otto mag keine Gabeln, aber Löffel mag er.
Otto mag keinen Punkt, aber das Komma liebt er.

Lösung: **Otto** mag Doppelbuchstaben

(mündlich überliefert)

Bewegungsspiele

Bewegungen würfeln

Anzahl der Mitspieler:	6–25 Spieler
Spieldauer:	10–20 Minuten
Spielort:	Gruppenraum
Material:	Schaumstoffwürfel oder großer gebastelter Pappwürfel, Papier, Stift, Tesakrepp

Im Stuhlkreis wird reihum mit einem großen Schaumstoffwürfel gewürfelt. Auf jeder Seite steht, entsprechend der Fähigkeiten und Interessen der Bewohner, ein Bewegungsangebot (die Bewegungsangebote wurden zuvor vom Spielleiter auf sechs Zettel geschrieben und mit Tesakrepp auf den Würfel geheftet).
Wird ein Bewegungsangebot erwürfelt, macht die gesamte Gruppe unter Berücksichtigung der individuellen Grenzen diese Übung mit. Zwischendurch gibt es immer eine kleine Atempause, dann wird weitergewürfelt.

Beispiele für Bewegungsangebote sind:
- Füße rechts und links herum kreisen lassen,
- auf der Stelle hüpfen,
- Kniebeugen,
- den Kopf kreisen lassen,
- die Arme im Wechsel zur Decke strecken,
- Fahrradfahren im Sitzen.

(vgl. Wilken, 1995, S. 43)

Gehen wie ...

Anzahl der Mitspieler:	6–25 Spieler
Spieldauer:	10–20 Minuten
Spielort:	Gruppenraum
Material:	Musik, Klingel

Alle Mitspieler gehen nach Musik durch den Raum. Dann nennt die Spielleitung auf ein Zeichen hin (Klingel), welche Menschen sie mit welchen Gangarten gerade beobachtet. Die Spielleitung macht diese Gangart einmal vor, dann wird diese von allen Spielteilnehmern wieder mit musikalischer Untermalung nachgeahmt, bis das Klingelzeichen ertönt und eine neue Gangart vorgeführt wird.

Beispiele für Gangarten:
- ein Kellner geht mit einem Tablett durch ein Restaurant
- eine Frau schiebt einen Kinderwagen
- eine Frau geht mit schweren Einkaufstaschen nach Hause
- ein Kind trödelt auf dem Schulweg
- eine Inderin trägt einen Wasserkrug

(vgl. Wilken, 1995, S. 53)

Darstellungsspiele

Standbilder

Anzahl der Mitspieler:	ab 8 Spieler
Spieldauer:	45–60 Minuten
Spielort:	Gruppenraum

Kleingruppen von vier bis sechs Teilnehmern überlegen sich, wie sie ein Standbild darstellen können, das zu einem bestimmten, von der Spielleitung genannten Thema passt (Auswahl bereithalten!). Die „Restgruppe" kennt das Thema nicht.
Jede Gruppe hat ca. zehn Minuten Vorbereitungszeit, in der die Mitglieder Darstellungen ausprobieren, bis sie zu einem Ergebnis gekommen sind.
Anschließend werden die einzelnen Standbilder der Gesamtgruppe vorgestellt, die dann das dargestellte Thema erraten muss.

Mögliche Themen:
- frisch verliebt
- Stau auf der Autobahn
- Strandurlaub
- beim Friseur
- auf dem Markt

(vgl. Broich, 1997, S. 40)

Redensarten darstellen

Anzahl der Mitspieler: ca. 10–20 Spieler
Spieldauer: 15 Minuten
Spielort: Gruppenraum
Material: vorbereitete Aufgabenzettel mit Redensarten

Die einzelnen Mitspieler ziehen Aufgabenzettel, auf denen Redensarten stehen. Nacheinander stellen sie diese pantomimisch dar. Die Gruppe errät, um welche Redensart es sich jeweils handelt.

Beispiele für Redensarten:
- „Perlen vor die Säue werfen"
- „auf jemanden ein Auge werfen"
- „ins Fettnäpfchen treten"
- „jemandem Hörner aufsetzen"
- „etwas auf die lange Bank schieben"
- „wissen wie der Hase läuft"

(vgl. Wilken, 1995, S. 80 f.)

Aufgaben

1.   Gehen Sie in eine nahe gelegene Bücherei und leihen Sie sich Bücher mit Spielen für Erwachsene aus.

2.   Suchen Sie entsprechend der oben vorgestellten Spielformen konkrete Spiele aus, die sich für den Einsatz in Ihrem Praktikum eignen, und übertragen Sie diese in Ihre persönliche Spielesammlung.

3.   Stellen Sie unter Berücksichtigung der Ihnen bekannten Spielleiterregeln der Lerngruppe ein Spiel vor.

Tischspiele

Ältere Menschen finden meist großen Gefallen an Spielen, die in kleinen Tischgruppen gespielt werden. Hierzu zählen Würfel-, Karten- und Brettspiele.

Konkret handelt es sich dabei beispielsweise um Spiele wie Kniffel, 17 und vier, Skat, Rommé, Canasta, Mensch-ärgere-Dich-nicht, Memory, Domino, Mühle, Dame, Schach. Es empfiehlt sich, ab und zu einen Spielenachmittag mit Tischspielen anzubieten. Zeigt die ganze Gruppe Interesse an einem solchen Angebot, so sollte die Spielleitung darauf achten, dass nicht mehr als 30 Personen teilnehmen, da ansonsten keine ruhige Spielatmosphäre mehr gegeben ist und die Spielleitung schwer den Gesamtüberblick behalten kann.

Da es einigen älteren Menschen aufgrund ihrer körperlichen Beeinträchtigungen (z. B. Nachlassen des Sehvermögens, Verminderung der Konzentrationsfähigkeit usw.) schwerfällt, einige dieser beliebten Gesellschaftsspiele mitzuspielen, haben verschiedene Firmen Spiele entwickelt, die diese Einschränkungen berücksichtigen.

So gibt es beispielsweise:
- Gesellschaftsspiele im Großformat mit gut erkennbaren Zahlen und Symbolen
- Spiele mit größeren Spielsteinen, Würfeln, Spielfiguren
- magnetische Spiele, die das Umfallen der Spielfiguren verhindern
- Kartenspiele mit Kartenhaltern für Mitspieler, die Schwierigkeiten haben, Spielkarten in der Hand zu halten

Zusätzlich zu diesem Spielangebot besteht für die in der Altenpflege tätigen pädagogischen Kräfte die Möglichkeit, Spiele mit einfachen Regeln und leichter Handhabung selbst herzustellen. Diese haben den Vorteil, dass hier genau die Bedürfnisse und Einschränkungen der Bewohner berücksichtigt werden können (vielleicht ist es sogar möglich, mit den Bewohnern gemeinsam ein Spiel herzustellen).

Bei der Entwicklung einer Spielidee zur Gestaltung eines Spieles für ältere Menschen sind vor allem folgende Punkte zu beachten:
- Das Spiel muss groß genug und dabei übersichtlich gestaltet werden,
- Das Spielzubehör, wie z. B. Spielfiguren und Würfel, muss für die älteren Menschen leicht handhabbar sein.
- Die Spielregeln müssen einfach, kurz und verständlich verfasst werden.
- Alles, was von den älteren Menschen gelesen werden soll, muss groß und deutlich geschrieben werden (z. B. Zahlen oder Fragkarten).

(vgl. Dunkhorst, 2001, S. 64–66)

Unter Berücksichtigung dieser Punkte kann dann ein Tischspiel erstellt werden, wobei sich folgende Vorgehensweise bewährt hat:

Entwickeln einer Spielidee

Soll ein bekanntes Spiel verändert werden, sodass es für die Bewohner spielbarer wird oder eine eigene Spielidee umgesetzt werden?

> *Merke!*
> *Bei der Umsetzung einer eigenen Spielidee sollte darauf geachtet werden, dass das Spiel immer bekannte Spielelemente enthält, damit die älteren Menschen nicht überfordert werden.*

Erstes Sammeln von Einfällen zum Spielverlauf und Erstellen eines Spielplanentwurfes

Wie soll der Spielverlauf aussehen? Dieser wird auf einem Blatt skizziert, wobei der wichtigste Grundsatz beachtet werden muss:

„Der Spielplan muss immer übersichtlich und zweckmäßig in Form und Gestaltung sein.“

Aufstellen der Spielregeln
Welche Spielregeln soll es geben?
Diese werden aufgestellt. Anschließend wird überprüft, ob sie leicht verständlich und anschaulich sind und gleichzeitig einen interessanten und abwechslungsreichen Spielfluss garantieren.

Ausprobieren der Spielregeln an der Spielplanskizze und eventuelle Überarbeitung der Spielvorlage
Es sollten folgende Fragen mit „Ja" beantwortet werden:
- Verstehen Personen, die nicht an der Planung beteiligt waren, den Spielablauf, die Regeln?
- Ist die Spieldauer überschaubar?
- Hat das Spiel genügend Aufforderungscharakter?

Nach einem Probedurchgang mit den „Testpersonen" wird die Spielvorlage ggf. etwas verändert, erweitert oder gekürzt.

Aufschreiben der Spielregeln und Anfertigung eines festen Spielplans
Nachdem die endgültigen Spielregeln niedergeschrieben sind, wird der feste Spielplan erstellt. Hierbei gilt es, Folgendes zu beachten:
- Die Spielunterlage sollte aus festem Plakatkarton, Holz oder Kunststoff angefertigt werden.
- Die im Spielfeld vorhandenen Linien und auch Zahlen oder Symbole lassen sich am besten mit einem Filzschreiber aufzeichnen, die Setzfelder können gut mithilfe selbstklebender Markierungspunkte, die es in verschiedenen Größen gibt, gestaltet werden.
- Bei der Illustration und Ausschmückung ist zu beachten, dass ein Zuviel an künstlerischem Beiwerk leicht von den Spielwegen ablenken kann. So sollte man sich bei der Gestaltung auf einige wenige Illustrationen durch Zeichnungen oder Fotos beschränken.
- Es ist darauf zu achten, dass der Spielplan lange Haltbarkeit garantiert. So kann beispielsweise ein auf Plakatkarton aufgezeichneter Spielplan durch das sorgfältige Überkleben mit einer selbstklebenden Klarsichtfolie haltbar gemacht werden.
- Die Spielsteine gibt es z. B. in Spielwarengeschäften in Form von Kegeln oder Plastikplättchen zu kaufen. Möglich ist es jedoch auch, diese selbst zu gestalten, indem kleine Steine oder ähnliche Figuren mit Farbe bemalt und anschließend lackiert werden.
  (vgl. Thiesen, 1989, 190–192)

Hier nun einige Beispiele selbst hergestellter Spiele.

Domino
Spielbeschreibung:
Es wird mit Spielsteinen gespielt, die in der Mitte geteilt sind. Auf jeder Spielsteinhälfte befinden sich unterschiedliche Punktwerte von eins bis sechs.
Spielziel ist es, alle vorhandenen Steine, die zuvor gleichmäßig an die Mitspieler verteilt wurden, an entsprechende Enden anzulegen, bis kein Spielstein mehr vorhanden ist. Wer zuerst alle Steine abgelegt hat, ist Sieger.
Mögliche Variationen zu diesem Spiel:
- Gestaltung eines Farbdominospieles,
- Gestaltung eines Tastdominos, indem zwei Stoffhälften aufeinandergenäht und mit

Gegenständen gefüllt werden, die den Bewohnern bekannt sind (z. B. Sicherheitsna-
deln, Styroporkugeln usw.). Durch Ertasten werden gleiche Gegenstände mit den Enden aneinandergelegt (vgl. Dunkhorst, 2001, S. 66 f.).

Sprichwörter und Redensarten zuordnen
Spielbeschreibung:
Es werden verschiedene Sprichwörter und
Redensarten auf Karten geschrieben und
zur besseren Haltbarkeit mit Folie über-
klebt. Ebenso werden Zeichnungen angefertigt, die dem Sprichwort entsprechen.
Diese werden mit Folie überzogen. Es wird
versucht, die richtigen Kartenpaare einander zuzuordnen.

Anmerkung:
Bei dieser Art von Spielen geht es weniger um das Besiegen der Mitspieler als vielmehr
um die Kommunikation zwischen den Mitspielern und die Anregung der Gedächtnisleistung.

Aufgaben

1. Gestalten Sie unter Berücksichtigung der im Text genannten Hinweise ein Tischspiel,
   das Sie mit den Bewohnern Ihrer Altenhilfeeinrichtung durchführen können.

2. Führen Sie dieses Spiel mit einigen Mitschülern durch und diskutieren Sie anschließend
   eventuelle Veränderungsvorschläge.

4.4   Werken und Gestalten

Sicherlich ist es nicht ganz einfach, ältere Menschen für Angebote im kreativen Bereich
zu begeistern. Zeigt eine Gruppe jedoch Interesse, sollte versucht werden herauszufinden, an welchen werktechnischen Angeboten sie besonders interessiert ist und welche
Fähigkeiten der Einzelne aufweist. Insbesondere die Fertigkeiten der Leiterin oder des
Leiters sind in diesem Zusammenhang von großer Bedeutung, denn gerade beim Werken und Gestalten hat die Leitung eine ganz besondere Vorbildfunktion. Sie muss die
angebotene Technik sicher beherrschen, um die Gruppe anzuregen und um den Teilnehmern helfend zur Seite stehen zu können.
Zum Teil hat es sich auch bewährt, Angehörige in Kreativangebote einzubeziehen. Sie
können dann kleinere Hilfsdienste übernehmen.

Folgende unterschiedlichen Angebote lassen sich je nach Interessenschwerpunkt der
„Kreativgruppe" in der Altenhilfe durchführen:

- Modellieren mit Ton, Salzteig, Gips, Pappmaschee
- Arbeiten mit Papier und Pappe, wie z. B. Collagen aus Illustrierten und Werbepapie-
  ren und/oder Packpapier, Fensterbilder aus Tonkarton, Falttechniken mit Servietten
- Herstellen von Tischlaternen oder dekorativen Lichterketten aus geöltem Tonkarton

- Arbeiten mit Naturmaterialien wie z. B. Blättern, Sand, Steinen, Muscheln, Früchten, Zweigen, Zapfen zur dekorativen Gestaltung oder zur Gestaltung von Gestecken und Kränzen
- Holzarbeiten mit der Laubsäge
- Arbeiten mit Metallen und Edelmetallen zur Herstellung von kleineren Schmuckstücken
- verschiedene Maltechniken: Wachsbügeltechnik, Seidenmalerei, Stoffmalerei, Malen mit Aquarellfarbe, Bauernmalerei usw.
- Flechtarbeiten mit Peddigrohr, Bast, Sisal zur Herstellung von Körben, Dekormaterial usw.
- Arbeiten mit Wolle und Garnen wie beispielsweise Stricken, Weben, Klöppeln, Häkeln

Angebote in diesen Bereichen tragen dazu bei, dass die älteren Menschen ihre vorhandenen feinmotorischen Fähigkeiten und Fertigkeiten erhalten und fördern und vor allem ihr Selbstwertgefühl stärken, wenn sie ihr fertiges Produkt betrachten. Werden die Werke dann noch ausgestellt oder auf einem Basar verkauft, erfahren die Senioren soziale Anerkennung, die ihnen zeigt, dass andere ihre Arbeiten ebenfalls würdigen.

Der Herstellungsprozess selbst ermöglicht es ihnen, Kontakte zu anderen Bewohnern aufzunehmen, mit ihnen ins Gespräch zu kommen und gemeinsam die früheren Interessen im werktechnischen Bereich aufleben zu lassen.

(vgl. Evers, 1994, S. 76 f.)

Techniken

Konkrete Bastelanleitungen finden sich in zahlreichen Bastelbüchern, die in Büchereien in großer Zahl zu finden sind. Auf diese Bestände sollte bei der Auswahl konkreter Angebote zurückgegriffen werden, da Werk- und Bastelbücher häufig sehr teuer sind. Zudem gilt es als erwiesen, dass das Interesse an einem bestimmten Angebot dem Trend der aktuellen Zeit unterworfen ist. Wenn vor 30 Jahren noch eine sehr große Nachfrage an Makrameearbeiten (z. B. zum Gestalten von Blumenampeln) bestand, findet man heute eher Anleitungen für dekorative Lichterketten oder ähnliche Angebote (vgl. Dunkhorst, 2001, S. 176 f.).

Da ältere Menschen jedoch auch gerade die traditionellen Techniken mögen und die Leitung hierdurch an Altvertrautem anknüpfen kann, sollten möglichst unterschiedliche Techniken angeboten werden. Im Folgenden werden drei Techniken vorgestellt, die unterschiedlichen Interessen gerecht werden können und vielleicht zum eigenen Ausprobieren anregen:

Seidenmalerei

Bei dieser Seidenmalereitechnik wird das nasse Seidentuch auf mehrere, unterschiedlich hohe Wassergläser gelegt. In die Mitte jedes Glases wird grobkörniges Salz gestreut. Mit einem Pinsel oder einer Pipette wird dann Farbe aufgetragen, die aufgrund der unterschiedlichen Höhen der Gläser verläuft. Das Tuch bleibt so lange auf den Gläsern liegen, bis es trocken ist, und wird dann zum Fixieren von links gebügelt.

Flechttechnik

Sehr dünnes Korbflechtmaterial wird bei dieser Technik zunächst eingeweicht. Es werden zehn Flechtrohre waagerecht und darüber zehn Flechtrohre senkrecht gelegt (Länge der Flechtrohre: ca. 25 cm). Mit einem weiteren Flechtrohr entsteht durch Flechten zunächst ein Untersetzer. Dann wird die Arbeit hochgedrückt und so lange geflochten, bis der Einsatz für das Teeglas die gewünschte Höhe hat (hier wurde zwischendurch mit dem Flechten ausgesetzt, um ein bestimmtes Muster zu erhalten).

Collagetechnik

Verschiedene Pack- und Schmirgelpapiersorten wurden für eine Collage gerissen und nach Belieben aufgeklebt. Zwei Dekoblüten dienen als Farbtupfer.

Begleitende Aufgaben bei einem werktechnischen Angebot

Sozialhelfer können die Leiterin bei allen anfallenden begleitenden Aufgaben eines werktechnischen Angebotes unterstützen. Folgende Planungsüberlegungen können für die Vorbereitung, Durchführung und den Abschluss eines Angebotes hilfreich sein.

1. **Welche Vorbereitungen müssen getroffen werden?**
- Die werktechnischen und gestalterischen Interessen und vorhandenen Fähigkeiten entscheiden über Art und Umfang des Angebotes.
- Das Material muss besorgt, ein Anschauungsstück vorbereitet werden.
- Die Arbeitsfläche muss vorbereitet werden, indem für genügend Platz, gute Beleuchtung und Schutzkleidung gesorgt wird.

- Je nach Interesse der Senioren sorgt etwas dezente Hintergrundmusik ebenfalls für eine kreative Atmosphäre.
- Alle benötigten Materialien und Werkzeuge sollen gebrauchsfertig auf dem Tisch liegen (eventuell werden bestimmte Werkstücke für ältere Menschen mit eingeschränkter Motorik etwas vorbereitet).
- Die Anleiterin sollte das fertige Werkstück auf jeden Fall vorher einmal selbst ausprobieren.

2. Was muss bei der Durchführung beachtet werden?

- Die Anleiterin erläutert kurz und prägnant, was gemacht wird und gibt einen Gesamtüberblick.
- Die einzelnen Arbeitsschritte werden einzeln erläutert und durchgeführt.
- Während der Arbeit achtet die Anleiterin darauf, dass sie nur dann ihre Hilfe anbietet, wenn diese auch benötigt wird, ggf. wird sie die älteren Menschen auch anregen, sich untereinander zu helfen.
- Es hat sich bewährt, während des Herstellungsprozesses die Einzelleistungen lobend zu erwähnen oder auch Anregungen für kleinere Veränderungen zu geben.

3. Wie sollte der Abschluss gestaltet werden?

- Jeder Teilnehmer wird dazu angeregt, sein Werk zu signieren.
- Alle Arbeiten werden gemeinsam betrachtet und ehrlich bewundert, wobei kritische Nachfragen durchaus erwünscht sind.
- Gemeinsam wird nach einem Platz gesucht, um das Werk auszustellen oder aufzuhängen.
- Bilder werden besonders gewürdigt, wenn sie in einem Bilderrahmen aufgehängt werden.

Zum Schluss sollte etwas Gemeinsames die „Werkstunde" abrunden wie beispielsweise ein Lied, ein kleiner Vers oder auch eine kleine Unterhaltung.

Gerade solch ein Ritual bietet eine gute Voraussetzung für weitere Arbeiten in einer Interessengruppe.

Aufgaben

1. Wählen Sie eine beliebige Maltechnik aus und führen Sie diese praktisch durch.

2. Halten Sie schriftlich fest welche begleitenden Aufgaben Sie bei dieser Maltechnik von der Vorbereitung des Arbeitsplatzes bis zum Abschluss wahrnehmen sollten.

4.5 Musik mit älteren Menschen

„Musik bringt zum Ausdruck, was sich nicht in Worte fassen lässt und doch nicht still bleiben kann."
(Victor Hugo)

Musik ist ein wichtiger Bestandteil des Lebens eines jeden Menschen, ein Mittel, um eigene Gefühle, Gedanken und Empfindungen auszudrücken.

Musik spielt eine bedeutsame Rolle in vielen Lebensbereichen wie Religion, Arbeit, Kultur und Tradition:

- **Religion**
  Musik und Tanz wurden und werden zur Anbetung und Verehrung eingesetzt.

- **Arbeit**
  Musik kann helfen, die mit der Arbeit verbundenen körperlichen und psychischen Anforderungen besser zu bewältigen (z. B. Marschmusik bei Soldaten, Shanties der Seeleute).

- **Kultur und Tradition**
  Zu gesellschaftlichen und persönlichen Festen wird Musik eingesetzt, um Traditionen zu wahren (z. B. das Geburtstagsständchen, Marschmusik bei Schützenfesten).
  (vgl. Dunkhorst, 2001, S. 82)

Da Musik Gefühle im Menschen ansprechen kann, auch wenn dieser mit körperlichen und geistigen Einschränkungen leben muss, kann gut ausgewählte Musik bei passiven und aktiven Bewohnern gleichermaßen Positives bewirken:

- **Psychische Wirkung der Musik**
  Richtig ausgewählte Musik kann fröhlich stimmen, entspannend und beruhigend wirken oder auch helfen, weniger erfreuliche Gefühle auszudrücken. Ältere Menschen können ihr Selbstwertgefühl stärken, wenn sie beispielsweise durch das Mitsingen eines bekannten Liedes erfahren, welche Fähigkeiten und Fertigkeiten sie trotz der erlebten Einschränkungen noch haben. Selbst an Demenz erkrankte Bewohner können sich zum Teil gut an Text und Melodie bekannter Volkslieder erinnern, die sie früher oft und gerne gesungen haben. So wird eine Vielzahl von Erinnerungen wachgerufen, wodurch der Zugang zur Biografie des Menschen erleichtert werden kann.

- **Soziale Wirkung der Musik**
  Durch gemeinsames Singen, Musizieren und Bewegen zur Musik (z. B. bei Sitztänzen) stellen Bewohner Kontakte untereinander her. Hören oder singen Bewohner bekannte Melodien, so werden Erinnerungen an Erlebnisse der Kindheit und Jugend geweckt und es entsteht der Wunsch, sich über diese Erlebnisse auszutauschen (z. B. wo früher getanzt wurde, welche Filmmusik beliebt war, wo und wann bestimmte Lieder gesungen wurden).
  Beim Musizieren haben ältere Menschen in Einrichtungen der Altenhilfe zudem die Möglichkeit, sich zu unterhalten, ohne miteinander zu sprechen (= nonverbale Kommunikation). So können auch sprachlich beeinträchtigte Menschen gut in eine Gruppenaktivität einbezogen werden.

- **Körperliche Wirkungen der Musik**

  Manche Musikstücke oder Lieder können die Bewohner zu spontanen Bewegungen wie das Klatschen und Klopfen mit Fingern und Füßen animieren. Dabei werden häufig die vorhandenen körperlichen Einschränkungen und Schmerzen für kurze Zeit vergessen.

  Müssen die zwei Tätigkeiten „Singen" und „Bewegen" gleichzeitig ausgeführt werden wie dies beispielsweise bei Bewegungsliedern verlangt wird, fördern die älteren Menschen zudem ihre Konzentrations- und Koordinationsfähigkeit.

  Häufiges Singen verbessert Atmung und Stimme. Viele Bewohner atmen zu flach, was durch Bewegungseinschränkungen, insbesondere bei Bettlägerigkeit, noch begünstigt wird. So werden ihre Lungen nicht genügend durchlüftet und es entsteht leicht die Gefahr, an einer Lungenentzündung zu erkranken. Singen kann als gutes Atemtraining eingesetzt werden, da hierbei automatisch viel tiefer eingeatmet wird.

  (vgl. Harms/Dreischulte, 1998, S. 7 ff.)

Zu den praktischen Möglichkeiten, musikalische Angebote in der Altenhilfe durchzuführen, zählen:

- Singen
- Musik hören
- Musik und Bewegung (insbesondere Sitztänze)
- Musizieren mit Rhythmus- und Melodieinstrumenten.[1]

Singen

Das von vielen älteren Menschen zitierte Sprichwort „Da, wo man singt, da lass dich ruhig nieder, böse Menschen kennen keine Lieder" zeigt, welche positiven Erinnerungen Bewohner mit dem Singen verbinden. Gerade der hohe Erinnerungswert ist bedeutsam für die Arbeit mit demenzerkrankten und sprachgestörten Menschen, die durch das Singen trotz ihrer erlebten Einschränkungen neue Ausdruckmöglichkeiten erhalten.

(vgl. Teufel, 2001, S. 39)

Kriterien zur Liedauswahl und Vorbereitung einer Liederrunde

- *Die Teilnehmer entscheiden mit, welche Lieder zu einem vorher ausgewählten Thema (z. B. „Herbst") gesungen werden. Es werden vor allem Lieder ausgewählt, die den älteren Menschen bekannt sind (siehe hierzu auch Tabelle auf S. 309 ff.)*

- *Berücksichtigt werden Tageszeit, Jahreszeit und besondere Feste.*

- *Besonders geeignete Liedarten sind Volkslieder, alte Schlager und religiöse Lieder, die vor allem in der Advents- und Weihnachtszeit unverzichtbar sind.*

- *Lieder werden entsprechend der Stimmung der Gruppenmitglieder ausgewählt, besonders krasse Stimmungsgegensätze werden vermieden.*

- *Damit die Bewohner Liedtexte gut lesen können, werden diese vergrößert kopiert und in einer hauseigenen Mappe, die an jeden Bewohner in einer Liederrunde verteilt wird, gesammelt.*

---

[1] *Dieser Bereich wird in diesem Buch nicht weiter angesprochen, da Angebote diesbezüglich eher von Musikpädagogen oder Fachkräften mit musikpädagogischen Kenntnissen übernommen werden.*

- Die Leiterin einer Liederrunde überlegt, wie sie die Liederrunde gestalten möchte. Hierbei spielt vor allem auch ihre eigene musikalische Vorbildung eine bedeutsame Rolle. Folgende Gestaltungsmöglichkeiten bieten sich an:
  - *Einstimmiger Gesang:* Jedes Gruppenmitglied singt die gleiche Melodie zur gleichen Zeit.
  - *Mehrstimmiger Gesang:* Es wird z. B. eine Ober- und eine Unterstimme zur Melodie gesungen. Dieser Gesang verlangt sowohl von den Sängern wie auch von der Leitung musikalische Vorerfahrung.
  - *Wechselgesang:* Ein Teil der Gruppe oder ein Vorsänger singt z. B. die Strophen eines Liedes und die Restgruppe nur den Refrain.
  - *Kanon:* Die Stimmen setzen nacheinander in genau festgelegten Abständen ein und die Liedmelodie wird mehrmals wiederholt, bis die Leitung den Kanon durch Handzeichen ausklingen lässt.
  - *Bewegungslieder:* Gesang und Körperbewegung werden miteinander kombiniert.
  - *Liedbegleitung durch Instrumente:* Die Leitung selbst oder auch begabte Bewohner begleiten den Gesang durch ein Klavier, eine Gitarre, ein Akkordeon oder mithilfe von Rhythmusinstrumenten.

(vgl. Dunkhorst, 2001, S. 96 ff.)

> **Merke!**
> *Während der Durchführung einer Liederrunde sollte beachtet werden, dass die ausgewählten Lieder nicht nur nacheinander heruntergesungen werden, sondern die Gruppenstunde mit thematisch passenden kleinen Einlagen aufgelockert wird, wie z. B. durch ein Liederquiz, bei welchem die Leiterin ein Lied anspielt und die Gruppe den Titel errät oder weitersingt, einem passenden Gedicht, einer kleinen Geschichte oder Bewegungen zur Musik.*

Im Folgenden wurden einige Lieder zusammengestellt, die viele ältere Menschen kennen und immer wieder gerne singen. Angaben zu Gestaltungsmöglichkeiten und ein Anlass, zu dem das jeweilige Lied angeboten werden kann, erleichtern die Liedauswahl für eine Liederrunde:

Liedtitel	Gestaltungsmöglichkeit	Anlass
Abendstille überall	Kanon	Tageszeit (Abend)
Aber heidschi bum beidschi	einstimmiger Gesang	Tageszeit (Abend)
Ade zur guten Nacht	einstimmiger Gesang	Tageszeit (Abend)
Alle Jahre wieder	einstimmiger Gesang	Weihnachten
Alle Vögel sind schon da	eventuell mehrstimmig	Jahreszeit (Frühling)
Am Brunnen vor dem Tore	einstimmiger Gesang	beliebig
Auf de schwäbsche Eisenbahne	einstimmiger Gesang	z. B. Karneval
Auf du junger Wandersmann	einstimmiger Gesang	z. B. Spaziergang
Auf einem Baum ein Kuckuck saß	einstimmiger Gesang	beliebig
Bald gras' ich am Neckar	einstimmiger Gesang	beliebig
Beim Kronenwirt	einstimmiger Gesang	z. B. Karneval
Bruder Jakob	Kanon	Tageszeit (Morgen)
Bunt sind schon die Wälder	einstimmiger Gesang	Jahreszeit (Herbst)

Liedtitel	Gestaltungsmöglichkeit	Anlass
Danket, danket dem Herrn	Kanon	beliebig
Das Wandern ist des Müllers Lust	einstimmiger Gesang	z. B. Spaziergang
Der Kuckuck und der Esel	einstimmiger Gesang	beliebig
Der Mai ist gekommen	einstimmiger Gesang	Jahreszeit (Frühling)
Der Mond ist aufgegangen	einstimmiger Gesang	Tageszeit (Abend)
Die Gedanken sind frei	einstimmiger Gesang	beliebig
Du, du liegst mir im Herzen	einstimmiger Gesang	beliebig
Eine Seefahrt, die ist lustig	Wechselgesang	beliebig
Ein Jäger aus Kurpfalz[1]	einstimmiger Gesang	beliebig
Ein Jäger längs dem Weiher ging	Wechselgesang	beliebig
Ein kleiner Matrose	Bewegungslied	beliebig
Ein Männlein steht im Walde	einstimmiger Gesang	beliebig
Ein Vogel wollte Hochzeit machen	Wechselgesang	beliebig
Es geht eine helle Flöte	einstimmiger Gesang	Jahreszeit (Frühling)
Es ist ein Ros' entsprungen	einstimmiger Gesang	Weihnachten
Es ist für uns eine Zeit angekommen	einstimmiger Gesang	Jahreszeit (Winter)
Es klappert die Mühle	Bewegungslied	beliebig
Es tönen die Lieder	Kanon	Jahreszeit (Frühling)
Es wollt' ein Schneider wandern	einstimmiger Gesang	beliebig
Freut euch des Lebens	Wechselgesang	beliebig
Froh zu sein, bedarf es wenig	Kanon	beliebig
Ging ein Weiblein Nüsse schütteln	einstimmiger Gesang	Jahreszeit (Herbst)
Guter Mond, du gehst so stille	einstimmiger Gesang	Tageszeit (Abend)
Großer Gott, wir loben dich	einstimmiger Gesang	beliebig
Grün, grün, grün	einstimmiger Gesang	beliebig
Hab mei Wage vollgelade	einstimmiger Gesang	beliebig
Hejo, spann den Wagen an	Kanon	Jahreszeit (Herbst)
Hoch auf dem gelben Wagen	einstimmiger Gesang	beliebig
Ich bin das ganze Jahr vergnügt	einstimmiger Gesang	beliebig
Im Frühtau zu Berge	einstimmiger Gesang	Tageszeit (Morgen)
Im Märzen der Bauer	einstimmiger Gesang	Jahreszeit (Frühling)
Jetzt fängt das schöne Frühjahr an	einstimmiger Gesang	Jahreszeit (Frühling)
Jetzt fahrn wir übern See	einstimmiger Gesang (Pfänderlied)	beliebig
Kein schöner Land	einstimmiger Gesang	beliebig

---

[1] Florian Söll und Gerd Haehnel stellen in ihrem Buch: Wir spielen mit unseren Schatten, Kallmeyer, 2001 eine interessante Parodie auf dieses Volkslied vor, das eventuell von den Mitarbeitern für die älteren Menschen zu Karneval oder einem ähnlichen Anlass vorgespielt werden könnte.

Liedtitel	Gestaltungsmöglichkeit	Anlass
Keinen Tropfen im Becher mehr	einstimmiger Gesang	z. B. Karneval
Komm, lieber Mai	einstimmiger Gesang	Jahreszeit (Frühling)
Kommt ein Vogel geflogen	einstimmiger Gesang	Jahreszeit (Frühling)
Lasst uns froh und munter sein	Wechselgesang	Nikolaus
Leise rieselt der Schnee	einstimmiger Gesang	Weihnachten
Lobe den Herren	einstimmiger Gesang	beliebig
Lobet und preiset	Kanon	beliebig
Macht hoch die Tür	einstimmiger Gesang	Advent
Mein Hut, der hat drei Ecken	Bewegungslied	z. B. Karneval
Muss i denn	Bewegungslied	Abschied
Nun ade, du mein lieb' Heimatland	einstimmiger Gesang	Abschied
Nun will der Lenz uns grüßen	einstimmiger Gesang	Jahreszeit (Frühling)
Nun wollen wir singen das Abendlied	einstimmiger Gesang	Tageszeit (Abend)
O du fröhliche	einstimmiger Gesang	Weihnachten
O du lieber Augustin	einstimmiger Gesang	beliebig
O hängt ihn auf	Wechselgesang	z. B. Karneval
O Tannenbaum	einstimmiger Gesang	Weihnachten
Sabinchen war ein Frauenzimmer	einstimmiger Gesang	beliebig
Sah ein Knab ein Röslein stehn	einstimmiger Gesang	beliebig
Schön ist die Jugend	einstimmiger Gesang	beliebig
Schön ist die Welt	einstimmiger Gesang	beliebig
Schwarzbraun ist die Haselnuss	einstimmiger Gesang	beliebig
Stille Nacht	einstimmiger Gesang	Weihnachten
Süßer die Glocken nie klingen	einstimmiger Gesang	Weihnachten
Trara, das tönt wie Jagdgesang	Kanon	beliebig
Üb immer Treu und Redlichkeit	einstimmiger Gesang	beliebig
Viel Glück und viel Segen	Kanon	Geburtstag
Wach auf mein Herz und singe	einstimmiger Gesang	Tageszeit (Morgen)
Wenn alle Brünnlein fließen	einstimmiger Gesang	beliebig
Wenn der Topp aber nun ein Loch hat	Wechselgesang	beliebig
Wenn ich ein Vöglein wär	einstimmiger Gesang	beliebig
Wer hat die schönsten Schäfchen	einstimmiger Gesang	Tageszeit (Abend)
Winter ade	einstimmiger Gesang	Jahreszeit (Winter)
Zu Bethlehem geboren	einstimmiger Gesang	Weihnachten
Zwischen Berg und tiefem, tiefem Tal	einstimmiger Gesang	beliebig

Liedbeispiel für den Wechselgesang zwischen zwei gleich großen Gruppen

„Wenn der Topp aber nun ein Loch hat"

Gruppe 1

1. *Wenn der Topp aber nun ein Loch hat, lieber Heinrich, lieber Heinrich*
2. *Womit soll ich's aber zustoppn', lieber Heinrich, ...*
3. *Wenn das Stroh aber nun zu lang ist, lieber ...*
4. *Womit soll ich's aber abhau'n lieber ...*
5. *Wenn das Beil aber nun zu stumpf ist, ...*
6. *Womit soll ich's aber scharf mach'n, lieber ...*
7. *Wenn der Stein aber nun zu trock'n ist, ...*
8. *Womit soll ich'n aber naß mach'n, lieber ...*
9. *Womit soll ich denn das Wasser holen, ...*
10. *Wenn der Topp aber nun'n Loch hat, ...*

Gruppe 2

Stopf es zu, liebe, liebe Liese, liebe Liese stopf es zu.

Mit Stroh, liebe, liebe Liese, liebe Liese mit Stroh.

Hau es ab, liebe, liebe Liese, liebe Liese hau es ab.

Mit dem Beil, liebe, liebe Liese, liebe Liese mit dem Beil.

Mach es scharf, liebe, liebe Liese, liebe Liese mach ...

Mit dem Stein, liebe, liebe Liese, liebe Liese mit dem Stein.

Mach ihn naß, liebe, liebe Liese, liebe Liese mach ihn naß.

Mit dem Wasser, liebe, liebe Liese, liebe Liese ...

Mit dem Topp, liebe, liebe Liese, liebe Liese mit dem Topp.

Laß es sein, dumme, dumme Liese, dumme Liese laß es sein.

(Volkslied um 1740)

Aufgaben

1. Wählen Sie ein geeignetes Lied aus der Liste und finden Sie in der Kleingruppe Bewegungen zu diesem Lied.

2. Stellen Sie das Bewegungslied dem Plenum vor.

Musik hören

Werden den älteren Menschen in Einrichtungen der Altenhilfe Musikstücke zum Hören angeboten, die sie in ihrer Kindheit und Jugend gerne gehört haben, so ruft dies eine Vielzahl von Erinnerungen wach. Deshalb ist es sehr wichtig, bei einem solchen Angebot den Musikgeschmack der einzelnen Bewohner zu berücksichtigen.

> *Merke!*
> *Musik, die sehr stark von den eigenen Musikvorlieben abweicht, kann Unwohlsein,*
> *Herzjagen, Schweißausbrüche, gesteigertes Schmerzempfinden und im schlimmsten*
> *Fall Aggressionen auslösen. Deshalb sollten ältere Menschen auf Pflegestationen nicht*
> *unüberlegt mit Radiomusik „berieselt" werden, denn vor unangenehmen Geräuschen*
> *und Klängen die Ohren zu verschließen, ist unmöglich.*

Welche Hörbeispiele eignen sich für das Musikhören?

Schlager und Tanzmusik, vor allem auch aus alten UFA- und Kinofilmen, werden von vielen älteren Menschen gerne gehört. Einige berühmte Schlagerstars der damaligen Zeit sind: Lale Andersen *(Lilli Marleen)*, Comedian Harmonists *(Mein kleiner grüner Kaktus)*, Marlene Dietrich *(Ich bin von Kopf bis Fuß auf Liebe eingestellt)*, Rudi Schuricke *(Für eine Nacht voller Seligkeit)*, Zarah Leander *(Kann denn Liebe Sünde sein)*.

Volks- und Marschmusik ist ebenfalls recht beliebt bei älteren Menschen, da diese früher bei jedem Volksfest, jeder Parade, jedem Umzug gespielt wurde.

Klassische Musik war nicht jedem in früheren Zeiten zugänglich, da diese sogenannte „Ernste Musik" eher in den gehobenen Schichten in Form von Konzertbesuchen oder Hausmusikabenden bekannt war. Durch die Verbreitung von Radio und Fernsehen wurden jedoch auch klassische Stücke populär und einer breiteren Gesellschaftsschicht zugänglich. Trotz dieser möglichen Unterschiede sollte nicht auf das Vorspielen klassischer Musikstücke verzichtet werden, denn durch geschicktes Hinführen zu neuen Musikstücken, kann auch diese Art von Musik positiv erlebt werden.

Opern werden aufgrund des häufig sehr anspruchsvollen Gesanges und dramatischen Inhaltes nicht von allen älteren Menschen bevorzugt und sollten deshalb nur einem interessierten Kreis angeboten werden. Die *Operette* hingegen ist bei vielen Senioren aufgrund ihres oft humorvollen Inhaltes, dem mitreißenden Rhythmus und der eingängigen Melodien recht beliebt.
(vgl. Dunkhorst, S. 102 f.)

Es hat sich in der Praxis bewährt, den Zuhörern einige Aufgaben vor dem Musikhören zu stellen, um ihre Aufmerksamkeit zu erhöhen. Mögliche Gesprächsimpulse:

- Wissen Sie, wer dieses Lied singt/ wer dieses Stück komponiert hat?
- Haben Sie diese Musik schon einmal gehört? Woran werden Sie durch diese Musik erinnert?
- Welche Instrumente hören Sie aus dem Stück heraus?
- Welche Erinnerungen/Bilder verbinden Sie mit dieser Musik?

Allgemeine Hinweise zur Vorbereitung und Begleitung des Musikhörens:

- *Beachten Sie die Hörfähigkeit der einzelnen Teilnehmer. Wählen Sie eine mittlere Lautstärke und setzen Sie schlechter hörende Teilnehmer in die Nähe der Musikquelle. Schwerhörigen können Sie einen Kopfhörer anbieten.*

- *Überfordern Sie die älteren Menschen nicht und spielen Sie vor allem bei unbekannten Musikstücken nur kurze Ausschnitte ein (ca. zwei bis drei Minuten).*

> - *Stellen Sie insbesondere bei klassischen Stücken immer kleine Höraufgaben (s. o.), um das konzentrierte Zuhören zu erleichtern.*
>
> - *Berücksichtigen Sie bei allen Musikangeboten immer die Wünsche der Teilnehmer.*
>
> - *Stimmen Sie Hintergrundmusik auf die Teilnehmer und den Anlass ab und achten Sie auch hier auf eine angemessene Lautstärke, die von allen als angenehm empfunden wird.*
> *(vgl. Harms/Dreischulte, 1998, S. 207 ff.)*

Aufgaben

1. Wählen Sie ein Musikstück zu einem der oben genannten geeigneten Hörbeispiele aus.

2. Finden Sie zwei oder drei Höraufgaben zu diesem Stück, um den älteren Menschen das konzentrierte Zuhören zu erleichtern.

Musik und Bewegung (Sitztänze)

Aufgrund der körperlichen Beeinträchtigungen vieler älterer Menschen fällt es ihnen häufig schwer, sich zu bewegen, wodurch Freude an der Bewegung kaum noch aufkommt. Hier hat Musik eine wesentliche Bedeutung. Ein eingängiger Rhythmus oder eine bekannte Melodie regt zu spontanen Bewegungen an und lässt die Einschränkungen und Schmerzen für einen kurzen Moment vergessen.
Verschiedene Bewegungsformen zur Musik können den Bewohnern von den verschiedenen Fachkräften angeboten werden. Hierzu zählen:

- Gymnastik zur Musik
- freies Bewegen zur Musik
- Tanzen

Während die ersten beiden Bewegungsformen einige Vorkenntnisse der Leitung voraussetzen, können leichtere Sitztänze beispielsweise auch von Sozialhelferinnen während einer Musikstunde angeboten werden.
Sitztänze werden aus bekannten Tanzformen abgeleitet und können so auch von Bewohnern mit körperlichen Einschränkungen durchgeführt werden, denen das Tanzen ansonsten zu schwerfallen würde.

Kriterien zur Auswahl und Durchführung eines Sitztanzes

- *Es wird ein möglichst beschwingtes Musikstück ausgewählt, das vielen Bewohnern bekannt ist.*

- *Jahreszeit und Stimmung sind mitentscheidend bei der Wahl eines geeigneten Musikstückes.*

- *Die Leitung sitzt so, dass sie von allen Teilnehmern gut gesehen wird.*

- *Das Musikstück wird vorab einmal vorgespielt, um die Bewohner mit Melodie, Rhythmus und Tempo vertraut zu machen.*

- *Je nach Musikstück und Gruppe gibt die Leitung den Bewohnern zunächst Gelegenheit, sich spontan zu der Musik zu bewegen, z. B. durch Mitklatschen, Schunkeln und Stampfen.*

- *Die Leitung beschränkt sich auf wenige verbale Erklärungen, macht Bewegungen vor und gibt dann den Einsatz zum gemeinsamen Probieren einer Tanzfolge.*

- *Bei einfachen Bewegungen wird gleich zur Musik geübt, Stücke, die aus mehreren Formteilen bestehen, werden zunächst „trocken" und getrennt eingeübt.*

- *Während des Tanzes macht die Leitung die Bewegungen mit, um allen Bewohnern eine Orientierung zu geben. Einsätze und Bewegungswechsel werden dabei immer rechtzeitig bekannt gegeben.*
(vgl. Harms/Dreischulte, 1998, S. 158 ff.)

Sitztanz „Jingle Bells" (Weihnachtslied aus Nordamerika)

Aufstellung: Die Bewohner sitzen sich paarweise in Stuhlreihen gegenüber

Tanzbeschreibung:

Teil A:
Die Partner fassen sich an die Hände und strecken im Rhythmus der Musik einmal den rechten und einmal den linken Arm aus (sägen).

Teil B:
Pro Takt wird einmal in die eigenen Hände und einmal an die Hände des Partners geklatscht.

Aufbau:

Form-teile	Vor-spiel	A	B	A	B	A	B
Takte	2	8	8	8	8	8	8

(vgl. Harms/Dreischulte, 1998, S. 186)

Aufgaben

1. Wählen Sie ein bekanntes Musikstück aus, das sich für eine Gruppe älterer Menschen eignet und entwickeln Sie einen einfachen Sitztanz.

2. Führen Sie den Sitztanz mit Ihren Mitschülern durch.

Beispiel für eine Musikstunde in einer Altenhilfeeinrichtung:

Musikstunde „Jetzt fängt das schöne Frühjahr an"

Begrüßung und Vorstellen des Themas: „Jetzt fängt das schöne Frühjahr an"

Lied singen: „Jetzt fängt das schöne Frühjahr an"

Musikhören: Antonio Vivaldi: Der Frühling, Allegro (Vier Jahreszeiten). Mögliche Impulse:
- Kennen Sie den Titel dieses Musikstückes?
- Woran denken Sie, wenn Sie diese Musik hören? Welche Bilder/Vorstellungen kommen Ihnen in den Sinn?
- Welche Instrumente hören Sie heraus?

Lied singen (Kanon): „Es tönen die Lieder"

Lied singen: „Alle Vögel sind schon da"

Musikhören: „Veronika, der Lenz ist da" (Comedian Harmonists). Mögliche Impulse:
- Haben Sie diesen Schlager früher schon einmal gehört?
- Kennen Sie diese Musikgruppe?
- Möchten Sie das Lied vielleicht mitsummen oder mitsingen?

Schluss ankündigen

Abschlusslied: „Ich bin das ganze Jahr vergnügt"

Verabschiedung und Frage nach Anregungen und Wünschen für die nächste Musikstunde

Mögliche Ergänzung: Lied singen: „Nun will der Lenz uns grüßen"

5 Angebote für an Demenz erkrankte Menschen

5.1 Die 10-Minuten-Aktivierung

Die 10-Minuten-Aktivierung ist eine sinnvolle Beschäftigungsmethode für an Demenz erkrankte Menschen in Heimen oder zu Hause. Sie wurden von der Aktivierungstherapeutin Ute Schmidt-Hackenberg entwickelt.

Die von Demenz betroffene Gruppe älterer Menschen ist oft nicht mehr in der Lage, an Beschäftigungen teilzunehmen, die Aufmerksamkeit über einen längeren Zeitraum verlangen. Daher wird versucht, Erinnerungen aus dem Langzeitgedächtnis „aufzurufen" und damit zu arbeiten.

Betreuer, die sich auf diese Weise mit an Demenz erkrankten Menschen beschäftigen, werden überrascht sein, welche „Noch-Möglichkeiten" vorhanden sind, um mit dieser Zielgruppe etwas gemeinsam zu tun oder ins Gespräch zu kommen.

Mithilfe geduldiger, einfühlsamer Gespräche können Informationen, die im Langzeitgedächtnis gespeichert sind, in Erinnerung gerufen werden.

- **Wie oft und wann sollte eine 10-Minuten-Aktivierung angeboten werden?**
  Übungen sollten regelmäßig, möglichst täglich, durchgeführt werden.
  Folgende Zeitpunkte haben sich bewährt:
  - Entweder morgens nach der Grundpflege oder
  - bevor das Mittagessen gereicht wird, werden Angebote durchgeführt, da dann alle Bewohner beteiligt werden können.

- **Welches sind die wichtigsten Voraussetzungen, um eine 10-Minuten-Aktivierung erfolgreich und kontinuierlich durchführen zu können?**
  - Die 10-Minuten-Aktivierung sollte als Selbstverständlichkeit von allen Mitarbeitern angesehen und mitgetragen werden.
  - Alle Betreuer sollten solch ein Angebot im Wechsel durchführen.
  - Die 10-Minuten-Aktivierung wird in den Dienstplan unter Angabe des Zeitpunktes der Aktivierung und der verantwortlichen Mitarbeiter eingetragen.

- Nachdem die 10-Minuten-Aktivierung auf einer Station eingeführt worden ist und Mitarbeiter und Angehörige Material für verschiedene Themen zusammengestellt haben, gibt es ein umfassendes Repertoire, auf das jederzeit zurückgegriffen werden kann. Das Material für das jeweilige Angebot wird dann in einem übersichtlichen und verschließbaren Schrank aufbewahrt.
- Gegenstände, die zu einer Aktivierungseinheit gehören, werden in einen möglichst knisternden Plastikbeutel gelegt. Das Knistern weckt die Neugierde der Bewohner. Dieser Aktivierungsbeutel befindet sich in einem beschrifteten Schuhkarton griffbereit im Schrank.
- In diesem Karton liegt auch ein Anleitungsbogen, sodass der jeweilige Betreuer sofort mit der Aktivierung beginnen kann, ohne sich noch lange vorbereiten zu müssen. Er nimmt einfach den mit Gegenständen gefüllten Beutel, die in der Vergangenheit für die Bewohner bedeutsam waren, mit in die Gruppe und fängt mit den Übungen an.

▪ **Welche Aktivierungseinheiten bieten sich an? Wie sollte die einzelne 10-Minuten-Aktivierung aufgebaut sein?**

Folgende Gegenstände können als Aktivierungseinheiten dienen:

- Knöpfe   – Wolle und Garne
- Küchengeräte   – Nähutensilien
- Handwerkszeug   – Tücher
- Murmeln   – Uhren

Der Inhalt des Beutels wird ausgepackt und der Betreuer beginnt die Einheit mit einem Gespräch oder einer kleinen Unterhaltung über die Gegenstände. Diese regen die älteren Menschen zum Reden oder auch nur zum Betrachten an.

Es schließen sich kleinere körperaktivierende Übungen an. Diese werden bewusst hinzugenommen, weil bewiesen ist, dass Bewegung wichtig für die Tätigkeit des Gehirns ist.

Den Abschluss bildet der Übergang zum Mittagessen oder ähnlichen Vorhaben. Der Betreuer bringt den Beutel und den Anleitungsbogen zurück in den Schrank.
(vgl. Schmidt-Hackenberg, 1996, S. 17–39)

Beispiel einer 10-Minuten-Aktivierung zum Thema „Murmeln"

1. **Gespräch über Murmeln**
   - Durch das knisternde Säckchen und das Klackern der aneinanderschlagenden Murmeln wird die Aufmerksamkeit der Bewohner geweckt. Einige Murmeln scheinen durch den leicht durchsichtigen Plastikbeutel hindurch.
   - Der Inhalt wird auf ein Tuch gelegt. Jeder Bewohner wählt eine Murmel aus. Mögliche Gesprächsimpulse:
     - Wie heißen die kleinen Kugeln? Welche unterschiedlichen Namen kennen wir? (Murmeln, Knicker, Klucker, Schusser, Picker usw.)
     - Aus welchem Material sind sie? (Glas, Ton)
     - Welche finde ich besonders schön?

   Das Gespräch kann dann auf frühere Erlebnisse gelenkt werden wie beispielsweise: „So habe ich mit Murmeln gespielt", „Ich hatte früher auch anderes Spielzeug ", „Ich habe am liebsten draußen/drinnen gespielt ...", „Meine Spielkameraden waren ..."

1. **Körperaktivierende Übungen mit Murmeln**
   Folgende Übungen können mit den Murmeln durchgeführt werden:

   - eine Murmel von der einen Hand in die andere geben
   - dem Nachbarn eine Murmel geben, seine Murmel annehmen
   - Murmeln nach Größe sortiert auf das Tuch legen
   - ein Muster mit mehreren Murmeln legen
   - gemeinsam einen Murmelkreis legen
   - Murmeln zu einem bestimmten Ziel rollen
   - Murmel auf dem Handrücken zum Nachbarn weiterreichen

   - immer eine große und eine kleine Murmel nebeneinanderlegen lassen
   - zwei Murmeln leicht aneinanderschlagen und so einen Rhythmus klopfen

> **Merke!**
> *Die Gegenstände für eine Aktivierungseinheit müssen immer so ausgewählt werden, dass sie in Bezug stehen zu den früheren Interessen und Erlebnissen der Bewohner.*

5.2 Biografiearbeit

Jeder Mensch hat eine bestimmte Lebensgeschichte, die geprägt ist von Erlebnissen seiner **Kindheit**, der **geschichtlichen Epoche**, in der er aufgewachsen ist und der **Verarbeitung seiner positiven und negativen Lebenserfahrungen**.

Über die Lebensgeschichte ins Gespräch zu kommen, geschieht in unterschiedlichsten Situationen wie beispielsweise bei einem Klassentreffen nach 25 Jahren, auf der Parkbank oder bei Jubiläumsfeiern. Ganz plötzlich werden Erinnerungen an längst vergangene Zeiten geweckt und alle Beteiligten tauschen sich darüber aus.

In der Altenpflege wird diese im Alltag erworbene Fähigkeit des Erzählens über sich und seine Geschichte in der sogenannten **Biografiearbeit** aufgegriffen (vgl. Blimlinger, 1996, S. 57).

> *Merke!*
> *Biografiearbeit ist Erinnerungsarbeit. In kleinen Gruppen tauschen ältere Menschen frühere Erlebnisse aus. Es handelt sich bei der Erinnerungsarbeit um eine geplante Tätigkeit, die im organisierten Rahmen stattfindet und meist von einer sozialpädagogischen Fachkraft geleitet wird. (vgl. Köther, 2005, S. 274)*

Bedeutung der Biografiearbeit in der Altenpflege

- Biografiearbeit leistet insbesondere einen wertvollen Beitrag für die Arbeit mit an Demenz erkrankten Menschen, denn diese Gruppe älterer Menschen lebt emotional in einer früheren Zeit.
- Durch das Kennenlernen der Lebensgeschichte eines Bewohners können die in der Altenpflege Tätigen Verhaltensweisen, Eigenarten und Einstellungen des älteren Menschen besser verstehen und einordnen.
- Biografiearbeit kann helfen, schwierige Lebenssituationen zu verarbeiten und mit dem Frieden zu schließen, was bisher unverarbeitet geblieben ist. Der ältere Mensch wird ermutigt, alte gute Erfahrungen in der Erinnerung aufzufrischen und schlechte zu akzeptieren.
- Es werden Kräfte im Menschen mobilisiert, denn durch das Sprechen über Vergangenes erlebt sich der Bewohner noch einmal als der aktive Mensch, der er einmal war und gibt sich weniger passiv.
- Die verkrampfte Konzentration auf Sorgen und Probleme, die das Älterwerden mit sich bringt, kann sich lösen und es öffnet sich der Blick für andere Dinge.

So wirkt sich Biografiearbeit immer förderlich auf das Selbstwertgefühl und die Selbst-achtung des Menschen aus, wenn er merkt, dass er mit seiner individuellen Lebens-geschichte akzeptiert und geschätzt wird.

(vgl. Blimlinger, 1996, S. 86 f.)

Vorbereitung, Durchführung und Methoden der Biografiearbeit

Wichtige Voraussetzungen zur Durchführung der Erinnerungsarbeit sind Kenntnisse über einige **Lebensdaten** der Teilnehmer wie Geburtstag, früherer Beruf, Familie, Inter-essen, politische Aktivitäten sowie bedeutende **historische Daten** aus der Generation der älteren Menschen.

Damit die individuellen Daten der älteren Menschen geschichtlich einzuordnen sind, hat es sich bewährt, eine Zeitleiste zur Hand zu haben, die Angaben über die wichtigsten historischen Ereignisse enthält:

Jahr	Ereignis	Alter eines 1927 geborenen Menschen	Alter eines 1932 geborenen Menschen
1914–1918	Erster Weltkrieg, Deutschland und Österreich kämpfen gegen Russland, Frankreich und Großbritannien; Ende des Kaiserreiches	–	–
1919–1933	Weimarer Republik. Die ersten Jahre sind gekenn-zeichnet durch Inflation, soziale Unruhen und Umsturzversuche rechts- und linksradikaler Gruppen.	1–6 Jahre	1–2 Jahre
1929	Weltwirtschaftskrise, viele Familien verlieren ihren Besitz. Es herrscht Massenarbeitslosigkeit.	2 Jahre	–
1933	Machtübernahme durch die NSDAP, Kinder werden Mitglieder von Jugendgruppen (BDM = Bund deutscher Mädchen und HJ= Hitlerjugend), Jugendliche müssen Arbeitsdienst leisten.	6 Jahre	1 Jahr
1935	Nürnberger Gesetze werden erlassen, welche die Vernichtung der Juden, Sinti ... legalisieren (Rassengesetze).	8 Jahre	3 Jahre
1939–1945	Zweiter Weltkrieg. Kinder sehen ihre Väter nur auf kurzen Fronturlauben, da Männer als Soldaten eingezogen werden. In Schulen unterrichten nur noch Lehrerinnen und Lehrer mit Behinderungen. Lebensmittel und Kleidung werden rationiert.	12–18 Jahre	7–13 Jahre
1940–1945	Bombenangriffe auf viele deutsche Städte, Frauen mit Kindern werden in ländliche Gebiete umgesie-delt, die zum Teil weit von ihrem Heimatort entfernt liegen.		
1944	Die Rote Armee rückt vor, die Ostfront (Russland) verschiebt sich nach Westen; die Menschen fliehen mit ihrem transportablen Hab und Gut aus den deutschen Ostgebieten (Ostpreußen, Westpreu-ßen, Pommern, Schlesien). Durch die ostdeut-schen Städte ziehen die Trecks der Flüchtlinge.		

Jahr	Ereignis	Alter eines 1927 geborenen Menschen	Alter eines 1932 geborenen Menschen
1945	Bedingungslose Kapitulation, Ende des Dritten Reiches, Alliierte Truppen der USA, Sowjetunion, Großbritanniens und Frankreichs befreien Deutschland. Berlin wird in vier Besatzungszonen eingeteilt. Die Menschen in West- und Mitteldeutschland rücken zusammen, um Wohnungen für Flüchtlinge freizumachen. Es gibt weiterhin Lebensmittel und Bekleidung nur auf Marken. In den Städten wird zum Teil gehungert. Die Menschen versuchen, in den Dörfern verbliebene Habseligkeiten gegen Lebensmittel einzutauschen.		
1948	Währungsreform: Umstellung der Reichsmark auf Deutsche Mark; man kann wieder etwas kaufen für sein Geld. Danach das „Wirtschaftswunder" – der unerwartet schnelle wirtschaftliche Aufschwung in Westdeutschland.	21 Jahre	16 Jahre
1949	Provisorische Verfassung „Grundgesetz" in Westdeutschland. Bildung der Regierung Grotewohls in der DDR. Berlin wird Hauptstadt der DDR. Bonn wird provisorische Hauptstadt der BRD.	22 Jahre	17 Jahre
1949–1963	Konrad Adenauer (CDU) amtiert als Bundeskanzler.	22–36 Jahre	17–31 Jahre
1953	Aufstand in der DDR: Der Protest der Bauarbeiter gegen die Steigerung der Arbeitsleistung wird zu einem landesweiten Aufstand für Freiheit und deutsche Einheit, den das sowjetische Militär niederschlägt.	26 Jahre	21 Jahre
1961	Bau der Berliner Mauer. Kontakte zwischen beiden deutschen Staaten gibt es nur auf niederer Ebene. Die Führung der DDR betreibt eine Politik starker „Abgrenzung" gegenüber der BRD, um bei den Bürgern keine Hoffnung auf Wiedervereinigung aufkommen zu lassen.	34 Jahre	29 Jahre
1963–1965	Ludwig Erhard (CDU) amtiert als Bundeskanzler.	36–38 Jahre	31–33 Jahre
1966–1969	Kurt Georg Kiesinger (CDU) amtiert als Bundes-kanzler.		
ab 1967	Außerparlamentarische Opposition in der Bundesrepublik (APO), Studentenunruhen, gesellschaftliche Gegebenheiten werden kritisiert und überdacht.	40 Jahre	35 Jahre
1969	Sozialliberale Koalition von SPD und FDP.	42 Jahre	37 Jahre
1969–1974	Willy Brandt (SPD) amtiert als Bundeskanzler.	42–47 Jahre	37–42 Jahre
1973	Aufnahme der BRD und DDR in die UNO.	46 Jahre	41 Jahre
1974	Rücktritt Willy Brandts nach der sogenannten „Guillaume-Affäre", neuer Bundeskanzler wird Helmut Schmidt (SPD).	47 Jahre	42 Jahre

Jahr	Ereignis	Alter eines 1927 geborenen Menschen	Alter eines 1932 geborenen Menschen
1976	Erich Honecker (SED) wird Staatsratsvorsitzender der DDR.	49 Jahre	44 Jahre
1982	Beendigung der sozialliberalen Koalition, Helmut Kohl (CDU) wird Bundeskanzler.	55 Jahre	50 Jahre
1989	Fall der Berliner Mauer; viele Menschen reisen an Orte, an denen sie ihre Kindheit und Jugend verbracht haben.	62 Jahre	57 Jahre
1990	Am 3. Oktober erfolgt die offizielle Wiedervereinigung beider deutscher Staaten.	63 Jahre	58 Jahre
1998–2005	Gerhard Schroder (SPD) amtiert als Bundeskanzler.	71–78 Jahre	66–73 Jahre
1999	Umzug des Bundestages von Bonn nach Berlin.	72 Jahre	67 Jahre
2002	Die Währungseinheit Euro wird zum 1.01.2002 in den Ländern der Europäischen Wirtschafts- und Währungsunion in Umlauf gebracht.	75 Jahre	70 Jahre
22.11.2005	Angela Merkel (CDU) wird Bundeskanzlerin.	78 Jahre	73 Jahre

(vgl. Köther, 2005, S. 272; Bertelsmann Universal Lexikon, 2002, S.192 f.)

Bericht eines 80-jährigen Mannes:

„Im Mai 1931 wurden mein Zwillingsbruder und ich in einer Provinzstadt in Westfalen geboren. 1937 erfolgte unsere Einschulung und wir besuchten die damalige Volksschule. Nach fünf Jahren wechselten wir zum Gymnasium über. Für die weiterführenden Schulen musste Schulgeld entrichtet werden, sodass meine Eltern zu diesem Zeitpunkt eine zusätzliche finanzielle Belastung hatten, die ca. 15–20 % des Einkommens meines Vaters betrug.

1944 wurde die Schule „wegen Feindeinwirkung", so nannte man das damals, geschlossen. Wie es vielleicht jedem bekannt ist, begann der Unterricht am Morgen mit dem Hitlergruß vonseiten der Schüler und auch der Lehrer. Das war verpflichtend.

Ich kann mich noch gut an unseren Religionslehrer erinnern, der seinen Arm zwar kurz anhob, dann jedoch sofort ein Kreuzzeichen nachschickte.

Pflichten, die wir schon in diesen jungen Jahren wahrnehmen mussten, war die Teilnahme an den Gruppenstunden der Hitlerjugend an jedem Mittwoch- und Samstagnachmittag für drei Stunden. Hier wurde uns systematisch die Ideologie des Dritten Reiches „eingeimpft" und das in Form von theoretischem Unterricht, Aufmärschen durch die Stadt und sportlicher Ertüchtigung zur Vorbereitung auf den Kriegsdienst.

Oft schockiert war ich in dieser Zeit über die Art und Weise, wie Todesanzeigen von jungen Menschen formuliert wurden. Beispielsweise erinnere ich mich gut an die Anzeige für einen gerade achtzehnjährigen Soldaten, in der es hieß: „Er starb für seinen so heiß geliebten Führer, in stolzer Trauer die Eltern."

Mein Vater kam im Mai 1944 im Alter von 48 Jahren durch einen Bombenangriff zu Tode. So wurde meine Mutter bereits sehr früh Witwe und musste mit einer sehr geringen Rente ihre Familie unterhalten. Erschwerend kam dann noch hinzu, dass wir im Herbst desselben Jahres durch einen Bombenangriff unsere Wohnung und fast unser gesamtes Hab und Gut verloren.

Zunächst bekamen wir lediglich ein kleines Zimmer zugewiesen. Mein Bruder und ich mussten nachts in dem ehemaligen Taubenschlag übernachten, bis das Wohnungsamt veranlasste, dass die Familie unter uns ein Zimmer abtreten musste.

In diesen Verhältnissen lebten wir ca. zwei Jahre. Nach Kriegsende bekamen wir dann die gesamte Dreizimmerwohnung. Unsere Schulausbildung konnten wir leider nicht wieder aufnehmen, weil wir zum Unterhalt der Familie beitragen mussten. So begannen wir beide eine Lehre, mein Bruder im handwerklichen und ich im kaufmännischen Bereich.

Nach Abschluss meiner Lehre im Jahre 1948 bekam ich mein erstes Gehalt in DM ausgezahlt. Es ging also langsam bergauf, die wirtschaftlichen Verhältnisse besserten sich und meine Einkommenssituation durch stetigen Einsatz und Weiterbildungen ebenfalls.

Meine zukünftige Frau lernte ich 1956 kennen, geheiratet haben wir dann im Jahre 1961. In diesem Jahr begann auch mein weiterer beruflicher Aufstieg.

Zuerst wurde unsere Tochter geboren und sechs Jahre später kam unser Sohn zur Welt.

Wenige Zeit später konnten meine Frau und ich unseren lang gehegten Wunsch nach einem großzügigen Eigenheim verwirklichen.

Hier wohnen wir noch heute und im Rückblick auf die schwere Kriegs- und Nachkriegszeit genießen wir unser Leben voller Dankbarkeit, freuen uns über den beruflichen Erfolg unserer Kinder und das Geschenk zweier gesunder Enkelkinder."

(von der Autorin notiert)

Aufgaben

1. Welche geschichtlichen Daten sind von besonderem Interesse, wenn Sie mit einem Bewohner im gleichen Alter dieses Mannes biografisch arbeiten möchten?

2. Informieren Sie sich mithilfe von Fachbüchern (z. B. Geschichtsbüchern) über die beschriebenen geschichtlichen Zeitabschnitte.

Anregung

Laden Sie einen Mitarbeiter einer Altenpflegeeinrichtung ein, der Ihnen Tipps zum Umgang mit Bewohnern geben kann, welche die Zeit des Nationalsozialismus verherrlichen oder rassistische oder antisemitische Äußerungen von sich geben.

Ist diese Art der Vorbereitung abgeschlossen, wird ein **biografieorientiertes Thema** ausgewählt wie beispielsweise Kindheit, Schule, Heirat, Berufsleben. Hierzu werden passende Fragen und Stichworte überlegt und benötigte Materialien bereitgestellt.

Anmerkung:
Die ersten Treffen in einer Gruppe sollten nicht beim Persönlichen beginnen, hier sollten vielmehr allgemeine oder zeitgeschichtliche Themen gewählt werden, zu denen jeder etwas zu sagen hat, ohne dass er zu viel Privates erzählen muss, wie z. B. Erinnerungen an Haustiere, die Ernährung in Notzeiten usw.

Als **organisatorische Vorbereitungen** werden Zeit und Ort festgelegt und die Bewohner zur Teilnahme motiviert. Der Raum wird so vorbereitet, dass alle Teilnehmer Blickkontakt miteinander haben (z. B. Sitzkreis). Es wird darum gebeten, dass während der Biografiearbeit Störungen von außen unterbleiben. Getränke und andere kleine Erfrischungen werden angeboten.

Zu **Beginn** der Gruppenstunde werden die Bewohner begrüßt und, wenn sie wünschen, werden auch einige Minuten für Gespräche zugelassen. Ein bestimmtes Ritual kündigt das Ende einer jeden Gruppenstunde an und die Gruppe weiß, dass die Erinnerungsarbeit für diesen Tag abgeschlossen ist. Hier bieten sich verschiedene Möglichkeiten an, sei es ein gemeinsam gesungenes Lied, ein Kaffeetrinken oder ein Gedicht.
(vgl. Köther, 2005, S. 274)

Für **die Durchführung** einer Biografiestunde gibt es zahlreiche methodische Möglichkeiten, die von Gruppenstunde zu Gruppenstunde variieren sollten, damit die Bewohner durch den Abwechslungsreichtum motiviert werden, an möglichst vielen Stunden teilzunehmen. Hier einige Beispiele:

Die ELTERNHAUS-Methode

Anzahl der Teilnehmer:	3–8 Teilnehmer
Dauer:	20–30 Minuten
Ort:	Aufenthaltsraum
Material:	einzelne Buchstaben des Wortes „Elternhaus" auf DIN-A4-Bögen, vorbereitete Fragen

Alle Teilnehmer sitzen am Gruppentisch, auf welchem sich vermischt die einzelnen Buchstaben des Wortes „Elternhaus" auf Pappbögen befinden. Die Leitung bittet die Teilnehmer, das Wort zusammenzusetzen und beginnt dann mit Fragen zu den einzelnen Buchstaben:

E: Wo haben Sie früher **EINKÄUFE** erledigt?
L: Was war Ihr **LIEBLINGSESSEN**? Wer hat es gekocht?
T: Hatten Sie **TIERE**? Welche waren das? Wer hat die Tiere versorgt?
E: Wer war für Ihre **ERZIEHUNG** zuständig? Was hat man von Ihnen als Kind erwartet? Erinnern Sie sich noch an bestimmte Verbote, Strafen?
R: An welche **REISEN** können Sie sich erinnern? Sind Sie gerne verreist?
N: Wer hat Ihren **NAMEN** bestimmt? Was verbinden Sie mit Ihrem Namen?
H: Welche Vorstellungen von **HYGIENE** haben Sie in Ihrer Kindheit erlebt? Wann und wo wurde z. B. damals gebadet?
A: Wo befand sich Ihr **ARBEITSPLATZ**?
U: Welchen **UNFUG** haben Sie oder Kinder, mit denen Sie befreundet oder verwandt waren, angestellt?
S: Welche **SCHULEN** haben Sie besucht? Welche **SPIELE** haben Sie gespielt?
(vgl. Joppig, 2009, S. 82)

Brettspiel: Lebensereignisse

Anzahl der Teilnehmer:	3–6 Spieler pro Gruppe
Spieldauer:	bis zu 2 Stunden
Spielort:	Gruppenraum
Material:	kleine Kärtchen, ein Stift für jeden Teilnehmer, Würfel, Spielpüppchen, Tischplatte als Spielfeld

Zunächst werden Gruppen von 3–6 Teilnehmern gebildet. Jeder Teilnehmer erhält einen Stift und kleine Kärtchen. Jeder Einzelne notiert einige bedeutsame Lebensereignisse (auf jedes Kärtchen ein Ereignis), an die er gerne zurückdenkt oder auch solche, die er am liebsten vergessen würde.

Dann legt die Gruppe alle Kärtchen der Teilnehmer zu einem Kreis oder einer Spirale zusammen, wie man es von fertigen Brettspielen kennt.

Ein Spieler beginnt zu würfeln und kommt mit dem Spielpüppchen auf eine Karte. Er nimmt Stellung zu dem beschriebenen Ereignis, indem er es aus seiner Sicht erzählt und versucht, die anderen in das Gespräch einzubeziehen. Anschließend wird die Karte aus dem Spiel genommen.

Das Spiel kann abgebrochen werden, wenn alle Spieler am Ende des Spielweges angelangt sind oder auch schon früher. Dies ist vom Interesse und der Konzentrationsfähigkeit aller Teilnehmer abhängig.

(Becker, 2005, S. 24)

Über Kinderfotos ins Gespräch kommen

Anzahl der Teilnehmer:	ab 8
Dauer:	ca. 20 Minuten
Ort:	Aufenthaltsraum
Material:	jeweils ein Kinderfoto eines jeden Teilnehmers

Alle sitzen im Kreis und haben einen Umschlag mit einem Kinderfoto von sich in der Hand. Die Leitung sammelt alle Fotos ein, dann werden sie wieder neu verteilt. Jeder öffnet den Umschlag schaut sich das Foto genau an und versucht, es dem Eigentümer zuzuordnen, wobei die anderen auch mitraten dürfen.

Hat jeder sein Foto zurückerhalten, wird in der Runde über die eigene Kindheit gesprochen. *(vgl. Baer, 1995, S. 209)*

Die Leitung kann zu den Fotos auch gezielte Fragen stellen, wie z. B.:

- Wie alt waren Sie, als dieses Foto gemacht wurde?

- Was haben Sie in diesem Alter gerne gespielt?

- Haben Sie lieber allein oder mit anderen Kindern gespielt?

- Erinnern Sie sich noch an bestimmte Spiele?

- Was war Ihr Lieblingsspielzeug?

- Welche Schule haben Sie damals besucht?

- An welches Erlebnis in der Schule können Sie sich noch gut erinnern?

Biografisch orientierte Haltung im Pflegealltag

Neben dieser geplanten Erinnerungsarbeit, bei der Sozialhelfer unterstützend tätig werden können, sollten alle in der Altenhilfe Tätigen im täglichen pflegerischen Umgang mit den älteren Menschen Interesse an deren Lebensgeschichte zeigen. Mit einer das gelebte Leben würdigenden Haltung können sich die unterschiedlichen Fachkräfte der Lebensgeschichte des älteren Menschen zuwenden.

So sehen die Pflegekräfte Gegenstände, die dem Bewohner wichtig sind und ihn umgeben, sie nehmen seine Sprache, die Art sich auszudrücken und sein Verhalten wahr und finden dadurch Anknüpfungspunkte zu einem Gespräch über frühere Erlebnisse.

Stereotype Fragen wie z.B. „Haben Sie gut geschlafen?" können ein solches Gespräch einleiten.
Nach dieser Frage kann die Pflegekraft oder Betreuerin, die sich bewusst in dem Zimmer umschaut, versuchen, behutsam über Erlebnisse, frühere Interessen und Neigungen mit dem älteren Menschen zu sprechen. Hier einige Anknüpfungspunkte:

Erster Schultag eines Jungen im Jahre 1937

- *Ein Foto:* „Haben Sie hier gewohnt?" „Ist das Ihr Hund?" „Hatten Sie noch andere Haustiere?"
- *Ein Schmuckstück:* „Ist das ein Erbstück von Ihrer Großmutter?" „Waren Sie häufig bei ihr zu Besuch?"
- *Ein Sofakissen:* „Haben Sie das Kissen selbst bestickt?" „Haben Sie gerne Handarbeiten gemacht?"

(vgl. Köther, 2005, S. 277)

Aufgaben

1.   Sammeln Sie weitere Beispiele für Gegenstände und/oder Verhaltensweisen, die Anknüpfungspunkte für Gespräche über das frühere Leben eines älteren Menschen bieten.

2.   Formulieren Sie zu jedem Ihrer Beispiele ein bis zwei Fragen als Gesprächsimpuls.

6   Angebote bei Bettlägerigkeit

Die in den vorherigen Kapiteln vorgestellten Angebote können zum Teil auch in Einzelarbeit mit bettlägerigen älteren Menschen durchgeführt werden.
Einzelne Elemente oder umfassende Angebote aus folgenden Bereichen bieten Fachkräfte oder auch Sozialhelferinnen den älteren Menschen an, die vorübergehend oder auch längere Zeit das Bett nicht verlassen können:

Gedächtnistraining

Für den einzelnen, bettlägerigen älteren Menschen kann eine thematische Gedächtnis-
trainingstunde mit folgenden Übungen vorbereitet werden:

- Ergänzen von Sprichwörtern und Redewendungen
- Aufgaben nach dem ABC
- Anagramm
- Wortgerüst
- Worttreppe
- Rätsel

Hinführungen in Form eines Liedes, Assoziationsübungen oder Reihumspiele eignen sich
hier nicht so gut, da diese nur im geschützten Raum der Gruppe Spaß und Freude bereiten.
Als Einzelbeschäftigung erinnern sie eher in negativer Weise an schulisches Lernen.
Bewegungsübungen sind aufgrund der mit der Bettlägerigkeit verbundenen Unbeweg-
lichkeit ebenfalls nicht möglich.

Feste und Feiern

Auch wenn der bettlägerige ältere Mensch nicht an dem eigentlichen Fest oder der Feier
teilnehmen kann, kann er sich, wenn er möchte, an einigen Vorbereitungen beteiligen.
Betreuungskräfte werden behutsam in Erfahrung bringen, ob sich einzelne bettlägerige
Bewohner im Rahmen ihrer Möglichkeiten interessiert zeigen, Einladungskarten oder
Dekorationsstücke für eine Feier mitzugestalten.
Vielleicht besteht an dem Festtag auch die Möglichkeit, durch die geöffnete Tür ein we-
nig am Festgeschehen teilzuhaben?

Spielen

Tischspiele wie Karten- oder Brettspiele, Würfelspiele und Geduldsspiele sowie Wort-,
Gedächtnis- oder Ratespiele, lassen sich mit einigen bettlägerigen älteren Menschen gut
durchführen, da für diese Spiele häufig zwei Mitspieler genügen. Zudem wird nicht viel
Platz benötigt. Ein kleiner Betttisch reicht völlig aus.
Beispiele können dem Kapitel 4.3 entnommen werden. Zudem können gelegentlich
auch Spielvorschläge für kranke Kinder, eventuell leicht verändert, übernommen werden (siehe hierzu Spielvorschläge in Kapitel II, 3.5).

Hier noch ein Vorschlag für ein Kartenspiel, das sich recht schnell und einfach selbst
herstellen lässt und in verschiedenen Variationen gespielt werden kann:

Kartenspiel mit Buchstaben

Anzahl der Mitspieler:	ab 2 Spieler
Spieldauer:	ca. 20 Minuten
Spielort:	im Raum an einem Tisch
Material:	52 ausgeschnittene quadratische Kärtchen, auf denen jeweils ein Buchstabe steht (d. h., das Alphabet wird zweimal aufgeschrieben)

1. Spielmöglichkeit: Suche nach Doppelwörtern

Alle Kärtchen liegen verdeckt auf dem Betttisch. Nacheinander decken die beiden Spieler
jeweils zwei Kärtchen auf und bilden aus den Buchstaben ein Wort aus zwei zusammengesetzten Hauptwörtern, z. B.: **W** und **T** = **W**achstuch, **B** und **B** = **B**erufsberatung usw.
Gelingt dies dem Spieler, der an der Reihe ist, darf er die beiden Kärtchen behalten. Sieger
ist, wer zum Schluss die meisten Kärtchen gesammelt hat.

2. Spielmöglichkeit: Suche nach Tieren, Namen, Berufen, Städten ...

Alle Kärtchen liegen verdeckt auf dem Betttisch. Nacheinander decken die beiden Spieler jeweils nur ein Kärtchen auf und suchen nach Tieren, Namen, Berufen, Städten usw., die mit diesem Buchstaben beginnen.
Gelingt dies dem Spieler, der an der Reihe ist, darf er die beiden Kärtchen behalten. Sieger ist, wer zum Schluss die meisten Kärtchen gesammelt hat.
(vgl. Evers, 1994, S. 57)

Die 10-Minuten-Aktivierung

Dieses Angebot ist sehr gut für die Beschäftigung bei Bettlägerigkeit geeignet. In einem Gespräch mit dem älteren Menschen kann sich der jeweilige Betreuer nach den früheren Interessen und Erlebnissen des Bewohners erkundigen und einen entsprechenden Aktivierungsbeutel vorbereiten.
Leichtere körperaktivierende Übungen sind sicherlich auch im Bett möglich. Hier sollten jedoch die Vorschläge auf dem Anleitungsbogen entsprechend der Situation etwas verändert oder einige Übungen ausgelassen werden. (siehe hierzu Vorschläge in Kapitel 5.1).

Hier noch ein weiteres Beispiel einer 10-Minuten-Aktivierung zum Thema „Knöpfe", die sich mit bettlägerigen Menschen durchführen lässt:

1. **Gespräch über Knöpfe**
   - Die Bewohnerin kann durch das durchsichtige Säckchen einige Knöpfe erkennen, sodass ihre Aufmerksamkeit geweckt wird.
   - Die Knöpfe werden auf das Betttischchen gelegt und es wird ein Gespräch über den Inhalt des Beutels geführt:
   - Wie heißen die einzelnen Knöpfe? (Druckknöpfe, Mangelknöpfe, Hirschhornknöpfe, Glasknöpfe, Hornknöpfe, Knebelknöpfe)
   - Für welche Kleidungs- oder Wäschestücke wurden welche Knöpfe verwendet? (Druckknöpfe für Hosen, Blusen, Kleider ..., Mangelknöpfe für Bettwäsche, Hirschhornknöpfe für Trachtenmoden usw.)
   - Welche Knöpfe gibt es heute eher seltener?
   - Wie stelle ich mir die Kleidungs- und Wäschestücke vor, an denen sich diese Knöpfe befunden haben?
   Dann kann das Gespräch auf früher gelenkt und der Bewohner mit gezielten Fragen zum Erzählen eigener Erlebnisse angeregt werden wie beispielsweise: „Welche Kleidungs- und Wäschestücke habe ich selbst besessen?", „Wo habe ich früher Knöpfe gekauft?", „Habe ich selbst genäht?" usw.

2. **Leichte körperaktivierende Übungen mit Knöpfen:**
   - die Knöpfe auf dem Betttischchen der Größe nach sortieren
   - den schönsten Knopf heraussuchen, ihn auf ein Stück Stoff nähen, um ihn behalten zu können

Biografiearbeit

In Ansätzen kann auch mit Bewohnern, die das Bett nicht verlassen können, biografisch gearbeitet werden. Insbesondere sollten alle in der Altenhilfe Tätigen im täglichen Umgang mit den älteren Menschen Interesse an deren Lebensgeschichte zeigen, indem sie eine sogenannte „biografische Haltung" in ihrem alltäglichen Pflegealltag als selbstverständlich und dazugehörig erachten.

Werken und Gestalten

Es gibt einige werktechnische Angebote, die aufgrund des geringen Materialaufwandes durchaus am Betttisch durchgeführt werden können und bei denen trotzdem schöne Ergebnisse erzielt werden. Hierzu zählen:

- einfache Papierarbeiten, wie z. B. Falttechniken
- Arbeiten mit Wolle und Garnen, wie z. B. Stricken, Häkeln und Weben
- Malen mit Wachsmalstiften oder Zeichnen mit Bleistift und Buntstiften
- Arbeiten mit Zauberwolle
- einfache Flechtarbeiten

Abschließend werden noch einige Hinweise gegeben, die es bei der Durchführung von Angeboten mit bettlägerigen Bewohnern zu beachten gilt:

Hinweise zur Durchführung von Angeboten bei Bettlägerigkeit

1. Beobachten Sie den älteren Menschen bei allen Angeboten sehr genau, um feststellen zu können, ob die Werktechnik ihm auch wirklich Freude bereitet.

2. Überprüfen Sie, ob sich das Bett in richtiger Sitzposition befindet, der Betttisch richtig eingestellt wurde und der ältere Mensch durch Stützrollen eine bequeme, entspannte Sitzposition einnehmen kann.

3. Halten Sie für bestimmte Arbeiten, wie z. B. Klebearbeiten, immer ein Abdecktuch bereit, um die Bettwäsche nicht zu beschmutzen.

4. Für Arbeiten wie Weben, Sticken usw., die im Bett durchgeführt werden, achten Sie darauf, dass der ältere Mensch Stützen für den Rahmen erhält, die den Druck auf die Oberschenkel verhindern.

(vgl. Michalke, 2001, S. 570)

Aufgaben

1. Wählen Sie aus den vorgestellten werktechnischen Bereichen ein Angebot aus, das ihnen selbst Freude bereiten könnte, und probieren Sie es zu Hause in Ihrem eigenen Bett aus.

2. Stellen Sie Ihr Werk in der Kleingruppe vor und berichten Sie über Ihre Erfahrungen beim Herstellungsprozess:
   - Wie habe ich mir das Sitzen im Bett erleichtert?
   - Welche Hilfsmittel habe ich benötigt?
   - Hat mir die Arbeit trotz der ungewöhnlichen Haltung Freude bereitet?
   - Hatte ich am Ende irgendwelche körperlichen Beschwerden?

■ *Literaturtipps:*

Dunkhorst, Heike: *Gestaltung und Beschäftigung, Lehrbuch Altenpflege, Hannover, Vincentz Verlag, 2001.*
Dieses Lehrbuch für die Altenpflege eignet sich insbesondere als weiterführende Literatur für sozialpädagogische und sozialpflegerische Fachkräfte, die im sozialpädagogischen Betreuungsdienst tätig sind. Zahlreiche zielorientierte Praxisvorschläge zu den verschiedenen Gestaltungs- und Beschäftigungsangeboten wie Gedächtnistraining, Spielen, Werken und Gestalten usw. lassen sich gut in der eigenen praktischen Arbeit umsetzen.

Höfmann, Elfi: *Spaß haben, Teil 1, Aktivierung der Bewohner durch Gedächtnistraining, Hannover, Vincentz Verlag, 1999.*

Leitner, Gertrud: *Spaß haben, Teil 2, Mit Gedächtnistraining durch das Jahr, Hannover, Vincentz Verlag, 2000.*
In diesen beiden Bänden findet jeder Betreuer, der älteren Menschen ein Gedächtnistraining anbieten möchte, Übungseinheiten zu unterschiedlichen Schwerpunkten. Jede Einheit ist ähnlich aufgebaut und enthält Übungen zum biografischen Arbeiten, Wortspeicherübungen, Übungen für die Sinne und themenbezogene Bewegungsübungen.

Schmidt-Hackenberg, Ute: *Wahrnehmen und Motivieren, Die 10-Minuten-Aktivierung für die Begleitung Hochbetagter, Hannover, Vincentz Verlag, 1996.*
In diesem Werk werden 17 sehr unterschiedliche Aktivierungseinheiten vorgestellt. Ein entsprechender Anleitungsbogen mit Gesprächsimpulsen und körperaktivierenden Übungen kann direkt für die praktische Arbeit mit älteren Menschen genutzt werden.

7   Umgang mit Sterben und Tod

Lernsituation

Ramona hat im letzten Jahr ihre Ausbildung zur Sozialhelferin abgeschlossen und arbeitet seit einiger Zeit in einem Hospiz. Im Rahmen der Praktikumsvorbereitung wurde sie von der Fachlehrerin gebeten, der Klasse etwas zum Umgang mit älteren Menschen, die im Sterben liegen, zu erzählen. Hier ein Auszug aus ihrem Vortrag, in dem Ramona über eine schwerkranke Frau berichtet, die sie längere Zeit versorgt hat:

„Frau Kleine (75 Jahre) lebte 40 Jahre mit ihrem Mann und nach seinem Tod noch drei weitere Jahre in einem kleinen Dorf in der Nähe der bayerischen Stadt Landshut.
Als sie sich vor zwei Jahren in stationäre Behandlung begeben musste, wählte sie eine Klinik in der Nähe des Wohnortes ihrer Tochter in Nordrhein-Westfalen, damit sie nach ihrem Krankenhausaufenthalt vorübergehend von ihr versorgt werden konnte, bis sie wieder ganz gesund sein würde.
Während sie bei ihrer Tochter wohnte, ging es ihr zunächst auch besser, doch irgendwann klagte sie über starke Magenprobleme. Sie magerte immer stärker ab und nach einer stationären Untersuchung erhielten sie und ihre Tochter die traurige Gewissheit, dass Frau Kleine unter einer Krebserkrankung litt, die so weit fortgeschritten war, dass Chancen auf Heilung nicht mehr bestanden. Ihre Lebenserwartung betrug nur noch drei bis sechs Monate.

Da Frau Kleines Tochter durch ihre Berufstätigkeit und die Versorgung ihrer eigenen Kinder schon sehr belastet war, ihre Mutter jedoch zunehmend tägliche Pflege und Betreuung benötigte, wandte sie sich zunächst an einen ambulanten Pflegedienst. Später wählte sie dann unser nahegelegenes stationäres Hospiz aus, in welchem Frau Kleine in einer familiären Atmosphäre weiter begleitet werden konnte. Ihre Tochter hat sie hier jederzeit besuchen können und es bestand zwischen ihr und uns Mitarbeitern ein kontinuierlicher Austausch über das seelische und körperliche Befinden ihrer Mutter.

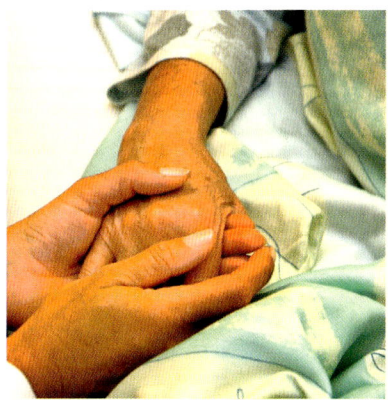

Zudem haben wir ihr zugesichert, dass ein Mitglied des Teams sie sofort benachrichtigen würde, wenn es ihrer Mutter plötzlich sehr schlecht ginge oder sie sie aus anderen Gründen sehen wollte.

Frau Kleine lebte noch vier Monate in unserer Einrichtung, bis sie starb und in ihrem Heimatort neben ihrem Ehemann beigesetzt wurde."

In Ihrer Klasse gibt es ebenfalls viele offene Fragen zum Thema „Sterben und Tod" und Sie wünschen, dass diese in einer längeren Unterrichtseinheit bearbeitet werden.

Aufgaben zur Lernsituation

1. Notieren Sie spontan Ihre Einschätzung der oben beschriebenen Situation.
   - Wer ist direkt und indirekt an der Situation beteiligt?
   - Wie sehen die Beteiligten die Situation? (Eventuell können Sie die einzelnen Beteiligten besser einschätzen, wenn Sie deren Sichtweise einnehmen. Formulieren Sie hierzu in ein oder zwei Sätzen die jeweiligen Gedanken und Gefühle der Beteiligten in „Ich-Form".)

2. Welche Probleme werden in dieser Situation angesprochen? Wurden Sie selbst schon einmal mit Sterben und Tod konfrontiert? Welches war Ihr stärkstes Gefühl, an das Sie sich in diesem Zusammenhang erinnern?

3. Listen Sie Themen auf, die Sie bearbeiten möchten, um auf die Konfrontation mit „Sterben und Tod" in Ausbildung und Beruf vorbereitet zu sein.

4. Lesen Sie die nachfolgenden Ausführungen, bearbeiten Sie die entsprechenden Aufgaben, und setzen Sie sich ggf. mithilfe weiterführender Informationen mit weiteren für Sie wichtigen Inhalten zu dieser Thematik auseinander.

Der Ort des Sterbens hat sich seit dem Zweiten Weltkrieg zunehmend aus der Familie in Krankenhäuser und Pflegeeinrichtungen verlagert.

Vorher war es zumindest in ländlichen Gebieten üblich, verstorbene Familienmitglieder bis zum Tage der Beerdigung zu Hause aufzubahren, damit Verwandte, Freunde und Bekannte Abschied nehmen konnten.

Heutzutage sterben die meisten Menschen nicht mehr zu Hause. In vielen Abhandlungen zum Thema „Sterben und Tod" wird ausgesagt, dass der Tod in unserer Zeit zu einem Thema geworden ist, über das nicht gesprochen werden darf, das absichtlich aus dem Bewusstsein verdrängt wird, um den Glauben an Jugend, Schönheit und Vitalität nicht zu zerstören. So wird hauptsächlich Pflegeeinrichtungen die Aufgabe überlassen, handelnd mit diesem Thema umzugehen. Gründe dafür sind u. a. folgende:

- Es wird angenommen, dass durch den medizinischen Fortschritt der Tod in vielen Fällen besiegt oder zumindest hinausgezögert werden kann.
- Religiöse Sitten und Gebräuche verschwinden zunehmend.
- Aufgrund ihrer Berufstätigkeit haben Angehörige häufig keine Zeit, sich intensiv um den Sterbenden zu kümmern.

(vgl. Grüneberg, Hauser, 1997, S. 216 f.)

So geht es in diesem Kapitel darum, die Situation, wie sie sich in der heutigen Zeit für Sterbende selbst sowie Sterbebegleiter darstellt, zu erfassen und sich mit den besonderen Anforderungen, die dieses Thema an sozialpädagogische und sozialpflegerische Fachkräfte stellt, auseinanderzusetzen. Hierbei sind folgende Fragen von Bedeutung:
- Wie gehe ich selbst mit dem Thema „Tod und Sterben" um?
- Wie stellt sich die Situation für den Sterbenden dar?
- Wie können sozialpädagogische und sozialpflegerische Fachkräfte Sterbende und ihre Angehörigen hilfreich begleiten?
- Wie wird menschenwürdiges Sterben in der Altenpflege ermöglicht?
- Was müssen sozialpädagogische und sozialpflegerische Fachkräfte für den angemessenen Umgang mit Sterbenden und Angehörigen über das Thema „Trauer" wissen?

7.1   Auseinandersetzung mit der eigenen Vergänglichkeit

Wenn wir Sterbende auf ihrem letzten Weg begleiten, werden wir auch mit unserer eigenen Endlichkeit konfrontiert. Es kommen Gedanken über das eigene mögliche Lebensende auf, begleitet von Fragen, mit denen wir uns auseinandersetzen müssen, um Sterbebegleitung überhaupt leisten zu können. Erst die Auseinandersetzung mit diesem schwierigen Thema bildet die Grundlage für einen angemessenen Umgang mit sterbenden Menschen.

So sollten wir uns auf folgende und ähnliche Fragen einlassen:
- Wie würde ich mich fühlen und verhalten, wenn ich erfahren würde, dass ich eine lebensbedrohliche Erkrankung hätte?
- Wie würde ich mit der Tatsache umgehen, pflegebedürftig, eventuell auf einen Rollstuhl angewiesen zu sein?
- Kann ich mir vorstellen, die Tatsache anzunehmen, dass ich in ganz kurzer Zeit sterben müsste?
- Gibt es Menschen, mit denen ich noch etwas vor meinem bevorstehenden Ende zu klären hätte (z. B. sich für etwas entschuldigen, etwas bisher noch nicht Ausgesprochenes mitteilen)?
- Kann ich von mir behaupten, dass ich den mir wichtigen Menschen meine Liebe und Zuneigung genügend gezeigt habe?
- Welche Gefühle habe ich, wenn ich darüber nachdenke, dass ich vom Leben, von der Natur, von den geliebten Menschen Abschied nehmen muss? (siehe hierzu auch den Fragebogen zur Auseinandersetzung mit der eigenen Vergänglichkeit im Arbeitsheft)

Durch die ehrliche Beantwortung dieser Fragen können viele Gefühle auftauchen, die wir vielleicht noch nie gekannt haben, wie Wut, Trauer, Angst. Es ist wichtig, diese Gefühle zuzulassen und diese auch im Gespräch mit anderen anzusprechen, denn erst dann werden wir feststellen, dass wir nicht alleine sind mit diesen Gefühlen und dass andere ähnliche Gefühle haben wie wir.

So lernen wir unsere eigenen Lebens- und Sterbensängste kennen – ein wichtiger Schritt, der gegangen werden muss, damit unsere Gefühle nicht die Begegnung mit den Sterbenden behindern.

(vgl. Tausch-Flammer, 1993, S. 163 f.)

7.2   Die Situation des Sterbenden

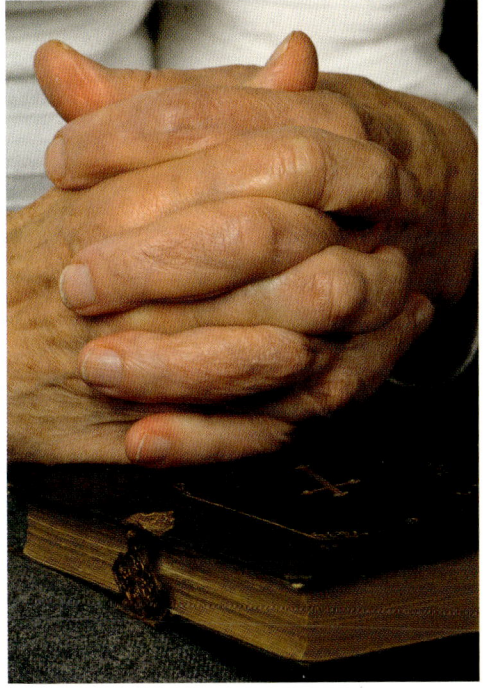

Menschen setzen sich sehr unterschiedlich mit dem Tod und dem Sterben auseinander. Diese Situation fällt mit Sicherheit niemandem leicht, jedoch kann angenommen werden, dass,

- ältere Menschen meist eine größere Bereitschaft zeigen, sich mit der eigenen Vergänglichkeit auseinanderzusetzen,
- Menschen, die zufrieden auf ihr bisheriges Leben zurückblicken, den Tod besser annehmen können als Menschen, die ihr Leben als unbefriedigend erlebt haben,
- Menschen, die in ein zufriedenstellendes soziales Umfeld eingebunden sind, den kommenden Tod weniger als Bedrohung ansehen als vereinsamte Menschen,
- gläubige Menschen, die an ein Leben nach dem Tod glauben, keine Furcht haben, nach dem Tod in ein tiefes Nichts zu fallen.

(vgl. Grüneberg/Hauser, 1997, S. 218)

Egal, in welcher Lebenssituation sich jemand vor der Gewissheit des nahen Todes befunden hat, Sterben bedeutet auch immer Angst haben. So sagen viele Menschen übereinstimmend aus, dass der eigentliche Tod für sie weniger schlimm sei, der Prozess des Sterbens ihnen hingegen große Angst mache, denn sie fürchten sich vor

- körperlichen und seelischen Schmerzen und dem Angewiesensein auf andere
- fremden und unbekannten Situationen
- dem Alleingelassenwerden
- dem Verlust geliebter Menschen, ihrer Würde, ihrer Persönlichkeit
- dem Nicht-mehr-bei-Sinnen-sein

(vgl. Köther/Gnamm, 2000, S. 798)

7.3 Die vier Sterbephasen nach Kübler-Ross

Auf die Frage, wie Menschen sich mit dem Tod auseinandersetzen, haben Sterbeforscher unterschiedliche Phasen beobachten können, die bei Sterbenden ähnlich ablaufen. Gemeint sind insbesondere Menschen, die schon eine gewisse Zeit vor ihrem Tod aufgrund einer gestellten Diagnose bewusst ihrem Ende entgegensehen.

So unterscheidet beispielsweise die Schweizer Ärztin Elisabeth Kübler-Ross fünf Phasen des Sterbens, die im Folgenden näher erläutert werden:

1. Nichtwahrhabenwollen/Verweigerung
2. Zorn – Auflehnung
3. Verhandeln
4. Depression
5. Zustimmung

> **Merke!**
> *Diese Phasen verlaufen nur in der Theorie nach einer bestimmten Reihenfolge. Wer Sterbende in der Praxis begleitet, muss wissen, dass jeder Mensch seinen ganz individuellen Sterbeprozess durchleiden muss. Mitbestimmend sind hierbei im Wesentlichen die Individualität des Menschen, seine Biografie, seine Weltanschauung oder Religion und sein körperlicher und seelischer Zustand. (vgl. Michalke u. a., 2001, S. 643)*

1. Nichtwahrhabenwollen – Verweigerung

Wenn ein Mensch die Diagnose erhält, dass sein nahender Tod unabwendbar ist, schützt er sich meist selbst, indem er diese Wirklichkeit verleugnet. Sein Verhalten kann in dieser Zeit geprägt sein von auffallenden Aktivitäten, häufigem Arztwechsel, der besonderen Beachtung seines äußeren Erscheinungsbildes und dem Schmieden von Zukunftsplänen.

Wenn die Unabänderlichkeit des Todes dann immer mehr zur Gewissheit wird, ziehen sich die Betroffenen häufig zurück und isolieren sich von der Umwelt.

Hinweise zum helfenden Begleiten in dieser Phase

- *Versuchen Sie nicht, dem Betroffenen mit rationalen Argumenten seine „unvernünftigen" Reaktionen vor Augen zu halten.*

- *Beobachten Sie den Menschen und bleiben Sie gesprächsbereit, damit Sie jederzeit für den Todkranken da sein können, wenn er entsprechende Hinweise gibt.*

2. Zorn – Auflehnung

In dieser Phase kann das Verhalten des Betroffenen seiner Umwelt gegenüber recht aggressiv sein, er nörgelt, ist unzufrieden und macht Angehörigen und/oder Pflegern ungerechtfertigte Vorwürfe. So ist die Beziehung zwischen Betroffenem und Umwelt starken Belastungen unterworfen.

Hinweise zum helfenden Begleiten in dieser Phase

- *Versuchen Sie, die „Angriffe" nicht persönlich zu nehmen.*

- *Üben Sie sich in Geduld und halten Sie die ungerechtfertigten Vorwürfe aus, ohne sich ganz und gar den Nörgeleien auszuliefern.*

- *Zeigen Sie einfühlende Zuwendung, indem Sie das Verhalten als Auseinandersetzung des Betroffenen mit seinem unabwendbaren Schicksal akzeptieren.*

3. Verhandeln

Diese meist recht kurze Phase ist geprägt durch ein Verhalten, das zeigt, dass sich der Sterbende mit seinem Schicksal langsam abfindet. Er hofft auf eine günstige Wende seines Schicksals und verhandelt um eine „Fristverlängerung". Häufige Kirchenbesuche, besondere Beteiligungen an therapeutischen Maßnahmen und Hoffnung auf Wundermittel zählen zu typischen Verhaltensweisen in dieser Phase.

Hinweise zum helfenden Begleiten in dieser Phase

- *Versuchen Sie, den Betroffenen zu verstehen, aber machen Sie ihm keine Illusionen.*

- *Konfrontieren Sie den Sterbenden nicht schonungslos mit der „objektiven Wahrheit", aber versuchen Sie schon, seine Hoffnung auf einen realen Hintergrund zurückzuführen, damit er sich angemessen mit der Realität auseinandersetzen kann.*

4. Depression

Der Betroffene benötigt in dieser Phase irreale Hoffnungen, Ausflüchte und Abwehrmechanismen nicht mehr und setzt sich zunehmend mit der Frage auseinander:
„Was bedeutet die Situation für mich?"
Dadurch zieht er sich in seine Innen- und Gedankenwelt zurück und Niedergeschlagenheit und Trauer überfluten ihn, wenn er sich klarmacht, dass er von seinen Erinnerungen und seinen Mitmenschen Abschied nehmen muss.
Häufig wird ihm deutlich, dass er noch einen Konflikt oder eine Schuld zu bereinigen hat, sodass er sich wünscht, alles zu regeln, was noch zu regeln ist. Gefühle, Pflegende damit zu belasten, sind nicht selten.

Hinweise zum helfenden Begleiten in dieser Phase

- *Signalisieren Sie dem Betroffenen (z. B. auch durch haltende Hände), dass Sie für ihn da sind.*

- *Ermöglichen Sie die Begegnung mit Angehörigen, die der Sterbende gerne sehen möchte.*

- *Helfen Sie dem Sterbenden, zu regeln, was er noch regeln möchte, indem Sie auf seinen Wunsch hin einen Seelsorger rufen, den Notar verständigen usw.*

5. Zustimmung

Der Sterbende zeigt eine große Müdigkeit und Erschöpfung und betrachtet nun das Sterben als Erlösung. Er beginnt, sich von sozialen Bindungen zu lösen.
In dieser Phase ist er sehr sensibel für das Geschehen in seiner Umwelt. Auch wenn kaum noch Reaktionen wahrnehmbar sind, kann er selbst geringe Veränderungen im Verhalten von Angehörigen und Pflegepersonen registrieren.

Hinweise zum helfenden Begleiten in dieser Phase

- *Vermeiden Sie Hektik und lassen Sie den Sterbenden körperliche Nähe spüren.*

- *Unterlassen Sie im Sterbezimmer Gespräche über den Betroffenen und seine Situation.*

- *Akzeptieren Sie, dass der Sterbende sich von seinen sozialen Bindungen lösen muss, und akzeptieren Sie, dass Sie ihn innerlich loslassen müssen.*

(vgl. Wirsing, 2000, S. 257 ff.)

Hinweise auf nonverbale Äußerungen sterbender Menschen

Wenn Menschen sehr hilflos sind und sich nicht mehr mithilfe der Sprache äußern können, müssen Pflegende alle Lebensäußerungen sehr sensibel wahrnehmen, denn diese nonverbalen Äußerungen sind oft die einzigen Hinweise auf das Befinden der Betroffenen. Hierzu gehören beispielsweise:

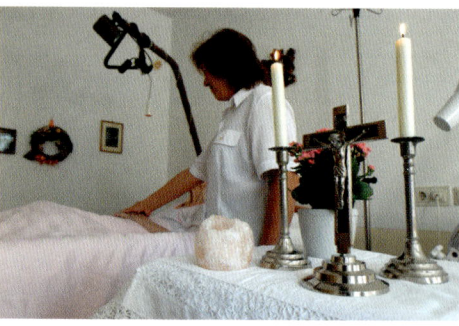

- Aufnehmen von Blickkontakt oder Lippenbewegungen, um sich verständlich zu machen
- Reaktionen auf störendes Licht durch Blinzeln
- Kopfbewegungen, um Ablehnung oder Zustimmung zu signalisieren
- Hand heben und auf etwas zeigen, um etwas deutlich zu machen
- Haltungsänderung oder Verkrampfung als Andeutung von Schmerzen
- Stöhnen bei Belastungen
- sich aufrichten oder husten, um Atemnot zu signalisieren
- Lippen anfeuchten, um Durstgefühle anzuzeigen
- unruhige Handbewegungen als Zeichen von Unruhe, Schmerz oder Überforderung

(vgl. Michalke u. a., 2001, S. 644 f.)

Aufgaben

1. Notieren Sie spontan alle Ängste und Befürchtungen, die Sie meistens bei Abschieden haben.

2. Tauschen Sie sich über die Ergebnisse Ihrer Überlegungen in der Kleingruppe aus.

3. Versuchen Sie anschließend zu Ihren „Abschiedsproblemen" durch kollegiale Beratung in der Gruppe nützliche Ideen zu entwickeln, indem Sie folgenden Satz vervollständigen: „Wenn ich das hier lese, denke ich, vielleicht könntest du in einer zukünftigen ähnlichen Situation …" (vgl. Baer u. a., 1998, S. 135)

4. Welche der Vorschläge können Sie eventuell für die Arbeit mit Sterbenden nutzen, um das Loslassen ein wenig zu erleichtern?

7.4   Sterbebegleitung

7.4.1   Die Situation des Sterbebegleiters

Das Loslassenmüssen von Menschen, zu denen eine Beziehung aufgebaut und gepflegt wurde, stellt für viele in der Altenpflege Tätigen eine schwere Belastung dar. Jeder sucht deshalb seinen Weg, um mit dieser Situation fertig zu werden. Insbesondere können immer wieder folgende Reaktionen von Pflegekräften beobachtet werden, die mit der unabänderlichen Situation des Sterbens konfrontiert werden:

Versachlichung der Situation

Die Pflegekraft versucht, ihre Gefühle abzuwehren und sich vor einer zu großen Nähe im Umgang mit der schwierigen Situation zu schützen. Sie verlagert die Situation auf die sachliche Ebene. „Sterben ist eben ein natürlicher Prozess" und ähnliche Sätze wirken kalt und lassen eine Mauer zwischen Pflegeperson und Sterbendem entstehen.
So fühlt sich der Sterbende allein gelassen mit seinen Gefühlen, auch wenn ihm an äußerlicher Pflege nichts versagt bleibt.

Routiniertes Arbeiten

Pflegekräfte können ihre Unsicherheit und Hilflosigkeit der schwierigen Situation gegenüber auch hinter ihrem fachlichen Können verstecken. Dies drückt sich in unterschiedlichen Verhaltensweisen aus wie beispielsweise in einer besonderen Geschäftigkeit von Pflegekräften, die „wirklich alles für den Sterbenden tun" oder auch versuchen, „ihm das Leiden zu erleichtern" durch Verabreichung von Schmerzmitteln über das notwendige Maß hinaus usw.
Der Sterbende erlebt so die Fachkompetenz als Mauer zwischen sich und den Menschen, die ihn begleiten und fühlt sich allein und verlassen.

Aggressives Verhalten gegenüber anderen

Die Pflegekraft ist hilflos und weiß nicht, wie sie sich verhalten soll. In das Idealbild einer „guten Pflegerin" passt jedoch keine Hilflosigkeit. So wird sie aggressiv gegenüber Angehörigen und Mitarbeitern, die sich scheinbar nicht genügend um ihren Sterbenden kümmern.
Diese Aggressionen gelten eigentlich ihrer eigenen Person, weil sie sich die erlebte Hilflosigkeit übel nimmt. Durch solch ein Verhalten versucht sie, ihr schlechtes Gewissen zu erleichtern. Der Sterbende erlebt diese Stimmung und leidet darunter.

Aufopferndes Verhalten

Die Pflegekräfte versuchen, alle Bedürfnisse der Sterbenden zu befriedigen und überfordern sich selbst damit. Ihnen fehlt die Fähigkeit, ein professionelles Maß zwischen Nähe und Distanz zu finden, weil sie sich zu stark mit dem Sterbenden identifizieren und mit ihm leiden. So können sie dem sterbenden Menschen selbst keine große Hilfe sein.
(vgl. Köther/Gnamm, 2000, S. 810 f.)

7.4.2   Grundgedanken zur Sterbebegleitung

Rezepte für eine hilfreiche Begleitung eines Sterbenden kann keine Fachliteratur liefern. Pflegekräfte müssen mit viel Einfühlungsvermögen jeden Sterbenden individuell, entsprechend seiner Bedürfnisse und Wünsche, begleiten. Deshalb werden an dieser Stelle nur einige grundsätzliche Hinweise für den Umgang mit einem Sterbenden gegeben.

Sterbende haben oftmals folgende Wünsche:
- Sie möchten zusammen mit ihnen vertrauten Menschen die letzten Tage an einem Ort verbringen, an dem sie sich wohlfühlen und das Gefühl haben, nicht allein gelassen zu werden.
- Sie möchten Unerledigtes regeln können.
- Sie möchten weitgehend schmerzfrei ihre letzten Tage verbringen.
- Sie möchten Sinnfragen stellen dürfen.

Zunächst ist es wichtig, dass der Sterbebegleiter dem Sterbenden signalisiert, dass er jederzeit zu einem Gespräch mit ihm bereit ist. Im Gespräch selbst kann es hilfreich sein, darüber zu sprechen, was der Sterbende in seinem Leben geleistet und Gutes getan hat, um ihm den Wert seines eigenen Lebens bewusst zu machen. Wenn möglich, sollten Angehörige in solche Gespräche einbezogen werden.
(vgl. Michalke u. a., 2001, S. 646 f.)

Gespräche helfen dem Sterbenden auch, bewusst Abschied zu nehmen und belastende Gefühle zu verarbeiten. Anschuldigungen gegenüber dem Sterbebegleiter dürfen dabei nicht persönlich genommen werden. Hilfreich ist in einem solchen Gespräch insbesondere die Gesprächstechnik „aktives Zuhören", die dem Sterbenden zeigt, dass der Begleiter seinen Worten besondere Aufmerksamkeit schenkt, indem er sich stark auf seine Empfindungen konzentriert (siehe hierzu auch Kapitel V, 3.4).
Wenn wir diese gegenüber dem Betroffenen und nicht nur anderen Begleitern äußern, (z. B. „Ihnen scheint es heute nicht gut zu gehen.." anstatt: „Ihm geht es heute gar nicht gut ...") fühlt sich der Sterbende nicht nur als kranker Patient, der von allen bedauert wird, sondern als Person, die mit ihren Sorgen und Ängsten ernst genommen wird. So kann ein Gespräch helfen, eine schwere Zeit besser zu bewältigen.
(vgl. Köther/Gnamm, 2000, S. 806)

Versucht der Begleiter, sich mit den Gedanken des Sterbenden auseinanderzusetzen, wird er auch mit nonverbalen Zeichen und Symbolen konfrontiert. Es kommt recht häufig vor, dass Sterbende ihre innere Situation mithilfe symbolhafter Sprache beschreiben. Diese ist nicht immer nachvollziehbar. So muss ein Sterbebegleiter schon ganz genau hinhören und sich in den anderen einfühlen, um z. B. zu verstehen, was der ältere Mensch genau meint, wenn er von einer Bergtour oder dem Wetter spricht und damit seine eigene Situation bildhaft erläutern möchte.
(vgl. Tausch-Flammer, 1993, S. 169)

Der Sterbende hat häufig das Bedürfnis nach körperlicher Zuwendung und liebender Nähe. So kann der Begleiter durch kleine Gesten seine Wertschätzung dem Sterbenden gegenüber ausdrücken. Manchmal wünschen sich Sterbende aber auch gerade keine körperliche Zuwendung und möchten ganz bewusst und ohne ablenkende Berührung allein sterben. Aus diesem Grunde sollten Sterbebegleiter ganz behutsam ihre Nähe anbieten und sich körperlich zurückziehen, wenn sie bemerken, dass der Sterbende sich mit seinen Gefühlen zeitweilig allein auseinandersetzen möchte.
(vgl. Tausch-Flammer, 1993, S. 171)

Der Sterbebegleiter wird häufig auch damit konfrontiert, dass der Sterbende noch etwas mit seinen Angehörigen regeln möchte. So kann und sollte der Begleiter sich als helfender Vermittler anbieten.
Da es auch den Angehörigen schwerfällt, Abschied zu nehmen und den sterbenden Menschen loszulassen und mit der schwierigen Situation angemessen umzugehen, brauchen auch sie Hilfe und Unterstützung. Sie können beispielsweise ermutigt werden, bei ihrem sterbenden Angehörigen zu bleiben, seine Hand zu halten, auch wenn dieser scheinbar „gar nichts mehr mitbekommt".
(vgl. Tausch-Flammer, 1993, S. 169)

Hinweise zur Gestaltung der Umgebung des Sterbenden

- Der Sterbende, der in einem Heim lebt, sollte seine letzten Tage in seinem vertrauten Zimmer verbringen dürfen. Zimmernachbarn können für die Zeit seines Sterbens in ein anderes Zimmer verlegt werden.

- Dinge, die dem Kranken viel bedeuten, werden in seiner Nähe platziert, damit er sie sehen und ggf. danach greifen kann.

- Im Zimmer sollten außer den erforderlichen Möbelstücken genügend bequeme Sitzgelegenheiten für die Angehörigen vorhanden sein.

- Der Sterbende sollte selbst auswählen können, wie die Wände gestaltet werden. So kann es sehr gläubigen Menschen z. B. wichtig sein, dass für sie sichtbar ein Kreuz eine der Wände schmückt oder eine Heiligenfigur im Zimmer platziert wird.

- Eine Atmosphäre der Geborgenheit kann durch Kerzen und frische Blumen (nicht zu stark duftende) geschaffen werden.

- Es ist darauf zu achten, dass das Zimmer eine ausreichende Frischluftzufuhr erhält, Zugluft ist auf jeden Fall zu vermeiden.

- Störende Einflüsse wie grelles Licht, lautes oder flüsterndes Sprechen, unangemessenes Verhalten von Besuchern sowie schlechte Lagerung, Nichtbefriedigung von Durstgefühlen usw. sollten ebenfalls vermieden werden.

Aufgaben

1. Überlegen Sie, was Sie selbst in einem Zimmer benötigen, um sich wohlzufühlen, wenn Sie einmal längere Zeit krank und bettlägerig sind.

2. Tauschen Sie die Ergebnisse Ihrer Überlegungen in der Kleingruppe aus.

3. Vergegenwärtigen Sie sich danach bewusst den Raum eines Sterbenden, den Sie während Ihres Praktikums begleiten/begleitet haben und überlegen Sie, ob sich der Sterbende in diesem Raum wohlfühlt/e bzw. was ihm wohl fehlen könnte/gefehlt hat.

4. Fertigen Sie für ihn eine Raumskizze nach Ihren Idealvorstellungen an.

7.4.3   Menschenwürdiges Sterben durch Hospizarbeit

Das Konzept des menschenwürdigen Sterbens liegt allen Hospizeinrichtungen zugrunde. Jeder Sterbende kann unabhängig von seinem sozialen Status und seiner Konfession eine solche Sterbebegleitung in Anspruch nehmen. (vgl. Michalke u. a., 2001, S. 646)

Seine Hauptaufgabe sieht der Hospiz-Dienst darin, sterbenden Menschen und ihren Angehörigen während des Sterbeprozesses und zum Teil auch danach beizustehen. Sterbende werden begleitet, wobei Schmerzlinderung und Entlastung einen besonderen Stellenwert einnehmen.
Angehörige, welche die häufig kraftraubende Pflege und Betreuung nicht allein schaffen können, werden zum Freiwerden ihrer eigenen Kräfte unterstützt. (vgl. Tausch-Flammer, 1993, S. 182)

In Deutschland finden sich vier Grundformen der Hospizarbeit:

1. **Stationäre Hospize**
   Hier werden schwerstkranke Menschen aufgenommen, die aus einem Krankenhaus entlassen wurden, weil ihre lebensbedrohliche Krankheit so weit fortgeschritten ist, dass es keine Chancen auf Heilung mehr gibt. Es werden Sterbende aufgenommen, die entweder keine Angehörigen haben oder wenn aus anderen Gründen eine Pflege und Betreuung in den letzten Monaten oder Wochen zu Hause nicht möglich ist.

2. **Ambulante Hospizdienste**
   Feste Teams, bestehend aus Fachkräften und ehrenamtlichen Helferinnen, kümmern sich um die häusliche Versorgung Sterbender und unterstützen die Angehörigen (vgl. Köther/Gnamm, 2000, S. 814).

   Konkrete Hilfen, die sich nach den individuellen Bedürfnissen der betroffenen Familien richten, sind z. B.:
   - Den Sterbenden betreuen, wenn Angehörige ihrer Berufstätigkeit nachgehen, Besorgungen machen oder sich zum Kräftetanken ausruhen müssen,
   - Gespräche mit dem Kranken führen,
   - Sitzwachen in der Nacht durchführen,
   - den sterbenden Menschen mitversorgen, z. B. durch Einkäufe,
   - den Angehörigen beistehen durch Gespräche über ihre Ängste, Sorgen und Belastungen,
   - Trauerbegleitung
   (vgl. Tausch-Flammer, 1993, S. 183)

3. **Tageshospizdienste**
   Hier werden Sterbende ein- oder mehrmals tagsüber in der Woche versorgt.

4. **Palliativstationen**, die sich in der Regel in Krankenhäusern befinden.

> *Merke!*
> *„Grundgedanke der Hospizarbeit ist: 'Dem Leben nicht mehr Tage, sondern den Tagen mehr Leben geben." (Michalke u. a., 2001, S. 645)*

Erkundigen Sie sich nach Formen der Hospizarbeit in Ihrem Heimatort. (Vielleicht kann ein ehrenamtlicher Mitarbeiter in Ihrer Ausbildungsstätte von der Hospizarbeit berichten).

7.5 Trauern

Verlieren wir einen nahestehenden Menschen, so hat dies immer ein einschneidendes Gefühl zur Folge, das als **Trauer** bezeichnet wird.

Pflegekräfte in der Altenhilfe werden in ihrem Beruf immer wieder mit dem Loslassen, Abschiednehmen und Sterben und so auch mit Trauer bei anderen und sich selbst konfrontiert. Sie müssen lernen, mit diesem Gefühl umzugehen, wollen sie nicht irgendwann ein sogenanntes „Burn-out-Syndrom"[1] erleben.

Trauer kann sich unterschiedlich zeigen, je nachdem, welche Einstellung der Einzelne zum Thema „Sterben" hat.

Beobachten lassen sich jedoch, ähnlich wie beim Sterbeprozess, verschiedene Phasen, die Hinterbliebene durchlaufen, um den Verlust eines nahestehenden Menschen zu verarbeiten. Genau wie die Phasen des Sterbens verlaufen diese Phasen nicht nach einem starren Schema, sondern individuell sehr unterschiedlich.

Zum besseren Verständnis werden im Folgenden die Phasen der ganz individuell ablaufenden Trauerarbeit vorgestellt:

Die Phase des Nicht-Wahrhaben-Wollens

In dieser Phase verdrängen die Betroffenen die Wahrheit, weil sie nicht in der Lage sind, das Ausmaß des Verlustes zu begreifen. Teilweise wirken sie emotional erstarrt wie unter Schock, dann gibt es plötzlich Phasen von Ausbrüchen extrem starker gefühlsmäßiger Schmerzen und fassungsloser Wut. Durch das Leugnen und Verdrängen der Wahrheit sowie durch roboterhafte Handlungen, verbunden mit auffälliger Aktivität, gelingt es, das unerträgliche Gefühl auszuhalten.

Die Phase der aufbrechenden chaotischen Gefühle

Die Gefühle der Betroffenen in dieser Phase können stark und wechselhaft sein. Wutge-

---

[1] „**Burn-out-Syndrom**: Allgemeine Bezeichnung für eine mentale oder physische Energieauszehrung nach einer Phase von chronischem berufsbedingten Stress, was in manchen Fällen sogar körperliche Krankheiten zur Folge haben kann (engl.: „ausbrennen") (Anderson, 2004, S. 199)

fühle und Zorn mit tiefer Niedergeschlagenheit wechseln. Die Wutgefühle richten sich häufig gegen Personen, die mit dem nahestehenden Menschen zu tun hatten. Diese werden für den Verlust verantwortlich gemacht. Anklagen können sich aber auch direkt gegen die verlorene Person richten. („Warum hast du mich verlassen?") Dies ist häufig dann zu beobachten, wenn Angehörige unbewusste Schuldgefühle mit sich tragen und die Gelegenheit zur Klärung von Konflikten, Problemen etc. verpasst wurde.

Die Phase des Suchens und Sich-Trennens

In dieser Phase findet der Betroffene langsam seinen Weg in die Alltagsrealität. Er beginnt loszulassen. Dinge, die zuvor an den verlorenen Menschen delegiert wurden, werden nun eigenständig bewältigt. So nehmen Angehörige, die einen Elternteil verloren haben, beispielsweise endgültig Abschied von ihrer Kindheit. Angehörige, die den Sterbenden gepflegt haben, sind auf der Suche nach neuen Lebensinhalten.

Es wird versucht, den Verlust als Realität anzuerkennen und selbst wieder ins Leben zu finden, Distanz zu gewinnen und eigene Bedürfnisse anzumelden.

Phase des neuen Selbst- und Weltbezuges

Der Betroffene gewinnt sein Selbstvertrauen und seine Selbstachtung zurück, je besser er sich in die neuen Anforderungen und Rollen hineinfindet, die ihm das Leben ohne den verlorenen Menschen bietet. Er kann wieder Freude empfinden und seinen eigenen Interessen Raum geben.

(vgl. Wirsing, 2000, S. 269 ff.)

> **Merke!**
> *Sterbebegleiter müssen sich bewusst machen, dass weniger das Beachten des Verhaltens entsprechend dieser Phasen eine Hilfe für die Hinterbliebenen darstellt, sondern vielmehr das Wahrnehmen und Eingehen auf seine Bedürfnisse zu jedem Zeitpunkt seiner individuellen Trauer (vgl. Michalke u.a., 2001, S. 651).*

Auch Mitarbeiter in Altenhilfeeinrichtungen müssen Gelegenheit zur Trauerarbeit erhalten. Wenig hilfreich sind Rezepte, da auch die pflegenden Kräfte ihren ganz individuellen Trauerprozess durchleben. Einige Anregungen an dieser Stelle sollen jedoch nicht fehlen, die als mögliche Hilfen zu verstehen sind, den Tod eines Bewohners besser verarbeiten zu können:

Gespräche über den Verstorbenen

Der dem Tod folgende Tag könnte genutzt werden, um in einer Mitarbeiterrunde über die Gefühle und Erfahrungen mit dem Verstorbenen zu sprechen. Weinen sollte erlaubt sein. Wenn möglich kann ein solches Gespräch auch in Anwesenheit der Angehörigen geführt werden.

Einrichten eines Abschiedszimmers

In einigen Einrichtungen haben sich sogenannte „Abschiedszimmer" bewährt. In gemütlich eingerichteten Räumen mit Kerzen, Blumenschmuck, bequemen Sitzgelegenheiten, religiösen Symbolen und einem Ort, an dem der Name des zuletzt Verstorbenen zu lesen ist, können Trauernde sich einfinden. Dies kann nach Bedarf geschehen oder auch ritualisiert werden, indem z.B. zu bestimmten Zeiten eine Andacht stattfindet, bei der an den zuletzt Verstorbenen gedacht wird.

(vgl. Köther/Gnamm, 2000, S. 812)

Teilnahme an der Beerdigung

Nehmen die Mitarbeiter einer Altenhilfeeinrichtung an der Beerdigung teil, kann dies für sie genau wie für die Angehörigen eine feierliche Form sein, Abschied nehmen zu können. Hilfreich sind hier vor allem religiöse Rituale, um Trost und Abstand zu finden. *(vgl. Michalke u. a., 2001, S. 651)*

„Keiner wird gefragt
wann es ihm recht ist
Abschied zu nehmen
von Menschen
Gewohnheiten
sich selbst
irgendwann
plötzlich
heißt es
damit umzugehen
ihn aushalten
annehmen
diesen Abschied
diesen Schmerz des Sterbens
dieses Zusammenbrechen
um neu
aufzubrechen"
(Bickel/Steigert, 1983)

Anregung

1. Vereinbaren Sie mit Mitarbeitern einer Altenhilfeeinrichtung einen Termin, um ein Abschiedszimmer besichtigen zu können.

2. Stellen Sie während der Besichtigung Fragen zu Möglichkeiten der Trauerarbeit des Pflegepersonals dieser Einrichtung.

IV.

Ich möchte helfen, Menschen mit Behinderungen bei der Bewältigung ihres Alltags zu unterstützen

Ziele:

- über verschiedene Behinderungsformen informiert sein, um zielgruppenorientiert Menschen im Arbeitsfeld begleiten zu können

- Einrichtungen für Menschen mit Behinderungen und entsprechende Arbeitsschwerpunkte der dort tätigen Mitarbeiter kennen

- Menschen mit Behinderungen im Bildungsbereich und Berufsleben assistieren

- sich mit eigenen Einstellungen und Vorurteilen gegenüber Menschen mit Behinderungen auseinandersetzen und auf die Konfrontation mit schwierigen Situationen vorbereitet sein

- die Bedeutung und einige Methoden der alltags- und freizeitpädagogischen Begleitung von Kindern und Erwachsenen mit Behinderungen kennen und förderliche Maßnahmen in der täglichen Arbeit anwenden

- verschiedene Spielformen und Möglichkeiten der spielpädagogischen Begleitung kennenlernen und sinnvoll in der Arbeit mit Kindern und Erwachsenen mit Behinderungen einsetzen

1 Einrichtungen für Menschen mit Behinderungen

In wenigen Wochen werden die angehenden Sozialhelferinnen in verschiedenen Einrichtungen für Menschen mit Behinderungen ihr letztes Blockpraktikum während ihrer Ausbildung beginnen.

Je nachdem, welche Interessen und Neigungen sie inzwischen entwickelt haben bzw. welche weiterführenden Ausbildungsgänge sie anstreben, haben sich einige Schülerinnen entschieden, mit erwachsenen Menschen mit Behinderungen zu arbeiten, andere möchten lieber in Einrichtungen für Kinder mit Behinderungen ihr Praktikum absolvieren.

Nadine fällt es schwer, sich für eine bestimmte Zielgruppe zu entscheiden. Einerseits möchte sie gerne mit Kindern arbeiten, weil sie im nächsten Schuljahr die Ausbildung zur Erzieherin beginnen wird, andererseits möchte sie weitere Erfahrungen in der Arbeit mit erwachsenen Menschen sammeln. So lässt sie ihre Freundin **Scarlett**, die im letzten Jahr in einer Wohnstätte für erwachsene Menschen mit Behinderungen ihr Praktikum absolviert hat, von ihrer Arbeit berichten.

Scarlett: „Das Haus, in dem die Außenwohngruppe liegt, befindet sich in einem Wohngebiet und wird von sechs Personen mit einer geistigen Behinderung (zwei Frauen und vier Männern) in einer Art Wohngemeinschaft bewohnt. Die Bewohner im Alter zwischen 34 und 58 Jahren sind weitgehend selbstständig und keiner leidet an einer stärkeren körperlichen Beeinträchtigung. In dieser Einrichtung liegt der Arbeitsschwerpunkt in der pädagogischen Betreuung. Zu dem sogenannten „Wohntraining" gehört beispielsweise, dass alle anfallenden Hausarbeiten wie die Vorbereitung der Mahlzeiten, die Reinigung des Hauses, das Waschen der Kleidung, Einkäufe und Pflege des Grundstückes von den Bewohnern unter Anleitung der Betreuer erledigt werden."

Nadine: „Wie viele Betreuer arbeiten denn in dieser Wohngruppe und welche Aufgaben haben sie?"

Scarlett: „Die Bewohner der Außenwohngruppe werden von drei Mitarbeitern betreut. Es handelt sich hierbei um zwei Fachkräfte im Betreuungsdienst und eine Hauswirtschaftskraft. Der Betreuungsdienst besteht aus einem Diplom-Sozialpädagogen und einer Erzieherin, die dort beide 30 Stunden in der Woche arbeiten. Ihre Arbeitszeit beginnt erst um 15.30 Uhr und endet um 22.00 Uhr. Einer der Mitarbeiter ist auch meist an den Wochenenden anwesend.

Neben der Unterstützung der Bewohner in allen lebenspraktischen Bereichen haben sie vielerlei organisatorische Aufgaben zu bewältigen wie beispielsweise die Verwaltung der Gehälter der Bewohner und die Kontaktaufnahme mit Behörden, Ärzten und anderen. Außerdem beraten sie die Bewohner in allen Lebensfragen und helfen ihnen bei einer sinnvollen Freizeitgestaltung.

Die Hauswirtschaftskraft, die die Bewohner beim Kochen und bei der Reinigung des Hauses unterstützt und anleitet und alle Großeinkäufe tätigt, arbeitet 20 Stunden pro Woche in der Einrichtung."

Nadine: „Dann sind die Bewohner ja zeitweise auch ohne Betreuung. Könnten sie dann nicht auch in einer eigenen Wohnung leben?"

Scarlett: „Aufgrund ihrer geistigen Behinderung ist keiner der Bewohner in der Lage, ein völlig selbstständiges Leben zu führen, sie werden jedoch von den Betreuern zu größtmöglicher Selbstständigkeit angehalten."

Nadine: „Das hört sich alles nach einer sehr interessanten abwechslungsreichen Arbeit an. Ich hätte nur einige Probleme mit den Arbeitszeiten, da ich noch keine 18 Jahre alt bin. Könntest du mir dazu vielleicht noch etwas sagen?"

Scarlett: „Stimmt, Praktikanten unter 18 Jahren fallen noch unter das Jugendarbeitsschutzgesetz. Darüber habe ich gar nicht nachgedacht, weil ich bereits 19 Jahre alt bin. Aber so viel ich weiß, dürfen Jugendliche nur nachts nicht arbeiten und für das Wochenende können Ausnahmeregelungen angewendet werden. Am besten erkundigst du dich da noch etwas genauer in der Wohnstätte, in der du Dein Praktikum machen möchtest."

Nadine bedankt sich für die Auskunft und zieht es immer mehr in Betracht, in einer Wohnstätte für Menschen mit Behinderungen ihr Praktikum zu beginnen.

Auch in Ihrer Klasse fällt es einigen Mitschülern schwer, sich für eine bestimmte Einrichtungsart zu entscheiden, in der das Praktikum absolviert werden kann.

Aufgaben zur Lernsituation

1. Notieren Sie spontan Ihre Einschätzung der oben beschriebenen Situation:
   - Wer ist an der Situation beteiligt?
   - Wie sehen die Beteiligten die Situation? (Eventuell können Sie die einzelnen Beteiligten besser einschätzen, wenn Sie deren Sichtweise einnehmen. Formulieren Sie hierzu in ein oder zwei Sätzen die jeweiligen Gedanken und Gefühle der Beteiligten in „Ich-Form".)

2. Welche Vorerfahrungen haben Sie bezüglich der in der Situation angesprochenen Fragestellungen? Welche der genannten Themen möchten Sie ebenfalls zur Vorbereitung auf Ihr Praktikum bearbeiten?

3. Laden Sie zur weiteren Informationsvermittlung Mitarbeiter verschiedener Einrichtungen für Menschen mit Behinderungen ein, die von ihrer Arbeit berichten.
   - Entwickeln Sie vorbereitend einige Fragen zu der Arbeit in dem entsprechenden Arbeitsfeld, und lassen Sie diese den Referenten einige Zeit vorher zukommen (z. B. zum Tagesablauf, der Zielgruppe, den Kolleginnen usw.).

4. Sammeln Sie, nachdem Sie sich für eine Einrichtung entschieden haben, in der Sie Ihr Praktikum absolvieren, entsprechende Referatsthemen, die der weiteren Vorbereitung auf das Praktikum dienen, und bearbeiten Sie diese in Kleingruppen. Lesen Sie hierzu auch die entsprechenden nachfolgenden Texte.

Im Allgemeinen kann gesagt werden, dass alle sozialpädagogischen und sozialpflegerischen Einrichtungen, die es für Menschen ohne Behinderungen gibt, auch für Menschen mit Behinderungen vorhanden sind.

Hierbei lassen sich zwei verschiedene Einrichtungsarten unterscheiden:
- Bildungs- und Förderungseinrichtungen für Menschen mit Behinderungen
- Wohngruppen für Menschen mit Behinderungen

In der folgenden Übersicht werden beispielhaft Institutionen aufgeführt und anschließend einige dieser Einrichtungen näher beschrieben, in denen Sozialhelferinnen während der Schulpraktika eingesetzt werden.
Nach Abschluss ihrer Ausbildung werden sie nicht in allen genannten Einrichtungen
eine Anstellung finden, da zum Teil Zusatzqualifikationen verlangt werden.
Dennoch werden während des Praktikums wichtige Erfahrungen gesammelt, die für
den späteren beruflichen Einsatz in anderen Einrichtungen oder auch weiterführende
Ausbildungen nützlich sein können. In den mit Sternchen versehenen Einrichtungen
für Menschen mit Behinderungen werden aufgrund der notwendigen Zugangsvoraussetzungen in der Regel auch keine Praktika absolviert.

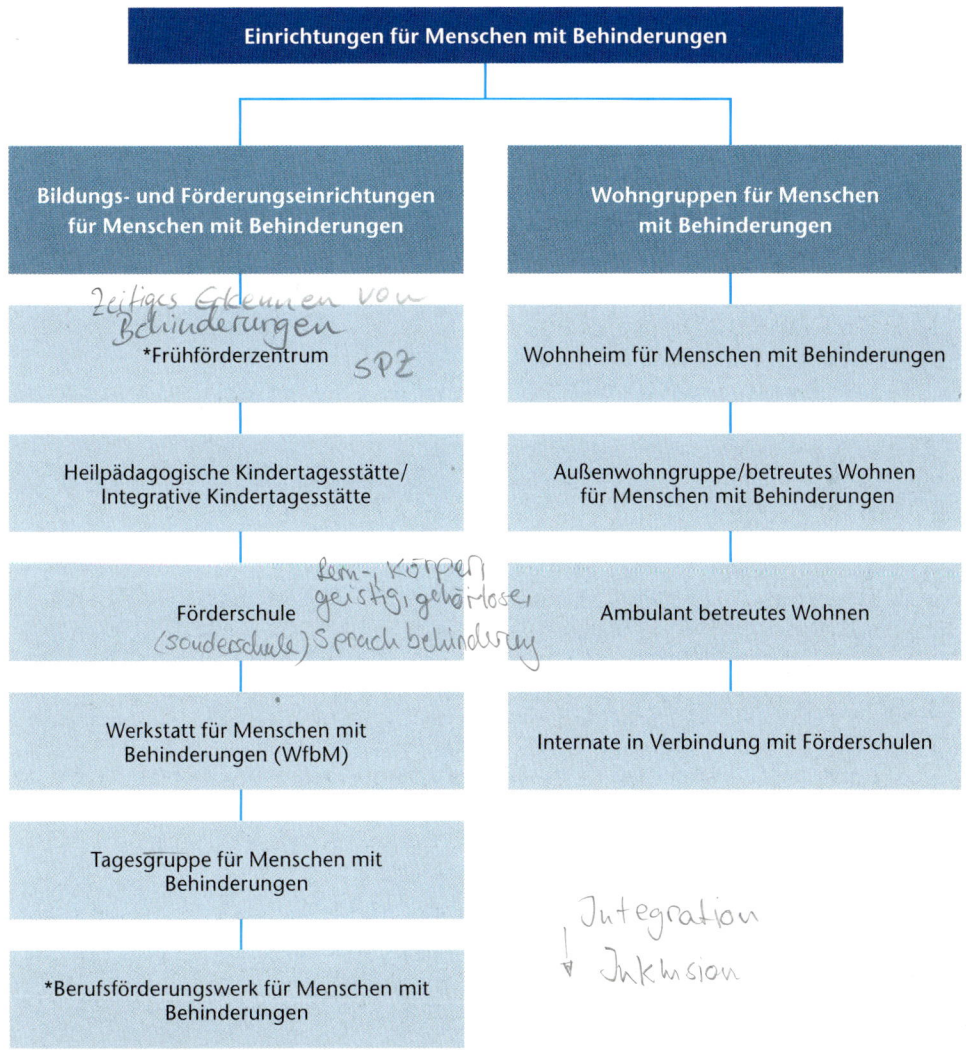

1.1   Einrichtungen für erwachsene Menschen mit Behinderungen

1.1.1   Werkstatt für Menschen mit Behinderungen

Werkstätten für Menschen mit Behinderungen wurden ab der Mitte der 60er-Jahre geschaffen.

Hier werden erwachsene Menschen aufgenommen, die aufgrund der Art oder Schwere ihrer Behinderung nicht auf dem allgemeinen Arbeitsmarkt tätig sein können. Meist handelt es sich um Menschen mit Behinderungen, die nach Vollendung ihrer Schulpflicht in der Förderschule in der Werkstatt einer beruflichen Tätigkeit nachgehen. Außerdem werden hier Menschen beschäftigt, die aufgrund bestimmter Erkrankungen (z. B. Schlaganfall) oder auch nach Unfällen starke Beeinträchtigungen der kognitiven Fähigkeiten aufweisen.

Anfänglich waren diese Einrichtungen hauptsächlich Orte des Bewahrens und Beschäftigens für Erwachsene mit Behinderungen. Heute versteht sich die Werkstatt für Menschen mit Behinderungen als *Einrichtung zur Eingliederung von Menschen mit Behinderungen in das Arbeitsleben.*

Die Werkstatt bietet den Beschäftigten ein breit gefächertes und differenziertes Angebot an Arbeitsplätzen und Arbeitstrainingsplätzen. Hier können sie ihre Leistungsfähigkeit entwickeln und trainieren, ggf. wird hier auch für einige Beschäftigte die Vermittlung auf den allgemeinen Arbeitsmarkt angebahnt.

(vgl. Fornefeld, 2002, S. 124 ff.)

Die Werkstätten für Menschen mit Behinderungen bieten beispielsweise folgende Arbeitsangebote:
- Montagearbeiten für die Industrie
- Herstellung eigener Produkte und Verkauf
- Holz- und Metallverarbeitung
- Textilverarbeitung
- Gärtnerei und Pflanzenzucht

Grundsätzlich werden in die Werkstatt für Menschen mit Behinderungen alle Menschen mit Behinderungen aufgenommen, die in der Lage sind, ein Mindestmaß an Produktionsfähigkeit aufgrund ihrer persönlichen Fähigkeiten und Fertigkeiten zu erbringen. Liegen diese Aufnahmevoraussetzungen vor, ist die Werkstatt verpflichtet, Menschen mit Behinderungen eines Einzugsgebietes aufzunehmen.

Menschen mit sehr schweren Behinderungen, die diese Voraussetzungen nicht erfüllen und einen sehr hohen Bedarf an Ansprache, Pflege, Begleitung und Anleitung benötigen, haben die Möglichkeit, in dem sogenannten **Förder- und Betreuungsbereich** nach individuell abgestimmten Förderplänen mit speziellen pädagogischen, pflegerischen und therapeutischen Angeboten betreut zu werden. Diese Fördergruppen sind meist der **Werkstatt für Menschen mit Behinderungen** angegliedert.

(vgl. Dörr/Günther, 2003, S. 108 f.)

Die folgende Grafik zeigt die verschiedenen Bereiche der Werkstatt für Menschen mit Behinderungen:

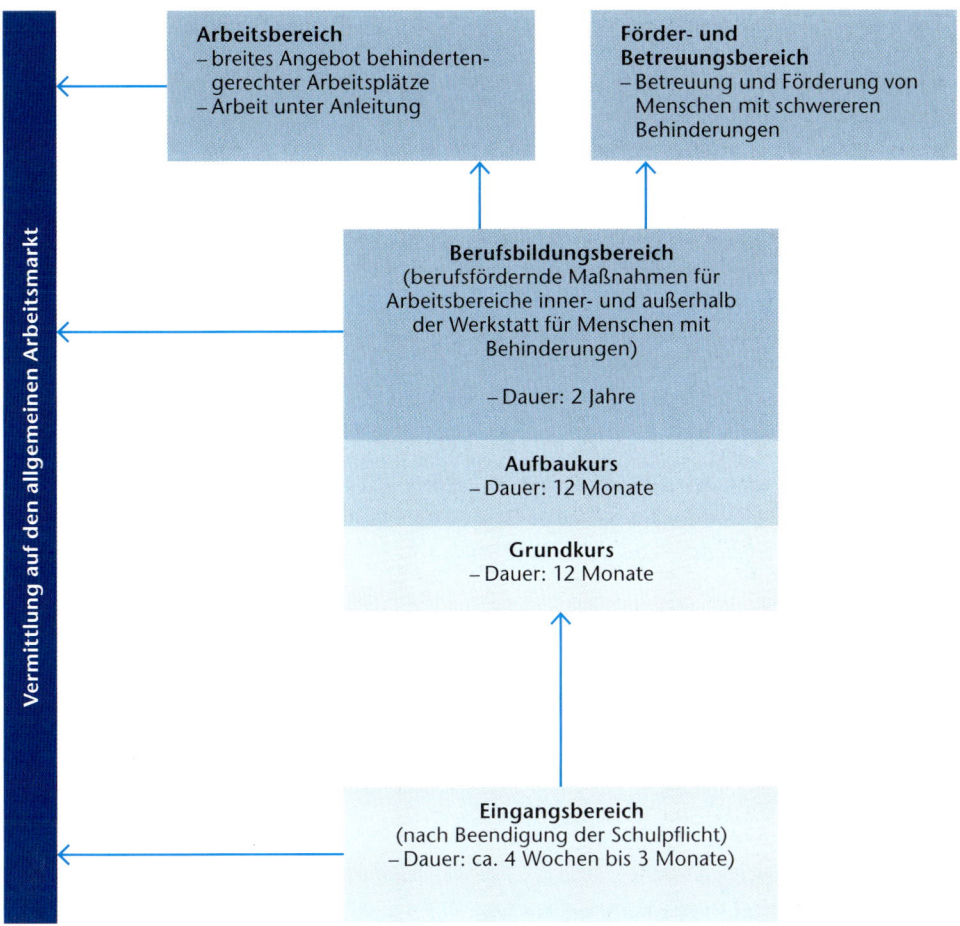

Eingangsbereich: In den ersten vier Wochen bis zu drei Monaten wird der neue Beschäftigte beobachtet und mit der Werkstatt vertraut gemacht. Außerdem wird geklärt, inwieweit eine Beschäftigung im Arbeitsbereich oder auf dem allgemeinen Arbeitsmarkt möglich erscheint.

Berufsbildungsbereich: Innerhalb einer Zeitspanne von maximal zwei Jahren wird ein Grundkurs und ein Aufbaukurs absolviert. Im *Grundkurs* erlernt der Beschäftigte bestimmte Fertigkeiten und die Grundkenntnisse der Arbeitsabläufe, mit Werkstoffen und Werkzeugen umzugehen.
Der *Aufbaukurs* beinhaltet Fertigkeiten von höherem Schwierigkeitsgrad und den sachgerechten Umgang mit Maschinen. Ziele des Berufsbildungsbereiches sind:
- Förderung der Leistungsfähigkeit von Menschen mit Behinderungen durch berufliche Bildungsmaßnahmen
- Unterstützung der Fähigkeit, am Leben in der Gemeinschaft teilzunehmen
- Stabilisierung der Gesamtpersönlichkeit
- Vorbereitung auf die Übernahme einer geeigneten Tätigkeit im Arbeitsbereich der Werkstatt oder auf dem allgemeinen Arbeitsmarkt

Angebote zur Entwicklung lebenspraktischer Fertigkeiten wie Erlernen von sozialen Werten und Normen, Regeln, Pünktlichkeit, Körper- und Gesundheitspflege, Kleidung, Essen und Trinken, Verkehrserziehung und Umgang mit Geld sind in die Förderung ebenfalls miteinbezogen.

Arbeitsbereich: Die Beschäftigten arbeiten an Dauerarbeitsplätzen, die ihren individuellen Leistungsmöglichkeiten entsprechen. In den oben genannten Produktionsbereichen können den Beschäftigten Arbeitsplätze und darüber hinaus der Industrie und dem Gewerbe vielfältige Leistungen angeboten werden.

Tagesgruppe

Menschen mit Behinderungen, die aufgrund ihres Alters oder ihrer psychischen Befindlichkeit aus dem Produktionsprozess der Werkstätten ausgegliedert wurden, besuchen zum Teil auch sogenannte „Tagesgruppen". Sie bieten dieser Gruppe erwachsener Menschen in der Zeit, in der auch in der Werkstatt gearbeitet wird (montags bis freitags von 8.00–16.00 Uhr), vielfältige Beschäftigungsmöglichkeiten. Es handelt sich insbesondere um Betreuungs- und Förderungsangebote, beim Vorliegen schwerer Behinderungen werden auch Pflegemaßnahmen durchgeführt.

Eine weitere Bildungs- und Förderungseinrichtung für erwachsene Menschen mit Behinderungen stellt das **Berufsförderungswerk für Menschen mit Behinderungen** dar. **Berufsförderungswerke** werden von Menschen mit Behinderungen besucht, die in der Regel bereits berufstätig waren und sich aufgrund ihrer Behinderung beruflich neu orientieren müssen. Fortbildungen und Umschulungen erfolgen in anerkannten Ausbildungsberufen oder speziellen Ausbildungsberufen für Menschen mit Behinderungen. Berufsbegleitende Fachdienste begleiten die Menschen mit Behinderungen während der Ausbildungszeit.

1.1.2   Wohnräume für erwachsene Menschen mit Behinderungen

Das Wohnen in der eigenen Familie

Ein Großteil der erwachsenen Menschen mit Behinderungen lebt bis zum Tod der Eltern oder anderer betreuender Familienangehöriger in der eigenen Familie. Findet erst im hohen Alter eine Übersiedlung in ein Wohnheim statt, haben viele Menschen Schwierigkeiten, sich einzugewöhnen und sich in der neuen Umgebung zurechtzufinden.
So wird gefordert, dass Menschen mit geistiger Behinderung schon frühzeitig im Jugendalter und nicht erst beim Eintreten des Todes naher Verwandter auf ein Leben außerhalb der Familie vorbereitet werden.

Wohnheim

Ein Großteil der Menschen mit Behinderungen, die nicht in der eigenen Familie leben, ist in Wohnheimen untergebracht, die in der Regel an Werkstätten für Menschen mit Behinderungen angegliedert sind. Hier finden sie ein integriertes Arbeits- und Freizeitangebot vor sowie eine medizinische, therapeutische und sozialpädagogische Versorgung (vgl. Fornefeld, 2002, S. 134 ff.).

Außenwohngruppe/betreutes Wohnen

In Gruppen von zwei bis sieben Personen leben die Menschen mit Behinderungen in einem Ein- oder Mehrfamilienhaus. Zu festgelegten Zeiten werden sie hier betreut. Am Morgen verlassen sie die Wohnung, um zu arbeiten, meist in der Werkstatt für Menschen mit Behinderungen.

Notwendige Hausarbeiten und Besorgungen übernehmen die Menschen mit Behinderungen selbstständig oder mit ihren Betreuern. Innerhalb der Gruppe werden Regeln für das Gemeinschaftsleben gemeinsam mit den Betreuern aufgestellt. Viele Freizeitangebote und Therapien werden außerhalb wahrgenommen (vgl. Thesing, 1992, S. 117).

Einige wenige Menschen mit geistigen Behinderungen wohnen allein oder als Paar in einer Einzelwohnung. Sie werden gezielt auf das selbstständige Wohnen, die Führung eines eigenen Haushaltes sowie die soziale Integration in die entsprechende Wohnumgebung vorbereitet (vgl. Fornefeld, 2002, S. 143 ff.).

Ambulant betreutes Wohnen

Das ambulant betreute Wohnen (ABW) bietet sich insbesondere für zwei Personengruppen an:

1. Geistig und mehrfach behinderte volljährige Menschen, die selbstständig in einer eigenen oder in einer Mietwohnung leben möchten, aber nicht ohne Unterstützung auskommen.

2. Geistig und mehrfach behinderte volljährige Menschen, die sich zurzeit noch in stationärer Unterbringung befinden, gerne aber mithilfe der ambulanten Betreuung, selbstständiger leben möchten.

Diese Art der Betreuung richtet sich an Menschen mit Behinderungen, bei denen durch den sozialpädagogischen Fachdienst festgestellt wurde, dass sie ein gewisses Maß an Selbstständigkeit und Eigenverantwortung in der Alltagsbewältigung und Lebensführung aufweisen.
Der Unterstützungsbedarf ist individuell verschieden und wird mit den Betroffenen gemeinsam festgelegt und vereinbart.

Zu den verschiedenen Leistungen des ambulant betreuten Wohnens zählen beispielsweise:
- Hilfen zur Bewältigung des Alltags (Haushaltshilfen beim Putzen, der Wäschepflege)
- Unterstützung beim Umgang mit Behörden, Ämtern und anderen Institutionen (Sozialamt, Versorgungsamt, Krankenkasse, Pflegedienste …)
- pädagogische Betreuung
- Assistenz bei der Freizeitgestaltung und der Teilnahme am sozialen Leben

In der Regel hilft das Fachpersonal bei Bedarf morgens beim Aufstehen, Waschen und der Zubereitung des Frühstückes und ist nachmittags wieder anwesend, wenn die Menschen mit Behinderungen von der Arbeit in einer Werkstatt oder einer ähnlichen Einrichtung nach Hause kommen.
(vgl. Behörde für Soziales, Familie, Gesundheit, Hamburg, 2007, S. 5 ff.)

1.2   Betreuungsangebote für Kinder mit Behinderungen

1.2.1   Tageseinrichtungen für Kinder mit Behinderungen im Vorschulalter

Sozialpädagogische Tageseinrichtungen für Kinder im Vorschulalter ergänzen und unterstützen die familiäre Erziehung. Ganztags oder für einen Teil des Tages werden die Kinder hier betreut. Die Kinder sollen hier Eigenverantwortlichkeit, Selbstständigkeit und Gemeinschaftsfähigkeit entwickeln bzw. weiterentwickeln.
Dieses Ziel gilt für Kinder mit und ohne Behinderungen gleichermaßen.

Folgende vorschulische Betreuungsangebote existieren für Kinder mit Behinderungen:

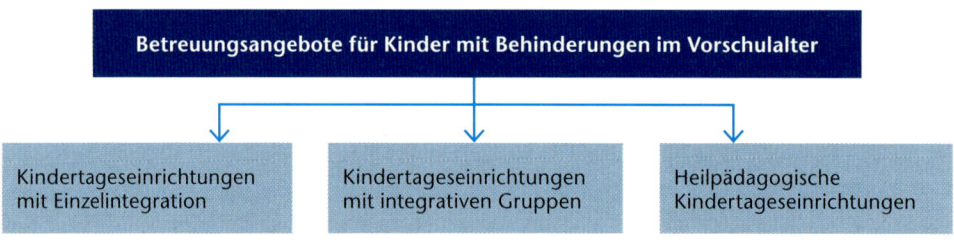

(vgl. Dörr/Günther, 2003, S. 87 f.)

Kindertageseinrichtungen mit Einzelintegration

In der Regel werden Kinder mit Behinderungen eine heilpädagogische Kindertagesstätte oder eine integrative Gruppe innerhalb einer Kita besuchen. Kindertagesstätten sind jedoch im Einzelfall bereit, ein bis drei Kinder mit Behinderungen aus dem näheren Wohnumfeld aufzunehmen. Die Integration findet in der Regel nur in den Kindergartengruppen statt.

Hierfür müssen jedoch Rahmenbedingungen geschaffen werden, die sich an den Bedürfnissen der Kinder mit Behinderungen orientieren. So ist beispielsweise die Gruppenstärke entsprechend den Anforderungen der nach §39 BSHG aufgenommenen Kinder herabzusetzen. Die Gruppenstärke reduziert sich dann in der Regel pro Aufnahme eines Kindes mit Behinderungen um zwei bis drei Plätze.

Kindertageseinrichtungen mit integrativen Gruppen

Hierbei handelt es sich um Kindertageseinrichtungen, in denen Kinder mit und ohne Behinderungen gemeinsam spielen, lernen und aufwachsen.
Bei einer Gruppenstärke von 15 Kindern weisen maximal fünf Kinder Behinderungen auf. Die personellen Bedingungen richten sich nach den individuellen Erfordernissen der Gruppe und des einzelnen Kindes. Um allen Kindern gerecht zu werden, sind drei pädagogische Fachkräfte notwendig, von denen eine Mitarbeiterin eine heilpädagogische Ausbildung haben sollte.
Zudem sollte auf eine angemessene Verteilung der Kinder mit Behinderungen innerhalb der Tagesstätte geachtet werden. In den einzelnen Gruppen sollten Kinder mit unterschiedlichen Behinderungen und unterschiedlichen Schweregraden der Behinderung aufgenommen werden.
Zum Teil bieten Kindertagesstätten mit integrativen Gruppen auch ergänzend eine therapeutische Versorgung für die Kinder mit Behinderungen durch Fachkräfte wie Ergotherapeuten, Logopäden, Psychologen und Krankengymnasten an. Der Umfang dieser Therapien richtet sich nach Art und Schwere der Behinderungen der einzelnen Kinder.
Die Räumlichkeiten der Einrichtung müssen ebenfalls den Behinderungen entsprechend gestaltet sein, sodass z.B. Rollstuhlfahrer fahren können, ohne auf Hindernisse zu stoßen, eine Wickelkommode im Waschraum für die Kinder bereitsteht, die gewickelt werden müssen usw.
Um die Therapien im Kindergarten durchführen zu können, müssen ebenfalls entsprechende Räume vorhanden sein.
(vgl. Huber/Lehmann, 1993, S. 42 ff.)

Heilpädagogische Kindertagesstätten

Hier werden insbesondere Kinder mit Schwerst- und Mehrfachbehinderungen betreut und gefördert, für die eine sozialpädagogische Regeleinrichtung nicht ausreicht.
Die sozialpädagogische Arbeit hat einen hohen therapeutischen Charakter. So wird eng mit therapeutischen Fachkräften wie Psychologen, Logopäden, Krankengymnasten usw. zusammengearbeitet. Die Mitarbeiterinnen selbst sollen eine heil- oder sozialpädagogische Ausbildung haben.

Kritiker sehen in dem Besuch einer heilpädagogischen Kindertagesstätte oft Nachteile für das Kind, weil diese Einrichtungen meist nicht im näheren Wohnumfeld liegen, Kinder erst am späten Nachmittag nach Hause zurückkommen und die Gruppenmitglieder, die häufig ähnliche Defizite aufweisen, nur schwer eine Vorbild- und Spielpartnerfunktion übernehmen können.
Befürworter nennen als Vorteile die besonderen Förderungsmöglichkeiten und die therapeutischen Angebote, durch die Kinder gut auf die anschließende Aufnahme in eine Förderschule vorbereitet werden. Das heißt beispielsweise:

- Die Arbeit in sehr kleinen Gruppen hilft dem einzelnen Kind, sich leichter zurechtzufinden und seine Bedürfnisse besser umzusetzen.
- Durch die therapeutischen Hilfen werden die Kinder in ihrer Gesamtpersönlichkeit unterstützt, sie erhalten Anreize und Entwicklungshilfen. Dabei orientiert sich die Art, Dauer und Form der unterschiedlichen Angebote an dem jeweiligen Entwicklungsstand des einzelnen Kindes.

Familien erhalten durch die Unterbringung der Kinder für einige Stunden am Tag Entlastung von der nicht immer leicht zu bewältigenden Erziehungsaufgabe. Die Kinder werden ca. 30 Stunden wöchentlich in der heilpädagogischen Kindertagesstätte betreut. Sie werden in der Regel mit Taxen von zu Hause abgeholt und dorthin zurückgebracht.
(vgl. Bernitzke, 2001, S. 93)

In jedem Einzelfall muss überlegt werden, welche Einrichtung für das entsprechende Kind geeignet sein könnte, um es mit seinem spezifischen Problem optimal fördern zu können. Weder das Kind selbst noch die Gesamtgruppe darf überfordert werden. So kann also auch die Situation entstehen, dass es pädagogische Gründe gibt, ein Kind mit Behinderungen nicht in eine Gruppe aufzunehmen.
(vgl. Huber/Lehmann, 1993, S. 43)

1.2.2 Förderschulen

Es gibt für die verschiedenen Behinderungsformen unterschiedliche Arten von **Förderschulen**:

FÖRDERSCHULEN	
	Schulen mit dem sonderpädagogischen Förderschwerpunkt **„Lernen"**
	Schulen mit dem sonderpädagogischen Förderschwerpunkt **„Sprache"**
	Schulen mit dem sonderpädagogischen Förderschwerpunkt **„emotionale und soziale Entwicklung"**
	Schulen mit dem sonderpädagogischen Förderschwerpunkt **„geistige Entwicklung"**
	Schulen mit dem sonderpädagogischen Förderschwerpunkt **„Hören"**
	Schulen mit dem sonderpädagogischen Förderschwerpunkt **„körperliche und motorische Entwicklung"**
	Schulen mit dem sonderpädagogischen Förderschwerpunkt **„Sehen"**

Durch eine gezielte sonderpädagogische Förderung, die auf die entsprechende Behinderungsform abgestimmt ist, wird versucht, die Schülerinnen und Schüler mit Behinderungen auf die Teilnahme am gesellschaftlichen Leben vorzubereiten, damit sie ihr eigenes Leben, soweit es möglich ist, eigenständig gestalten können.

Beispiel: „Förderschule mit dem Schwerpunkt geistige Entwicklung"

Die Dauer der Schulzeit umfasst insgesamt 13 Schuljahre. Das vorrangige Kriterium für die Zusammensetzung einer Klasse ist eine weitgehend homogene Altersstruktur. Dadurch bedingt zeigen sich bei den einzelnen Schülern einer Klasse in Bezug auf die Schwere ihrer Behinderung deutliche Unterschiede.

Es werden individuelle Lern- und Förderpläne für einzelne Schülerinnen und Schüler erstellt. Um diese umsetzen zu können, gestaltet sich der Unterricht zum Teil in Kleingruppen oder in Einzelförderung. Eine Klasse sollte eine Klassenstärke von 13 Schülern nicht überschreiten. Vor allem bei den jüngeren Lerngruppen wird aufgrund der altersbedingten Erziehungserfordernisse die Klassengröße niedriger ausfallen.

Die Schülerinnen und Schüler einer Klasse bleiben über mehrere Jahre zusammen. Sie durchlaufen während ihrer Schulzeit, meist im Ganztagsunterricht, mehrere Stufen:

Vorstufe	Unterstufe	Mittelstufe	Oberstufe	Berufspraxisstufe
6. bis ca. 7. Lebensjahr	ca. 7. bis ca. 10. Lebensjahr	ca. 10. bis 13. Lebensjahr	ca. 13. bis 17. Lebensjahr	ca. 17. bis ca. 20. Lebensjahr

Vor- und Unterstufe: Grundlegende Verhaltensweisen werden durch spielerisches Lernen vermittelt. Das Kennenlernen der eigenen Person und die Förderung der Selbstständigkeit stehen im Vordergrund. Es erfolgt ein schrittweiser Übergang vom anfänglichen Einzelunterricht über den Kleingruppenunterricht hin zum Klassenunterricht.

Mittelstufe: Alle eingeübten Verhaltensweisen und Fertigkeiten erfahren eine Erweiterung. Die Schülerinnen und Schüler werden gefordert, einfachen Zeichen und Symbolen Informationen zu entnehmen. Zudem erlernen sie den sachgerechten Umgang mit Materialien und Gegenständen aus ihrem unmittelbaren Erfahrungsraum und erweitern ihre kommunikativen Fähigkeiten.

Oberstufe: Die Schülerinnen und Schüler werden in die Unterrichtsplanung einbezogen und erlernen in dieser Zeit auch den Umgang mit einfachen Werkzeugen und Arbeitsmaterialien. Die Selbstständigkeitsförderung erfährt eine Erweiterung, das Denken in komplexeren und abstrakteren Zusammenhängen wird angeregt.

Berufspraxisstufe: Hier werden alle bisherigen Lerninhalte fortgeführt und Grundlagen für eine spätere berufliche Tätigkeit, meist in der Werkstatt für Menschen mit Behinderungen (WfbM), geschaffen. So werden auch Arbeitsprojekte und Betriebspraktika durchgeführt.

(vgl. Fornefeld, 2002, S. 106 f.)

Einige Förderschulen bieten ihren Schülerinnen und Schülern nach Beendigung der Vollzeitschulpflicht und zwei Schuljahren beruflicher Bildung in einem 13. und letzten Schulbesuchsjahr an, in eine sogenannte „Trainingswohnung" zu gehen, um sich in diesem Jahr intensiv auf die Zeit nach ihrer Schulentlassung vorzubereiten. Hierzu gehören alle Erfordernisse des täglichen Lebens (siehe hierzu auch Kapitel 4.2), die mit dem Wohnen zusammenhängen.

Frühförderzentrum

Eine weitere Bildungs- und Förderungseinrichtung für Kinder mit Behinderungen stellt das **Frühförderzentrum** dar.
Frühförderzentren sind Hilfen für Eltern mit Säuglingen, Kleinkindern oder Kindergartenkindern mit Behinderungen oder Auffälligkeiten in der Entwicklung.
Ein Team von heilpädagogischen, sozialpädagogischen und medizinischen Fachkräften mit vielfältigen Zusatzqualifikationen unterstützt die Erziehungsaufgabe der Eltern durch Information, Beratung und Begleitung.

1.3 Sozialpädagogische und sozialpflegerische Mitarbeiter in Einrichtungen für Menschen mit Behinderungen

Sozialhelferinnen werden in Praktika und Beruf im Team mit verschiedenen Fachkräften zusammenarbeiten, deren Arbeitsschwerpunkte entsprechend ihrer Ausbildung und ihres Einsatzbereiches unterschiedlich sein können.

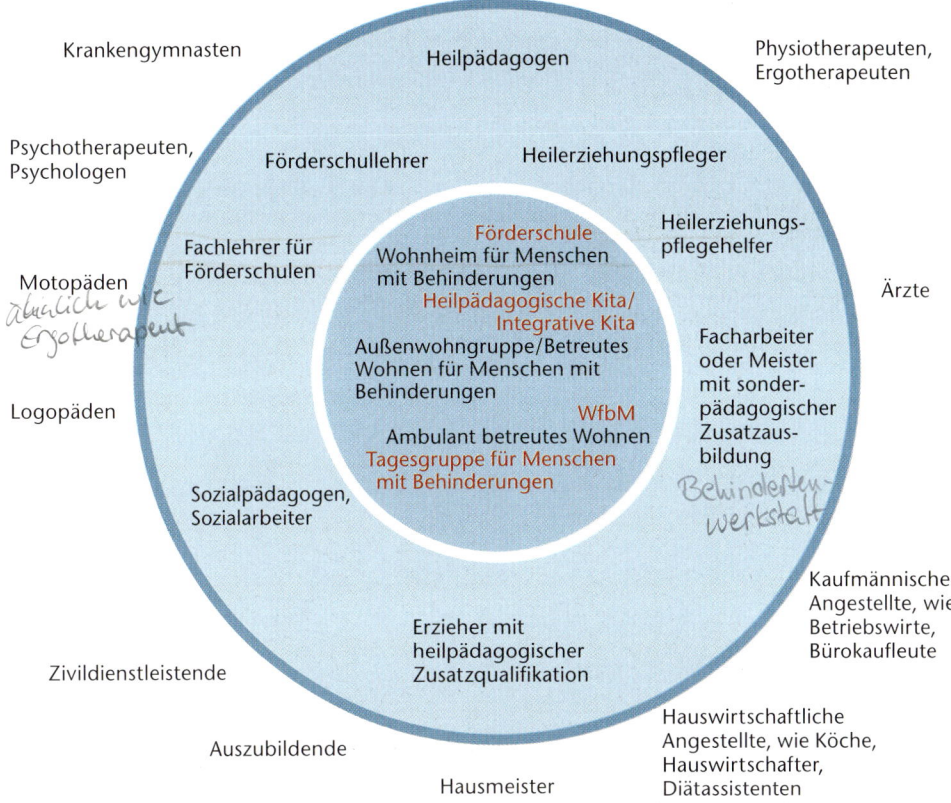

Am Beispiel der Werkstatt für Menschen mit Behinderungen (WfbM) wird angezeigt, mit wie vielen verschiedenen Berufsgruppen Sozialhelfer in Ausbildung und Beruf zusammenarbeiten können:

Qualifiziertes Personal begleitet die Beschäftigten bei ihrer Arbeit in der Werkstatt

Werkstattleitung: Meist teilen sich heute Betriebswirte und Pädagogen die verschiedenen Leitungsfunktionen, um ein Werkstattkonzept zu entwickeln, in welchem alle wirtschaftlichen und pädagogisch-therapeutischen Aufgaben und Ziele gleichermaßen Berücksichtigung finden.

Sozialer Dienst: Sozialarbeiter und Sozialpädagogen übernehmen insbesondere folgende Aufgaben in der WfbM:
- Initiierung von arbeitsbegleitenden Maßnahmen für die Beschäftigten
- Aufnahme der Beschäftigten in die WfbM
- Verwaltungsaufgaben
- Mitwirkung bei der Entwicklung und Umsetzung der Konzeption (Eingangsverfahren, Berufsbildungsbereich, Bereich für Menschen mit schweren Behinderungen)

Gruppenleitung: Im Arbeits- und Förderbereich arbeiten meist Facharbeiter oder Meister mit einer sonderpädagogischen Zusatzausbildung als Gruppenleiter. In besonderem Maße tragen sie dazu bei, die Beschäftigten zu motivieren und für ein positives Arbeitsklima zu sorgen.

Weitere begleitende Dienste: Neben den Sozialarbeitern und Sozialpädagogen sind auch Psychologen, Ärzte, Heilerziehungspfleger und ähnliche Berufsgruppen für die pädagogische und therapeutische Betreuung der Beschäftigten zuständig.
Zudem wenden sie sich den Menschen mit schweren Behinderungen zu, die aufgrund der Schwere ihrer Behinderung in dem Förder- und Betreuungsbereich betreut werden müssen.
(vgl. Fornefeld, 2002, S. 128 ff.)

Im Folgenden werden einige aufstiegsorientierte Ausbildungen im heilpädagogischen Bereich näher beschrieben:

Heilerziehungspflegerin

Heilerziehungspflegerinnen arbeiten in Einrichtungen zur Eingliederung und Betreuung von Menschen mit Behinderungen, z.B. in entsprechenden Tagesstätten oder Wohn- und Pflegeheimen. Folgende Arbeitsfelder können ebenfalls zu ihren Einsatzgebieten gehören:
- ambulante soziale Dienste,
- Vorsorge- und Rehabilitationskliniken,
- Förderschulen: Hier übernehmen sie Aufgaben im Bereich der pädagogischen Freizeitbetreuung.

Gelegentlich finden sie auch in Kindergärten oder Privathaushalten in der Kinderbetreuung Beschäftigung.

Aufgaben

Zu den vielfältigen Aufgaben der Heilerziehungspflegerinnen zählen beispielsweise:

- **Menschen mit Behinderungen pflegen und betreuen** (z. B. Maßnahmen der Grundpflege bei kranken und bettlägerigen Menschen durchführen, Menschen mit Behinderungen in Alltagssituationen begleiten, Entwicklungsberichte erstellen usw.)

- **Menschen mit Behinderungen in ihrer individuellen Entwicklung fördern** (z. B. Förderpläne erstellen und führen, beispielsweise im lebenspraktischen, musischen und sozialen Bereich, pädagogische und therapeutische Maßnahmen für Menschen mit Verhaltensauffälligkeiten durchführen, berufliche Eingliederung unterstützen, Nachbetreuung und Begleitung beim Übergang in eine weitgehend selbstständige Wohn- und Lebensform übernehmen)

- **Menschen mit Behinderungen innerhalb von Wohn- und Arbeitsgruppen pflegen und betreuen** (z. B. Hobby- und Freizeitaktivitäten unterstützen, anregen und umsetzen, Veranstaltungen wie Feste und Feiern organisieren und gestalten)

- **Menschen mit Behinderungen in das gesellschaftliche Umfeld integrieren und Maßnahmen der Öffentlichkeitsarbeit durchführen** (z. B. Tag der offenen Tür in der Einrichtung organisieren, Angehörigenarbeit)

Ausbildung

Die Aus- bzw. Weiterbildung an Fachschulen beziehungsweise Berufskollegs dauert in Vollzeit zwei bis drei Jahre, in Teilzeit drei bis viereinhalb Jahre, je nachdem, ob Zusatzqualifikationen Bestandteil der Aus- bzw. Weiterbildung sind.

Voraussetzungen

Vorausgesetzt wird ein Hauptschulabschluss oder der mittlere Bildungsabschluss für die Aufnahme an einer Fachschule. Wichtige Voraussetzung für die Weiterbildung an Fachschulen ist die Abschlussprüfung in einem anerkannten und für die Zielsetzung der Fachrichtung einschlägigen Ausbildungsberuf. Zum Teil ist vor Aus- bzw. Weiterbildungsbeginn die gesundheitliche Eignung für den Beruf durch ein ärztliches Attest nachzuweisen. Je nach Bildungseinrichtung wird zusätzlich ein polizeiliches Führungszeugnis oder ein Erste-Hilfe-Kurs verlangt (vgl. www.berufenet.arbeitsagentur.de, Zugriff am 17.04.2010).

Heilpädagogin (Fachschule)

Aufgaben

Heilpädagoginnen unterstützen erwachsene Menschen mit unterschiedlichen Behinderungen bei ihrer sozialen und beruflichen Eingliederung und arbeiten zielorientiert mit Kindern und Jugendlichen mit Entwicklungsstörungen, emotionalen Störungen und Verhaltensstörungen.

Zu ihren vielfältigen Aufgaben zählen beispielsweise:

- Diagnose der vorliegenden Probleme und Störungen
- Entwicklung individueller Behandlungspläne aufgrund der ermittelten vorhandenen Ressourcen und Fähigkeiten
- Stärkung der Persönlichkeit und der persönlichen Kompetenzen durch geeignete pädagogische Maßnahmen
- Pflege von Menschen mit schweren Behinderungen
- Beratung und Betreuung von Angehörigen und anderer an der Erziehung Beteiligten

Ausbildung

Die Ausbildung zur Heilpädagogin wird als Weiterbildung an Fachschulen und Fachakademien angeboten. Die Ausbildungsdauer beträgt eineinhalb bis zweieinhalb Jahre im Vollzeitunterricht und im Teilzeitunterricht zwei bis vier Jahre.

Voraussetzungen

Es wird ein Hauptschulabschluss bzw. ein mittlerer Bildungsabschluss für die Aufnahme an einer Fachschule oder Fachakademie verlangt. Für die Weiterbildung wird eine abgeschlossene Berufsausbildung als Erzieherin oder eine ähnliche Ausbildung sowie eine entsprechende Berufspraxis vorausgesetzt (vgl. www.berufenet.arbeitsagentur.de, Zugriff am 17.04.2010).

Motopädin

Aufgaben

Motopädinnen helfen Menschen mit Beeinträchtigungen in ihren Bewegungs- und Wahrnehmungsleistungen. Unter anderem zählen folgende Tätigkeiten zu ihren Aufgabenbereichen:

- Durchführung von Untersuchungen und Tests zur Motorik, Wahrnehmung und zum Bewegungsverhalten
- Erstellen von Entwicklungsberichten und Gutachten
- Entwicklung und Umsetzung individueller Therapiepläne
- Dokumentation der eigenen motopädischen Arbeit mithilfe von Beobachtungs-, Verlaufs-, Entwicklungs- und Abschlussberichten
- Beratung von Erziehern und Lehrern

Ausbildung

Die Weiterbildung an Fachschulen dauert in Vollzeit ein bis zwei Jahre, in Teilzeit in der Regel zwei Jahre.

Voraussetzungen

Neben einer entsprechenden Berufsausbildung und Berufspraxis, z. B. als Erzieherin, wird in der Regel ein mittlerer Bildungsabschluss für die Aufnahme an der Fachschule gefordert. Auch durch eine pädagogische Ausbildung im Bereich Sport oder Gymnastik sind die Zugangsvoraussetzungen für diese Weiterbildung erfüllt (vgl. www.berufenet. arbeitsagentur.de, Zugriff am 17.04.2010).

Logopädin

Aufgaben

Logopädinnen beraten und untersuchen Menschen mit Beeinträchtigungen im Stimm-, Sprach-, Sprech- oder Schluckverhalten. Aufgrund ärztlicher Verordnungen setzen sie therapeutische Maßnahmen zur Behandlung ein.

Sie werden hauptsächlich in Krankenhäusern, Kliniken und Logopädiepraxen eingesetzt. Zum Teil sind Logopäden auch in Kindergärten und Grundschulen beschäftigt sowie in Kinderheimen, Wohnheimen für Menschen mit Behinderungen oder Gesundheitsämtern.

Ausbildung

Die Ausbildung erfolgt als eine schulische Ausbildung an Berufsfachschulen für Logopädie und dauert drei Jahre.

Zudem besteht die Möglichkeit, Logopädie an Fachhochschulen zu studieren, teilweise auch in kombinierter Form mit der Berufsfachschulausbildung.

Voraussetzungen

Es wird ein mittlerer Bildungsabschluss vorausgesetzt oder der Hauptschulabschluss mit einer anschließenden abgeschlossenen Berufsausbildung von mindestens zweijähriger Dauer.

Des Weiteren wird in der Regel von den Absolventen erwartet, dass sie eine gesundheitliche Eignung für den Beruf aufweisen. Dazu zählen:

- ein normales Seh- und Hörvermögen
- eine gesunde und belastungsfähige Stimme
- eine gute laut- und schriftsprachliche Beherrschung der deutschen Sprache

Ebenso wird meist eine dialektneutrale Aussprache und Musikalität erwünscht (vgl. www.berufenet.arbeitsagentur.de, Zugriff am 17.04.2010).

1.4 Allgemeine Tätigkeiten der Sozialhelferin in Einrichtungen für Menschen mit Behinderungen

Die lebensbegleitenden Aufgaben der Sozialhelfer in Einrichtungen für Menschen mit Behinderungen umfassen folgende Bereiche, die je nach Einrichtungsart unterschiedliche Gewichtungen erfahren:

- **Förderung der Selbstständigkeit** (z.B. durch fachgerechte Anleitung der Arbeitsprozesse in der WfbM durch Hilfen bei der Pflege der Umgebung in der Wohnstätte, durch gemeinsame Vorbereitung von kleineren Mahlzeiten in heilpädagogischen Kindertagesstätten usw.)

- Begleitung von Alltagssituationen
- **Unterstützung der pädagogischen Mitarbeiter bei der Freizeitgestaltung von Menschen mit Behinderungen** (z. B. Begleitung der Menschen mit Behinderungen in Schwimmbäder, ins Kino, in Naherholungsgebiete, Anbieten von Spiel- und Bastelangeboten usw.)
- **Unterstützung der pädagogischen Mitarbeiter bei der Vermittlung von Außenkontakten und Umwelterfahrungen für Menschen mit Behinderungen** (z .B. Teilnahme an öffentlichen Veranstaltungen wie Stadtfesten, Gemeindefesten, Anhalten zu Telefonaten und Briefkontakten mit Angehörigen usw.)
- **Anleitung bei der Durchführung der Pflege der eigenen Person** (z. B. Hände waschen, Schuhe putzen, Ankleiden, Nagelpflege usw.)
- **Mithilfe bei der Sicherung der Grundbedürfnisse der Menschen mit Behinderungen** (z. B. Nahrung zubereiten, Kleidung pflegen und ausbessern, den Wohnraum säubern)

Aufgabe

1. Schätzen Sie ein, mit welchen der unten genannten Tätigkeiten Sie im Praktikum in den verschiedenen Einrichtungen für Menschen mit Behinderungen konfrontiert werden, und listen Sie diese in der Tabelle nach Wichtigkeit geordnet auf. Ergänzen Sie diese Auflistung mit weiteren Tätigkeiten.

    Tätigkeiten: Beaufsichtigen und beobachten, Bedürfnisse erkennen und Situationen erfassen, Gruppen oder Einzelne durch Spielangebote anregen und fördern, Hilfe geben zum selbstständigen Handeln, Körperpflege übernehmen, Nahrung zubereiten, Räume pflegen und gestalten, Feste und Feiern mitgestalten, Fördermaßnahmen begleiten.

Mögliche unterstützende Tätigkeiten in der integrativen Gruppe oder einer Kindergruppe in einer heilpädagogischen Kindertagesstätte oder einer Förderschule	Mögliche unterstützende Tätigkeiten in der Wohnstätte für Menschen mit Behinderungen	Mögliche unterstützende Tätigkeiten in der Werkstatt für Menschen mit Behinderungen
Beaufsichtigen, Beobachten, Situation und Bedürfnisse erkennen, Spielangebote fördern und anregen, Körperpflege, Nahrung zubereiten, Fördermaßnahmen	Hilfe geben zum Selbstständigen Handeln, Feste und Feiern mit vorbereiten, Beaufsichtigen, Beobachten, Spiele anbieten,	Fördermaßnahmen begleiten, Hilfe geben zum selbstständigen Handeln, Feste und Feiern mitgestalten

2. Entwickeln Sie Fragen zu den Tätigkeiten in den verschiedenen Einrichtungen für Menschen mit Behinderungen (eventuell in drei Kleingruppen), die Ihnen Mitarbeiter (nach Möglichkeit Ihre zukünftige Praxisanleitung) dieser Einrichtungen beantworten könnten.

2 Unterstützung von Menschen mit Behinderungen in ausgewählten Lebenssituationen

Aufgabe

Ihre Aufgabe ist es, sich für einen bestimmten Zeitabschnitt in die Rolle eines Menschen mit einer Behinderung einzudenken und diese realistisch zu erleben.
Bilden Sie hierzu innerhalb der Lerngruppe vier Kleingruppen.

Jede Kleingruppe bestimmt einen Teilnehmer (TN), der bereit ist, außerhalb des Schulgeländes einen Arbeitsauftrag (z. B. eine kleine Besorgung) in der Rolle eines Menschen mit Behinderungen zu erfüllen.

Aufgabe Gruppe 1:
Legen Sie einem TN Ihrer Gruppe eine Augenbinde an (nicht wieder abnehmen!) und begleiten Sie den TN, um den Arbeitsauftrag zu erfüllen.

Aufgabe Gruppe 2:
Geben Sie einem TN Ihrer Gruppe Gehhilfen und begleiten Sie den TN, um den Arbeitsauftrag zu erfüllen.

Aufgabe Gruppe 3:
Verschließen Sie einem TN Ihrer Gruppe die Ohren mit Oropax und begleiten Sie den TN, um den Arbeitsauftrag zu erfüllen.

Aufgabe Gruppe 4:
Setzen Sie einen TN Ihrer Gruppe in einen Rollstuhl und begleiten Sie den TN, um den Arbeitsauftrag zu erfüllen.

Arbeitsauftrag für den jeweiligen „Menschen mit Behinderungen":
Erleben Sie die Einschränkung mit möglichst vielen Wahrnehmungen:
- vieles nicht mitbekommen,
- um Hilfe bitten müssen usw.

Arbeitsauftrag für die Restgruppe:
In dieser Zeit sollten die anderen Gruppenmitglieder insbesondere auf die Reaktionen der Mitmenschen achten.
- Wirken sie hilflos?
- Nehmen sie Ihren Versuch ernst?
- Sind sie entgegenkommend?
- Wenden sie sich ab?

Wenn Sie wieder in der Schule sind, sollten Sie zunächst über Ihre Erfahrungen sprechen und anschließend die Ergebnisse dieses Gespräches in Stichworten festhalten.

2.1   Behinderung – was ist das eigentlich?

Eine allgemeingültige Definition des Begriffes „Behinderung" gibt es nicht. Dies ist vor allem dadurch zu erklären, dass jede Berufsgruppe, die sich mit Menschen mit Behinderungen beschäftigt, diesen Begriff aus ihrer Sicht, ihrem Berufsinteresse heraus zu umschreiben versucht.

So findet man zahlreiche unterschiedliche Definitionen, je nachdem, ob der Autor Pädagoge, Mediziner, Jurist, Theologe usw. ist.

In einer Definition der Weltgesundheitsorganisation (WHO) aus dem Jahre 1980 wurden Behinderungen in drei Bereiche unterteilt. Hier wird Behinderung unter dem Aspekt der Auswirkungen auf die Betroffenen gesehen:

- **Impairment (Schädigung)**
  Bei einer Behinderung handelt es sich um eine dauerhafte **Schädigung** der körperlichen und/oder geistigen und/oder seelischen Funktionen.
- **Disability (Beeinträchtigung)**
  Bei einer Behinderung handelt es sich um **Beeinträchtigungen**, welche die Bewältigung des Lebensalltags erschweren.
- **Handicap (Behinderung)**
  Aufgrund der **Behinderung** führen vorliegende Schädigungen zu Nachteilen in verschiedenen Lebensbereichen wie z. B. Beruf, Privatleben, Mitgliedschaft in Vereinen.

Kritisch anzumerken ist hier vor allem, dass bei dieser Definition nur die Mängel Beachtung finden, jedoch nicht aufgezeigt wird, welche positiven Möglichkeiten trotz der Beeinträchtigungen vorliegen.

Aus diesem Grund wurde diese Definition im Jahre 1998 etwas verändert und in dem neuen Definitionsversuch taucht nun ebenfalls der Aspekt „noch vorhandener Möglichkeiten trotz der Behinderung" (**activity**) auf.

(vgl. Bernitzke, 2001, S. 13)

Ebenso wie es keine verbindliche Definition des Begriffes **Behinderung** gibt, finden sich auch verschiedene Einteilungen und Abgrenzungen der Behinderungsarten. So ergeben sich z. B. medizinische, pädagogische und andere Einteilungen. Im Folgenden werden Arten von Behinderungen unter dem Aspekt der Beeinträchtigung bestimmter Funktionen in vier Gruppen unterteilt:

Beeinträchtigungen der Körperfunktionen (Körperbehinderungen), z. B.:
- Krampflähmungen
- Querschnittslähmungen
- Anfallserkrankungen (z. B. Epilepsie)
- Muskelerkrankungen
- Kinderlähmung
- Wirbelsäulenerkrankungen
- Erkrankungen des Zentralnervensystems (z. B. Multiple Sklerose)
- Knochenerkrankungen (z. B. Glasknochenkrankheit)
- Rheuma

Beeinträchtigungen der Sinneswahrnehmung (Sinnesschädigungen), z. B.:
- Gehörlosigkeit
- Schwerhörigkeit

- Blindheit
- Sehbehinderung
- Sprachbehinderungen (z. B. Stottern, Stammeln, Poltern)

Beeinträchtigungen der geistigen Fähigkeiten (Intelligenzstörungen):
- geistige Behinderung (z. B. Down-Syndrom)
- Lernbehinderung

Beeinträchtigung der psychischen Fähigkeiten (Verhaltensstörungen und Geisteskrankheiten), z. B.:
- Psychosen (z. B. Schizophrenie)
- Neurosen (Ängste, Zwänge)
- Depressionen
- Autismus
- Suchtkrankheiten (z. B. Drogen-, Alkoholabhängigkeit)
- Kontaktstörungen

Anzumerken ist, dass viele Behinderungen als Mehrfachbehinderungen auftreten.

Aufgaben

1. Erkundigen Sie sich in Ihrer Praktikumsstelle, mit welchen Behinderungsformen Sie konfrontiert werden.

2. Setzen Sie sich schriftlich mit einer Behinderungsform näher auseinander, indem Sie mithilfe weiterführender Literatur folgende Aspekte erfassen:
   - Kennzeichen dieser Behinderungsform
   - mögliche Ursachen der Entstehung dieser Beeinträchtigung
   - Auflistung der wichtigsten begleitenden Hilfsangebote für Menschen, die von dieser bestimmten Behinderungsform betroffen sind.

2.2 Menschen mit körperlichen Beeinträchtigungen

Lernsituation

Im Rahmen der Vorbereitung auf das Praktikum in Einrichtungen für Menschen mit Behinderungen wünschen einige Schülerinnen und Schüler, mehr über Lebenssituationen von Menschen mit körperlichen Beeinträchtigungen zu erfahren. Die **Fachlehrerin** lädt aus diesem Grunde eine Mitarbeiterin eines Bildungswerkes für Menschen mit und ohne Sehrest ein, die über einen Auszubildenden mit Sehbehinderung berichtet und eine Frau, die an Multiple Sklerose (MS) erkrankt ist und sich bereit erklärt, über den Verlauf ihrer Krankheit zu berichten.

Hier zusammenfassend einige Informationen zu den beiden Gästen, die auch die Schülerinnen und Schüler an zwei aufeinanderfolgenden Schultagen erhielten:

Beispiel 1:

Klaus ist 21 Jahre alt und besucht seit diesem Sommer das Berufsbildungswerk mit angeschlossenem Wohnheim für Menschen mit und ohne Sehrest. Der Umzug in diese Einrichtung wurde notwendig, weil sich sein ohnehin sehr geringes Sehvermögen so sehr verschlechterte, dass er mittlerweile fast erblindet ist. Lediglich hell und dunkel kann er noch wahrnehmen. Bis vor einem Jahr konnte er sich noch so weit orientieren, dass er auf Hilfsmittel (z.B. den Langstock) verzichtete. Zurzeit benutzt er auch noch keine Hilfen. Es fällt jedem auf, dass er sich sehr schnell und unvorsichtig bewegt, woraufschon einige kleinere Unfälle in Form von Zusammenstößen erfolgt sind.

Auffällig ist, dass er oft von seinem „Sehrest", mit dessen Hilfe er sich, wie er sagt, gut zurechtfindet, spricht, obwohl Personen in seiner näheren Umgebung bemerken, dass er sich alles ertasten muss.

Beispiel 2:

Frau Berger ist 44 Jahre alt und an Multiple Sklerose (MS)[1] erkrankt. Sie kann ihren Krankheitsverlauf genau beschreiben. Die ersten Anzeichen zeigten sich bereits vor 20 Jahren. Es handelte sich um Sehstörungen auf dem rechten Auge, die nach vier Wochen wieder verschwanden. Dann litt sie unter Krämpfen im linken Arm und der linken Hand bei gleichzeitigem Krampf des rechten Beines. Untersuchungen blieben jedoch ergebnislos. Im weiteren Verlauf des nächsten Jahrzehntes traten immer wieder Symptome auf, aber trotz Frau Bergers zunehmender Befürchtung, an MS erkrankt zu sein, blieben auch alle weiteren Untersuchungen ergebnislos.

Heute weiß man, dass es sich bei allen Störungen um sogenannte „Schübe" gehandelt hat, die sofort mit Cortison hätten behandelt werden müssen.

Erst nach 13 Jahren und ca. sechs Schüben erhielt Frau Berger dann die klare Diagnose. Seitdem versucht sie, ihr Leben, das früher sowohl beruflich als auch privat sehr anstrengend war, umzugestalten und mit ihrer Krankheit zu leben. Das ist nicht immer einfach, zumal sich zunehmend weitere Störungen einstellen.

Frau Berger nutzt für kurze Spaziergänge nunmehr den Rollator und den Rollstuhl bei längeren Aufenthalten draußen.

Auch einige Ihrer Mitschülerinnen und Mitschüler übernehmen während Ihres Praktikums die Betreuung von Menschen mit körperlichen Beeinträchtigungen.

Aufgaben zur Lernsituation

1. Notieren Sie spontan Ihre Einschätzung der oben beschriebenen Situationen:
   - Wer ist direkt und indirekt an den Situationen beteiligt?
   - Wie sehen die Beteiligten die Situation? (Eventuell können Sie die einzelnen Beteiligten besser einschätzen, wenn Sie deren Sichtweise einnehmen. Formulieren Sie hierzu in ein oder zwei Sätzen die jeweiligen Gedanken und Gefühle der Beteiligten in „Ich-Form".)

2. Welche Vorerfahrungen haben Sie bezüglich der angesprochenen Krankheitsbilder?

3. Welche weiteren Themen leiten Sie aus der geschilderten Situation ab?

---

[1] *Erkrankung des Gehirns und Rückenmarks mit Schädigung der Nervenfasern. MS kann zu Seh-, Denk- und Sprachstörungen und Lähmung führen.*

4. Lesen Sie die nachfolgenden Ausführungen, bearbeiten Sie die entsprechenden Aufgaben, und setzen Sie sich mithilfe weiterführender Literatur insbesondere mit Inhalten zu weiteren körperlichen Einschränkungen auseinander.

> **Merke!**
> *Als wesentliches Merkmal einer Körperbehinderung ist immer die Beeinträchtigung der Bewegung und Fortbewegung zu nennen, die weitere Einschränkungen mit sich bringt (vgl. Greving/Niehoff, 2002, S. 183).*

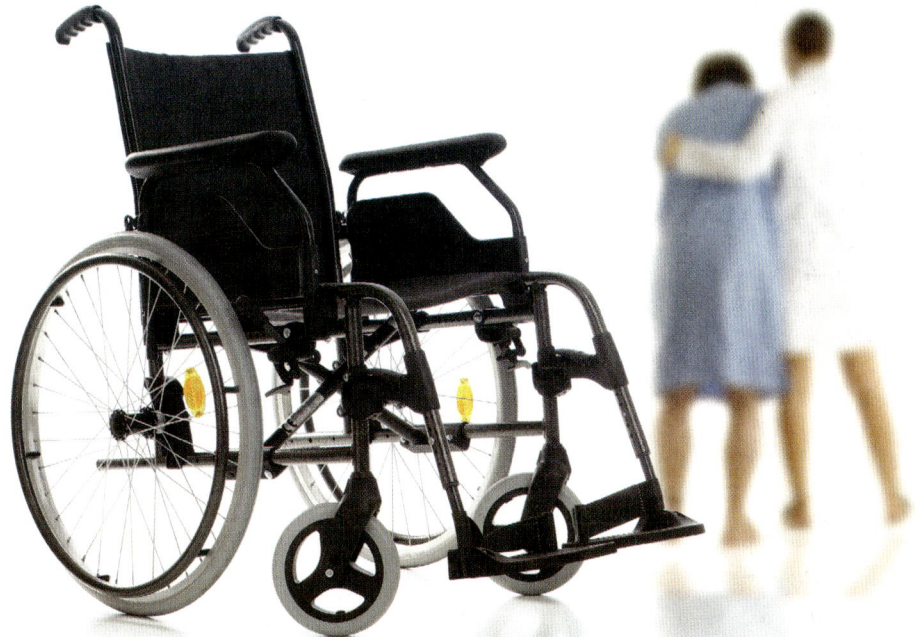

2.2.1 Mögliche Reaktionen auf körperliche Beeinträchtigungen

Die Gewissheit, aufgrund körperlicher Einschränkungen nicht mehr an allen wünschenswerten Aktivitäten teilnehmen zu können und zum Teil auf fremde Hilfe angewiesen zu sein, erschüttert häufig das Selbstwertgefühl der Betroffenen. Sie fühlen sich in ihrer Hilflosigkeit minderwertiger als ihre Mitmenschen, sodass es ihnen zunächst schwerfällt, ihre unabänderliche Situation zu akzeptieren.

So können sich folgende auffällige Verhaltensweisen zeigen (vgl. Wirsing, 2000, S. 205 ff.):

An vertrauten Lebensgewohnheiten festklammern
Wenn jemand aufgrund seiner fortschreitenden Beeinträchtigung seine Unabhängigkeit bedroht sieht, versucht er häufig, sich seine eingeschliffenen Lebensgewohnheiten zu bewahren. Dieses Verhalten dient als Schutzmechanismus, um sich gegen die Hilflosigkeit und die Bedrohung des Selbstwertgefühls zu wehren.
(z. B.: Ein Mann mit zunehmenden körperlichen Beeinträchtigungen versucht, seine gewohnte Anziehungskraft auf Frauen durch sexualisierte Sprüche unter Beweis zu stellen).

Rückfall in kindliche Verhaltensweisen (Regression)

Menschen mit körperlichen Beeinträchtigungen können sich zum Teil deshalb wie Kinder verhalten, weil ihre Pflegebedürftigkeit sie in diese Situation zwingt und so kaum ein Unterschied zur Situation des Kleinkindes besteht (**situative Regression**). Möglich ist es auch, dass sie sich aufgrund ihrer Behandlung in einer sozialpädagogischen oder sozialpflegerischen Institution wie Kinder fühlen (**institutionelle Regression**) oder weil sie den Zustand des Gepflegtwerdens genießen, wenn sie dazu neigen, Verantwortung auf andere Menschen zu übertragen (**individuelle Regression**).

Verdrängung

Mithilfe dieser Verhaltensweise wehren Menschen mit körperlichen Beeinträchtigungen ihre Ängste und Unsicherheiten bezüglich ihres Gesundheitszustandes ab, der zur Bedrohung geworden ist. So verharmlosen sie Symptome, beschäftigen sich bewusst mit anderen Dingen, betonen ihre Unabhängigkeit und zeigen in ihrem Verhalten, dass sie ihre Einschränkung nicht wahrhaben wollen.

Egozentrisches (ichbezogenes) Verhalten

Auch wenn ein auf Selbsterhaltung gerichtetes Verhalten durchaus als vernünftig und positiv zu bewerten ist, belastet dies die betroffenen Betreuer in starker Weise. Der Mensch mit körperlichen Beeinträchtigungen beansprucht dann häufig Pflegekräfte oder Betreuer ganz für sich und wird beispielsweise eifersüchtig, wenn sich diese auch anderen Personen zuwenden.

Leichte Beeinflussbarkeit durch Ratgeber (Suggestibilität)

Es hat sich gezeigt, dass sich Menschen mit körperlichen Einschränkungen, die zunehmend auf Hilfe anderer angewiesen sind, leichter durch die soziale Umgebung beeinflussen lassen. Dies kann einen verschlechternden, aber auch einen stützenden Einfluss auf ihre psychische Verfassung ausüben.

Magisches Denken

Betroffene mit schleichenden körperlichen Einschränkungen sind besonders anfällig für die Entwicklung merkwürdiger irrealer, unwissenschaftlicher Vorstellungen (magisches Denken), mit deren Hilfe sie sich eine Verbesserung ihres Gesundheitszustandes erhoffen. Der Glaube an „Wunderheiler und -mittel" zählt hierzu ebenso wie auch überlieferter Aberglaube.

Aggressives Verhalten

Aufgrund ihrer zunehmenden Angst, Hilflosigkeit und des starken Erlebens der körperlichen Funktionseinbußen können Betroffene aggressiv auf die Umwelt reagieren. Dies kann sich in ständiger Unzufriedenheit, Besserwisserei, Feindseligkeit, Misstrauen bis hin zu körperlichen Attacken gegen die am ehesten greifbare Person äußern.

Depressives Verhalten

Menschen mit körperlichen Einschränkungen, die zunehmend pflegebedürftig werden, können in Stimmungstiefs geraten, die über das normale Traurigsein, eine zeitweilige Lustlosigkeit und Niedergeschlagenheit, die jeder Mensch erleben kann, hinaus geht. Dies zeigt sich z. B. in Äußerungen wie „Ich bin nur noch nutzlos", „Ich kann gar nichts mehr", in klagendem Jammern, Untätigsein und Ähnlichem mehr.

Neben den genannten Reaktionen lassen sich auch weitere Beispiele körperlich beeinträchtigter Menschen finden, die aufgrund ihrer Einschränkungen neue Fähig- und Fertigkeiten entwickelt haben und somit lernten, in besonderer Weise mit ihrer Behinderung zu leben. Als Beispiel sei an dieser Stelle Louis Braille (1809–1852), der Erfinder der Blindenschrift, genannt.

Louis Braille (1809–1852) – Erfinder der Blindenschrift

Louis Braille, der in einem kleinen Dorf in Frankreich aufwuchs, verletzte sich im Alter von drei Jahren in der Sattlerwerkstatt seines Vaters mit einem spitzen Gegenstand an den Augen. Er wurde blind. Seine Eltern sorgten dafür, dass er lernte, so viel wie möglich mit den Händen zu tun. Er bewies großes handwerkliches Geschick und war auch ansonsten sehr wissbegierig. So brachten ihn seine Eltern auf die Blindenschule nach Paris, die hier neu eingerichtet worden war. Louis wurde ein guter Schüler, erlernte das Klavier- und Orgelspiel und konnte im Alter von 15 Jahren selbst jüngere Schüler unterrichten.

Zum damaligen Zeitpunkt erlernten die Schüler die Schrift der Sehenden. Sie konnten schreiben, aber nicht lesen, was sie selbst geschrieben hatten.

Der damals erst 16-jährige Louis hörte von einer „Nachtschrift" für Soldaten, die mit den Fingern ertastet wurde, damit man sie auch im Dunkeln lesen konnte.

Die Schrift bestand aus Punkten. Louis entwickelte diese Idee weiter und fand für das Alphabet eine Grundform, welche aus sechs Punkten bestand. Aus dieser entwickelte er die einzelnen Buchstaben.

Seine Punktschrift wird heute von blinden Menschen auf der ganzen Welt gelesen und geschrieben.

(vgl. Informationsmaterial des Deutschen Blinden- und Sehbehindertenverbandes e. V.)

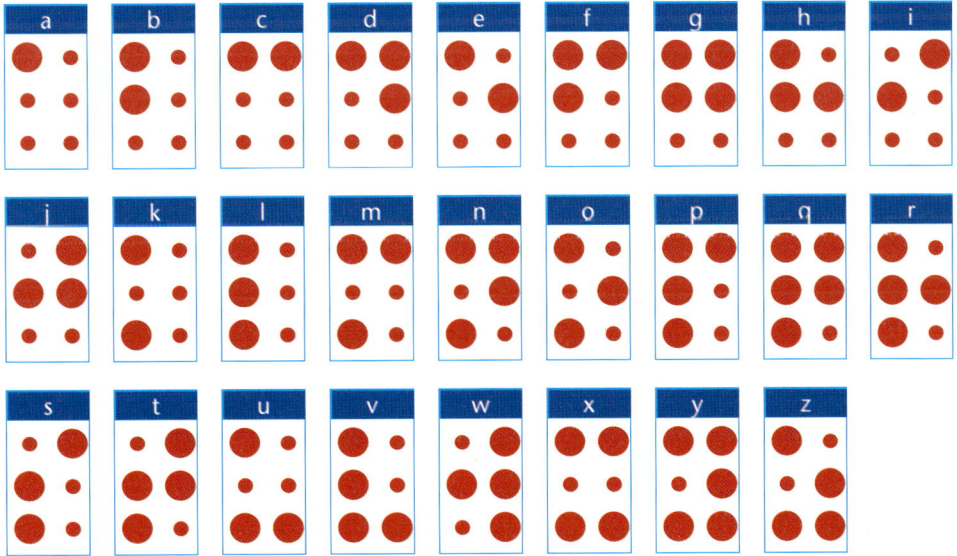

Blindenschrift: Hier wird gezeigt wie aus einer Grundform von sechs paarweise untereinander angeordneten Punkten das Alphabet gebildet wird.

Aufgaben

1. Versuchen Sie mithilfe einer stumpfen Nadel Ihren Namen in ein angefeuchtetes Stück weißes Tonpapier mit Punktalphabet einzustanzen. Zeichnen Sie dazu die Punkte zunächst mit Bleistift vor, stellen sich dann an ein Fenster und beginnen Sie erst hier mit dem Einstanzen, damit Ihr Name nicht spiegelverkehrt erscheint.

2. Legen Sie alle fertigen „Namensschilder" in die Mitte. Jeder nimmt sich dann ein „Namensschild" und versucht, den Namen zu lesen und der entsprechenden Person zuzuordnen.

Braille-Schrift wird mit den Fingerspitzen gelesen

2.2.2 Grundhaltungen sozialpädagogischer und sozialpflegerischer Fachkräfte gegenüber Menschen mit körperlichen Beeinträchtigungen

Folgende Punkte sollten von sozialpädagogischen und sozialpflegerischen Fachkräften berücksichtigt werden:

- Die Erweiterung des fachlichen Wissens bezüglich der Form der Behinderung kann hilfreich sein, um Stärken und Schwächen der Betroffenen besser einschätzen zu können (z. B. durch Gespräche mit den Mitarbeitern einer Einrichtung, Fachliteratur usw.).

- Sozialpädagogische und sozialpflegerische Fachkräfte sollten versuchen, mithilfe eines distanzierteren Blickwinkels die auffälligen Verhaltensweisen von Menschen mit körperlichen Beeinträchtigungen als Lösungsversuche zu akzeptieren, mit ihrer schweren Lebenssituation zurechtzukommen.

- Mit den eigenen Gefühlen sollten Fachkräfte möglichst ehrlich umgehen, sich persönliche Grenzen bewusst machen und, wenn nötig, Unterstützung durch Gespräche im Arbeitsteam oder in der Supervisionsgruppe[1] einfordern.

- Der Einzelne muss sich immer wieder vergegenwärtigen, dass der Mensch mit körperlichen Beeinträchtigungen nicht willentlich den Betreuer angreifen möchte. Dennoch geschieht es, dass zeitweilige „Überraschungsangriffe" in Form bestimmter Äußerungen und Handlungen schwer zu verkraften sind. Diese regressiven, aggressiven und egozentrischen Verhaltensweisen sollten immer innerhalb des Teams thematisiert werden, damit gemeinsam nach Möglichkeiten gesucht wird, den Menschen mit körperlichen Beeinträchtigungen zu stützen, anstatt „Gegendruck" auszuüben.

(vgl. Wirsing, 2000, S. 208 f.)

---

[1] **Supervision** *meint Fach- und Praxisberatung in pädagogischen und psychologischen Einrichtungen durch einen erfahrenen Spezialisten.*

2.3 Menschen mit geistiger Behinderung

Lernsituation

Zur Vorbereitung auf das Praktikum in Einrichtungen für Menschen mit Behinderungen erhalten die Schülerinnen von der **Fachlehrerin** einen Auszug aus einem Praktikumsbericht, in welchem kurz zwei Männer beschrieben werden, die beide aufgrund einer hirnorganischen Störung mit einer geistigen Behinderung geboren wurden. Beide Männer arbeiten in der Werkstatt für Menschen mit Behinderungen und leben in einem nahe gelegenen Wohnheim:

„Ulrich Velbert ist 55 Jahre alt. Er lebt mit sechs weiteren Bewohnern in einer Wohneinheit, ganz in der Nähe der Werkstatt, in der ich mein Praktikum absolviert habe. Mit den Mitbewohnern, die im Alter zwischen 34 und 62 Jahren sind, komme er gut zurecht, so erzählte man mir. Mit einem Bewohner, Theo, 54 Jahre, hat er sich vor einiger Zeit angefreundet. Beide arbeiten in der Abteilung „Verpackung und Handmontage" und fahren vom Wohnheim morgens mit dem Werkstattbus gemeinsam zu ihrer Arbeitsstelle.

Ulrich und Theo verpacken an ihrem Arbeitsplatz für eine Kosmetikfirma überwiegend Babycremes und -seifen. Alle Artikel müssen in bestimmter Weise angeordnet werden, damit die Stückzahl in jedem Karton gleich ist. Außerdem ist es wichtig, dass am Ende des Arbeitstages eine bestimmte Anzahl von Kartons fertig ist.

Aus diesem Grunde müssen alle Beschäftigten Hand in Hand und in einem bestimmten Tempo arbeiten. Ulrich und Theo sind täglich bemüht, ihr Arbeitspensum zu schaffen. Ulrich gelingt dies aufgrund seiner drohenden Rheumaerkrankung nicht immer. Dann muss der Gruppenleiter für ihn einspringen, damit der Auftrag rechtzeitig erfüllt wird. Von Montag bis Donnerstag arbeiten alle Beschäftigten bis 16.00 Uhr in der Werkstatt und freitags bis 14.00 Uhr. An diesem Tag bieten die sozialpädagogischen Mitarbeiter im Wohnheim auch meistens besondere Aktivitäten für die Bewohner an, die nicht zu ihren Familien über das Wochenende nach Hause fahren. Es handelt sich bei diesen Angeboten beispielsweise um Besuche im hauseigenen Schwimmbad, Kinobesuche und Spielabende.

Ulrich und Theo erzählten mir während der Frühstückspause, dass sie keine Verwandten hätten, die in ihrer Nähe wohnten und deshalb ihre Wochenenden im Wohnheim verbrächten."

Die meisten Ihrer Mitschüler werden im kommenden Praktikum ebenfalls mit Menschen mit geistiger Behinderung arbeiten. Einige haben sich entschlossen, mit erwachsenen Menschen in der Werkstatt oder einem Wohnheim zu arbeiten, andere wiederum werden Kinder in entsprechenden Einrichtungen betreuen.

Aufgaben zur Lernsituation

1. Notieren Sie spontan Ihre Einschätzung der oben beschriebenen Situation:
   - Wer ist direkt und indirekt an der Situation beteiligt?
   - Wie sehen die Beteiligten die Situation? (Eventuell können Sie die einzelnen Beteiligten besser einschätzen, wenn Sie deren Sichtweise einnehmen. Formulieren Sie hierzu in ein oder zwei Sätzen die jeweiligen Gedanken und Gefühle der Beteiligten in „Ich-Form".)

2.   Welche Vorerfahrungen haben Sie bezüglich der Arbeit mit Menschen mit geistigen Behinderungen?

3.   Welche der in der Situation angesprochenen Themen würden Sie zur intensiveren Vorbereitung auf Ihr Praktikum gerne bearbeiten? Listen Sie diese auf.

4.   Lesen Sie die nachfolgenden Ausführungen, bearbeiten Sie die entsprechenden Aufgaben, und setzen Sie sich mithilfe weiterführender Literatur mit weiteren für Sie wichtigen Inhalten zu diesen Themen auseinander.

Menschen wie Uli und Theo, die aufgrund einer vor, während oder nach der Geburt entstandenen Hirnschädigung in ihren intellektuellen Fähigkeiten starke Beeinträchtigungen aufweisen, werden als „Menschen mit geistiger Behinderung" bezeichnet.[1] Das gesamte Denken, Empfinden, Wahrnehmen, Handeln und Verhalten wird stark von dieser Störung beeinflusst. Erscheinungs- und Störungsbilder, die unter dem Begriff „geistige Behinderung" zusammengefasst werden, können sehr unterschiedlich sein und in ihrem Ausprägungsgrad variieren. In Bezug auf die unterschiedlichen Störungsbilder reichen diese Beeinträchtigungen von Fehlbildungen des Gehirns, über Genmutationen, Chromosomenanomalien, Geburtstraumen, Neugeborenenerkrankungen, entzündlichen Erkrankungen des Zentralnervensystems bis hin zu Hirntumoren, Demenz u. a. mehr.
Menschen mit geistiger Behinderung unterscheiden sich jedoch nicht ausschließlich in Bezug auf den Entstehungszusammenhang ihrer Beeinträchtigung, sondern können auch bei gleichem Störungsbild sehr unterschiedlich sein. So können beispielsweise Menschen mit der pränatal (vorgeburtlich) entstandenen Chromosomenanomalie Trisomie 21 (Down-Syndrom) zahlreiche Unterschiede in Bezug auf ihre körperlichen und geistigen Fähigkeiten, ihr Verhalten, ihre Bedürfnisse, Interessen usw. aufweisen.
(vgl. Fornefeld, 2002, S. 44 ff.)

Merke!
Es gibt nicht den Menschen mit geistiger Behinderung. Die seelischen oder sozialen Folgen der Beeinträchtigung sind bei jedem betroffenen Menschen unterschiedlich und bestimmen seine Lebenswirklichkeit. So muss auch die sozialpädagogische und sozialpflegerische Begleitung individuell auf die Bedürfnisse des einzelnen Menschen mit geistiger Behinderung abgestimmt werden.

Aufgabe

Überlegen Sie beispielsweise, inwieweit sich die Bedürfnisse der Begleitung von Uli und Theo während ihres Arbeitstages unterscheiden können.

---

[1] *Der frühere Begriff „Behinderter" wurde durch diese Umschreibung ersetzt, um zu verdeutlichen, dass der Mensch im Vordergrund steht und nicht seine Beeinträchtigung. Diese Fokussierung wird heutzutage als zu einseitig kritisiert.*

2.3.1 Das Normalisierungsprinzip in der Arbeit mit Menschen mit geistiger Behinderung

In den letzten Jahrzehnten wurde versucht, für Menschen mit Behinderungen angemessenere Wohnmöglichkeiten, die dem Grundbedürfnis nach Autonomie Rechnung tragen, zu schaffen. War dieser Personenkreis zuvor in Anstalten und psychiatrischen Landeskrankenhäusern mit gleichförmigem Tagesablauf, Schlafsälen ohne Privatsphäre usw. untergebracht, sollten die erwachsenen Menschen mit Behinderungen nunmehr in kleinere Wohneinheiten umgesiedelt werden.

Grundlage für die Veränderung der Wohnsituation von Menschen mit Behinderungen bildete der Gedanke der sogenannten *Normalisierung*. Hierunter versteht man die Schaffung von Alltagsbedingungen für Menschen mit Behinderungen, die den üblichen Lebensbedingungen und -arten der Gesellschaft so weit wie möglich entsprechen.
Dieser Grundgedanke geht auf den dänischen Juristen und Verwaltungsbeamten N. E. Bank-Mikkelsen (1959) und den Schweden Bengt Nirje (1969) zurück, die acht Grundanforderungen an die Arbeit mit Menschen mit geistiger Behinderung stellen.

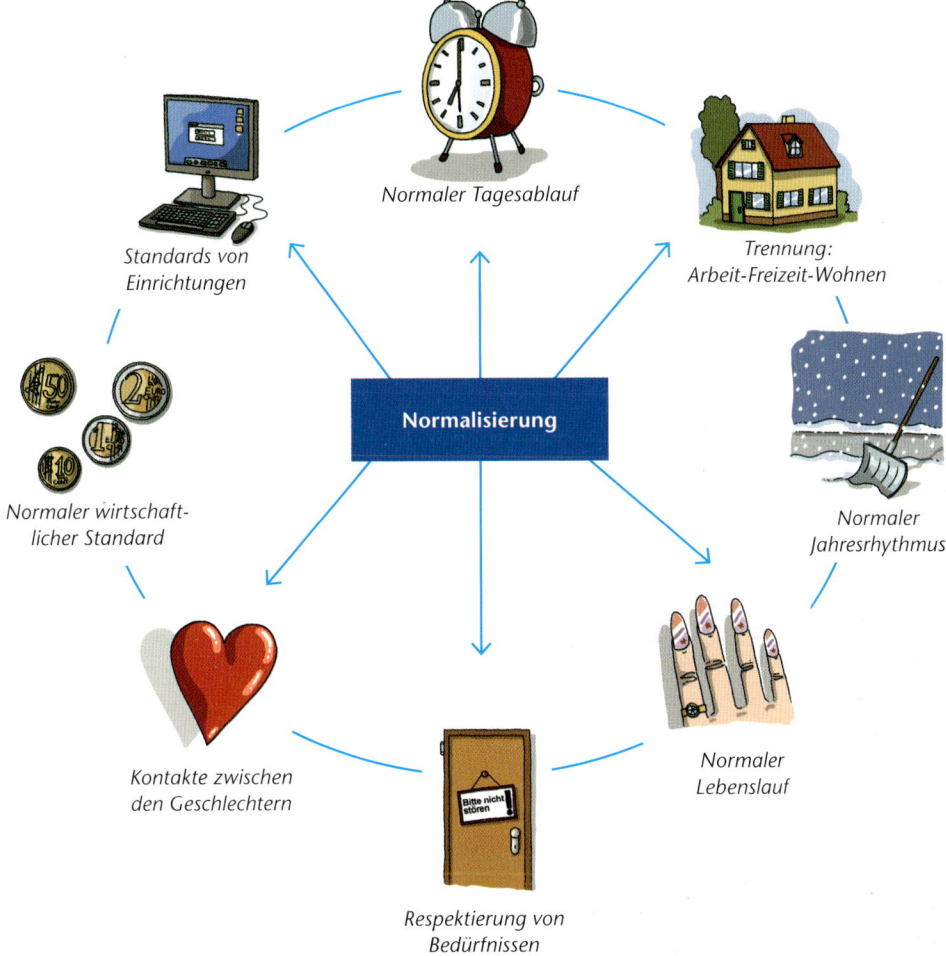

Normaler Tagesablauf

Standards von Einrichtungen

Trennung: Arbeit-Freizeit-Wohnen

Normalisierung

Normaler wirtschaftlicher Standard

Normaler Jahresrhythmus

Kontakte zwischen den Geschlechtern

Normaler Lebenslauf

Respektierung von Bedürfnissen

1. **Normaler Tagesrhythmus:**
   Der gesamte Tagesablauf wird demjenigen altersgleicher Menschen ohne Behinderungen angepasst.

2. **Trennung: Arbeit – Freizeit – Wohnen**
   Menschen mit geistiger Behinderung gehen genau wie Menschen ohne Behinderungen einer geregelten Arbeit nach. Befindet sich ihr Wohnbereich noch auf dem Werkstattgelände, muss zumindest angestrebt werden, dass die Freizeit auch außerhalb dieses Bereiches stattfindet, damit vielfältige Kontakte geknüpft und die Selbstständigkeit gefördert werden kann.
   Als ideal angesehen wird die klare Trennung der drei Bereiche, beispielsweise durch das Wohnen in kleineren Wohneinheiten in normalen Wohngegenden.

3. **Normaler Jahresrhythmus**
   Menschen mit geistiger Behinderung müssen die Möglichkeit erhalten, wiederkehrende Ereignisse innerhalb des Jahres, wie z. B. Familienfeiern und Ferienreisen, entsprechend ihrer Bedürfnisse zu erleben. Ebenso erfüllen sie Pflichten, die jahreszeitlich bedingt auftreten wie beispielsweise das Schneeräumen im Winter.

4. **Normaler Lebensablauf**
   Menschen mit geistiger Behinderung werden nicht wie kleine Kinder behandelt, sondern übernehmen altersentsprechende Rollen, soweit dies möglich erscheint. So übernehmen sie beispielsweise Haus- und Gartenarbeiten, bestimmen selbst über ihr äußeres Erscheinungsbild, indem sie modische Kleidungsstücke kaufen und tragen, sich frisieren lassen und Ähnliches mehr.

5. **Respektierung von Bedürfnissen**
   Betreuer achten darauf, dass sie Wünsche, Entscheidungen und Willensäußerungen von Menschen mit geistiger Behinderung nicht bloß zur Kenntnis nehmen, sondern diese auch berücksichtigen.

6. **Kontakte zwischen den Geschlechtern**
   Menschen mit geistiger Behinderung haben ebenso wie altersgleiche Männer und Frauen Bedürfnisse nach Kontakten zu Geschlechtspartnern. Diese sollten ihnen ermöglicht werden.

7. **Normaler wirtschaftlicher Standard**
   Wenn möglich, sollte das selbst erwirtschaftete Geld auch von den Menschen mit geistiger Behinderung selbstständig verwaltet werden. Ist dies aufgrund des Behinderungsgrades nur in Ansätzen möglich, sollte zumindest ein gewisser Taschengeldbetrag zur Verfügung stehen.

8. **Standards von Einrichtungen**
   In Einrichtungen für Menschen mit Behinderungen sind im Hinblick auf Größe, Lage und Ausstattung solche Maßstäbe anzuwenden, die auch Menschen ohne Behinderungen für angemessen halten.

(vgl. Thimm, 1995, S. 17 ff.)

> **Merke!**
> *Das Konzept der Normalisierung sollte nicht als „normal machen wollen" fehlinterpretiert werden. Es bedeutet vielmehr, dass es normal sein müsste, dem Menschen mit Behinderungen entsprechend seines individuellen Entwicklungsstandes mögliche Lebensmuster und Alltagsbedingungen zu bieten, ohne notwendige spezielle Hilfen, Dienste und Einrichtungen auszuschließen.*

Im Zusammenhang mit der Wohnsituation hat der Normalisierungsgedanke dazu geführt, dass in den letzten drei Jahrzehnten eine Vielzahl von kleineren und gemeindeorientierten Wohnformen entwickelt worden ist. So hat sich die Wohnsituation von Menschen mit geistiger Behinderung weitgehend verbessert. Menschen mit schwereren Behinderungen oder ältere Menschen leben jedoch nach wie vor noch häufig in stationären Einrichtungen.

Sozialpädagogische und sozialpflegerische Fachkräfte beraten und begleiten Menschen mit geistiger Behinderung, soweit dies möglich ist, bei der Gestaltung ihrer Wohnumwelt. So gehört es zu ihren Aufgaben:
- den Bewohnern Einblicke in andere Wohnungen zu geben,
- mit ihnen Einrichtungs- und Möbelhäuser zu besuchen,
- bei der Beschaffung neuer Einrichtungsgegenstände gemeinsam mit den Bewohnern darauf zu achten, dass alle wichtigen Aspekte beachtet werden und auch der festgelegte finanzielle Rahmen eingehalten wird,
- eventuell alte Möbel zu restaurieren,
- Bewohnern insbesondere bei der Gestaltung des eigenen Zimmers Freiraum zu gewähren und ihren persönlichen Geschmack zu respektieren.

(vgl. Bentele/Metzger, 1998, S. 98)

Aufgabe

Fertigen Sie eine Tabelle an und ordnen Sie die im Text genannten konkreten Beispiele zur Umsetzung der Grundanforderungen in der Arbeit mit Menschen mit geistiger Behinderung zu. Ergänzen Sie diese mit weiteren Umsetzungsmöglichkeiten.

Normaler Tagesablauf	Trennung: Arbeit – Freizeit – Wohnen	Normaler Jahresrhythmus	Normaler Lebenslauf	Respektierung von Bedürfnissen	Kontakte zwischen den Geschlechtern	Normaler wirtschaftlicher Standard	Standards von Einrichtungen

2.3.2   Die Arbeit mit Kindern mit geistiger Behinderung in integrativen, heilpädagogischen Tagesstätten

Integrative heilpädagogische Kindertagesstätten nehmen neben Kindern mit Behinderungen auch Kinder ohne Behinderungen auf. Der Tagesablauf in einer solchen Einrichtung ist vergleichbar mit dem Alltag in einer Regelkindertagesstätte (siehe hierzu Beschreibung eines Tagesablaufes in einer Regelkindergartengruppe, Kaitel II, 2.2.2). Auf einige Besonderheiten der integrativen heilpädagogischen Kindertagesstätte wird hier näher eingegangen:

- Die Kinder mit Behinderungen, die auf den Beförderungsdienst angewiesen sind, werden morgens gebracht und fahren nachmittags mit dem Fahrdienst wieder nach Hause.
- Im Tagesablauf werden zu bestimmten Zeiten gezielte Aktivitäten und Angebote mit Kindern mit und ohne Behinderungen gemeinsam durchgeführt.

- Alltägliche Abläufe wie das Frühstück und das Mittagessen nehmen einen sehr großen Raum im Tagesgeschehen ein, um das Gemeinschaftsgefühl und die Selbstständigkeit gleichermaßen zu fördern. Durch tägliches Üben immer wiederkehrender Situationen und mithilfe gezielter Hilfen durch die Betreuer findet hier indirekt auch immer eine Förderung statt. So beispielsweise die Auge-Hand-Koordination beim Gebrauch eines Löffels.

Um jedes Kind optimal zu fördern, arbeiten **Therapeuten** mit unterschiedlichen Ausbildungen in einer integrativen heilpädagogischen Kindertagesstätte. Nachdem in einem ersten Schritt die Stärken und Schwächen eines jeden Kindes individuell in einem spielerisch ausgerichteten Testverfahren ermittelt worden sind, ist es ihre Aufgabe, entsprechend des individuellen Bedarfs eines jeden Kindes mit Behinderungen einen Therapieplan zu erstellen und dann regelmäßig diese Therapien während des Tagesstättenalltags durchzuführen.

Hierzu gehören Physiotherapie, Ergotherapie, Logopädie, Schwimmen, therapeutisches Reiten, Psychomotorik und Snoezelen.

Physiotherapie

Die Physiotherapie zielt darauf ab, durch den systematischen und stufenförmigen Behandlungsaufbau, die natürliche, physiologische Reaktion des Organismus, wie beispielsweise den Muskelaufbau und die Anregung des Stoffwechsels, zu verbessern. Dies geschieht z. B. durch:

- Bewegungen, die der Patient selbstständig ausführt,
- Bewegungen, die durch den Therapeuten geführt werden oder
- den Einsatz physikalischer Maßnahmen.

Als Medium werden in der heilpädagogischen Kindertagesstätte verschiedene Materialien eingesetzt wie beispielsweise große Schaumstoffelemente für die vom Therapeuten geführten Bewegungen.
(vgl. Anderson, 2004, S. 844)

Ergotherapie

Die Ergotherapie (früher Beschäftigungs- und Arbeitstherapie) dient der Entwicklung, Wiederherstellung, Verbesserung, Erhaltung und Kompensation der krankheitsbedingt gestörten motorischen, sensorischen, psychischen und kognitiven Funktionen und Fähigkeiten. In heilpädagogischen Kindertagesstätten zielt diese Therapieform insbesondere darauf ab, die Feinmotorik sinnvoll zu trainieren sowie die Wahrnehmung zu verbessern und die Selbstständigkeit zu fördern (vgl. Anderson, 2004, S. 324 f.).

Logopädie

Logopädie und Sprachtherapie beschäftigen sich mit dem Aufbau und der Förderung der Kommunikation, die eine Grundvoraussetzung für das menschliche Miteinander darstellt.
Inhalte sind Sprachverständnis, Wortschatz, Artikulation und Grammatik. Ebenso werden Sprechfolge und die physiologischen Voraussetzungen wie die Atmung und Mundmotorik gefördert. Wichtig ist es dabei, die Sensibilität im Gesicht und im Mundbereich zu wecken. Dies ist nicht nur für das Sprechen notwendig, sondern auch, um die Nahrungsaufnahme zu verbessern. Ein wichtiges Ziel ist es, dass die Kinder lernen, ihre Wünsche und Bedürfnisse auszudrücken. Dies geschieht durch Blickkontakt, Gestik oder eben auch durch die Sprache.

Schwimmtherapie (Hydrotherapie)

Diese Therapieform macht sich insbesondere die Eigenschaften des Wassers zunutze. So wird die Freude an der Bewegung z. B. dadurch angeregt, dass unser Körper durch den Auftrieb kaum Gewicht hat und Wasser keinen Widerstand bietet, weil es ausweicht und sich immer der Körperform anpasst. Viele Menschen mit Behinderungen, die im alltäglichen Leben auf Hilfsmittel angewiesen sind, können im Wasser davon befreit werden und sich hier richtig entspannen. Wichtig ist, dass das Wasser mindestens eine Temperatur von 29 °C aufweist, weil erst dann eine Entspannung der Muskulatur möglich wird.

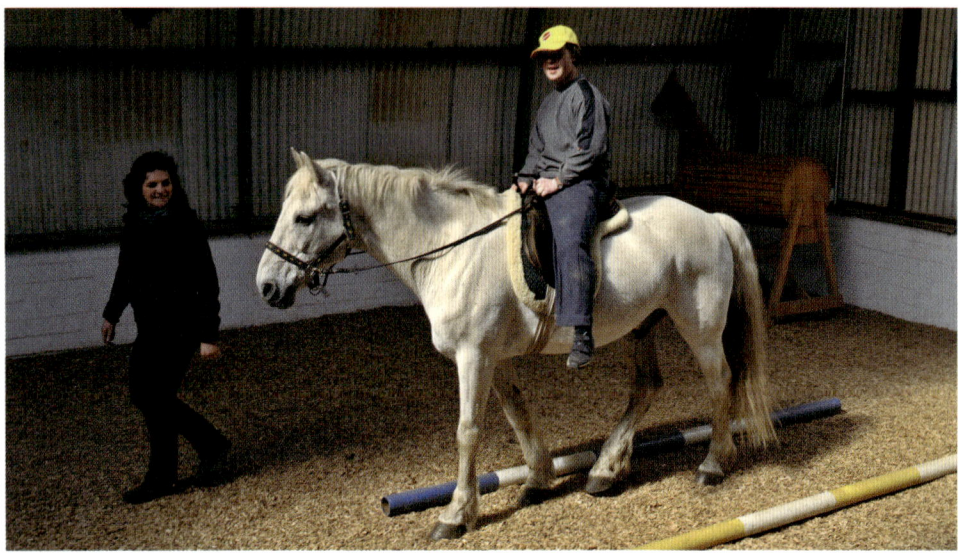

Heilpädagogisches Voltigieren (Hippotherapie)

Bei dieser Therapieform wird der heilende Effekt dadurch erreicht, dass sich der menschliche Körper auf das sich bewegende Pferd einpendelt. So können beispielsweise Menschen, die halbseitig gelähmt sind, ein Gefühl für ihre Körpermitte entwickeln. Auch die Muskelanspannung wird positiv beeinflusst. Schlaffe Muskeln spannen sich an, zu stark gespannte Muskeln geben nach. Dadurch wird die gesamte Haltung geschult und das Gleichgewichtsgefühl verbessert.

Psychomotorik

Diese Art der Therapie wird auch als „Bewegungserziehung" bezeichnet. Psychomotorik betont die enge Wechselbeziehung zwischen psychisch-emotionalem Erleben und Bewegungserleben. Kinder lernen über Spiel und Bewegung mithilfe gezielter Entwicklungsanreize, die es ihnen ermöglichen, sich selbsttätiger, selbstständiger und selbstbewusster mit der Umwelt auseinanderzusetzen.

 Merke!
Um eine optimale Förderung zu leisten, muss die Therapie den individuellen Bedürfnissen eines jeden Kindes mit Behinderungen angepasst werden.

Snoezelen

Viele heilpädagogische Kindertagesstätten sind mit einem sogenannten „Snoezelraum" ausgestattet.

Der Begriff Snoezelen ist ein aus den Niederlanden stammendes Kunstwort, das sich aus den beiden Wörtern „snuffelen"(schnuppern) und „doezelen" (dösen)

zusammensetzt. Als Freizeitgestaltung für Menschen mit schweren geistigen Behinderungen wurde es in den 70er-Jahren für diesen Personenkreis entwickelt. In einem Raum, der die Reizflut des normalen Alltages vergessen ließ, konnten sich Menschen mit schweren geistigen Behinderungen entspannen und möglichst selbstbestimmt isolierte Sinneseindrücke wahrnehmen. Heutzutage sind viele heilpädagogische Tagesstätten ebenso mit einem solchen Entspannungsraum ausgestattet. Durch meditative Musik, wechselnde Lichteffekte und Wasserbetten, in denen ein Wasserlautsprecher für leichte Vibrationen sorgt, wird hier ein Gegengewicht zu den teilweise recht anstrengenden Therapien geschaffen.

Aufgabe

Setzen Sie sich wahlweise in der Lerngruppe mit einer der genannten Therapieformen für die Arbeit mit Kindern mit geistiger Behinderung mithilfe weiterführender Literatur, Expertenbefragung usw. näher auseinander.

3 Umgang mit Einstellungen und Vorurteilen gegenüber Menschen mit Behinderungen

3.1 Mögliche Hemmungen, Kontakt zu einem Menschen mit Behinderungen aufzunehmen

Viele Menschen, die erstmalig in Einrichtungen für Menschen mit Behinderungen arbeiten, haben Angst vor dem ersten Kontakt mit Menschen mit Behinderungen.

Sie wissen nicht, was auf sie zukommt, wie die Menschen mit Behinderungen sich ihnen gegenüber verhalten werden, wie sie selbst auf das Aussehen einiger Menschen mit Behinderungen gefühlsmäßig reagieren werden und vieles mehr.

Sich diese Ängste bewusst zu machen und sie überhaupt zu äußern, ist ein wichtiger erster Schritt, um vorhandene Hemmungen schrittweise abbauen zu können.

Im Folgenden sind Fragen aufgelistet, die jeden, der erstmals mit Menschen mit Behinderungen zusammenarbeiten wird, in mehr oder weniger starker Ausprägung bewegen:

- Welche Behinderungen haben die Menschen, mit denen ich arbeiten werde?
- Wie reagieren sie aufgrund ihrer Behinderung auf ihre Umwelt und vor allem auf mich?
- Was können die Menschen allein? Wobei benötigen sie meine Hilfe?

Tipp!
Informieren Sie sich vor dem Praktikum möglichst umfassend über die Behinderungen der Menschen, mit denen Sie arbeiten werden und über deren vorhandene Stärken und Schwächen (z. B. durch Gespräche mit den Mitarbeitern der Einrichtung, mithilfe von Fachliteratur usw.).

- Was mache ich, wenn das Aussehen einiger Menschen auf mich abstoßend wirkt?

Tipp!
Gehen Sie mit Ihren eigenen Gefühlen möglichst ehrlich um, denn nur so gelingt ein schrittweises Überwinden der negativen Empfindungen.

- Wie gehe ich mit dem starken Bedürfnis einiger Menschen mit Behinderungen nach körperlicher Nähe um?

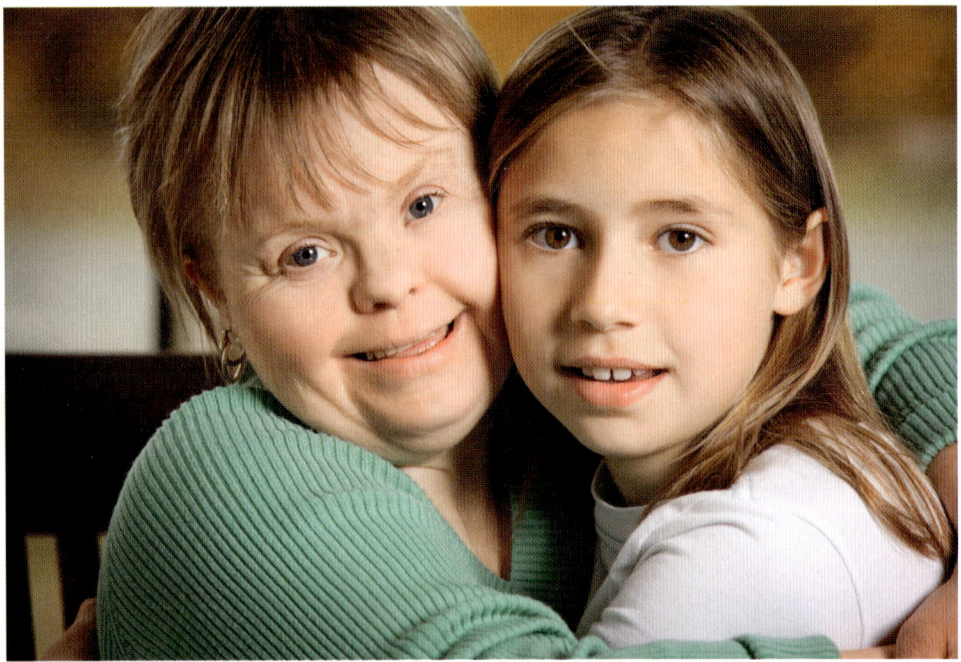

> **Tipp!**
> *Zwingen Sie sich selbst zu nichts, was Sie nicht wollen. Entziehen Sie sich freundlich, aber bestimmt einem Übermaß an körperlicher Nähe. Die Überwindung der körperlichen Hemmschwelle geschieht mit der Zeit meist von selbst.*

- Wie kann ich verhindern, dass mir die Menschen mit Behinderungen aufgrund ihrer Einschränkungen sehr leidtun?

> **Merke!**
> *Mitleid zu vermeiden ist sehr schwierig, da man häufig gar nicht merkt, dass man einen Menschen mit Behinderungen durch ein übertriebenes Hilfsangebot in seiner Selbstständigkeit einschränkt. Die einzige Möglichkeit, darauf aufmerksam zu werden, besteht darin, von anderer Seite (z. B. durch Kollegen) einen diesbezüglichen Hinweis zu erhalten.*

- Wie gehe ich mit Menschen mit Behinderungen um, die ihre Suche nach Körperkontakt durch aggressives Verhalten ausdrücken?

> **Tipp!**
> *Versuchen Sie durch gezielte Zuwendung in Situationen, in denen sich die Menschen nicht aggressiv verhalten, ihnen verständlich zu machen, dass Sie ihnen grundsätzlich bejahend gegenüberstehen, das unerwünschte Verhalten jedoch nicht dulden.*

(vgl. Halbig/Wehnert, 2002, S. 23 ff.)

Diese oder ähnliche auftretende Schwierigkeiten zu meistern, ist nicht immer einfach. Sicherlich bedarf es manchmal einiger Überwindung, Menschen mit Behinderungen einfach anzusprechen oder zu umarmen. Da diese jedoch in der Regel sehr zugewandt reagieren, werden anfängliche Hemmungen meist schnell überwunden.

Hinweise zu fördernden Verhaltensweisen beim Erstkontakt mit Menschen mit Behinderungen

- *Gehen Sie auf die Menschen mit Behinderungen zu und begrüßen Sie diese freundlich.*

- *Stellen Sie sich mit Namen vor.*

- *Halten Sie während eines Gespräches Blickkontakt, zeigen Sie ein ehrliches Lächeln und hören Sie dem Gesprächspartner gut zu.*

- *Zeigen Sie sich interessiert an der Beschäftigung, die beispielsweise der Erwachsene mit Behinderungen gerade durchführt, und erzählen von einem eigenen Erlebnis, das zur Situation passt.*

- *Verwenden Sie offene Fragen (offene Fragen beginnen mit den Fragewörtern: „Wer, wie, was, wozu, womit ..." und ermöglichen es dem Gesprächspartner, ausführlich zu antworten).*

Aufgaben

1. Versuchen Sie, die folgenden Fragen für sich selbst zu beantworten, und halten Sie die Ergebnisse Ihrer Überlegungen stichwortartig fest.
   - Welches ist mein stärkstes und beängstigendestes Gefühl, wenn ich mir die erste Begegnung mit einem Menschen mit Behinderungen in meinem zukünftigen Praktikum vorstelle?
   - Was löst dieses Gefühl bei mir aus?
   - Was fällt mir noch zu diesem Gefühl ein?

2. Tauschen Sie sich nach ca. zehn Minuten in der Kleingruppe über Ihre negativen Gefühle aus und überlegen Sie gemeinsam, wie Sie diese schrittweise überwinden können.

3. Stellen Sie sich den ersten Tag Ihres kommenden Praktikums vor.
   - Formulieren Sie in der Kleingruppe drei offene Fragen, die Ihnen helfen, mit einem der Menschen mit Behinderungen Kontakt aufzunehmen.
   - Notieren Sie diese Fragen.
   - Stellen Sie die Gruppenergebnisse in der Lerngruppe vor.

3.2 Umgang mit Ekelgefühlen

Svenja arbeitet seit einer Woche als Praktikantin in einer Wohnstätte für Menschen mit Behinderungen. Bisher hatte sie keine Schwierigkeiten im Umgang mit den sieben Bewohnern. Die Kontaktaufnahme gelang ihr wesentlich besser, als sie es vor dem Praktikum angenommen hatte, denn ihre Angst, eventuell gefühlsmäßig auf das Aussehen einiger Bewohner zu reagieren, stellte sich als unbegründet heraus. Die Bewohner nahmen **Svenja** sofort als neue Mitarbeiterin an, hielten ihr Bedürfnis nach körperlicher Zuwendung in annehmbaren Grenzen und zeigten Freude an kleineren Aktivitäten, die sie ihnen als Freizeitbeschäftigung anbot.

Dann geriet sie jedoch in eine Situation, die ihr sehr peinlich war. **Svenja** sprach ihre Praxisanleiterin dennoch darauf an. Sie erzählte, dass sie eine Bewohnerin auf die Toilette begleiten musste und diese es nicht mehr geschafft habe, rechtzeitig vor dem Stuhlgang, die Hose herunterzuziehen.

Sie wollte sich zwingen, das Badezimmer zu säubern und der Bewohnerin zu helfen, konnte jedoch ihren Brechreiz nicht verbergen und musste so den Zivildienstleistenden bitten, ihr diese unangenehme Aufgabe abzunehmen.

Svenja zweifelt nun stark daran, ob sie den Anforderungen wirklich gewachsen ist, die ein sozialpädagogischer und sozialpflegerischer Beruf mit sich bringt, und wendet sich Hilfe suchend noch während des Praktikums an ihre Fachlehrerin.

Auch Sie und Ihre Mitschülerinnen sind verunsichert, was den Umgang mit einigen schwierigen Situationen im Umgang mit Menschen mit Behinderungen angeht.

1. Notieren Sie spontan Ihre Einschätzung der oben beschriebenen Situation:
   - Wer ist direkt und indirekt an der Situation beteiligt?
   - Wie sehen die Beteiligten die Situation? (Eventuell können Sie die einzelnen Beteiligten besser einschätzen, wenn Sie deren Sichtweise einnehmen. Formulieren Sie hierzu in ein oder zwei Sätzen die jeweiligen Gedanken und Gefühle der Beteiligten in „Ich-Form".)

2. Erinnern Sie sich an selbst erlebte „eklige Geschichten"? Wie haben Sie damals reagiert?

3. Schreiben Sie sich Ihre „Ekelgefühle" mithilfe einer Geschichte von der Seele (möglicher Anfang der „Ekelgeschichte": „Es war an einem ...").

4. Listen Sie Themen auf, die Sie bearbeiten möchten, um auf die Konfrontation mit solchen oder ähnlichen schwierigen Situationen in Ausbildung und Beruf vorbereitet zu sein.

5. Lesen Sie die nachfolgenden Ausführungen, bearbeiten Sie die entsprechenden Aufgaben und setzen Sie sich ggf. mithilfe weiterführender Informationen mit weiteren für Sie wichtigen Inhalten zu dieser Thematik auseinander.

Gerade Praktikantinnen oder Berufsanfänger, die erstmalig in Einrichtungen für Menschen mit Behinderungen arbeiten, werden irgendwann, während sie den Bewohnern bei der Pflege der eigenen Person behilflich sind, in solche oder ähnliche Situationen geraten.

Negativgefühle, die jemand in pflegerischen Situationen erleben kann, werden seltener als andere Themen bei der Vorbereitung auf den Berufsalltag angesprochen. So entsteht bei Auszubildenden häufig das Gefühl, mit diesen Emotionen allein zurechtkommen zu müssen.

Die Beantwortung folgender Fragen kann gerade für Praktikantinnen und Berufsanfänger eine wertvolle Hilfe sein, auf unangenehme Situationen, die Ekelgefühle auslösen können, besser vorbereitet zu reagieren:

- Was ist überhaupt „Ekel"?
- Welche Schwierigkeiten im Umgang mit unangenehmen Situationen lassen sich gerade zu Beginn einer sozialpädagogischen und sozialpflegerischen Ausbildung beobachten?
- Welche Möglichkeiten gibt es, negative Empfindungen zu be- und verarbeiten?

Das Phänomen „Ekel"

Der Ekelmechanismus ist angeboren, aber erst mit Reifung des Bewusstseins voll ausgebildet. So lässt es sich beispielsweise erklären, dass Kleinkinder zunächst keine Abscheu gegenüber der eigenen Ausscheidung empfinden. Wahrgenommen wird Ekel durch die Sinne, also Sehen, Riechen, Hören, Schmecken und Berühren.

Ekel ist zunächst einmal ein Schutzmechanismus, der uns vor Gefahren warnt und so beispielsweise vor Vergiftungen durch verdorbene Lebensmittel bewahrt.

Er ruft ein Gefühl des Widerwillens hervor und löst körperliche Reaktionen aus, sodass die Person, die Ekel empfindet, versucht, aus der Situation zu flüchten. Körperlich gesehen äußert sich Ekel immer folgendermaßen: Zunächst wird der Lippenhebermuskel aktiviert und es kommt zu Veränderungen der Herzrate, des Pulses, der Atemfrequenz und des Muskeltonus. Die Person beginnt zu schwitzen und bereitet sich darauf vor, der unangenehmen Situation durch Flucht zu entkommen. So wendet sie sich schließlich von der ekelerregenden Situation ab.

Keiner hat die Möglichkeit, diese Reaktionen zu verhindern, er kann sie nur in gewissem Maße durch Gewöhnung abtrainieren.

Ekel kann sich gegen andere Personen oder auch gegen sich selbst richten. Gerade hierbei treten auch die Gefühle „Zorn" und „Geringschätzung" zeitgleich mit auf.

(vgl. Krey, 2003, S. 31 ff.)

Beispiel

In einer Pflegesituation versucht ein übel riechender Mann ein persönliches Gespräch unter vier Augen zu führen und bringt hin und wieder sexuelle Anzüglichkeiten mit ein.

Ekel ist auch die Distanz, die darüber entscheidet, wer uns berühren und uns nahe kommen darf und wen wir in unseren engsten Distanzzonen dulden können (siehe auch Kapitel V, 3.1). So schützt uns das Ekelgefühl, zeigt uns Körpergrenzen auf und leitet den Impuls zum Abwenden ein.

Es lassen sich laut Sowinski (1996) drei Abstufungen des Gefühls „Ekel" beschreiben:

1. Es wird als ekelig empfunden, wenn es einem Menschen nicht mehr gelingt, auf die Toilette zu gehen und die Ausscheidung beispielsweise im Bett stattfindet, wenn jemand massiv gegen kulturelle Spielregeln bei Tisch verstößt oder jemand in die Vorhänge schnäuzt.

2. Schlimmer werden Situationen empfunden, in denen Pflegende mit abgestorbenem Gewebe und eitrigen Wunden konfrontiert werden oder Erbrochenes und verschmierten Kot entfernen müssen.

3. Am wenigsten können Pflegende mit Situationen umgehen, in denen Pflegebedürftige den eigenen Kot essen und der Mund gesäubert werden muss.

(vgl. Wirsing, 2000, S. 234)

Schwierigkeiten im Umgang mit unangenehmen Gefühlen

Auszubildende neigen besonders in der Anfangsphase ihrer Berufsausbildung dazu, aufgrund von Ekelerlebnissen und der Beobachtung von erfahrenen Praktikern im Umgang mit unangenehmen Situationen, ihre Berufswahl infrage zu stellen.
Besonders schwierig beschreiben Auszubildende Situationen, denen sie plötzlich ausgesetzt sind. Zusätzlich zu dem Ekelgefühl stellt sich oft auch noch ein Gefühl der Hilflosigkeit und Überforderung ein (vgl. Krey, 2003, S. 54 f.).

Es wird ein hohes Maß an Belastbarkeit von Pflegenden gefordert, die ständig mit Ausscheidungen, offenen Wunden und großer körperlicher Nähe zu pflegebedürftigen Menschen konfrontiert werden (vgl. Köther, 2005, S. 834).

Die Auszubildenden haben auch häufig noch lange nach dem unangenehmen Erlebnis mit weiteren Emotionen zu kämpfen, wenn sie beispielsweise die Beine eines Bewohners, die am Vortag durch Kot verunreinigt waren, am nächsten Tag immer noch nicht ohne Handschuhe anfassen können (vgl. Krey, 2003, S. 77).

Wenn Auszubildende und später auch Pflegende keine Möglichkeit erhalten, im Team über „eklige Situationen" zu sprechen, können negative Gefühle entstehen, die dann in ähnlichen Situationen immer wieder auftauchen.

Bewältigungsstrategien bei Ekelerregung

- Als hilfreich haben sich Gespräche erwiesen, in denen die Betroffenen offen über die als sehr unangenehm erlebte Situation sprechen können.
- Wenn Bewohner selbst anzeigen, dass sie mit dem Pflegenden über das Geschehene sprechen wollen, ermutigt dies zum Weiterreden und schließlich zum Verarbeiten der Situation.
- Rollenspiele, in denen die Auszubildenden aus der Perspektive der Bewohner die Situation der Bewohner betrachten können, tragen viel zur Empathiefähigkeit[1] bei.

---

[1] **Empathie** meint die Bereitschaft und Fähigkeit, sich in die Gedanken und Gefühle anderer Menschen einzufühlen.

- Unangenehme Empfindungen aus verschiedenen sachlichen Positionen zu betrachten, kann ebenfalls ein erster Schritt sein, Lösungswege zum Umgang mit zukünftigen ähnlichen Situationen zu finden.
- Es wird auch immer wieder der Wunsch angesprochen, Supervisionsgruppen[1] speziell für Auszubildende anzubieten, damit sie hören und erleben können, dass es anderen ähnlich ergeht wie ihnen selbst.
- Auch ein Ansprechpartner (Pflegekraft, Vertrauenslehrerin), der situationsbezogen für die Auszubildenden da ist, kann die Gefühlsverarbeitung unterstützen.

(vgl. Krey, 2003, S. 55 ff.)

Hinweise zum Umgang mit Ekelgefühlen

Hier noch einige Tipps, die sich in der Pflegepraxis als sinnvoll erwiesen haben, um besser mit Ekel auslösenden Situationen umgehen zu können.

- *Das Benutzen von Handschuhen hilft, dem Pflegebedürftigen deutlich die Grenze zwischen fachlich-pflegerischer Haltung und Intimität aufzuzeigen.*

- *Ein Schutzkittel signalisiert dem Pflegebedürftigen, dass Sie ihm rein beruflich im Intimbereich nahe kommen.*

- *Versuchen Sie in besonders schwierigen Situationen zu zweit zu arbeiten, damit die Situation zum einen schneller beendet ist und zum anderen niemand das Gefühl haben muss, mit schwierigen Situationen allein gelassen zu werden (z. B. die Säuberung eines kotverschmierten Mundes).*

- *Versuchen Sie im Team zu vereinbaren, Aufgaben zu tauschen, wenn Sie oder Ihre Kollegen einmal einen schweren Tag haben oder wenn einige Aufgaben einem Teammitglied leichter fallen als anderen.*

- *Sorgen Sie dafür, dass angenehme Gerüche ihren Arbeitstag erleichtern; hier reicht es schon manchmal, durch geöffnete Fenster auf eine ausreichende Sauerstoffzufuhr zu achten.*

- *Überlegen Sie, wie Sie kurz vor Dienstschluss ein sogenanntes „Reinigungsritual" vornehmen können, um nicht unangenehme Gerüche und Bilder mit nach Hause zu nehmen.*

- *Insbesondere sollten Sie versuchen, in ihrem Team offen über das Gefühl „Ekel" sprechen zu lernen.*
(Wirsing, 2000, S. 235)

Aufgaben

1. Sprechen Sie in ausgewählten Kleingruppen darüber, welche Gefühle die geschilderten drei Situationen bei Ihnen auslösen.

   #### Situation 1:
   Ein Mitarbeiter säubert sich am Esstisch nach dem gemeinsamen Mittagessen mit vorgehaltener Hand den Mund, indem er mit den Fingern der anderen Hand in seinen Zähnen pult.

   #### Situation 2:
   Ein Bewohner versucht jedes Mal, wenn sich die neue Praktikantin nähert, dieser einen Klaps auf den Hintern zu geben.

---

[1] **Supervision** *meint Beratung und Hilfe beim praktischen Lernen in Ausbildung und in Berufsausübung durch eine psychologisch geschulte Fachkraft.*

Situation 3:

Eine ältere Dame mit Sehstörungen, die ambulant betreut wird, klagt an einem Tag über starke Bauchschmerzen und muss sich kurz darauf übergeben. Aufgrund ihrer Sehbehinderung erreicht sie weder das Waschbecken noch die Toilette rechtzeitig, sodass es die Aufgabe des Praktikanten ist, der Dame bei der Säuberung ihres Badezimmers zu helfen.

2.   Überlegen Sie anschließend, welche Konsequenzen sich möglicherweise für zukünftige ekelerregende Situationen in Ihrem Berufsalltag ableiten lassen.

3.3   Umgang mit Menschen mit Behinderungen und ihrer Sexualität

Lernsituation

Nadine arbeitet als Praktikantin in einer Werkstatt für Menschen mit Behinderungen. Die Beschäftigten wohnen entweder zu Hause bei ihren Eltern, in Wohngruppen oder werden ambulant betreut. Für die Arbeit werden sie mit Bussen abgeholt und auch wieder zurückgebracht.

In der Werkstatt arbeiten sie von 8.00–16.00 Uhr und freitags bis 14.00 Uhr. Innerhalb dieser Zeit haben sie eine Frühstückspause von einer halben Stunde und eine Mittagspause von einer Stunde.

Die Mittagspause nutzen einige der Beschäftigten zum Spazierengehen und halten sich auch öfter in dem nahegelegenen Waldstück auf. Dies ist für die Betreuer völlig in Ordnung, da sie die Beschäftigten wie Erwachsene behandeln möchten und nicht wie kleine Kinder.

Nadine hält sich gelegentlich in ihrer Pause in der Nähe des Waldstückes auf. An einem Donnerstag sieht sie, wie eine weibliche Beschäftigte und ein männlicher Beschäftigter hier recht intime Zärtlichkeiten austauschen.

Sie ist schockiert und wendet sich verwirrt an ihren Praxisanleiter und bespricht die Situation bei einem Praxisbesuch mit der Fachlehrerin.

Die meisten ihrer Mitschülerinnen haben bisher das Thema „Sexualität und Behinderungen" ausgeblendet und einige Mitschülerinnen haben Schwierigkeiten, sich überhaupt mit dieser Thematik auseinanderzusetzen.

Aufgaben zu Lernsituation

1.   Notieren Sie spontan Ihre Einschätzung der oben beschriebenen Situation:
   - Wer ist direkt und indirekt an der Situation beteiligt?
   - Wie sehen die Beteiligten die Situation? (Eventuell können Sie die einzelnen Beteiligten besser einschätzen, wenn Sie deren Sichtweise einnehmen. Formulieren Sie hierzu in ein oder zwei Sätzen die jeweiligen Gedanken und Gefühle der Beteiligten in „Ich-Form".)

2. Suchen Sie zu zweit nach möglichen Ursachen für Nadines Reaktion.

3. Haben Sie schon einmal Ähnliches, eventuell auch mit einer anderen Zielgruppe, erlebt? Wie haben Sie damals reagiert?

4. Listen Sie Themen auf, die Sie bearbeiten möchten, um auf die Konfrontation mit solchen oder ähnlichen schwierigen Situationen in Ausbildung und Beruf vorbereitet zu sein.

5. Lesen Sie die nachfolgenden Ausführungen, bearbeiten Sie die entsprechenden Aufgaben, und setzen Sie sich ggf. mithilfe weiterführender Informationen mit weiteren für Sie wichtigen Inhalten zu dieser Thematik auseinander.

Trotz vieler Liberalisierungsbemühungen kann Sexualität immer noch kaum ohne größere Hemmungen thematisiert werden.

Über dieses Thema im Zusammenhang mit geistiger Behinderung nachzudenken, fällt gerade Berufsanfängern recht schwer. Dies kann verschiedene Gründe haben:

- Sie haben selbst gerade erst begonnen, sich mit ihrer eigenen Sexualität auseinanderzusetzen und werden nun gefordert, sich in die Gefühlswelt anderer hineinzufinden.
- Eltern von Jugendlichen mit Behinderungen berichten, dass sich ihre Tochter oder ihr Sohn sowieso nicht für das andere Geschlecht interessiert, weil die Jugendlichen überhaupt nicht wissen „wie das geht".
- Die Praktikanten oder Berufsanfänger erleben, dass die Jugendlichen oder Erwachsenen mit Behinderungen oft überbehütet zu Hause oder in Wohnheimen leben, ohne ausreichende Möglichkeiten Kontakte zu knüpfen und Bedürfnisse und Wünsche – auch hinsichtlich ihrer Sexualität – auszuleben.

So soll es in diesem Kapitel darum gehen, sich diesem Thema behutsam zu nähern, indem auf folgende Fragen kurz eingegangen wird:

- Wo gibt es Unterschiede im Sexualverhalten von Menschen mit und ohne Behinderungen?
- Was kann sozialpädagogischen und sozialpflegerischen Fachkräften helfen, mit der Sexualität von Menschen mit Behinderungen umzugehen?

Zunächst einmal kann festgestellt werden, dass sich die Sexualität von Menschen mit Behinderungen grundsätzlich nicht von der Sexualität von Menschen ohne Behinderungen unterscheidet.

Unterschiede bestehen sicherlich in den Lebenssituationen, wodurch sich das Ausleben der sexuellen Wünsche und Bedürfnisse für Menschen mit Behinderungen schwieriger gestaltet als für Menschen ohne Behinderungen.

(vgl. Dörr/Günther, 2003, S. 183)

Bis auf wenige Ausnahmen verläuft die sexualbiologische Entwicklung von Kindern und Jugendlichen mit Behinderungen wie bei Gleichaltrigen. So erreichen die Jugendlichen mit Behinderungen die sexuelle Reife meist im gleichen Alter wie ihre Altersgenossen. Die körperliche Entwicklung verläuft altersgemäß und unabhängig von der geminderten Intelligenzentwicklung.

Erwachsene Menschen mit Behinderungen haben in der Regel voll ausgebildete Geschlechtsorgane.

Unterschiede können sich in einer gewissen naiven Distanzlosigkeit, beispielsweise in der Pubertät, zeigen. In dieser Zeit haben sowohl Jugendliche mit und ohne Behinderungen Freude daran, den eigenen Körper zu entdecken. Während Jugendliche ohne Behinderungen dies heimlich tun, achten ihre Altersgenossen mit Behinderungen dabei häufig weder auf Raum noch Zeit. Sie heben den Rock und öffnen die Hose, wann immer ihnen danach ist.

Eltern kommt in dieser Phase die schwierige Aufgabe zu, ihren Kindern mit Behinderungen klar zu machen, dass sie einerseits nichts Schlimmes anstellen, dieses jedoch nur machen dürfen, wenn sie allein sind.

In der Pubertät wird des Weiteren beobachtet, dass die Lust, andere zu berühren oft besonders ausgeprägt ist. Menschen mit Behinderungen drücken sich durch ihre Körpersprache aus, indem sie zärtlich werden, andere anfassen, streicheln usw.

Viele Menschen missverstehen diese Signale und deuten sie als Aufforderung zu sexuellen Betätigungen.

Während es sich in den oben beschriebenen Situationen um ein unbeabsichtigtes von der Norm abweichendes Verhalten handelt, berichten einige Betreuer auch davon, dass sie mit Menschen mit weniger schweren Behinderungen größere Probleme bezüglich eines unangemessenen Sexualverhaltens haben. So wird beispielsweise von einem Mann berichtet, der versuchte, sich durch Provokation gegen sein „Behindertsein" zur Wehr setzen. Er wurde auf seinem Heimweg in der S-Bahn dadurch auffällig, dass er sein Geschlechtsteil öffentlich zur Schau stellte. Er war kein Exhibitionist, sondern wollte nur schockieren, ganz nach dem Motto: „Schaut her, was ich mich traue. Ich darf das und ihr könnt nichts dagegen tun, denn schließlich bin ich behindert".

(vgl. Achilles, 2010, S. 108 f.)

Aus diesen wenigen Ausführungen geht hervor, dass eine gewisse Vorbereitung auf solche und ähnliche Situationen notwendig erscheint, um den Anforderungen, die insbesondere ein Praktikum mit Jugendlichen und Erwachsenen mit Behinderung mit sich bringt, gewachsen zu sein.

Möglichkeiten, mit der Sexualität von Menschen mit Behinderungen umzugehen

Die Auseinandersetzung mit der eigenen Einstellung zur Sexualität ist ein erster wichtiger Schritt, um Gefühle im Umgang mit Menschen mit Behinderungen bezüglich dieser Thematik wahrzunehmen, auszudrücken und angemessen reagieren zu können. Gemeint sind sowohl die eigenen Gefühle (z. B. bei den oben beschriebenen unangenehmen Annäherungen) wie auch die Gefühle der Menschen mit Behinderungen selbst (z. B. die Bedürfnisse zweier Menschen mit Behinderungen, intime Zärtlichkeiten auszutauschen). Hierzu bieten sich verschiedene Möglichkeiten an:

- Da es vielen Betreuern schwerfällt, überhaupt über das Thema Sexualität zu reden, bieten sich Fortbildungsveranstaltungen und Kurse zum Umgang mit der Sexualität von Menschen mit Behinderungen an.
- In konkreten Situationen müssen Betroffene in der Lage sein, ein klares „Nein, das möchte ich nicht" zu signalisieren.

> #### Beispiel
> Ein junger Mann mit geistiger Behinderung legt seine Hand auf die Brust der Praktikantin und möchte sie umarmen. Hier sollte die Betreuerin mit freundlicher Bestimmtheit die Hand des jungen Mannes wegnehmen, ohne dass er sich vor den Kopf gestoßen fühlt.

- Im Team sollten regelmäßig solche Situationen besprochen werden, welche die Mitarbeiter an ihrem Arbeitsplatz erleben, wenn beispielsweise manche der Bewohner oder Beschäftigten öffentlich onanieren, sich stürmisch oder aufdringlich benehmen. Im Team kann dann überlegt werden, wie man jemanden abweist, ohne ihn zu verletzen.
- Damit die Wünsche und Bedürfnisse der Menschen mit Behinderungen respektiert werden, sollten Betreuer darauf achten, den privaten Intimbereich zu respektieren. Dazu gehört beispielsweise, dass Betreuer anklopfen, bevor sie das Zimmer eines Bewohners betreten. Sie dürfen dann auch nicht sofort eintreten, sondern sollten einen Moment warten, bis sie hineingebeten werden, damit der Bewohner merkt, dass sein Privatbereich respektiert wird.

- *Literaturtipp:*

  Achilles, Ilse: *„Was macht Ihr Sohn denn da?", Geistige Behinderung und Sexualität, 5. überarbeitete Auflage, München, Ernst Reinhardt Verlag, 2010.*
  Dieses sehr praxisnahe Buch eignet sich hervorragend als Ersteinstieg in die Problematik „Menschen mit geistiger Behinderung und ihre Sexualität". Ergänzend zu den beiden Einstiegsthemen dieses Kapitels befasst sich die Autorin u. a. auch mit folgenden Fragestellungen:
  - *Wie klärt man Kinder und Jugendliche mit geistiger Behinderung auf?*
  - *Welche Verhütungsmittel kommen für Menschen mit Behinderungen infrage?*
  - *Unter welchen Voraussetzungen dürfen Menschen mit Behinderungen sterilisiert werden?*
  - *Darf ein Mensch mit geistiger Behinderung Kinder haben?*

Aufgabe

Wählen Sie eine weiterführende Fragestellung zum Thema „Menschen mit Behinderungen und ihre Sexualität" als Referatsthema aus (z. B. eine der im Literaturtipp genannten Fragestellungen).

Krabbelsack zum Thema „Sexualität"

Alle Schüler sitzen im Stuhlkreis und greifen nacheinander mit geschlossenen Augen in einen Sack, in dem sich ganz unterschiedliche Dinge befinden, die in irgendeiner Weise mit Sexualität in Verbindung gebracht werden können. (z. B. Kondom, Lippenstift, ein Bild mit zwei Menschen mit Behinderungen, die sich küssen usw.)

Jeder holt einen Gegenstand aus dem Sack und teilt seine Assoziationen der Gruppe mit. Danach können auch die anderen eigene Gedanken ergänzen.

Diese Anregung ermutigt zum Weiterreden und zur Auseinandersetzung mit der Thematik.

4 Begleitung des Einzelnen oder einer Gruppe von Menschen mit Behinderungen in einigen typischen Alltagssituationen

In allen Einrichtungen für Menschen mit Behinderungen wird versucht, durch entsprechende Anleitung, Förderung und Unterstützung im Alltag die vorhandene Selbstständigkeit zu erhalten bzw. zu erweitern.

Je nach Einrichtungsart und Schweregrad der individuellen Einschränkungen wird der Schwerpunkt der Hilfen in den lebenspraktischen Bereichen variieren.

4.1 Begleitung und Förderung von Kindern mit Behinderungen im Alltag durch gezielte „Übungen des täglichen Lebens"

Yvonne arbeitet als Praktikantin in einer heilpädagogischen Kindertagesstätte, in der Kinder im Alter zwischen vier und sechs Jahren betreut werden.

Die Kinder weisen zum Teil geistige und/oder körperliche Behinderungen, Entwicklungsverzögerungen oder Verhaltensauffälligkeiten auf. **Yvonne** ist schon seit vier Wochen in der Einrichtung, die Kinder kennen sie gut und einige haben ein Vertrauensverhältnis zu ihr aufgebaut. Die Eigenheiten und Probleme einzelner Kinder wie beispielsweise die von Mara, einem Kind mit spastischen Lähmungen (ICP) kennt sie inzwischen. Ihre Gruppenleiterin bittet **Yvonne** deshalb darum, Mara bei alltäglichen Handlungen in ihrem Tagesstättenalltag zu begleiten.

Auch einige Ihrer Mitschülerinnen werden bald ihr Praktikum in einer heilpädagogischen oder einer integrativen heilpädagogischen Kindertagesstätte beginnen und Kinder in ihren Alltagssituationen begleiten.

Aufgaben zur Lernsituation

1. Notieren Sie spontan Ihre Einschätzung der oben beschriebenen Situation:
   - Wer ist direkt und indirekt an der Situation beteiligt?
   - Wie sehen die Beteiligten die Situation? (Eventuell können Sie die einzelnen Beteiligten besser einschätzen, wenn Sie deren Sichtweise einnehmen. Formulieren Sie hierzu in ein oder zwei Sätzen die jeweiligen Gedanken und Gefühle der Beteiligten in „Ich-Form".)

2. Stellen Sie Vermutungen darüber an, welche konkreten Erwartungen an Yvonne gestellt werden.

3. Welche Vorkenntnisse haben Sie bezüglich der Begleitung von Kindern in Alltagssituationen, die Ihnen helfen können, die Situation einzuschätzen?

4. Lesen Sie die nachfolgenden Ausführungen, bearbeiten Sie die entsprechenden Aufgaben, und setzen Sie sich ggf. mithilfe weiterführender Informationen mit weiteren für Sie wichtigen Inhalten zu dieser Thematik auseinander.

Gerade in heilpädagogischen Kindertagesstätten nimmt die Begleitung von Alltagssituationen wie gemeinsame Mahlzeiten, das Händewaschen, das An- und Ausziehen bestimmter Kleidungsstücke sehr viel Zeit und Raum im Tagesgeschehen ein.

Im Folgenden werden konkrete Übungen des täglichen Lebens benannt und beispielhaft aus der Fülle dieser Übungen einige Anregungen zur Begleitung des Kindes mit Behinderungen gegeben.

Hinweis:
Diese Übungen lassen sich ebenfalls mit Kindern ohne Behinderungen durchführen, zum Teil können sie sicherlich auch noch aufgrund der Schwere der Behinderung Erwachsenen mit geistiger Behinderung angeboten werden.

Diese Übungen des täglichen Lebens lenken den starken Bewegungsdrang des Kindes und helfen ihm, selbstständiger kleine Alltagshandlungen ohne fremde Hilfe zu bewältigen.

Sie lassen sich nach Montessori[1] (siehe auch Kapitel II, 2.3.3) in drei Bereiche einteilen:

1. **Übungen zur Pflege der eigenen Person**
   - Übungen zur Körperpflege (z. B. Händewaschen, Zahnpflege)
   - Übungen zum An- und Ausziehen (z. B. Pullover, Jacke, Strümpfe)
   - Übungen zum Zuknöpfen und Schnüren (z. B. Jacke zuknöpfen, Schleife binden)
   - Übungen zur Pflege von Kleidern und Schuhen (z. B. Schuhe putzen, Kleidung sachgemäß aufhängen usw.)
   - Übungen zum Benehmen bei Tisch (z. B. Getränke eingießen, Tisch decken, richtiges Geschirr benutzen, Geschirr abspülen)
   - Übungen zur Benutzung der Toilette

[1] *Maria Montessori (1870–1952) war eine italienische Ärztin und Pädagogin. Sie beschäftigte sich vor allem mit Möglichkeiten, die geistige Entwicklung von Kindern durch bestimmte Materialien und Übungen zu fördern. Der Einsatz ihrer Methode eignet sich insbesondere für die Förderung von Kindern mit Defiziten in der geistigen Entwicklung.*

2. Übungen zur Pflege der Umgebung

- Übungen zum Reinigen des Gruppenraumes (z. B. aufräumen, Tische abwischen, Staub wischen)
- Übungen zur Tierpflege (z. B. Tiere füttern, Käfige säubern)
- Übungen zur Blumenpflege (z. B. Blumen gießen, Blumen ordnen)
- Übungen zur Handhabung von Haushaltsgeräten (z. B. Umgang mit einem Messer, Mixer)
- Übungen zur Pflege der Umgebung der Einrichtung draußen (Blätter aufheben, fegen usw.)

3. Übungen zur Pflege sozialer Beziehungen

- Übungen zum Grüßen, Danken, Bitten, Entschuldigen, Helfen usw.

Bei den folgenden Übungsbeispielen ist vor allem darauf zu achten, dass jede einzelne Bewegung, die zu der Übung gehört, dem Kind ganz langsam und gut durchschaubar gezeigt wird. Dazu muss die pädagogische Begleitperson selbst alle aufeinanderfolgenden Schritte erkennen und diese exakt und getrennt ausführen.

Die bewusste Trennung der aufeinanderfolgenden Bewegungsabläufe wird in der Montessori-Pädagogik **Bewegungsanalyse** genannt.

„Wasser gießen"

Material: Eine durchsichtige Kanne mit Wasser (eventuell gefärbt mit Lebensmittelfarbe), ein Glas mit großer Öffnung und Markierung für den gewünschten Wasserstand, ein Tuch.

Darbietung und Übung

- Die Glaskanne mit Wasser und das Glas stehen nebeneinander.
- Die Kanne wird am Henkel und an der Unterseite angefasst (man kann auf den „Interessenschwerpunkt Ausgießer" aufmerksam machen).
- Die Leiterin schaut bewusst in die Kanne hinein, um das Kind auf den Inhalt aufmerksam zu machen.
- Sie hält den Ausgießer schräg über das Glas, führt ihn mit langsamen, sparsamen Bewegungen zum Glas und lässt das Wasser zügig einfließen, bis das Glas bis zur Markierung gefüllt ist.
- Mit kurzem Innehalten der Bewegung stellt sie die Kanne zurück und wischt mit dem Tuch den hängengebliebenen Tropfen an dem Ausgießer ab.
- Sie hebt das volle Glas hoch und schüttet das Wasser zurück in die Kanne.
- Die Tropfen am Glas werden ebenfalls mit dem Tuch abgewischt und das Glas wird wieder abgestellt.

Nun führt das Kind die Übung in gleicher Weise durch. Nach der Übung trocknen Leiterin und Kind die Gefäße ab und stellen alle benötigten Materialien zurück auf ihren Platz.

Weitere Übungsvorschläge

- Man führt Gießübungen mit verschiedenen Gläsern durch.
- Man zeigt dem Kind, wie man mit einem Trichter umgeht.

Anwendung der Übung im täglichen Leben
- sich selbst ein Getränk eingießen,
- anderen Kindern ein Getränk eingießen,
- Blumen gießen.

(vgl. von Oy, 1993, S. 48–50)

„Hände waschen"

Material: Handwaschbecken im Waschraum, Seifenschale mit Seife entsprechend der Hand des Kindes, helles kleines Handtuch, Eimer, Aufnehmer.

Darbietung und Übung
- Alle benötigten Materialien (s. o.) stehen griffbereit oder werden vor dem Waschvorgang mit dem Kind gemeinsam geholt.
- Die Leiterin stellt sich vor das Waschbecken und krempelt sich die Ärmel hoch.
- Sie steckt den Stöpsel in das Waschbecken und füllt es mit lauwarmem Wasser.
- Sie legt die Hände in das Wasser, hebt sie hoch und lässt sie leicht abtropfen.
- Sie fasst die Seife an und beginnt, die Hände Finger für Finger einzuseifen, indem sie jeden Finger vom Nagel bis zur Wurzel einseift.
- Sie legt die Seife an ihren Platz zurück.
- Dann taucht sie die Hände wieder in das Wasser.
- Die Leiterin hält die Hände hoch und schüttelt sanft die Tropfen ab.
- Der Stöpsel wird herausgezogen, damit das Wasser ablaufen kann.
- Sie nimmt ein helles Handtuch und trocknet Finger für Finger vom Nagel bis zur Wurzel ab.
- Das Handtuch wird zurückgehängt.

Nun führt das Kind die Übung in gleicher Weise durch. Nach der Übung stellen Leiterin und Kind alle benötigten Materialien zurück auf ihren Platz.

Weitere Übungsvorschläge
- Man führt das Kind in den Gebrauch des Waschlappens ein.
- Kinder zeigen sich gegenseitig, wie die Hände richtig gewaschen werden.

Anwendung der Übung im täglichen Leben
- Das Kind wäscht sich vor jedem Essen selbstständig die Hände.

„Schleife binden an einem Rahmen mit fünf Schleifen"

Material: rechteckiger Holzrahmen (ca. 30 x 30 cm) mit zwei Stoffteilen, an deren Innenseite sich je fünf Schleifenbänder befinden. Die Bänder der beiden Seiten sind verschiedenfarbig, um dem Kind die Handhabung zu erleichtern.

Darbietung und Übung
- Die Leiterin öffnet Schleife für Schleife von unten nach oben, fasst dabei die Enden der Bänder und zieht sie nach außen.
- Sie öffnet alle Knoten von unten nach oben.

- Dann werden die Stoffteile auseinandergeklappt und die Bänder an den Seiten geordnet.
- Mit beiden Händen wird jedes Stoffteil angefasst und zur Mitte gelegt.
- Die Leiterin legt die beiden unteren Bänder durch Kreuzen der Arme übereinander und verfährt mit den anderen Bändern ebenso.
- Das Ende des oberen Bandes wird so unter das andere Band geschoben und herausgezogen, dass ein Knoten entsteht.
- Mit einem Band wird eine Schlaufe gebildet und diese wird dicht an den Knoten gehalten.
- Mit Daumen und Zeigefinger der anderen Hand wird das freie Band von vorne nach hinten um die Schlaufe geführt und durch die entstehende Öffnung über den Knoten gesteckt.

- Die beiden Schlaufen werden fest angezogen, sodass eine Schleife mit zwei gleichen Schlaufen und Enden entsteht.
- Das Kind wird aufgefordert, einen Teil der beobachteten Übung einzuüben (die weiteren Schritte werden an mehreren aufeinanderfolgenden Tagen eingeübt).

Weitere Übungsvorschläge
- Eine Schleife wird an einem Schuh, der auf einem Tisch steht, ausprobiert.
- Am eigenen Schuh wird eine Schleife gebunden.
- Auf einem Pappkarton sind verschiedenartige Bänder befestigt, z.B. Kordeln, Geschenkbänder, Baumwolle. Das Kind bindet daraus Schleifen.

Anwendung der Übung im täglichen Leben
- Das Kind schließt seine Schleifen selbstständig.
- Es hilft anderen Kindern beim Binden von Schleifen.
- Es verpackt Geschenke und verschnürt sie mit Geschenkband und Schleifen.

(vgl. von Oy, 1993, S. 34 f.)

Aufgaben

1. Wählen Sie eine von den unten genannten Übungen des täglichen Lebens aus und schreiben Sie hierzu die einzelnen Bewegungsabläufe (Bewegungsanalyse) genau auf.

2. Führen Sie diese Übung in der Lerngruppe mit langsamen und sparsamen Bewegungen vor.

Mögliche Übungen:
Tisch decken – Jacke mit Reißverschluss anziehen – Banane schälen – Kerze auspusten – Möhre schälen – Zitrone auspressen – Tischdecke falten – Schuhe putzen – Blumen gießen

4.2 Begleitung von erwachsenen Menschen mit Behinderungen im Alltag einer Wohnstätte

Lernsituation

Theo, ein 42-jähriger Mann mit geistiger Behinderung, arbeitet tagsüber in der WfbM und wohnt mit acht weiteren Erwachsenen mit zum Teil schwerer geistiger Behinderung in einer betreuten Wohngruppe.

Kai arbeitet im Rahmen eines mehrwöchigen Praktikums mit dieser Gruppe zusammen. Sein Praktikum hat er erst vor Kurzem begonnen, sodass er die Gruppe noch nicht so gut kennt.

Der Gruppenleiter bittet ihn, in den ersten Praktikumswochen insbesondere Theo in seinem Tagesablauf in der Wohngruppe zu begleiten.

Auch einige Ihrer Mitschülerinnen werden bald ihr Praktikum in einer Wohnstätte für Menschen mit Behinderungen beginnen und Menschen mit leichteren und auch schwereren Behinderungen in ihrem Alltag begleiten.

Aufgaben zur Lernsituation

1. Notieren Sie spontan Ihre Einschätzung der oben beschriebenen Situation.
   - Wer ist direkt und indirekt an der Situation beteiligt?
   - Wie sehen die Beteiligten die Situation? (Eventuell können Sie die einzelnen Beteiligten besser einschätzen, wenn Sie deren Sichtweise einnehmen. Formulieren Sie hierzu in ein oder zwei Sätzen die jeweiligen Gedanken und Gefühle der Beteiligten in „Ich-Form".)

2. Stellen Sie Vermutungen darüber an, welche konkreten Erwartungen an Kai im Verlauf seines Praktikums gestellt werden.

3. Welche Vorkenntnisse haben Sie bezüglich der Begleitung von erwachsenen Menschen mit Behinderungen in ihrem Alltag, die Ihnen helfen können, die Situation einzuschätzen?

4. Lesen Sie die nachfolgenden Ausführungen, bearbeiten Sie die entsprechenden Aufgaben, und setzen Sie sich ggf. mithilfe weiterführender Informationen mit weiteren für Sie wichtigen Inhalten zu dieser Thematik auseinander.

Soweit dies möglich erscheint, werden Bewohner in Wohnstätten für Menschen mit Behinderungen an allen erforderlichen hauswirtschaftlichen Tätigkeiten unter Berücksichtigung ihrer individuellen Fähigkeiten und Einschränkungen beteiligt und zur notwendigen Pflege ihrer eigenen Person angehalten.

Diese Aufgaben umfassen folgende Bereiche:

- **Gesundheitspflege**
  - auf Körperpflege- und Körperhygiene achten
  - sich gesundheitsbewusst ernähren
  - selbstständig einen Arzt aufsuchen
  - usw.

- **Kleidung auswählen und pflegen**
  - sich zweckmäßig kleiden
  - Kleidung regelmäßig wechseln
  - Wäsche waschen, eine Waschmaschine bedienen
  - Wäsche bügeln
  - Schuhe putzen

- **Gestaltung und Pflege der einzelnen Wohnräume**
  - auf die allgemeine Hygiene achten
  - Zimmer aufräumen
  - Müll beseitigen
  - putzen
  - fegen
  - wischen
  - Reinigungsgeräte (z. B. Staubsauger) bedienen
  - Räume dekorieren
  - usw.

- **Mithilfe bei der Vor- und Nachbereitung der gemeinsamen Mahlzeiten**
  - Speisen zubereiten
  - Küchengeräte bedienen
  - Tisch decken
  - Geschirr spülen
  - die Küche säubern
  - usw.

- **Verrichtung kleinerer Versorgungseinkäufe**
  - Einkaufen
  - Umgang mit Geld
  - usw.

- **Gestaltung und Pflege der Außenanlagen**
  - den Hof und die Terrasse fegen
  - Rasen mähen
  - Blumenbeete arrangieren
  - usw.

- **Tierpflege**

Bei den folgenden Beispielen achtet die Sozialhelferin ebenso wie bei den im vorherigen Kapitel vorgestellten Übungen darauf, dass die notwendigen Schritte zur Bewältigung der Aufgabe insgesamt langsam vorgeführt werden.

> **Merke!**
> *Neben einer genauen Darbietung der einzelnen zur Übung gehörenden Bewegungsab-*
> *läufe ist darauf zu achten, dem erwachsenen Menschen mit Behinderungen lediglich*
> *„Hilfen zur Selbsthilfe" zu geben und ihm keine Arbeit aus der Hand zu nehmen.*

„Wäschepflege"

Die Schmutzwäsche wird in luftdurchläs-
sigen Behältnissen aufbewahrt und, wenn
es der zur Verfügung stehende Platz in der
Wohnstätte ermöglicht, getrennt gelagert.
Die Wäschestücke werden entsprechend
ihrer Farbe (Hell- oder Buntwäsche), ihrer
Textilart (30°–95°) und ihres Verschmut-
zungsgrades (leicht, normal oder stark ver-
schmutzt) sortiert.

Darbietung und Übung des Waschens zum Teil stark verschmutzter Wäschestücke

- Die Leiterin nimmt Wäschestück für Wäschestück in die Hand und entfernt mit einer Kleiderbürste über einem Müll-eimer den groben Schmutz.
- Alle Taschen werden nach außen ge-stülpt, eventuell entleert und ausge-bürstet.
- Bettbezüge, bedruckte Wäscheteile und Wäscheteile mit empfindlicher Oberflächen-struktur (wie z. B. Kord- oder Nickistoff) werden nach links gewendet.
- Reißverschlüsse, Knöpfe und Klettverschlüsse werden geschlossen, Schürzenbänder und Träger miteinander verschlungen und Gürtel entfernt.
  (vgl. Schleicher, 2006, S. 230)
- Die Leiterin legt die Wäsche locker in die Waschmaschine und verschließt das Wä-schefach.
- Das Waschmittel wird entsprechend der Dosierungsangaben in das Waschmittelfach gegeben und dieses wird wieder verschlossen.
- Die Leiterin stellt die richtige Waschtemperatur ein.
- Sie startet den Waschvorgang und wartet noch einige Minuten, um sich davon zu überzeugen, dass der Wasserzulauf funktioniert.
- Der Bewohner wird aufgefordert, diese Übung oder einen Teil der beobachteten Dar-bietung beim nächsten Waschvorgang selbstständig auszuführen.

Weitere Übungsvorschläge
- Wäsche aufhängen
- die Handhabung des Wäschetrockners erläutern
- Handwäsche

„Einkaufen"

Die Bewohner können je nach Schweregrad ihrer Behinderung an den anfallenden Einkäufen für die Gruppe beteiligt werden oder auch kleinere Besorgungen selbstständig erledigen.

Es sollte darauf geachtet werden, dass der Einkauf möglichst in den gleichen Geschäften getätigt wird, damit die Bewohner sich besser orientieren können und das ihnen bekannte Verkaufspersonal im Notfall auch weiterhelfen kann.

Vorbereitung des Einkaufs

- Die Leiterin schaut mit den Bewohnern in den Vorratsschränken nach, was an Lebensmitteln und anderen Dingen benötigt wird und fertigt gemeinsam mit ihnen einen Einkaufszettel an.
- Der Einkaufszettel kann unterschiedlich gestaltet werden:
  - Bewohner, die lesen und schreiben können, notieren selbstständig die Waren, die eingekauft werden müssen.
  - Für Bewohner, die nur lesen, aber nicht schreiben können, fertigt die Leiterin in gut leserlicher Schrift einen Einkaufszettel an.
  - Mit Bewohnern, die weder schreiben noch lesen können, werden aus Werbezeitschriften die benötigten Waren ausgeschnitten, auf einen Zettel geklebt und mit symbolisch dargestellten Mengenangaben hinter jedem Artikel versehen.
- Es wird überlegt, wie viel Geld benötigt wird, und wer bezahlen soll (Übungen zum Umgang mit Geld und zum Zusammenrechnen beispielsweise mithilfe von Spielgeld, siehe Beispiel unten, sollten vorausgegangen sein).
- Einkaufstaschen oder -körbe werden mitgenommen.

Durchführung des Einkaufs

- Die Leiterin zeigt den Bewohnern mit langsamen Bewegungen, wie ein Einkaufswagen abgekettet wird, und fordert ein Gruppenmitglied auf, dies selbstständig zu versuchen. Dieser Bewohner ist dann auch für den Einkaufswagen verantwortlich.
- Im Geschäft werden die anderen beauftragt, die einzelnen Artikel zu suchen und in den Einkaufswagen zu legen.
- Die Bewohner legen die Waren auf das Band an der Kasse, die anderen packen die Artikel in die Einkaufstaschen.
- Ein Bewohner bezahlt, lässt sich den Kassenbon aushändigen, steckt ihn in die Geldbörse oder überreicht ihn der Leiterin.
- Der Einkaufswagen wird von einem Gruppenmitglied wieder zurückgefahren, angekettet und das Geldstück der Leiterin übergeben.
- In der Wohnstätte beteiligen sich alle Bewohner daran, die Einkäufe in den entsprechenden Vorratsschränken zu verstauen.

Übung zum Umgang mit Geld

Material: Spielgeld in Euro-Währung (Hart- und Papiergeld in ausreichender Anzahl), Werbezeitschriften mit Lebensmitteln und Scheren entsprechend der Anzahl der Teilnehmer

Jeder Bewohner erhält eine Werbezeitschrift und eine Schere. Das Spielgeld liegt in der Mitte des Tisches. Jeder wählt einen Artikel aus, den er mit Preisangabe ausschneidet.

Dann nimmt er aus der Mitte den entsprechenden Betrag.
Gemeinsam wird geprüft, ob der jeweilige Betrag stimmt und mit welchen anderen Geldstücken er sich eventuell auch zusammensetzen lässt.
Zum Schluss werden alle Beträge zusammengelegt, zusammengerechnet und das Geld wird so umgetauscht, dass möglichst wenig Banknoten vorhanden sind.

Weiterführende Übung
Entsprechend eines Einkaufszettels wird der benötigte Geldbetrag für den gesamten Einkauf ermittelt.

Aufgabe

Fertigen Sie einen Einkaufszettel für erwachsene Menschen mit Behinderungen an, die weder schreiben noch lesen können.

Anmerkung:
Benötigt ein Beschäftigter in der Werkstatt für Menschen mit Behinderungen (WfbM) Hilfen, bietet es sich auch hier an, den komplexen Arbeitsablauf schrittweise mit langsamen Bewegungen darzubieten, bevor der Beschäftigte versucht, seine Arbeit selbstständig zu verrichten. Hierzu ein Beispiel:

Verpackung einer bestimmten Anzahl von Unterlegscheiben

Material: eine Stapelkiste, gefüllt mit Unterlegscheiben, eine leere Stapelkiste, ca. 100 aneinanderhängende Tüten mit „Zipp-Verschluss", ein Brett mit 30 Kreisen (etwas größer als die Unterlegscheiben)

Voraussetzung
Diese Aufgabe kann von Beschäftigten durchgeführt werden, die nicht zählen können und ein mittleres motorisches Geschick aufweisen.

- Der Leiter macht auf die Materialien auf der Werkbank aufmerksam: eine Stapelkiste, gefüllt mit Unterlegscheiben, eine leere Stapelkiste, aneinanderhängende Tüten mit „Zipp-Verschluss" und ein Brett mit 30 Kreisen.
- Mit langsamen, sparsamen Bewegungen legt er 30 Unterlegscheiben nacheinander auf die Kreise des Brettes.
- Sind alle Kreise mit Unterlegscheiben belegt, reißt der Leiter eine Tüte ab, öffnet sie, nimmt die Unterlegscheiben vom Brett und gibt sie hinein.
- Die oberen Enden der Tüte drückt er deutlich zusammen, bevor er diese in die leere Stapelkiste legt.
- Er fordert den Beschäftigten auf, diese Arbeit weiterzuführen, bis alle Tüten aufgebraucht worden sind.
- Die Kiste wird dann in ein Regal gestellt, um später eine Kombipackung von Unterlegscheiben, Schrauben und Muttern zusammenzustellen.

5 Geplante Angebote und Aktionen für Menschen mit Behinderungen

Lernsituation

Svenja arbeitet während ihres Praktikums in der Wohnstätte für erwachsene Menschen mit Behinderungen auch an einigen Wochenenden und begleitet auf Wunsch ihres Praxisanleiters den 34-jährigen Theo mit leichterer geistiger Behinderung in seiner Freizeit. Theo spielt gerne Gesellschaftsspiele wie „Mensch-ärgere-dich-nicht" und baut ab und zu im Gemeinschaftsraum größere Häuser und Fahrzeuge aus Legosteinen. Ihre Klassenkameradin und Freundin Laura absolviert ihr Praktikum in einem heilpädagogischen Kindergarten und hat hier u. a. die Aufgabe, mit Lisa, einem vierjährigen Mädchen mit Down-Syndrom, Spielangebote durchzuführen. **Svenja** und ihre Freundin treffen sich während des Praktikums und tauschen sich darüber aus, welche Spiel- und Freizeitangebote sich für Theo und Lisa eignen.

Sie und Ihre Mitschülerinnen haben bereits viele Spiel- und Gestaltungsangebote in Ihrer Praxismappe für andere Zielgruppen gesammelt, für das kommende Praktikum möchten Sie jedoch noch weitere Anregungen erhalten.

Aufgaben zur Lernsituation

1. Notieren Sie spontan Ihre Einschätzung der oben beschriebenen Situation:
   - Wer ist direkt und indirekt an der Situation beteiligt?
   - Welche gemeinsamen Ziele verfolgen die beiden Praktikantinnen, wo gibt es Unterschiede?

2. Welche Spiel- und Freizeitangebote könnten Sie den beiden aus Ihrem bisherigen Spielrepertoire empfehlen?

3. Listen Sie weitere Spiel- und Freizeitangebote auf, die sich Ihrer Meinung nach für Menschen mit Behinderungen anbieten.

4. Lesen Sie die nachfolgenden Ausführungen, bearbeiten Sie die entsprechenden Aufgaben, erweitern Sie Ihr Spielrepertoire in Ihrer Praxismappe und setzen Sie sich ggf. mithilfe weiterführender Informationen mit weiteren für Sie wichtigen Inhalten zu dieser Thematik auseinander.

Die Begleitung des Spiels und der Freizeitaktivitäten von Kindern und Erwachsenen mit Behinderungen erfordert eine gute Beobachtungsgabe und Einfühlungsvermögen von den jeweiligen Betreuern.
So muss der jeweilige Spiel- oder Freizeitbegleiter die individuellen Beeinträchtigungen wie auch die vorhandenen Stärken kennen, um entsprechende Aktivitäten und Spiele anbieten zu können, welche Menschen mit Behinderungen weder über- noch unterfordern. Zwar ähneln die Spiele und Freizeitaktivitäten von Menschen mit Behinderungen den Spielen von Menschen ohne Behinderungen, jedoch finden sie meist auf einer einfacheren Ebene statt.

Einer der wichtigsten Grundsätze bei allen Spiel- und Freizeitangeboten für Menschen mit Behinderungen muss hierbei die **Berücksichtigung ihres Alters** sein.

So muss beispielsweise der Erwachsene mit Behinderungen mit seinen Bedürfnissen ernst genommen und auch als Erwachsener behandelt werden. Auch wenn er in einigen Bereichen auf kindlichem Niveau stehen geblieben ist, kann es nicht sein, dass er zur Befriedigung seines Spieltriebes z. B. ein Kinderspielzeug in die Hand bekommt.

Im Spiel- und Freizeitbereich können einfache oder individuell auf die Gruppe abgestimmte vereinfachte Brett- und Kartenspiele und andere Gesellschaftsspiele durchgeführt, Handarbeiten angeboten und Feste gefeiert, kleine Aufführungen geplant werden und vieles mehr.

Bei der Auswahl bestimmter Spiele und Freizeitaktivitäten sollte der jeweilige Betreuer immer darauf achten, dass es sich um Angebote handelt, die ihm selbst ebenfalls Freude bereiten. Gerade Menschen mit Behinderungen sind sehr sensibel in ihren Wahrnehmungen und spüren sofort, ob es sich um echte oder nur vorgetäuschte Spielfreude handelt.

In den folgenden Kapiteln werden einige Spiel- und Freizeitangebote zum Teil mit konkreten Vorschlägen zur Umsetzung in die Praxis vorgestellt.

5.1   Spielen

Gerade durch das Spiel haben Betreuungspersonen die Möglichkeit, die Kinder und Erwachsenen mit Behinderungen, mit denen sie arbeiten, besser kennenzulernen. Sie erhalten Aufschluss über ihre Stärken und Schwächen und können diese besser einschätzen. Handelt es sich um die Spielbegleitung einer freien Spielform wie das Konstruktions- oder Rollenspiel, müssen Spielleiter insbesondere folgende Grundsätze beachten:

Hinweise zum Spielleiterverhalten bei einer freien Spielform

- *Bieten Sie den Kindern und Erwachsenen mit Behinderungen nicht zu viele Spielmaterialien auf einmal an, denn so finden die einzelnen Gegenstände nur kurze Beachtung, ein wirkliches Spiel kommt jedoch nicht zustande.*

- *Lassen Sie das Kind/den Erwachsenen mit Behinderungen in Ruhe spielen, ohne zu stören, damit es/er sich intensiv mit dem Spielmaterial auseinandersetzen kann.*

- *Wählen Sie möglichst Spielmaterial aus, das einfach und ansprechend in Form- und Farbgebung gestaltet ist.*

- *Seien Sie dem Kind oder Erwachsenen mit Behinderungen ein wirklicher Spielpartner, indem Sie das Spiel intensiv beobachten und entsprechend der beobachteten Interessen Material anbieten und erst dann eine Spiel- und Lernanregung geben, wenn Ihre Hilfe und Unterstützung benötigt wird.*

5.1.1 Tisch- und Brettspiele

Im Folgenden werden spielpädagogische Hinweise gegeben, die es bei der Begleitung dieser Form von Gesellschaftsspielen zu beachten gilt und die sich zum größten Teil auch auf Spiele im Kreis, Tanzspiele, Bewegungsspiele usw. übertragen lassen.

Im Anschluss an diese Hinweise werden Spiele vorgestellt, die sich vor allem gut in der Gruppenarbeit mit Erwachsenen mit Behinderungen bewährt haben, denn es hat sich gezeigt, dass es oft schwer ist, für diesen Personenkreis eine geeignete Beschäftigung für die Freizeit vorzuschlagen.

Vorüberlegungen

Spielleiter sollten sich bewusst machen, dass Mitspieler mit Behinderungen Beeinträchtigungen in verschiedenen Bereichen aufweisen. Das Wissen um diese Einschränkungen ist hilfreich, um während der Spieldurchführung entsprechend reagieren zu können. Probleme können beispielsweise in folgenden Bereichen auftreten:
- Die Mitspieler haben Schwierigkeiten beim Erfassen der Spielregeln.
- Aufgrund ihrer Behinderungen zeigen die Mitspieler eine geringe Ausdauer, sie sind eingeschränkt in ihrer Bewegungskontrolle usw.
- Einige Mitspieler gehen aufgrund ihres Bedürfnisses nach Körperkontakt unangemessen mit den Spielpartnern um (z.B. indem sie schlagen, treten, Haare ausziehen).
- Die Mitspieler gehen unangemessen mit dem Spielmaterial um, wollen z.B. einen Würfel nicht mehr abgeben.

(vgl. Halbig/Wehner, 2002, S. 1213)

Jedes Spiel sollte sorgfältig überprüft werden, um feststellen zu können, ob es sich in der vorgeschlagenen Form für die Gruppe eignet oder die Möglichkeit besteht, die Spielregeln entsprechend der Fähigkeiten der Gruppenmitglieder umzuwandeln. Hierzu sollten Spielleiter das Spiel unbedingt vorher selbst ausprobieren!

> *Merke!*
> *Die Spielregel muss leicht zu verstehen und kurz sein.*
> *Sie muss Möglichkeiten zur Änderung erlauben.*
> *Das Spiel sollte mit wenig Zubehör ausgestattet sein, das zudem gut zu handhaben ist.*
> *Es sollte möglichst wenig Lesekarten (z.B. Aktionskarten) enthalten.*
> *Das Spielziel sollte mit viel Glück, nicht durch strategisches und taktisches Denken erreicht werden können, um niemanden zu überfordern.*

Hinweise zur Spielerklärung

- *Spielleiter sollten darauf achten, dass alle Mitspieler sie gut sehen und hören können. Ebenso sollte Blickkontakt zu den Mitspielern bestehen, damit deutlich erkannt wird, wann einzelne abgelenkt sind, Regeln nicht nachvollziehen können usw.*

- *Die Spielregeln sollen möglichst einfach, kurz und prägnant erklärt werden.*

- *Regeln sollen schrittweise erklärt werden, indem beispielsweise erst die Hälfte erklärt und wenn möglich, das Spiel in dieser vereinfachten Form einmal durchgespielt wird. Die weiteren Regeln werden danach gelernt, bis alle das Spiel verstanden haben.*

- *Hilfreich kann es manchmal sein, die Spielerklärung inhaltlich in eine Geschichte einzukleiden.*

- *Oft erweist es sich als günstig, wenn ein Probedurchlauf durchgeführt wird. Somit wird der Spielhergang veranschaulicht und ersetzt in vielen Fällen umständliche Erklärungen.*

- *Um den Mitspielern eine Orientierung geben zu können, sind die Spielleiter diejenigen, die mit dem Spiel beginnen. Handelt es sich um ein bekanntes Spiel, kann natürlich auch ein Mitspieler den Anfang machen.*

Hinweise zur Spielbegleitung

- *Spielleiter müssen vor allem selbst Freude an den Spielen zeigen, denn eigene Freude überträgt sich ebenso wie Missmut.*

- *Spielleiter können während des Spieles viel zur Stimmung beitragen, indem sie z. B. Spielerfolg bewundern und hervorheben und so das Engagement der Mitspieler würdigen.*

Hinweise zum Abschluss

Spielleiter sollten den Mitspielern mitteilen, wann das Spiel beendet wird und was dann geschieht. So kann sich jeder Mitspieler auf das Spiel und die nachfolgenden Vorhaben einstellen.

Hier nun eine kleine Auswahl bekannter Gesellschaftsspiele, die sich gut mit Kindern und Erwachsenen mit Behinderungen spielen lassen, wenn sie zum Teil etwas vereinfacht werden:

Memory

Es werden zwei Kärtchen einander zugeordnet. Es gibt die Zuordnung von gleichen Abbildungen (z. B. Natur-Memory) sowie die Zuordnung zueinanderpassender Bilder (z. B. Hammer und Nagel, Topf und Topfdeckel). Die Karten liegen mit der Bildseite nach unten und es wird versucht, die richtige Zuordnung zunächst mithilfe des Zufallsprinzips vorzunehmen. In weiteren Runden versuchen die Mitspieler, die richtige Karte aufzudecken, indem sie sich merken, wo sie hingelegt wurde.

Hier wäre es beispielsweise denkbar, die Kartenzahl so weit zu beschränken, dass sich kein Mitspieler überfordert fühlt.

Domino

Spielsteine, die in der Mitte geteilt sind und bei denen sich auf jeder Seite Punktwerte von eins bis sechs befinden, werden aneinandergelegt. Dabei muss der nächste Spielstein immer dem Punktwert des einen oder anderen Endes entsprechen.

Die Punktwerte könnten hier zur Vereinfachung durch Bilder oder Farben ersetzt werden.

Koffer packen

Ähnlich wie beim Memoryspiel wird versucht, verdeckte Karten zu finden, auf denen bestimmte Gegenstände abgebildet sind, die in einen Koffer gehören. Unter den Karten befinden sich auch einige „Schabernackkarten". Die Zuordnung geschieht hier durch vorheriges Benennen der Gegenstände, die gesucht werden. So sagt ein Spieler beispielsweise: „Ich packe eine Zahnbürste ein" und muss dann die Karte mit der Zahnbürste finden. Zieht er eine „Schabernackkarte", muss er diese nehmen und eine bereits erworbene Karte zurücklegen.

Eine Möglichkeit der Vereinfachung besteht darin, alle Karten gleichmäßig an die Mitspieler zu verteilen, jeweils einen verdeckten Kartenstapel zu bilden und reihum eine Karte des eigenen Stapels aufzudecken. Der abgebildete Gegenstand wird benannt und alle Mitspieler entscheiden, ob er in einen Koffer gehört oder nicht.

5.1.2   Spiele für alle Sinne

Auch Spiele, durch die gezielt einzelne Sinne angesprochen werden (Sehen, Hören, Tasten, Schmecken und Riechen), lassen sich gut mit einzelnen Kindern oder kleinen Gruppen von Kindern spielen. Hier eine kleine Auswahl von Sinnesspielen, die sich mit einfachen Materialien selbst herstellen lassen:

Farbtäfelchenmemory (zum Sehen)

Es werden, wie bei jedem anderen Memory, immer zwei Holz- oder Papptäfelchen der gleichen Farbe einander zugeordnet. Zu Beginn sollten eindeutig voneinander zu unterscheidende Farben gewählt werden (z. B. die Grundfarben) und die Kartenzahl soweit beschränkt werden, dass sich keiner der Mitspieler überfordert fühlt. Im weiteren Verlauf können dann immer mehr Farbtäfelchen hinzugenommen werden.

Geräuschdosenmemory

Vorbereitung:

Es werden jeweils zwei Filmdöschen mit gleichem Material (beispielsweise Erbsen, Reis, Sand, Pfefferkörner) befüllt. Auf die eine Serie der Döschen klebt man dann rote Punkte, auf die andere blaue. Zur Fehlerkontrolle erhalten die gleichen Paare außerdem auf der Standseite ein gleiches Zeichen (z. B. ein Kreuz, einen Kreis, ein Quadrat).

Spielbeschreibung:

Die Filmdosen werden auf den Tisch gestellt. Die Spielleiterin zeigt zunächst die Vorgehensweise: Sie nimmt ein Filmdöschen mit einem roten Klebepunkt, hält es an das Ohr und schüttelt es hin und her. Dann probiert sie herauszufinden, welches Filmdöschen mit blauem Punkt das gleiche Geräusch erzeugt. Hat sie ein Paar gefunden, stellt sie es zur Seite und probiert, in gleicher Weise die weiteren Paare zu ermitteln. Zum Schluss kontrolliert sie durch Umdrehen der Filmdöschen, ob sie alles richtig gehört hat. Dann fordert sie das Kind auf, dieses Spiel durchzuführen.

Tastdomino

Es werden sechs bis 12 Stoffsäckchen in der Größe 14 x 7 cm genäht, die in der Mitte zusammengenäht werden und an den beiden schmalen Kanten zunächst noch eine Öffnung haben. Von beiden Seiten werden die Säckchen dann mit unterschiedlichem Material befüllt (z. B. Murmeln, Legetrapezsteinchen, Legosteinen) und dann vollständig zugenäht.

Hälften, die mit gleichem Material befüllt wurden, erhalten zur späteren Fehlerkontrolle auf der Rückseite ein identisches Zeichen.
Ein Säckchen wird in die Mitte gelegt. Dann wird der Inhalt der beiden Enden befühlt und es wird versucht, durch weiteres Ertasten passende Säckchen zu finden, die angelegt werden können. Sind alle Säckchen ausgelegt, kann mithilfe der Zeichen auf der Rückseite überprüft werden, ob alles richtig erfühlt wurde.

Aufgaben

1.   Wählen Sie ein bekanntes Gesellschaftsspiel aus und spielen Sie es in der Kleingruppe.

2.   Vereinfachen oder ändern Sie die Spielregeln, um das Spiel mit einer Gruppe von Menschen mit einer geistigen Behinderung spielen zu können.

3.   Halten Sie die Spielregeln schriftlich fest.

Außer diesen und anderen sehr bekannten Gesellschaftsspielen bieten sich gerade für erwachsene Menschen mit Behinderungen auch Spiele wie „Carcassonne" und „Café international" an. Halbig und Wehnert stellen sie in ihrem Buch „Mit behinderten Menschen spielen" vor und zeigen Möglichkeiten der spielpädagogischen Begleitung auf.

Exemplarisch hier ihre Spielidee zum Spiel „Café international":

Café international

Es handelt sich hierbei um ein Anlegespiel, bei dem Glück eine große Rolle spielt. Es wurde Spiel des Jahres 1989.

Spielbeschreibung

Es geht darum, in einem Café freie Tische (mit jeweils vier Stühlen) mit Pappfiguren, auf denen Menschen zwölf verschiedener Nationen abgebildet sind, zu besetzen.
Es gibt 24 Tische, wobei jeder Tisch von Paaren bestimmter Nationen belegt werden muss. Ein Joker, der gezogen wird, ersetzt beliebige Gästekarten.
Wer an der Reihe ist, legt entsprechend der Spielregeln Gästekärtchen oder Joker ab und erhält eine entsprechende Punktzahl. Zum Zählen der Punkte werden farbige Plastik-

chips verwendet. Wenn bestimmte, in der Spielanleitung beschriebene Situationen eingetreten sind (z. B. der letzte freie Stuhl wurde besetzt), ist das Spiel beendet.
Der Spieler mit den meisten Punkten hat gewonnen.

Vorschläge zur Einstimmung, Einführung und zum Ausklang

Einstimmung

- Die Spieler schauen auf einer großen Weltkarte nach, wo die einzelnen Länder liegen, die in dem Spiel vorkommen.

- Alle malen die Fahnen der Länder nach.

- Alle schauen sich die originellen, typischen Kopfbedeckungen, Haartrachten an und spielen mit entsprechenden Verkleidungen Aktionen aus dem Spiel nach.

Einführung

- Der Spielleiter hilft am Anfang beim Punktezählen.

- Der Joker wird zunächst weggelassen.

Ausklang

- Nach dem Spiel kann von allen Mitspielern beispielsweise ein richtiges Café besucht werden.

(vgl. Halbig/Wehnert, 2002, S. 16 f.)

Aufgaben

1. Wählen Sie ein weniger bekanntes Gesellschaftsspiel aus, das sich für eine Gruppe von Menschen mit Behinderungen eignet.

2. Spielen Sie das Spiel kurz an, bis Sie die Spielregeln verinnerlicht haben.

3. Suchen Sie nach Möglichkeiten zur Einstimmung und zur Einführung des Spieles.

4. Welches Angebot könnten Sie im Anschluss an dieses Spiel mit der Gruppe durchführen?

5.2 Feste und Feiern

Gerade Menschen mit Behinderungen können sich noch häufig über kleine Dinge freuen, die von anderen kaum oder gar nicht beachtet werden. Sie empfinden ehrliche Freude, wenn sie etwas erleben, was nicht alltäglich erscheint.

Diese ehrliche und echte Freude zu erhalten und zu fördern sollte Aufgabe aller Betreuungspersonen sein, die mit Erwachsenen oder Kindern mit Behinderungen arbeiten.

So kann die Vorbereitung und Durchführung von Festen und Feiern mit Menschen mit Behinderungen viele positive Auswirkungen für die gesamte Persönlichkeit haben:

- Werden Vorbereitungen für ein Fest getroffen, wie beispielsweise die Gestaltung von Einladungskarten, Raumschmuck usw., wissen die Beteiligten, dass sie anderen durch ihr Engagement Freude bereiten können.

- Sie stärken ihr Selbstbewusstsein, wenn sie etwas für sich und andere herstellen (z. B. kleine Gewinne für Spiele bei einem Sommerfest, Geschenke für ein Geburtstagskind).

- Sie erleben Freude in der Gemeinschaft mit anderen.

- Durch den Einsatz ihrer vorhandenen Fähigkeiten und Fertigkeiten erhalten und fördern die Menschen mit Behinderungen ihre körperlichen und geistigen Ressourcen (z. B. bei Sportspielen, einfachen Quizspielen usw.).

Im Folgenden werden einige Feste und Feiern aufgelistet, die in Einrichtungen für Menschen mit Behinderungen ohne Schwierigkeiten gefeiert werden können. Daran anschließend werden Stoffsammlungen mit Spiel- und Gestaltungsvorschlägen zu drei verschiedenen Festen vorgestellt (die näheren Beschreibungen zu Fest- und Feiertagen im Jahresverlauf können Kapitel III, 4.2 entnommen werden).

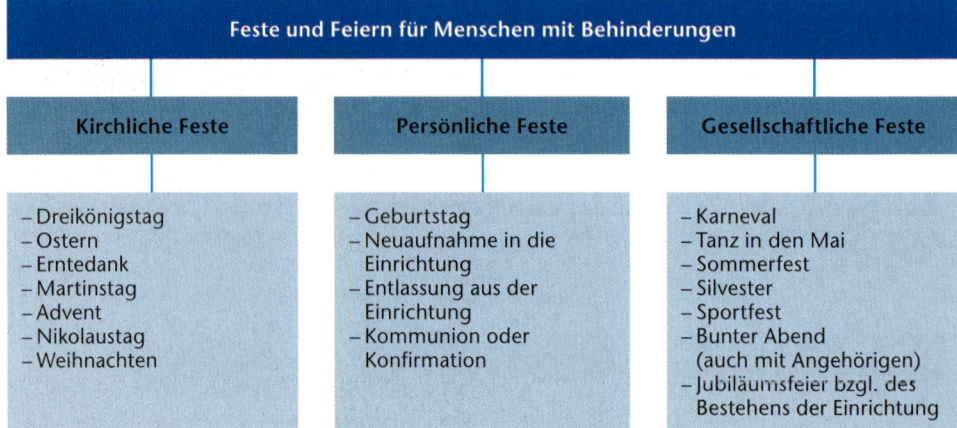

Gestaltung von Festen und Feiern

Gerade in Einrichtungen für Menschen mit Behinderungen bedarf es zahlreicher Vorüberlegungen, damit ein Fest oder eine Feier gelingen kann. In Absprache mit allen am Fest beteiligten Fachkräften werden die Sozialhelfer insbesondere vorbereitende Aufgaben übernehmen.

Folgende Hinweise sollten bei allen Festvorbereitungen beachtet werden:

Hinweise zur Festvorbereitung in Einrichtungen für Menschen mit Behinderungen

- *Alle praktischen Spiel- und Bastelvorschläge zu Festen und Feiern sollten den individuellen Fähigkeiten und Fertigkeiten der Menschen mit Behinderungen entsprechen. Deshalb sollten Themen nur als Anregung verstanden werden, die ggf. etwas verändert werden müssen.*

- *Ausgewählte Spiele können auch entsprechend der Schwere des Behinderungsgrades nach unterschiedlichen Spielregeln durchgeführt werden.*

- *Da Menschen mit Behinderungen oft lange Zeit zum Anfertigen von Bastelarbeiten benötigen, sollte mit termingebundenen Arbeiten möglichst früh begonnen werden (z. B. Basteln von Raumschmuck für das Weihnachtsfest).*

5.2.1   Karneval

Karneval ist auch bei vielen Menschen mit Behinderungen ein beliebter Anlass, sich zu verkleiden und ausgelassen zu feiern. Die folgenden Vorschläge sollen bei der Gestaltung von Karnevalsfeiern hilfreich sein.

Vorschläge für die Karnevalsfeier mit Kindern mit Behinderungen

Einen Fundus anlegen

Es werden in einer Kiste oder einem Korb abgelegte Kleider gesammelt, die sich zum Verkleiden eignen. Manchmal reicht das Stöbern in der Kiste und das Verkleiden schon als Beschäftigung aus, da die Gruppe lange Zeit beschäftigt ist und viel Freude beim Tauschen der Kleidungsstücke hat.

Basteln von Masken

Es sollte sich um möglichst einfache Masken handeln, die auch von Kindern mit schweren Behinderungen hergestellt werden können, z. B. eine Maske aus leichter Pappe, in die Löcher für die Augen geschnitten werden und die anschließend angemalt oder bunt beklebt wird.

Gestaltung der Raumdekoration

- Die Fenster werden mit buntem Seidenpapier beklebt.
- Einfache Girlanden werden hergestellt.
- Konfetti wird hergestellt, indem buntes Papier mit einem Locher bearbeitet wird.

Gemeinsames Vorbereiten einiger Getränke und Speisen

- Fastnachtsbowle wird zubereitet.
- Fastnachtsknabbereien werden angefertigt (Rezepte können im Fach „Fachpraxis Ernährung und Hauswirtschaft" vorgestellt und ausprobiert werden).

Für diese einfache Maske wurde ein Luftballon mit mehreren Zeitungsschichten umkleistert, einige Tage getrocknet und dann entsprechend zugeschnitten und mit Fingerfarbe bemalt. Pfeifenputzer dienen als Haare. Die Nase wurde ebenfalls mithilfe der Pappmascheetechnik angefertigt.

Weiterhin können kleine Kreisspiele, Lieder und Wettspiele entsprechend der Interessen und Fähigkeiten der Gruppe eingesetzt werden. Auch die musikalische Untermalung, die zum Tanzen und Bewegen anregt, kann einen Beitrag zu einer gelungenen Karnevalsfeier bieten (es können beispielsweise Spiele aus Kapitel II, 3 ausgewählt und eventuell leicht verändert werden).

Vorschläge für die Karnevalsfeier mit Erwachsenen mit Behinderungen

Basteln von Masken, einen Fundus anlegen, Gestaltung der Raumdekoration:
Hier können die oben vorgestellten Ideen übernommen werden.

Gemeinsames Vorbereiten einiger Getränke und Speisen
Es kann ein Büffet mit zahlreichen kalten Speisen und nichtalkoholischen Getränken mithilfe einfacher Rezepte vorbereitet werden (auch hier können einfache Salatrezepte, Sandwichrezepte, Bowlen usw. im Fach „Fachpraxis Ernährung und Hauswirtschaft" vorgestellt und ausprobiert werden).

Die Feier unter ein besonderes Motto stellen:
Es bieten sich beispielsweise folgende Themen an:
„Märchenparty", „High Society", „Lumpenball", „Schwarz und Weiß", „Pyjamaparty".

Gemeinsames Auswählen der Musik
Es können CDs zusammengestellt und bei besonderen Talenten der Betreuer oder auch der Erwachsenen mit leichten Behinderungen kann selbst Musik gespielt werden.

So kann getanzt oder auch zeitweise einigen Teilnehmern als besondere Attraktion gestattet werden, in ein Mikrofon zu singen, zu dirigieren, einmal am Schlagzeug zu sitzen usw. Auch hier können Lieder und Wettspiele entsprechend der Interessen und Fähigkeiten der Gruppe eingesetzt werden. Bei den Wettspielen kann es dann auch kleine Preise geben. *(vgl. Krenzer, 1974, S. 21–30)*

5.2.2 Sommerfest

Dieses Fest findet im Freien statt und bietet den Menschen mit Behinderungen und deren Angehörigen Gelegenheit zum gemeinsamen Feiern.

Vorschläge für die Festvorbereitung
- *Anfertigen von Einladungskarten für die Gäste:* Die Betreuungspersonen schreiben die Einladung, die Kinder oder Erwachsenen mit Behinderungen bekleben die Karte mit bunten Motiven, gepressten Blumen oder Blättern o.Ä.
- *Auswahl von geeigneten Spielen:* Die pädagogischen Fachkräfte wählen Spiele entsprechend der individuellen Interessen und Fähigkeiten der Teilnehmer aus und sorgen dafür, dass viele Helfer zur Verfügung stehen, die Spieler mit schwereren Behinderungen unterstützen. Sozialhelfer übernehmen ebenfalls helfende Aufgaben und müssen sich mit den entsprechenden Spielregeln und deren Veränderbarkeit auseinandersetzen.
- *Schmücken des Festplatzes oder der Festwiese:* z.B. mit Lampions, Girlanden usw.
- *Herstellen von Willkommensgrüßen für die Gäste:* z.B. bunte Kränzchen, Anstecknadeln usw.

Spiele und andere Vorschläge für die Festdurchführung
- *Eine Polonaise* kann mit allen Teilnehmern stattfinden.
- *Wettspiele* wie Sackhüpfen, Flaschenkegeln Dosenwerfen usw. werden durchgeführt.
- *Vorführungen:* Entweder führen die Betreuungspersonen oder Honorarkräfte (z.B. ein Clown) etwas für die Menschen mit Behinderungen und die Gäste vor oder es werden bestimmte Theaterstücke von einzelnen Gruppen von Menschen mit Behinderungen unter Anleitung eingeübt und den Gästen

vorgestellt (siehe auch Beispiele in den Kapiteln 5.3 und 5.4).
- *Kletterbaum:* Ein geringfügig angehobener Balken führt zu einer Spitze, an der sich kleine Belohnungen befinden. Jeder Teilnehmer darf einmal sein Glück versuchen.
- *Einrichten eines Cafés:* Hierzu können vorher mit den Menschen mit Behinderungen Kuchen gebacken oder auch Kuchenspenden entgegengenommen werden. Die pädagogischen Fachkräfte sorgen für viele Helfer.
- *Einrichten eines Getränkestandes und einer Würstchenbude:* Die Organisation wird ebenfalls von den pädagogischen Fachkräften übernommen, die für weitere Helfer sorgen.

Der Abschluss des Sommerfestes kann offen gestaltet werden oder es wird beispielsweise ein Sommerlied gemeinsam gesungen, bevor sich alle voneinander verabschieden. Dies hängt von dem jeweiligen Planungsrahmen ab. *(vgl. Krenzer, 1974, S. 132–141)*

5.2.3   Geburtstag

Der Geburtstag ist ein großes Ereignis für Kinder und Erwachsene mit Behinderungen. Gerade sie empfinden ihren Geburtstag als etwas ganz Besonderes.
Sie freuen sich, einmal im Mittelpunkt zu stehen und wissen, dass vieles, was an diesem Tag geschieht, für sie gemacht wird. Sie möchten diesen Tag richtig genießen können.

> *Merke!*
> *Der Geburtstag der Kinder und Erwachsenen mit Behinderungen gehört zu den Festtagen, die ihnen voll bewusst sind. Es ist für sie einer der wichtigsten Tage im Jahr, der auf jeden Fall gewürdigt werden muss.*
> *Deshalb darf es nicht passieren, dass die Betreuer diesen Tag vergessen oder ihn im Alltagsgeschehen untergehen lassen!*

Diese Dinge dürfen nicht fehlen:

Ein kleines Geburtstagsgeschenk für das Kind oder den Erwachsenen mit Behinderungen
In allen Einrichtungen sollte ein Etat zur Verfügung stehen, um kleine Geschenke kaufen zu können. Es hat sich bewährt, Geschenke im Großen einzukaufen und über die jeweiligen Geschenke Buch zu führen, damit das Geburtstagskind nicht das gleiche Geschenk ein zweites Mal erhält.

Ein gemeinsames Geburtstagsessen
Erwachsene Menschen mit Behinderungen mögen es meist, wenn sie mit ihrer Gruppe gemeinsam Kaffee trinken oder Würstchen essen oder auch ein Café besuchen.

Das gemeinsame Geburtstagsessen in heilpädagogischen Kindertagesstätten kann beispielsweise so gestaltet werden, dass die Eltern der Kinder einen Kuchen oder Obstsalat mit in die Einrichtung bringen oder dass in der Einrichtung ein Geburtstagsessen gemeinsam vorbereitet wird.

Wie dann die weitere Gestaltung der Geburtstagsfeier aussieht, hängt vom Interesse und den Bedürfnissen des jeweiligen „Geburtstagskindes" und den Gegebenheiten der Einrichtung ab[1].
(vgl. Krenzer, 1974, S. 120–123)

Aufgabe

Erstellen Sie mithilfe des Alphabetes eine Liste möglicher Geschenktipps für den Geburtstag eines Erwachsenen oder eines Kindes mit Behinderungen **und/oder** eine Liste möglicher kleinerer Preise, die es bei Spielen eines Sommerfestes zu gewinnen gibt.

5.2.4   Sportfest

Sportfeste in der eigenen Einrichtung oder aber auch überregional veranstaltet, können insbesondere Kindern, Jugendlichen und jungen Erwachsenen mit Behinderungen angeboten werden, die aufgrund ihrer Behinderung nicht an den Bundesjugendspielen oder ähnlichen Sportveranstaltungen ihrer Altersgenossen teilnehmen können.
Entsprechend der Behinderung der einzelnen Teilnehmer werden hier Bewegungs- und Sportspiele in verschiedenen Sportdisziplinen ausgewählt:

Ballspiele in verschiedenen Schwierigkeitsstufen
Ballwerfen – Ballrollen – Balltreten – Ball hochwerfen – Zielwerfen (z. B. Tischtennisbälle in einen Eierkarton) – Mannschaftsballspiele in vereinfachter Form wie z. B. Basket- und Völkerball

Spiele mit Seil und Tau
einfaches Seilchenspringen und Tauziehen

Spiele mit einfachen Spielgeräten und -materialien
Spiele mit Reifen – Frisbee werfen und fangen – Laufdosen – Gehbretter aus Holz – Spiele mit Bohnensäckchen – Spiele mit Luftballons usw.

Geschicklichkeitsparcours
Slalomlauf um verschiedene Hindernisse wie Kegel, Plastikhütchen usw. – eine Strecke in einer bestimmten Gangart zurücklegen (z. B. auf einem Bein hüpfen, rückwärts laufen, auf allen Vieren krabbeln) – Hindernisse wie Holzbretter oder Steine beim Ablaufen einer Strecke nicht berühren – mit einfachen Fahrzeugen eine Strecke mit Hindernissen zurücklegen.

All diese und ähnliche Spiele können auf dem Gelände an verschiedenen Stationen angeboten werden.
Zum Abschluss eines Sportfestes kann ein Mannschaftsspiel wie Fußball oder Basketball mit vereinfachten Regeln angeboten werden.

---

[1] *Weitere Gestaltungsvorschläge für Geburtstagsfeiern können dem Kapitel II, 3.6 entnommen werden.*

> **Merke!**
> *Damit die Kinder, Jugendlichen und jungen Erwachsenen mit Behinderungen sich nach dem Sportfest als engagierte Sportler fühlen können, dürfen Siegerehrung und Preisverleihung nicht fehlen. Kleine Anstecknadeln, Abzeichen und Urkunden bieten sich als bleibende Erinnerung an dieses Sportereignis an (vgl. Krenzer, 1974, S. 148 f.).*

5.3   Märchen und Märchenspiele für Kinder mit Behinderungen

Rolf Krenzer stellt in seinem Märchenbuch für Kinder mit Behinderungen viele bekannte Märchen in sprachlich vereinfachter Form vor, sodass diese entweder direkt oder auch mit eigenen Worten ausgeschmückt erzählt oder vorgelesen werden können.
Die Art der Vortragsweise richtet sich stark nach der Auffassungsgabe der Zuhörer.
Wenn Kindern mit Behinderungen Märchen erzählt werden sollen, müssen einige Forderungen beachtet werden, damit das Märchen in seiner Ganzheit aufgenommen werden kann:

Hinweise zum Erzählen eines Märchens

- *Das Märchen sollte nur kurze Sätze mit einfachen Satzmustern enthalten.*

- *Die Wortwahl sollte dem Wortschatz der Zuhörer entsprechen, d. h., dass weniger gebräuchliche Begriffe durch bekannte ersetzt werden.*

- *Wichtige Wörter, Sätze, Satzfolgen werden oft und betont wiederholt, sodass sie sich einprägen.*

- *Der Inhalt eines Märchens wird gekürzt und von Nebenhandlungen befreit, damit die Haupthandlungsfolge für die Zuhörer nachvollziehbar bleibt.*

- *Alle Märcheninhalte werden in einfacher und verständlicher Sprache erzählt.*

- *Reime werden, soweit es geht, übernommen oder verkürzt der neuzeitlichen Sprache angepasst.*

- *Der Erzähler selbst trägt durch seinen bewussten Stimmeinsatz (langsames Erzählen und Schweigen an bestimmten Stellen) entscheidend dazu bei, dass einzelne Handlungsfolgen und das Märchen in seiner Gesamtheit verstanden werden.*

Zudem können Märcheninhalte nach der Erzählung durch Bilder, die den Höhepunkt des Märchens veranschaulichen, vertieft werden. Anschließende Spiellieder, Lieder, Fingerspiele und kleine Rollenspiele eignen sich zur weiteren Auseinandersetzung mit dem entsprechenden Märchen.
(vgl. Krenzer, 1977, S. 66 ff.)

Im Folgenden werden zwei bekannte Märchen in vereinfachter Form vorgestellt sowie einige weiterführende Ideen zur Aufarbeitung der Märcheninhalte:

„Dornröschen"

Dornröschen wohnt in einem Schloss. Dornröschen ist eine Prinzessin. Im Schloss wohnt auch eine Frau, die zaubern kann. Sie wohnt in einem kleinen Zimmer. Das Zimmer ist oben im Turm. Niemand weiß, dass die Frau im Turmzimmer wohnt.

Einmal geht Dornröschen in den Turm. Da sitzt die alte Frau und näht. Dornröschen ruft: „Lass mich auch einmal nähen!"

Die alte Frau gibt ihm die Nadel. Pass auf, da sticht es sich in den Finger. Alles wird verzaubert.

Dornröschen schläft ein. Alle schlafen ein. Der König und die Königin. Der Koch und der Küchenjunge. Die Männer und die Frauen. Die Jungen und die Mädchen. Die Pferde, die Hunde und die Katzen. Sogar die Fliegen an der Wand.

Eine hohe Dornenhecke wächst um das Schloss herum. Sie wird höher und höher.

Sie verdeckt das ganze Schloss. Niemand kann hindurch.

Ein Jahr vergeht. Viele Jahre vergehen.

Auf einmal kommt ein Prinz. Da öffnet sich die Dornenhecke. Der Prinz geht hindurch.

Er findet das Schloss. Er findet das Turmzimmer. Er findet Dornröschen. Dornröschen schläft.

Da küsst der Prinz das schöne Dornröschen.

Dornröschen wacht auf.

Alle wachen auf. Der König und die Königin. Der Koch und der Küchenjunge. Die Männer und die Frauen. Die Jungen und die Mädchen. Die Pferde, die Hunde und die Katzen. Sogar die Fliegen an der Wand.

Der Prinz heiratet Dornröschen. Sie feiern ein großes Fest. Es ist nichts mehr verzaubert.
(Krenzer, 1977, S. 8)

Weiterführende Ideen zur Aufarbeitung der Märcheninhalte

Bildbetrachtung

Spiellied

In diesem Spiellied wird der Höhepunkt des Märchens dargestellt: Die Kindergruppe steht im Kreis zusammen und alle halten sich an den Händen. Dornröschen sitzt in der Mitte auf einem Stuhl und schläft. Der Prinz geht um den Kreis (Dornenhecke) herum. Die Kinder lassen sich los und singen gemeinsam mit der Spielleiterin:

1. Da öff - net sich die He - cke, die He - cke, die He - cke, da
öff - net sich die He - cke und lässt den Prinz her - ein.

1. Da öffnet sich die Hecke, die Hecke, die Hecke.
   Da öffnet sich die Hecke und lässt den Prinz herein.

2. Der Prinz, der küsst das Mädchen, das Mädchen, das Mädchen.
   Der Prinz, der küsst das Mädchen und tanzt mit ihr allein.

(Der Prinz gibt Dornröschen einen Handkuss, beide fassen sich an den Händen und tanzen im Kreis.)

3. Nun tanzen auch die and'ren, die and'ren, die and'ren.
   Nun tanzen auch die and'ren und schlafen nicht mehr ein.

Text: Andrea Wilmes, Musik: Andrea Wilmes und Birgit Copony

„Der Fischer und seine Frau"

Der Fischer und seine Frau leben zusammen in einer kleinen Hütte.
Zum Angeln geht der Fischer zum Meer.
Einmal erwischt er einen großen Fisch.
Der Fisch ruft: „Lass mich leben. Ich will dir auch was Schönes dafür geben."
Der Fischer bekommt einen Schreck und wirft den Fisch gleich wieder weg.

Zuhause sitzt seine Frau nicht mehr vor der kleinen Hütte. Der Fisch hat ihnen ein großes Haus geschenkt. Die Frau aber ist noch nicht zufrieden. Sie möchte ein größeres Haus haben. Der Fischer geht noch einmal zum Meer.

Er erwischt wieder den großen Fisch.
Der Fischer sagt: „Meine Frau, die Ilsebill, will ein Haus, das ich nicht will."
Da sagt der Fisch: „Geh hin, sie sitzt schon darin."

Die Frau ist noch immer nicht zufrieden. Sie möchte ein großes Schloss haben.
Der Fischer geht noch einmal zum großen Wasser.

Er erwischt wieder den großen Fisch.
Der Fischer sagt: „Meine Frau, die Ilsebill, will ein Schloss, das ich nicht will."
Da sagt der Fisch: „Geh hin, sie sitzt schon darin."
Die Frau ist noch immer nicht zufrieden. Sie möchte Königin sein.

Der Fischer geht noch einmal zum großen Wasser.
Er erwischt wieder den großen Fisch.
Der Fischer sagt: „Meine Frau, die Ilsebill, will Königin sein, was ich nicht will"
Da sagt der Fisch: „Nun geh schon, sie sitzt auf dem Thron."

Die Frau ist noch immer nicht zufrieden. Sie möchte der liebe Gott sein.
Der Fischer geht noch einmal zum großen Wasser.

Er erwischt wieder den großen Fisch.
Der Fischer sagt: „Meine Frau, die Ilsebill, will der liebe Gott sein, was ich nicht will."
Da sagt der Fisch: „Das ist eine zu große Bitte. Sie sitzt wieder in der kleinen Hütte."

Der Fischer geht zurück – seine Frau sitzt wieder in der kleinen Hütte.

Weiterführende Ideen zur Aufarbeitung der Märcheninhalte

Bildbetrachtung

Weiterhin bietet es sich insbesondere für erwachsene Menschen mit Behinderungen an, dieses Märchen zum Anlass für Gespräche über das eigene Konsumverhalten, Versprechungen der Werbung usw. zu nehmen.

Aufgaben

Kleingruppenarbeit:

1. Suchen Sie in einem Märchenbuch nach einem weiteren Märchen, das sich zum Erzählen oder Vorlesen für Kinder oder auch Erwachsene mit geistiger Behinderung eignet, wenn es vereinfacht wird.

2. Versuchen Sie, die wichtigsten Handlungsfolgen des Märchens stichwortartig zusammenzufassen.

5.4   Darstellendes Spiel für Menschen mit Behinderungen

Gerade in Wohngruppen für jugendliche und erwachsene Menschen mit Behinderungen sollte die Freizeitgestaltung darauf ausgerichtet sein, den Gruppenprozess zu fördern. Um dieses Ziel zu erreichen, bieten sich Projekte im Bereich des darstellenden Spiels besonders gut an. Hier kann jeder seine persönlichen Fähigkeiten einbringen und die anderen Gruppenmitglieder können diese als gewinnbringend für die gesamte Gruppe ansehen.

Das Einüben eines zusammenhängenden Stückes mit anschließender Aufführung vor einem Publikum bereitet vielen Menschen mit Behinderungen große Freude.

Die erwachsenen Menschen mit Behinderungen fördern ihre vorhandenen musischen Fähigkeiten und Fertigkeiten sowie die Gruppenfähigkeiten.

Konkret werden hierbei folgende Ziele erreicht:

- sich in eine Rolle hineinversetzen und sie darstellen können
- Bewegungsabläufe nachahmen und neue erfinden
- Bewegung in Beziehung setzen zu Objekten, Partnern und Musik
- das Einüben eines Stückes als gemeinsame Gruppenaufgabe erkennen, die nur durch den Einsatz aller als sinnvoll erscheint
- das Akzeptieren unterschiedlicher Rollenverteilungen aufgrund der verschiedenen Fähigkeiten
- jede Rolle als wichtig anerkennen
- etwas der Öffentlichkeit vorstellen können
- und anderes mehr

Alle pädagogischen Mitarbeiter, die eine Projektgruppe jugendlicher oder erwachsener Menschen mit Behinderungen betreuen, sollten folgende Hinweise beachten, damit das Interesse an den Proben für ein Bühnenstück geweckt und bis zur Aufführung erhalten bleiben kann.

Hinweise zur Aufführung eines Bühnenstückes

- *Es werden mehrere Betreuer für die Gruppe benötigt, um einzelnen Mitspielern im Notfall helfen zu können, die aufgrund ihrer Behinderung in bestimmten Phasen überfordert sind.*

- *Es bedarf der vorherigen Beobachtung der einzelnen Gruppenmitglieder, damit sie eine Rolle oder Aufgabe entsprechend der vorhandenen Fähigkeiten und Fertigkeiten erhalten (z. B. Haupt- oder Nebenrolle, Beleuchtung, Anfertigung von Requisiten, Kulissen usw.).*

- *Es muss frühzeitig mit termingebundenen Stücken begonnen werden, da die Proben meist sehr viel länger dauern als bei Menschen ohne Behinderungen.*

- *Es ist günstiger, ein Stück auszuwählen, bei dem wenig oder gar nicht gesprochen wird, weil das Sprechen den meisten Menschen mit Behinderungen schwerfällt. Aus diesem Grunde kann beispielsweise auch ein Mitarbeiter als Sprecher oder Erzähler vor der Bühne die Handlung kommentieren oder die Geschichte erzählen.*

- *Inhalte des Stückes sollten nur im Groben feststehen, da sich während der Proben die Geschichte meist weiterentwickelt oder verändert.*

(vgl. Wehnert, 2003, S. 29 f.)

Folgende Formen des darstellenden Spiels eignen sich besonders gut für die Arbeit mit Erwachsenen mit Behinderungen:

Schwarzlichttheater

Mithilfe von ultraviolettem Licht werden in einem abgedunkelten Raum mit schwarzem Hintergrund schwarze Objekte nicht mehr erkannt, dagegen Gegenstände und Kleidungsstücke, die im UV-Licht reflektieren, sehr gut.

Die schwarz gekleideten Schauspieler, die eine schwarze Kapuze über den Kopf gezogen haben, können reflektierende Objekte bewegen oder sich weiße Handschuhe anziehen, sodass beim Zuschauer der Eindruck entsteht, Objekte würden schweben und sich verwandeln.

Da hier schon mit einfachen Bewegungen und kleinen Szenen große Wirkungen erzielt werden, Requisiten sich meist leicht herstellen lassen, aber auch etwas kompliziertere Tricks und Verfahren ausprobiert werden können, bietet sich diese Form des darstellenden Spieles auch gut für Gruppen von Menschen mit unterschiedlichen Schweregraden von Behinderungen an.

Als geeignete Themen für die Methode „schwarzes Theater" mit Menschen mit Behinderungen haben sich folgende besonders bewährt:
- Spuk- und Zaubergeschichten mit Gespenstern, Hexen, Zauberern und Feen
- allerlei Zaubertricks
- Wintergeschichten (da hier viel mit „weiß" gearbeitet wird)

Menschenschattenspiel

Hinter einer weißen Leinwand, die von hinten beleuchtet wird, bewegen sich Darsteller lautlos mit langsamen Bewegungen, möglichst im Profil, sodass das Spiel von den Umrissformen ihrer Schatten bestimmt wird.

Während des Spieles wird nicht gesprochen. Es gibt einen Erzähler, der außerhalb der Bühne die Geschichte erzählt oder vorliest. Musik und andere Geräusche werden ebenfalls von außen eingebracht. Wird die Bühne selbst angefertigt, sollte sie eine Größe von ca. zwei Metern Höhe und vier Metern Breite aufweisen, damit mehrere Personen dahinter überschneidungsfrei spielen können. Ein straff gespanntes Leinentuch o. Ä. ist als Projektionsfläche gut geeignet. Als Beleuchtungsquelle empfiehlt sich ein Overheadprojektor (vgl. Thiesen, 1989, S. 129).

Diese Spielform eignet sich insbesondere für Gruppen mit unterschiedlichen Behinderungen, weil hier sehr kurze einfache Szenen gespielt werden können, die jeder Schauspieler entsprechend seiner vorhandenen Fähigkeiten fantasievoll ausschmücken kann.

Anmerkung zum Figurenschattenspiel:

Das Figurenschattenspiel, bei dem Pappfiguren meist von unten an dünnen Stäben aus Holz oder Plexiglas dicht an der Projektionsfläche geführt werden, eignet sich nur bedingt für eine Gruppe von Menschen mit Behinderungen, da das Halten der Figuren zum Teil recht anstrengend sein kann. Zudem gestaltet sich die Herstellung der Figuren auch nicht immer einfach, da diese zum Teil auch mit beweglichen Gelenken ausgestattet sein sollten, was von dem Hersteller ein gewisses Maß an feinmotorischem Geschick voraussetzt.

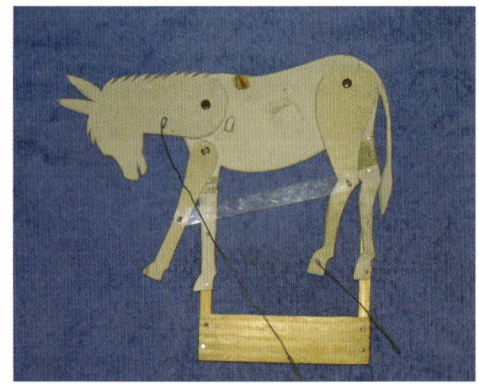

Letztlich muss jedoch der jeweilige Betreuer entscheiden, was er seiner Gruppe zutrauen kann.

Die Sozialhelferin wird den hauptverantwortlichen Betreuer bei der Vorbereitung und Durchführung eines Menschenschattenspieles oder bei der Methode „schwarzes Theater" unterstützen. Sie kann beispielsweise:

- Requisiten und Kulissen mit den Menschen mit Behinderungen herstellen,
- Mitspielern beim Proben helfen, die in bestimmten Spielphasen überfordert sind,
- die Rolle des Erzählers übernehmen,
- als Zuschauerin bei den Proben die Bewegungen der Spieler überprüfen und ggf. korrigieren
- und anderes mehr.

Im Folgenden wird aufgezeigt, wie die Methode „Menschenschattenspiel" mit einer Gruppe von Jugendlichen mit Behinderungen durchgeführt werden kann. Thomas Wodzicki empfiehlt in seinem Fachartikel in der Zeitschrift „Gruppe und Spiel" folgende Vorgehensweise:

1. **Aufwärm- und Kennenlernphase mit leichten Kennenlernspielen**
   Die Gruppe führt ein bis zwei einfache Kennenlernspiele durch, um erste Hemmungen abzubauen. Zudem kann der Spielleiter Stärken und Schwächen oder auch Ängste der einzelnen Teilnehmer erkennen (Beispiel für ein geeignetes Kennenlernspiel, siehe Kapitel I, 3.3.1: „Name mit Bewegung").

2. **Einfache Übungen an der Schattenwand mit dem Ziel, die wichtigste Regel für das Schattenspiel zu verinnerlichen: „Zeige dich im Profil, damit alle Bewegungen zu erkennen sind."**
   - Die Spieler bewegen sich mit unterschiedlichen Bewegungsabläufen entlang der Leinwand und beobachten ihren eigenen Schatten.
   - Die Gruppe wird geteilt: Eine Teilgruppe bewegt sich hinter der Leinwand, die andere Gruppe versucht, die beobachteten Bewegungen nachzuahmen.
   - Paarspiel „**Spiegelbild**": Ein Spieler geht in bestimmter Weise hinter der Leinwand entlang, der andere Spieler versucht, die Bewegung vor der Bühne möglichst genau nachzumachen.
   - Spiel „**Was tut er?**": Spieler stellen hinter der Leinwand Berufe oder Tätigkeiten dar, die von den Zuschauern vor der Bühne erraten werden müssen.
   - Spiel „**Paare treffen sich**": Spieler treffen sich hinter der Bühne und begrüßen sich beispielsweise als Verliebte, alte Freunde, vornehme Damen usw.

3. **Entwicklung von Szenen im Schattentheater**
   Zu einem vorgegebenen Thema aus der eigenen Erlebnis- und Erfahrungswelt der Menschen mit geistiger Behinderung (z. B. „Rund um den Bahnhof"), versucht jeder Mitspieler, sich an ein konkretes Erlebnis zu erinnern, das dann nachgespielt werden kann.

(vgl. Wodzicki, 2000, S. 38 f.)

Weitere Themenvorschläge:
- Auf dem Wochenmarkt
- Besuch beim Zahnarzt
- Im Eiscafé

Zum Schluss noch einige Vorschläge für Kulissen und Requisiten (vgl. Wodzicki, 2000, S. 39 f.):

Fotos oder Dias
Ein Bahnhof oder eine andere Umgebung, die zum vorgegebenen Thema passt, wird fotografiert und als Dia von vorn auf die Leinwand projiziert.
Auch digitale Fotos, die als Folie ausgedruckt und auf einen Overheadprojektor gelegt werden, bieten sich an.

Kulissen selbst zeichnen
Folien werden mit Filzstiften bemalt, indem einfache Gegenstände wie beispielsweise eine Bahnhofsuhr, abgebildet und an entsprechender Stelle des Stückes auf den Overheadprojektor aufgelegt werden.

Pappkulissen herstellen
Kulissen können am Bühnenrand angebracht und schnell ausgetauscht werden oder man legt sie auf die Projektionsfläche des Overheadprojektors. Außerdem können Kulissen hergestellt werden, die die Spieler mit dünnen Stäben halten können.
Die jeweils richtige Größe der Pappkulissen lässt sich nur durch Probieren herausfinden.

Farbige Folien
Folien in bestimmten Farben können auf den Overheadprojektor gelegt werden und so bestimmte Stimmungen erzeugen.

Hinweis zum Einsatz von Kulissen und Requisiten

Grundsätzlich ist beim Einsatz von Kulissen und Requisiten beim Menschenschattenspiel darauf zu achten, dass diese so sparsam wie möglich eingesetzt werden, damit den Spielern noch genügend Raum zur Umsetzung ihrer fantasievollen Bewegungen bleibt.
(vgl. Wehnert, 2003, S. 29 f.)

Aufgaben

1. Wählen Sie in der Kleingruppe ein Thema aus Ihrer Erlebnis- und Erfahrungswelt aus, das sich für ein Schattenspiel eignet, und fertigen Sie hierzu einfache Kulissen an.

2. Entwickeln Sie durch Ausprobieren an einer Schattenwand kleine Szenen zu diesem Thema.

5.5 Allgemeines zur Freizeitgestaltung erwachsener Menschen mit Behinderungen

Jeder Mensch braucht Zeit, über die er frei verfügen kann. Insofern unterscheidet sich das Freizeitverhalten von Menschen mit Behinderungen nicht grundsätzlich von dem anderer Menschen.

Aufgrund ihrer häufig isolierten Lebenswelt haben Menschen mit Behinderungen jedoch oft Schwierigkeiten, an allen Freizeitangeboten teilzunehmen, die Erwachsenen ohne Behinderungen in großer Zahl zur Verfügung stehen. Sie trauen sich weniger zu und haben keinen Überblick über mögliche Angebote. So sollten sozialpädagogische und sozialpflegerische Fachkräfte versuchen, die wirklichen Bedürfnisse der Menschen mit Behinderungen aufzuspüren und ihnen dementsprechend Freizeitangebote nahebringen.

> **Merke!**
> *Als wichtigster Grundsatz der Freizeitangebote gilt: Die Teilnahme an Freizeitaktivitäten ist freiwillig.*

Für die Auswahl geeigneter Freizeitaktivitäten muss die sozialpädagogische und sozialpflegerische Fachkraft
- die Bewohner gut kennen,
- ihre Interessen und Bedürfnisse gut einschätzen können,
- die Fähigkeit besitzen, eigene Interessen als Anregung anzubieten, ohne den Bewohnern bestimmte Aktivitäten aufdrängen zu wollen.

Insbesondere spielen Ferien- und Reisefreizeiten für erwachsene Menschen mit Behinderungen eine große Rolle, weil sie häufig die einzige Möglichkeit für die Bewohner sind, ihre Lebenswelt räumlich etwas zu erweitern.

Diese Reisen müssen besonders gut vorbereitet werden, damit sich die Menschen mit Behinderungen möglichst schnell an einem ihnen unbekannten Ort zurechtfinden können. Auch an eine notwendige medizinische Versorgung muss bei der Reiseplanung gedacht werden.

Aufgaben

1. Listen Sie alle Freizeitaktivitäten auf, denen Sie gerne nachgehen.

2. Überlegen Sie in der Kleingruppe, welche Aktivitäten sich eignen, um sie Erwachsenen mit geistiger Behinderung als Anregung für ihre Freizeitgestaltung anbieten zu können.

■ *Literaturtipp:*

Halbig, Johannes/Wehnert, Reinhard: Mit behinderten Menschen spielen, Mainz, Matthias-Grünewald-Verlag, 2002.
In diesem Buch finden alle, die mit Menschen mit Behinderungen Angebote rund um das Spielen durchführen möchten, praxisrelevante Informationen zum Spielverhalten von Menschen mit Behinderungen sowie ausgearbeitete Spielvorschläge.

V.

Ich möchte Grundlagen der beruflichen Wahrnehmung und Beobachtung und Kommunikation erwerben und etwas über die Zusammenarbeit und Konfliktbewältigung in einem Team erfahren

Ziele:

- den Prozess der Wahrnehmung verstehen und im Umgang mit Menschen berücksichtigen

- Beobachtungsformen kennen und einfache Methoden der Beobachtung in der beruflichen Praxis anwenden können

- Kommunikationsarten und -modelle kennen und mithilfe einfacher Gesprächstechniken situationsgerecht mit Einzelnen und Gruppen im beruflichen Alltag kommunizieren

- konstruktiv in einem Team arbeiten

- Konfliktkonstellationen und -verhaltensweisen kennen und auftretenden Konflikten im Berufsalltag lösungsorientiert begegnen

1   Wahrnehmung und Beobachtung in sozialpädagogischen und sozialpflegerischen Einrichtungen

1. Schauen Sie sich jede der unten abgebildeten Zeichnungen einige Minuten intensiv an.

2. Schließen Sie dann Ihr Buch und notieren Sie möglichst genau, was Sie auf den einzelnen Abbildungen erkennen konnten.

3. Vergleichen Sie Ihre Notizen in der Kleingruppe. Welche Unterschiede lassen sich feststellen? Welche Ursachen sind hierfür zu nennen?

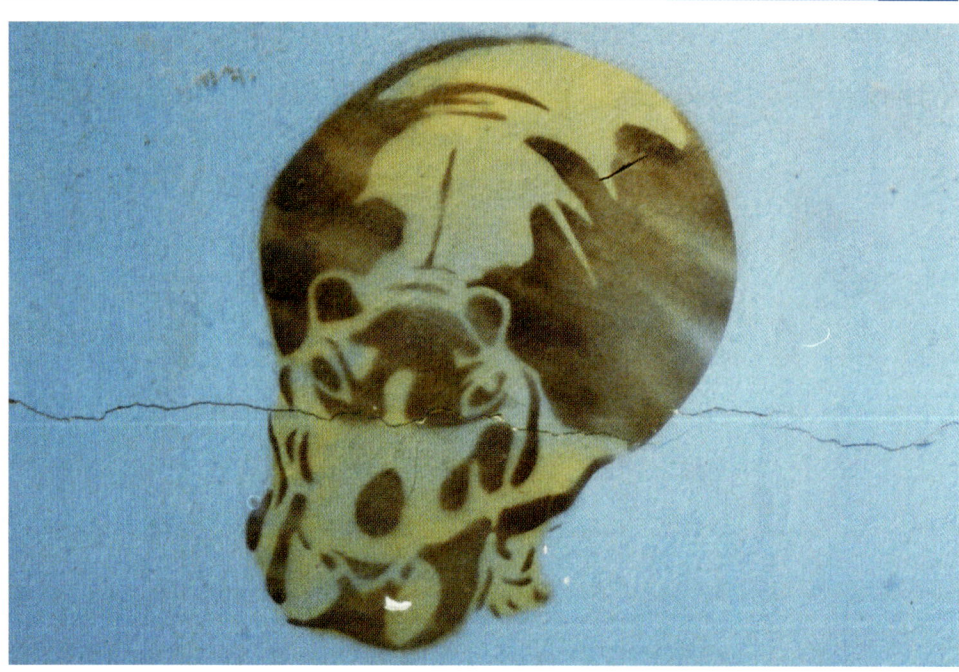

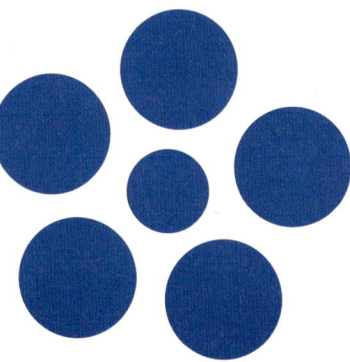

Wie sich ein Mensch verhält, hängt zu einem großen Teil davon ab, wie er seine Umwelt wahrnimmt.

Merke!
Menschliches Verhalten wird durch die Wahrnehmung bestimmt. Somit stellt die Wahrnehmung auch die wichtigste Grundlage der Beziehungen zwischen Menschen dar.

Dass Menschen ganz unterschiedlich wahrnehmen, hat die vorausgegangene Übung gezeigt.
Einige Ihrer Mitschülerinnen erkennen in der ersten Abbildung auf S. 424 zuerst einen Totenkopf, andere den Körper eines Nilpferdes. Diese mehrdeutigen Darstellungen werden *Umschlag- oder Kippbilder* genannt. Je nach Betrachtung tritt abwechselnd der eine oder der andere Teil als Figur in den Vordergrund.
In der zweiten Abbildung sind beide Mittelkreise gleich groß. Selbst wenn wir dies wissen: Unsere Wahrnehmung ist abhängig von anderen Reizen, die den Wahrnehmungsgegenstand umgeben. So erscheint hier der linke Kreis größer, weil er von kleinen Nebenfiguren umgeben ist.
Diese Wahrnehmungstäuschungen bei einfachen gezeichneten Abbildungen geben Anlass zu der Annahme, dass es bei der Beurteilung komplexer Situationen im beruflichen Alltag ebenfalls und in noch größerem Ausmaß zu Täuschungen kommen kann.
So können Probleme wie Unverständnis, Erstaunen, Entrüstung und Frustration über die Andersartigkeit eines anderen Menschen auftreten, weil Menschen Situationen unterschiedlich wahrnehmen.
(vgl. Antons, 1998, S. 45 ff.)

Das Wissen um diese Zusammenhänge ist für die berufliche Praxis eine Notwendigkeit. Wenn wir uns die zumeist unbewusst ablaufenden Prozesse der Wahrnehmung, beispielsweise im Pflegeprozess vergegenwärtigen, so ist das ein wichtiger Schritt, um zunehmend professioneller damit umgehen zu können.

1.1 Der Prozess der Wahrnehmung

Bei der menschlichen Wahrnehmung handelt es sich um alle Vorgänge der Informationsgewinnung und -verarbeitung von Sinneseindrücken. Informationen können aus der Umwelt stammen, wenn wir Gegenstände oder Lebewesen wahrnehmen (= *äußere Reize oder Umweltreize*) oder aus unserem Körperinneren, wenn wir z. B. Schmerzen oder bestimmte Gefühle empfinden (= *innere Reize oder Körperreize*).
Am Wahrnehmungsprozess sind Teilsysteme des Nervensystems beteiligt wie z. B. Rezeptoren, die Reize aufnehmen und zum Zentralnervensystem weiterleiten.
Die Leistungsfähigkeit unserer Sinnesorgane selbst ist begrenzt, sodass nur ein Teil von dem, was in der Realität existiert, aufgenommen wird.
Dennoch sind sie unsere „Empfangsantennen", über welche wir die Außenwelt erleben.
(vgl. Thiesen, 2003, S. 14)

Hierzu gehören:
- der Gesichtssinn,
- der Gehörsinn,
- der Geschmackssinn,
- der Geruchssinn,

- der Tastsinn mit den vier Hautsinnen: Berührung, Kälte, Wärme, Schmerz,
- der Gleichgewichtssinn und der Muskelsinn: verantwortlich für die Wahrnehmung der Körperposition und von Bewegungen der Körperteile im Raum.

Mithilfe dieser Sinne nehmen wir Kontakt zu anderen Menschen auf. Wir haben unsere Augen und Ohren überall und versuchen, für uns bedeutsame Informationen zu erhalten. Gerade in Pflegesituationen kommen Pfleger und Bewohner „hautnah" in Kontakt – der Berührungssinn spielt hier eine wesentliche Rolle. So auch in Situationen, in denen ein Mensch sich selbst nicht mehr äußern kann wie beispielsweise ein Sterbender, der durchaus wahrnimmt, wenn ihn jemand berührt und seine Hand hält (vgl. Wirsing, 2000, S. 3 f.).

Bestimmte Vorgänge, Gegenstände oder auch Personen werden von verschiedenen Menschen unterschiedlich wahrgenommen. Folgender Ausschnitt aus einem Gleichnis eines buddhistischen Weisheitslehrers soll dies verdeutlichen:

„Der Buddha hatte einer Gruppe blinder Menschen einen Elefanten vorgeführt. Nun fragte er sie: „So sagt, wem gleicht ein Elefant?"

Die Blinden, die das Haupt des Elefanten betastet hatten, sagten: „Ein Elefant, Herr, gleicht einem Topf."

Jene, welche die Ohren befühlt hatten, sagten: „Ein Elefant gleicht einem Worfelsieb[1]."

Die allein den Rüssel berührt hatten, sagten: „Ein Elefant gleicht einem Rohr."

Welche, die den Schwanz berührt hatten, sagten: „Der Elefant gleicht einem Besen." (...) Und dann gerieten sie laut in Streit über die Frage, wie der Elefant sei, und drangen aufeinander ein."
(Köhler, 2004, S. 57 f.)

Wahrnehmungen sind also immer subjektiv und unterliegen Einflüssen. Hierzu zählen beispielsweise

- **innere Befindlichkeiten** der wahrnehmenden Person (eigene Wünsche und Bedürfnisse)
- **Einstellungen, Werthaltungen** (z. B. nimmt ein sehr konservativ eingestellter Betreuer ein Liebespaar mit geistigen Behinderungen ganz anders wahr als der eher frei erzogene Kollege)
- **Gedächtnis**
- **Lebenserfahrung**, durch die wir Situationen beurteilen, die wir wahrnehmen

Diese einzelnen individuellen Einflüsse lösen eine ganz bestimmte **Erwartung** aus. Es dringen nur die Informationen in das Bewusstsein, die diesen Erwartungen entsprechen. Was diesen nicht entspricht, wird ausgeblendet, umgedeutet oder verzerrt.

---

[1] *Worfelsieb: Das Worfelsieb bzw. die Worfel hat die Form eines flachen Korbes und diente in früheren Zeiten als einfaches landwirtschaftliches Gerät der Reinigung des Getreides.*

Ebenso entscheidend für den Wahrnehmungsprozess ist das **Umfeld**, in dem die Situation, die Person oder der Gegenstand wahrgenommen wird. Der objektive Reiz (Information) wird so gefiltert und subjektiv wahrgenommen.

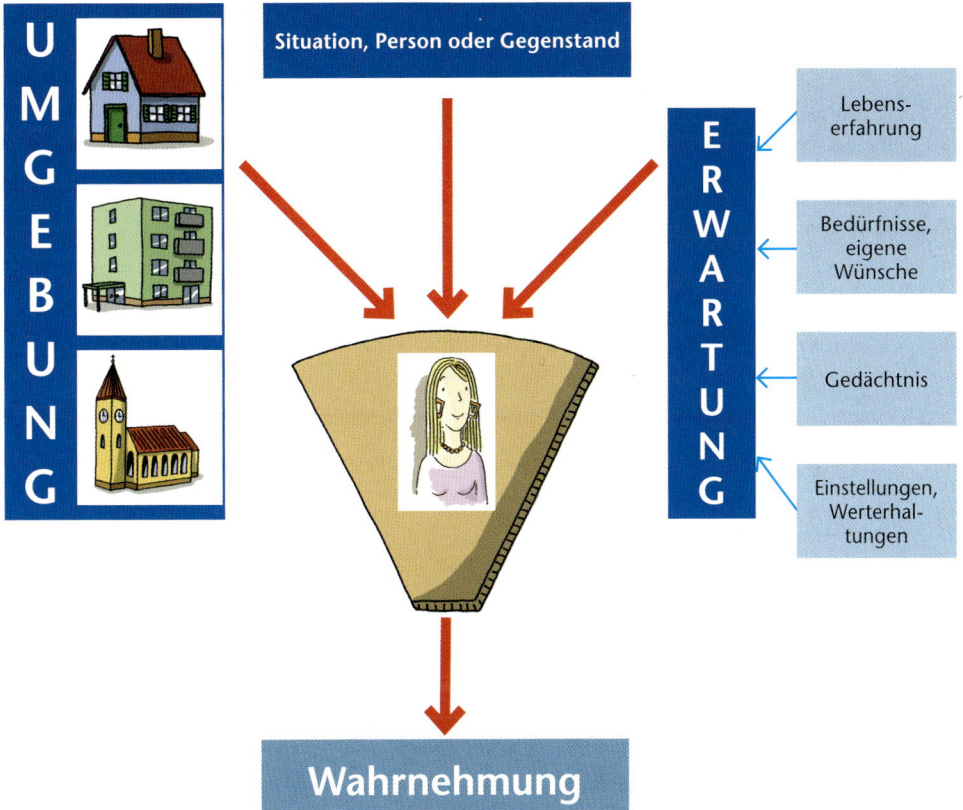

Beispiel

Die in einer Werkstatt für Menschen mit Behinderungen beschäftigte Michaela, 34 Jahre, ruft **Frau Paul** vom sozialen Dienst zu sich, weil sie Schwierigkeiten hat, die Knöpfe ihrer Jacke zu schließen, bevor sie in ihrer Pause nach draußen geht. **Frau Paul** ist ziemlich genervt, weil Michaela dieses Verhalten immer dann zeigt, wenn ihr etwas nicht schnell genug geht. Zudem hat sie die Angewohnheit, während des Rufens schon die Tür zu öffnen, damit man ihr schnell hilft, bevor sich die anderen Beschäftigten über die eindringende Kälte beschweren.
Wie schon so oft weist **Frau Paul** Michaela darauf hin, dass sie die Jacke selbstständig schließen könne und solle. Sie übersieht allerdings dabei, dass es sich dieses Mal um eine neue Jacke handelt, die zum Teil mit Knopflöchern versehen ist, die zuvor mit einem spitzen Gegenstand aufgetrennt werden müssen.

So wie es das Beispiel zeigt, gehen wir mit einer bestimmten Wahrnehmungshaltung in jede neue Wahrnehmungssituation. Dies erleichtert uns einerseits den Umgang mit den vielen Wahrnehmungsreizen, die wie eine Flut ständig auf uns einströmen. Andererseits ist diese Wahrnehmungshaltung aber auch ursächlich für Wahrnehmungstäuschungen oder -verzerrungen.

Unsere Wahrnehmung wird jedoch nicht nur durch die subjektiven Einflussfaktoren verzerrt.

Auch Suchtmittel, Medikamente und einige psychische Erkrankungen wirken auf die Wahrnehmung.

- So kann der Alkoholiker beispielsweise angsterregende Wahrnehmungstäuschungen erleben („weiße Mäuse").
- Bei starkem Drogenkonsum oder unter dem Einfluss von Psychopharmaka kann es zu einer Steigerung oder Dämpfung der Intensität der Farb- und Geräuschwahrnehmung kommen.
- Psychische Erkrankungen und Hirnerkrankungen wie beispielsweise Demenz sind häufig mit Wahnvorstellungen verbunden. Hierbei wird die Realität völlig verzerrt wahrgenommen und der Erkrankte nimmt etwas wahr, was in der Realität gar nicht existiert.

(vgl. Wirsing, 2000, S. 10)

Aufgabe

Erläutern Sie den Wahrnehmungsprozess mithilfe der Graifk auf S. 427 anhand eines weiteren selbst gewählten Beispieles.

1.2   Personenwahrnehmung

Fachkräfte in sozialen Berufen arbeiten kontinuierlich mit Menschen zusammen, deren Verhalten sie einschätzen und bewerten. So ist es für sie besonders wichtig und unumgänglich, Kenntnisse über typische Wahrnehmungstendenzen zu besitzen, um Fehleinschätzungen und Missverständnissen vorbeugen zu können.

- **Erster Eindruck (Primacy-Effekt)**
  Es gilt als erwiesen, dass der erste Eindruck der stärkste und wichtigste ist. Wenn wir einem Menschen das erste Mal begegnen, machen wir uns schon nach wenigen Informationen ein „Bild" von ihm. Erstaunlicherweise schreiben wir Menschen sehr schnell bestimmte Persönlichkeitsmerkmale zu.
  Der erste Eindruck verfestigt sich so und widersetzt sich sehr stark späteren gegenteiligen Informationen.

  Beispiel
  An ihrem ersten Praktikumstag in der Werkstatt für Menschen mit Behinderungen erscheint Jessica gut gekleidet, chic frisiert und mit langen Fingernägeln zur Arbeit. Ihr Praxisanleiter überlegt, in welchem Arbeitsbereich er Jessica einsetzen könne und beschließt, ohne noch einmal mit ihr Rücksprache zu halten, sie in dem Bereich „Verpackung", in dem die Beschäftigten für eine Kosmetikfirma Cremedosen verpacken, mitarbeiten zu lassen. Er ist sehr überrascht, als er nach einigen Tagen beobachtet, wie Jessica einer anderen Praktikantin in der Schreinerei den Umgang mit einer Stichsäge zeigt.

Aufgrund ihres äußeren Erscheinungsbildes erschien Jessica ihm für den handwerklichen Bereich zunächst eher ungeeignet.

- **Stereotype**
  Auf bestimmte Gruppen bezogene klischeehafte Vorurteile werden als **Stereotype** bezeichnet. So genügt es jemandem beispielsweise, nur aus der Zugehörigkeit zu einer sozialen Gruppe (die „Alten", die Lehrer, die Jugend usw.) weitreichende Schlüsse auf das gesamte Verhalten/die Fähigkeiten der konkreten Person zu ziehen, ohne über weitere persönliche Informationen zu verfügen.

- **Halo-Effekt**
  „Halo" nennt man den Strahlenhof um den Mond, der für unsere Augen die umliegenden Wolken färbt.
  Hiermit ist gemeint, dass ein Merkmal oder wenige zentrale Persönlichkeitsmerkmale so sehr den Gesamteindruck von einer Person bestimmen, dass daraus Schlussfolgerungen auf alle anderen Eigenschaften gezogen werden.

  Beispiel
  Ein Bewohner, der eine besonders freundliche Ausstrahlung hat, wird von allen Mitarbeitern der Station als ein insgesamt lebensfroher und zufriedener Mensch wahrgenommen.

- **Analogieschlüsse (logischer Fehler)**
  Im Gegensatz zum „Halo-Effekt" geht der Wahrnehmende hier von einer bestimmten Eigenschaft aus und schließt aufgrund dieses Merkmales auf das Vorhandensein weiterer passender Eigenschaften, die er als logisch dazu passend betrachtet (z. B. dicke Menschen sind auch gemütlich).

- **Sympathie-Antipathie-Effekt**
  Menschen, die uns sympathisch sind, werden eher positive Eigenschaften zugeordnet, Menschen, die uns unsympathisch sind, hingegen eher negative.

- **Übertragung**
  In der Begegnung mit Menschen können Stimmungen ausgelöst werden, die mit unseren früheren Beziehungen in Zusammenhang stehen. So können Mitarbeiterinnen in einer Einrichtung der Altenhilfe beispielsweise Erlebnisse mit den eigenen Eltern oder Großeltern auf die Arbeitssituation mit den Heimbewohnern übertragen.

Aufgrund der Tatsache, dass jeder Mensch den genannten Einflüssen unterliegt, kann es keine objektive Wahrnehmung geben. So ist es gerade in sozialen Berufen notwendig, sich die eigenen Wahrnehmungstendenzen immer wieder bewusst zu machen, im Team Rückmeldungen über die Fremdwahrnehmungen einzufordern und Interesse an einem gezielten Training professioneller Verhaltensbeobachtung zu zeigen.
(vgl. Wirsing, 2000, S. 10 ff.)

Aufgaben

1. Suchen Sie nach weiteren Beispielen aus Ihrem beruflichen Alltag für die oben genannten Wahrnehmungstendenzen.

2. Welche Wahrnehmungstendenzen sind bei Ihnen persönlich besonders wirksam im Umgang mit Menschen?

1.3   Störungen der Wahrnehmung

Wie in den vorherigen Ausführungen erläutert, nehmen wir mit den verschiedenen Sinnen ständig wahr, was um uns herum und in unserem Inneren geschieht und verarbeiten diese Eindrücke. Diese abwechselnden Wahrnehmungen sind lebensnotwendig, mit unserer Wahrnehmung erschließen wir uns die Welt.
Ist die Wahrnehmungsfähigkeit eines Menschen aufgrund von Krankheit oder anderen Bedingungen eingeschränkt, kann es zu Störungen kommen, die sich im Verhalten des Betroffenen zeigen. Hier einige Beispiele:

- Sind Geruchs- und Geschmackssinn beeinträchtigt, kann es beispielsweise zu Appetitlosigkeit oder Lebensmittelvergiftungen durch den Genuss verdorbener Speisen kommen.
- Ist das Sehvermögen beeinträchtigt, werden Gefahren nicht rechtzeitig erkannt und Ängstlichkeit, Gangunsicherheit und Sturzgefahr sind die Folgen. Zudem ziehen sich die Betroffenen aufgrund dieser Einschränkung häufig immer mehr zurück und nehmen weniger am sozialen Leben teil.

- Ebenso verhalten sich Menschen mit stark eingeschränktem Hörvermögen. Hier kann die eingeschränkte Wahrnehmung in Einzelfällen auch zu Wahnvorstellungen führen. Die Betroffenen können das Gefühl haben, es werde über sie gelacht.
- Ist der Tastsinn eingeschränkt, kann es aufgrund der fehlenden Schutzfunktion zu zahlreichen Verletzungen kommen, wenn beispielsweise nicht zwischen schädlichen und gut verträglichen Temperaturen unterschieden werden kann.

(Michalke u. a., 2001, S. 112 ff)

Menschen, die aufgrund ihrer Einschränkungen zudem längere Zeit in einer reizarmen bzw. eintönigen Umgebung leben (müssen), können aufgrund der fehlenden Reize beispielsweise folgende Verhaltensweisen zeigen:
- Flucht in die Vergangenheit
- laute Selbstgespräche
- Anklammern an die Pflegeperson
- Stillen des Reizhungers durch „Tratsch"

Hält der Reizentzug sehr lange an, kann es zu weiteren Störungen kommen wie Depression, Selbststimulation (Hin- und Herwippen, Selbstverletzungen), starre Mimik und Körperhaltung und Ähnliches mehr.

Aufgaben

1. Beobachten Sie während Ihrer Praktika in Einrichtungen für ältere Menschen oder Menschen mit Behinderungen, welche Beeinträchtigungen bezüglich der Wahrnehmung einzelne Bewohner, Beschäftigte oder Kinder aufweisen.

2. Erkundigen Sie sich nach helfenden Handlungen und Förderangeboten, die diesbezüglich in der Einrichtung praktiziert werden.

3. Notieren Sie diese und tauschen Sie sich nach dem Praktikum in der Lerngruppe darüber aus.

1.4   Beobachtungsformen und -methoden

Die durch die subjektive Wahrnehmung bedingten Fehlerquellen und Fehleinschätzungen des Verhaltens können durch eine gezielte Beobachtung in starkem Maße reduziert werden.

> **Merke!**
> *Verhaltensbeobachtung ist eine aufmerksame, geplante, methodisch kontrollierte Wahrnehmung, die nach bestimmten Kriterien durchgeführt wird. Sie dient dem Ziel, konkrete, vorher festgelegte Informationen über einzelne Personen oder Gruppen zu erhalten.*

Wir unterscheiden zunächst einmal die zwei Beobachtungsformen:

- **Alltagsbeobachtung** und
- **fachliche Beobachtung**

Die **Alltagsbeobachtung** dient im beruflichen Alltag insbesondere der Informations-
sammlung über die zu betreuenden Personen und die Gegebenheiten der Einrichtung.
Im Blickpunkt stehen Interessen, Bedürfnisse, Stärken und Schwächen der hilfebedürf-
tigen Menschen sowie immer wiederkehrende Situationen im Tagesgeschehen.
Diese Beobachtungen bilden beispielsweise die Grundlage für die Planung bestimmter
Aktivitäten für die jeweilige Zielgruppe (siehe hierzu auch Kapitel VI).

Fachliche Beobachtungen sind geplante
Beobachtungen. Beobachtungsergebnisse
werden dokumentiert, ausgewertet und
für die Umsetzung in der sozialpädagogischen und sozialpflegerischen Praxis genutzt.
Um möglichst zuverlässige Beobachtungsergebnisse zu erhalten, müssen die beobachteten Verhaltensweisen *als konkrete
Handlungen* in einer *bestimmten Situation*
(beispielsweise in der Frühstückspause in
einer WfbM) beschrieben werden. Diese
können zum Zweck der Kontrolle und
Überprüfung *wiederholt* beobachtet werden und sind durch die Dokumentation
und Auswertung jederzeit *nachvollziehbar*.

*Aus der Beobachtung heraus, dass eine Gruppe
älterer Menschen trotz der körperlichen Einschränkungen sehr gerne Sitztänze durchführt, wird ein
entsprechendes Angebot geplant und durchgeführt.*

Beobachtungsformen

Fachliche Beobachtungen können auf verschiedene Art und Weise durchgeführt werden.

Teilnehmende und nicht teilnehmende Beobachtung
Grundsätzlich kann der Beobachter aktiv an dem Geschehen, das er beobachten will,
teilnehmen oder aber auch eine nicht-teilnehmende oder sogar verdeckte Haltung (z. B.
durch Beobachtung hinter einer Scheibe) einnehmen.
Der Vorteil der *teilnehmenden Beobachtung* ist, dass der Beobachter die Möglichkeit hat,
das Geschehen zu beeinflussen und so auch bestimmte Verhaltensweisen provozieren
und steuern kann.

> ### Beispiel
> Eine Mitarbeiterin des sozialen Dienstes beteiligt sich am Mensch-ärgere-dich-
> nicht-Spiel, das drei ältere Damen nachmittags im Seniorenstift gemeinsam spie-
> len, da ihr aufgefallen ist, dass sich Frau Berger, 88 Jahre, in letzter Zeit viel schlech-
> ter auf eine Sache konzentrieren kann.

Bei der *verdeckten oder nicht-teilnehmenden Beobachtung* ist der Beobachter vom Geschehen distanziert und konzentriert sich ausschließlich auf das zu beobachtende Verhalten
und dessen Protokollierung.

Beispiel

Die Stationsleitung beobachtet, wie die Mitarbeiterin des sozialen Dienstes mit einer Gruppe älterer Damen „Mensch-ärgere-dich-nicht" spielt. Frau Berger, 88 Jahre, setzt immer nur das Spielpüppchen, das sie am besten erreichen kann, und schaut zwischendurch häufig auf den laufenden Fernseher und vergisst deshalb zu würfeln, wenn sie an der Reihe ist.

Situationsbedingte Gelegenheitsbeobachtung

Hier wird das Verhalten der zu beobachtenden Person in einer Handlungssituation notiert. Das beobachtete Verhalten soll ohne Wertungen beschrieben werden und kann durch eine Interpretation, die deutlich als solche gekennzeichnet wird, ergänzt werden. Als einzige Arbeitsgrundlage ist die Gelegenheitsbeobachtung unzuverlässig. Sie ist eher als Voraussetzung für die systematische Beobachtung anzusehen.

Systematische Beobachtung

Um das Verhalten der Menschen beurteilen zu können, mit denen gearbeitet wird, reichen einzelne Beobachtungen niemals aus. Wenn pädagogische Fachkräfte bestimmte Prozesse besser verstehen, Fehleinschätzungen vermeiden und sozialpädagogisches und sozialpflegerisches Handeln von ihren Beobachtungen ableiten möchten, sollten sie die Methode der *systematischen Beobachtung* wählen.

Die systematische Beobachtung ist gekennzeichnet durch planmäßiges zielgerichtetes Vorgehen.

Geplant werden der Beobachtungsanlass (warum), die Durchführung (wer, wann und wie lange), die Hilfsmittel der Aufzeichnung (wie) und die Auswertung der Beobachtung. Diese muss überprüfbar sein und für einen Außenstehenden nachvollziehbar. Aus diesem Grunde werden die Beobachtungsergebnisse häufig auf vorbereiteten Beobachtungsbögen notiert.

Um verwertbare Aussagen über das beobachtete Verhalten treffen zu können, ist es notwendig, über einen bestimmten Zeitraum (z. B. drei bis sechs Monate) zu festgelegten Zeiten mehrere Beobachtungen durchzuführen.

Beispiel

Die Mitarbeiter eines Jugendzentrums haben den Eindruck, dass eine Teilnehmerin des wöchentlich stattfindenden Mädchencafés Schwierigkeiten hat, Kontakte zu anderen Jugendlichen zu knüpfen.

Sie befürchten, dass dieses Mädchen aufgrund ihres Verhaltens an dem Freizeitangebot bald nicht mehr teilnimmt. So beschließen sie, das Mädchen in der Ankunftsphase, während der Teepause und beim Aufräumen gezielt zu beobachten. Die Ergebnisse der Beobachtungen werden auf einem Beobachtungsbogen dokumentiert.

Selbstbeobachtung – Fremdbeobachtung

Die *Selbstbeobachtung* ist nicht von außen gesteuert, jeder kann sie nur an sich selbst vornehmen. Sie unterliegt vielen Fehleinschätzungen aufgrund der fehlenden kritischen Distanz sich selbst gegenüber. Sie leistet dennoch unschätzbare Dienste, vor allem wenn wir gefordert sind, unser Verhalten in der sozialpädagogischen und sozialpflegerischen Praxis zu reflektieren. Bei Reaktionen der Menschen, die uns anvertraut werden, handelt es sich häufig um Folgewirkungen unseres eigenen Verhaltens. Deshalb sind wir immer wieder gefordert, zu beobachten, wie wir auf andere wirken.

Die *Fremdbeobachtung* ergänzt die *Selbstbeobachtung* in hohem Maße. Hinweise auf bestimmte Wesenszüge, Einstellungen usw. helfen uns in zukünftigen Situationen.

Gerade mithilfe der sogenannten **Ratingskala** kann gut eine Selbst- und Fremdbeobachtung vorgenommen werden. Die einzuschätzenden Merkmale sind hierbei in mehreren Stufen entweder wörtlich beschrieben oder durch Zahlen gekennzeichnet.

Beobachtung der Zuwendung eines Bewohners zu der Gruppe in einem bestimmten Zeitabschnitt:

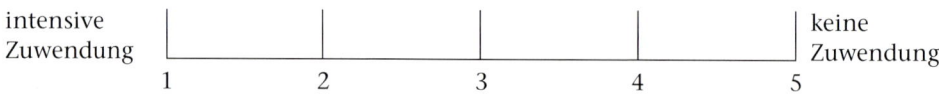

Gerade Auszubildende oder Berufsanfänger erfahren mithilfe dieser Beobachtungsmethode eine Menge über eigene Verhaltensmöglichkeiten, das Sprachverhalten und Ähnliches mehr und können daran arbeiten, das gesamte Verhaltensrepertoire zu professionalisieren und zu erweitern (siehe hierzu auch Kopiervorlagen zur Selbst- und Fremdbeobachtung bei der Spielbegleitung im Arbeitsheft).

Weitere Verfahren als besondere Formen der Beobachtung

Da außer den oben genannten häufig angewandten Beobachtungsverfahren in der sozialpädagogischen und sozialpflegerischen Praxis auch weitere Methoden auf Beobachtung basieren, sollen diese hier kurz vorgestellt werden.

In der sozialen Arbeit werden diese Methoden insbesondere von erfahrenen Fachkräften wie beispielsweise Erziehern oder Sozialpädagogen praktiziert.

Soziometrische Verfahren

Mithilfe vorbereiteter Fragen möchte man Beziehungsstrukturen von Gruppen kennenlernen und beliebte Gruppenmitglieder bzw. Außenseiter identifizieren (z. B.: „Mit wem aus dieser Gruppe würdest du am liebsten in den Urlaub fahren?") Beobachtungsergebnisse werden grafisch durch ein sogenanntes **Soziogramm** dargestellt (siehe hierzu auch Kapitel I, 3.1.3).

Befragung und Interview

Es wird zwischen *strukturierter* und *freier Befragung (Interview)* unterschieden. Bei der strukturierten *Befragung* wird mithilfe eines Fragekataloges ein sozialer Sachverhalt oder die Meinung zu einem bestimmten Thema erforscht. Bei der *freien Befragung (Interview)* wird durch den Interviewer nur das Thema festgelegt. Inhalt, Form und Zeitpunkt der Fragen ergeben sich aus dem Gesprächsverlauf.

Die Befragung geschieht in schriftlicher Form, das Interview wird mündlich durchgeführt. Die Antworten werden vom Fragenden vermerkt oder auch mit einem Diktiergerät oder Ähnlichem aufgezeichnet.

Anamnese

Das Wort *Anamnese* bedeutet wörtlich übersetzt „Rückerinnerung". Sie umfasst die Lebens- und/oder Krankheitsgeschichte eines Menschen. Durch Befragung des Betroffenen und/oder seiner Angehörigen können wichtige Informationen über Besonderheiten in seiner persönlichen Entwicklung und Reifung, frühere und gegenwärtige Erkrankungen, familiäre Bedingungen gewonnen werden. Die gesammelten Daten der Beobachtung und Anamnese können nicht unabhängig voneinander betrachtet werden, da sie in einer Wechselbeziehung stehen. Durch beide „Informationsquellen" wird versucht, Ursachen für ein bestimmtes Verhalten zu finden.

(vgl. Thiesen, 2003, S. 49 ff.)

Dokumentation von Beobachtungen

Folgende Möglichkeiten bieten sich an, um Beobachtungen festzuhalten: Protokolle, Beobachtungsbögen, Aufzeichnungen mit einer Kamera, mithilfe eines Diktiergerätes oder eines MP3-Players.

Damit Beobachtungen auch für andere Teammitglieder nachvollziehbar sind, wird sorgfältig darauf geachtet, dass nur das tatsächlich aufgetretene Verhalten präzise und konkret beschrieben wird. Bei der Beschreibung „Der Bewohner XY ist launisch," handelt es sich beispielsweise um keine Beobachtung, sondern um eine Interpretation des Beobachteten, die nicht von jedem nachvollzogen werden kann.

> *Merke!*
> *Beobachtungsprotokolle enthalten ausschließlich knappe, wertfreie Aussagen über das beobachtete Verhalten.*
> *Eine Interpretation des Verhaltens, die ergänzt werden kann, muss deutlich als solche gekennzeichnet sein.*

Im Folgenden werden Beobachtungsnotizen zweier Schülerinnen vorgestellt, die den Auftrag erhielten, während eines gruppenpädagogischen Spieles das Verhalten der Spielenden, insbesondere bezüglich des Einhaltens der Spielregeln, zu notieren.

Aufgaben

1. Schauen Sie sich die beiden Protokolle genau an.

> **Protokoll 1:**
> Alle sitzen um den Tisch herum und sagen nichts. Jeder hält sich an die Spielregeln und arbeitet für sich.
> Simon schaut Sarah an und zeigt auf eines ihrer Puzzleteile. Sarah gibt ihm das Teil und greift in Jans Figur. Jan legt seine Hände auf seine Figur.
> Sarah zeigt auf Susis Figur, dann auf ihre eigene. Susi und Sarah tauschen zwei Teile. Jan schiebt ein Teil in die Mitte und nimmt sich ein anderes Teil. Miriam lehnt sich zurück. Sie hat ihre Figur fertiggestellt. Sarah, Simon und Susi zeigen gleichzeitig auf Jans Figur. Er sagt „na gut" und schiebt Sarah ein Teil herüber. Alle haben ihre Figuren fertiggestellt. 15 Minuten sind vergangen.

Protokoll 2:

Alle sitzen nachdenklich um den Tisch herum und sagen nichts. Jeder hält sich an die Spielregeln und arbeitet für sich. Die Gruppe ist so ruhig, wie man es von anderen Gruppenarbeiten schon kennt.

Simon ist der erste, der so mutig ist, die Spielregel zu durchbrechen. Er wirkt auch so, als habe er als Einziger den Sinn des Spieles verstanden. Er möchte ein Teil von Sarah haben und Sarah gibt ihm das Teil bereitwillig. Jetzt wird auch sie mutig und greift energisch in Jans Figur. Jan legt seine Hände auf seine Figur. Es scheint so, als verhielte er sich gemein, aber er hält nur die Spielregeln ein.

Sarah zeigt auf Susis Figur, dann auf ihre eigene. Susi und Sarah tauschen bereitwillig Teile. Jan schiebt ein Teil in die Mitte und nimmt sich ein anderes Teil. Miriam lehnt sich entspannt zurück. Ihre Figur ist fertig. Sarah, Simon und Susi zeigen gleichzeitig auf Jans Figur. Er sagt: „Na gut ...", und schiebt Sarah ein Teil herüber. Endlich sind alle fertig und glücklich über das Ergebnis.

Die meisten Spieler haben bis zum Schluss den Sinn des Spieles nicht durchschaut. Das Ergebnis ist ein Zufallsergebnis.

2.   Handelt es sich bei einem der beiden Protokolle um ein Beobachtungsprotokoll im eigentlichen Sinne? Wenn ja, woran wird dieses deutlich?

3.   Listen Sie bei dem anderen Protokoll jeweils die Stellen auf, an denen die Beschreibung über die reine Verhaltensbeobachtung hinausgeht.

4.   Überlegen Sie, was die Abgrenzung von reiner Beobachtung und Interpretation hier und auch in Ihrer beruflichen Praxis so schwierig macht.

5.   Welche Möglichkeiten sehen Sie, die Fähigkeit „Beobachtung" in Ihrer Ausbildung und Ihrem zukünftigen Beruf zu schulen?

Wichtige Hinweise zum Umgang mit Beobachtungsergebnissen

- *Personenbezogenen Daten unterliegen immer dem Datenschutz, d.h. bevor Beobachtungen dokumentiert werden, bedarf es einer Einverständniserklärung der betroffenen Person oder bei minderjährigen Kindern oder Jugendlichen des gesetzlichen Vertreters. Ebenso ist bei der Weiterverwendung der Daten zu verfahren.*

- *Alle dokumentierten Beobachtungen werden, soweit notwendig, mit allen Beteiligten (Mitarbeiterinnen, Angehörigen, den Betroffenen selbst) ausgewertet. Nur so können beispielsweise Fehler bei der Beobachtung erkannt und korrigiert werden.*

- *Erst nach diesem Schritt werden aus den Beobachtungen Konsequenzen für das weitere Vorgehen abgeleitet (z. B. die Durchführung bestimmter Förderangebote, Berücksichtigung der Beobachtungsergebnisse bei täglichen Pflegehandlungen, Vermittlung von Hilfsangeboten bei Auffälligkeiten im Sozialverhalten und Ähnliches mehr).*

2 Berufliche Kommunikation in sozialpädagogischen und sozialpflegerischen Einrichtungen

Aufgaben

Im Folgenden sind Menschen in verschiedenen Kommunikationssituationen dargestellt.

Einigen Sie sich in der Zweiergruppe auf eine Abbildung und versuchen Sie, innerhalb einer Vorbereitungszeit von ca. fünf Minuten, die dargestellte Kommunikationssituation nachzuspielen (vgl. Thiesen, 1989, S. 70).

1. Diskutieren Sie nach der Vorstellung aller Situationen folgende Fragen:
   - Welche Gemeinsamkeiten lassen sich bei Kommunikationssituationen feststellen?
   - Wo gibt es Unterschiede in der Art und Weise wie die Menschen miteinander sprechen?
   - Wie unterscheiden sich Ihrer Meinung nach diese Kommunikationssituationen von beruflichen Gesprächssituationen?

2. Sammeln Sie im Plenum alle Begriffe, die Sie mit dem Oberbegriff „Kommunikation" in Verbindung bringen und versuchen Sie zu erläutern was man unter diesem Begriff im Allgemeinen versteht (vgl. Kirks u. a., 2000, S. 35).

- Unter Kommunikation versteht man die Verständigung untereinander, bei der Informationen weitergegeben werden.

- Die Informationen werden durch einen Sender übermittelt und von einem Empfänger aufgenommen.

- Bei der sogenannten **Einweg-Kommunikation** übermittelt der Sender Informationen, ohne eine Rückmeldung des Empfängers zu erhalten (z.B. ein Nachrichtensprecher in Funk oder Fernsehen).

- Bei der **Mehrweg-Kommunikation** werden Informationen des Senders vom Empfänger aufgenommen und weitgehend durch eine Rückmeldung beantwortet (z.B. in Form eines Gespräches).

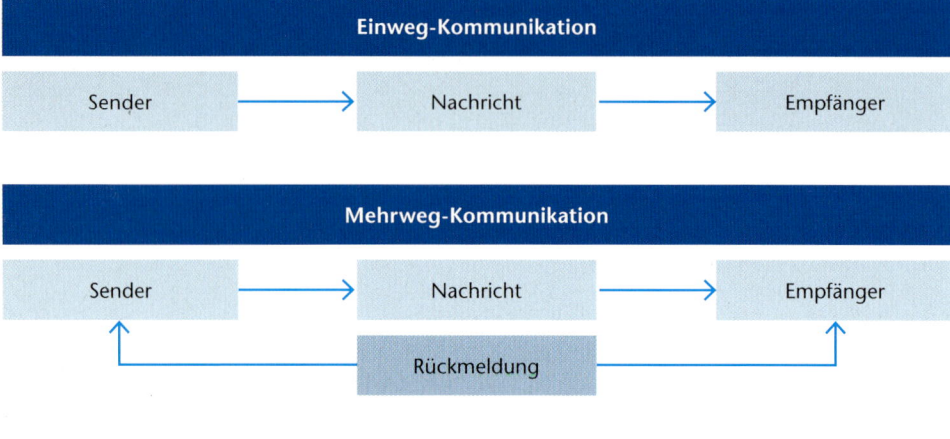

Einweg-Kommunikation

Sender ⟶ Nachricht ⟶ Empfänger

Mehrweg-Kommunikation

Sender ⟶ Nachricht ⟶ Empfänger

Rückmeldung

Aufgaben

1. Ein Instrukteur erhält eine Zeichnung mit fünf Quadraten, die in einer bestimmten Weise angeordnet sind (ähnlich wie im Beispiel). Er schaut sich diese Zeichnung ca. zwei Minuten an und bereitet sich darauf vor, der Restgruppe klare Anweisungen zu geben, wie sie eine gleiche Anordnung von Quadraten auf ihr Blatt zeichnen kann. Die Anweisungen gibt er, indem er mit dem Rücken zur Gruppe sitzt. Die Gruppe beginnt, still zu zeichnen. Der Gruppe ist es untersagt, den Instrukteur etwas zu fragen oder sich untereinander in irgendeiner Weise zu verständigen.

2. Ein weiterer Instrukteur erhält auch eine Zeichnung mit fünf Quadraten, die in einer bestimmten Weise angeordnet sind. Diesmal gibt er Anweisungen, indem er die Gruppe anschaut. Der Gruppe ist es nun erlaubt, dem Instrukteur Fragen zu stellen. Dieser antwortet und darf weitere Informationen geben, wenn er der Meinung ist, dass dies für die Erstellung genauerer Zeichnungen wichtig sei.

Zum Schluss werden die erste und zweite Zeichnung mit den Originalen verglichen und z. B. folgende Fragen diskutiert:
- Welche Unterschiede zeigen sich deutlich im Ergebnis der beiden Zeichnungen?
- Wo finden wir im beruflichen Alltag Kommunikationssituationen vor, wie wir sie bei der ersten Übung erlebt haben?
- Durch welche alltäglichen Maßnahmen kann die wechselseitige Kommunikation mit den zu betreuenden Menschen angeregt werden?

(vgl. Antons, 1998, S. 75)

Funktionen der Kommunikation

Die Weitergabe von Informationen erfüllt folgende Funktionen:

Herstellung und Aufrechterhaltung von sozialen Kontakten

Beispiel

Während des täglich stattfindenden Morgenkreises durch den sozialen Dienst stellt die Sozialpädagogin den teilnehmenden Senioren die neue Bewohnerin, Frau Wagner, vor.

Regelung des Zusammenlebens untereinander

Beispiel

Die Bewohnerin, Frau Fink, hat die Angewohnheit, bei jeder Mahlzeit das Radio einzuschalten, was einige Bewohner stört. Die Altenpflegerin, Frau Klar, erklärt sich bereit, mit Frau Fink diesbezüglich ein Gespräch zu führen.

Befriedigung von Grundbedürfnissen

Beispiel

Die bettlägerige Frau Scherer bittet die Sozialhelferin Bettina, ihr die Haare zu kämmen.

Vermittlung von Wissen und Fertigkeiten

Beispiel

Schwester Petra erläutert allen Bewohnern, die an ihrem Bastelangebot teilnehmen, wie ein Weihnachtsstern gefaltet wird.

Vermeidung oder Lösung von Konflikten

Beispiel

Die Stationsleitung führt mit der Praktikantin Jana ein Gespräch, da ihr aufgefallen ist, dass Jana in letzter Zeit den Kontakt zu zwei Bewohnern meidet.

(vgl. Kirks u. a., 2000, S. 36)

Aufgaben

1. Überlegen Sie, welche Funktionen die folgenden Kommunikationssituationen erfüllen.

   Beispiele
   a) Jeden Donnerstagnachmittag lädt die ehrenamtliche Mitarbeiterin interessierte Bewohner zum Gesprächskreis ein.
   b) Ein Mitarbeiter sucht das Gespräch mit einer älteren Kollegin, die sich neuen Ideen gegenüber sehr abweisend verhält.
   c) Ein Altenpfleger lernt auf einer Fortbildung neue Freizeitangebote für an Demenz erkrankte Menschen kennen.
   d) Die Sozialpädagogin erläutert die einzelnen Arbeitsschritte zur Herstellung einer Tischdekoration.
   e) Der Heimleiter führt ein Gespräch mit einer Kollegin, die wiederholt versucht hat, ihren Wochenenddienst mit einer jüngeren Kollegin zu tauschen.

f) Ein Bewohner bittet die Praktikantin, ihm beim Anziehen seiner Socken behilflich zu sein.

g) Im Heimbeirat wird darüber diskutiert, die Zeiten für das Frühstück flexibler zu gestalten, da viele der Bewohner morgens gerne etwas länger schlafen möchten.

2. Nennen Sie weitere Funktionen der Kommunikation, die in Ihrem Berufsalltag eine Rolle spielen.

2.1 Verbale und nonverbale Kommunikation

Menschen verfügen über vielfältige Möglichkeiten, um sich mitzuteilen. Dabei wird zwischen verbalen und nonverbalen Mitteln der Kommunikation unterschieden.

Nur ca. 10 % der Informationen, die wir weitergeben, werden dabei mithilfe des gesprochenen oder geschriebenen Wortes weitergegeben, alle weiteren durch nonverbale Ausdrucksformen.

Zu den **verbalen Ausdrucksformen** zählen gesprochene und geschriebene Worte wie beispielsweise:
- Muttersprache
- Fremdsprache
- Fachsprache
- Dialekt
- Briefe
- Gedichte
- Geschichten

Zu den Formen **nonverbaler Kommunikation** zählen beispielsweise:
- Körpersprache (Gesichtsausdruck, Körperhaltung und -bewegung)
- Statussymbole wie die Benutzung bestimmter Gegenstände und die Kleidungswahl
- das Einhalten bestimmter Distanzzonen

Körpersprache

Die Körpersprache sagt viel über das eigentliche Denken und Empfinden eines Menschen aus.

Sie umfasst: den Gesichtsausdruck (Mimik, Augenbewegungen, Blickkontakt), die Körperhaltung (Kopf, Schultern, Armhaltung, Sitzposition), Bewegungen (Gangart, Händedruck), die Art, sich zu kleiden und anderes mehr.

Die Körpersprache kann den sprachlichen Ausdruck untermauern:

Beispiel
Ein Jugendlicher schreit seinen Klassenkameraden an: „Gleich kannst du etwas erleben!" und droht ihm dabei mit erhobener Faust.

Es ist aber auch möglich, dass das gesprochene Wort und die Sprache des Körpers sich widersprechen, sodass der Gesprächspartner unglaubwürdig wirkt:

Beispiel

Eine Schülerin sagt: „Vor der Prüfung morgen mache ich mich überhaupt nicht verrückt!", während sie nervös mit ihren Prüfungsunterlagen im Zimmer auf und ab geht und den ganzen Tag nur Schokolade isst, die sie sonst tagelang liegen lassen kann.

Die Körpersprache unterliegt nationalen und kulturellen Gemeinsamkeiten, aber auch Unterschieden. Wir verstehen häufig Menschen anderer Kulturkreise, ohne ihre Sprache zu sprechen, indem wir uns auf nonverbale Weise verständigen. So wird beispielsweise von den meisten Menschen die hinter das Ohr gehaltene Hand folgendermaßen verstanden: „Bitte sprechen Sie etwas lauter, ich kann Sie nicht richtig verstehen".
Es gibt aber auch eine Reihe von Unterschieden in der nonverbalen Kommunikation verschiedener Nationalitäten, die Fremde nicht immer nachvollziehen können.
Man denke dabei nur an die Franzosen, die sich mit Händedruck begrüßen und dann die bekannten Wangenküsschen folgen lassen.
(vgl. Wirsing., 2000, S. 164 f.)

Aufgaben

1. Stellen Sie in der Kleingruppe eine Liste mit ca. zehn nonverbalen Verständigungszeichen zusammen, von denen Sie annehmen, jeder müsse sie verstehen.

2. Stellen Sie die von Ihnen ausgewählten Zeichen nonverbal der Lerngruppe vor.

3. Diskutieren Sie im Plenum die Frage „In welchen Situationen meiner zukünftigen beruflichen Praxis (z. B. in Einrichtungen für ältere Menschen) kann ich nonverbale Verständigungszeichen sinnvoll einsetzen?"

Die Ausdrucksweise des Gesichtes

Die Redewendung „das steht ihm ins Gesicht geschrieben" zeigt deutlich, dass viel in unserem Gesicht erkennbar ist. Folgende drei Bereiche spielen hierbei eine besondere Rolle:

1. **Blickkontakt:**
   Durch Blickkontakt verstärkt sich die gegenseitige Aufmerksamkeit. Wenn mir jemand etwas erzählt und ich schaue ihm dabei ins Gesicht, bekunde ich deutlich mein Interesse an dem Gesagten, während ich durch Weggucken eher den Eindruck von Desinteresse vermittle.

2. **Physiologische Begleiterscheinungen starker Gefühle:**
   Hierzu zählen beispielsweise das Erröten, Blasswerden, Weinen und die Veränderung der Pupillengröße.
   Diese Begleiterscheinungen lassen sich willentlich kaum steuern und sind für den Gesprächspartner deutlich erkennbar.
   Gerade die Pupillengröße ist ein wesentliches Element der Körpersprache, da sich die Größe der Pupillen auf den gesamten Gesichtsausdruck auswirkt.
   So können große Pupillen z. B. folgende emotionale Bedeutungen haben: starkes Interesse, Ehrlichkeit, Offenheit, Entspannung, Wohlbefinden usw.
   Kleine Pupillen signalisieren dagegen u. a. geringes Interesse, Misstrauen, Hass, Feindseligkeit, Müdigkeit, Stress, Trauer.

3. **Mimik:**

Stimmungen und Gefühle wie Wut, Trauer, Freude und Zorn lassen sich durch das Zusammenspiel von Mundstellung, Stellung der Augenbrauen und der Nase usw. besonders gut erkennen.

(vgl. Wirsing, 2000, S. 165 f.)

Aufgabe

Betrachten Sie die folgenden Gesichter und versuchen Sie, das jeweils dargestellte Gefühl zu benennen und zu beschreiben.

Die Ausdrucksweise von Körperhaltung und Bewegung

Wie eine Person geht, steht oder sitzt, kann ebenso wie der Gesichtsausdruck Aufschluss über ihre momentanen Gefühle geben. Während durch die Mimik deutlich das jeweilige Gefühl sichtbar wird, kann an der Körperhaltung abgelesen werden, wie intensiv jemand etwas empfindet (vgl. Wirsing, 2000, S. 166).

An dieser Stelle soll insbesondere auf die Haltung von Kopf und Schultern hingewiesen werden. Egal ob unser Gesprächspartner sitzt oder steht, diese Körperregionen können wir gut wahrnehmen.

Senkt jemand beispielsweise seinen Kopf und zieht gleichzeitig die Schultern hoch, kann dies ein deutliches Signal dafür sein, dass er sich unsicher, ängstlich oder auch unzufrieden fühlt, während der erhobene Kopf mit gleichzeitig gesenkten Schultern eher positive Rückschlüsse auf die emotionalen Zustände dieser Person erlaubt (fühlt sich sicher, zufrieden oder erfolgreich).

 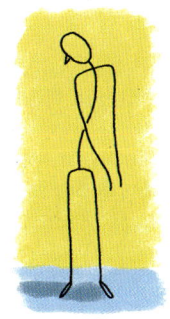  

zweifelnd, fragend *unsicher, bescheiden* *selbstzufrieden, ungeduldig* *dominant, zurückhaltend*

Ausdruck emotionaler Zustände durch die Körperhaltung (vgl. Argyle, 2002, S. 256 ff.)

Aufgaben

1. Wählen Sie einen Gefühlszustand aus, den Sie mimisch (d. h. durch einen bestimmten Gesichtsausdruck) und gestisch (d. h. mithilfe einer bestimmten Körperhaltung) dem Plenum vorstellen.

2. Sprechen Sie darüber, wodurch das gewählte Gefühl erkannt werden konnte.

3. Welche Überlegungen bezüglich der nonverbalen Kommunikation in Ihrer beruflichen Praxis lassen sich für Sie aus dieser Übung ableiten?

Die vier Distanzzonen

Jeder Mensch benutzt einen ihn umgebenen persönlichen, gleichsam unsichtbaren Raum, wenn er mit anderen Menschen in Beziehung tritt.
Dabei hängt es von der Art der Beziehung ab, wie nah oder wie weit der Einzelne sein Gegenüber an sich heranlässt. Dieser persönliche Raum wird in vier Zonen unterteilt:

Die intime Distanz
Sie kann bei direktem Körperkontakt sehr nahe sein und reicht bis zu sechzig Zentimetern. Innerhalb dieser Distanzzone werden nur Menschen geduldet, die uns sehr nahe stehen wie eigene Kinder, Lebenspartner und andere engere Familienangehörige.
Jemand, der uns fremd ist und versucht, in diese Zone einzudringen (z B. durch heftige Umarmungen) kann durch sein Verhalten starkes Unbehagen auslösen.

Die persönliche Distanz
Sie reicht von sechzig bis zu neunzig Zentimetern. Innerhalb dieser Distanzzone werden Personen geduldet, die uns in gewissem Grad vertraut sind, wie beispielsweise Freunde. Auf diese Distanz hin kann man den Partner immer noch mit der Hand berühren und bestimmte Körperkontakte zulassen, ohne dass er das Gefühl bekommt, er müsse zurückweichen (z. B. leichtere Umarmungen).

Die gesellschaftliche Distanz

Sie kann von ca. hundertzwanzig bis zu vierhundert Zentimetern reichen. Diese Distanz wird in vielen alltäglichen, jedoch eher unpersönlichen Angelegenheiten eingehalten. Man kann hier von einer näheren und einer entfernteren Phase sprechen. Innerhalb der näheren Phase, die bis zu zwei Metern beträgt, werden beispielsweise berufliche Angelegenheiten erledigt. Die entferntere Phase von zwei bis vier Metern wird bei gesellschaftlichen Anlässen, wie z.B. einem Theaterbesuch, von den beteiligten Personen eingehalten. Körperliche Kontakte sind in beiden Phasen ausgeschlossen.

Die öffentliche Distanz

Sie beginnt bei über vier Metern. Innerhalb dieser Distanz gibt es kein Miteinander im eigentlichen Sinne mehr. Ein Redner spricht aus dieser Distanz sein Publikum an, Personen des öffentlichen Lebens werden aus dieser Distanz begrüßt (die Fangemeinde jubelt ihrem Rockstar bei einem Konzert zu).

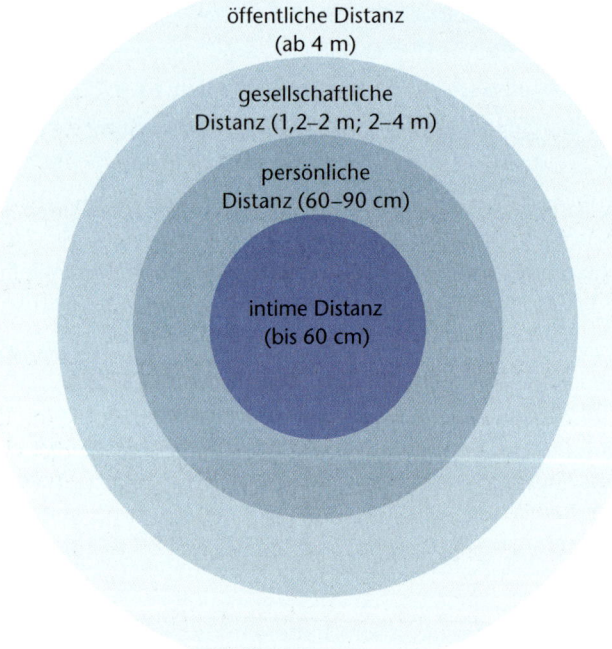

Aufgaben

1. Übertragen Sie die Abbildung auf ein Blatt und ordnen Sie den verschiedenen Distanzzonen Personen/Personengruppen aus Ihrer persönlichen und/oder schulischen Umwelt zu.

2. Diskutieren Sie in der Kleingruppe die folgenden Fragen:
   - Wie verhalte ich mich, wenn jemand die Grenzen meiner Distanzzonen überschreitet?
   - Welche Möglichkeiten gibt es, dem Gegenüber persönliche Grenzen aufzuzeigen?

2.2 Die fünf Grundsätze der Kommunikation (nach P. Watzlawick u. a.)

Kommunikation, also der Austausch von Informationen, erfolgt auf verschiedenen Ebenen, die den Kommunikationspartnern nicht immer bewusst sind.

Es wird kommuniziert, indem miteinander gesprochen wird, Körpersprache bewusst oder unbewusst eingesetzt wird. Es wird sogar dann miteinander kommuniziert, wenn man stillschweigend dasitzt und scheinbar nicht kommunizieren möchte.

Paul Watzlawick *(Menschliche Kommunikation, 1996)* stellt fünf Grundsätze der Kommunikation heraus. Das Wissen um diese Grundsätze kann eine wertvolle Hilfe sein, um erfolgreich Gespräche führen zu können.

So behauptet Watzlawick, dass jedes menschliche Verhalten gegenüber einer Person auch Kommunikation sei. Da sich der Mensch aber nicht nicht verhalten kann, lautet sein erster Grundsatz (Axiom):

Grundsatz 1: Der Mensch kann nicht nicht kommunizieren.

Beispiel

Die Altenpflegerin Karin spricht die Bewohnerin Frau Wagner an, die gerade vor dem Fernseher sitzt, und bittet sie zum Mittagessen. Frau Wagner starrt, ohne auf diese Aufforderung zu reagieren, weiterhin auf den Fernsehbildschirm.

Aufgabe

Notieren Sie, bevor Sie weiterlesen, mindestens drei mögliche Deutungen, die diese Situation Ihrer Meinung nach enthält.

Ein unbeteiligter Beobachter könnte denken, es habe überhaupt keine Kommunikation stattgefunden. Jedoch hat Frau Wagner Karin sehr wohl etwas mitgeteilt. Über den genauen Inhalt der Mitteilung können jedoch nur Vermutungen angestellt werden. So wären folgende Möglichkeiten denkbar:

- „Ich habe Sie nicht verstehen können, da ich mein Hörgerät im Zimmer liegen gelassen habe."
- „Der Film ist gerade so spannend, dass ich keine Lust habe, zum Mittagessen zu erscheinen."
- „Sie brauchen mich nicht ständig an die Mahlzeiten erinnern, ich habe selbst eine Uhr."

Oder an welche Möglichkeiten haben Sie gedacht?

Dieses Beispiel zeigt deutlich, dass sich aus dem ersten Grundsatz **Störungen** in der zwischenmenschlichen Beziehung ergeben können, wenn ausschließlich das Ergebnis des Kommunikationsprozesses betrachtet wird.

Gerade das Schweigen lässt Raum für viele Deutungen einer Situation. Bei einer negativen Interpretation kann der Gesprächspartner das Gefühl der Ablehnung erleben und so die Situation – und im schlimmsten Fall die Beziehung insgesamt – beenden.

Aufgabe

Diskutieren Sie in der Kleingruppe die Frage, welche Konsequenzen sich für Sie als angehende Sozialhelfer aus diesem ersten Grundsatz der Kommunikation für Ihr pädagogisches Handeln im Umgang mit Menschen ableiten lassen.

Während des Kommunikationsprozesses wird dem Gesprächspartner ein bestimmter Sachinhalt vermittelt. Je nachdem, wer diese Information weitergibt, kann dieser vom Gesprächspartner unterschiedlich aufgenommen werden. So kann die gleiche Information, von einem Fremden oder von einem guten Freund mitgeteilt, ganz anders verstanden werden.

Grundsatz 2: Jede Kommunikation hat einen Inhalts- und einen Beziehungsaspekt. Der letzte bestimmt den ersteren.

Beispiel

Die Mitarbeiterin des sozialen Dienstes im Seniorenstift bemerkt nach der Durchführung einer Gedächtnistrainingsstunde durch eine Kollegin: „Das könnte man aber auch anders angehen."

Der unbeteiligte Beobachter kann diese Aussage sehr unterschiedlich auffassen. Er sollte, will er diesen Satz richtig verstehen, zunächst hinterfragen, in welcher Beziehung die beiden Kommunikationspartner zueinander stehen.

Handelt es sich bei der Kollegin um eine Praktikantin, die angeleitet wird, kann dieser Satz als Tadel verstanden werden. Die Mitarbeiterin weist die Praktikantin unmissverständlich darauf hin, sich auf die nächste Aktivität besser vorzubereiten.

Arbeiten die beiden Frauen schon längere Zeit miteinander und kennen ihre Stärken und Schwächen, kann diese Aussage auch anders gedeutet werden. Haben beide Frauen eine positive Beziehung zueinander, kann die Mitarbeiterin damit sagen wollen, sie sei grundsätzlich davon überzeugt, die Kollegin könnte ihre Sache viel besser machen, brauche aber hierzu einen dezenten Hinweis.

Gibt es ohnehin ständig Differenzen zwischen beiden Frauen, kann diese Äußerung auch als eine Belehrung verstanden werden.

Auch aus diesem Grundsatz lassen sich mögliche **Störungen** ableiten:

- Gibt es in einer Beziehung negative Strömungen, können Aussagen auf der Inhaltsebene negativ angesehen werden.
- Jede sachliche Kritik kann persönlich genommen werden und führt im schlimmsten Fall zu einem Abbruch der Gesprächsbereitschaft einer oder beider Kommunikationspartner.
- Eine gefühlsbetonte Beziehung lässt wenig Raum für das Verstehen von Botschaften auf der Sachebene.

Aufgabe

Finden Sie mindestens zwei weitere Beispiele aus Ihrem bisherigen beruflichen Wirkungskreis für die genannten möglichen Störungen.

Bei jeder Art von Kommunikation legen die Kommunikationspartner aus ihrer subjektiven Sicht den Zusammenhang von Ursache und Wirkung fest. So teilt **A** dem Gesprächspartner **B** etwas mit, während **B** auf das Gesagte aufnehmend, manchmal nachfragend oder auch begründend reagiert. **A** kann dann wiederum reagieren, indem der Sachverhalt noch einmal verdeutlicht wird. Dann antwortet **B**, während **A** zuhört usw. ...

Grundsatz 3: „Jeder Kommunikationsprozess ist von der Interpunktion (= Gliederung in Ursache-Wirkung) der Kommunikationspartner abhängig."

Beispiel

Bei der Hausaufgabenbetreuung in einem Jugendheim sagt der neunjährige Schüler zu der Sozialpädagogin: „Weil du nach den Hausaufgaben immer gemeinsam mit mir die Tasche für den nächsten Tag packst, vergesse ich auch schon einmal, an Dinge zu denken, die wir außer der Reihe von zu Hause mit in die Schule bringen müssen."
Die Sozialpädagogin: „Weil du schon so oft etwas vergessen hast, packe ich jeden Tag gemeinsam mit dir die Tasche für den nächsten Tag."

Der unbeteiligte Beobachter würde jeden der beiden Gesprächspartner verstehen. Er wird sich dann fragen: „Was war eigentlich zuerst da – das Huhn oder das Ei?" Die Antwort hierauf fällt schwer, denn jede Seite erlebt das Verhalten des Gesprächspartners als ursächlich für das eigene Verhalten. So lassen sich aus diesem Grundsatz mögliche **Störungen** ableiten, wenn nicht einer der Gesprächspartner bereit ist, von seinem Standpunkt ein wenig abzurücken:

- Beharrt jeder Gesprächspartner auf seinem Standpunkt, kann dies eine weitere Kommunikation ausschließen.
- Durch das starre Festhalten an einer subjektiven Auslegung von Ursache und Wirkung eines Sachverhaltes bleibt ein mögliches Problem weiterhin bestehen.

Aufgaben

1. Spielen Sie in der Kleingruppe folgende Kommunikationssituation (ca. fünf Minuten) nach, indem zunächst versucht wird, den jeweiligen Standpunkt der beteiligten Gesprächspartner zu verteidigen (die Ausgestaltung der weiteren Gesprächssituation ist den Mitspielern dann freigestellt).

   ### Beispiel

   Der Leiter eines städtischen Jugendzentrums kommt zu Ihnen und äußert: „Wenn Sie weniger am Computer sitzen würden, würden auch die Jugendlichen anderen Beschäftigungen nachgehen." Sie antworten: „Wenn es hier andere Möglichkeiten geben würde, würde ich diese mit den Jugendlichen schon wahrnehmen." Der Leiter: „So habe ich wenig Interesse, Ihnen unsere weiteren Angebote vorzustellen!" ...

2. Diskutieren Sie in der Kleingruppe über den oben wiedergegebenen Gesprächsverlauf. Mögliche Auswertungsfragen:
   a) Konnte einer der beiden Gesprächspartner von seinem starren Standpunkt abrücken? Wodurch gelang dies?/Warum war dies nicht möglich?
   b) Mit welchem Ergebnis wurde die Diskussion warum beendet?
   c) Welche Konsequenzen lassen sich aus dieser Übung für Ihre spätere berufliche Praxis ableiten?

Die unterschiedlichen Formen der Kommunikation werden mit den Begriffen **analog** und **digital** bezeichnet.

Digitale Kommunikation ermöglicht eine weitgehend eindeutige und präzise Verständigung und erfolgt im direkten Kommunikationsprozess zwischen zwei Menschen. Sprache ist ein Beispiel für digitale Kommunikation. Sagt jemand beispielsweise: „Heute scheint die Sonne," so ist relativ eindeutig, wie diese Äußerung zu verstehen ist, denn diese lässt nur wenige Interpretationen zu.

Analoge Kommunikation ist eher mehrdeutig, ungenauer und meist vielschichtig interpretierbar. Sie erfolgt in der Regel nonverbal. Mimik, Gestik, Tonfall usw. zählen hierzu. Wird der obige Satz von einem freundlichen Lächeln begleitet, so kann dies vielerlei bedeuten, wie z. B.: „Da kann ich endlich meine neuen Inliner ausprobieren!" oder „Da habe ich direkt morgens schon gute Laune." Deutlich wird, dass der analoge Anteil einer Aussage durch den digitalen Anteil erst interpretierbar wird. Ohne die begleitende digitale Äußerung könnte das freundliche Lächeln kaum richtungsweisend gedeutet werden.

Grundsatz 4: Jeder Mensch kommuniziert sowohl in digitaler als auch gleichzeitig in analoger Form.

Beispiel

Die Praktikantin Pia sagt mit traurigem Gesicht zu einer Gruppe Beschäftigter in der Werkstatt für Menschen mit Behinderungen: „Heute bin ich den letzten Tag bei euch in der Werkstatt, ab morgen muss ich wieder zurück in die Schule."

Für den unbeteiligten Beobachter ist diese Situation recht eindeutig. Die sprachliche Mitteilung lässt zusammen mit der nonverbalen Ausdrucksweise deutlich erkennen, was Pia mitteilen möchte.

Es können sich jedoch **Störungen** ergeben, wenn digitale und analoge Aussage nicht übereinstimmen oder sich widersprechen.

Beispiel

Die Praktikantin steht unsicher und mit gesenktem Kopf vor der Fachlehrerin, die sie im Wohnheim besucht und sagt: "Ich fühle mich hier schon sehr wohl."

Aufgaben

1. Notieren Sie in der Kleingruppe ca. fünf digitale Aussagen, die oft Ihren beruflichen Alltag begleiten. Finden Sie zu drei Aussagen unterstützende und zu zwei Aussagen der sprachlichen Äußerung widersprechende analoge Ausdrucksweisen.

2. Sprechen Sie über mögliche Auswirkungen der genannten Störungen in Ihrem zukünftigen beruflichen Alltag.

Die Wechselbeziehung zwischen Menschen kann auf Gleichheit oder Ungleichheit beruhen.

Eine auf Gleichheit beruhende Beziehung wird als **symmetrisch** (z. B. Gespräch zwischen Mitarbeitern einer Einrichtung) bezeichnet. Beide Partner können gleich stark, schlagfertig, nachgiebig usw. sein.

Eine auf Ungleichheit beruhende Beziehung wird als **komplementär** bezeichnet (z. B. Gespräch zwischen Mutter und Kind, Arzt und Patient). Das Verhalten des einen Partners ergänzt das Verhalten des anderen.

Es wäre nicht richtig, in einer solchen Beziehung von „gut" und „schlecht", „stark" und „schwach" zu sprechen, denn diese komplementären Beziehungen beruhen oft auf gesellschaftlichen oder kulturellen Gegebenheiten.

Grundsatz 5: Kommunikationsprozesse sind entweder symmetrisch oder komplementär strukturiert.

Beispiel
Die 80-jährige Frau Griese empfängt die Dame vom mobilen Pflegedienst mit den Worten: „Ich bin Ihnen jeden Tag dankbar, dass Sie mir bei alltäglichen Vorgängen behilflich sind, die ich aufgrund meines Alters nicht mehr allein bewältigen kann." Frau Hartmann, die Dame vom mobilen Pflegedienst, erwidert: „Es freut mich, dass Sie diese Hilfe annehmen können und meine berufliche Tätigkeit so schätzen."

Der unbeteiligte Beobachter kann ohne Weiteres erkennen, dass es sich hier um eine komplementäre Beziehung handelt und jeder seine Rollenverteilung in der Kommunikation annehmen kann. **Störungen** können sich jedoch sehr schnell dann ergeben, wenn Interaktionspartner aufeinandertreffen, die sich in einer komplementären Kommunikationssituation befinden, ihre Beziehung jedoch gleichzeitig aufgrund gesellschaftlicher Gegebenheiten auf Gleichheit basiert (z. B. die Lehrerin, die den Elternsprechtag der Lehrerin ihres eigenen Kindes besucht).

Aufgabe

Suchen Sie nach weiteren symmetrischen und komplementären Beziehungen, die Ihren zukünftigen beruflichen Alltag bestimmen können, und zeigen Sie jeweils mögliche Störungen auf.

2.3 Die vier Seiten einer Botschaft (nach Schulz v. Thun)

Beispiel
Die Lehrerin sagt zu einer Schülerin, die in der nächsten Woche eine Hausaufgabe zum Thema „Kinderkrankheiten" vorstellen soll:

„Am Wochenende sprechen zwei Professoren im Rahmen der Gesundheitsmesse über Ursachen verschiedener Krankheitsbilder, zu denen wir im Unterricht gerade arbeiten."

Was wird die Schülerin zur Antwort geben?

Aufgaben

1. Überlegen Sie sich mindestens sechs Antwortvorschläge, bevor Sie weiterlesen und notieren Sie diese.

2. Vergleichen Sie Ihre Antworttypen mit denen Ihrer Mitschüler. Wo gibt es Unterschiede?

Die folgenden Erläuterungen helfen Ihnen bei der Überprüfung, in welche Kategorien Ihre Aussagen fallen.

Friedemann Schulz von Thun und andere haben Watzlawicks Erkenntnisse bezüglich der Unterteilung einer Botschaft in Inhalts- und Beziehungsaspekt erweitert und festgestellt, dass bei jeder Nachricht, die ein Sender übermittelt, folgende vier Seiten unterschieden werden können (vgl. Blickhan, 2000, S. 15 ff.):

Die Sachseite
Die Sachseite einer Nachricht meint den sachlichen Inhalt, die reine Sachinformation, die an den Empfänger übermittelt wird.
Der Sachinhalt einer Nachricht beantwortet die Fragen: „Wer oder was ist/hat/tut etwas, wie, wo und wann?"

Was sagt also beispielsweise die Lehrerin zu welcher Sache?
Sie sagt:
- Es geht um etwas, was zu Ihrem Referatsthema passt.
- Da gibt es einen Vortrag über Kinderkrankheiten am Wochenende im Rahmen der Gesundheitsmesse.

Die Appellseite
Der Appell, der in einer Nachricht enthalten ist, entspricht einer Aufforderung. Ein wesentlicher Teil der Kommunikation geschieht zu dem Zweck, den Gesprächspartner zu veranlassen, etwas zu tun.

Wozu möchte die Lehrerin die Schülerin veranlassen?
Sie sagt vielleicht aus:
- Besuchen Sie am Wochenende die Gesundheitsmesse, damit Sie Ihre Aufgabe noch besser erledigen können!
- Informieren Sie sich auf der Gesundheitsmesse über die Ursachen bestimmter Kinderkrankheiten, damit Sie Ihre Erkenntnisse an uns weitergeben können!

Die Selbstdarstellungsseite
Die Selbstdarstellungsseite einer Nachricht kann als „Visitenkarte" des Senders angesehen werden. Hierdurch liefert er beispielsweise Informationen über seine Befindlichkeit und seine Einstellung mit.

Was sagt die Lehrerin durch ihre Mitteilung über sich aus?
Sie könnte der Schülerin beispielsweise zu verstehen geben:
- Ich denke mit, ich biete meinen Schülerinnen viele Möglichkeiten an, ihre Arbeit möglichst gut zu machen.
- Ich erwarte viel Engagement, wenn jemand einen sozialen Beruf ergreifen möchte.
- Meine Einstellung ist: „Immer erst die Arbeit, dann das Vergnügen."

Die Beziehungsseite
Durch den Beziehungsaspekt einer Nachricht signalisiert der Sender, wie er den Empfänger sieht, was er von ihm hält, wie er zu ihm steht.

Welches Verhältnis hat die Lehrerin zu der Schülerin?
Sie kann durch ihre Mitteilung z. B. aussagen:
- Ich fühle mich für Ihre außerschulische Weiterbildung verantwortlich und zeige Ihnen hierzu Möglichkeiten auf.
- Ich weiß, dass Sie eine gute, engagierte Schülerin sind, die Interesse an der sozialpflegerischen und -pädagogischen Arbeit auch über die Schule hinaus zeigt.
- Ich sorge dafür, dass aus Ihnen eine engagierte pädagogische Mitarbeiterin wird.

oder aber auch
- Ich weiß, dass Sie wenig Interesse an außerschulischen Veranstaltungen haben, und fordere Sie hiermit auf, endlich einmal mehr Engagement zu beweisen.

Selbstdarstellungsseite
„Ich erwarte viel Engagement von meinen Schülerinnen!"

Sachseite
„Im Rahmen der Gesundheitsmesse wird über Ursachen verschiedener Krankheiten gesprochen."

Beziehungsseite
„Ich sorge dafür, dass aus Ihnen eine engagierte sozialpflegerische und -pädagogische Mitarbeiterin wird!"

Appellseite
„Gehen Sie am Wochenende zur Gesundheitsmesse, damit Sie Ihre Aufgaben gut erledigen können!"

> *Merke!*
> *Die vier Seiten einer Nachricht:*
> - *Sachseite (Was sagt der Sender zu welcher Sache?)*
> - *Appellseite (Wozu möchte der Sender den Empfänger veranlassen?)*
> - *Selbstdarstellung (Was sagt der Sender durch seine Mitteilung über sich aus?)*
> - *Beziehungsseite (Welches Verhältnis hat der Sender zum Empfänger?)*

Die vier Seiten einer Nachricht auf der Seite des Empfängers

Wie die Aussage des Senders vom Empfänger aufgenommen wird, hängt stark davon ab, welche Seite der Nachricht er besonders stark heraushört.

Bildlich gesehen kann ein Empfänger die vier Seiten einer Nachricht auch über eines seiner „vier Ohren" aufnehmen. Seine Interpretation der Nachricht ist abhängig davon, mit welchem Ohr er hinhört: Mit dem Sach-Ohr, dem Appell-Ohr, dem Selbstdarstellungs-Ohr oder dem Beziehungs-Ohr?

„Selbstdarstellungs-Ohr":
Was ist das für einer?
Wie geht es ihm?
Was ist los mit ihm?

„Sach-Ohr":
Welcher Sachverhalt wird angesprochen?
Um welche Informationen handelt es sich?

„Beziehungs-Ohr":
Wie steht er zu mir?
Wie findet er mich?
Was denkt er über mich?

„Appell-Ohr":
Was soll ich machen, denken, fühlen?
Was wird von mir erwartet?

Wenn Sie nun noch einmal das Anfangsbeispiel und Ihre Antworten betrachten, können Sie sich selbst folgende Fragen beantworten:

- Wird von mir eine bestimmte Seite in den Vordergrund gestellt? Welche?
- Was habe ich bei der Lehrerin herausgehört? Worauf habe ich reagiert?
- Höre ich bei Nachrichten bestimmter Personen häufig nur „mit einem Ohr" hin?

Gerade durch die Darstellung dieses Kommunikationsmodells wird deutlich, dass Kommunikation nicht in erster Linie dem Austausch von Informationen dient. Durch Kommunikation werden verschiedene Meinungen deutlich, Kommunikation schafft Kontakte.

Somit ist der Beziehungsaspekt immer der Grundlegende. Wenn Ihnen beispielsweise eine Nachricht von einem Menschen übermittelt wird, der als Lügner bekannt ist, dann sind alle Informationen, die von ihm kommen, für Sie wertlos.

So bestimmt der Beziehungsaspekt auch wie wir einen Sachinhalt verstehen oder verstehen wollen.

(vgl. Blickhan, 2000, S. 18 f.)

Aufgabe

Versuchen Sie, mithilfe dieses Kommunikationsmodells zu erklären, warum beim Versenden von SMS Missverständnisse entstehen können.

2.4   Das „aktive Zuhören"

„Aktives Zuhören" bedeutet, dass der Empfänger sich sehr stark auf die Empfindungen oder Botschaften des Senders konzentriert. Er versucht, mit „allen Ohren" zu hören, was ihm an Sachinhalten, Appellen, Beziehungsbotschaften und vor allem an Selbstdarstellungen übermittelt wird.
Der Sender erhält vom Empfänger die Bestätigung darüber, wie er dessen Nachricht auffasst. Es geht also nicht darum, eine eigene Botschaft als Rückmeldung zu geben, sondern das Gehörte zu wiederholen und das dahinterstehende Gefühl zu verbalisieren.
(vgl. Wirsing 2000, S. 188 f.)

Mit dieser Gesprächsmethode wird versucht, die Tür für ein weiterführendes Gespräch zu öffnen und den Kommunikationspartner zum Weitersprechen anzuregen. Diese Methode eignet sich gut als Einstieg in ein Gespräch (vgl. Bröder, 1993, S. 56 f.).

Beispiel
Äußerung einer Bewohnerin eines Altenpflegeheims:
„Früher habe ich mich immer mit meinen Nachbarn freitags zum Skatspielen getroffen, aber hier wird höchstens noch „Mau, mau" gespielt."

Reaktion mithilfe der Methode „aktives Zuhören":
„Sie fühlen sich hier häufig allein und finden keine Spielpartner mit ähnlichen Interessen."

Äußerung einer Kollegin in einem Kindergartenteam:
„Ich finde es ja gut, dass unsere Praktikantin so einen guten Draht zu den Eltern hat, aber eigentlich bin immer noch ich Ansprechpartnerin für die Eltern."

Reaktion mithilfe der Methode „aktives Zuhören":
„Du bist ärgerlich und befürchtest, nicht mehr über alle Anliegen der Eltern direkt etwas zu erfahren und fühlst dich von ihnen auch etwas übergangen."

> *Merke!*
> *Aktives Zuhören bedeutet nicht nur zuzuhören, sondern vor allem, sich in den anderen hineinversetzen, ihn zu verstehen und mit „allen Ohren" zu erfassen, was er uns mit seiner Botschaft mitteilen möchte.*

Andere Möglichkeiten, Gesprächspartner zum Weiterreden zu ermutigen:
- kleine Worte wie „aha", „oh", „tatsächlich", „wirklich"
- einfache Sätze wie: „Möchtest du darüber sprechen?" „Dann erzählen Sie mal, Ihr Standpunkt interessiert mich!"

Beispiel
Äußerung einer Bewohnerin eines Altenpflegeheims:
„Gestern beim Abendessen habe ich mich sehr gegen Herrn Krolls Annäherungsversuche wehren müssen."

Reaktion: „Möchten Sie darüber sprechen?"

Spiegeln oder Paraphrasieren:
Was der Sender gesagt hat, wird vom Empfänger mit eigenen Worten wiederholt,
ohne eine Wertung einzubringen. Der Inhalt der Aussage des Senders wird also ge-
spiegelt.

Beispiel
**Äußerung eines Jugendlichen wäh-
rend eines Theaterworkshops im
Jugendzentrum:**
„Klaus und Carla haben doch gar
kein Interesse, solch ein altes Theaterstück aufzuführen."

Reaktion: „Du meinst, die beiden interessieren sich nicht für das klassische Theater."

> *Merke!*
> *Der Unterschied zwischen Spiegeln und aktivem Zuhören liegt darin, dass beim Spiegeln
> nur das Gesagte wiedergegeben wird, während beim aktiven Zuhören versucht wird,
> das dahinterstehende Gefühl zu verbalisieren.*

Alle hier genannten Methoden haben eine sogenannte „Türöffnerfunktion", d.h., sie
geben dem Partner das Gefühl des Verstandenwerdens, er fühlt sich mit seinem Anliegen ernst genommen und akzeptiert. „Türöffner" ermuntern den Gesprächspartner
zum weiteren und offeneren Gespräch (vgl. Bröder, 1993, S. 57 f.).

Aufgaben

1. Erproben Sie sich in der Gesprächstechnik "Spiegeln", indem Sie die folgende Übung
   durchführen.

   ### Übung: Kontrollierter Dialog
   Teilen Sie die gesamte Lerngruppe in Dreiergruppen auf. Jede Gruppe hat die Teil-
   nehmer **A**, **B** und **C**. Wählen Sie ein bestimmtes Thema, über das Sie sprechen
   möchten, und gehen Sie dabei folgendermaßen vor:
   - **A** sagt einen Satz, den **B** sinngemäß wiederholen muss.
   - Ist der Satz so wiederholt worden, dass der Sinn nicht entstellt wurde, bestätigt
     A mit „stimmt" oder „richtig". Wurde der Sinn falsch wiedergegeben, sagt **A**
     „falsch" oder „stimmt nicht" und **B** versucht eine neue Formulierung.
   - Erfolgt eine Bestätigung durch **A**, formuliert **B** den nächsten zum Thema pas-
     senden Satz und **A** wiederholt diesen sinngemäß.
   - Nach spätestens 15 Minuten sollte dann das Gespräch beendet sein.
   - **C** ist Beobachter und hat die Aufgabe, darauf zu achten, dass die Spielregeln und
     die vorgegebene Zeit eingehalten werden.

   Es können dann bei Bedarf die Rollen getauscht werden.

   Beispiel eines sogenannten „kontrollierten Dialoges" zum Thema „Sollte das
   Essen und Trinken während des Schulunterrichtes grundsätzlich verboten wer-
   den?"
   A: „Ich bin der Meinung, dass in allen Schulen das Essen wie auch das Trinken im
   Unterricht grundsätzlich untersagt werden sollte."

> **B:** „Du meinst, in Schulen sollte es ein grundsätzliches Verzehrverbot während des Unterrichtes geben."
> **A:** „Stimmt."
> **B:** „Ich meine jedoch, während längerer Klassenarbeiten sollte das Verzehren von Speisen und Getränken erlaubt sein."
> **A:** „Du bist also der Meinung, dass es Ausnahmen von diesem Verzehrverbot geben sollte."
> **B:** „Richtig." ...
> **A:** „..."

(vgl. Antons, 1998, S. 88)

2. Sprechen Sie nach dem Gespräch über Ihre Erfahrungen sowie Fehler auf der Seite des Spielers **B** und des Spielers **A**.

3. Welche Konsequenzen lassen sich aus dieser Übung für Ihre spätere sozialpädagogische Praxis ableiten?

2.5 Feedback geben und annehmen

> **Merke!**
> *Feedback (= Verhaltensrückmeldung) ist eine Art Kontrollinstrument, mit dessen Hilfe wir erfahren können, welche Wirkungen Botschaften bei unseren Gesprächspartnern hinterlassen und ob sie „richtig ankommen". Es gibt verschiedene Formen des Feedbacks:*
> - *Feedback zum Klären bestimmter Sachverhalte („Ich habe das noch nicht ganz verstanden, bitte erkläre es noch einmal.")*
> - *Anerkennendes Feedback („Da hast du dir aber viel Mühe gegeben.")*
> - *Kritisches Feedback („Das finde ich gar nicht gut von dir")*

Feedback geben bedeutet, dem anderen mitzuteilen, wie das, was er sagt und tut, auf uns wirkt.

Durch das Feedback, das wir von anderen erhalten, können wir erfahren, wie sie zu dem, was wir sagen und tun eingestellt sind.

Es ist nicht immer einfach, sowohl anerkennendes als auch kritisches Feedback zu geben oder anzunehmen.

Voraussetzung für das **anerkennende Feedback** ist, dass wir überhaupt in der Lage sind, positive Verhaltensweisen bei anderen und uns selbst wahrzunehmen.

Aber gerade die Anwendung dieser Art von Feedback kann dazu beitragen, dass der andere sich anerkannt und geschätzt fühlt.

Beispiele
- „Deine Ausdauer ist einfach bewundernswert."
- „Ihr Sinn für die richtige Farbzusammenstellung zeigt sich immer wieder."
- „Ich finde es gut, dass Sie sich gerade mit den schwierigeren Kindern so intensiv beschäftigen."

Erhält jemand z. B. in seinem Team häufiger eine positive Rückmeldung über sein Verhalten, so wird es ihm auch leichterfallen, hin und wieder ein eher kritisches Feedback anzunehmen und damit umzugehen.

> **Merke!**
> *Eine kritische Verhaltensrückmeldung muss immer dann gegeben werden, wenn ein Verhalten als störend empfunden wird und andere Menschen möglicherweise sogar darunter leiden.*

Beispiele

- Der Jugendgruppenleiter muss mit einem achtjährigen Jungen über sein Verhalten sprechen. Dieser versucht ständig, ihn zu ärgern, sodass die ganze Jugendgruppe unter seinen Sticheleien leidet.
- Die Praktikantin muss einer Bewohnerin eines Altenpflegeheimes erklären, dass es nicht möglich ist, dass sie sich beim Basteln immer neben sie setzt, weil andere ältere Menschen ihre Hilfe ebenfalls benötigen.
- Der Gruppenleiter muss mit den Beschäftigten über die Pausenzeiten sprechen, weil kaum jemand pünktlich wieder an seinem Arbeitsplatz erscheint.

Vielen fällt es gerade bei dieser Art von Feedback schwer, keinen Vorwurf mitklingen zu lassen. Aus dieser Angst heraus wird es dann häufig lieber ganz unterlassen, ein Problem offen anzusprechen.

Dies ist aber gerade deshalb so wichtig, weil beim Zurückhalten negativer Gefühle häufig ein völlig nichtiger Anlass ausreicht, um einen Gefühlsausbruch zu verursachen.

Dieser berühmte „Tropfen, der das Fass zum Überlaufen bringt", kann dann schnell dazu führen, dass das Gespräch unsachlich und wenig konstruktiv verläuft.

(vgl. Bröder, 1993, S. 90 ff.)

Sind Gesprächspartner jedoch zum Feedback bereit und vergegenwärtigen sich bestimmte Regeln für eine Verhaltensrückmeldung, können Störungen frühzeitig erkannt und auch behoben werden.

Regeln für das Feedback

1. Feedback geben

- *Feedback sollte unmittelbar und direkt erfolgen.*

- *Feedback sollte sich immer auf das Verhalten beziehen, das beobachtet wurde und nicht auf die ganze Persönlichkeit des anderen. („Ich bin traurig darüber, dass Sie heute die anderen Bewohner so grob behandelt haben.")*

- *Was ich dem anderen sage, muss ich auch von ihm annehmen können.*

- *Feedback sollte auch anerkennende Gefühle und Wahrnehmungen umfassen.*

- *Wahrnehmungen sollen als Wahrnehmungen, Vermutungen als Vermutungen und Gefühle als Gefühle mitgeteilt werden.*

- *Vorwürfe, Abwertungen, Ironie und Schuldzuweisungen gilt es grundsätzlich zu vermeiden, weil sie nicht zur konstruktiven Auseinandersetzung, sondern nur zu einem Kampf ums Rechthabenwollen führen.*

2. Feedback entgegennehmen

- *Der Empfänger sollte bei der Übermittlung der Botschaft genau zuhören, um das Gesagte richtig zu verstehen.*

- *Gibt es Missverständnisse, sollte zunächst sachlich nachgefragt werden, so lässt sich vieles klären.*

- *Der Empfänger sollte sich nicht gleich angegriffen fühlen und in eine Verteidigungs- oder Rechtfertigungshaltung verfallen.*

- *Grundsätzlich sollte ein konstruktives Feedback als bereichernd für die Gesprächsbeziehung angesehen werden.*
(vgl. Wirsing, 2000, S. 193)

Merke!
Feedback hat die Funktion, den anderen über die Wirkung seines Verhaltens zu informieren, nicht ihn zu verändern. Selbstverständlich ist es möglich, dass dadurch ein Veränderungsprozess in Gang gesetzt wird. Wenn Feedback jedoch in der Erwartung einer spontanen Verhaltensänderung gegeben wird, passiert es sehr häufig, dass produktive Veränderungen eher verhindert werden.

Aufgaben

Stellen Sie sich vor, in Ihrem nächsten Praktikum erhielten Sie weder anerkennendes noch kritisches Feedback.

1.   Notieren Sie alle Fragen, die Sie dann bewegen könnten.

2.   Welche Konsequenzen lassen sich aus diesen Überlegungen bezüglich des Umgangs mit den Ihnen anvertrauten Menschen (Kinder, ältere Menschen, Menschen mit Behinderungen) in Ihrem Praktikum ableiten?

2.6   Ich-Botschaften

Je nachdem, wie eine Verhaltensrückmeldung gegeben wird, wird der Empfänger unterschiedlich reagieren.
Verläuft das Gespräch wenig konstruktiv, liegt das häufig daran, dass sogenannte **Du-Botschaften** geäußert werden, die schwer anzunehmen sind, weil sie gleichzeitig die angesprochene Person abwerten, angreifen und klein machen können.

Beispiel
„Du solltest dir wirklich abgewöhnen, solche Strafen bei den Kindern einzusetzen."

Derjenige, der eine solche Botschaft erhält, fühlt sich von seinem Gegenüber nicht akzeptiert und reagiert entsprechend darauf. Entweder zieht er sich zurück, verteidigt sich oder versucht selbst, ein ähnliches Feedback zu geben.

Aus diesem Grunde sind **Du-Botschaften** zur Verhaltensrückmeldung ungeeignet.

Um zu erreichen, dass sich der Empfänger mit dem Gesagten auseinandersetzt, sollten Formen des Feedbacks gefunden werden, die besser angenommen werden können. Diese nennt man **Ich-Botschaften**.

Ich-Botschaften vermitteln sachlich, was den anderen an einem bestimmten Verhalten stört, welche Gefühle dadurch bei ihm ausgelöst werden und welche Auswirkungen das spezifische Verhalten auf ihn hat.

Somit besteht eine wirksame **Ich-Botschaft** aus drei Teilen:
- Beschreibung des nicht akzeptierten Verhaltens
- Benennung der Gefühle beim Empfänger
- Auswirkungen des nicht akzeptierten Verhaltens

Beispiel

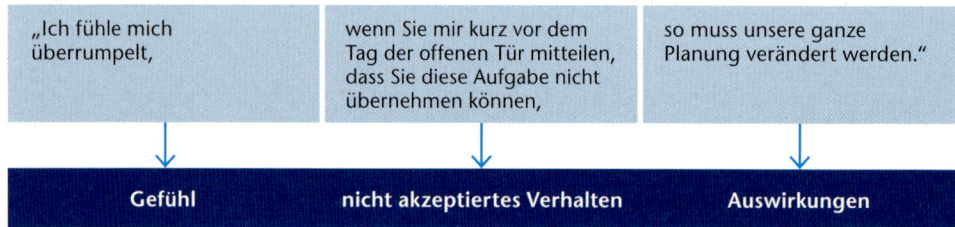

„Ich fühle mich überrumpelt,	wenn Sie mir kurz vor dem Tag der offenen Tür mitteilen, dass Sie diese Aufgabe nicht übernehmen können,	so muss unsere ganze Planung verändert werden."
Gefühl	**nicht akzeptiertes Verhalten**	**Auswirkungen**

Ich-Botschaften sind gerade deshalb als gute Rückmeldungen zu werten, weil hier der Sender auch von sich spricht, während es bei **Du-Botschaften** nur um den anderen geht.

Ich-Botschaften bringen dem Gesprächspartner mehr Respekt und Achtung entgegen, auch wenn sein Verhalten Anlass zu Ärger und Betroffenheit gibt. Der Empfänger merkt durch diese Art der Rückmeldung, dass es nicht um ihn als Person insgesamt geht, sondern nur um ein ganz bestimmtes Verhalten.

> *Merke!*
> *Eine Verhaltensrückmeldung ist immer dann wirkungsvoll, wenn dem Empfänger deutlich wird, dass zwischen Sache und Person getrennt wird.*

(vgl. Bröder, 1993, S. 98 ff.)

Hier noch einige Hinweise auf Fehler, die beim Übermitteln von **Ich-Botschaften** entstehen können:
- *Getarnte Du-Botschaften:* Nicht alle Aussagen, die mit „Ich" beginnen, sind auch „Ich-Botschaften". Sagen sie mehr über den Gesprächspartner aus als über den Sprecher, handelt es sich eigentlich um „Du-Botschaften" („Ich bin enttäuscht, weil **du** ...).
- *Verallgemeinerungen:* Der Sender bezieht seine Beobachtungen und Gefühle nicht auf die konkrete Situation, sondern verfällt in verallgemeinernde Formulierungen („Ich weiß dann immer ganz genau, was Sie als Nächstes sagen werden ...")
- *Häufigere Formulierung von negativen Empfindungen:* Wenn „Ich-Botschaften" überwiegend nur kritische Anmerkungen zum Inhalt haben und Positives so gut wie gar nicht geäußert wird, können diese schwerer angenommen werden.

Aufgabe

Versuchen Sie den folgenden beiden „Ich-Botschaften" die drei Teile: **Gefühl beim Empfänger, nicht akzeptiertes Verhalten, Auswirkungen des nicht akzeptierten Verhaltens** zuzuordnen:

Der Heimleiter einer Außenwohngruppe sagt zu seinem Mitarbeiter:
„Wenn Sie den Jugendlichen außer der Reihe Geld geben, fühle ich mich übergangen, denn unsere abgesprochenen Regeln werden so infrage gestellt."

Die Sozialpädagogin im Altenclub sagt zu der neuen Praktikantin:
„Ich fühle mich ein wenig überfordert, wenn ich Ihre Planung erst einen Tag vorher zur Durchsicht erhalte, denn dann können Verbesserungsvorschläge nicht mehr besprochen und ggf. umgesetzt werden."

2.7 Gesprächsformen im sozialpädagogischen und sozialpflegerischen Alltag

Im Folgenden werden Gesprächsformen vorgestellt, die zum Teil auch schon von Auszubildenden in sozialpädagogischen und sozialpflegerischen Einrichtungen durchgeführt werden. Die Beachtung einfacher Gesprächstechniken, wie sie in den vorherigen Kapiteln vorgestellt wurden, können hierbei hilfreich sein. Im Einzelnen handelt es sich hierbei um folgende Gesprächsanlässe:
- alltägliche Gespräche mit Kindern
- Tür- und Angelgespräche mit Eltern
- helfende Gespräche in der Altenhilfe
- Gespräche mit demenzerkrankten älteren Menschen
- Alltagsgespräche mit Menschen mit Behinderungen

2.7.1 Alltägliche Gespräche mit Kindern

Während der vielen alltäglichen Handlungen in einer Kindertagesstätte oder auch in einer Familie ergeben sich immer wieder Gesprächssituationen zwischen den Betreuern und den Kindern.
Gerade bei diesen ungeplanten Gesprächsanlässen sollten alle Betreuer darauf achten, Kindern zuzuhören und sie zum Weiterreden zu ermutigen, denn dann erst spüren sie, dass ihre Mitteilungen ernst genommen werden, sie fühlen sich bestärkt und suchen auch ihrerseits das Gespräch.
Alltagsgespräche haben u. a. folgende Funktionen:

- **Kontaktanbahnung**
  Die Gruppenleiterin begrüßt Florian, der von seiner Mutter in die Kita gebracht wird. Sie spricht mit ihm darüber, dass Ronja und Paul bereits in der Bauecke spielen und versucht ihn zu ermutigen, mit den anderen Kindern Kontakt aufzunehmen.

- **Ermittlung von Interessen und Bedürfnissen der Kinder**
  Die Praktikantin Svenja, die in einer Familie arbeitet, bemerkt, dass die beiden zu betreuenden Kinder gerne Arbeiten in der Küche durchführen. Sie spricht mit den Kindern über ihre Beobachtungen und sagt: „Ihr seht mir oft bei den Küchenarbeiten zu. Erzählt doch einmal, was ihr schon alles in der Küche gemacht habt und wobei ihr mir gerne helfen würdet."

- **Klärung von Streitigkeiten und Missverständnissen**
  Die beiden Geschwister Marie und Jona sind miteinander in Streit geraten. Marie beginnt zu weinen. Dennis, der Familienpfleger, lässt jeden erzählen wie es zu dem Streit kommen konnte. Er regt die Kinder dazu an, darüber nachzudenken, wie sie sich zukünftig in solchen Situationen verhalten könnten, damit keine größeren Unstimmigkeiten entstehen.

- **Wertschätzung der Fähigkeiten und Fertigkeiten der einzelnen Kinder**
  Jan hat ein Bild von seinem Kaninchen gemalt. Die Betreuerin lässt sich viele Einzelheiten erklären, lobt ihn und schlägt vor, noch einen Rahmen für dieses Bild zu basteln.

- **Aufstellen von Regeln**
  In einem Gespräch versuchen die Betreuerin, die Eltern und die Kinder Regeln für den Umgang mit dem neuen Computer zu finden.

- **Indirekte Sprachförderung**
  Die Erzieherin spielt mit den beiden türkischen Kindern Sehergül und Emre „Memory". Deckt sie zwei Kärtchen auf, beschreibt sie, was auf den Bildern zu erkennen ist. Sind die Kinder an der Reihe, benennen sie ebenfalls die Bildinhalte.

2.7.2 Tür- und Angelgespräche mit Eltern in einer Kita

Die häufigsten Kontakte zwischen Eltern und Mitarbeitern einer Kindertagesstätte finden bei den täglichen sogenannten *„Tür- und Angelgesprächen"* statt. Es handelt sich hierbei meist um kurze Mitteilungs-, Kontakt- oder Informationsgespräche in der Bringe- oder Abholphase.

Das einzelne Kind erlebt auf diese Weise deutlich, dass Einrichtung und Elternhaus miteinander kooperieren.

Die Gefahren, die diese Gespräche in sich bergen, liegen darin, dass manche Eltern den kurzen verbalen Kontakt nutzen, um die pädagogischen Mitarbeiterinnen in ein längeres Gespräch, z. B. über Erziehungsprobleme zu verwickeln.

Gerade Praktikantinnen und Berufsanfängerinnen fühlen sich in einer solchen Gesprächssituation überfordert. Dennoch sollten sie eine grundsätzliche Gesprächsbereitschaft signalisieren mit dem Hinweis auf die Möglichkeit eines weiterführenden Gespräches mit einer erfahreneren pädagogischen Mitarbeiterin.

(vgl. Pausewang, 1994, S. 325)

2.7.3   Helfende Gespräche in der Altenhilfe

In der ambulanten wie auch der stationären Altenhilfe möchten ältere Menschen häufig mit den betreuenden Fachkräften über Probleme sprechen, die mit den Begleiterscheinungen ihrer altersbedingten körperlichen und psychischen Veränderungen in Verbindung stehen.

Es werden vier Formen helfender Gespräche unterschieden:

1. **Stützung**
   Gerade in ausweglosen Situationen (unheilbare Krankheit, Sterben) sollten die in der Altenhilfe Tätigen dem älteren Menschen das Gefühl geben, dass er nicht alleingelassen wird in seiner Situation, und dass man seine Probleme sieht und ihn versteht.

2. **Entlastung**
   Ältere Menschen haben zum Teil Probleme noch nicht verarbeitet, müssen sich noch mit ihnen auseinandersetzen (z. B., wenn sie das Gefühl haben, noch etwas „erledigen" zu müssen). Hilfreich ist es, wenn der ältere Mensch mit seinen Problemen ernst genommen wird und diese vor allem nicht „schöngeredet" werden.

3. **Beratung**
   Beratende Gespräche können durchgeführt werden, wenn es sich um lebenspraktische Fragen wie beispielsweise die Führung des Haushaltes und Ernährungsfragen handelt. Hiermit werden insbesondere Fachkräfte konfrontiert, die in der ambulanten Altenpflege tätig sind.

4. **Ratschläge**
   Ältere Menschen bitten häufig um einen guten Rat bei Entscheidungen, die sie zu treffen haben. Mit unüberlegten „Patentrezepten" ist ihnen dabei sicherlich nicht geholfen. Teilweise gestalten sich solche Gespräche auch sehr schwierig, sodass sich jeder, der um Rat gefragt wird, gut überlegen sollte, ob er eine Entscheidungshilfe wirklich leisten kann. Hilfreich kann es sein, sich im Zweifelsfalle eine Bedenkzeit zu erbitten.

> **Merke!**
> *Gerade wenn es darum geht, mit älteren Menschen über Probleme zu sprechen, die bei ihnen Ängste auslösen (beispielsweise die Angst vor einer Operation oder einem anstehenden Heimaufenthalt), sollten die Betreuer unterstützende Gesprächstechniken wie das „aktive Zuhören" anwenden und versuchen, auf die damit verbundenen Gefühle des Gesprächspartners einzugehen, damit der ältere Mensch einen Ratschlag annehmen kann.*
> *Sachliche Informationen allein und sehr allgemein gehaltene Äußerungen wie „das wird schon wieder" geben dem Gesprächspartner eher das Gefühl, dass der andere sich eigentlich nicht auf ein Gespräch über seine emotionalen Probleme einlassen möchte.*

2.7.4 Gespräche mit an Demenz erkrankten Menschen

Demenzerkrankte ältere Menschen haben je nach Schweregrad ihrer Beeinträchtigung Sprachstörungen, für die es drei Hauptursachen gibt:

1. **Beeinträchtigung des Erinnerungsvermögens und der Informationsverarbeitung**
   Hinweise werden z. B. deshalb nicht verstanden, weil sofort vergessen wird, was gesagt wurde; Sätze enden unlogisch, weil Satzanfänge nicht behalten werden.

2. **Schädigung des Hirngewebes, das für die Sprachfunktion zuständig ist**
   Es werden vertraute Personen und Gegenstände falsch benannt, Wortbedeutungen nicht mehr verstanden.

3. **Schädigung des Hirngewebes, das für die Sprechmotorik zuständig ist**
   Es kommt zu großen Schwierigkeiten in der Aussprache von Wörtern und beim Schlucken.

(vgl. Wirsing, 2000, S. 196)

Grundsätzlich sollten alle in der Altenpflege Tätigen in Gesprächssituationen mit demenzerkrankten älteren Menschen die sogenannte **validierende Haltung** einnehmen, d. h. den verwirrten älteren Menschen ohne Vorbehalte akzeptieren, ihn nicht verändern wollen, einfühlend und bestätigend auf ihn eingehen, ihn wertschätzen und ihn in seiner Realität belassen. So akzeptiert der Pflegende beispielsweise, dass der ältere Mensch zeitweise in der Erinnerung lebt und sich vorstellt, der Ehepartner würde noch leben und die Kinder seien noch klein (weitere allgemeine Hinweise zum Umgang mit demenzerkrankten älteren Menschen, siehe Kapitel III, 2.6).

Hinweise

Weiterhin sollten alle in der Altenhilfe Tätigen im Umgang mit demenzerkrankten Menschen folgende Kommunikationsregeln beachten:

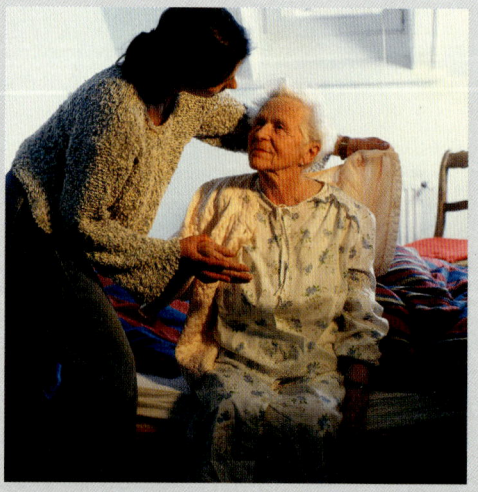

- *Hören Sie dem verwirrten älteren Menschen aufmerksam zu, indem Sie in einer ruhigen Umgebung in normaler Lautstärke mit ihm reden und ihn dabei anschauen.*

- *Sprechen Sie langsam und deutlich und in einfachen kurzen Sätzen. Achten Sie dabei auf Gesichtsausdruck und Verhalten des Gesprächspartners, um sichergehen zu können, dass Sie verstanden werden. Verständigen Sie sich auch nonverbal durch Vormachen, Mimik und Gestik.*

- *Stellen Sie nur Fragen, die sich auf die Vergangenheit des demenzerkrankten Menschen beziehen, und lassen Sie ihn, wenn möglich, etwas von früher erzählen. Erzählen Sie auch von sich selbst.*

- *Beugen Sie Versagen vor, indem Sie Fragen so formulieren, dass der verwirrte ältere Mensch sie auch beantworten kann.*

- *Wählen Sie im Gespräch mit dem Betroffenen immer den richtigen Ton voller Achtung und Wertschätzung. (Sprechen Sie ihn als Erwachsenen an und nicht in Babysprache; vermeiden Sie in Gegenwart von Dritten das Gespräch über ihn und zeigen Sie ihm ihr Wohlwollen auch nonverbal.)*

- *Helfen Sie dem Gesprächspartner, wenn er Ausdrucksschwierigkeiten hat, indem Sie nicht zu lange auf eine Antwort warten, wenn das Gedächtnis des demenzerkrankten älteren Menschen versagt. Behaupten Sie aber auch nicht, etwas verstanden zu haben, wenn es nicht stimmt, sondern wiederholen Sie nur den Teil des Satzes, den Sie wirklich verstanden haben.*

- *Versuchen Sie immer wieder, die mitschwingenden Gefühle herauszuhören und reagieren Sie auf diese Aussagen.*

(vgl. Michalke u. a., 2001, S. 154 u. 524)

2.7.5   Alltagsgespräche mit Menschen mit Behinderungen

Je nach Schweregrad der Behinderung wird die Möglichkeit zu kommunizieren zum Teil erheblich eingeschränkt.

Vor allem wenn Sprachbehinderungen vorliegen oder auch periphere Störungen durch eine angeborene oder erworbene Schwerhörigkeit oder Blindheit, kommt es zu erheblichen Einschränkungen in der Kommunikationsfähigkeit.

Erlebt ein Mensch beispielsweise durch die Folgen eines Unfalles sein Leiden bewusst mit, so kann es zu psychischen Störungen als Folge der eingeschränkten Verständigungsmöglichkeiten kommen.

Die betroffenen Menschen brauchen daher ein hohes Maß an Zuwendung, Achtung und Wertschätzung.

An dieser Stelle sei auf die Kommunikationsregeln im Umgang mit demenzerkrankten Menschen verwiesen, da sich viele der genannten Hinweise auch auf den Umgang mit Menschen mit Behinderungen in der Sprache übertragen lassen.

■ *Literaturtipps:*

Bröder, Monika: Gesprächsführung im Kindergarten, Anleitung, Modelle, Übungen, 6. Auflage, Freiburg i. Breisgau, Herder 1993.
Monika Bröder überträgt klassische Formen der Gesprächsführung wie „das aktive Zuhören", „Feedback geben" und anderes mehr auf Gesprächssituationen im Kindergarten. Viele Übungen und Gesprächsbeispiele dienen als Hilfe für Gespräche in sozialpädagogischen und sozialpflegerischen Einrichtungen.

Gordon, Thomas: Familienkonferenz, Die Lösung von Konflikten zwischen Eltern und Kind, 35. Auflage, Hamburg, Hoffmann und Campe, 2001.
Hier werden viele Gesprächstechniken wie „das aktive Zuhören", „Ich-Botschaften senden", „die niederlagelose Methode" und Ähnliches mehr differenziert und anhand von Praxisbeispielen vorgestellt. Ein unverzichtbarer Klassiker zur Intensivierung von Gesprächstechniken in sozialpädagogischen und sozialpflegerischen Einrichtungen.

Kirks, Monika/Scherer, Manfred/Streit, Gabriele: Deutsch/Kommunikation in der Altenpflege, Troisdorf, Bildungsverlag EINS, 2000.
Dieses Werk bietet weitere Gesprächsbeispiele aus der Altenhilfe wie „Konfliktgespräch", „Erstgespräch", „Gespräche mit Angehörigen", „Teamgespräch" und ergänzt somit die Ausführungen dieses Kapitels.

Aufgaben

1. Bilden Sie Dreiergruppen (zwei Rollenspieler/ein Beobachter) und entscheiden Sie sich für eine der oben beschriebenen Gesprächsformen des sozialpädagogischen und sozialpflegerischen Alltags.

2. Wählen Sie hierzu eine konkrete Situation aus, die Sie im Rollenspiel darstellen möchten, z. B:
   - Die noch sehr geschwächte Mutter möchte den Kindergeburtstag ihres Sohnes wie jedes Jahr mit vielen Gästen feiern und spricht mit Ihnen bei einer Mahlzeit, die sie ihr am Bett reichen, über dieses Anliegen.
   - Ein Bewohner eines Altenpflegeheimes wendet sich ratsuchend an Sie, weil ihn seine Tochter schon einige Wochen nicht mehr besucht hat.

3. Spielen Sie die Situation durch (ca. 5–10 Minuten). Während des Rollenspieles notiert der Beobachter, was er bezüglich der Anwendung einfacher Gesprächstechniken wahrnimmt.

4. Sprechen Sie anschließend über die dargestellte Situation und die Beobachtungen und beantworten Sie folgende Fragen:
   - Welche Gesprächstechniken konnten schon gut angewendet werden?
   - Zu welchen Gesprächstechniken wünschen wir uns noch weitere Übungen?

2.8 „Gesprächskiller"

Thomas Gordon führt in seinem Werk „Familienkonferenz" einige Arten von Botschaften auf, die es zu vermeiden gilt, wenn man ein erfolgreiches Gespräch führen möchte.

- **Anordnen, befehlen, kommandieren**
  „Sie basteln die Tischlaternen, Sie die Tischkarten und Sie, Herr Müller, schreiben die Einladungen für unsere Weihnachtsfeier!"

- **Warnen, ermahnen, drohen**
  „Wenn du nicht sofort ruhig im Stuhlkreis sitzen bleibst, gehst du vor die Tür!"

- **Zureden, predigen, moralisieren**
  „In einem katholisch geführten Haus gehört es sich nicht, vom Gottesdienst fernzubleiben!"

- **Raten, Vorschläge machen oder Lösungen geben**
  „Ich würde dir raten, erst den Vogelkäfig zu säubern und anschließend den Boden putzen, wenn du dir nicht die doppelte Arbeit machen willst."

- **Strafpredigten halten, logische Argumente vorbringen**
  „Hättest du auf mich gehört, wie ich es dir gesagt habe, wäre das nicht passiert."

- **Urteilen, kritisieren, beschuldigen**
  „Sie arbeiten jetzt schon so lange hier, da müssten Sie das aber wissen."

- **Loben, zustimmen**
  „Warum nicht gleich so, geht doch."

- **Beschimpfen, lächerlich machen, beschämen**
  „Wenn Sie einer so sieht mit diesem schmutzigen Hemd, weiß er gleich, was es bei uns zum Mittagessen gegeben hat."

- **Interpretieren, analysieren, diagnostizieren**
  „Das sagen Sie jetzt nur, weil Sie wissen, dass mich das aufregt."

- **Beruhigen, bemitleiden, trösten, unterstützen**
  „Das wird schon wieder, so etwas haben wir alle schon einmal durchgemacht."

- **Auf den Grund gehen, verhören**
  „Kannst du mir mal bitte sagen, was du dir dabei gedacht hast?"

- **Zurückziehen, ablenken, aufheitern, zerstreuen**
  „So, jetzt geh mal schön spielen."

(vgl. Gordon, 2001, S. 123 ff.)

3　Zusammenarbeit und Konfliktbewältigung in einem sozialpädagogischen und sozialpflegerischen Team

Teamarbeit und Konfliktbewältigung sind in einem sozialpädagogischen und sozialpflegerischen Team enorm wichtig. Dies soll die folgende Aufgabe verdeutlichen.

Aufgaben

1. Bilden Sie Kleingruppen mit jeweils fünf Schülern. Jede Gruppe erhält eine leere Flasche und jedes Gruppenmitglied eine Schachtel mit Zündhölzern.

2. Versuchen Sie, in Ihrer Gruppe durch abwechselndes Auflegen von Zündhölzern ein richtiges Storchennest entstehen zu lassen. Dabei müssen folgende Spielregeln eingehalten werden:
   - Es darf nicht gesprochen werden.
   - Gegenseitiges Helfen, z. B. durch Zeigen auf die Stelle, an die noch ein Zündholz hingelegt werden kann, ist erlaubt.
   - Heruntergefallene Zündhölzer müssen wieder aufgelegt werden.

   Welche Gruppe schafft es, alle Hölzer aufzulegen?

   Nach ca. 20 Minuten sollte die Aufgabe beendet sein und jeder kann sich dazu äußern, wie es ihm ergangen ist:

- Wie habe ich mich gefühlt, als es mir gelang, ein Zündholz aufzulegen, ohne dass das Nest umkippte?
- Was habe ich gedacht, als XY das halbe Nest herunterfallen ließ?
- Wie hat sich XY selbst dabei gefühlt?
- In welcher Art und Weise haben wir zusammengearbeitet?
- Sind wir stolz auf unser Gemeinschaftswerk?

(vgl. Baer u. a., 1997, Z 6)

3.   Was ist wichtig für die Zusammenarbeit?

3.1   Was ist Teamarbeit?

Die Begriffe „Team" und „Teamarbeit" werden im täglichen Sprachgebrauch häufig verwendet. Aussprüche wie „Im Team geht alles besser!", „das Dream-Team", „Da zeigt sich wahrer Teamgeist!" deuten an, dass es sich bei der Teamarbeit um eine Arbeitsform handeln muss, bei der versucht wird, eine Aufgabe in gemeinsamer Verantwortung möglichst effektiv zu lösen. Bei diesen Redewendungen werden allerdings Konflikte und Schwierigkeiten, die im beruflichen Alltag aufgrund der Verschiedenartigkeit der Teammitglieder auftauchen können, nicht aufgegriffen.

Eine verbindliche Definition der Begriffe „Team" und „Teamarbeit", die alle Aspekte in den Blick nimmt, ist bisher noch nicht gelungen.

Begriffsumschreibungen wie die folgenden charakterisieren die Zusammenarbeit im sozialpädagogischen bzw. sozialpflegerischen Team ansatzweise:

Für den Sozialpädagogen Ernst Martin weist ein Team vor allem folgende Merkmale auf (vgl. Martin, 1989, S. 173 ff.):

- Ein Team ist eine überschaubare Gruppe (ideal sind drei bis acht Mitglieder).

- Es findet eine regelmäßige Zusammenarbeit über einen längeren Zeitraum statt.

- Alle anstehenden Aufgaben werden auf alle Teammitglieder gleichmäßig und gleichwertig verteilt, d. h., die Beiträge eines jeden Einzelnen sind als gleich wichtig anzusehen.

- Ein Team ist besonders leistungsstark, wenn es möglich wird, die Einzelleistungen in regelmäßigen Abständen daraufhin zu überprüfen, ob sie noch zur Erreichung des Gesamtzieles beitragen oder einer Änderung der Vorgehensweise bedürfen.

Treffen diese Merkmale auf eine bestimmte Gruppe nicht zu, bezeichnet Martin diese als ein „Pseudoteam".

Beispiel für ein „echtes" Team nach Martin

Die vier Mitarbeiter, die in einer Außenwohngruppe für fünf Erwachsene mit leichter geistiger Behinderung im Alter zwischen 30 und 54 Jahren arbeiten, treffen sich jeden Montag zum Teamgespräch. Es handelt sich um einen Sozialpädagogen, eine Sozialhelferin, eine Hauswirtschaftskraft und eine Praktikantin im letzten Ausbildungsjahr zur staatlich anerkannten Erzieherin.

Die Praktikantin möchte mit der Gruppe ein Theaterstück für Kinder mit geistiger Behinderung einüben und bespricht diesen Vorschlag während einer Teamsitzung. Zunächst sind alle begeistert und überlegen gemeinsam, welche Aufgaben jeder zur Verwirklichung dieser Idee beitragen könne.

Anna, die Hauswirtschaftskraft, gibt zu bedenken, dass die Gruppe vielleicht unterschiedlich reagieren könnte, da das Theaterstück ein Kinderstück sei und die erwachsenen Menschen mit Behinderungen sich zeitweise nicht ernst genommen fühlen könnten, wenn sie ein solches Stück einüben sollen.

Alle Mitarbeiter sehen ein, dass die ursprüngliche Idee der Praktikantin noch einmal überdacht werden sollte, da das Alter und die damit verbundenen Interessen der einzelnen Erwachsenen mit Behinderungen zu wenig Berücksichtigung finden. Sie sind aber grundsätzlich damit einverstanden, ein Theaterstück zu planen.

In einem Beitrag in der Zeitschrift „Kindergarten heute" von Gisela Bremer und Hildegard Mertens wird Teamarbeit folgendermaßen definiert:

„Ein Team ist eine Gruppe von Menschen,
- die ein vorgegebenes Ziel erreichen soll (Lösung eines Problems, einer Aufgabe),
- die über die Erreichung des Zieles (wie es angegangen wird) selbst entscheiden muss,
- die unterschiedliche Aspekte, Ansichten, Standpunkte, die innerhalb des Teams bestehen, im Entscheidungsprozess berücksichtigen muss."

(Bremer/Mertens, 1983, S. 71)

Diese Definition hebt die Unterscheidungsmerkmale der einzelnen Mitarbeiter besonders hervor. Gemeint sind vor allem die Erziehungshaltung jedes Einzelnen, die Berufsausbildung, politische und weltanschauliche Ansichten, Verhaltensweisen den Mitmenschen gegenüber, Charaktereigenschaften, Werteinstellungen usw.

Es ist wichtig, sich innerhalb des Teams diese Unterschiede bewusst zu machen, die zum einen gegenseitiges Lernen ermöglichen, andererseits jedoch eine Quelle von Problemen und Konflikten sein können.

Ein praktisches Beispiel für die Auswirkungen persönlicher Unterscheidungsmerkmale auf die Arbeit im Team

Im städtischen Jugendcafé arbeiten eine Sozialpädagogin, ein Erzieher und eine Sozialhelferin zusammen. In der Teamsitzung, die regelmäßig stattfindet, wird darüber nachgedacht, einen Kochkurs für Jugendliche ab zwölf Jahren einzurichten. Jeder Mitarbeiter bringt Vorschläge zur Organisation und Durchführung ein.

Miriam, die Sozialpädagogin, hat schon einige Erfahrungen während ihrer jahrelangen kirchlichen Jugendarbeit sammeln können. Sie zeigt sich begeistert, möchte den Kochkurs jedoch aufgrund der Fastenzeit nicht zum jetzigen Zeitpunkt anbieten.

Mona, die Sozialhelferin, schlägt vor, einen Kochkurs unter das Thema „leckere Vollwertkost" zu stellen, da ihre Mutter in einem Reformhaus arbeitet und sie dadurch schon viele Erfahrungen mit der Vollwertküche sammeln konnte.

Bernd, dem Erzieher, ist es besonders wichtig, dass die Jugendlichen durch diesen Kurs schmackhafte und preiswerte Gerichte für den kleinen Geldbeutel kennenlernen.

Das Team erkennt, dass zunächst der Umgang mit den unterschiedlichen Ansichten geklärt werden muss, bevor Angebote für die Jugendlichen geplant werden können.

Aufgaben

1. Denken Sie an Ihre Berufspraktika zurück und stellen Sie ein Team, das Sie in dieser Zeit kennengelernt haben, mithilfe der Collagetechnik dar.

2. Welche der im Text genannten Merkmale wies das Team auf? Vermerken Sie diese mithilfe kleiner Symbole und Anmerkungen.

3. Stellen Sie Ihr Team den Mitschülern vor.

3.1.1 Zusammenarbeit im Team

Voraussetzung für eine erfolgreiche Teamarbeit

Das Vorhandensein bestimmter Rahmenbedingungen, die Fähigkeit des einzelnen Mitarbeiters in einem Team zu arbeiten und das gemeinsame Aufstellen von Regeln für die Zusammenarbeit haben einen positiven Einfluss auf die Arbeit in einem Team.
Gerade in sozialpädagogischen und -pflegerischen Einrichtungen sollte verstärkt daran gearbeitet werden, ein gutes Arbeitsklima zu schaffen, da dieses nicht nur den Mitarbeitern, sondern auch den ihnen anvertrauten Menschen zugutekommt.

Rahmenbedingungen für eine erfolgreiche Teamarbeit
Folgende Bedingungen sollten für eine erfolgreiche Teamarbeit gegeben sein:
- grundsätzliche Bejahung der Teamarbeit von Seiten des Trägers und aller beteiligten Mitarbeiter
- im Dienstplan festgelegte Teamsitzungen während der offiziellen Arbeitszeit
- Gewährleistung der Regelmäßigkeit der Teamsitzungen sowie der Anwesenheit aller Beteiligten
- Aufstellen bestimmter Regeln zur Weitergabe wichtiger Informationen, die das Gesamtteam betreffen
- schriftliches Festhalten von Teamentscheidungen durch Protokolle, wobei die Protokollführung abwechselnd erfolgen sollte
- gute Vorbereitung einer Teamsitzung (Festlegung des zeitlichen Rahmens, der Tagesordnungspunkte, eventuell der Problemdarstellung)
- nach Möglichkeit wechselnde Gesprächsleitung

Teamfähigkeit der einzelnen Mitarbeiter

Im Wesentlichen ist darunter zu verstehen, dass jeder einzelne Mitarbeiter
- sich Teamarbeit zutraut und die Zusammenarbeit grundsätzlich als wichtig erachtet,
- die anderen mit ihren unterschiedlichen Fähigkeiten akzeptiert und die dementsprechende Aufgabenverteilung als bereichernd für alle ansehen kann,
- sich um ein gutes Arbeitsklima bemüht,
- weiß, dass Vertrauen, Loyalität und Solidarität keine Selbstverständlichkeiten sind, sondern ständig gefestigt und geübt werden müssen.

Zudem sollte sich jeder Mitarbeiter bewusst machen, dass es bestimmte Verhaltensweisen gibt, die Teamarbeit behindern oder sogar unmöglich werden lassen. Hierzu zählen z. B.:
- autoritäres Denken, Geltungssucht und Untertanengeist
- Überempfindlichkeit
- Unbeständigkeit beim Einhalten von Teamverpflichtungen
- Geringschätzung von Diskussionen

(vgl. Becker/Stadler, 1982, S. 71 f.)

Entwicklung bestimmter Regeln für eine erfolgreiche Teamarbeit

Ein Team ist, abgesehen von der Schaffung günstiger Rahmenbedingungen und der Teamfähigkeit eines jeden Einzelnen, nur dann dauerhaft zur erfolgreichen Zusammenarbeit fähig, wenn es bestimmte „Spielregeln" einhält.

Diese betreffen hauptsächlich die Wahrnehmung und Beobachtung, Kooperation und die Kommunikation untereinander.

Es hat sich bewährt, wichtige Regeln zu besprechen oder auch schriftlich zu fixieren, damit sie eingehalten werden. Auch die Teilnahme an entsprechenden Fortbildun-

gen oder die Durchführungen bestimmter Übungen können eine wertvolle Hilfe sein, die vorhandene Teamfähigkeit zu festigen. Im Folgenden werden Regeln zu den oben genannten Aspekten aufgeführt. Diese sind als Anregung zu verstehen, die jedes Team entsprechend der eigenen Situation überprüfen, verändern oder auch ergänzen kann.

Wahrnehmung und Beobachtung im Team

Informationen werden häufig aus der Sicht des Vortragenden weitergegeben. So kann es passieren, dass sich ein objektiver Sachverhalt unterschiedlich darstellt. Bestimmte Regeln können helfen, diese „persönliche Färbung" möglichst gering zu halten:

- *Höre gut zu, konzentriere dich nur auf das Gesagte, damit die Informationsabgabe besser funktioniert.*

- *Gib nur das Wesentliche weiter und füge keine persönlichen Auslegungen hinzu.*

- *Fasse dich kurz, damit alle wesentlichen Informationen aufgenommen werden können.*

- *Halte mit den anwesenden Kollegen und Kolleginnen Blickkontakt, damit du beispielsweise erkennst, wenn etwas nicht richtig verstanden worden ist.*

Kooperation im Team

Gemeint ist die Fähigkeit der einzelnen Mitarbeiter, arbeitsteilig auf ein gemeinsames Ziel hinzu-arbeiten und dabei die Interessen und Vorschläge eines jeden zu berücksichtigen und daraufhin zu überprüfen, ob sie einen Beitrag zur Erreichung des Gesamtzieles leisten. Auch hier helfen bestimmte Regeln, die Kooperation zu fördern:

- Verfolge nicht starr dein eigenes Ziel, sondern zeige Bereitschaft, deine Ideen zugunsten des Gruppenziels zurückzustellen.

- Bleibe ruhig, habe Geduld mit anderen und suche bei auftretenden Schwierigkeiten gemeinsam mit ihnen nach Lösungen und Verbesserungen.

- Würdige Ideen und Beiträge der anderen Teammitglieder.

(vgl. Bremer/Mertens, 1983, S. 71 ff.)

Kommunikation im Team

Werden bestimmte Kommunikationsregeln eingehalten, können Diskussionen sachlicher geführt und somit Entscheidungsprozesse schneller in Gang gesetzt werden. Die Bereitschaft, folgende Regeln nach einer gewissen Übungszeit anzuwenden, kann zur besseren und offeneren Kommunikation beitragen:

- Verwende keine Formulierungen wie „man" oder „wir", sondern wähle die „Ich-Form".

- Reagiere auf das Gesagte anderer Gesprächsteilnehmer, aber interpretiere nicht deren Aussage.

- Es darf immer nur eine Person zur selben Zeit reden.

- Falle niemandem ins Wort und vermeide Zwischengespräche (mit Nachbarn).

- Äußere deine Interessen und deine Meinung.

- Wenn du dich über eine Äußerung ärgerst, sprich direkt das Ärgernis an, aber vermeide Vorwürfe und Anklagen.

- Fordere eine kleine Pause ein, wenn die Diskussion festgefahren ist oder jemand aggressiv reagiert, damit sich alle wieder dem eigentlichen Thema zuwenden können.

- Wenn dir jemand eine Rückmeldung geben möchte, versuche dich nicht sofort zu verteidigen, sondern höre erst einmal ruhig zu, was er dir sagen möchte.

(vgl. Becker/Stadler, 1982, S. 67 f.)

Aufgabe

Stellen Sie Regeln zur erfolgreichen Zusammenarbeit in Ihrer Klasse bezüglich der Wahrnehmung und Beobachtung, Kooperation und Kommunikation auf.

3.1.2 Planung von Teamsitzungen

In den meisten sozialpädagogischen und -pflegerischen Einrichtungen finden Teamsitzungen in regelmäßigen Abständen statt. Eine gut geplante und organisierte Teamsitzung verläuft in erkennbaren Arbeitsphasen. Die Zusammenarbeit sollte schon vor der eigentlichen Teamsitzung mit der Vorbereitung beginnen. Falls dies aus bestimmten Gründen nicht möglich ist, muss sie unbedingt an den Anfang der Sitzung gestellt werden.

Arbeitsphase 1: Vorbereitung
- Eine Teammoderatorin wird benannt, welche die Gesprächsführung während der Teamsitzung übernimmt.
- Alle Tagesordnungspunkte werden gesammelt und sichtbar für alle aufgeschrieben, sodass ggf. Ergänzungen vorgenommen werden können.

Arbeitsphase 2: Durchführung
- Die Teammoderatorin bespricht die Reihenfolge der zu bearbeitenden Tagesordnungspunkte. Auch hier besteht noch die Möglichkeit, Ergänzungen einzubringen.
- Für die Bearbeitung der einzelnen Tagesordnungspunkte wird ein Zeitrahmen festgelegt, damit alle Punkte angesprochen werden können und nicht aus Zeitmangel entfallen.
- Ein Protokollführer wird bestimmt (dabei ist darauf zu achten, dass Protokolle im Wechsel geführt werden).
- Eventuell werden noch kurze Anmerkungen und Ergänzungen zum vorherigen Protokoll vorgenommen.

- Die Tagesordnungspunkte werden bearbeitet, indem jedes Teammitglied
  - wichtige Informationen zu den einzelnen Punkten gibt,
  - anstehende Aufgaben bzw. Probleme anspricht,
  - Planungs- bzw. Lösungsvorschläge benennt.
- Die einzelnen Beiträge werden besprochen und es wird z. B. eine Entscheidung darüber gefällt, welche Idee umgesetzt oder wie die weitere Vorgehensweise aussehen wird.
- Die Teammoderatorin fasst die Ergebnisse zusammen, lässt über bestimmte Vorschläge abstimmen und formuliert Beschlüsse, die das Team gefasst hat.

Arbeitsphase 3: Ausblick
- Gemeinsam werden mögliche Themen für die nächste Teamsitzung gesammelt.
- Es wird besprochen, wann alle Teammitglieder das Protokoll der Teamsitzung einsehen können bzw. wann es ihnen als Kopie zugeht.

Aufgabe

1. Sammeln Sie in der Kleingruppe alle Punkte, die Sie bezüglich Ihrer Abschlussfeier (oder eines ähnlichen Anlasses) besprechen möchten.

2. Führen Sie hierzu eine Teamsitzung durch und versuchen Sie, entsprechend der im Text vorgestellten Arbeitsphasen vorzugehen.

3. Schreiben Sie ein Protokoll und stellen Sie es dem Plenum vor.

3.2 Zusammenarbeit spielerisch erproben

Es gibt einige Übungen, mit deren Hilfe die wichtigen Voraussetzungen für eine erfolgreiche Teamarbeit spielerisch trainiert werden können.

Übungen zur Bewusstmachung subjektiver Wahrnehmung

Störquellen beim Diktat

Mitspieler:	zwischen 8 und 20 Mitglieder, die sich zu zweit gegenübersitzen
Alter:	ab 10 Jahren
Spieldauer:	ca. 20 Minuten
Material:	vorbereiteter Text, Stift und Zettel für jedes Paar

Die Mitspieler bilden Paare. Jedes Paar sitzt sich in einem Abstand von ca. fünf bis zehn Metern gegenüber. Ein Mitspieler ist „Chef", der andere „Sekretär". Alle Chefs diktieren gleichzeitig ihrem Sekretär einen vom Spielleiter vorbereiteten Text. Das Spiel ist beendet, wenn das erste Paar mit dem Arbeitsauftrag fertig ist. Nacheinander liest jeder Sekretär vor, was er verstanden hat. Dann werden diese Ergebnisse mit der Originalfassung verglichen.
(vgl. Flemming/Fritz, 1995, S. 85)

Ist die Frau alt oder jung?

Mitspieler:	8 Spieler und beliebig viele Zuschauer
Alter:	ab 12 Jahren
Spieldauer:	ca. 20 Minuten
Material:	Bildvorlage „alte Frau – junge Frau" (siehe nächste Seite), Instruktionszettel

Sieben Mitspieler setzen sich nebeneinander in eine Stuhlreihe. Der achte Spieler geht nach draußen und studiert ca. drei Minuten Bild und Instruktionen.
Er kommt wieder in den Raum und flüstert dem ersten Spieler in der Reihe alle Informationen ins Ohr, die er behalten hat. Dieser flüstert sie seinem Stuhlnachbarn zu usw. Der letzte Spieler in der Reihe gibt eine laute Beschreibung dessen, was er verstanden hat. Diese wird schriftlich festgehalten. Der gesamten Gruppe wird das Bild gezeigt und die Instruktionen vorgelesen.

Instruktionen:

Sie haben drei Minuten Zeit, das Bild und die folgenden Instruktionen zu studieren. Nach dieser Zeit teilen Sie die wichtigsten Punkte bitte ihrem Nachbarn mit!

1. Es ist das Bild einer Dame.

2. Sie hat eine Feder im Haar.

3. Es ist ein Tuch auf ihrem Kopf.

4. Sie hat einen Pelz um den Nacken.

5. Die Feder im Haar ist gebogen.

6. Die Farbe des Pelzes und die der Haarfarbe sind gleich.

7. Das Tuch auf dem Kopf hat Falten und ist nicht glatt.

8. Das Kopftuch bedeckt nicht den vorderen Teil der Haare.

9. Das Haar wirkt so, als sei es sehr dunkel.

10. Das Alter der Dame ist etwa ...
    (bitte raten Sie!)

(vgl. Antons, 1998, S. 49 f.)

Übungen zur Kooperation im Team

Tierpuzzle-Spiel

Mitspieler:	4 Kleingruppen mit bis zu 5 Teilnehmern
Alter:	ab 14 Jahren
Spieldauer:	ca. 10–30 Minuten
Material:	4 dreidimensionale Tierpuzzles

Jede Kleingruppe erhält Teile von vier verschiedenen dreidimensionalen Tierpuzzles. Jede Kleingruppe muss versuchen, ein Tier zusammenzusetzen. Über einen Tisch dürfen die Gruppen untereinander Puzzleteile tauschen.

(vgl. Baer, 1998, S. 49 f.)

Ein Bild von zwei Seiten

Mitspieler: 2 Gruppen mit jeweils ca. 6–8 Teilnehmern
Alter: ab 9 Jahren
Spieldauer: ca. 15 Minuten
Material: Abtönfarben, Pinsel, Maler-Abdeckfolien

Es wird eine große durchsichtige Folie so in den Raum gehängt, dass zwei Gruppen sie zeitgleich von beiden Seiten bemalen können. Sie malen ein gemeinsames Bild – ohne miteinander zu sprechen.
(vgl. Baer u. a., 1997, Z5)

Übung zur Kommunikation im Team

Kontrollierter Dialog

Mitspieler: Kleingruppen mit jeweils 3 Teilnehmern
Alter: ab 14 Jahren
Spieldauer: ca. 10–20 Minuten

In der Kleingruppe wird ein Thema ausgewählt oder von einem Spielleiter vorgegeben. Zwei Gruppenmitglieder sprechen miteinander, während der dritte Mitspieler auf das Einhalten der Regeln achtet:

A sagt seine Meinung zu dem gewählten Thema.
B wiederholt das Gesagte mit eigenen Worten.
B erklärt **A**, inwieweit er der Meinung von **A** zustimmen könnte.
B setzt das Gespräch mit einem eigenen Beitrag zu dem Thema fort.
A reagiert im gleichen Ritual wie zuvor **B**.

Das Gespräch ist beendet, wenn keinem mehr etwas zum Thema einfällt, spätestens aber nach 20 Minuten (siehe auch die Aufgabe in Kapitel 2.4, S. 454).
(vgl. Baer, 1990)

Aufgabe

1. Wählen Sie ein oder zwei der oben beschriebenen spielerischen Übungen aus, und führen Sie diese in der Kleingruppe durch.

2. Beantworten Sie nach dem Spieldurchgang in der Kleingruppe folgende Fragen:
   a) Können wir uns an Situationen in unserer Lerngruppe erinnern, in denen wir ähnliche Erfahrungen gemacht haben wie bei diesem Spiel/diesen Spielen?
   b) Ergeben sich aus den gemachten Erfahrungen während der Übung Ziele für die weitere Zusammenarbeit in unserer Lerngruppe? Welche?
   c) Was möchten wir der Lerngruppe oder auch einzelnen Mitgliedern noch sagen?

   Anschließend sollten die Ergebnisse der Kleingruppengespräche dem Plenum vorgestellt werden.

Neben diesen Übungen können im Team von Zeit zu Zeit Spiele zur Bewusstmachung der Positionen einzelner Teammitglieder und des Arbeitsverhaltens des Teams durchgeführt werden.

Die folgenden zwei Spielbeispiele eignen sich insbesondere für Teams wie Schulklassen und Projektgruppen, denen viel daran liegt, über auftretende Probleme bezüglich der weiteren erfolgreichen Zusammenarbeit ins Gespräch zu kommen.

Ein tierisches Team

Mitspieler: Mitglieder einer Projektgruppe oder eine Schulklasse
Alter: ab 14 Jahren
Spieldauer: ca. 15–30 Minuten
Material: für jedes Mitglied Stifte und Blätter

Alle Mitglieder eines Teams werden gebeten, sich vorzustellen, dass die Gruppe nicht aus Menschen, sondern aus Tieren besteht, denen bekanntlich bestimmte Eigenschaften zugeschrieben werden. So gibt es „die fleißige Arbeitsbiene", „den Elefanten im Porzellanladen", „den schlauen Fuchs", „die langsame Schnecke" usw.

Jeder soll seine Rolle im Team überdenken und sich dementsprechend ein Tier zuordnen. Ist die Entscheidung gefallen, malt jeder seinen Tiertyp auf ein Blatt. Anschließend wird über die Bilder gesprochen.
(vgl. Baer u. a., 1997, O 2)

Zielscheibe zur Auswertung der Arbeit im Team

Mitspieler: Mitglieder einer Projektgruppe, Schulklasse o. Ä.
Alter: ab 14 Jahren
Spieldauer: ca. 60 Minuten
Material: vorbereitete Auswertungsscheibe, für jedes Mitglied einige Klebepunkte

Eine vom Spielleiter vorbereitete Scheibe wird aufgehängt. Diese ähnelt einer Dartscheibe und hat im äußeren Ring 10 Punkte, im innersten 100. Sie wird in mehrere „Tortenstücke" unterteilt. Die einzelnen Tortenstücke werden mit Begriffen wie beispielsweise „Lernerfolg", „Gruppenzusammenhalt", „Kommunikation", „Kooperation" versehen.

Jedes Teammitglied wird nun aufgefordert, seine Bewertung der jeweiligen Bereiche in die Scheibe zu kleben. Die Punkte können dann auch noch mit den eigenen Initialen ergänzt werden.
(vgl. Baer u. a., 1997, O 5)

3.3 Konflikte in einem sozialpädagogischen und sozialpflegeri-schen Team

1. Schauen Sie sich die folgende Abbildung einige Minuten an und versuchen Sie dann, die dargestellte Konfliktsituation näher zu beschreiben:
   - Wie verhalten sich die am Konflikt Beteiligten?
   - Welche Ursachen bezüglich der Entstehung dieses Konfliktes sind denkbar?
   - Wie wird der Streit vermutlich enden? Wie sähe Ihrer Meinung nach die Ideallösung aus?

2. Wie verhalten Sie sich in der Regel, wenn Konflikte auftauchen (z.B. in der Familie, im Freundeskreis, in der Schule, im Praktikum)?

In allen Gruppen treten immer wieder Konflikte (lat. conflictus = Zusammenstoß) auf. Im gewöhnlichen Sprachgebrauch wird der Begriff „Konflikt" mit Unannehmlichkeiten, Spannungen, Feindseligkeiten, gegensätzlichen Interessen usw. verbunden.

Ein Konflikt lässt sich an einigen charakteristischen Merkmalen erkennen:
- Mindestens zwei Parteien sind an dem Konflikt beteiligt.
- Die Parteien sind in einen sozialen Prozess direkter Interaktion verwickelt (= Wechselbeziehung zwischen Handlungspartnern).
- Es wird um etwas gerungen, was nur spärlich vorhanden ist und so besonders erstrebenswert erscheint (nicht nur Materielles, sondern auch Macht, Anerkennung usw.).
- Das Ziel der Konfliktparteien besteht darin, über den Gegner zu triumphieren, indem er verletzt, neutralisiert oder ausgestoßen wird.

(vgl. Bernstein/Lowy, 1975, S. 108)

> **Merke!**
> *Ein Konflikt tritt auf, wenn mehrere Parteien aufgrund sich widersprechender Interessen, Meinungen oder Vorhaben aufeinanderstoßen.*

3.3.1   Arten von Konflikten

Es gibt verschiedene Arten von Konflikten und Konfliktkonstellationen. Außer den bereits im ersten Kapitel unter 3.1.2 **vorgestellten Inter- und Intra-Rollenkonflikten** wird beispielsweise zwischen offenen und verdeckten Konflikten unterschieden.

Offene und verdeckte Konflikte

Bei einem **offenen Konflikt** weiß jeder Beteiligte, dass ein Konflikt vorliegt. Die Gegner sind einander bekannt und geben auch offen zu, dass sie Konfliktgegner sind (vgl. Hinte/Karas, 1989, S. 114 f.).

> **Beispiel**
> Viele Jugendliche, die regelmäßig das Jugendzentrum „Go West" besuchen, setzen sich dafür ein, dass samstags die Öffnungszeiten verlängert werden. Die Nachbarn in den angrenzenden Häusern sind dagegen und beantragen die Schließung des Jugendzentrums aufgrund massiver Lärmbelästigung.

Ein **verdeckter Konflikt** ist nicht ohne Weiteres auf den ersten Blick zu erkennen. Die Gegner scheuen den offenen Konflikt. So wird versucht, den Gegner zu manipulieren, das Problem zu verschieben, freundlich oder durch intrigantes Verhalten einen Störenfried aus der Gruppe zu werfen, um endlich Ruhe vor ihm zu haben (vgl. Hinte/Karas, 1989, S. 114 f.).

> **Beispiel**
> Die Altenpflegerin Anna kann mit der Acht-Wochen-Praktikantin nicht besonders gut zusammenarbeiten, da diese sehr von ihrem Können überzeugt ist, sich wenig sagen lässt und der Altenpflegerin zum Teil auch noch Verbesserungsvorschläge bezüglich der täglichen Beschäftigung mit den Bewohnern unterbreitet.
> Anna ist dennoch sehr freundlich und überträgt der Praktikantin die Aufgabe, eine ältere Dame in ihrem Tagesablauf zu begleiten. Diese vom Personal den Spitznamen „die Hexe" erhalten, da sie bei jeder Beschäftigung zu zetern und zu schimpfen beginnt.

Aufgaben

1. Finden Sie weitere Beispiele für offene und verdeckte Konflikte aus ihrem Schul- und Berufsleben und stellen Sie diese der Kleingruppe vor.

2. Versuchen Sie sich an die Verhaltensweisen aller am Konflikt beteiligten Personen zu erinnern.

3.3.2   Verhaltensweisen in Konfliktsituationen

Vermeidung
Parteien, d. h. Gruppen oder Einzelpersonen, welche eher oberflächlichen Kontakt haben, weichen auftretenden Konflikten meist aus. Sie lassen Gegner unbeachtet oder geben dem Widersacher nach.

Ausschluss
Treten in einer Gruppe Konflikte mit einem oder mehreren Mitgliedern auf, weil ihr Verhalten, ihre Methoden, ihre Meinungen mit denen der anderen Mitglieder nicht übereinstimmen, werden sie häufig „eliminiert" (= ausgeschlossen). Um den Ausschluss zu erreichen, werden Mittel angewandt wie verbale oder körperliche Gewaltanwendung und psychischer Terror.

Unterdrückung
Einzelne Personen oder Untergruppen werden gezwungen, sich einer herrschenden Person oder Untergruppe zu unterwerfen. Sie werden dazu angehalten, mitzumachen. Da sie nur aus Angst nachgeben, kann dieses autoritäre Verhalten dazu führen, dass im Laufe der Zeit Widerstände, Spannungen und Feindseligkeiten so stark werden, dass die Gruppe auseinanderfällt.

Zustimmung
Was die Mehrheit wünscht, wird gemacht, ohne dass die anderen unter einem Unterlegenheitsgefühl leiden. Sie sind mit der Situation einverstanden.

Zusammenschluss
Die gegnerischen Parteien halten an ihren Positionen fest, können sich jedoch auf ein Zweckbündnis einigen, um zu einem bestimmten gemeinsamen Ziel zu kommen.
Der Konflikt bleibt somit weiterhin bestehen und wird nur für eine gewisse Zeit ruhig gestellt.

Kompromiss
Es finden zwischen verschiedenen Mitgliedern oder Untergruppen Verhandlungen statt und jede Partei gibt etwas auf, um etwas anderes dafür zu erhalten. Wechselseitige Zugeständnisse und Vereinbarungen werden getroffen. Die einzelnen Gruppenmitglieder sehen die Notwendigkeit eines Kompromisses meist ein. Eventuell kommt es vor, dass eine Partei das Gefühl hat, der gezahlte Preis sei die Gegenleistung nicht wert.

Integration
Lösungen werden zur Zufriedenheit eines jeden Mitgliedes erreicht. Die gegnerischen Parteien besprechen gemeinsam aufgetretene Probleme und sich widersprechende Auffassungen. Jeder Einzelne bringt seine Meinung ein und es wird diskutiert, wobei der Konflikt reflektiert und analysiert wird. Die Gruppe arbeitet gemeinsam an einer Lösung, jeder verpflichtet sich der Sache und die gefundene Lösung ist zufriedenstellender als alle vorherigen Vorschläge.
Anmerkung: Diese höchste Stufe der Konfliktlösung wird leider selten praktiziert und es ist umstritten, ob sie in der vorgestellten Form überhaupt vollständig erreicht werden kann.
(vgl. Metzinger, 1999, S. 50 f.)

3.3.3 Methoden der Konfliktbearbeitung

Konfliktregulierung durch sachliche Gespräche

Durch sachlich geführte Gespräche, bei denen die gegnerischen Konfliktparteien bereit sind, sich an bestimmte Regeln zu halten, kann ein bestehender Konflikt gemeinsam gelöst werden.
Im Folgenden werden einige der wichtigsten Gesprächsregeln genannt:

Hinweise zum Führen von Konfliktgesprächen

- *Zeigen Sie grundsätzliches Gesprächsinteresse, wenn es zu Uneinigkeiten zweier Parteien kommt.*

- *Seien Sie offen gegenüber allen Gesprächsteilnehmern, indem Sie jeden zu Wort kommen lassen und jeden Gesprächsbeitrag entsprechend würdigen.*

- *Führen Sie das Gespräch unvoreingenommen, indem Sie*
  - *nicht starr an Ihrer Meinung festhalten, sondern bessere Argumente akzeptieren;*
  - *niemanden zwingen, unhinterfragten Argumenten zuzustimmen;*
  - *nicht auf ihren möglicherweise höheren Status (der gute Argumente ohnehin nicht ersetzen kann) verweisen;*
  - *nicht durch geschickte Formulierungen versuchen, andere zu manipulieren und so auf Ihre Seite zu bringen.*

- *Achten Sie darauf, dass Sie Formulierungen verwenden, die jeder verstehen kann.*

- *Fühlen Sie sich verpflichtet, Ihre Aussagen zu begründen, wenn es gewünscht wird.*

- *Geben Sie ihr Vorwissen bekannt und lassen Sie damit arbeiten, wenn es die Situation verlangt.*

- *Achten Sie stets darauf, logisch und im Interesse der Sache zu argumentieren (subjektive Interessen und Bedürfnisse sind in einem solchen Gespräch nachrangig).*

(vgl. Klare/Krope, S. 140, 1977)

Werden Konfliktgespräche in der oben beschriebenen Sachlichkeit geführt und jeder Gesprächsteilnehmer fühlt sich an bestimmte Regeln gebunden, können auftretende Spannungen leicht beseitigt und zukünftig vielleicht sogar vermieden werden.

Aufgaben

1. Wählen Sie ein Konfliktthema aus, das Ihre Lerngruppe betrifft, und bilden Sie zwei gegnerische Parteien.

2. Versuchen Sie, unter Berücksichtigung der im Text genannten Regeln, den Konflikt zu regulieren.

Methode „Konfliktanalyse"

Treten Konflikte in sozialpädagogischen und sozialpflegerischen Einrichtungen auf, ist häufig nicht nur ein einzelner Mitarbeiter betroffen, sondern das gesamte Team.

Hier empfiehlt es sich, auftretende Konflikte gemeinsam zu bearbeiten, indem sie zunächst angesprochen, beschrieben und die Betroffenheit der Beteiligten berücksichtigt wird. Danach werden Handlungsmöglichkeiten gesucht, die zur Lösung oder Minderung des Konfliktes beitragen können.

Die Anwendung dieser Konfliktlösungsmethode verbessert die Fähigkeit zur Lösung von Konflikten durch gründliches Nachdenken über alle Aspekte, die zum Konflikt geführt haben.

In Anlehnung an Becker und Stadler *(vgl. Becker/Stadler, 1982, S. 17 ff.)* wird vorgeschlagen, auftretende Konflikte in folgenden Schritten zu bearbeiten:

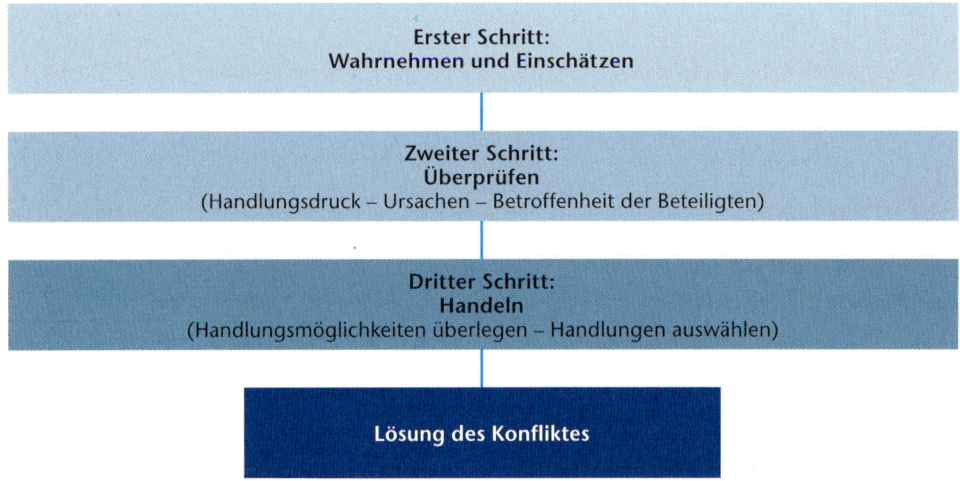

Erster Schritt: Wahrnehmen und Einschätzen
Nachdem das Team bemerkt hat, dass eine aufgetretene Schwierigkeit die erfolgreiche Zusammenarbeit behindert, beispielsweise weil ein Teammitglied das Problem anspricht, kann eine Acht-Punkte-Skala helfen, die Bedeutsamkeit des Konfliktes für alle beteiligten Personen einzuschätzen.

	leichter Konflikt			mittelschwerer Konflikt			starker Konflikt	
0	1	2	3	4	5	6	7

Leichter Konflikt: Die aufgetretene Störung beeinträchtigt die beteiligten Personen nur eine kurze Zeit.

Mittelschwerer Konflikt: Die aufgetretene Störung hat Nachwirkungen, welche die beteiligten Personen längere Zeit beeinträchtigen kann.

Starker Konflikt: Die aufgetretene Störung hinterlässt eine starke bis dauerhafte Beeinträchtigung der beteiligten Personen. Im Extremfall lassen sich die negativen Auswirkungen nicht mehr beseitigen. Dennoch sollte zunächst versucht werden, den Konflikt weiterzubearbeiten, weil sich oft erst am Ende des Bemühens zeigt, dass Handlungsmöglichkeiten fehlen.

Zweiter Schritt: Überprüfen

a) Handlungsdruck

Es geht darum, zu überprüfen, ob das Problem sofort gelöst werden muss oder ob die Möglichkeit besteht, sich von einem Handlungsdruck zu befreien und sich Handlungsaufschub zu verschaffen.

Handlungsaufschub kann z. B. dadurch erreicht werden, indem

- Probleme zunächst bewusst übersehen werden, um Zeit zum Nachdenken zu gewinnen oder
- die beteiligten Personen darüber informiert werden, dass die Lösung des Problems zu einem späteren Zeitpunkt erfolgt.

b) Ursachen

Es ist nicht ganz einfach, die Gründe zu prüfen, die zum Auftreten eines Problems führten, da es fast immer mehrere Ursachen gibt und einige auch verborgen bleiben. Trotzdem sollte versucht werden, Vermutungen darüber anzustellen, wie es zu den Schwierigkeiten gekommen sein mag, die Erkenntnis der Ursachen ist notwendig, wenn es dem Team wichtig ist, einen Konflikt dauerhaft und nicht nur kurzfristig zu lösen.

Hierzu schlagen Becker und Stadler vor, den folgenden Satz mehrmals zu ergänzen: „Es könnte zu diesem Konflikt gekommen sein, weil ...“

c) Betroffenheit der Beteiligten

Es wird geprüft, wer an dem Konflikt direkt und indirekt beteiligt ist und versucht, sich in alle beteiligten Personen hineinzuversetzen.

Dritter Schritt: Handeln

a) Handlungsmöglichkeiten überlegen

In einer Zeitspanne von ca. zehn Minuten machen alle Beteiligten Vorschläge zur Lösung des Konfliktes. Diese werden schriftlich festgehalten.

b) Handlungen auswählen

Alle Einfälle werden daraufhin untersucht, ob sie zur Lösung des Konfliktes beitragen können. Brauchbare Möglichkeiten werden mit Plus (+), unbrauchbare mit Minus (–) versehen. Wenn die Entscheidung schwerfällt, ob es sich um eine brauchbare oder unbrauchbare Möglichkeit handelt, wird diese mit Plus/Minus (+/–) gekennzeichnet.

Zum Schluss wird noch darüber abgestimmt, welche der als brauchbar benannten Maßnahmen zuerst, welche eventuell später ergriffen werden.

Es wird darüber entschieden *wer* (welcher Mitarbeiter), *was* (welche Maßnahme), *wann* (Zeitpunkt) übernimmt und durchführt.

(vgl. Becker/Stadler, 1982, S. 17 ff.)

Lösung

Die besprochenen Maßnahmen werden durchgeführt. Nach der Lösung des Problems sollten alle Mitarbeiter auf einer weiteren Teamsitzung noch einmal darüber sprechen, ob die Maßnahmen erfolgreich waren, und überlegen, ob sie bei ähnlichen Schwierigkeiten ebenfalls hilfreich sein könnten.

Beispiel für die Bearbeitung eines Konfliktes im Team eines Jugendfreizeitheimes

„Ein Kollege hält eine Teamabsprache nicht ein"

Sie einigen sich im Team, für vier aufeinanderfolgende Kochkurse von den teilnehmenden Kindern und Jugendlichen einen Unkostenbeitrag von 5,00 EUR einzusammeln und einfache Gerichte zu kochen, damit auch Kinder von geringer verdienenden Eltern an dem Angebot teilnehmen können.

Der Kollege, der den ersten Kochkurs leitet, durchbricht diese Absprache, indem er 50,00 EUR von seinem eigenen Geld beisteuert, um mit den Kindern und Jugendlichen auch einige exklusive Vorspeisen zubereiten zu können. Ein Mitarbeiter bemerkt dies. Was ist zu tun?

Bearbeitung des Konfliktes

Erster Schritt: Wahrnehmung und Einschätzung

Leichter bis mittelschwerer Konflikt 3: Der Kollege hat die Teamabsprache nicht eingehalten, jedoch hat er wahrscheinlich nur aus Gedankenlosigkeit oder Gutmütigkeit das Geld beigesteuert. Schwierig wird es, wenn die Kinder und Jugendlichen, die an nachfolgenden Kursen teilnehmen, andere Erwartungen an den Kurs haben, als das Team leisten kann und möchte.

Zweiter Schritt: Überprüfen

a) Handlungsdruck:

Der Konflikt muss und kann nicht unmittelbar gelöst werden, da der Kollege die 50,00 EUR bereits in die Kochkasse gezahlt hat, jedoch sollte vor Beginn des neuen Kochkurses eine Lösung gefunden werden.

b) Ursachen

Der Kollege beteiligt sich an den Kosten für den Kochkurs, weil
- er Hobbykoch ist und mit der einfachen Küche nichts anzufangen weiß,
- er sich bei den Kindern und Jugendlichen beliebt machen will,
- er wohlhabend ist und es sich leisten kann, Geld zu verschenken,
- er Absprachen nicht als verbindlich ansieht,
- er nie gelernt hat, mit Geld umzugehen,
- er der Meinung ist, Kinder und Jugendliche sollten in einem Kochkurs mehr lernen, als nur einfache Speisen zuzubereiten.

c) Betroffenheit der Beteiligten

Der Kollege betrachtet Absprachen als nicht verbindlich. Er möchte sich wahrscheinlich bei den Kindern und Jugendlichen beliebt machen.

Das Team ist verärgert über das Verhalten des Kollegen.

Die teilnehmenden Kinder und Jugendlichen freuen sich über das Zusatzangebot.

Die Kinder und Jugendlichen, die an einem späteren Kochkurs teilnehmen, rechnen damit, dass auch sie in den Genuss dieses Zusatzangebotes kommen werden.

Dritter Schritt: Handeln

a) Handlungsmöglichkeiten überlegen

1. Ein Teammitglied spricht mit dem Kollegen und bittet ihn, sich an die Absprache zu halten und das Geld zurückzunehmen.

2. Ein Teammitglied bespricht das Problem mit den anderen Kollegen und vereinbart, dass jeder einzelne den Kollegen bitten solle, sich an die Absprache zu halten.

3. Ein Teammitglied bittet den Kollegen, die „Geldspende" gleichmäßig auf die stattfindenden vier Kurse aufzuteilen und sich zukünftig an Absprachen zu halten.

4. Das Problem wird auf der Teamsitzung angesprochen.

5. Ein Teammitglied informiert den Träger der Einrichtung und bittet darum, den Kollegen nicht mehr in Kursen einzusetzen, in denen Geld eingesammelt wird.

6. Ein Teammitglied verbietet den Kindern und Jugendlichen, das Geld für die Zutaten von exklusiven Vorspeisen zu verwenden.

7. Ein Teammitglied schlägt dem Team vor, jeder möge in seinem Kochkurs ebenfalls 50,00 EUR zusätzlich spenden, um besondere Speisen anbieten zu können.

b) Handlungen auswählen

1. Durch ein solches Gespräch wird der Kollege zum Nachdenken angeregt, er wird sich jedoch gleichzeitig vor den Kindern und Jugendlichen rechtfertigen müssen (+/–).

2. Es kommt zu keiner offenen Aussprache, der Kollege muss denken, alles passiere hinter seinem Rücken (–).

3. So wird der Kollege nochmals daran erinnert, sich an Absprachen zu halten, ohne vor den teilnehmenden Kindern und Jugendlichen sein Gesicht zu verlieren (+).

4. Eine Teamsitzung ist sinnvoll, da alle das gleiche Problem haben und gemeinsam den Kollegen auf die Notwendigkeit des Einhaltens von Absprachen erinnern und gemeinsam überlegen können, wie diese aktuelle Situation gelöst werden könne (+).

5. Hierbei handelt es sich um eine der Situation unangemessene Überreaktion (–).

6. Völlig unsinnige Reaktion: Der Kollege wird bloßgestellt, er wird sehr verärgert reagieren, außerdem kann das Problem unmöglich auf die Kinder und Jugendlichen abgeschoben werden (–).

7. Keiner wäre mit diesem Vorschlag einverstanden, zudem widerspräche er der Zielsetzung des Teams, den Kindern und Jugendlichen beizubringen, mit wenig Geld gut zu kochen (–).

Lösung

In einem Teamgespräch sollte der Kollege nochmals auf die Notwendigkeit hingewiesen werden, Absprachen einzuhalten. Dann sollte gemeinsam überlegt werden, wie die aktuelle Situation zu lösen ist.

Da der Kollege das Geld bereits in die Kochkasse gegeben hat, scheint es sinnvoll, es hier zu lassen und nun den Betrag auf alle vier Kurse aufzuteilen.

Aufgabe

Wählen Sie eine der nachfolgenden Situationen aus und bearbeiten Sie den dort benannten Konflikt mithilfe der vorgeschlagenen Schritte zur Konfliktlösung.

(1) Unpünktlichkeit

Im Wohnbereich eines Altenpflegeheimes übernehmen jeweils drei Kräfte im Frühdienst die Grundpflege. Der Frühdienst muss täglich sehr zügig arbeiten, damit die älteren Menschen pünktlich zum Frühstücken im Speisesaal erscheinen können.

Eine Kollegin kommt häufiger zu spät zum Frühdienst. Dies hat zur Folge, dass einige Bewohner an manchen Tagen erst sehr spät im Speisesaal erscheinen, wenn das Frühstück schon fast beendet ist.

Was ist zu tun?

(2) Krankheit

Sie arbeiten in einer Wohnstätte für erwachsene Menschen mit Behinderungen.

Einmal im Jahr findet an einem Wochenende der „Tag der offenen Tür" statt. Hierfür wird sehr viel mit den Bewohnern gebastelt. Mitarbeiter erklären sich meist bereit, einen Kuchen zu spenden. Auch Sie sind sehr bemüht, zum Gelingen des Tages beizutragen.

Eine Ihrer Kolleginnen hat offensichtlich eine andere Einstellung. Bereits zum dritten Mal meldet sie sich vor dem geplanten „Tag der offenen Tür" krank. Einen Abend vor diesem Tag sehen Sie diese Kollegin auf einer Open-Air-Veranstaltung.

Was ist zu tun?

(3) Integrationsschwierigkeiten eines Heimbewohners

Herr Klein ist vor einem Monat nach dem plötzlichen Tod seiner Frau in ein Altenpflegeheim übergesiedelt. Sie und das Mitarbeiterteam bemerken, dass er trotz seiner körperlichen und geistigen Beweglichkeit meist für sich bleibt. Er verlässt nur zu den Mahlzeiten sein Zimmer. Hier löst er Kreuzworträtsel oder spielt für sich das Würfelspiel „Kniffel". Spricht ihn eine Kollegin an, antwortet er nur einsilbig und zeigt keinerlei Interesse an einer weiteren Kontaktaufnahme. Sie haben ihm schon einige Male vorgeschlagen, an Gruppenaktivitäten teilzunehmen, doch er lehnte immer nur mit den Worten ab: Was soll ich dort, ich bin lieber allein als unter Fremden."

Was ist zu tun?

(4) Ekelgefühle

Sie arbeiten seit zwei Wochen in der Gruppe einer heilpädagogischen Kindertagesstätte. Drei Kinder Ihrer Gruppe sind stark körperlich eingeschränkt und müssen das Frühstück wie auch das Mittagessen gereicht bekommen. Ihre Anleiterin möchte, dass sie sich um Jona, einen Jungen im Rollstuhl, besonders kümmern. Sie haben keine Schwierigkeiten, mit ihm kleine Bewegungsspiele durchzuführen oder ihm etwas vorzulesen. Sollen Sie ihn aber in einer Essenssituation begleiten, wird ihnen jedes Mal schlecht, weil er das gerade Gegessene nicht immer bei sich behalten kann.

Was ist zu tun?

Übrigens lässt sich manchmal auch ein Problem lösen, wenn man es von einer ganz anderen Seite her betrachtet. Das folgende Beispiel zeigt, wie durch eine neue Problemformulierung bzw. die Umformulierung des Ausgangsproblems Räume für neue Lösungsmöglichkeiten geschaffen werden können:

1. Das Ausgangsproblem und seine Lösung

Problem: Wie kann ich verhindern, dass das Kind den Weihnachtsbaum demoliert?

Lösung: Das Kind in einen Laufstall setzen

2. Das Problem wird von einer anderen Seite aus betrachtet

Neue Problemformulierung: Wie schütze ich das Kind vor dem Baum?

3. Das neue Problem wird gelöst

Lösung: Der Weihnachtsbaum wird in den Laufstall gestellt!

VI.

Ich möchte Angebote und Aktionen in sozialpädagogischen und sozialpflegerischen Einrichtungen gezielt planen, durchführen und reflektieren

Ziele:

- Angebote und Aktivitäten zielgerichtet und zielgruppenorientiert planen und durchführen

- das eigene berufliche Handeln reflektieren und weiterentwickeln

1 Zielgerichtetes und geplantes Handeln in der sozialpädagogischen und sozialpflegerischen Praxis

Beispiel 1:

Nadine absolviert seit 14 Tagen in einem Seniorenstift ihr Praktikum und ist dem sozialen Dienst zugeteilt.

Die Gestaltung und Beschäftigung mit den älteren Menschen bereitet ihr viel Freude und sie zeigt sich sehr engagiert, wenn sie vom Team um etwas gebeten wird.

Für heute hat sie sich etwas ganz Besonderes einfallen lassen und nur den Zivildienstleistenden in ihr Vorhaben eingeweiht.

Sie möchte mit einer Gruppe von fünf älteren Menschen im Alter zwischen 79 und 85 Jahren nach dem Mittagessen ein Memory zum Thema „Schlager der 80er-Jahre", das sie selbst gestaltet hat, durchführen.

Die zum Spiel gehörenden Karten sind dunkelrot und auf der Hälfte der Karten steht jeweils ein Liedanfang mit rosafarbenem Stift geschrieben wie z. B. „99 ...".

Die dazugehörige Pärchenkarte ist dann jeweils mit einem Symbol versehen, hier z. B. mit dem Bild vieler Luftballons.

Nachdem die fünf Bewohner in dem Raum sind, überzeugt sich **Nadine** davon, ob die Regeln des Spiels verständlich sind, indem sie einen Probedurchgang durchführt. Alle Bewohner stimmen ihr zu und freuen sich auf die Spielrunde, weil sie „Memory" noch aus ihrer Jugendzeit kennen.

Während des Spieles lässt die anfängliche Begeisterung jedoch ziemlich schnell nach. Wenn Herr Müller an der Reihe ist, hat er Schwierigkeiten, die Karten umzudrehen, weil für seinen Rollstuhl zu wenig Platz in dem engen Raum vorhanden ist, um ihn bequem an den Tisch zu rücken.

Frau Markert und Frau Hensel wirken unkonzentriert und müde, weil sie es gewohnt sind, um diese Zeit Mittagsruhe zu halten. Zudem wollten sie eigentlich am Nachmittag an der wöchentlich stattfindenden Gedächtnistrainingsstunde, die eine ehrenamtliche Mitarbeiterin anbietet, teilnehmen.

Das Memoryspiel selbst dauert sehr lange, weil keiner der Bewohner die von Nadine ausgewählten Schlager richtig zu kennen scheint und die Praktikantin so sehr viele verbale Hilfen geben muss. Nach einer Dreiviertelstunde verlieren dann alle die letzte Spielfreude und Nadine beendet ihr Angebot.

Beispiel 2:

Philip arbeitet seit drei Wochen in einer Wohnstätte für Menschen mit Behinderungen, die alle aufgrund ihrer leichteren geistigen Behinderung in der Lage sind, viele alltägliche Arbeiten selbstständig zu übernehmen. Die Bewohner sind zwischen 34 und 62 Jahren alt.

Peter, ein Mann, der aufgrund perinataler Komplikationen eine geistige Behinderung hat, wird morgen 50 Jahre alt. Er wird seinen Geburtstag in der Wohngruppe mit den Mitbewohnern und einigen Verwandten feiern. Seine Verwandten sind bereits zum Nachmittagskaffee eingeladen, am frühen Abend sollen dann die weiteren Gäste hinzukommen.

Philip hat sich überlegt, ein Überraschungs-Kaffeetrinken zu organisieren und hierzu mit drei Bewohnern die Kuchen zu backen. Sein Praxisanleiter bemerkt, dass Peter vielleicht lieber erst mit seinen Verwandten in kleiner Runde Kaffee trinken möchte, um dann am frühen Abend mit allen gemeinsam die Party „steigen zu lassen". **Philip** aber ist fest davon überzeugt, sein geplantes Kaffeekränzchen mit ausgewählten Geburtstagskuchen wäre genau das Richtige für Peter und man solle ihn nur machen lassen.

Er führt sein Backangebot in der kleinen Gruppenküche durch und beginnt damit, den drei Bewohnern zu erläutern, warum er die Torten mit den Namen „Lachende Mandarinen", „Gummibärchentorte" und „süße Speckburger" ausgewählt hat. Es sind Philips Lieblingstorten, die ihm seine Mutter bis zu seinem zehnten Geburtstag für jede Kindergeburtstagsfeier gebacken hat. Sie sind sehr bunt mit Süßigkeiten verziert, sodass es jedem Gast Freude bereiten wird, diese anzusehen, denn „das Auge isst mit", wie **Philip** erklärt.

Doris, die Hauswirtschafterin, bemerkt, dass diese Torten sicher sehr gehaltvoll seien und Peter aufgrund seines Übergewichtes vom Arzt die Anordnung erhalten habe, auf eine gesunde Ernährung zu achten. **Philip** entgegnet „Einmal ist keinmal" und dass es eines seiner Ziele sei, Peter mit den bunten Torten eine Freude zu bereiten, gerade weil er sonst auf vieles verzichten müsse.

So beginnt er, mit den Bewohnern das Bildrezept zu besprechen. Klaus fragt, warum sie kein normales Rezept zum Lesen erhielten, da in der kleinen Küche ohnehin zu wenig Platz sei, um das Bildrezept aufzuhängen. **Philip** gesteht, dass er nicht wusste, dass die Bewohner lesen können, stellt ihnen dann aber auch das geschriebene Rezept zur Verfügung.

Die Kuchen werden nacheinander innerhalb von drei Stunden hergestellt. Nach eineinhalb Stunden verabschieden sich Kurt und Irmgard, weil sie an einem Sportangebot in der nahegelegenen Schwimmhalle teilnehmen möchten, das sie bereits zum dritten Mal an einem Mittwoch besuchen. So erledigt **Philip** mit Margit, der dritten Teilnehmerin, die restlichen Arbeiten wie Verzieren der Kuchen und das Aufräumen der Küche allein.

Nach Beendigung dieser Arbeiten, erscheint plötzlich Peter in der Küche, sieht die Kuchen und fragt: „Bekommen wir wieder Besuch von den Kindergartenkindern? Ich kann leider nicht dabei sein, weil ich meine Geburtstagsparty vorbereiten muss. Habt ihr vielleicht einige Rezepte für leichtere Salate, die trotzdem gut schmecken?"

Aufgaben zur Lernsituation

Auf den S. 487 und 488 wurden zwei Beispiele für wenig durchdachte Planungen von Angeboten vorgestellt.

1. Wählen Sie eines dieser Beispiele aus und listen Sie alle Stellen auf, die Ihrer Meinung nach verdeutlichen, dass wesentliche Aspekte bei der Planung des Angebotes nicht genügend berücksichtigt wurden.

2. Tauschen Sie die Ergebnisse Ihrer Überlegungen in der Kleingruppe aus.

Eine gründlich durchdachte Planung eines Angebotes hilft jeder sozialpädagogischen und sozialpflegerischen Fachkraft, Ideen erfolgreich in die Praxis umzusetzen. Gerade Berufsanfänger klagen häufig über diese Art der Vorbereitung, fühlen sich durch die Planung zu festgelegt und wenig flexibel. Das Gegenteil ist jedoch der Fall:

Merke!
Erst eine gut durchdachte Planung kann die Sicherheit geben, die benötigt wird, um in bestimmten Situationen flexibler reagieren zu können.

Bei jeder Planung sind beispielsweise folgende Fragen zu beantworten:

1. Aus welchem Bereich wähle ich welches Angebot für den Einzelnen/die Gruppe? **(Lern- oder Beschäftigungsbereich/Thema)**

2. Wer nimmt an dem Angebot teil und was muss ich über die einzelnen Teilnehmer wissen? **(Gruppenzusammensetzung)**

3. Welche Absicht verfolge ich mit meinem Angebot? **(Ziele/Absichten)**

4. Welcher Raum, welche Zeit, welches Material benötige ich? **(Vorbereitung)**

5. Welche einzelnen Schritte führe ich durch, um das von mir beabsichtigte Ziel nicht aus den Augen zu verlieren? Worauf muss ich bei einzelnen Schritten besonders achten? **(methodischer Verlauf)**

6. Mit wem muss ich welche Absprachen treffen? **(Absprachen im Team)**

7. Aus welchen Quellen erhalte ich wichtige Informationen für mein Angebot? **(Literatur)**

Nach der Durchführung wird überlegt, welche Schritte gelungen sind, was bei einer Wiederholung des Angebotes verändert werden sollte und Ähnliches mehr. **(Reflexion)**

Die beiden Praktikanten hätten vor der Durchführung ihres jeweiligen Angebotes ihre Planung bewusst durchdenken müssen, damit u.a. folgende Fehler nicht aufgetreten wären:

- Durch das Wissen, dass Frau Markert und Frau Hensel nach dem Mittagessen Ruhe brauchen, ein Rollstuhlfahrer an dem Angebot teilnimmt, ältere Menschen keinen Zugang zu Schlagern der 80er-Jahre haben u.Ä. mehr, hätte die engagierte Nadine sicher ein anderes Angebot zu einem anderen Zeitpunkt in einem größeren Raum durchgeführt.

- In Absprache mit dem Team hätte nach einem günstigen Zeitpunkt für ein Angebot gesucht werden können, damit die älteren Menschen Gelegenheit gehabt hätten, an allen Aktivitäten teilzunehmen, die sie interessieren, ohne sich selbst zu überfordern.
- Philip, der Peter mit seinem Kuchenangebot eine Überraschung bereiten wollte, hätte seine Themenwahl und seine Absichten an den Interessen und der Situation des/der Bewohner orientieren müssen, um beispielsweise den Fehler zu vermeiden, etwas vorzubereiten, das im Gegensatz zu den Interessen des „Geburtstagskindes" und den ärztlichen Anordnungen steht.
- Eine Absprache im Team, beispielsweise bezüglich des zeitlichen Umfangs der Aktivität, hätte zudem verhindert, dass zum Abschluss des Angebotes notwendige Restarbeiten nicht mehr von allen Teilnehmern wahrgenommen werden konnten.

Die wenigen Stellungnahmen machen deutlich, dass Planung zum Gelingen eines Angebotes beitragen kann, damit das Interesse an einer angeleiteten Aktivität durch eine sozialpädagogische Fachkraft auf beiden Seiten (sozialpädagogischer Betreuer/Gruppe oder Einzelperson) geweckt und erhalten bleiben kann.

1.1 Schriftliche Planung zur Durchführung von Angeboten und Aktionen

Im Folgenden wird zunächst ein Planungsraster vorgestellt, das in der sozialpädagogischen Gruppen- bzw. Einzelarbeit mit Kindern oder älteren und/oder Menschen mit Behinderungen Anwendung finden kann.

In den folgenden Erläuterungen zu den einzelnen Planungspunkten werden dann einige Hinweise zu Unterschieden bezüglich der verschiedenen Zielgruppen gegeben.

Datum: Name der Einrichtung:
Name: Name der Praxisanleitung:
Klasse:
Zeit:

1   Angebot/Aktivität
1.1   Lern- oder Beschäftigungsbereich:
1.2   Thema des Angebotes/der Aktivität:

2   Gruppenzusammensetzung
      Mit wie vielen Bewohnern/Kindern/ ... führe ich das Angebot durch?
      Angaben zu den Bewohnern/ Kindern/ ... (Alter, Geschlecht, besondere
      Interessen/Neigungen, mögliche Einschränkungen)

3   Ziel(e)/Absichten
      Warum führe ich dieses Angebot mit der Gruppe durch?

---

1 Angebot/Aktivität

Lern- oder Beschäftigungsbereich
Zunächst wird überlegt, welcher Lern- bzw. Beschäftigungsbereich aus der Fülle verschiedener Möglichkeiten gewählt werden soll.
In Kinder- und Jugendhilfeeinrichtungen sprechen wir eher von *Lernbereichen*, weil durch gezielte Angebote bestimmte Lernprozesse in Gang gesetzt werden sollen, während in Einrichtungen für ältere und/oder Menschen mit Behinderungen eher versucht wird, der Gruppe interessante *Beschäftigungen* beispielsweise zur sinnvollen Freizeitgestaltung anzubieten.

Hier eine Auflistung möglicher Lern- bzw. Beschäftigungsbereiche:

Lernbereiche (in Kinder- und Jugendhilfe-einrichtungen)	Beschäftigungsbereiche (in Einrichtungen für ältere und/oder behinderte Menschen)
<ul><li>Sprachförderung</li><li>Umwelt-, Sach- und Naturbegegnung</li><li>Musikerziehung</li><li>Bewegungserziehung</li><li>Übungen des täglichen Lebens</li><li>Werken und Gestalten</li></ul>	<ul><li>Übungen des täglichen Lebens</li><li>Spielen</li><li>Musik gestalten und erleben</li><li>Gymnastik</li><li>Gedächtnistraining</li><li>10-Minuten-Aktivierung</li><li>Werken und Gestalten</li><li>Lesen – Vorlesen – Erzählen</li><li>Fest- und Feiergestaltung</li></ul>

Thema
Entsprechend des gewählten Lernbereiches wird ein konkretes Thema festgelegt, das Interessen und Bedürfnisse der Gruppe aufgreift.

Beispiele
- **Lernbereich:** Sprachförderung
  Thema der Aktivität: Bilderbuchbetrachtung „Häschen braucht keine Windeln mehr"
- **Lern- oder Beschäftigungsbereich:** Übungen des täglichen Lebens
  Thema des Angebotes/der Aktivität: Zubereitung eines Obstsalates

- **Beschäftigungsbereich:** Spielen
  Thema des Angebotes: Durchführung des Gesellschaftsspieles „Vertellekes"
- **Beschäftigungsbereich:** Gedächtnistraining
  Thema des Angebotes: Unterschiedliche Gedächtnistrainingsübungen zum Thema „Geld"

2 Gruppenzusammensetzung

Die Anzahl, das Alter und das Geschlecht der Teilnehmer werden benannt. Auf besondere Interessen/Neigungen, mögliche Einschränkungen einzelner Teilnehmer, vor allem auch in Bezug auf die gewählte Aktivität/das Angebot wird kurz eingegangen.

Beispiel:
Herr Vogel ist 81 Jahre alt. Er ist aufgrund seiner MS-Erkrankung auf den Rollstuhl angewiesen. Bei ihm zeigen sich zunehmend Veränderungen in der Gedächtnisleistung, was besonders deutlich wird, wenn er an manchen Tagen sein Zimmer nicht mehr wiederfindet. Sein besonderes Interesse gilt der Musik: Er spielt Flöte. An Gemeinschaftsangeboten, wie beispielsweise den Musikstunden, nimmt er stets gerne teil.

3 Ziele/Absichten

Ein Ziel zeigt an, was durch die Aktivität/das Angebot erreicht werden soll.
Ziele müssen möglichst konkret beschreiben, was nach Beendigung der Aktivität/des Angebotes an neuen Fähigkeiten, Kenntnissen usw. bei den einzelnen Teilnehmern sichtbar wird. Dabei ist es sinnvoller, sich auf wenige Ziele zu beschränken, die auch tatsächlich während der Aktivität/des Angebotes bearbeitet werden.
Da viele Auszubildende gerade in der Zielformulierung häufig Schwierigkeiten zeigen, genügt es am Anfang, die Absicht bezüglich des ausgewählten Angebotes mithilfe weniger Sätze zu umschreiben.

Beispiel:
Nach Beendigung meiner Spielrunde zum Kennenlernen sollen sich alle Bewohner mit Namen ansprechen können. Sie sollen Spielfreude zeigen und sich angeregt fühlen, in der nächsten Woche wieder mit Freude an einem Spielangebot teilzunehmen.

4 Vorbereitung

Raum
Es wird beschrieben, wo das Angebot stattfindet, welche Veränderungen im Raum vorgenommen werden müssen, warum eine bestimmte Sitzordnung günstig erscheint. Manchmal bietet es sich an, eine Raumskizze hinzuzufügen.

Zeit
Unter Beachtung des Tagesablaufes werden der Tag, die Uhrzeit und die Gesamtdauer des Angebotes festgelegt.

Medien/Materialien
Alle benötigten Medien/Materialien werden stichwortartig aufgelistet.

5 Methodischer Verlauf

Hinführung
Zu Beginn eines Angebotes wird versucht, die Gruppenmitglieder für das Angebot zu begeistern. Unter anderem bieten sich folgende Methoden zum Einstieg an:
- allen Teilnehmern kurz den geplanten Ablauf vorstellen,
- mit einer Frage, einem kurzen Gespräch die Neugierde der Teilnehmer wecken,
- mit einem neuen Material experimentieren, das dann für das Angebot benötigt wird,
- mit einem passenden Rätsel beginnen.

Durchführung
Damit nachvollziehbar wird, was während des Angebotes nacheinander geschieht, wird jeder neue Handlungsschritt genau beschrieben. Die Beschreibung bezieht sich dabei sowohl auf das Verhalten der Betreuer als auch auf das der Teilnehmer (Frage bei jedem Handlungsschritt: Was mache ich/was die Teilnehmer?)

> **Beispiel**
> **Ich** verteile das Mehl auf dem Tisch und knete den Teig noch einmal kräftig durch. **Ich** gebe jedem Kind ein Stück Teig. Jetzt knetet **jedes Kind** sein Teigstück selbstständig.

Abschluss
Durch den Abschluss klingt das Angebot harmonisch aus. Es bietet sich beispielsweise an, erstellte Werke noch einmal gemeinsam zu betrachten, sich zu dem Angebot zu äußern usw.

> **Merke!**
> *Gerade bei Kindern ist es wichtig, dass am Ende eines hauswirtschaftlichen, werktechnischen oder ähnlichen Angebotes gemeinsam aufgeräumt wird. So lernen sie frühzeitig, dass das Aufräumen Bestandteil eines jeden Arbeitsvorganges ist.*

6 Absprachen im Team

Es muss vor der Durchführung eines Angebotes überlegt werden, ob Kollegen in die Aktivität einbezogen werden und welche Aufgaben sie übernehmen sollen. Zudem werden Ergebnisse der Absprache bezüglich der Vorbereitung eines Angebotes u. Ä. angegeben.

7 Literatur

Alle Bücher und Fachartikel, die zur Vorbereitung des Angebotes benutzt wurden (z. B. Bücher mit Bastelanleitungen, Spielebücher), werden benannt. Folgende Angaben sind wichtig

Autor (Nachname, Vorname), Titel des Werkes, Auflage, Erscheinungsort, Verlag, Erscheinungsjahr.

Beispiel

Robra, Andreas: Das SuchtSpielBuch, Spiele und Übungen zur Suchtprävention in Kindergarten, Schule und Jugendarbeit und Betrieben, Seelze (Velber), Kallmeyersche Verlagsbuchhandlung GmbH, 1999

Aufgabe

1. Wählen Sie ein Angebot aus dem Beschäftigungsbereich „Werken und Gestalten" aus, das für die unten aufgeführte Gruppe älterer Damen geeignet erscheint.

2. Erstellen Sie hierfür eine Planung.

Beispiel

Ich werde mein Angebot mit folgenden drei Damen durchführen:

Frau Detmann, 78 Jahre
Frau Solter, 85 Jahre
Frau John, 79 Jahre

Frau Detmann arbeitete früher in einem Haushaltswarengeschäft und erzählt oft von ihrer damaligen Arbeit. Besonders gerne spricht sie von der Vorbereitung der sogenannten „Hochzeitstische", die sie immer liebevoll dekorierte. Sie nimmt gerne an allen werktechnischen Angeboten teil und zeigt trotz ihrer zunehmenden Schmerzen in den Handgelenken aufgrund ihrer Rheumaerkrankung viel Geschick.

Frau Solter nimmt ebenfalls gerne an werktechnischen Arbeiten teil, vor allem an Angeboten, die nicht zu umfangreich sind, da nach ca. 30 Minuten ihre Konzentrationsfähigkeit merklich nachlässt.

Frau John mag jahreszeitlich passende Dekorationen sehr gern. In ihrem Zimmer schmücken zahlreiche Dekorationsstücke Wände und Fenster. Sie zeigt sich an allen Angeboten im werktechnischen Bereich sehr interessiert, kann jedoch aufgrund ihrer nachlassenden Sehfähigkeit nicht mehr so gut ausschneiden, Klebstoff dosieren und exakt kleine Flächen ausmalen.

1.2   Reflexion gezielter Angebote und Aktionen

Nach der Durchführung von Angeboten, Aktionen oder Maßnahmen sollte während der Ausbildung eine Reflexion erfolgen. Diese kann zwischen dem/der Auszubildenden und der Praxisanleitung bzw. dem Betreuungslehrer im Gespräch stattfinden und/oder selbstständig in schriftlicher Form vorgenommen werden. Es werden beispielsweise folgende Aspekte erörtert:

1. Wurden durch meine Aktivität/mein Angebot aktuelle Interessen und Bedürfnisse, Stärken und Schwächen der Kinder/Bewohner/Beschäftigten/... genügend berücksichtigt? Wenn ja, woran wurde dies deutlich? Wenn nein, welche Gründe sind hierfür zu nennen?

2. Wie verhielten sich die Gruppenmitglieder untereinander? Konnten Sie gut zusammenarbeiten/spielen … oder ergaben sich unvorhersehbare Probleme aufgrund der Gruppenzusammensetzung? Woran wurde dies jeweils deutlich?

3. Welche Ziele/Absichten verfolgte ich mit meinem Vorhaben? Habe ich diese erreicht/zum Teil erreicht oder gar nicht? An welchen Verhaltensweisen der Kinder/Bewohner/Beschäftigten …, welchen Ergebnissen usw. wurde dies deutlich?

4. Gliederte sich mein Vorhaben gut in die Arbeit der Einrichtung ein? Wenn ja, welche Absprachen musste ich zuvor mit wem treffen? Wenn nein, welche Absprachen habe ich versäumt? (Habe ich mich beispielsweise rechtzeitig oder erst recht spät um die Organisation von Zeit, Ort und Material bemüht?)

5. Konnten sich die Kinder/Bewohner/Beschäftigten … durch den Einstieg auf das Vorhaben einstellen?
   - Habe ich Medien/Materialien, bestimmte Hilfsmittel o. Ä. eingesetzt, um zweckentsprechend mein Vorhaben zu veranschaulichen, Hilfen zu geben usw.? Wenn nein, warum habe ich auf diesen Einsatz verzichtet?
   - Ließ die Durchführung erkennen, dass ich mich fachlich angemessen mit dem Inhalt des Vorhabens auseinandergesetzt habe? Woran wurde dies deutlich?
   - Gelang es mir, entsprechend der Situation und der Verfassung der Teilnehmer ein harmonisches Ende zu finden? Wenn ja, woran zeigte sich das deutlich? Wenn nein, was waren die Ursachen?

6. Welche Punkte würde ich bei einer Wiederholung ggf. ändern? Warum? Wie?

2   Ausblick

Übrigens lassen sich schwierige Aufgaben wie beispielsweise schriftliche Planungen häufig leichter bewältigen, wenn man erst an den nächstliegenden Schritt und nicht an die ganze Arbeit auf einmal denkt. Folgender Auszug aus Michael Endes Roman „Momo" soll Sie zum Schluss ermutigen, Ihre Sache mit Freude, Schritt für Schritt gut zu machen:

„(…) Der Alte hieß Beppo Straßenkehrer. In Wirklichkeit hatte er wohl einen anderen Nachnamen, aber da er von Beruf Straßenkehrer war und alle ihn deshalb so nannten, nannte er sich selbst auch so.

Beppo Straßenkehrer wohnte in der Nähe des Amphitheaters in einer Hütte, die er sich aus Ziegelsteinen, Wellblechstücken und Dachpappe selbst zusammengebaut hatte. Er war ungewöhnlich klein und ging obendrein immer ein bisschen gebückt, sodass er Momo nur wenig überragte. Seinen großen Kopf, auf dem ein kurzer weißer Haarschopf in die Höhe stand, hielt er stets etwas schräg und auf der Nase trug er eine kleine Brille.

Manche Leute waren der Ansicht, Beppo Straßenkehrer sei nicht ganz richtig im Kopf. Das kam daher, dass er auf Fragen nur freundlich lächelte und keine Antwort gab. Er dachte nach. Und wenn er eine Antwort nicht nötig fand, schwieg er. Wenn er aber eine für nötig hielt, dann dachte er über diese Antwort nach. Manchmal dauerte es zwei Stunden, mitunter aber auch einen ganzen Tag, bis er etwas erwiderte. Inzwischen hatte der andere natürlich vergessen, was er gefragt hatte, und Beppos Worte kamen ihm wunderlich vor.

Nur Momo konnte so lange warten und verstand, was er sagte. Sie wusste, dass er sich so viel Zeit nahm, um niemals etwas Unwahres zu sagen. Denn nach seiner Meinung kam alles Unglück der Welt von den vielen Lügen, den absichtlichen, aber auch den unabsichtlichen, die nur aus Eile oder Ungenauigkeit entstehen.

Er fuhr jeden Morgen lange vor Tagesanbruch mit seinem alten, quietschenden Fahrrad in die Stadt zu einem großen Gebäude. Dort wartete er in einem Hof zusammen mit seinen Kollegen, bis man ihm einen Besen und einen Karren gab und ihm eine bestimmte Straße zuwies, die er kehren sollte. Beppo liebte diese Stunden vor Tagesanbruch, wenn die Stadt noch schlief. Und er tat seine Arbeit gern und gründlich. Er wusste, es war eine sehr notwendige Arbeit.

Wenn er so die Straßen kehrte, tat er es langsam, aber stetig: bei jedem Schritt einen Atemzug und bei jedem Atemzug einen Besenstrich.

Schritt – Atemzug – Besenstrich. Schritt – Atemzug – Besenstrich. Dazwischen blieb er manchmal ein Weilchen stehen und blickte nachdenklich vor sich hin. Und dann ging es wieder weiter – Schritt – Atemzug – Besenstrich – – –.

Während er sich so dahinbewegte, vor sich die schmutzige Straße und hinter sich die saubere, kamen ihm oft große Gedanken. Aber es waren Gedanken ohne Worte, Gedanken, die sich so schwer mitteilen ließen wie ein bestimmter Duft, an den man sich nur gerade eben noch erinnert, oder wie eine Farbe, von der man geträumt hat. Nach der Arbeit, wenn er bei Momo saß, erklärte er ihr seine großen Gedanken. Und da sie auf ihre besondere Art zuhörte, löste sich seine Zunge, und er fand die richtigen Worte.

‚Siehst du, Momo‘, sagte er dann zum Beispiel, es ist so: Manchmal hat man eine sehr lange Straße vor sich. Man denkt, die ist so schrecklich lang; das kann man niemals schaffen, denkt man.‘

Er blickte eine Weile schweigend vor sich hin, dann fuhr er fort: ‚Und dann fängt man an, sich zu eilen. Und man eilt sich immer mehr. Jedes Mal, wenn man aufblickt, sieht man, dass es gar nicht weniger wird, was noch vor einem liegt. Und man strengt sich noch mehr an, man kriegt es mit der Angst, und zum Schluss ist man ganz außer Puste und kann nicht mehr. Und die Straße liegt immer noch vor einem. So darf man es nicht machen.‘

Er dachte einige Zeit nach. Dann sprach er weiter: ‚Man darf nie an die ganze Straße auf einmal denken, verstehst du? Man muss nur an den nächsten Schritt denken, an den nächsten Atemzug, an den nächsten Besenstrich. Und immer wieder nur an den Nächsten.‘

Wieder hielt er inne und überlegte, ehe er hinzufügte: ‚Dann macht es Freude; das ist wichtig, dann macht man seine Sache gut. Und so soll es sein.‘

Und abermals nach einer langen Pause fuhr er fort: ‚Auf einmal merkt man, dass man Schritt für Schritt die ganze Straße gemacht hat. Man hat gar nicht gemerkt wie, und man ist nicht außer Puste.‘ Er nickte vor sich hin und sagte abschließend: ‚Das ist wichtig.‘ (...)“

(Ende, 1973, S. 35 ff.)

Einige Begriffe aus der Drogensprache

abdrücken	Droge injizieren oder Geld (Schulden) bezahlen
abfahren	die Drogenwirkung genießen
Abgang	die Szene verlassen, auch: Tod
antörnen/törnen	sich berauschen, eine Droge nehmen
breit	unter starker Drogeneinwirkung stehen
clean	frei von Drogen sein
cold	nüchtern sein
Dope	Droge
drücken	Droge injizieren
fixen	Kokain, Heroin injizieren
Flashback	Drogenrausch ohne Drogenkonsum, ausgelöst durch Drogenwirkstoffe im Körper, die dort nach früherer Einnahme gespeichert sind
Goldener Schuss	tödliche Heroindosis
Gras	Marihuana
Heu	Marihuana
high	berauscht
Junkie	Fixer: Konsument von Heroin oder Kokain
Kick	Einsetzen einer starken Rauschwirkung, ekstatischer Zustand nach Drogeneinnahme
kiffen	Marihuana oder Haschisch rauchen
Joint	selbst gedrehte Zigarette aus Marihuana oder einer Mischung aus Tabak und Haschisch
Koks	Kokain
Mehl	Bezeichnung für Kokain
Piece	kleine Menge Heroin, ein Stück Haschisch

Schnee	Kokain, seltener weißes Heroin
Schwarzer Afghane	schwarzes Haschisch (meist aus Afghanistan, Indien oder Pakistan)
Shit	Haschisch
sniefen	Schnupfen von Kokain, Heroin oder Amphetamin durch die Nase
Snow	„Schnee", Bezeichnung für Kokain
Speed	Amphetamin
Speedball	Mischung aus Heroin und Kokain (früher Snowball) oder Heroin und Amphetamin
Trip	Reise: Rausch mit Halluzinationen
Weckies	Aufputschmittel, Weckamine, Amphetamine
Zombie	Drogenabhängiger, auch: Drogensüchtiger auf Entzug

Verwendete und weiterführende Literatur

Kapitel I

Anderson, A. Kenneth:
Springer-Lexikon Pflege, 1. Auflage, aus dem Amerikanischen übersetzt und überarbeitet von A. Dröber; U. Villwock, Berlin/Heidelberg, Springer Verlag 2004.

Antons, Klaus:
Praxis der Gruppendynamik, Übungen und Techniken, 7. Auflage, Göttingen/Bern/ Toronto u. a., Hogrefe 1998.

Baer, Ulrich u.a.:
Remscheider Spielkartei. 24 thematische Spielketten mit über 200 Spielen zum sozialen Lernen, 3. Auflage, Münster, Ökotopia, 1997.

Baer Ulrich:
Spielpraxis. Eine Einführung in die Spielpädagogik, 2. Auflage, Seelze, Kallmeyer, 1996.

Bundesjugendwerk der Arbeiterwohlfahrt (Hrsg.):
Praxismappe – Spiele für Kinder, Jugendliche und Erwachsene, Bonn 1982.

Brockschnieder, Ulrich:
Praxisfeld Erziehung, Didaktik/Methodik für die Fachschule für Sozialpädagogik, Köln, Stam, 1997.

Doer, Hartmut/Schneider, Gerd W.:
Soziologische Bausteine, Eine Einführung für Schüler und Studenten, 5. Auflage, Bochum, Studienverlag Dr. N. Brockmeyer, 1978.

Endres, Wolfgang:
Das-Anti-Pauk-System, Weinheim und Basel, Beltz, 2004.

Evers, Magrit:
Geselligkeit mit Senioren.Wahrnehmen, Gestalten, Bewegen, hrsg. von Peter Thiesen, Weinheim und Basel, Beltz , 1994.

Gräfin Schönfeldt, Sybil:
1x1 des guten Tons, Ein moderner Ratgeber für zeitgemäße Umgangsformen in allen Situationen, München, Orbis 1991.

Herrmann, Manfred/Weber, K.:
Teamdiagnose, in: Kindergarten heute, Sonderheft „Teamentwicklung", Freiburg i. Breisgau, Herder Verlag, 1999, S. 18– 3.

Hobmair, Hermann (Hrsg):
Pädagogik, 4. Auflage, Köln, Bildungsverlag EINS, 2008.

Lowy, Louis/Berstein, Saul:
Untersuchungen zur sozialen Gruppenarbeit, Freiburg, Lambertus, 1975.

Schmidbauer, Wolfgang:
Jugendlexikon Psychologie, Reinbek bei Hamburg, Rowohlt, 1976.

Schräder-Naef, Regula:
Lern- und Arbeitsstrategien im Gymnasium, Weinheim und Basel, Beltz, 2004.

Thiesen, Peter:
Arbeitsbuch Spiel. Für die Praxis in Kindergarten, Hort, Heim und Kindergruppe, 6. Auflage, Troisdorf, Bildungsverlag EINS, 2009.

Vopel, Klaus W.:
Interaktionsspiele, 1. Teil, 2. Auflage, Hamburg, Isko-Press, April 1976.

Wege, Brigitte vom/Wessel, Mechthild: Spielen im Beruf Extra. Kreative Kinderspiele, Troisdorf, Bildungsverlag EINS, 2001.

Wilken, Hedwig:
Bewegen und Begegnen im Alter. Spiele für Senioren, Münster, Ökotopia, 1995.

Wirsing, Kurt:
Psychologisches Grundwissen für Altenpflegeberufe, Ein praktisches Lehrbuch, 5. überarbeitete Auflage, Weinheim, Beltz Psychologie Verlags Union, 2000.

Zwerger, Lisbeth:
12 Fabeln von Aesop, 5. Auflage, Gossau, Zürich, Nord Süd, 2006.

Kapitel II

Achilles, Ilse:
... und um mich kümmert sich keiner! Die Situation der Geschwister behinderter und chronisch kranker Kinder, 3. überarbeitete Auflage, München/Basel, E. Reinhardt, 2002.

Alete Mütterdienst:
Der Weg ins Leben, 6. bis 12. Monat, München, 1996.

Arndt, Marga/Singer, Waltraud (Hrsg.):
Das ist der Daumen Knudeldick. Fingerspiele und Rätsel, Ravensburg, Otto Maier, 1980.

Barth, Karlheinz:
Der zweite Anlauf zum Glück, in: Kindergarten heute, Heft 10, 1994, S. 3–10.

Bartl, Almuth:
Mein Kind ist krank. Spiel- und Basteltipps zum Gesundwerden, Ravensburg, Otto Maier, 1992.

Bausteine Kindergarten:
Mäuse, Rom & Co – Computerstart im Kindergarten, Heft 2, 2003.

Becker-Textor, Ingeborg:
Friedrich Fröbel – erst greifen, dann begreifen, Pädagogische Handlungskonzepte, in: Kindergarten heute, Heft 4, 1996, S. 3–11.

Beermann, Marlies/Bort-Gsella, Wolfgang:
Mini Spielkartei. Eine Spielkartei für Kinder von 2–6 Jahren und die dazugehörigen Erwachsenen, Münster, Ökotopia, 1996.

Bergmann, Wolfgang/Hüther, Gerald:
Computersüchtig, Kinder im Sog der modernen Medien, Weinheim und Basel, Beltz, 2008.

Böhm, Dietmar/Böhm, Regine/Deiss-Niethammer, Birgit:
Handbuch Interkulturelles Lernen, Feiburg im Breisgau, Herder, 1999.

Botho, Priebe u.a.:
Sucht- und Drogenvorbeugung in Elternhaus und Schule, Ein Ratgeber, 2. Auflage, Weinheim, Berlin, Quadriga, 1995.

Bundesjugendwerk der Arbeiterwohlfahrt (Hrsg.):
Praxismappe – Spiele für Kinder, Jugendliche und Erwachsene, Bonn 1982.

Bundeszentrale für gesundheitliche Aufklärung (BzgA):
Nicht nur laufen lassen, Kinder, Fernsehen und Computer, Köln, 1997.

Busch, Wilhelm:
Wilhelm Busch-Album, Humoristischer Hausschatz mit 1500 Bildern, München, Friedrich Bassermann´sche Verlagsbuchhandlung, 1924.

Conradi, Laura:
Das beste Spielzeug für mein Kind. Empfehlungen von A bis Z für 0- bis 6-Jährige, Reinbek, Rowohlt,1998.

Cratzius, Barbara:
Gute Besserung!, Spiele, Rätsel, Spaßgeschichten: Zeitvertreib für kranke Kinder, Reinbek, Rowohlt, 1990.

Ehmke, Irene/Schaller, Heidrun:
Kinder stark machen gegen die Sucht, Der praktische Ratgeber für Eltern und Erziehende, Freiburg i. Breisgau, Herder, 1997.

Erath, Peter:
„Hilf mir, es selbst zu tun", in: Kinderzeit, Heft 4, 1991, S. 32–35.

Flemming, Irene/Fritz, Jürgen:
Sprech-, Mal- und Schreibspiele für Grundschulkinder, Mainz, Matthias-Grünewald-Verlag, 1995.

Gebrüder Grimm:
Märchen der Gebrüder Grimm, Droemersche Verlagsanstalt Th. Knaur, München 1999.

Grotensohn, Christine:
Unser Kind im Krankenhaus, Ein Ratgeber für Eltern und alle, die mit kranken Kindern zu tun haben, Reinbek bei Hamburg, Rowohlt, 1999.

Grüssner, Manfred:
Puppenspiel, hrsg. v. Albert Mühldorfer, Regensburg, Wolf, 1994.

Horak, Sylvia:
Spielen mit den Allerkleinsten.Vom Baby- bis zum Kindergartenalter, Niedernhausen/Ts., Falken, 1993.

Hurrelmann, Klaus/Unverzagt, Gerlinde:
Wenn es um Drogen geht, So helfen Sie Ihrem Kind und verlieren Ihre Panik, Freiburg i. Breisgau, Herder, 2000.

Jaffke, Freya:
Waldorfpädagogik im Kindergarten, Pädagogische Handlungskonzepte, in: Kindergarten heute, Heft 2, 1996, S. 3–9.

Jöcker, Detlev (Hrsg.):
Wenn das Bärchen Bauchweh hat. Geschichten und Lieder zum Gesundwerden, Münster, Menschenkinder, 1995.

Kammerer, Bernd:
Starke Kinder – keine Drogen, Das Projekte-Handbuch zur Suchtprävention mit Kindern, Einführung, Grundlagen, Praxis und Projekte, Nürnberg, Emwe, 2000.

Kazemi-Veisari, Erika:
Reggio-Pädagogik, Pädagogische Handlungskonzepte, in: Kindergarten heute, Heft 3, 1996, S. 3–11.

Kettner, Anne/Haug-Zapp, Egbert:
Das Kindergartenbuch, Was Eltern wissen müssen, Reinbek bei Hamburg, Rowohlt, 1994.

Krenz, Armin:
Der „Situationsorientierte Ansatz" im Kindergarten, Grundlagen und Praxis, 12. Auflage, Freiburg im Breisgau, Herder, 1991.

Kuntz, Helmut:
Das Sucht Buch, Was Familien über Drogen und Suchtverhalten wissen müssen, Weinheim und Basel, Beltz, 2005.

Kusch, Michael:
Mein Kind muss ins Krankenhaus: So können Eltern helfen, die Ängste nehmen, dem Kind zur Seite stehen, Niederhausen/Ts., Falken, 1996.

Lehmann, Monika:
Krankenhaus – ein Alptraum für Kinder, Pädagogische Begleitung in der Kinderklinik in Rotenburg, in: TPS, Heft 1, 1986, S. 44–48.

Lübben-Chambi, Regine/Jackson, Hannelore:
Kinder spielen für ihr Leben gern. Wie ihr Kind beim Spielen alles lernt, was es braucht, Wuppertal und Kassel, Oncken, 2001.

Maslow, Abraham H.:
Motivation und Persönlichkeit, 10. Auflage, Hamburg, Rowohlt, 2005.

Meinerts, Eva:
Links ein Ohr und rechts ein Ohr. Fingerspiele, Trost- und Neckverse, Hüpf- und Hinke-kästchen und andere beliebte Beschäftigungen, München, Wilhelm Goldmann Verlag, 1999.

Metzinger, Adalbert:
Verhaltensprobleme erkennen, verstehen und behandeln, Weinheim und Basel, Beltz, 2005.

Mönkemeyer, Karin:
Baby- und Kinderspiele. 333 erprobte Spielideen, damit Kinder sich entwickeln können. Spielprogramme, die Eltern und Kindern Spaß machen, München, Südwest, 1994.

Pausewang, Freya:
Dem Spielen Raum geben. Grundlagen und Orientierungshilfen zur Spiel- und Freizeit-gestaltung in sozialpädagogischen Einrichtungen, Berlin, Cornelsen, 1997.

Petersen, Gisela:
Kinder unter drei Jahren in Tageseinrichtungen, Bd. 1: Grundfragen der pädagogischen Arbeiten in altersgemischten Gruppen, 3. Auflage, Köln u.a., Kohlhammer, 1995.

Petersen, Gisela:
Kinder unter drei Jahren in Tageseinrichtungen, Bd. 2, Entwicklung, Gesundheitsvor-sorge, Ernährung, Köln u.a., Kohlhammer, 1995.

Peuckert, Rüdiger:
Familienformen im sozialen Wandel, 2. Auflage, Opladen, Leske + Buderich, 1996.

Piefel, Gisela:
Grundbedürfnisse der Kinder, Materialien für die Fortbildung von Erzieherinnen im Kindergarten, Köln, W. Kohlhammer, 1993.

Robra, Andreas:
Das Sucht Spiel Buch, Spiele und Übungen zur Suchtprävention in Kindergarten, Schule und Jugendarbeit und Betrieben, Seelze (Velber), Kallmeyersche, 1999.

Rooyackers, Paul:
100 Spiele mit Sprache. Für Unterricht und Jugendarbeit, Seelze (Velber), Kallmeyer, 1998.

Schäfer, Matthias:
Groß und Klein unter einem Dach. Altersgemischte Gruppen in Kindertagesstätten, Feiburg, Herder, 1996.

Schenk-Danzinger, Lotte:
Entwicklungspsychologie, 20. Auflage, Linz, Östereichischer Bundesverlag, 1988.

Simpfendörfer, Dorothea (Hrsg.)/Laufer, M./Ullmann, K.:
Soziale Dienste, Familien unterstützen, Hamburg, Handwerk und Technik, 2004.

Sozialpädagogisches Institut NRW:
Projekt Post Nr. 5, SCHULKINDER – HAUS, Hort und Schule unter einem Dach, Themenschwerpunkt: Hausaufgabenbetreuung, Köln 1993.

Stuckenhoff, Wolfgang:
Das Verhältnis von Spielaltern und Spielformen als Basis für eine Spielförderung, in: Handbuch der Spielpädagogik Bd. 1 ,hrsg. von Karl Josef Kreuzer, Düsseldorf, Schwann, 1983.

Thiesen, Peter:
Arbeitsbuch Spiel, Für die Praxis in Kindergarten, Hort, Heim und Kindergruppe, 6. Auflage, Troisdorf, Bildungsverlag EINS, 2009.

Thiesen, Peter:
Drauflosspieltheater. Ein Spiel- und Ideenbuch für Kindergruppen, Schule und Familie, Weinheim, Beltz, 1994.

Thiesen, Peter:
Konzentrationsspiele für Kindergarten und Hort. Lebendige Förderung ohne Dressur und Stress ,2. Auflage, Freiburg, Lambertus, 1994.

Thiesen, Peter:
Kreatives Spiel mit Kindern, Jugendlichen und Erwachsenen, Troisdorf, Bildungsverlag EINS, 1995.

Thiesen, Peter:
Schönwetterspiele. Praxis des Spiels im Freien mit 3- 7jährigen, Freiburg, Lambertus, 1986.

Unverzagt, Gerlinde:
Patchwork, Familienform mit Zukunft, München, Deutscher Taschenbuch Verlag, 2002.

Wege, Brigitte vom/Wessel, Mechtild/Rafflenbeul, Erika/Weber, Elke:
Praxisreihe Kinderpflege Kinderpflege und Erziehung, Troisdorf , Bildungsverlag EINS, 1996.

Wege, Brigitte vom/Wessel, Mechthild:
Spielen im Beruf. Spieltheoretische Grundlagen für pädagogische Berufe, Troisdorf, Bildungsverlag EINS, 2001.

Wehner, Marliese/Poll, Wilfriede:
Spiel dich gesund,.Ein Spaß- und Unterhaltungsbuch für kranke Kinder, Aarau u. a., Aare-Verlag, 1998.

Wendlandt, Wolfgang:
Sprachstörungen im Kindesalter, 2. Auflage, Stuttgart, New York, Georg Thieme Verlag,1995.

Wille, Rolf:
Sucht und Drogen und wie man Kinder davor schützt, München, 2. Auflage, C. H. Beck, 1997.

Wilmes-Mielenhausen, Brigitte:
Schmuse- und Bewegungsspiele. Ganzheitliche Sinneserfahrung für die Kleinsten, Freiburg, Herder, 1996.

Kapitel III

Anderson, A. Kenneth:
Springer-Lexikon Pflege, 1. Auflage, aus dem Amerikanischen übersetzt und überarbeitet von A. Dröber; U. Villwock, Berlin/Heidelberg, Springer Verlag 2004.

Baer, Ulrich/Bücken, Hajo/Freitag-Becker, Edeltrud/Thanhoffer,Michael:
Sag beim Abschied..., Spiele, Materialien und Methoden für Schlussphasen in der Gruppenarbeit, Seelze-Velber, Kallmeyer, 1998.

Baer, Ulrich (Hrsg.):
666 Spiele. Für jede Gruppe. Für alle Situationen. Seelze-Velber, 3. Auflage, Kallmeyer, 1995.

Becker, Brigitte:
Seniorenspiele, 4. Auflage, Wehrheim, Verlag gruppenpädagogischer Literatur, 2005.

Bertelsmann Lexikon Verlag GmbH:
Bertelsmann Universal Lexikon, Gütersloh/München, 2002.

Bickel, Margot/Steigert, Hermann:
Geh deinen Weg, Freiburg im Breisgau, Herder, 1983.

Blimlinger, Eva/Ertl, Angelika/Koch-Straube, Ursula/Wappelshammer, Elisabeth:
Lebensgeschichten, Biographiearbeit mit alten Menschen, 2. Auflage, Hannover, Vincentz, 1996

Bremer-Roth, Friederike/Henke, Friedhelm/Lull, Anja/Borgers, Cilly/Borgers, Alfred/Cleve, Friedrich/Wowra, Andrea:
In guten Händen, Altenpflege, Band 1, Berlin, Cornelsen, 2007.

Broich, Josef:
Seniorenspiele. Über 100 neue Gruppenspiele mit Bewegung, Kontakt und Vergnügen, Köln, Maternus, 1997.

Bundesagentur für Arbeit (Hrsg.):
Beruf aktuell, Lexikon für Ausbildungsberufe, Bielefeld, Bertelsmann, 2009.

Dill, Helga/Koblinger, Dagmar:
Soziologie für die Altenpflege. Troisdorf, Bildungsverlag EINS, 2000.

Dühring,Angela/Habermann-Horstmeier,Lotte:
Das Altenpflegelehrbuch.Medizinische und psychosoziale Grundlagen für die Pflege alter Menschen,2. Auflage, Stuttgart , Schattauer, 1996.

Dunkhorst, Heike:
Lehrbuch Altenpflege.Gestaltung und Beschäftigung, Hannover, Vincentz, 2001.

Evers, Magrit:
Geselligkeit mit Senioren.Wahrnehmen, Gestalten, Bewegen, hrsg. von Peter Thiesen, Weinheim und Basel, Beltz , 1994.

Grüneberg, Lutz/Hauser, Paul:
Gerontologie für Altenpflegeberufe, Köln, Stam, 1997.

Harms, Heidrun/Dreischulte Gaby:
Musik erleben und gestalten mit alten Menschen, 2. Auflage, München, Urban & Fischer, 1998.

Höfmann, Elfi:
Spaß haben, Teil 1: Aktivierung der Bewohner durch Gedächtnistraining, Hannover, Vincentz, 1999.

Joppig, Wolfgang:
Gruppenarbeit mit Senioren, 7. Auflage, Troisdorf, Bildungsverlag EINS, 2009.

Klütsch, Evelyn:
Feste und Feiern, hrsg. von Heinz-Joachim Bücker, Hanover, Vincentz, 1991.

Köther,Ilka/Gnamm, Else (Hrsg.):
Altenpflege in Ausbildung und Praxis, 4. Auflage, Stuttgart, Georg Thieme, 2000.

Köther,Ilka/Gnamm, Else (Hrsg.):
Altenpflege. Zeitgemäß und zukunftsweisend, Stuttgart; New York, Georg Thieme, 2005.

Leitner, Gertrud:
Spaß haben Teil 2: Mit Gedächtnistraining durch das Jahr, Hannover , Vincentz, 2000.

Mergast, Paul/Uihlenkamp, Gisela:
Gesellschaftsspiele im Seniorenclub. 150 für Senioren ausgewählte und erprobte Spiele, 4. Auflage, München ,Don Bosco, 1992.

Michalke, Cornelia u.a.:
Altenpflege konkret, Pflegetheorie und -praxis, München, Urban & Fischer, 2001.

Mötzing, Gisela:
Beschäftigung mit alten Menschen, München, Elsevier, 2005.

Schiefele, Josefa/Staudt,Ilse/Dach,Margarete M.:
Praxis der Altenpflege, 7. Auflage, München, Urban & Schwarzenberg, 1996.

Schmidt-Hackenberg, Ute:
Wahrnehmen und Motivieren. Die 10-Minuten-Aktivierung für die Begleitung Hochbetagter, Hannover, Vincentz, 1996.

Tausch-Flammer, Daniela:
Sterbenden nahe sein, Was können wir noch tun?, Freiburg im Breisgau, Herder, 1993.

Teufel, Judith:
Standards für Einrichtungen der Tagespflege. Betreuung und Beschäftigung, Hannover, Schlütersche GmbH & Co. KG, 2001.

Thiesen, Peter:
Praxisbuch Kreatives Spiel mit Kindern, Jugendlichen und Erwachsenen, Troisdorf, Bildungsverlag EINS, 1995.

Voges, Wolfgang:
Soziologie des höheren Lebensalters, Eine Einführung in die Alterssoziologie und Altenhilfe, 3. korrigierte Auflage, Augsburg, Maro, 1995.

Wilken, Hedwig:
Bewegen und Begegnen im Alter. Spiele für Senioren, Münster, Ökotopia, 1995.

Wilmes, Rudolf:
Es genügt nicht, dass man existiert, in: Die Brücke, Hauszeitung des Seniorenheimes St. Stephanus, Ostern 1988, S. 3 f..

Wingchen, Jürgen:
Geragogik. Lehr- und Arbeitsbuch für Altenpflegeberufe, 3. Auflage, Hagen,Brigitte Kunz, 1998.

Wirsing, Kurt:
Psychologisches Grundwissen für Altenpflegeberufe, Ein praktisches Lehrbuch, 5. überarbeitete Auflage, Weinheim, Beltz Psychologie Verlags Union, 2000.

Kapitel IV

Achilles, Ilse:
„Was macht Ihr Sohn denn da?", Geistige Behinderung und Sexualität, 5. Auflage, München, Ernst Reinhardt, 2010.

Anderson, Kenneth A.:
Springer-Lexikon Pflege, Pflege von A–Z, 3. Auflage, übersetzt und überarbeitet von A. Dröber und U. Villwock, Berlin/Heidelberg/New York, Springer,2004.

Antor, Georg/Bleidick, Ulrich (Hrsg.):
Handlexikon der Behindertenpädagogik, Schlüsselbegriffe aus Theorie und Praxis, Stuttgart/Berlin/Köln, W. Kohlhammer, 2001.

Behörde für Soziales, Familie, Gesundheit und Verbraucherschutz (Hrsg.):
Ambulant betreutes Wohnen für Menschen mit Behinderungen, Hamburg, Bergmann & Sohn, Dezember 2007.

Bentele, Peter/Metzger, Thomas:
Didaktik und Praxis der Heilerziehungspflege, Ein Lehrbuch, Freiburg im Breisgau, 3. Auflage, Lambertus, 1998

Bernitze, Fred Dr.:
Heil- und Sonderpädagogik, Troisdorf , Bildungsverlag EINS, 2001.

Dörr, Günter/Günther, Herbert:
Sonderpädagogik, Bd. 5, Baltmannsweiler, Schneider Hohengehren, 2003.

Fornefeld, Barbara:
Einführung in die Geistigbehindertenpädagogik, München, Basel, E. Reinhardt, 2002.

Greving,Heinrich/Niehoff, Dieter:
Praxisorientierte Heilerziehungspflege, Bausteine der Erziehungswissenschaften, Troisdorf, Bildungsverlag EINS, 2002.

Halbig, Johannes/Wehnert, Reinhard:
Mit behinderten Menschen spielen. Mainz , Matthias – Grünewald-Verlag, 2002.

Huber, Angelika/Lehmann, Birgit:
Behinderte und nichtbehinderte Kinder im Kindergarten, in: Kindergarten heute, Heft 9/1993, Herder, S. 43-46.

Köther,Ilka/Gnamm, Else (Hrsg.):
Altenpflege. Zeitgemäß und zukunftsweisend, Stuttgart; New York, Georg Thieme, 2005.

Krenzer, Rolf:
Feste und Feiern mit Behinderten, Staufen/Breisgau, Kemper, 1974.

Krenzer, Rolf:
Spieltherapeutisches Märchenbuch für Geistigbehinderte, Bonn-Bad Godesberg, Rehabilitationsverlag,1977.

Krey, Hiltrud:
Ekel ist okay: Ein Lern- und Lehrbuch zum Umgang mit Emotionen in Pflegeausbildung und Pflegealltag, Hannover, Brigitte Kunz, 2003.

Oy, Clara Maria von/Sagi, Alexander (Hrsg.):
Montessori-Material zur Förderung des entwicklungsgestörten und des behinderten Kindes, Arbeitshefte zur heilpädagogischen Übungsbehandlung Band 3, 2. Auflage, Heidelberg, Edition Schindele, 1993.

Thesing, Theodor:
Heilerziehungspflege, ein Lehrbuch zur Berufskunde, Freiburg im Breisgau, Lambertus, 1992.

Schleicher, Susann:
Blickfeld Sozialpflege, Troisdorf, Bildungsverlag EINS, 2006.

Schmutzler, Hans-Joachim:
Heilpädagogisches Grundwissen. Einführung in die Früherziehung behinderter und von Behinderung bedrohter Kinder, 2. Aufl., Freiburg, Herder, 1994

Thesing, Theodor:
Heilerziehungspflege. Ein Lehrbuch zur Berufskunde, Freiburg, Lambertus, 1992.

Thiesen, Peter:
Praxisbuch Kreatives Spiel mit Kindern, Jugendlichen und Erwachsenen, Troisdorf, Bildungsverlag EINS, 1995.

Thimm, Walter:
Das Normalisierungsprinzip – Eine Einführung, 5. Auflage, Marburg/Lahn, Lebenshilfe-Verlag, 1995.

Wehnert, Reinhard:
Theaterarbeit mit Menschen mit Behinderungen, in: Praxis, Spiel und Gruppe, Zeitschrift für Gruppenarbeit – Behinderung, Heft 1, März 2003, S. 29-32.

Wirsing, Kurt:
Psychologisches Grundwissen für Altenpflegeberufe, Ein praktisches Lehrbuch, 5. überarbeitete Auflage, Weinheim, Beltz Psychologie Verlags Union, 2000.

Wodzicki, Thomas:
Mit den eigenen Erfahrungen spielen. Schattentheater mit geistig behinderten Jugendlichen, in: Gruppe und Spiel Zeitschrift für kreative Gruppenarbeit – Schattenspiele und Schwarzlichttheater, Heft 4, 2000, S. 38-41.

Kapitel V

Antons, Klaus:
Praxis der Gruppendynamik, Übungen und Techniken, 7. Auflage, Göttingen, Hogrefe, 1998.

Argyle, Michael:
Körpersprache & Kommunikation, Das Handbuch zur nonverbalen Kommunikation, 8. Auflage, übersetzt von Christoph Schmidt, Paderborn, Junfermann, 2002.

Baer, Ulrich u.a.:
Remscheider Spielkartei, 24 thematische Spielketten mit über 200 Spielen zum sozialen Lernen, 3. Auflage, Ökotopia, Münster, 1997.

Baer, Ulrich:
500 Spiele für jede Gruppe für alle Situationen, Spielbeschreibungen aus der Datenbank DATA-SPIEL der Akademie Remscheid, ergänzte Neuauflage, Remscheid, Verlag U. Baer, 1990.

Becker, Georg E./Stadler Hans:
Alltagsprobleme in der Heimerziehung. Bad Heilbrunn/Obb., Klinkhardt, 1982.

Blickhan, Claus:
Miteinander reden lernen. Die sieben Gesprächsförderer, Freiburg im Breisgau, Herder 2000.

Bremer Gisela/Mertens Hildegard:
Teamarbeit im Kindergarten, in: Kindergarten heute, Heft 2, 1983.

Bröder,Monika:
Gesprächsführung im Kindergarten, Anleitung, Modelle, Übungen, 6. Auflage, Freiburg im Breisgau, Herder 1993.

Flemming, Irene/Fritz,Jürgen:
Sprech-, Mal- und Schreibspiele für Grundschulkinder, Mainz, Matthias-Grünewald, 1995.

Gordon, Thomas:
Familienkonferenz, Die Lösung von Konflikten zwischen Eltern und Kind, 35. Auflage, Hamburg, Hoffmann und Campe,2001.

Hinte, Wolfgang/Karas, Fritz:
Studienbuch Gruppen- und Gemeinwesenarbeit, Neuwied/Frankfurt/ M., Luchterhand, 1989.

Kirks, Monika/Scherer, Manfred/Streit, Gabriele:
Deutsch/Kommunikation in der Altenpflege, Neusäß, Troisdorf, Bildungsverag EINS, 2000.

Klare,Thomas/Krope,Peter:
Verständigung über Alltagsnormen, München, Urabn & Schwarzenberg,München, 1977.

Kliebisch, Udo:
Kommunikation und Selbstsicherheit, Interaktionsspiele und Infos für Jugendliche, Mülheim, Verlag an der Ruhr, 1995.

Köhler, Peter (Hrsg.):
Geh mir aus der Sonne! Anekdoten über Philosophen und andere Denker, Stuttgart, Philipp Reclam 2004.

Lowy, Louis/Berstein, Saul:
Untersuchungen zur sozialen Gruppenarbeit, Freiburg, Lambertus, 1975.

Martin, Ernst:
Didaktik der sozialpädagogischen Arbeit. Eine Einführung in die Probleme und Möglichkeiten sozialpädagogischen Handelns,Weinheim, Juventa, 1989.

Metzinger, Adalbert:
Arbeit mit Gruppen. Ein Einführungsbuch, Freiburg i. Br., Lambertus, 1999.

Michalke, Cornelia u.a.:
Altenpflege konkret, Pflegetheorie und -praxis, München, Urban & Fischer, 2001.

Thiesen, Peter:
Kreatives Spiel mit Kindern, Jugendlichen und Erwachsenen, Köln, Stam,1989.

Thiesen, Peter:
Beobachten und Beurteilen in Kindergarten, Hort und Heim, Sozialpädagogische Praxis Band 4, Weinheim/Basel/Berlin, Beltz, 2003.

Trenkle, Bernhard:
Das Handbuch der Psychotherapie, 6. Auflage, Heidelberg, Carl-Auer-Systeme Verlag, 2004.

Watzlawick, Paul/Beavin, Janet H./Jackson, Don D.:
Menschliche Kommunikation, Formen, Störungen, Paradoxien, 8. unveränderte Auflage,Bern/Stuttgart/Toronto, Hans Huber, 1990.

Wirsing, Kurt:
Psychologisches Grundwissen für Altenpflegeberufe, Ein praktisches Lehrbuch, 5. überarbeitete Auflage, Weinheim, Psychologie Verlags Union, 2000.

Kapitel VI

Ende, Michael:
Momo, Stuttgart/Wien, Thienemann, 1973.

Pausewang, Freya:
Ziele suchen – Wege finden, Arbeits- und Lehrbuch für die didaktisch-methodische Auseinandersetzung in sozialpädagogischen Berufen, Berlin, Cornelsen, 1995.

Bildquellenverzeichnis

Franz Pfluegl/fotolia.com: Umschlag (oben), S. 367

Gina Sanders/fotolia.com: Umschlag (Mitte), S. 331

Nadine Dilly, Oberhausen/Bildungsverlag EINS, Köln: Umschlag (unten), S. 110, 149, 344 (unten), 354

Björn Hänssler, bopicture/Bildungsverlag EINS, Köln: S. 13, 47, 61

Oliver Wetterauer, Stuttgart/Bildungsverlag Eins, Köln: S. 16 (2x), 18, 21, 25, 27, 28, 29, 30 (2x), 31, 34, 35, 36 (2x), 37, 39, 43, 44, 49, 55, 56, 66, 75, 79, 81, 84, 86, 140, 153, 165, 166 (oben), 168, 169, 173, 184, 197, 199, 201, 202, 208, 222, 239, 260, 266 (alle), 275, 276, 280, 289, 290, 295, 303, 304, 305 (3x), 317, 373, 401, 411, 414, 416 (2x), 427, 429, 442, 443, 449, 451, 452, 454, 466, 471, 476, 477, 485, 490, 497

picture-alliance/ZB: S. 19, 77 (oben rechts, unten links), 117 (links), 127, 228, 253, 273, 292, 355, 358, 359

mapoli-photo/fotolia.com: S. 24

deanm1974/fotolia.com: S. 41, 269

Elenathewise/fotolia.com: S. 51

Cornelia Kurtz, Boppard/Bildungsverlag EINS, Köln: S. 53

Bildungsverlag Eins, Köln/Christian Schlüter, Essen: S. 57, 82, 99, 106, 108, 115, 176, 179, 469

Andrea Wilmes, Hamm: S. 67, 74, 125 (unten), 157, 166 (unten), 167 (3x), 182, 188 (2x), 213, 215, 217, 224, 240, 254, 256, 263, 278, 283, 288, 300, 301, 318, 339, 341, 399, 403, 405, 409, 418, 437 (rechts), 460

MEV Verlag, Augsburg: S. 69, 101, 156, 194, 200, 226, 235, 237, 264, 267, 281, 282

Vojtech Vlk/fotolia.com: S. 77 (oben links)

Bilderbox, Thening: S. 77 (unten rechts), 218, 493

pressmaster/fotolia.com: S. 85

Angelika Brauner, Hohenpeißenberg/Bildungsverlag Eins, Köln: S. 90, 91, 92 (3x), 94

Evelyn Neuss, Hannover/Bildungsverlag Eins, Köln: S. 94

Lilia Beck/fotolia.com: S. 172

Jeecis/fotolia.com: S. 96

Dron/fotolia.com: S. 102

Nicole Effinger/fotoila.com: S. 103

Wikimedia Commons: S. 112, 114

SINA® Spielzeug GmbH, Neuhausen, www.sina-spielzeug.de: S. 113 (2x)

Mauritius Images/BananaStock/RF: S. 117 (rechts)

akg-images: S. 118, 132

Nienhuis Montessori International B.V, www.nienhuis.com: S. 119 (2x), 121, 394

picture-alliance/Becker & Bredel: S. 122

PerlenVorDieAugen/fotolia.com: S. 125 (oben)

picture-alliance/dpa: S. 148, 236, 245, 344 (oben), 376, 378 (oben), 437 (Mitte)

Simon Ebel/fotolia.com: S. 151

Theo Klein GmbH, Ramberg: S. 159

Andreas Rother, Werne-Stockum: S. 161

picture-alliance/dpa/fotoreport: S. 163

Albert Schleich/fotolia.com: S. 171

Bildungsverlag Eins, Köln: S. 187

Fischertechnik GmbH, Waldachtal: S. 189

Bildungsverlag EINS, Köln/Michaela Jordan, Berlin: S. 192

picture-alliance/Photoshot: S. 204

Joanna Zielinska/fotolia.com: S. 206

Wojciech Gajda/fotolia.com: S. 221
Alfred Wekelo/fotolia.com: S. 230
picture-alliance: S. 232
Lisa F. Young/fotolia.com: S. 238
Johann Mayr, Jetzendorf, www.johannmayr.de: S. 243, 249, 306
bilderbox/fotolia.com: S. 247
Flexmedia/fotolia.com: S. 251
picture-alliance/akg-images: S. 326
Uwe Bumann/fotolia.com: S. 333
picture-alliance/Sueddeutsche Zeitung Photo: S. 336
Edsweb/fotolia.com: S. 343
picture-alliance/KEYSTONE: S. 351
picture-alliance/Martina Pipprich: S. 356
ullstein bild - Rolf Schulten: S. 360
ullstein bild - CARO/Kahnert: S. 361
Connfetti/fotolia.com: S. 370
picture-alliance/chromorange: S. 378 (unten)
philidor/fotolia.com: S. 380
muro/fotolia.com: S. 389, 421
Andrey Kiselev/fotolia.com: S. 396
Trend- & Geschenkartikel Beate Lange, Kleinmaischeid: S. 397
Amigo-Spiel- und Freizeit GmbH, Dietzenbach: S. 406
luisa/fotolia.com: S. 410
Yuri Arcurs/fotolia.com: S. 423
Wikimedia Commons/Tabea Huth, Berlin: S. 424 (oben)
Bildungsverlag Eins, Köln/Adja Schwietring, Köln: S. 426
picture-alliance/dpa Themendienst: S. 430
Bildungsverlag Eins, Köln/Steffie Becker, Bonn: S. 432
Jason Stitt/fotolia.com: S. 433
yogaburga/fotolia.com: S. 437 (links)
Visionär/fotolia.com: S. 462
ullstein bild – Jaanson (L): S. 473
poles/fotolia.com: S. 486

Sachwortverzeichnis